本书为 2012 年度国家社会科学基金项目（12BZW032）结项成果，并获得由全国哲学社会科学规划办公室颁发的“优秀”结项证书（证书号：20151616）

大晟府及其乐词通考

张春义 著

中国社会科学出版社

图书在版编目（CIP）数据

大晟府及其乐词通考／张春义著.—北京：中国社会科学出版社，2017.5
ISBN 978-7-5161-9194-1

Ⅰ.①大… Ⅱ.①张… Ⅲ.①官制-研究-中国-北宋 Ⅳ.①D691.42

中国版本图书馆CIP数据核字（2016）第261148号

出 版 人 赵剑英
责任编辑 宫京蕾
特约编辑 乔继堂
责任校对 张依婧
责任印制 李寡寡

出　　版 中国社会科学出版社
社　　址 北京鼓楼西大街甲158号
邮　　编 100720
网　　址 http：//www.csspw.cn
发 行 部 010-84083685
门 市 部 010-84029450
经　　销 新华书店及其他书店

印刷装订 北京市兴怀印刷厂
版　　次 2017年5月第1版
印　　次 2017年5月第1次印刷

开　　本 710×1000 1/16
印　　张 37
插　　页 2
字　　数 685千字
定　　价 135.00元

目　录

绪论 …………………………………………………………（1）

一、学界研究现状 …………………………………………（2）

二、本书的撰写目的及研究方法 …………………………（3）

三、本书的主要内容概述 …………………………………（5）

第一章　大晟府官制考 …………………………………（11）

第一节　大晟府机构设置及工作性质考 …………………（11）

一、大晟府“置府”前的机构设置 ………………………（11）

二、大晟府机构设置及工作性质 …………………………（19）

三、大晟府附设机构及工作性质 …………………………（25）

第二节　大晟府职官考 ……………………………………（47）

一、大晟府职官的设置时间 ………………………………（47）

二、大晟府的职官建制 ……………………………………（52）

三、大晟府职官任替编年考 ………………………………（63）

四、待考任时或官职的大晟府职官 ………………………（78）

第二章　大晟乐体制考 …………………………………（84）

第一节　大晟府雅乐乐制 …………………………………（84）

一、大晟府雅乐的理论依据与实际操作 …………………（84）

二、大晟府雅乐乐制的基本内容 …………………………（93）

第二节　大晟府燕乐乐制 …………………………………（110）

一、大晟燕乐标准音高、宫调系统及部分宫调内容的改定 ………（112）

二、大晟府燕乐乐器的制造与应用 ………………………（131）

三、大晟燕乐曲谱编撰情况考辨 …………………………（139）

四、大晟燕乐徵、角二调考 ………………………………（148）

第三节　大晟府乐书考 ……………………………………（154）

一、刘昺《大晟乐书》考 …………………………………（155）

二、大晟府其他乐书考 ……………………………………（167）

第四节　大晟府乐器考 ……………………………………（206）

一、大晟府“金部”乐器 …………………………………………………… (206)
二、大晟府“石部”乐器 …………………………………………………… (213)
三、大晟府“土部”乐器 …………………………………………………… (217)
四、大晟府“革部”乐器 …………………………………………………… (218)
五、大晟府“丝部”乐器 …………………………………………………… (219)
六、大晟府“木部”乐器 …………………………………………………… (221)
七、大晟府“匏部”乐器 …………………………………………………… (222)
八、大晟府“竹部”乐器 …………………………………………………… (224)
第三章 大晟府乐章及词曲考 ……………………………………………… (226)
第一节 大晟府乐章撰制及相关问题考 …………………………………… (226)
一、大晟府乐章的撰制及使用情况 ……………………………………… (227)
二、大晟府乐章宫调及“依月用律”考 ………………………………… (231)
第二节 大晟府乐章辑考 …………………………………………………… (242)
第三节 大晟府词曲撰制及相关问题考 …………………………………… (259)
一、大晟府词曲撰制及使用情况 ………………………………………… (259)
二、大晟府词人“依月用律”考辨 ……………………………………… (263)
第四节 大晟府新创词调考 ………………………………………………… (276)
一、关于大晟府新创词调的误解问题 …………………………………… (276)
二、大晟府《徵招》、《角招》调小考 …………………………………… (279)
三、大晟府其他新创词调考略 …………………………………………… (286)
第五节 《高丽史·乐志》大晟府词曲辑考 ………………………………… (300)
一、宋徽宗赐高丽大晟乐的性质及内容考述 …………………………… (300)
二、《高丽史·乐志》所载词曲非“大晟府撰乐谱辞” ………… (303)
三、《高丽史·乐志》所载大晟府词曲考索 ……………………………… (307)
第四章 大晟府词人及其他职官考 ……………………………………… (315)
第一节 大晟府词人新考 …………………………………………………… (315)
一、徐申任典乐时间考 …………………………………………………… (315)
二、晁端礼任大晟府官职考 ……………………………………………… (318)
三、万俟咏任大晟府制撰时段考 ………………………………………… (322)
四、田为任职大晟府履历考 ……………………………………………… (326)
五、江汉献词及任职大晟府时间考 ……………………………………… (329)
六、晁冲之任职大晟府时间及官职考 …………………………………… (331)
第二节 魏汉津考 …………………………………………………………… (333)
一、关于魏汉津身份、籍贯和早期行踪 ………………………………… (334)

二、魏汉津皇祐议乐及“略取”范镇说考辨 …………………… (337)
三、魏汉津崇宁“献乐”及仕历考述 ………………………… (342)
四、有关魏汉津卒年及“赐谥”嘉晟侯的时间 ……………… (348)
第三节　刘昺考 ………………………………………………… (350)
第四节　刘诜考 ………………………………………………… (369)
一、刘诜家世及早年行实 ……………………………………… (370)
二、刘诜任职讲议司及相关仕历 ……………………………… (372)
三、刘诜任典乐及创制“徵调”考述 ………………………… (374)
四、刘诜晚年仕历、卒年及相关著述 ………………………… (380)
第五节　彭几考 ………………………………………………… (383)
一、彭几姓、字及早年行实 …………………………………… (383)
二、彭几任协律郎及其他事迹考略 …………………………… (386)
第六节　吴时考 ………………………………………………… (390)
一、擢彭几大晟府协律郎考 …………………………………… (390)
二、吴时任大晟府典乐考 ……………………………………… (393)
第七节　任宗尧考 ……………………………………………… (396)
一、任宗尧早年事迹及为官履历 ……………………………… (396)
二、任宗尧为典乐及“修制大乐”考辨 ……………………… (399)
第八节　盛允升、朱维、蒋瑎考略 …………………………… (403)
一、盛允升任大晟府制造官考 ………………………………… (403)
二、朱维任大晟府典乐及其他仕历考 ………………………… (406)
三、蒋瑎任大晟府大司乐考 …………………………………… (409)
第五章　大晟乐流传考 ……………………………………… (415)
第一节　大晟乐“失传说”辨误 ……………………………… (415)
第二节　南宋大乐用大晟乐体制考辨 ………………………… (423)
一、“绍兴大乐，多用大晟所造” …………………………… (423)
二、南宋中后期大乐用“大晟乐”情况 ……………………… (430)
第三节　大晟燕乐曲谱南宋流传考 …………………………… (434)
一、大晟燕乐曲谱“南宋失传说”辨误 ……………………… (435)
二、大晟燕乐曲谱南宋流传情况考略 ………………………… (443)
第四节　流传于南宋的大晟曲谱辑考 ………………………… (449)
一、流传于南宋的大晟雅乐曲谱辑考 ………………………… (449)
二、《行在谱》及其乐法考索 ………………………………… (462)
第五节　“校谱”之风与南宋典雅词派的兴起 ……………… (481)

一、南宋的“校谱”之风 ……………………………………（481）
二、“校谱”之风与南宋典雅词派的兴起 ………………………（489）

附录　大晟府事迹编年考略 ……………………………………（504）
参考书目 ……………………………………………………（566）
后记 ………………………………………………………（586）

绪　论

大晟府是宋徽宗朝用来建构“一代之乐”与管理日常用乐的机构。按大晟之“晟”含有火德炽盛之义。《订讹杂录》：“晟音盛，明也，炽也。……宋朝乐名曰《大晟》。”①《大晟乐书》：“大乐之名则曰《大晟》。日王于午，火明于南，乘火德之运，当丰大之时，恢扩规模，增光前烈，明盛之业，永观厥成。乐名《大晟》，不亦宜乎？”② 宋以“火德”兴，而蔡京又倡“丰亨豫大”之说，故以“大晟”名乐。除“乘火德之运”外，还含有“恢扩规模，增光前烈，明盛之业，永观厥成”的意思，故“大晟”本身亦有集大成之意。

大晟乐的制作，是有感于大乐之制“讹缪残阙”、“太常乐器弊坏”以及“声韵淆杂”（《宋史·乐志三》）而发的。所谓大乐之制“讹缪残阙”，是指黍律“失之太高”及大乐阙徵、角二调而言。因“徵声”五行属火，宋以“火德”兴，故“徵声”不可缺，而北宋多次制乐都未及补“徵声”，此为“残阙”之义。又北宋多次制乐均以“黍律”为准，或下王朴乐三律，或下二律，或下一律，互相非议，无有一定，此为“讹缪”之义。所谓“太常乐器弊坏”，是指北宋虽多次改乐而乐器“竟复旧制”（《宋史·乐志一》）及“遂择诸家可用者”（《宋朝事实》卷一四）而言。所谓“声韵淆杂”，则指新旧乐并用及天下州县、钧容直、教坊各自用律的情况而言。于是，承北宋历次改作之遗业，秉徽宗“功成作乐”之侈心，扬蔡京“丰亨豫大”之时论，改制大乐成为时代共识，“一代之乐”由此应运而生。但在实际上，大晟乐制作乃承北宋历次音乐改作之遗业。北宋大乐六次改作到徽宗朝方告一段落，大晟乐实质仍是因袭北宋历次音乐改作的成果而略事修饰，不过是假借“帝指”而塞群儒之口而已（《宋史·乐志一》）。《宋史·乐志三》指出魏汉津“指律”

① 胡鸣玉：《订讹杂录》卷一〇，第78册，第244页。按：本书所引各书版本、出版单位、出版年月及整理本之点校者（或整理者）姓名等，详见本书附录参考书目，注中恕不标出。整理本如已改书名（或虽未改书名，但有多家整理本需录其异、取其优者），则附点校者（或整理者）姓名。以下不再注明。

② 脱脱等：《宋史》卷一二九《乐志四》，第9册，第3003页。

有阮逸参与讨论，并吸收过范镇乐的所长[①]。尽管“魏汉津乐”剽窃范镇之说并不可信，但是，后来经过刘昺、刘诜、彭几等人加以增改的大晟乐，确实是北宋乐议集大成形态的产物，这是毋庸置疑的。

大晟府自置局议乐伊始再到置府建官及制器、修制大乐，其间经历了众多辩议、论难及党争纷扰，有着复杂的政治背景。大晟府的设置实与蔡京主政密切相关，亦随蔡京任废而兴替。考察大晟府机构演变及制乐的前后纷更，无不与蔡京一伙的政治阴谋有着深层关系。史传中诸种扑朔迷离、前后矛盾的记载，都与蔡京一伙装神弄鬼甚至捏造事实有关。后世撰史者多不加辨别，遂以刘昺《大晟乐书》及蔡絛《国史后补》为依据，乃为其愚弄而不明就里。加上南宋以后对“魏汉津乐”的误解滋深，对大晟府史实的认识愈有以讹传讹之势。衍及其职官设置、任免情况、乐制、乐章与词曲等相关问题，亦颇多误解。因此，对大晟府沿革、机构职能、工作性质、职官任替、制乐过程、推广情况、乐书编撰、曲谱流传和词派活动、词人生平、乐词创作、影响及相关史实作全面、深入的考述，就显得十分必要。

一、学界研究现状

数十年前，夏先生拟撰写《大晟乐府考》[②] 一书，后因故未成。目前学界对大晟府及其乐词的研究，已取得较大的成绩。重要论文有李文郁《大晟府考略》，凌景埏《宋魏汉津与大晟府》，陈梦家《宋大晟编钟考述》，罗忼烈《周词新声鲜取大晟乐》，吴熊和《周邦彦琐考》，万依《宋代黄钟的改作及大晟黄钟的影响》，诸葛忆兵《周邦彦提举大晟府考》、《大晟词风和北宋末年世风》、《大晟乐辨三题》，龙建国《大晟府与大晟府词派》、《大晟府“讨论古音，审定古调”考论》、《大晟府创制新调考论》，施国锋《北宋大晟词人群论略》，彭国忠《大晟词派质疑》，[日] 村越贵代美《周邦彦与大晟乐》，李幼平《见存大晟钟的考古学研究》、《北宋大晟律初探》，薛瑞生、孙虹《清真事迹新证》，[韩] 沈淑庆《高丽与宋时期的宫廷乐舞艺术交流》，王小盾、刘玉珺《从〈高丽史·乐志〉“唐乐”看宋代音乐》，[美] Joseph S. Lam，*Huizong's Dashengyue, a Musical Performance of Emperorship and Officialdom*，卫亚浩《大晟乐成功制作与北宋乐议》、《教坊与大晟府的关系考辨》，迟乃鹏《魏汉津及

---

① 详见《宋史·乐志三》（第9册，第2997页），《宋史·乐志一》（第9册，第2937页），《宋朝事实》卷一四（第180册，第235页），《宋史·乐志一》（第9册，第2938页），《宋史·乐志三》（第9册，第2997页）。

② 夏承焘：《天风阁学词日记》（一、二），《夏承焘集》，第5册，第95页；第6册，第66页。

其雅乐乐律理论》，胡劲茵《北宋徽宗朝大晟乐制作与颁行考议》，［韩］郑花顺、徐海准《有关北宋徽宗代的正声与中声研究》，欧兰香《宋代词乐东传的踪迹》等；研究著作主要有王国维《清真先生遗事》，［日］岸边成雄《唐代音乐史的研究》，杨荫浏《中国古代音乐史稿》，龚延明《宋代官制辞典》，诸葛忆兵《徽宗词坛研究》，龙建国《唐宋音乐管理与唐宋词发展研究》，［日］村越贵代美《北宋末之词与雅乐》等；学位论文则有朱君梅《大晟词研究》、彭锦坤《离与合：八百年周邦彦与大晟府及清真词与大晟乐关系研究史》、崔萌《大晟府对宋代音乐文化的影响》、王波《大晟府的音乐与文学》、胡劲茵《从大安到大晟：北宋乐制改革考论》等①，对大晟府及其乐词作了较为深入的考索，这都为后来的研究工作打下了非常扎实的基础。进行专门化研究，应以李幼平《大晟钟与宋代黄钟标准音高研究》为最早。该书对“大晟钟”作了精到的音乐学及考古学研究，在很大程度上，突破了前贤仅依纸质文献推算的缺陷，填补了“大晟钟”音乐学及考古学研究的空白。

经过前贤的多方探讨，大晟府及其乐词研究已具备相当规模。在许多问题上，都有了新的发现，成果丰厚，令人惊喜。这说明，对大晟府及其乐词作全面梳理及综合研究的条件已经具备。需要说明的是，尽管在前贤的共同努力下，这一研究已有较深厚的基础，但目前看来，成果仍主要以单篇论文居多，或只以综合著作形式进行研究。有感于此，笔者在前贤的基础上，拟对大晟府及其乐词作全方位的考察，把它作为一个重要课题进行系统探讨。

二、本书的撰写目的及研究方法

本书的撰写目的，旨在通过对大晟府及其乐词的考辨，把握大晟府建制、职官制度、乐词制作、词派内涵、曲谱流传及对南宋词风的影响，并在生平考据、词与词乐关系及接受流变等方面作纵深开掘。本书拟对大晟府职官制度、乐制、乐词等许多鲜为人知的问题（如大晟府官制、大乐乐制及其演变，郊庙、宴享及雅俗礼仪所用乐、乐调、乐章等）作纵深研究，对大晟乐雅俗构状、“新广八十四调”与曲谱性质、作词情况以及“依月用律”等诸种悬而未决的难点问题作新的考证，以纠正史传讹误及类书的误收、误编等缺失。又通过对南宋乐制及典雅词派所用乐调、曲谱的考证，勾画出大晟乐流变真相及发展情况。在撰写之前，笔者曾花费六年多时间做文献资料的调查和梳理工作，发现还有许多问题需重加考索求证，有些空白也急需填补。原先准备以通论形式进行研究的想法也被暂时搁置，转而将主要精力放在考证方面，目前已略有

① 以上论文及著作，详见本书参考书目，注中恕不标出。

创获。因主要偏重考证，且对大晟府及其乐词作了较系统、全面的求证，因此拟将其取名为《大晟府及其乐词通考》，与夏先生拟撰写的《大晟乐府考》书名相近，亦有继承先生遗志之意。

本书的研究方法主要有：

第一，以“通考”为题，亦以之为法，盖有慕于先贤《通典》、《通志》、《通考》的撰史模式及方法。李翰《通典·序》：“每事以类相从，举其始终，历代沿革、废置及当时群士论议得失，靡不条载附之于事，如人支脉散缀于体。凡有八门，号曰《通典》。”（《通典》卷首）郑樵《通志·总序》：“编年、纪事之实迹，自有成规，不为智而增，不为愚而减。故于纪传，即其旧文从而损益，若纪有制诏之辞，传有书疏之章，入之正书。”（《通志》卷首）马端临《通考·自序》：“凡叙事，则本之经史，而参之以历代《会要》以及百家传记之书，信而有证者从之，乖异传疑者不录，所谓‘文’也。凡论事，则先取当时臣僚之奏疏，次及近代诸儒之评论，以至名流之燕谈、稗官之纪录，凡一话一言可以订典故之得失、证史传之是非者，则采而录之，所谓‘献’也。其载诸史传之纪录而可疑，稽诸先儒之论辨而未当者，研精覃思，悠然有得，则窃著己意，附其后焉。”（《通考》卷首）[①] 知“三通”撰史方法，皆秉承正史、《会要》、制诏、书疏“以类相从”，旁及百家传记、燕谈野史，靡不条载以附，其法“自有成规”，可谓至朴而实用，不因智愚而有所增减。本书的研究方法，即以“三通”撰史之法为圭臬，首录宋人史料，而旁采前贤时彦成果之有资考订者，汇为五门，尾附拙见，以考释剖辨，求实求真。

第二，力图从“史”的角度对大晟府及其乐词作全面研究，揭示其重要音乐文学现象深层的历史、政治文化背景。本于“史”的实证方法，全面搜集、整理资料并考索大晟府词人的生平履历；重考据，重事实，在翔实的文献基础上，对大晟府建制、职官制度、大晟乐形成过程、体制内涵、流变等作纵深考索，以廓清种种历史资料的“党争”翳障及学派偏见，力图恢复大晟府及其乐、词的历史真相。

第三，适当运用比较方法。比照大晟乐制作与前此宋乐的异同、大晟雅乐与燕乐的异同、大晟词派与前后词派的差异，并在宏观及微观方面作慎重比勘。

第四，注重文化形态的原型研究方法。通过历史考索及文化、文学还原，

---

① 详见杜佑《通典》卷首（第1页），郑樵《通志》卷首（第3页），马端临《文献通考》卷首（第1页）。

厘正史传之失及误见，力图从“文学—文化”角度全面展示大晟府及其乐词的文化原生形态与其内在关系，并在广义文化史坐标的大参照系中观照其特定的“文学—文化”蕴涵。力纠目前国内外对本课题研究不重文化形态原型的浅表化做法，在全盘展示“史”的原生形态中掘出其深隐的内在关系，通过对大晟府机构职能、职官任免、大晟乐制作、乐书编撰、乐官生平、乐词创作及相关史实作全面、深入的考述，以恢复与还原“文学—文化”的真相。

三、本书的主要内容概述

本书的研究内容主要包括大晟府官制考、大晟乐体制考、大晟府乐章及词曲考、大晟府词人及其他职官考、大晟乐流传考等五章。试将主要内容简要概述如下。

（一）大晟府的官制

大晟府机构设置包含“置府建官”前后的两个系统，包括固定机构、临时机构及重组机构三种类型，表现出职官设置的“动态”特征和机构设置的多重混合型特征。

1. 大晟府“置府”前的机构设置　大晟府“置府”前的机构有“礼乐房”、“讲议局”、“大乐府”、“制造大乐局”等。“礼乐房”，全称为“讲议司礼乐房”，讲议司属下专门详求历代礼乐沿革的机构，俗称为“大乐房”，设参详官等。“讲议局”，非正式机构名称，乃为后人所追加，实非专指讲议大乐而设置之“局”，而为“讲议司礼乐房”之别称。“大乐府”，大晟乐府之前身，官属有大乐府师、大司乐、典乐、大乐令、协律郎等；此机构为取代“礼乐房”的议乐权而立，设于崇宁二年九月至十一月间，崇宁四年九月朔，更名为大晟乐府。“制造大乐局”，崇宁、大观间为铸造大乐乐器而设立的临时机构，官属有承受官、主管官、制造官、杂务官、主管文字、监辖造作、点检文字等；大观三年八月二十三日“结绝罢局”，改为“大晟府制造所”，成为大晟府下辖的一个固定机构。大晟府“置府”前的机构，均由中书省直接管辖。

2. 大晟府“置府”后的机构设置　固定机构有大乐、鼓吹、宴乐、法物、知杂、掌法等“六案”，属大晟府下辖机构。大晟府“六案”是在仿太常寺“九案”基础上设置的，只删汰太常寺九案中礼仪案、祠祭案、坛庙案、廪牺案、太医案等礼、医五案，保留太乐案、法物案、掌法案、知杂案四案，而将太乐案细分为大乐、鼓吹、宴乐三案而已。大乐案工作性质包括制造、修制大乐、教习祭祀朝会等雅乐乐舞及大礼雅乐应奉事。下辖有固定机构“大晟府制造所”、“大晟府教乐所”及临时机构“大晟府修制大乐局”。鼓吹案工作性质包括大乐鼓吹、警场等应奉事，下辖机构有鼓吹局。宴乐案工作性质当包括阅习宴乐以待宴享之用，制订宴乐曲谱并填词，“讨论古音，审定古调”并编修《燕乐书》等。法物案职责为掌给纳朝、祭服，掌预备与支借百官朝服、诸司礼衣、仪仗等名物。下辖大乐法物库，由武臣任监官，吏属有专知、副知、库子。知杂案除掌杂务，还兼掌依条制裁减吏额。负责人为大晟府杂务官，吏属则有胥长、胥史、胥佐、贴书。掌法案除掌本府条制外，还兼掌裁减吏额。掌法案负责官员俟考，吏属则与知杂案相近。

3. 大晟府的固定机构和临时机构　大晟府“置府”后的机构设置，除“六案”外，还有一些固定机构和临时机构。固定机构有“大乐局”、“鼓吹局”、“大晟府制造所”、“教乐所”等。大乐局，崇宁四年九月隶大晟府；大乐局掌大朝会皇帝亲郊祀及御殿、御楼肆赦、大祠登歌及宫架、二舞等，官属除大乐令、乐正、副乐正外，尚有供官及通引官。鼓吹局，崇宁四年九月隶大晟府；鼓吹局工作性质除在大礼、祠祭中掌鼓吹导驾、警场、奏严等外，还担任王公、一品、二品、三品等“卤簿之制”；官属有鼓吹局令、丞、乐工、供官、通引官等五种，但在实际使用时却另设有府史、典事、录事、院官、局长、引乐官、都知、职掌等吏属。大晟府制造所，设于大观三年八月，罢于宣和二年八月，主要承担乐器制造、修制的工作，官属有制造官、杂务官、主管文字等。教乐所，设于崇宁四年九月前，罢于宣和七年十二月，工作性质除演习朝会、祠事之乐外，还包括教习太学、辟雍诸生乐。钤辖教坊所，政和三年八月隶属大晟府，工作性质主要是监领、均束教坊事及掌宴乐阅习、进退乐工之事及关报宴享撰修“致语等文字”事务，官属有钤辖官、点检文字、前行、后行、贴司等。教坊，政和三年八月隶大晟府，掌朝廷大宴、曲宴、圣节、上元观灯、皇帝游幸及赐大臣与宗室筵宴等所奏乐曲、杂剧、歌舞之类娱乐节目，但遇朝廷朝会、祭祀等大礼，亦临时借用为雅乐乐工，并参与仪仗导引工作；官属有教坊使、教坊副使、判官、都色长、色长、部头、高班都知、都知、教头、制撰文字、同制撰文字等。“编修《燕乐书》所”，设于政和四年正月后，罢于宣和二年七月，工作性质主要是依大晟律改定燕乐曲谱并“依月律次序”添入新补撰诸调曲谱，也就是后人所说的“讨论古音，审定古调”，官属有燕乐所制撰等。修制大乐局，设于政和七年三月，罢于重和元年十二月，工作性质主要是改造修正旧有大晟乐，官属有乐局检阅文字官、修制大乐局管干官、手分、楷书、书奏、书写人、通引官、定声、都作头等。

4. 大晟府官制的主要特点　大晟府的官制主要有两个显著特点，一是职官设置的“动态”特征，二是机构设置的多重混合型特征。大晟府的职官建制，有提举大晟府、同提举大晟府、大司乐、典乐、大乐令、主簿、协律郎、按协声律、制撰文字等，职官设置的“动态”特征表现尤为明显。大司乐、典乐、大乐令、协律郎当为“崇宁二年增置”，主簿为“崇宁三年增置”，按协声律为“崇宁四年增置”，制撰文字设立的时间当更晚。大晟府机构设置的多重混合型特征则表现为固定机构、临时机构及重组机构，如固定机构除“六案”外，还有“大乐局”、“鼓吹局”、“大晟府制造所”、“教乐所”等；临时机构如“修制大乐局”、“编修《燕乐书》所”等，均为承担某一特定任务而设，任务完成即罢；重组机构如“大晟府制造所”等，原为临时机构“制造大乐局”，罢“局”后人员分流、重组为“大晟府制造所”，则演变为固定机构；有些机构在隶大晟府后，仍有一定独立性，如“教坊”和“钤辖教坊所”等。

有关大晟府职官的设置、任替、职能、人员等，史料所述互有异同，学界对此亦多歧见，原因乃未及见大晟府职官为“动态过程”之职官设置，与对宋元以来修史者因对徽宗朝之偏见而随意增删润饰史料辨别不清所致。本书对大晟府建制、沿革、职官任替等有全面考察，可补目前学界研究之缺失，并在旧有31位大晟府职官的基础上，新又考出42位职官，并对总数73位中的46位职官任替情况作了编年考证。

（二）大晟府的乐制

大晟府的乐制主要包括乐理、乐论、乐器、乐调、乐谱等体制内容，本书主要对大晟府雅乐乐制、大晟府燕乐乐制、大晟府乐书编撰、大晟府乐器制造、大晟府乐调及曲谱作全面考证，得出了以下结论：

1. 大晟乐的理论基础及音高、音阶　大晟乐的理论基础是魏汉津“指律”，但乐器制造却按刘昺“中声八寸七分管”乐制理论操作，实际制成的大晟雅乐黄钟音高为“$b-c^1$”；其音阶为七声音阶（宫、商、角、徵、羽、变宫、变徵）、音域十二律外加四清声，故被讥为“用京房二变、四清”之说。

2. 大晟雅乐乐器及应用　大晟府雅乐乐器分成前后两个部分，前期乐器依据刘昺“中声八寸七分管”乐论制造，包括景钟、编钟、镈钟、金錞、金镯、金铙、金铎等金部乐器7种，特磬、编磬等石部乐器2种，一弦琴、三弦琴、五弦琴、七弦琴、九弦琴、瑟等丝部乐器6种，长篴、篪、箫等竹部乐器3种，竽笙、巢笙、和笙、闰余匏、九星匏、七星匏等匏部乐器6种，晋鼓、建鼓、鼗鼓、雷鼓、雷鼗、灵鼓、灵鼗、路鼓、路鼗、雅鼓、相鼓、搏拊等革部乐器12种，土部乐器埙1种，木部乐器柷、敔2种，共八部39种乐器；政和六年续添“政和玉磬、金钟”，宣和元年蔡攸曾对大晟雅乐乐器做过改造，如分钟、篴、埙、篪、箫、琴“太、正、少三等”，改镈、钟为二器，罢一、三、七、九弦琴而只用五弦琴，罢闰余匏、巢笙、竽笙、和笙，改九星匏、七星匏为九管匏、七管匏，并创十二管匏而分太、正、少三等，又罢搏拊不用，创太、正、少三等“大晟箫”。大晟雅乐主要用于郊庙、朝会、宴享等各种场合，其乐器应用及表演形式较为繁琐，体现出浓郁的仪式音乐特征。

3. 大晟燕乐初探　大晟燕乐出世较晚，其理论虽附会大晟雅乐而成，但除标准音高有所修正、理论体系趋于雅乐化外，在一些关键点比如宫调系统及部分宫调内容等，比之旧燕乐“改定”程度都不大。大晟燕乐乐器是依照大晟雅乐“中声”理论体系而制造的，有铁方响（金部），石磬、石（或玉）方响（石部），埙（土部），大鼓、杖鼓、羯鼓（革部），琵琶、箜篌、五弦、双弦、筝（丝部），拍板（木部），匏笙（匏部），觱篥、笛、箫、篪（竹部）18 种，完全依照雅乐“八音”理论而行。其乐器虽附会“新燕乐八音”理论而制造，但实际使用则基本依照传统样式而行，不过在演奏时使用“大晟律”而已。大晟燕乐新补了“徵、角”二调，比之旧燕乐乐调有所增加，但“宫、商、羽”三调仍袭用“燕乐旧行十七调”而以“大晟律”略作“审按校定”。大晟燕乐曲谱的编撰前后共有三次，曲谱包括大晟燕乐“徵、角”二调（曲谱 45 只）和“燕乐旧行十七调”（曲谱 323 只）共 368 只。

4. 大晟府乐书　大晟府乐书共 32 种。除刘昺编撰的《大晟乐书》外，尚考得刘昺及其他人编撰的乐书 31 种。如魏汉津《乐书》，刘昺《鼎书》、《政和大晟乐府雅乐图》、《政和颁降乐曲乐章节次》、《燕乐新书》，吴良辅《乐书》，吴仪《乐书》，刘诜“徵声”及相关著述，彭几《乐书》，姚公立《隆韶导和集》，盛允升《乐书》，蔡攸“乐书”，张俣《大乐玄机赋论》，佚名《大晟府燕乐乐器谱释图》、《大晟府燕乐曲谱》、《大晟府四时禁乐图》、《大晟府雅乐乐器谱释图》、《大晟府撰乐谱辞》、《大晟府燕乐八十四调并图谱》、《燕乐依月律撰词八十四调》、“阁谱”、赐予高丽的《大晟雅乐乐谱》、“《曲谱》一十册、《指诀图》一十册”等。

（三）大晟府的乐章及词曲

主要考察大晟府乐章及词曲的使用情况。得出了以下结论：

第一，大晟府乐章一般为四言诗，主要用于郊庙、宴享等礼仪，撰制者多为侍从官、馆阁词臣等。仍沿用“十二安”模式，但宫调系统及演奏实践比之前朝雅乐略有不同。大晟府乐章有特定的“谱、调、声”，大部分已经失传，有少量残谱可考。

第二，大晟府词曲则为燕乐范畴，除鼓吹曲用于警场、导引外，多用于宴享等场合，撰制者除京朝官外，多为选人、白衣人，这一点与乐章有很大不同。

第三，大晟府雅俗所用乐、乐调等有不同的模式，乐章用乐为大晟雅乐，其“谱、调、声”较为古雅凝滞；词曲所用为大晟燕乐，“谱、调、声”则更为灵动得多。尽管大晟府乐章及词曲有不同的音乐形式和文辞格式，但却有大致相同的音高和宫调系统，这一点为前贤所忽视。

本章对大晟府乐章及词曲的撰制、宫调系统、曲谱形式、使用方式、使用情况及《高丽史·乐志》所载大晟府词曲等有较为全面的考证。

（四）大晟府的词人及其他职官

主要对大晟府词人及职官人员、官员名称、生平履历及其在大晟府的作为，作全面深入的考索。

第一，大晟府词人如徐申、晁端礼、万俟咏、田为、江汉、晁冲之等，其仕历研究历来歧见丛出，原因在于未审宋人文献存有疏误，而明清以来转相抄录、几成定论。钩稽宋人文史资料细加考证甄别，是解决歧异的有效途径。本书谨从史料出发，参以宋代官制研究的新成果，对世传大晟府词人作了新的考辨。

第二，对主要乐官魏汉津、刘昺、刘诜、彭几、吴时、任宗尧、盛允升、朱维、蒋瑎等任职大晟府的履历、参与大晟乐制作及推广、传播情况等作了系列深入考证。

（五）大晟乐的流传

主要考察大晟乐、大晟曲谱及其乐章、词调在南宋的流传情况及其对南宋乐制、词乐、词法的实质性影响。

第一，大晟乐虽经靖康之变而遭到毁灭性的破坏，但并未“失传”。首先是乐器并非“皆亡”，南渡初南方各州郡如江浙、江南、福建、广东西、荆湖南北仍有“旧管大乐”存在，尤其是蜀“独以不被兵”而“获全”。其次是乐官、乐工并未全数被金人掠去，部分曾随宋廷南渡。如万俟咏、江汉、刘僩、成藻、任道、陆诚等。再次是乐书、乐章，如“徽宗《黄钟徵、角调》二卷”、“蔡攸《燕乐》三十四册”、“刘昺《大晟乐书》二十卷”、“《政和颁降乐曲乐章节次》一卷”、“《政和大晟乐府雅乐图》一卷”，至元末仍大量保存。

第二，南宋大乐乐制基本仍依大晟乐制而成。如绍兴间搜访大晟乐器、大晟乐工及重建大乐时依《大晟乐书》重造乐器、依《政和五礼新仪》使用乐器和歌乐等，又如南宋中后期太学遵用徽宗朝文宣王庙春秋释奠乐章及曲谱，州县释奠文宣王仍用“大晟府制度”等，均可为佐证。

第三，大晟曲谱在南宋尚存留于深宫内院或达官贵人之家，并在朝廷大宴等多种雅俗乐场面得到流传。但大晟曲谱除“燕乐十七调”外，多数曲谱仍无法成为勾栏、瓦舍广泛传播的时新曲调，加上南宋孝、光、宁、理四朝的多次校谱、订谱，大晟曲谱已远失前朝旧貌。不过，大晟曲谱的流传还是对南宋典雅词派的诞生产生了不可忽略的影响。

第四，流传于南宋的大晟曲谱辑考。大晟曲谱已编撰成书的至少有 10 种类型的曲谱集，靖康之变后有些已散失不存，但多数曲谱，如“徽宗《黄钟徵、角调》二卷”、“蔡攸《燕乐》三十四册”，共有曲谱368 只，一直保存到了宋季至元末；“阁谱”（或称“宣和谱”），前者存于南宋宫廷，后者南宋中后期由金回传；大晟雅乐曲谱南宋宫廷及各州、军仍有保存，并在稍事改造后得到运用。本书主要以“春秋释奠曲谱”和“《风雅十二诗谱》”两种残谱为例，考察了大晟雅乐曲谱在南宋的流传情况，并以《行在谱》残谱为例，考察了大晟雅乐曲谱的基本乐法。

第五，大晟曲谱的流传激发了普遍的“校谱”之风，并促成了南宋典雅词派的形成。“校谱”之风始于孝、光间而于理、度间达到高潮，多以达官显贵、外戚势家为聚集中心（如四明史家、临安张家及广陵张家等），由势家牵头而由门客、雅人做具体校谱工作，性质为私家校谱而非官修。所校之谱多隐晦其来源且都以旧谱制新谱。校谱之风激发了南宋中后期的词风转型（如四明史家所校“清真谱”）并促成了南宋典雅词派的形成（如杨缵《圈法周美成词》）。校谱不仅团结了大批词客、雅人相与切磋音律、探讨词艺，且因校谱而形成了旨趣相似的词法。

本书以辨史为旨归，考辨问题时，偶有唐突前贤与时彦之处。本书乃广泛吸纳前人成果而得以粗成，故藉此对前贤与时彦致以崇高之敬意。本书考证仍嫌粗浅，疏误定不少，不值一哂。本书如可为学界进一步研究这一问题而起到抛砖引玉的作用，或为博雅宏识不吝批评指正，则深为笔者所愿也。

第一章

大晟府官制考

大晟府官制研究，主要包括机构设置、工作性质、职官沿革及任替情况等，这些方面经前贤钩稽梳理已有相当成就。但随着宋代官制研究的深入及众多文史工作者的努力，又发现许多地方尚需补证。本章主要在前贤已有成果基础上，根据新发现的文献资料，细加比勘考证而成。

第一节　大晟府机构设置及工作性质考

大晟府是宋徽宗朝用来建构“一代之乐”与管理日常用乐的机构。但它的建制情况、机构职能、工作性质、职官沿革、任免等，历来颇多争议。本节拟对大晟府机构设置、工作性质及其职官情况考证如下。

一、大晟府“置府”前的机构设置

大晟府的设置实与蔡京主政密切相关，亦随蔡京任废而兴替。考大晟府之所以兴废，亦不得不从其演变入手。据《宋会要辑稿》[①]、《皇宋通鉴长编纪事本末》[②]、《续资治通鉴长编拾补》[③]，崇宁元年七月戊子，蔡京拜右相；甲午，诏蔡京提举讲议司。时蔡京倡“丰亨豫大”之说，置局议乐当始于此时。然关于议乐局的名称，史料却未有统一说法。或云“礼乐房”，或云“讲议局”，或云“制造大乐局”。然依名称推考，可得前后次序如下。

（一）礼乐房

《宋史·乐志三》：“崇宁元年，诏宰臣置僚属，讲议大政。……乃博求知音之士，而魏汉津之名达于上焉。”“魏汉津”云云，乃属补叙。前此负责

---

① 徐松：《宋会要辑稿·职官》五之一二，第3册，第2468页。以下简称《会要》。

② 杨仲良：《皇宋通鉴长编纪事本末》卷一三二，第387册，第400页。以下简称《长编纪事本末》。

③ 黄以周等：《续资治通鉴长编拾补》卷二〇，第2册，第700—701页。以下简称《长编拾补》。

“乐议”之官实为陈旸。《长编拾补》卷二三：“魏汉津献乐议，上从之。礼乐房参详陈旸曰……”《长编纪事本末》卷一三二：“（崇宁元年九月己丑）太常丞陈旸为驾部员外郎、讲议司参详官。”《宋史·陈旸传》：“迁太常丞，进驾部员外郎，为讲议司参详礼乐官。”① 知陈旸官职全称为“讲议司礼乐房参详官”。按讲议司分设“七事”，包括宗室、冗官、国用、商旅、盐泽、赋调、尹牧。设提举官，由宰相兼任；详定官，由六部长贰或翰林学士兼任；参详官、检讨官，由六部或寺监属官兼任②。“七事”中无“礼乐”。然《长编拾补》载“礼乐房参详陈旸”言事，《宋史·陈旸传》载陈旸“讲议司参详礼乐官”。据《会要·职官》五之一四、一五，崇宁三年八月七日，罢讲议司，奉议郎礼部员外郎陈旸、朝奉大夫朱维、承议郎刘诜各转一官③。刘诜、朱维后均为大晟府典乐，可见都与礼乐有关。今据《政和五礼新仪》载《御笔指挥》：

> 崇宁二年九月十六日，奉手诏：“王者政治之端，咸以礼乐为急。盖制五礼则示民，以节谐六乐，则道（导）民以和。夫隆礼作乐，实内治外修之先务。损益述作，其敢后乎？宜令讲议司官，详求历代礼乐沿革，酌今之宜，修为典训，以贻永世。非徒考辞，受登降之仪，金、石、陶、匏之音而已也。在博究情文，渐熙和睦，致安上治民至德，著移风易俗美化成，乃称朕谘諏之意焉耳。”④

此手诏《宋史·乐志三》亦有节引，文字略省。又，《长编拾补》卷二二：“（崇宁二年九月）壬辰，命讲议司官详求礼乐沿革，修为典训。”《长编纪事本末》卷一三二：“（崇宁三年四月）甲寅，讲议司言：‘元丰中，神宗令范镇、刘几、范（花）日新讲求巢竽、巢笙之类，当时曾镂板宣赐大臣。今韩绛家有之，欲权借照使。’诏可。”据此可知，讲议司属下确有一批官员专门研讨礼乐。据上引“讲议司参详礼乐官”、“礼乐房参详陈旸”云云，知讲议司属下专门详求历代礼乐沿革的机构叫“礼乐房”，亦可证讲议司“七事”

① 详见《宋史·乐志三》（第9册，第2997页），《长编拾补》卷二三（第2册，第790页），《长编纪事本末》卷一三二（第387册，第401页），《宋史·陈旸传》（第37册，第12848页）。

② 黄以周等：《长编拾补》卷二〇，第2册，第702—703页；龚延明：《宋代官制辞典》，第190页。

③ 徐松辑：《宋会要·职官》五之一四、一五，第3册，第2469—2470页。

④ 郑居中等：《政和五礼新仪》卷首，第647册，第5页。

之外，后增有礼乐一事，共计“八事”。史籍失载，诸官制辞书亦失考，可补。其官职设置当晚于七事官，《政和五礼新仪》（卷首）及《宋史·乐志三》“手诏”下达乃在崇宁二年九月，似为此时才置；但据《宋史·陈旸传》、《长编拾补》卷二〇[①]，知崇宁元年九月己丑，陈旸已为讲议司参详礼乐官，礼乐房设立时间当在崇宁元年九月之前。

又，“礼乐房参详陈旸”，《九朝编年备要》卷二七原文作“大乐房参详陈旸”，《长编拾补》卷二三引《编年备要》时，有校改。据《政和五礼新仪》（卷首）及《宋史·乐志三》崇宁二年九月壬辰诏书比勘[②]，《长编拾补》所作校改甚确，“大乐房”当为俗称。

（二）讲议局

《会要·职官》二二之二五：“崇宁初，置局议大乐。乐成，置府建官以司之，礼乐始分为二。”《通考·职官考九》：“崇宁初，置局议太（大）乐。”《通考·乐考三》：“崇宁元年，诏置讲议局，以大乐之制讹谬残缺，太常乐器弊坏……乃博求知音之士，而蜀人魏汉津上言。”“讲议局”云云，他书亦见。《宋史·徽宗本纪四》：“（宣和六年十一月）丙戌，令尚书省置讲议局。”《纲目备要》卷二九：“（宣和六年十一月）置讲议局。十二月，命蔡京兼领。”[③]除此未见其他史料提及。据此可知，讲议局实非专指讲议大乐而设置之“局”。故《通考》载议大乐之讲议局者，其实并非正式机构名称，乃为后人所追加。讲议大乐而设置之“局”，实即讲议司礼乐房。

考“讲议局”云云，盖属省称与俗称。所谓“置局议大乐”，其“局”乃承太乐局之旧。《通考·职官考九》：“宋制，太乐局……掌车驾、郊祀及御殿、御楼、大祠登歌。”又考崇宁元年九月，陈旸以太常丞、驾部员外郎兼讲议司参详官（详上），太常丞所管正为太乐局事，故其官职正式名称为讲议司礼乐房参详官（《宋史·陈旸传》，《长编拾补》卷二三，《闽中理学渊源考》

① 详见《宋史·乐志三》（第9册，第2998页），《长编拾补》卷二二（第2册，第771页），《长编纪事本末》卷一三二（第387册，第403页），《政和五礼新仪》卷首（第647册，第5页），《宋史·乐志三》（第9册，第2998页），《宋史·陈旸传》（第37册，第12848页），《长编拾补》卷二〇（第2册，第708页）。

② 详见《九朝编年备要》卷二七（第328册，第726页），《长编拾补》卷二三（第2册，第790页），《政和五礼新仪》卷首（第647册，第5页），《宋史·乐志三》（第9册，第2998页）。

③ 详见《宋会要·职官》二二之二五（第3册，第2872页），《文献通考·职官考九》（第499页），《文献通考·乐考三》（第1158—1159页），《宋史·徽宗本纪四》（第2册，第415页），《皇朝编年纲目备要》卷二九（第755页）。

卷一〇）[①]，而非讲议局参详官。因其负责研讨太乐局事，故省称、俗称讲议司礼乐房为讲议局。

（三）大乐府

据上引“乐成，置府建官以司之”云云（《会要·职官》二二之二五），其实，乐未成即已“建官以司之”，其名乃“大乐府”与“制造大乐局”。《会要·舆服》六之一五：

> （崇宁四年）七月甲辰，制造大乐局铸帝鼒、八鼎成。……冲显处士、大乐府师、授大乐局制造官魏汉津，为冲显宝应先生。
>
> （九月）乙巳，冲显宝应先生、太乐府师、授制造九鼎官魏汉津，为虚和冲显宝应先生。

《长编纪事本末》卷一二八：

> （崇宁四年七月）甲辰，制造大乐局铸帝鼒成、八鼎成。……冲显处士、大乐府师、授大乐局制造官魏汉津，为冲显宝应先生。
>
> （九月）乙巳，冲显宝应先生、大乐府师、授制造九鼎官魏汉津，为虚和冲显宝应先生。

按：两书均载有“大乐府”或“太乐府”的机构名称，大乐府即太乐府，当为大晟乐府前身。《十朝纲要》卷一六：“（崇宁五年二月丙子）赵挺之复为右仆射兼中书侍郎。……由是旬日之间，凡京所为者一切罢去。京令其党进言于上，以为……若学校、大乐等数事，皆是绍述神考美意……于是上乃复学校教官及香盐（矾）司官，又复大乐府，复有用京之意矣。”《纲目备要》卷二七：“（崇宁五年九月）于是上乃复学校教官及香矾司官，又复大乐府，复有用京之意矣。”《长编拾补》卷二六：“（崇宁五年）二月，蔡京罢。未几，京令其党进言于上，以为……若学校、太乐等数事，皆是绍述神考美意……于是上乃复太乐府。”[②] 均以

① 详见《文献通考·职官考九》（第499页），《宋史·陈旸传》（第37册，第12848页），《长编拾补》卷二三（第2册，第790页），《闽中理学渊源考》卷一〇《侍郎陈晋之先生旸》（第460册，第178—179页）。

② 详见《宋会要·职官》二二之二五（第3册，第2872页），《宋会要·舆服》六之一五（第2册，第1833页），《长编纪事本末》卷一二八（第387册，第362页，第363页），《皇宋十朝纲要校正》卷一六（第453—454页），《皇朝编年纲目备要》卷二七（第689页），《长编拾补》卷二六（第2册，第879页）。

大乐府或太乐府称大晟乐府。

又，大晟乐府或省称“乐府”。《宋宰辅编年录》卷一一：“（崇宁五年二月丙寅）方轸奏疏，论（蔡）京‘……若设九鼎、铸大钱、置二（三）卫、兴三舍，建乐府于国门外……其意安在？’”《宋史·乐志四》：“（大观二年）吴时善其说，建言乞召（彭）几至乐府。”《通考·乐考十九》：“（政和间）然当时乐府奏言：‘乐之诸宫调多不正……’”（《宋史·乐志十七》同）《宋史·乐志四》：“（政和）四年正月，大晟府言：‘宴乐诸宫调多不正……。’”①可见，以上“乐府”均指大晟府或大晟乐府。史籍以“乐府”代称大晟府或大晟乐府，并非一时省称或俗称，而是其前身即称为大乐府，知取名大晟前，即已“置府建官”。

大乐府作为一个机构的设立，当与蔡京、赵挺之的党争有关。崇宁二年九月至十一月间，因讲议司礼乐房参详官陈旸与魏汉津论乐不合②，蔡京遂另设一机构负责大乐事，此机构名称即大乐府。其官属有大乐府师、大司乐、典乐、大乐令、协律郎等。其设立初始，与制造大乐局一起，均由中书省直接管辖。大乐府设于崇宁二年九月至十一月间，崇宁四年九月朔，遂更名为大晟乐府或大晟府。略辨如下：

《长编拾补》卷二三：“《编年备要》云：魏汉津献乐议，上从之。礼乐房参详陈旸曰：‘五声、十二律，乐之正也；二变、四清，乐之蠹也。……’论多不合，遂迁旸为鸿胪少卿。”《东都事略·陈旸传》、《纲目备要》卷二七所载略同。按：《会要》载崇宁二年十一月十七日礼部员外郎陈旸上议北郊大礼五行、昆仑、神州、五岳帝等神从享之位奏章（《会要·礼》二五之六六），又载崇宁三年八月七日奉议郎、礼部员外郎陈旸转一官（《会要·职官》五之一四、一五）。则陈旸仍在讲议司礼乐房任参详官，不过主要管理太常礼事，乐事则以刘炜主管。考刘炜为蔡京亲信，《宋史·刘昺传》：“兄炜，通乐律。炜死，蔡京擢昺大司乐。”《通考·乐考三》略同。陈旸非议魏汉津乐，为蔡党所不容。刘炜主乐，力主魏汉津而非废陈旸，此据史料亦可考见。《御制九鼎记》云：“朕荷天顾諟，相时揆事，庶几有成。然世俗单见浅闻之士，骇心愕听，胥动以言。朕取成于心，请命上帝，屏斥邪言。乃诏有司，庀徒趋

① 详见《宋宰辅编年录》卷一一（第596册，第411页），《宋史·乐志四》（第9册，第3002页），《文献通考·乐考十九》（第1285页），《宋史·乐志十七》（第10册，第3345页），《宋史·乐志四》（第9册，第3019页）。

② 详见《宋史·乐志三》（第9册，第2997—2998页），《宋史·陈旸传》（第37册，第12849页）。

事。”（《会要·舆服》六之一四）所谓“世俗单见浅闻之士”、“邪言”云云，疑针对陈旸而发。又《御笔指挥》：“崇宁二年九月十六日，奉手诏：……夫隆礼作乐，实内治外修之先务。……宜令讲议司官，详求历代礼乐沿革，酌今之宜，修为典训，以贻永世。非徒考辞，受登降之仪，金、石、陶、匏之音而已也。”（《政和五礼新仪》卷首）《宋史·乐志三》引此诏书删除“非徒考辞，受登降之仪，金、石、陶、匏之音”，遂失原真。按陈旸《乐书》二百卷，均为考证乐论、乐政、乐器、乐图、乐仪之文字，于乐理及制造之事无涉，乃名副其实的“考辞”之书，其为徽宗所弃已属必然。《宋史·陈旸传》：“时论方右汉津，绌旸议。”徽宗诏书及《御制九鼎记》之所以对陈旸及其《乐书》贬抑过甚，亦蔡京党先事诽毁的原因，其中刘炜必出力甚多。唯刘炜主乐后不载任何官职，因此时陈旸虽罢管乐事，但仍在讲议司任礼乐房参详官，蔡京为夺议乐权，遂巧立一官名以行礼乐房参详官之实。据上引“炜死，蔡京擢昺大司乐”，疑刘炜主乐后所任官职正是大司乐一职，时间则当在崇宁二年九月至十一月间。据《宋史·职官志八》：“大司乐（崇宁二年增置）……典乐（崇宁二年增置）……大晟乐令（崇宁二年增置）……大晟府协律郎（崇宁二年增置）。”大晟府正式命名乃在“崇宁四年九月朔”（《宋史·乐志四》）①，此处云大司乐、大晟乐令、大晟府协律郎均于“崇宁二年增置”，所述前后矛盾，亦滋后来职官研究之争议。其实，崇宁二年确已“置府建官”。考“蔡京擢昺大司乐”在崇宁三年正月甲辰②，又考协律郎原太常寺只设一员，然查史料发现崇宁二年同时为协律郎者已不止一员③，这都与后来大晟府的职官设置吻合，知“置府建官”当在崇宁二年。不过此处“置府”之“府”，却非大晟府或大晟乐府，而是其前身“大乐府”。《宋史》编撰者

---

① 详见《长编拾补》卷二三（第 2 册，第 790 页），《东都事略·陈旸传》（第 382 册，第 750 页），《皇朝编年纲目备要》卷二七（第 679 页），《宋会要·礼》二五之六六（第 2 册，第 987 页），《宋会要·职官》五之一四、一五（第 3 册，第 2469—2470 页），《宋史·刘昺传》（第 32 册，第 11206 页），《文献通考·乐考三》（第 1159 页），《宋会要·舆服》六之一四（第 2 册，第 1832 页），《政和五礼新仪》卷首（第 647 册，第 5 页），《宋史·乐志三》（第 9 册，第 2998 页），《宋史·陈旸传》（第 37 册，第 12849 页），《宋史·职官志八》（第 12 册，第 3992—3995 页），《宋史·乐志四》（第 9 册，第 3001—3002 页）。

② 详见《通鉴续编》卷一一（第 332 册，第 662—663 页），《长编拾补》卷二三（第 2 册，第 787 页）。按：“蔡京擢昺大司乐”当在崇宁二年底，考详后。

③ 详见《宋会要·乐》三之二四（第 1 册，第 319 页），《玉海》卷一一〇（第 945 册，第 876 页），晁公休《宋故朝散郎尚书吏部员外郎赠徽猷阁待制傅公行状》（傅察《忠肃集》卷下附录，第 1124 册，第 786—789 页）。

为行文方便，一律追改为“大晟府”。这一点未为学界注意，特此申议考辨如上。

（四）制造大乐局

制造大乐局乃崇宁、大观间为铸造大乐乐器而设的临时性机构。《会要·舆服》六之一五：“（崇宁四年）七月甲辰，制造大乐局铸帝鼐、八鼎成。宣成（德）郎、大司乐刘炳转一官，赐五品服；冲显处士、大乐府师、授大乐局制造官魏汉津，为冲显宝应先生。”《长编纪事本末》卷一二八同[①]。这里提到两个机构的名称，一个是大乐府，另一个是制造大乐局。这两个机构表面上都由中书省直接管辖，但大乐府的实际负责人是大司乐，制造大乐局则由提举官负责。《会要·乐》五之二〇、二一：

> （大观）三年八月二十三日，中书省提举制造大乐局所奏：“奉诏制造颁降三京、四辅、二十八帅府等处大乐。官吏、作匠等，及结绝罢局，有劳，可等第推恩。内初补使臣免呈试参部，提举官、承受、主管、制造等官转两官，有资者转两资，内提举、承受官并回授；无资可转者，与将一官改赐章服，一官许回授有服亲。主管文字、主管杂务各转一官，有资者转一资，各更减二年磨勘。前提举官及主管官、【主管】杂务[②]、主管文字、监辖造作、点检文字各特转一官，有资者转一资，待诏与改换服色。”[③]

知其负责人为提举官，官属有承受官、主管官、制造官、杂务官、主管文字、监辖造作、点检文字等。与“大乐府”官属大司乐、大乐府师、典乐、大乐令、协律郎等，有着不同的职官系统。又，从“（大观）三年八月二十三日，中书省提举制造大乐局所奏”云云来看，制造大乐局直到大观三年仍不隶大晟府，而直接由中书省提举。由此可知，制造大乐局在大晟府成立前后的相当长时间内，仍是相对独立的临时机构。它既不隶大晟府，也不属大晟府之前身大乐府管辖。但是，为什么崇宁四年七月制造大乐局铸九鼎成，大司乐刘

---

① 详见《宋会要·舆服》六之一五（第2册，第1833页），《长编纪事本末》卷一二八（第387册，第362页）。

② 按：“杂务”，《宋会要·乐》三之二五作“主管杂务”（第1册，第319页）。点校本《宋会要辑稿·乐五》据补为“主管杂务”（第1册，第417页），乃是。然此官后称为“大晟府杂务官”（详下），此处不补亦可。

③ 徐松辑：《宋会要·乐》五之二〇、二一，第1册，第342—343页。

炳（昺）[①] 要“转一官”呢？这可能与铸乐器时实际采用刘炳（昺）的“中声、正声”理论有关（详后）。

制造大乐局的设立当比大乐府略晚。据“（崇宁四年）七月甲辰，制造大乐局铸帝鼐、八鼎成”[②] 云云，知其设于崇宁四年前。又，据《会要》、《长编纪事本末》、《玉海》及唐士耻《隆鼐铭》，可考定铸九鼎始于崇宁三年二月（详见《大晟府事迹编年考略》）。设制造大乐局的目的，即是铸九鼎及新乐器，故知其官署设置当在铸九鼎同时稍前。《宋史·刘昺传》：“蔡京擢昺大司乐，付以乐正。遂引蜀人魏汉津，铸九鼎。”[③] 刘昺为大司乐的时间，诸家均系于崇宁三年正月，疑误，当在崇宁二年底（详见《大晟府事迹编年考略》）。刘昺任大司乐后，方设制造大乐局官署，开始着手准备铸九鼎的诸项工作。因此，制造大乐局官署的设置时间，当在崇宁二年底至三年二月间。

崇宁四年九月朔，大晟府成立后，制造大乐局仍继续保留了四年，直到大观三年八月二十三日方“结绝罢局”（详上）。有关制造大乐局罢局的时间，或系于崇宁五年八月二十三日（《会要·乐》三之二五），乃误。据《会要·乐》五之二〇：“（大观）三年八月二十三日，中书省提举制造大乐局所奏：‘奉诏制造颁降三京、四辅、二十八帅府等处大乐。官吏、作匠等，及结绝罢局，有劳，可等第推恩。’”按：崇宁五年八月正值赵挺之毁大晟府时段（《会要·职官》二二之二六，《通考·职官九》）[④]，不当有“制造颁降三京、四辅、二十八帅府等处大乐”及“等第推恩”事，故制造大乐局罢局当在大观三年八月二十三日。

又，制造大乐局罢局后，尚有大晟府制造官（《盛公行状》）、大晟府杂务官（《强公行状》）[⑤] 等职官名称。这些官名，崇宁二年至四年九月的大晟府职官建制中，未见记载，乃政和间所添置（详后）。据此可知，大观三年八月制造大乐局罢局后，其原有职官建制如制造官、杂务官、主管文字、监辖造

① 据《宋会要·乐》四之一：“（政和六年闰正月九日）诏：‘大晟府编集燕乐八十四调并图谱，令刘昺撰文。’《刘昺传》：‘旧名刘炳，后赐今名。’”（第1册，第322页）知“刘炳”改名“刘昺”当在政和六年前后，史籍书名政和六年前“刘炳”为“刘昺”者，当为追改。

② 详见《宋会要·舆服》六之一五（第2册，第1833页），《长编纪事本末》卷一二八（第387册，第362页）。

③ 脱脱等：《宋史》卷三五六《刘昺传》，第32册，第11206页。

④ 详见《宋会要·乐》三之二五（第1册，第319页），《宋会要·乐》五之二〇（第1册，第342页），《宋会要·职官》二二之二六（第3册，第2873页），《文献通考·职官九》（第499页）。

⑤ 详见《龟溪集》卷一二《朝请大夫盛公行状》（第1133册，第246页），《云庄集》卷五《右中散大夫提举台州崇道观强公行状》（第1140册，第294页）。

作、点检文字等，都转入大晟府门下。大晟府还因此而多设了一个专门机构大晟府制造所，原先从制造大乐局分流出的职官，后又归入大晟府下辖机构大晟府制造所。

制造大乐局之外，又有“提举制造大乐局所”。《会要》云为“中书省提举制造大乐局所”（《会要·乐》三之二五及五之二〇）。按：此官乃管理制造大乐局的机构，多由宦官提举，这和钤辖教坊所、钤辖钧容直所（《会要·职官》二二之三〇）[①] 相似。今考制造大乐局、制造大乐局所，都由杨戬任提举官（详后），其起结时间应与制造大乐局相同。

二、大晟府机构设置及工作性质

关于大晟府机构设置，首先要弄清大晟府“置府建官”的时间。其实这一点史有明文，但因史传记载各异，学者亦人各有说。《宋代官制辞典》述“太常寺协律郎”云：“崇宁二年隶大晟府。”又述“大晟府协律郎”云：“随大晟府置废而置废。”[②] 大晟府置于崇宁四年九月一日，废于宣和七年十二月二十二日。此处云太常寺协律郎“崇宁二年隶大晟府”，乃从《宋史·职官志八》“元丰以后合班之制”而未加详考。又《宋代官制辞典》述“太乐局”云：“崇宁四年八月二十六日后，并归大晟府。”[③] 皆未明大晟府“置府建官”时间为崇宁四年九月一日，“八月二十六日”乃乐成之日[④]，两者不可混一。

有关设立大晟府的时间，《宋史·徽宗本纪二》、《东都事略》卷一〇、《宋朝事实》卷一四、《长编纪事本末》卷一三五均作崇宁四年“八月辛卯”，《宋大诏令集》卷一四九《赐大晟乐名御笔手诏》、《会要·职官》二二之二五、《玉海》卷一六六均作“崇宁四年八月二十七日”，独《宋史·乐志四》作“九月朔”。按：作九月朔是。刘昺《大晟乐论》：“越崇宁四年八月庚寅，乐成，列于崇政殿。有旨，先奏旧乐三阕，曲未终，上曰：‘旧乐如泣声。’挥止之。既奏新乐，天颜和豫，百执事之臣，无不忻喜称颂。九月朔，以鼎乐成，上御大庆殿受贺。是日，初用新乐，太尉率百僚奉觞称寿。有数鹤从东北来，飞度黄庭，回翔鸣唳。而下诏罢旧乐，赐新乐名曰《大晟》。”（《长编纪事本末》卷一三五）徽宗《大晟乐记》：“以崇宁四年八月庚寅，按奏于崇政

---

① 详见《宋会要·乐》三之二五（第1册，第319页），《宋会要·乐》五之二〇（第1册，第342页），《宋会要·职官》二二之三〇（第3册，第2875页）。

② 龚延明：《宋代官制辞典》，第275页，第282页。

③ 龚延明：《宋代官制辞典》，第276页。

④ 脱脱等：《宋史》卷一二九《乐志四》，第9册，第3001页。

殿庭。八音克谐，不相夺伦。越九月朔，百僚朝大庆殿称庆。乐九成，羽物为之应，有鹤十只，飞鸣其上。乃赐名曰《大晟》，置府建官，以司掌之。”（《宋朝事实》卷一四）① 因《大晟乐论》、《大晟乐记》均为最原始之文献，其说当为实录。又以事理揆之，乐成之后取名当有群臣集议，亦需有日。《长编纪事本末》卷一三五：

（崇宁四年八月）辛卯，大理卿曹调、少卿李孝稱、中书舍人张阁、许光疑，各以本职进对。上谓阁曰：“昨日新乐如何?”阁对曰：“昨日所按《大晟乐》，非特八音克谐，尽善尽美。至于乐器，莫不皆应古制。窃闻初按时，已有翔鹤之瑞。箫韶九成，凤凰来仪，亦何以异？臣无知识，闻此和声，但同鸟兽跄舞而已。”阁因奏：“被旨，以古州等处纳土，差官奏告永昭、永厚陵。”上曰：“古州是古牂牁、夜郎之地。”阁对曰：“牂牁、夜郎，接连南诏，最为荒远，所谓‘上仁所不化者’。今不缘征诛文告之烦，举国内属。非陛下文德诞敷，何以致此？今告功诸陵，在天之灵，亦当顾享。”次光疑奏云：“昨日按新乐，臣忝侍从之末，得预荣观。不胜幸甚!”上曰：“八音甚谐。”光疑曰：“此圣德所致，可谓‘治世之音安以乐’。至如陛下收复青唐，赵怀德归顺，近古州二千余里尽内附。今正功成作乐之时。”上曰：“尽出谄谋。”光疑曰：“神考励精庶政，今陛下收其成效。若非陛下善继善述，何以致此?”②

此处除“昨日所按《大晟乐》”之名称为后加补外，余都为群臣集议之内容，与御笔手诏有“南至牂牁、夜郎，西逾积石、青海”云云，正相符合。群臣集议必在“手诏”之前，御笔手诏乃据群臣集议概括而成③。今《宋大诏令集》载《赐大晟乐名御笔手诏》作“崇宁四年八月二十七日（辛卯)”④，

① 详见《宋史·徽宗本纪二》（第2册，第375页），《东都事略》卷一〇（第382册，第83—84页），《宋朝事实》卷一四（第180册，第236页），《长编纪事本末》卷一三五（第387册，第423页），《宋大诏令集》卷一四九（第551页），《宋会要·职官》二二之二五（第3册，第2872页），《玉海》卷一六六（第947册，第335页），《宋史·乐志四》（第9册，第3001页），《长编纪事本末》卷一三五（第387册，第424页），《宋朝事实》卷一四（第180册，第238页）。

② 杨仲良：《长编纪事本末》卷一三五，第387册，第424—425页。

③ 考“中书舍人张阁、许光凝，各以本职进对”云云，中书舍人之“本职”，乃在拟进“外制”诏书；“进对”云云，因“御笔手诏”为徽宗亲制，但亦与从事“本职”工作的中书舍人张阁、许光凝等商讨而成。

④ 无名氏：《宋大诏令集》卷一四九，第551页。

与此比勘，则群臣集议已有大晟乐之名，而《手诏》反在其后，无乃混淆太甚乎？今各家所述均云赐大晟乐名在崇宁四年八月二十七日，失考亦甚矣！特为标出而详加考证，以正史料之失。

大晟府机构设置的时间，亦当在崇宁四年九月朔。大晟府机构是在仿太常寺九案基础上设置的。据《会要·职官》二二之二五："所典六案，曰大乐，曰鼓吹，曰宴乐，曰法物，曰知杂，曰掌法。"大晟府共设六案，所谓"案"，原为宋代六部九寺监下辖常设办事部门之一。乐事原隶属太常寺管辖，故大晟府六案设置，当依太常寺九案而来。按太常寺九案为礼仪案、祠祭案、坛庙案、太乐案、法物案、廪牺案、太医案、掌法案、知杂案（《宋史·职官志四》）①。大晟府六案只删汰太常寺九案中礼仪案、祠祭案、坛庙案、廪牺案、太医案等五案，保留太乐案、法物案、掌法案、知杂案四案，而将太乐案细分为大乐、鼓吹、宴乐三案而已。

今依太常寺诸"案"例考察大晟府六案机构设置如下。

（一）大乐案

大晟府下辖常设办事机构之一。《宋代官制辞典》："干办太常乐（雅乐）之应奉事（《宋会要·职官》二二之二五《大晟府》）。"② 然查《会要·职官》二二之二五未有言"干办太常乐（雅乐）之应奉事"者。按：大乐案实秉承太常寺太乐案而来。《宋史·职官志四》："（太常寺）分案九……曰大乐，掌大乐教习乐舞、鼓吹、警场。"又"案"或叫"局"。《宋史·职官志四》："祠祭局供官十二人。"③ 此祠祭局即太常寺九案之祠祭案，则"案"又可叫"局"。大乐案前身当即大乐局。《宋代官制辞典》述"太乐局"云："崇宁四年八月二十六日后，并归大晟府。"④ 按：太乐局并归大晟府当在崇宁四年九月朔，归大晟府后"局"名缩小而为"案"。但习惯上又称"局"，蔡攸提举大晟府后，管下有修制大乐局，疑即指此而言。

大乐案工作性质包括制造、修制大乐，教习祭祀、朝会等雅乐乐舞及大礼雅乐应奉事。下辖有固定机构大晟府制造所、大晟府教乐所及临时机构大晟府修制大乐局。其官属设置详见下文。

---

① 详见《宋会要·职官》二二之二五（第3册，第2872页），《宋史·职官志四》（第12册，第3884页）。

② 龚延明：《宋代官制辞典》，第283页。

③ 详见《宋会要·职官》二二之二五（第3册，第2872页），《宋史·职官志四》（第12册，第3884页），《宋史·职官志四》（第12册，第3884页）。

④ 龚延明：《宋代官制辞典》，第276页。

（二）鼓吹案

大晟府下辖常设办事机构之一。《宋代官制辞典》："干办仪仗导引等所用鼓吹乐事（《宋会要·职官》二二之二五《大晟府》）。"① 然查《会要·职官》二二之二五未有言"干办仪仗导引等所用鼓吹乐事"者。按："鼓吹案"实承太常寺"太乐案"而来。《宋史·职官志四》："分案九……曰大乐，掌大乐教习乐舞、鼓吹、警场。"② 据"案"或叫"局"看，鼓吹案前身即鼓吹局。

鼓吹案工作性质包括导驾、警场、奏严与卤簿鼓吹等应奉事及大礼所备鼓吹乐事。下辖机构有鼓吹局，其官属设置详下文。

（三）宴乐案

大晟府下辖常设办事机构之一。《宋代官制辞典》："干办应奉岁时宴享所需乐事（《宋会要·职官》二二之二五《大晟府》）。"③ 然查《会要·职官》二二之二五未有言"干办应奉岁时宴享所需乐事"者。

大晟府设立伊始，本为雅乐机构，虽有宴乐案之设，但所掌实际上是朝廷宴享所用雅乐，而非俗乐范畴之燕乐。政和三年"以《大晟乐》播之教坊"以后（详后），大晟府方兼管俗乐范畴之燕乐。今据所见大晟府制撰文字乃政和三年以后方有实任这一史实，可以印证。按：太常寺下辖有教坊及钤辖教坊所，此专教习燕乐以供宴享之机构。但教坊及钤辖教坊所迟至政和三年八月方属大晟府（详后）。崇宁四年九月朔大晟府成立即有宴乐案，且有专门职官管理。在教坊及钤辖教坊所未隶大晟府前，大晟府宴乐案所用乐工是否与教坊及钤辖教坊所相类，有待详考。

大晟府宴乐案工作性质，当承太常寺下辖之教坊及钤辖教坊所而来。《宋史·职官志四》："教坊及钤辖教坊所，掌宴乐，阅习以待宴享之用，考其艺而进退之。"④ 但亦略有不同。因其下辖机构有教坊、钤辖教坊所、编修《燕乐书》所等，故其工作性质当包括阅习宴乐以待宴享之用，制定宴乐曲谱并填词，"讨论古音，审定古调"并编修《燕乐书》等。其官属设置详下文。

（四）法物案

大晟府下辖常设办事机构之一。《宋代官制辞典》："干办应奉太乐所需各

---

① 龚延明：《宋代官制辞典》，第283页。

② 详见《宋会要·职官》二二之二五（第3册，第2872页），《宋史·职官志四》（第12册，第3884页）。

③ 龚延明：《宋代官制辞典》，第283页。

④ 详见《宋会要·职官》二二之二五（第3册，第2872页），《宋史·职官志四》（第12册，第3885页）。

种服色、仪仗事（《宋会要・职官》二二之二五《大晟府》）。”[①] 然查《会要・职官》二二之二五未有言“干办应奉太乐所需各种服色、仪仗事”者。

按：大晟府法物案实承太常寺法物案名称编制。《宋史・职官志四》：“分案九……曰法物，掌给纳朝、祭服。”[②]《宋代官制辞典》云“法物案”职责为“掌给纳朝、祭服”，又说：“差遣名。掌预备与支借百官朝服、诸司礼衣、仪仗等名物。凡礼毕，期限收还（《宋会要・食货》五二之一六《法物库》）。”[③] 可从。

法物案下辖大乐法物库，由武臣任监官。《会要・职官》二二之二五：“又差武臣监府门及大乐法物库。”[④]《宋代官制辞典》：“监朝服、法物库，差遣名。由诸司使、副使或三班使臣、内侍官充（《宋会要・食货》五二之一六《法物库》）。”[⑤]《会要・舆服》六之一六：“（崇宁四年九月乙巳）左藏库使、副俞随等二十二人，各转一官……皆以九鼎成，推恩故也。”所述“左藏库使、副俞随”即法物案官员。《会要・舆服》六之一六：“（崇宁四年九月乙巳）大将王恂等六人，授三班借职，皆以九鼎成，推恩故也。”《会要・职官》二二之二六：“大观四年八月十一日，诏：‘大晟官徒廪给繁厚，未适其中。自今省乐令一员、监官二员，吏禄并视太常格。’”[⑥] 知监官人数当为六人，大观四年八月后省监官二人。

吏属有专知、副知、库子，当依太常寺法物案名称编制。《宋史・职官志四》：“本寺天（大）乐祭器库专知官一人、库子二人，圆坛大乐礼器库专知官一人、库子一人。”《会要・职官》二二之二五：“（大晟府）掌官物者，则有专知、副知、库子。”[⑦]《宋代官制辞典》：“专知官，公吏名。掌所在库出纳、记账、结账及管钱粮财物事。副知，公吏名。即副知官，职与专知同，位次于专知。库子，公吏名。在京诸库务库子，属刺字武卒补填。职掌本库钱货

---

① 龚延明：《宋代官制辞典》，第 283 页。

② 详见《宋会要・职官》二二之二五（第 3 册，第 2872 页），《宋史・职官志四》（第 12 册，第 3884 页）。

③ 龚延明：《宋代官制辞典》，第 276 页，第 269 页。

④ 徐松辑：《宋会要・职官》二二之二五《大晟府》，第 3 册，第 2872 页。

⑤ 龚延明：《宋代官制辞典》，第 269 页。

⑥ 详见《宋会要・舆服》六之一六（第 2 册，第 1833 页），《宋会要・舆服》六之一六（第 2 册，第 1833 页），《宋会要・职官》二二之二六（第 3 册，第 2873 页）。

⑦ 详见《宋史・职官志四》（第 12 册，第 3884 页），《宋会要・职官》二二之二五（第 3 册，第 2872 页）。按《宋史・职官志四》“天乐”当为“大乐”之误。《宋史》点校本从诸本作“天乐”（第 12 册，第 3884 页），误。此处龚延明先生已有考正，详见《宋史职官志补正（增订本）》（第 255 页）。

经手出纳。库子可升为手分、副知、专知，出职补进义副尉。”① 人数俟考。

（五）知杂案

大晟府下辖常设办事机构之一。《宋代官制辞典》：“干办本府杂事（《宋会要·职官》二二之二五《大晟府》）。”② 然查《会要》未有言大晟府知杂案为“干办本府杂事”者③。大晟府知杂案实承太常寺知杂案名称编制而设。

关于知杂案的职责，《宋代官制辞典》：“太常寺知杂案，掌本寺杂务（《宋史·职官》四《太常寺》）。”④ 按：此处乃从《宋史》点校本“知杂”于“并掌本寺条制杂务”标句号⑤。正确标点应为：“曰掌法，曰知杂，并掌本寺条制杂务、裁减吏额。”太常寺知杂案除掌本寺杂务，还兼掌依条制裁减吏额。大晟府知杂案工作性质应与此相近。

大晟府知杂案负责人为大晟府杂务官。曾协《强公行状》：“改承奉郎，除光禄寺丞，兼大晟府杂务官。”（《云庄集》卷五）按：大晟府杂务官别称“主管杂务”（《会要·乐》三之二五及五之二一），或称“杂务”（《会要·乐》五之二一）。吏属则有胥长、胥史、胥佐、贴书（《会要·职官》二二之二五）。与太常寺“胥吏一人，胥佐四人，贴司一人，书表司一人”（《宋史·职官志四》）⑥ 相近。

（六）掌法案

大晟府下辖常设办事机构之一。《宋代官制辞典》：“掌本府法令条制事（《宋会要·职官》二二之二五《大晟府》）。”⑦ 然查《会要》未有言大晟府掌法案为“掌本府法令条制事”者⑧。大晟府掌法案实承太常寺掌法案名称编制而设。

关于掌法案的职责，《宋代官制辞典》：“太常寺掌法案，掌本寺条制

---

① 龚延明：《宋代官制辞典》，第 269 页。

② 同上书，第 283 页。

③ 徐松辑：《宋会要·职官》二二之二五《大晟府》，第 3 册，第 2872 页。

④ 龚延明：《宋代官制辞典》，第 276 页。

⑤ 点校本《宋史》卷一六四《职官志四》，第 12 册，第 3884 页。

⑥ 详见《云庄集》卷五（第 1140 册，第 294 页），《宋会要·乐》三之二五及五之二一（第 1 册，第 319 页，第 343 页），《宋会要·乐》五之二一（第 1 册，第 343 页），《宋会要·职官》二二之二五（第 3 册，第 2872 页），《宋史·职官志四》（第 12 册，第 3884 页）。

⑦ 龚延明：《宋代官制辞典》，第 283 页。

⑧ 徐松辑：《宋会要·职官》二二之二五《大晟府》，第 3 册，第 2872 页。

(《宋史·职官》四《太常寺》)。"[1] 按：此处乃从《宋史》点校本"掌法"于"并掌本寺条制杂务"标句号[2]。正确标点应为："曰掌法，曰知杂，并掌本寺条制杂务、裁减吏额。"太常寺掌法案除掌本寺条制外，还兼掌裁减吏额。大晟府掌法案工作性质应与此相近。

大晟府掌法案负责官员俟考。吏属则有胥长、胥史、胥佐、贴书(《会要·职官》二二之二五)。与太常寺"胥吏一人，胥佐四人，贴司一人，书表司一人"(《宋史·职官志四》)[3] 相近。

三、大晟府附设机构及工作性质

大晟府下辖机构除大乐、鼓吹、宴乐、法物、知杂、掌法六案外，尚有一些临时和固定机构。它们起初并不隶大晟府，后来才划归，如教坊及钤辖教坊所；有些为临时机构，后改名则为固定机构，如制造大乐局罢局后改为大晟府制造所；有些纯属临时机构，任务完成即罢，如修制大乐局、编修《燕乐书》所。这些机构虽先后隶大晟府，但仍有一定独立性，与大晟府六案略有不同，可命名为大晟府附设机构。

(一) 大乐局

原为大乐署，英宗朝避讳改为大乐局。崇宁四年九月隶大晟府。有关大乐局职官编制，《宋代官制辞典》据《会要·职官》二二之三四、《宋史·李宗谔传》云："太乐局令、丞各一人，乐正、副乐正各二人，乐工三百三十五人。"[4] 但查《会要》原文为："大乐局令、丞至守阙乐工，凡三百四十一人。乾兴元年十二月，诏：'大乐、鼓吹两局，祠祭院供官及通引官，今凡系额外守阙……'"[5] 知大乐局除令、丞、乐正、副乐正外，尚有供官及通引官，人数俟考。又大乐局隶大晟府后，太乐令人数起初为二人，大观四年方减为一人(详下)；太乐丞则不见载籍，疑已删汰。

关于大乐局工作性质，《通考·职官考九》"太乐署"条："掌车驾郊祀及御殿御楼、大祠登歌。"[6]《宋代官制辞典》据此概括为："掌大朝会皇帝亲郊

---

① 龚延明：《宋代官制辞典》，第276页。

② 点校本《宋史》卷一六四《职官志四》，第12册，第3884页。

③ 详见《宋会要·职官》二二之二五(第3册，第2872页)，《宋史·职官志四》(第12册，第3884页)。

④ 龚延明：《宋代官制辞典》，第276页。

⑤ 徐松辑：《宋会要·职官》二二之三四，第3册，第2877页。

⑥ 马端临：《文献通考》卷五五《职官考九》，第498—499页。

祀及御殿、御楼肆赦、大祠登歌所用太常雅乐。”① 大体可从，但仍需补充。据《乐书》卷一九九：

> 太乐令展宫架于殿庭。……鸣鞭，大乐令令撞黄钟之钟，右五钟皆应。……太乐令［令］奏《隆安之乐》，鼓吹振作。……太乐令令撞蕤宾之钟，左五钟皆应。……太乐令令奏《隆安之乐》，鼓吹振作。……太乐令设登歌于殿上，二舞立于宫架南。……俟鸣鞭，太乐令令撞黄钟［之钟］，右五钟皆应。……太乐令令奏《隆安之乐》，鼓吹振作。……食举，太乐丞引《盛德升闻之舞》入，作三变，正（止）。立于乐架之北。……再食举，太乐丞又引《盛德升闻之舞》，作三变而退。……三食举，太乐丞引《天下大定之舞》入，作三变而止，立于乐架之北。

则除掌“大祠登歌”外，还掌宫架、二舞。据《宋史·乐志四》，“（政和）三年四月，议礼局上亲祠登歌之制”，“又上亲祠宫架之制”，“又上亲祠二舞之制”，“又上大祠、中祠登歌之制”，“又上大祠、宫架二舞之制”。知登歌、宫架、二舞分工不同，其仪制亦异。大乐局的工作性质，《通考·职官考九》只举“大祠登歌”一项，据《乐书》卷一九九，当补宫架、二舞事。此外，在郊庙等场合中，鼓吹乐亦听大乐局临时指挥（《乐书》卷一九九，《政和五礼新仪》卷一九七，《宋史·乐志四》，《宋史·乐志十七》）。具体分工为太乐令领太乐局事，掌宫架、登歌并临时指挥鼓吹乐，太乐丞引二舞（《乐书》卷一九九）；乐正、副乐正掌教乐、制舞仪，并参与指挥奏乐、唱或舞（《宋史·乐志四》）。大乐局隶大晟府后，太乐令地位上升至从七品，部分职事已为大乐正取代。《政和五礼新仪》：“大乐正令奏《采茨之乐》，入门，乐止。”“大乐正令撞黄钟之钟，右五钟皆应，《乾安之乐》作。”“大乐正令撞蕤宾之钟，左五钟皆应，《乾安之乐》作。”（卷二八）可见《乐书》卷一九九“大乐令令撞黄钟之钟”云云的有关记载，原由大乐令承担的工作，到了大观、政和年间，改由大乐正承担。大乐局隶大晟府后，原太乐丞职事已为舞色长取代。《乐书》：“再食举，太乐丞又引《盛德升闻之舞》，作三变而退。……三食举，太乐丞引《天下大定之舞》入，作三变而止，立于乐架之北。”（卷一九九）《宋史·乐志四》：“舞色长二人，在执纛之前，分东西。（若武舞则在执旌之前。）……舞色长幞头、抹额、紫绣袍。引二舞头及二舞

① 龚延明：《宋代官制辞典》，第276页。

郎，并紫平冕、皂绣鸾衫、金铜革带、乌皮履。（大朝会引文舞头及文舞郎……）”[1] 太乐丞不见于大晟府官制，当已删汰。

（二）修制大乐局

修制大乐局的名称，见《宋史》、《会要》等。《宋史·张朴传》：“起复修制大乐局管勾官田为大晟府典乐。”《会要·乐》四之二：“差充修制大乐局管干官。”[2] 按：修制大乐局乃蔡攸提举大晟府后而设的机构，“修制”云云，乃针对旧有大晟乐进行改造修正而言。

史载蔡攸提举大晟府后，废“中声乐”，止用“正声”，又加“太声”、“少声”而为“三黄钟律”。《宋史·乐志四》：

> （政和）八年八月，宣和殿大学士蔡攸言：“……欲乞废中声之乐，一遵帝律，止用正声，协和天人，刊正讹谬，著于《乐书》。”诏可。攸又乞取已颁中声乐在天下者。

“中声乐”者，乃“刘昺乐”，因其用“中声八寸七分管”而得名，是大晟府自崇宁三年至政和七年长达十三年来所造及所用之乐。其乐尽管名义上用魏汉津“指律”，但实际却弃“太声”、“少声”不用而只用“中声八寸七分管”，其所造乐器分为“正声”、“中声”、“清声”三组。刘昺得罪后，其乐遭到非议并被改造。据《宋史·乐志四》：

> 及政和末……（任）宗尧至，则言太、少之说本出于古人，虽王朴犹知之，而刘昺不用，乃自创黄钟为两律。黄钟，君也，不宜有两。蔡攸方提举大晟府，不喜他人预乐。……乃奏（田）为大晟府典乐，遂不用中声八寸七分管，而但用九寸管。又为一律，长尺有八寸，曰太声；一律长四寸有半，曰少声：是为三黄钟律矣。律与容盛又不翅数倍。黄钟既四

① 详见《乐书》卷一九九（第211册，第935—936页），《宋史·乐志四》（第9册，第3013—3017页），《文献通考·职官考九》（第498—499页），《乐书》卷一九九（第211册，第935—936页），《乐书》卷一九九（第211册，第933—936页），《政和五礼新仪》卷一九七（第647册，第842页），《宋史·乐志四》（第9册，第3001页），《宋史·乐志十七》（第10册，第3362页），《乐书》卷一九九（第211册，第935—936页），《宋史·乐志四》（第9册，第3015—3017页），《政和五礼新仪》卷二八（第647册，第247—249页），《乐书》卷一九九（第211册，第935—936页），《乐书》卷一九九（第211册，第935—936页），《宋史·乐志四》（第9册，第3015页）。

② 详见《宋史·张朴传》（第32册，第11220页），《宋会要·乐》四之二（第1册，第322页）。

寸有半，则圜钟几不及二寸。诸器大小皆随律，盖但以器大者为太，小者为少。

改造目的本拟恢复魏汉津“太声”、“少声”、“正声”乐，但在实际操作中，又因争夺主乐权问题而导致“修制”后的大乐变味，详见《纲目备要》卷二七、《通考·乐考四》[①]。据考，蔡攸提举大晟府在政和七年三月后至宣和初[②]，修制大乐局即重修大乐的产物。

修制大乐局设于政和七年三月蔡攸提举大晟府后，其“罢局”则在重和元年十二月。《会要·乐》四之二：

重和元年十二月十九日，诏：“太、少二音，调爕岁运，使之适平，不行于世迨数百年。近命官讨论定律，镕范既成，不假刊削，自合宫音，太、少、正声，相与为一。已降指挥，置登歌、宫架，用于明堂。所有乐局检阅文字官三员，各转一官；差充修制大乐局管干官、手分、楷书、书奏、书写人、通引官、定声、都作头共十五人，各转一官资，无官资人候有官日收使；工匠等共七十四人，共支绢三百匹，等第支散。”

按：此处虽未云“罢局”，但“等第支散”、“等第推恩”云云即指罢局而言。据上引大观三年八月二十三日“中书省提举制造大乐局所”奏“官吏、作匠等，及结绝罢局，有劳，可等第推恩”（《会要·乐》五之二〇）[③]，可推知修制大乐局必罢于重和元年十二月无疑。

修制大乐局全名为大晟府修制大乐局，由大晟府直接管辖。修制大乐局职官设置，有乐局检阅文字官三人、修制大乐局管干官、手分、楷书、书奏、书写人、通引官、定声、都作头共十五人，工匠等共七十四人。其中乐局检阅文字官即大晟府修制大乐管干文字。周必大《宋公暎墓志铭》：“选（宋暎）充大晟府修制大乐管干文字。”（《文忠集》卷三一）又，修制大乐局管干官即修制大乐局管勾官。《宋史·张朴传》：“起复修

① 详见《宋史·乐志四》（第 9 册，第 3023 页），《宋史·乐志四》（第 9 册，第 3025—3026 页），《皇朝编年纲目备要》卷二七（第 687 页），《文献通考·乐考四》（第 1173 页）。

② 诸葛忆兵：《周邦彦提举大晟府考》，《文学遗产》1997 年第 5 期，第 114—117 页。

③ 详见《宋会要·乐》四之二（第 1 册，第 322 页），《宋会要·乐》五之二〇（第 1 册，第 342 页）。

制大乐局管勾官田为大晟府典乐。"① 管勾官因南宋避高宗赵构讳而改为管干官。

（三）大晟府制造所

有关大晟府制造所的记载，见于多种史料。《宋史·乐志四》："（宣和）二年八月，罢大晟府制造所并协律官。"《宋史·职官志一》："宣和二年，诏与大晟府制造所、协声律官并罢。"《会要·职官》二二之二六："（宣和二年）八月十五日，诏罢大晟府制造所。"《纲目备要》卷二八："（宣和）二年，礼制局与大晟府制造所、协声律官并罢。"均载大晟府制造所的撤销年代。但它设于何时，则史乏明确记录。今据沈与求《盛公行状》："政和二年……改仪曹，兼大晟府制造官。……三年九月，燕乐成，上命辅臣覆视，唯公所制精妙一时，特恩迁朝奉大夫。逾月，赐服三品，皆异数也。"（《龟溪集》卷一二）② 知盛允升任大晟府制造官在政和二、三年间，可证大晟府制造所至迟在政和二年即已设立。按：制造官原属制造大乐局，大观三年八月制造大乐局罢局后，原从制造大乐局分流出的职官如制造官、杂务官、主管文字等，都转入了大晟府门下。大晟府下辖机构大晟府制造所的设立，或许在此后不久。

大晟府制造所在政和末又与修制大乐局、礼制局制造所并存，一起承担乐器制造、修制工作。按重和元年十二月修制大乐局罢局后，史籍中仍有部分乐器铸造的记载。《会要·乐》四之二：

> 宣和元年三月十九日，淮康军节度使蔡攸奏："……窃见大晟制篇，只为舞器，执而不龡。方今大晟乐备之时，独此为阙。今据百姓张重杨、教坊乐工张从宝赍到古籥一管……考之制造太、少、正声，籥之律吕咸备，乞颁降施行。"从之。

《玉海》所载略同③。按：大晟籥分成"太、正、少籥三等"，号称"宣

---

① 详见《文忠集》卷三一《徽猷阁待制宋公暎墓志铭》（第1147册，第343页），《宋史·张朴传》（第32册，第11220页）。

② 详见《宋史·乐志四》（第9册，第3027页），《宋史·职官志一》（第12册，第3794页），《宋会要·职官》二二之二六（第3册，第2873页），《皇朝编年纲目备要》卷二八（第708页），《龟溪集》卷一二《朝请大夫盛公行状》（第1133册，第246—247页）。

③ 详见《宋会要·乐》四之二（第1册，第322页），《玉海》卷一一〇（第945册，第897—898页）。

和籥”，其制造时间乃在宣和元年。时修制大乐局业已罢局，其乐器制造工作当由大晟府制造所承担。大晟府制造所罢于宣和二年八月，此后未见有大晟乐器修制的记载。

又，制造乐器之事，并不专属大晟府修制大乐局和大晟府制造所。礼制局亦有铸造乐器事[①]。礼制局设于政和三年七月二十一日，罢于宣和二年七月一日[②]，常有议乐及制造乐器的记载[③]，但明确记载制造乐器主要在政和末宣和初。考礼制局铸造乐器机构也叫礼制局制造所[④]。又，考礼制局制造所也由大晟府职官兼管。《资治通鉴后编》卷九八：“（政和三年秋七月）己亥，诏置礼制局，讨论古今沿革。”又“考异”云：“按（政和）三年九月五日，始命刘昞（昺）等为礼制局详议官。”[⑤] 按：刘昺政和三年九月为户部尚书兼任大晟府提举官，同时又为礼制局详议官。据《纲目备要》卷二七：“重和秋，遂诏乐止用正声，已颁中声乐，并纳礼制局改正。（田）为既无所传授，乐遂大坏。”[⑥] 田为时已由修制大乐局管勾官起复为大晟府典乐，而兼管“礼制局制造所”造乐器事。《宋代官制辞典》述礼制局工作性质为“讨论宫室、车服、器用、冠冕之度，婚、冠、丧葬之节”[⑦]，仅据《宋史·职官志》、《九朝编年备要》而言，可补充。

（四）教乐所

《宋代官制辞典》“教乐所”条：“乐司名。隶修内司。北宋徽宗朝见置，宣和七年十二月二十二日罢（《宋会要·职官》二二之二六《大晟府》）。……在废罢教坊后，承应大朝会、圣节上寿、驾前导引、岁时宴会等所需教坊乐。即禁庭凡有歌舞宣唤，教乐所负责点集诸州府衙前乐乐部及妓女，充当教坊乐部，入教乐所专门教习后供养（《梦粱录》卷三《皇太后圣节》）。点集乐部时，一如教坊，设有都管、部头、色长等伶官，其实是模仿

① 详见《宋会要·乐》四之一（第1册，第322页），《宋会要·乐》五之二五（第1册，第345页）。

② 龚延明：《宋代官制辞典》，第191页。

③ 详见《宋史·乐志四》（第9册，第3020页），《宋会要·礼》二四之六二（第1册，第930—931页），《宋会要·舆服》三之二〇（第2册，第1791页）。

④ 详见《宋会要·礼》五一之二三（第2册，第1553页），《宋会要·舆服》六之一六（第2册，第1833页），《长编纪事本末》卷一二八（第387册，第363页），《长编拾补》卷三五（第3册，第1165页）。

⑤ 徐乾学：《资治通鉴后编》卷九八，第343册，第796页。

⑥ 陈均：《皇朝编年纲目备要》卷二七，第687页。

⑦ 龚延明：《宋代官制辞典》，第191页。

教坊乐部编制，全由州府衙前乐部伶人充任。乐人因时而置，三百、四百无定（《梦粱录》卷二〇《妓乐》）。”[①] 大体可从。但此专为南宋教乐所而论，非可全用于徽宗朝教乐所。需要纠正和补充的几点是：

第一，徽宗朝教乐所不隶修内司，而隶属太常寺，后归大晟府管辖。徽宗朝教乐所始于大晟府设立前。《会要·职官》二二之二七：“诏：‘教习、草按乐日分，并依未置府以前旧制。遇依旧制合破按乐日分，并特依崇宁五年十一月条支破食钱。’”[②] “未置府以前旧制”云云，可知教乐所始于大晟府设立前[③]。“止赴大寺协律厅草按一日”云云，当隶属太常寺。大晟府置府建官后，教乐所便隶属大晟府（《会要·职官》二二之二六）。

第二，徽宗朝教乐所主要用于“朝会、祠事”。《会要·职官》二二之二六：“（大晟府）内在京乐工遇朝会、祠事日，特与支给食钱，仍立定人额。本府检会旧来祠祭共四十三次，今来年中祠祭及明堂颁朔布政，通计八十一次，并非泛应奉。”圣节上寿、驾前导引、岁时宴会等有专门乐部承担，如圣节上寿、岁时宴会用教坊乐，驾前导引用大晟府鼓吹局前部鼓吹及后部鼓吹乐。机构设置及乐部分部极细，非一概由教乐所承担。

第三，徽宗朝教乐所分“在所乐工”和“诸路乐工”两种类型，非“全由州府衙前乐部伶人充任”，人数也不止“三百、四百”，仅“在所乐工”就有785人。据《会要·职官》二二之二六“奉诏在所及诸路乐工”，可知教乐

① 龚延明：《宋代官制辞典》，第281页。

② 徐松辑：《宋会要·职官》二二之二七《大晟府》，第3册，第2873页。

③ 按：关于置“教乐所”时间，史籍多云“宣和间”。张知甫《可书》：“宣和间，置教乐所、行幸局、采石所、应奉司，皆以执政、内侍主之。至靖康初，道君降诏，悉罢。”（第409页）学界多据此认为“教乐所”置于宣和间。今据《宋会要·职官》二二之二六“（宣和二年八月）十八日，尚书省言‘奉诏在所及诸路乐工……在外教习食钱……诸乐工教习日支食钱’”云云，及前有“诏罢大晟府制造所”、后有“诏罢大晟府及教乐所”（第3册，第2873页），则“在所”乐工之“所”，不当指“大晟府制造所”而实为“大晟府教乐所”。其设立时间据诏书“依未置府以前旧制”云云，乃知在崇宁四年九月前。又据项阳考证，“教乐所”实在北宋立国初即已设立（《轮值轮训制——中国传统音乐主脉传承之所在》，《中国音乐学》2001年第2期，第15—16页）。据笔者披览所及，今存宋人文献虽未见北宋初有“教乐所”之名的记载，但其教习雅乐的场所（如“协律厅”等）则已具此性质，项先生之说可从。另外，王菲菲亦认为：“‘教乐所’并不是南宋才设立的音乐机构，早在北宋崇宁年间宋徽宗大兴音乐，并于此期间设立了‘教乐所’，直到宣和七年十二月罢。”（《论南宋音乐文化的世俗化特征及其历史定位》，第45页）所见甚是。但认为“当时的教乐所负责的是教坊乐舞队教习”（第45页），则和龚先生理解有相似之处。笔者认为，教坊在北宋本来就有教习俗乐的责任，不需要“教乐所”来负责“教坊乐舞队教习”；又教坊直到政和三年八月才隶大晟府，此前“教乐所”即已有教习雅乐乐舞的记载，因此，北宋“教乐所”更多是负责雅乐方面的工作，这一点与南宋稍有不同。

所包括大晟府教乐所“在所乐工”在内。其人员亦可考。《会要·职官》二二之二六：“本府见管乐正（工）六百三十五人、舞师一百五十人，共计七百八十五人。今欲用见管七百八十五人为定额，今后更不添入。其不足人，乞依例借教坊乐人并守阙乐师，契勘教习。”① 可见，大晟府教乐所“在所乐工”共有785人。而“诸路乐工”数目显然不在此内。

第四，徽宗朝教乐所并非“一如教坊，设有都管、部头、色长等伶官”，也不是“模仿教坊乐部编制”，而是由“乐正、副乐正、运谱、色长、乐师、舞师、上乐工、中乐工、下乐工”等组成，其中乐正2人，副乐正2人，乐师4人，运谱并色长共44人，上工160人，中工158人，下工并舞师共490人（《会要·职官》二二之二七）。《会要·职官》二二之二七述教乐制度云：“检承崇宁五年十一月敕令，诸乐工教习日支食钱，后稍精熟，免日教。遇大礼、大朝会前一月、大祠前半月、中祠前十日、小祠前五日教习，各前期在家习学，止赴大寺协律厅草按一日，并台官按乐一日。”“草按”及“台官按乐”，实际即演习“朝会、祠事”之乐。“草按一日”，乃“止赴大寺协律厅”，当由大晟府职官大司乐、大乐令、协律郎等巡视“按乐”。“大寺协律厅草按一日”云云，因大晟府成立后，大司乐秩比太常卿、大乐令秩比太常丞，原太常寺管辖下的协律厅也拨归大晟府，故能于大寺协律厅演习朝会、祠事之乐。查《政和五礼新仪》，凡朝会、祠事之乐，“大乐令于乐虡北，大司乐于宫架北”（卷二五），“协律郎展视乐器”，“乐正帅工人、二舞以次入”，“凡乐，皆协律郎跪，俯伏，举麾，兴，工鼓柷而后作。偃麾，[戛敔] 而后止②”（卷二六）；“大乐正令奏《采茨之乐》”，“大乐正令撞黄钟之钟，右五钟皆应，《乾安之乐》作。”（卷二八）《宋史·礼志十九》“大朝会仪”：“《新仪》成，改……太乐令为大晟府，《盛德升闻》为《天下化成之舞》，《天下大定》为《四夷来王之舞》。”可证教乐所于“草按”演习朝会、祠事乐时，大晟府职官大司乐、大乐令、协律郎等，均需到位。而在大寺协律厅演习精熟后，则由“台官按乐一日”。“台官”云云，乃指“御史台官”。《要录》卷一九八：“（绍兴三十二年三月丁酉朔）依条称‘台官’，谓大夫、中丞、侍御、两院御史。又《御史台令》，称两院御史者，谓殿中侍御史、监察御史。”《宋史·职

---

① 详见《宋会要·职官》二二之二六（第3册，第2873页），《宋会要·职官》二二之二六（第3册，第2873页），《宋会要·职官》二二之二六（第3册，第2873页），《宋会要·职官》二二之二六（第3册，第2873页）。

② 按：“偃麾而后止”，据《政和五礼新议》卷三一、卷三四、卷四〇，均作“偃麾，戛敔而后止”。知此处脱“戛敔”二字，据补。

官志四》："御史台，掌纠察官邪，肃正纲纪。……凡祭祀、朝会，则率其属正百官之班序。"《长编》卷一四五："近者台官，至有弹教坊弟子郑州来者，朝中传以为笑。"知御史台官在祭祀等场合负责"纠察"工作，而祭祀、朝会用乐亦在其纠察范围内。据《政和五礼新仪》："监察御史位二：一于坛下午阶之西南，一于子阶之西北，俱东向。协律郎位二：一于坛上乐虡之西北，一于宫架之西北，俱东向。大乐令位于登歌乐虡之北，大司乐位于宫架之北。"（卷三五）"次引监察御史，按视坛之上下，纠察不如仪者。"（卷三六）[①] 知监察御史负责"纠察不如仪者"。据此，可知"台官按乐一日"，主要指操作仪式而言，"台官"实非教乐所职官。

教乐所工作性质除演习朝会、祠事之乐外，还包括教习太学、辟雍诸生乐。《会要·乐》三之二六："大观之初，有诏，令大晟府乐工教习太学、辟雍诸生，每月习学三日。"许翰《孙公墓志铭》："政和四年，雅乐始兴，大司成檄公为乐教辟雍士。月余，士皆弦歌，金石和一庄整。有旨，大臣临阅。既奏于庭，群鹤来翔。"（《襄陵文集》卷一一）[②] 这一点也与教坊有别，详见下文。

（五）鼓吹局

原隶太常寺，后隶大晟府。《通考·职官考九》："宋鼓吹局：令一人，丞一人，崇宁后隶大晟府。"[③] 有关鼓吹局隶大晟府时间，《宋代官制辞典》系于崇宁四年八月，云据《通考·职官》九《太乐署》[④]。然查《通考·职官考九》，只言"崇宁后隶大晟府"，并未言崇宁四年八月即隶大晟府。言及崇宁四年鼓吹局隶大晟府的，不是《通考》而是《玉海》："政和七年三月一日，议礼局（引者按：当为"礼制局"）言：'鼓吹惟备警卫，未有铙歌之曲。请诏儒臣撰述。'诏可。崇宁四年，置大晟府总之。"[⑤] 按：大晟府"置府建官"在崇宁四年九月朔，

---

① 详见《宋会要·职官》二二之二七（第3册，第2873页），《宋会要·职官》二二之二七（第3册，第2873页），《政和五礼新仪》卷二五（第647册，第235页）、卷二六（第647册，第239—240页）及卷二八（第647册，第247—249页），《宋史·礼志十九》（第9册，第2750页），《建炎以来系年要录》卷一九八（第8册，第3894页），《宋史·职官志四》（第12册，第3869页），《续资治通鉴长编》卷一四五（第6册，第3495页），《政和五礼新仪》卷三五（第647册，第281页）及卷三六（第647册，第285页）。

② 详见《宋会要·乐》三之二六（第1册，第320页），《襄陵文集》卷一一《朝奉大夫充右文殿修撰孙公墓志铭》（第1123册，第582页）。

③ 马端临：《文献通考》卷五五《职官考九》，第499页。

④ 龚延明：《宋代官制辞典》，第277页。

⑤ 王应麟：《玉海》卷一〇六，第945册，第797页。

已见上考，故鼓吹局隶大晟府不在崇宁四年八月，而在崇宁四年九月。

关于鼓吹局工作性质，《宋代官制辞典》云：“凡行大礼、祠祭设登歌，掌鼓吹十二案，即击鼓、钲、箫、笳、横吹事。”① 大体可从。但《宋代官制辞典》云此出《宋史·礼一》，查原书，实无此记载。按：《宋史·乐志十五》：“太常鼓吹署乐工数少，每大礼皆取之于诸军。一品已下丧葬则给之，亦取于诸军。又大礼，车驾宿斋所止，夜设警场，用一千二百七十五人。奏严用金钲、大角、大鼓，乐用大小横吹、觱篥、箫、笳、笛。”《玉海》卷一〇六：“凡大乐充庭，则鼓吹局设熊罴十二案于宫悬之外。”② 《要录》卷一四九：“（绍兴十三年五月）壬戌，太常寺言：‘郊祀仗内，鼓吹八百八十四人，今乐部全阙。宜下三司差拨。’从之。”小注：“鼓吹用钲、鼓、铙、角、觱篥、管、笛等。昼在仗内导驾，夜在警场奏严。”③ 《通考·乐考二十》：“徽宗政和七年，议礼局（引者按：当为“礼制局”）奏曰：‘……今所设鼓吹，唯备警卫而已。’”可知鼓吹局之设置，其工作性质除了在大礼、祠祭中掌鼓吹十二案外，主要为导驾、警场、奏严所用。但徽宗朝自崇宁四年八月后即不用鼓吹十二案（《宋史·乐志四》），且鼓吹于大礼、祠祭中亦仅为摆设，所谓“奏大乐则鼓吹备而不作”（《宋史·乐志十五》），实际并未用于登歌。这种情况到政和七年仍是如此，故当时臣僚有“今所设鼓吹，唯备警卫而已”（详上）之叹。据此，鼓吹局工作性质，不过是用于“导驾、警场、奏严”及王公、一品、二品、三品等“卤簿之制”（《宋史·仪卫志五》，《政和五礼新仪》卷二〇，《通考·王礼考十四》）④ 而已。

关于鼓吹局乐工人数及职官设置，《会要·职官》二二之三四：“鼓吹局令、丞至守阙乐工，凡百二十七人。祠祭院府史、郊社直官至守阙供官，凡五十二人，通引官六人。”《玉海》卷一〇六：“鼓吹局令、丞至乐工二（引者按：“二”字当为衍文）百二十七人为额。”云鼓吹局“额”，包括“鼓吹局令、丞”等在内共计 127 人。但据《中兴礼书》卷二八：“依在京日，系内将鼓吹局额管令、丞以下一百二十九人，尽数差拨。”则云总额为 129 人。又，

---

① 龚延明：《宋代官制辞典》，第 277 页。

② 详见《宋史·乐志十五》（第 10 册，第 3302 页），《玉海》卷一〇六（第 945 册，第 796 页）。

③ 李心传：《建炎以来系年要录》卷一四九，第 6 册，第 2811 页。按：点校本作“觱、栗、管、笛等，昼在杖内导驾”（《建炎以来系年要录》卷一四九，第 6 册，第 2811 页），乃误。

④ 详见《文献通考·乐考二十》（第 1291 页），《宋史·乐志四》（第 9 册，第 3001 页），《宋史·乐志十五》（第 10 册，第 3304 页），《宋史·仪卫志五》（第 11 册，第 3456—3458 页），《政和五礼新仪》卷二〇（第 647 册，第 206—208 页），《文献通考·王礼考十四》（第 1077—1078 页）。

《中兴礼书》卷一九："旧制，本寺有鼓吹局，置令、丞、录事、院官、内（局）长、引乐官、色长、乐工，共一百一十九人为额。"① 则云"共一百一十九人为额"。按"一百一十九"当为"一百二十九"之误。《宋代官制辞典》云："设鼓吹局令、丞各一人。乐工一百二十七人。供官五十二人。通引官六人。"② 所见甚是。需要说明的是，在实际使用中，鼓吹局令、丞至乐工人数明显多于定额"百二十九人"，则是临时"取于州县及营兵以充"（《通考·乐考二十》）、"或追府县乐工备数"（《宋史·乐志十五》）。大中祥符六年"悉以禁兵充"（《宋史·乐志十五》），南宋则"借差殿前、马、步三司杂攒乐人等充摄"（《中兴礼书》卷一九）。又，关于鼓吹局令、丞人数，《通考·职官考九》："宋鼓吹局：令一人、丞一人。"《群书考索·后集》卷二："鼓吹署，令二人，丞二人，乐正（工）四人，掌鼓吹之节。"所述人数不同。据《玉海》卷一二四："鼓吹署，令二人，丞二人（开元二十三年减一人），乐正（工）四人，掌鼓吹之节。"知唐制"鼓吹令二人、丞二人"，"开元二十三年减一人"。宋承唐制，职官设置当为"鼓吹令一人、丞一人"，但在实际使用中却为"鼓吹令二人、丞二人"。今查《通考·乐考二十》，"宋朝卤簿大驾"前部鼓吹令 2 人，府史 4 人，主帅 60 人，乐工 618 人，歌工 48 人；后部鼓吹丞 2 人，典事 4 人，主帅 18 人，乐工 384 人，歌工 48 人；"亲祠舆驾出宫"，鼓吹令、丞各 2 人，职掌 4 人，府典史 8 人，都知 1 人，院官、录事各 1 人，通主辖人员共 1275 人，乐工 671 人，歌工 96 人。《玉海》卷一〇六："大驾前部千六百四人，鼓吹令二……后部四百八十人。"《会要·舆服》三之一六："大驾前部千六百四人，鼓吹令二员……后部四百八十人，鼓吹丞二员。"则知"宋鼓吹局令一人、丞一人"云云，乃职官编制数，在实际使用时为"令二人、丞二人"。据《中兴礼书》卷一九："鼓吹令二人、丞二人：昨在京日，本寺自有鼓吹令、丞，如阙，以次克（充）摄。缘即目并阙，今欲乞下殿前司，差诸军指挥使以上克（充）摄。"③ 亦言"鼓吹令二人、丞二

① 详见《宋会要·职官》二二之三四（第 3 册，第 2877 页），《玉海》卷一〇六（第 945 册，第 805 页），《中兴礼书》卷二八（第 822 册，第 121 页），《中兴礼书》卷一九（第 822 册，第 86 页）。

② 龚延明：《宋代官制辞典》，第 277 页。

③ 详见《文献通考·乐考二十》（第 1291 页），《宋史·乐志十五》（第 10 册，第 3302 页），《宋史·乐志十五》（第 10 册，第 3302 页），《中兴礼书》卷一九（第 822 册，第 86 页），《文献通考·职官考九》（第 499 页），《群书考索·后集》卷二（第 937 册，第 25 页），《玉海》卷一二四（第 946 册，第 334 页），《文献通考·乐考二十》（第 1290 页），《玉海》卷一〇六（第 945 册，第 797 页），《宋会要·舆服》三之一六（第 2 册，第 1789 页），《中兴礼书》卷一九（第 822 册，第 89 页）。

人”，不过有“如阙，以次克（充）摄”的说明，而南宋则以“诸军指挥使以上克（充）摄”。所谓“克（充）摄”，即在“卤簿大驾”等场合以他官暂时代行“鼓吹令、丞”职责。

隶属大晟府后的鼓吹局，则成为大晟府鼓吹案的分管机构，实际使用时分大晟府前部鼓吹与后部鼓吹。据《宋史·仪卫志四》、《政和五礼新仪》“中道卤簿”（卷一三）及“大驾中道”（卷一四）、《通考·王礼考十三》“政和大驾卤簿”，大晟府前部鼓吹设鼓吹令2人，府史4人，乐工950人，歌工48人；大晟府后部鼓吹设鼓吹丞2人，典事4人，乐工384人，歌工48人。又，据《宋史·仪卫志五》、《政和五礼新仪》卷二〇、《通考·王礼考十四》，“王公卤簿之制”大晟府前部鼓吹设鼓吹令1人，职掌1人，局长1人，院官1人，乐工68人，引乐官2人；大晟府后部鼓吹设鼓吹丞1员，录事1人，乐工34人；“一品卤簿之制”大晟府前部鼓吹设鼓吹令1人，职掌1人，局长1人，院官1人，乐工42人；大晟府后部鼓吹设鼓吹丞1人，录事1人，引乐官2人，乐工30人；“二品卤簿之制”大晟府前部鼓吹设鼓吹令1人，职掌1人，局长1人，院官1人，乐工24人；大晟府后部鼓吹设鼓吹丞1人，录事1人，引乐官1人，乐工17人……①无论是“政和大驾卤簿”，还是“政和王公（或一品、二品、三品）卤簿”，其人数都要远过于北宋前此历代用乐。

鼓吹局职官设置，据《会要·职官》二二之三四，有鼓吹局令、丞、乐工、供官、通引官等五种②。令、丞等属乐官，供官、通引官当为吏属。但在实际使用时另设有府史、典事、录事、院官、局长、引乐官、都知、职掌等吏属，歌工等乐人。大晟府前部鼓吹与后部鼓吹亦承此未变，只是人数有所增加而已。

（六）钤辖教坊所

钤辖教坊所，北宋天圣五年始置（《宋史·乐志十七》），后与教坊同隶大晟府。《会要·职官》二二之二五：“（大晟府）其所辖则钤辖教坊所及教

① 详见《宋史·仪卫志四》（第11册，第3424—3425页，第3429页），《政和五礼新仪》卷一三（第647册，第180页）及卷一四（第647册，第187页），《文献通考·王礼考十三》（第1064页，第1065页），《宋史·仪卫志五》（第11册，第3456—3457页，第3457页，第3458页），《政和五礼新仪》卷二〇（第647册，第206—208页），《文献通考·王礼考十四》（第1077页，第1077—1078页，第1078页）。

② 徐松辑：《宋会要·职官》二二之三四，第3册，第2877页。

坊。”[①]《宋代官制辞典》只言其置罢时间，未及隶大晟府事[②]。当补。

关于钤辖教坊所罢废时间，《宋代官制辞典》云“建炎初”，可商榷。钤辖教坊所与教坊罢废时间虽大体相同，但亦有微异。《宋史·乐志十七》：“高宗建炎初，省教坊。”《会要·职官》二二之三〇：“高宗建炎二年二月二十日，诏：‘自来以内侍官二员兼钤辖教坊，盖太平无事时故事。近缘内侍官更代，失于检察，仍带前项兼领，实虽废而名尚存。所有内侍钤辖教坊名阙，可减罢，更不差置。’”表明“建炎初”虽省教坊，但钤辖教坊所仍存，建炎二年二月方罢。又，绍兴十四年复置教坊，钤辖教坊所亦随之复置。《要录》卷一五一：“（绍兴十四年二月）辛卯，复置教坊，凡乐工四百有十六人，以内侍充钤辖。（三十一年六月罢。）”《会要·职官》二二之三〇：“绍兴十四年二月十日，钤辖钧容直所言：‘被旨条具祖宗以来置教坊典故。旧有钤辖教坊所官：钤辖二员，系入内内侍省奏差本省供奉官以下充。吏额：点检文字、前行各一名，后行三人，贴司二人，教坊手分、贴司各二人。旧额乐工四百一十六人。’”可见，复置教坊时不仅仍“以内侍充钤辖”，乐工人数仍不变。又，据曹勋《董太尉墓志》：“公讳仲永，字德之，世为开封人。……绍兴初，干办延福宫，腾踔之基，皆自公始。……后二年，上思其屡试繁剧，除干办后苑以起之。次年，迁天章阁兼翰林司驰坊经奉……改干办钧容直。时乐府草创，公整齐钧奏，绵蕝庆礼，箫韶悉备，律吕和雅。上喜其克谐，亦迁秩焉。后因专发机速邮递，既不稽迟，又无差舛，特转团练使，改钤辖教坊，寻擢内东门司。”（《松隐集》卷三六）[③]按：“乐府草创”云云，乃在绍兴九年[④]。知内侍董仲永“改钤辖教坊（所）”，当在绍兴十四年复置教坊后。钤辖教坊所最终罢废在绍兴三十一年。《宋史·乐志十七》：“绍兴末，复省（教坊）。”“绍兴三十一年，有诏，教坊即日蠲罢，各令自便。”《会要·职官》二二之

① 详见《宋史·乐志十七》（第10册，第3358页），《宋会要·职官》二二之二五（第3册，第2872页）。

② 龚延明：《宋代官制辞典》，第281页。

③ 详见《宋史·乐志十七》（第10册，第3359页），《宋会要·职官》二二之三〇（第3册，第2875页），《建炎以来系年要录》卷一五一（第6册，第2848页），《宋会要·职官》二二之三〇（第3册，第2875页），《松隐集》卷三六（第1129册，第547—548页）。

④ 按：“乐府草创”云云，当指南宋重建“钧容直”事，时在绍兴九年三、四月间。《建炎以来系年要录》卷一二七：“（绍兴九年三月己亥）诏：‘增补殿前司钧容直乐工，以二百人为额。’旧钧容直四百人，至是存者七十余人。既而上闻其召募扰民，第命据见管人数存留而已。（后旨在四月庚午。）”（第5册，第2396页）《中兴小纪》卷二六：“（绍兴九年四月）庚午，殿前司募钧容乐工。上虑其扰，令但留旧人，不得增募。”（第765册，第298页）时董仲永“干办钧容直”，与此相合。

三〇："绍兴三十一年六月十二日，诏教坊日下罢，并令逐便。"《要录》卷一五一："以内侍充钤辖。（三十一年六月罢。）"① 此后不见有复置钤辖教坊所的记载。

关于钤辖教坊所工作性质，《宋代官制辞典》云："监领、均束教坊事。"② 不言所据，当据《会要·职官》二二之三〇《教坊》、《宋史·乐志十七》"教坊条"所概括。大体可从，但仍需补充。按：《宋史·职官志四》："教坊及钤辖教坊所，掌宴乐，阅习以待宴享之用，考其艺而进退之。"据苏轼《论魏王在殡乞罢秋燕札子》："近准钤辖教坊所关到撰《秋燕致语》等文字。"③ 则"钤辖教坊所"工作性质还包括掌宴乐阅习、进退乐工之事及关报宴享撰修"致语等文字"事务④，即"对教坊的管理主要表现在人事及日常事务的管理方面"⑤。至于钤辖教坊所官属，当如《会要·职官》二二之三〇所载，钤辖官二人，点检文字一人，前行一人，后行三人，贴司二人⑥。

（七）教坊

教坊原隶宣徽院，元丰官制行隶太常寺（《宋史·乐志十七》），后隶大晟府（《会要·职官》二二之二五）⑦。关于其隶大晟府时间，学界多有歧见。《宋代官制辞典》："教坊……崇宁四年隶大晟府（《宋史·乐志十七》，《宋会要·职官》二二之二五）。"⑧ 可商榷。按：教坊隶大晟府不在崇宁四年，《宋史·乐志十七》只载政和三年及政和四年教坊与大晟府事，而《会要·职官》二二之二七所载亦为"教乐所"而非教坊情况⑨。教乐所崇宁四年隶大晟府，详上考。教坊并非"教乐所"，乐工或有暂时借用现象，但并非同一个机构。

---

① 详见《宋史·乐志十七》（第10册，第3359页，第3361页），《宋会要·职官》二二之三〇（第3册，第2875页），《建炎以来系年要录》卷一五一（第6册，第2848页）。

② 龚延明：《宋代官制辞典》，第281页。

③ 详见《宋史·职官志四》（第12册，第3885页），《苏轼文集》卷二九（第3册，第822页）。

④ 按："教坊致语"原由教坊乐官撰写，再由"钤辖教坊所"交学士院或直舍人院修润。

⑤ 卫亚浩：《教坊与大晟府的关系考辨》，《郑州大学学报》（哲学社会科学版）2008年第1期，第131页。

⑥ 徐松辑：《宋会要·职官》二二之三〇《教坊》，第3册，第2875页。

⑦ 详见《宋史·乐志十七》（第10册，第3358页），《宋会要·职官》二二之二五（第3册，第2872页）。

⑧ 龚延明：《宋代官制辞典》，第279页。

⑨ 详见《宋史·乐志十七》（第10册，第3359页），《宋会要·职官》二二之二七（第3册，第2873页）。

教坊北宋全盛时乐人共416人①，而大晟府教乐所“在所乐工”共有785人，其中还不包括“诸路乐工”（《会要·职官》二二之二七），可见其人员超过教坊数。《宋史·乐志四》：“（宣和）七年十二月，金人败盟，分兵两道入。诏革弊事，废诸局。于是大晟府及教乐所、教坊额外人并罢。”《宋史·食货志下一》：“（宣和七年十二月）诏：……罢大晟府，罢教乐所，罢教坊额外人。”《三朝北盟会编》卷二五：“（宣和七年十二月）二十一日戊午，下罪己求直言诏……罢大晟府，罢教乐所，罢教坊额外人。”② 教乐所随大晟府而罢，而教坊仍存，只是删汰了“额外人”而已。

按：教坊本与大晟府为并列机构，其隶大晟府不在崇宁四年。《宋史·乐志四》：“（大观二年诏）‘刘诜所上徵声，可令大晟府同教坊依谱按习，仍增徵、角二谱，候习熟来上。’”“（政和三年五月）新乐器……已经按试者，大晟府画图疏说颁行。教坊、钧容直、开封府各颁降二副……教坊、钧容直及中外不得违。”（《会要·乐》三之二六、二七及五之二〇略同）③ 可见，直到大观二年至政和三年五月，教坊仍不隶大晟府。

教坊隶大晟府，盖始于政和三年八月。史载：

（政和三年）八月，尚书省言：“大晟府宴乐已拨归教坊。所有诸府

---

① 徐松辑：《宋会要·职官》二二之三〇《教坊》，第3册，第2875页。按：关于宋代教坊人数，北宋初、北宋末迄南宋初两个时间段均有不同。《乐书》卷一八八：“圣朝教坊裁二百员。”（第211册，第849页）《宋会要·职官》二二之二八：“旧（教坊）使至贴部止二百四人。复增高班都知已下，皆执色：杂剧二十四人……掌撰文字一人。”（第3册，第2874页）对此学界有不同理解。岸边成雄将“执色”与“四部”相加，得出近400人的结论；卫亚浩认为“执色”即在“四部”之中，总数为204人（《宋代乐府制度研究》，第56页）。今按：《乐书》、《宋会要》所述“止二百四员”，当为建中靖国元年或崇宁二年前的情况。“复增高班都知已下，皆执色：杂剧二十四人……掌撰文字一人。”乃在建中靖国元年或崇宁二年后。因“高班都知、都知”等，建隆中即已存在（《宋史·乐志十七》，第10册，第3358页；《文献通考·乐考十九》，第1283页），无需“增”设，可知“复增”者乃“执色”乐工。今据《三朝北盟会编》卷七八：“（靖康二年正月三十日）金人又索……教坊四百人。”（第350册，第618页）《宋会要·职官》二二之三〇：“（教坊）旧额，乐人四百一十六人。”（第3册，第2875页）“旧额”云云，当指“在京”旧额，乃建中靖国元年或崇宁二年后“复增”后的人数。故北宋末教坊“额”实为416人。《宋代官制辞典》说教坊北宋全盛时乐人共416人（第279页），可从。

② 详见《宋会要·职官》二二之二七（第3册，第2873页），《宋史·乐志四》（第9册，第3027页），《宋史·食货志下一》（第13册，第4364页），《三朝北盟会编》卷二五（第350册，第196—197页）。

③ 详见《宋史·乐志四》（第9册，第3002页，第3018页），《宋会要·乐》三之二六、二七及五之二〇（第1册，第320页，第342页）。

从来习学之人，元降指挥令就大晟府教习，今当并就教坊习学。”从之。(《宋史·乐志十七》)

(政和三年)八月九日，尚书省言：“大晟府燕乐已拨归教坊。所有诸路从来习学之人，元降指挥令就大晟府教习，今当并就教坊习学。”从之。(《会要·乐》三之二七)

关于教坊隶大晟府时间，也可从用“律”与“制谱”两方面求证。《宋史·乐志十七》：“（政和）四年正月，礼部奏：‘教坊乐春或用商声，孟或用季律，甚失四时之序。乞以大晟府十二月所定声律，令教坊阅习。’”《通考·乐考十九》略同[①]。按：崇宁四年九月至政和四年正月，大晟府“置府建官”已近十年，而教坊尚未用“大晟律”[②]；只是在教坊隶大晟府四个多月后，礼部方将教坊袭用原“律”情况加以纠正，故有以大晟律改造教坊乐事，此其一。又，《宋史·乐志四》：“政和初，命大晟府改用大晟律，其声下唐乐已两律。……至于《徵招》、《角招》……其曲谱颇和美，故一时盛行于天下，然教坊乐工嫉之如雠。其后，蔡攸复与教坊用事乐工附会，又上《唐谱徵、角二声》，遂再命教坊制曲谱。既成，亦不克行而止。”所谓“教坊乐工嫉之如雠”，疑指教坊大使丁仙现而言（《避暑录话》卷上）[③]。因政和初教坊尚不隶大晟府，故大晟府“以雅乐中声播于宴乐”，教坊乐工“嫉之如雠”。但等到政和七年三月后蔡攸提举大晟府时，“教坊用事乐工”非但不加反对，反与蔡攸一起“附会”上《唐谱徵、角二声》并制曲谱。因此时教坊隶大晟府已达四年之久，无需对越出教坊“旧行一十七调”的《徵招》、《角招》加以排斥。此其二。

但教坊即使在隶属大晟府后，仍有一定独立性。《会要·职官》二二之二六：“（宣和二年八月十八日）本府见管乐正（工）六百三十五人、舞师一百五十人，共计七百八十五人。今欲用见管七百八十五人为定额，今后更不添人。其不足人，乞依例借教坊乐人并守阙乐师，契勘教习。”[④] 可见，大晟府

---

① 详见《宋史·乐志十七》（第10册，第3359页），《宋会要·乐》三之二七（第1册，第320页），《宋史·乐志十七》（第10册，第3359页），《文献通考·乐考十九》（第1285页）。

② 按：未有“大晟律”之前，教坊、钧容直及天下州县各自用“律”（《宋史·律历志四》，第5册，第1612页）。

③ 详见《宋史·乐志四》（第9册，第3026页），《避暑录话》卷上（第2编，第10册，第256页）。

④ 徐松辑：《宋会要·职官》二二之二六《大晟府》，第3册，第2873页。

乐工与教坊乐工仍为分管。大晟府乐工785人，教坊乐工416人。前者主要用于朝会、祭祀等雅乐场合，后者主要用于宴享等俗乐场合。遇有大祠等大晟府乐工人数不足时，方临时“借教坊乐人并守阙乐师”。

正因教坊与大晟府纷繁的离合关系，使学者们对此迷惑不解，众说纷纭。岸边成雄说：

> 有关徽宗期间大晟府之设置与教坊有关之问题。如《宋会要辑稿》第七二册《职官》二二所载……即大晟府系徽宗崇宁年间所新设，接管原属太常寺太乐署掌管之礼乐，教坊亦受其管辖。《宋史·乐志》“教坊条”所载……是则大晟府并未管辖教坊；反之，大晟府之教习者政和三年业已在教坊实施，大晟府似系临时制定者。《宋史》卷一四六《职官志四》“太常寺”条所述……即系设置后未及二年于裁撤冗官时，其在形式上复归太常寺管辖者。①

这段文字在对教坊是否属大晟府问题上摇摆不定，一方面史料明载教坊确实归属过大晟府，另一方面教坊在属大晟府后仍保持一定独立性。因此，岸边成雄认为，教坊属大晟府在崇宁四年九月至五年二月，等到崇宁五年九月大晟府“复旧”后，教坊不再隶大晟府，而归太常寺管辖。这种解释因对史料记载政和后教坊隶大晟府的情况视而不见，而在学界不被认同。卫亚浩认为：“大晟府并非只是宴乐的临时制定机构，在政和三年大晟府宴乐被拨归教坊之后，大晟府依然对宴乐的演奏（使用的宫调）和（宴乐八十四调的）整理等负有领导职责。”“在大晟府辖有教坊期间，宫廷内侍机构也对教坊行使着相当的管理权力。……教坊所接受的乃是分别来自大晟府和宫廷内侍机构的双重领导。”② 这种理解较为合理，但仍需补充两点：

其一，大晟府设立伊始，本为雅乐机构，虽有宴乐案之设，但所掌实为朝廷宴享所用雅乐，而非俗乐范畴之燕乐。故自崇宁四年九月后至政和三年八月前，大晟府与教坊实为并立机构，前者掌雅乐而后者掌俗乐，两者互不统属；政和三年“以《大晟乐》播之教坊”后，大晟府兼管俗乐范畴之燕乐，至本年八月教坊才隶大晟府。今据所见大晟府制撰文字乃政和三年后方有实任这一史实，可以印证。

---

① ［日］岸边成雄：《唐代音乐史的研究》，第294页。

② 卫亚浩：《教坊与大晟府的关系考辨》，《郑州大学学报》（哲学社会科学版）2008年第1期，第130—131页。

其二，大晟府实际负责人（大晟府提举官）有时也由宦官兼任，其品秩高于任教坊钤辖所的宦官[①]。但即使在教坊隶大晟府后，教坊钤辖仍对教坊有直辖权，可见其本身即具一定独立性。

其实，学界长期以来未能解答岸边成雄之质疑者，乃在未能触及岸边成雄的根本误解之处，即误读原始文献所导致的理解错误，其关节点在政和三年八月前，教坊确未隶大晟府；而在政和三年八月后，教坊方隶大晟府。岸边成雄之所以把“大晟府宴乐已拨归教坊。所有诸府从来习学之人，元降指挥令就大晟府教习，今当并就教坊习学”这一教坊与大晟府融合为一的材料，误读为“是则大晟府并未管辖教坊；反之，大晟府之教习者政和三年业已在教坊实施，大晟府似系临时制定者”，其根本原因即误认为教坊在大晟府设立伊始即已并入。

教坊的工作性质，史料所述颇丰富。《宋代官制辞典》据《会要・职官》二二之二八、《宋史・乐志十七》、《梦粱录》卷二〇概括为：“凡朝廷大宴、曲宴、圣节、上元观灯、皇帝游幸及赐大臣与宗室筵宴，皆由教坊演奏乐曲、杂剧、歌舞之类娱乐节目，比之太常雅乐，教坊乐显得轻松、欢快、随和，通过故事贯串，寓有谏诤、鉴戒之意。平时，教坊掌教习伶人，并考核伶人技艺以进退。”[②] 较为完备。尚需补充的几点是：

第一，教坊乐虽为俗乐，但遇朝会、祭祀等大礼，亦临时借用为雅乐乐工。《宋史・乐志一》：“（乾德四年六月）至是，始令有司复二舞、十二案之制。二舞郎及引舞一百五十人，按视教坊、开封乐籍，选乐工子弟以备其列，冠服准旧制。”《长编》卷二四：“己未，太一宫成，凡千一百区，命张齐贤等共视之。齐贤等言：‘太乙，五帝之佐，天神之至贵者也。请用祭天之礼，杀其半又小损之。’上令增教坊伶官百人，自昏祠至明，如汉制。每岁四立日，行祀礼。”即使在隶大晟府后，这一点仍未变（《会要・职官》二二之二六）[③]。

第二，皇帝、亲王、大臣一品至三品及命妇出行，教坊乐工也参与导引工作。《长编》卷四七八：“准故事，郊祀既成，乘舆还斋宫，改服通天冠、绛纱袍。教坊、钧容作乐，还内。”《东京梦华录》卷一〇：“才升辇，教坊在外

---

① 按：大晟府提举官有时由知入内内侍省（从五品）兼任，如杨戬、梁师成等都兼任过大晟府提举官一职；教坊钤辖官由入内内侍省奏差本省供奉官（从六品）。

② 龚延明：《宋代官制辞典》，第279页。

③ 详见《宋史・乐志一》（第9册，第2940页），《续资治通鉴长编》卷二四（第1册，第557页），《宋会要・职官》二二之二六（第3册，第2873页）。

壝东门排列。钧容直先奏乐，一甲士舞一《曲破》讫，教坊进口号，乐作。诸军队伍鼓吹皆动，声震天地。”《宋史·王黼传》：“宣和元年，拜特进、少宰……导以教坊乐。供张什器，悉取于官。宠倾一时。”①

第三，皇帝虞主归京，也参用教坊乐。《要录》卷一七六：“己未，玉牒所进呈太祖、太宗、魏悼王三祖下《仙源类谱》。用黄麾细仗、教坊乐、僧道威仪前导。”《宋史·安焘传》：“教坊不当于相国寺作乐。”②

教坊职官设置，《宋代官制辞典》据《会要·职官》二二之二八、《宋史·乐志十七》，列教坊使1人，教坊副使2人，判官、都色长、色长、部头、高班都知、都知、教头等，以及制撰文字、同制撰文字，其员额不定；内侍2人为钤辖官，别置钤辖教坊所，书吏有手分、贴司各2人③。可从。唯言绍兴十四年复置教坊时乐工达460人，则未加细考，实为416人。按：《宋代官制辞典》言据《会要·乐》五之二九，绍兴十四年复置教坊，乐工460人④。今查《会要·乐》五之二九《教坊乐》，只云队舞之制，无乐工460人之记载。此当从《宋史·乐志十七》：“绍兴十四年，复置（教坊）。凡乐工四百六十人。”然据《会要·职官》二二之三〇：“绍兴十四年二月十日，钤辖钧容直所言：‘……旧额，乐工四百一十六人。’”《要录》卷一五一：“（绍兴十四年二月）辛卯，复置教坊，凡乐工四百有十六人。”⑤《续宋编年资治通鉴》：“绍兴十四年，春正月，复教坊，乐工凡四百十有六人。”⑥《宋史全文》卷二一：“（绍兴十四年二月）辛卯，复置教坊，凡乐工四百十有六人。”可证《宋史·乐志十七》“四百六十人”必为“四百有十六人”之误。又考《会要·

---

① 详见《续资治通鉴长编》卷四七八（第19册，第11395页），《东京梦华录》卷一〇（第67页），《宋史·王黼传》（第39册，第13681页）。

② 详见《建炎以来系年要录》卷一七六（第7册，第3380页），《宋史·安焘传》（第30册，第10567页）。按：有关教坊工作性质，张国强《宋代教坊乐制研究》（第62—67页）、卫亚浩《宋代乐府制度研究》（第85—98页）考述甚详，可参考。

③ 龚延明：《宋代官制辞典》，第279页。

④ 同上。

⑤ 详见《宋会要·乐》五之二九（第1册，第347页），《宋史·乐志十七》（第10册，第3359页），《宋会要·职官》二二之三〇（第3册，第2875页），《建炎以来系年要录》卷一五一（第6册，第2848页）。

⑥ 刘时举：《续宋中兴编年资治通鉴》卷五，第118页。按：王瑞来点校本原作“复教坊乐工，凡四百十有六人。”乃非。《建炎以来系年要录》卷一五一（第6册，第2848页），《宋史全文》卷二一（第331册，第120页；参点校本卷二一，第6册，第1683页）均作“复置教坊，凡乐工四百有十六人”，据改。

职官》二二之二八《教坊》载制撰文字、同制撰文字各为1人①，不可谓员额不定。隶大晟府后，教坊职官与吏属当无大的变化。

（八）编修《燕乐书》所（或称燕乐所）

编修《燕乐书》所，见于《会要·乐》四之一、二："（政和八年九月二十日）蔡攸言：'昨奉诏："教坊、钧容、衙前及天下州县燕乐旧行一十七调大小曲谱，声韵各有不同，令编修《燕乐书》所审按校定，依月律次序添入新补撰诸调曲谱，令有司颁降。"……将燕乐一十七调看详到大小曲三百二十三首，各依月律次序，谨以进呈……'从之。"按"教坊、钧容、衙前及天下州县燕乐旧行一十七调大小曲谱，声韵各有不同"，乃在政和四年正月前。正式提出改革"声韵各有不同"现状的时间在政和四年正月。《会要·乐》五之三六、三七："（政和）四年正月，礼部奏：'教坊乐春或用商声，孟或用季律，甚失四时之序。乞以大晟府十二月所定声律，令教坊阅习。'"《宋史·乐志十七》、《通考·乐考十九》同。又，《宋史·乐志四》："（政和）四年正月，大晟府言：'宴乐诸宫调多不正，如以无射为黄钟宫……皆俚俗所传。今依月律改定。'诏可。"②据此可知，礼部、大晟府上奏乞以大晟律改定教坊乐，正是所谓"昨奉诏……审按校定"的具体内容。编修《燕乐书》所既然为"审按校定"燕乐曲谱"声韵"及"依月律次序"添入新曲谱的机构，当是礼部、大晟府上奏乞以大晟律改定教坊乐后的事，其设立时间似在政和四年正月稍后。

编修《燕乐书》所工作性质，主要是依大晟律改定燕乐曲谱并"依月律次序"添入新补撰诸调曲谱，也即后人所说"讨论古音，审定古调"（《词源》卷下）。此外，编修《燕乐书》所还曾实际编撰一些燕乐书籍。《会要·乐》四之一："（政和六年）闰正月九日，臣僚言：'……独燕乐未有纪述。乞考古声器所起，断以方今制作之原，各附以图，为《燕乐新书》。'诏大晟府编集燕乐八十四调并图谱，令刘昺撰文。"所谓"大晟府编集燕乐八十四调并图谱"，其工作疑由编修《燕乐书》所承担。政和八年，编修《燕乐书》所又编撰了"蔡攸《燕乐》三十四册"（《会要·乐》四之一，《宋史·艺文志一》）③。

① 详见《宋史全文》卷二一（第331册，第120页；参点校本卷二一，第6册，第1683页），《宋会要·职官》二二之二八（第3册，第2874页）。

② 详见《宋会要·乐》四之一、二（第1册，第322页），《宋会要·乐》五之三六、三七（第1册，第350—351页），《宋史·乐志十七》（第10册，第3359页），《文献通考·乐考十九》（第1285页），《宋史·乐志四》（第9册，第3019页）。

③ 详见《词源》卷下（《词话丛编》本，第1册，第255页），《宋会要·乐》四之一（第1册，第322页），《宋会要·乐》四之一（第1册，第322页），《宋史·艺文志一》（第15册，第5054页）。

史料中又有所谓“燕乐所”。《会要·职官》六九之四：“（宣和元年八月十八日）以臣僚言，典乐在太常少卿之上，燕乐所制撰乃厘务官耳，太相辽绝，不冒躐如此。”① “燕乐所”云云，当即编修《燕乐书》所别名。其官属有燕乐所制撰等，即大晟府制撰文字，属厘务官。据此，编修《燕乐书》所工作性质除依大晟律改定燕乐曲谱及编撰燕乐书籍外，还有依燕乐曲谱填词这一项。

编修《燕乐书》所罢“所”时间，史料未见记载。《会要·乐》四之二：“（宣和）二年二月六日，大晟府奏：‘燕乐依月律撰词八十四调，乞颁行。’从之。”《玉海》卷一〇五略同。似宣和二年二月仍存。又据《会要·职官》二二之二六：“宣和二年七月十六日，诏：‘大晟府近岁添置按协声律及制撰，殊为冗滥，白身满岁即补迪功郎，侥幸为甚，可并罢。’”② “制撰”又称燕乐所制撰，其既然罢于宣和二年七月，疑编修《燕乐书》所亦罢于此时。

以上仅就大晟府直属机构与附属机构工作性质分别作了概括和考述。综合职能的研究，前贤多有总结。如李文郁将大晟府机构职能归纳为五点：(1) 大晟府为颁布乐律之机关。(2) 大晟府为教习音乐之机关。(3) 大晟府为修正乐律之机关。(4) 大晟府为编辑调谱创制声律之机关。(5) 大晟府为操持乐令之机关。③ 较为完备，但尚需补充。彭国忠于第2条补充“教习舞蹈”，并增加两点为：(1) 大晟府为制造乐器之机关。(2) 大晟府为制撰文字之机关。④ 可从，但亦有可商榷处。李先生云“教习音乐之机关”，自然包含“教习舞蹈”这一层意思。而“制造乐器”则非专属大晟府之职能，据考，制造乐器的机构除“大晟府制造所”、“大晟府修制大乐局”外，尚有“中书省提举制造大乐局”、“礼制局制造所”等，已见上考。又州郡“人户”亦可“依式造粥”⑤。又，既云“即使是撰文填词之事，也并非尽属大晟府制撰官”，则“大晟府为制撰文字之机关”云云⑥，亦可修补。考历来依乐填词就不是乐署及乐官专职，宋雅乐乐章

① 徐松辑：《宋会要·职官》六九之四，第4册，第3931页。

② 详见《宋会要·乐》四之二（第1册，第322页），《玉海》卷一〇五（第945册，第778页），《宋会要·职官》二二之二六（第3册，第2873页）。

③ 李文郁：《大晟府考略》，《词学季刊》第2卷第2号（1935年1月），第15—15页。

④ 彭国忠：《大晟词派质疑》，《上海大学学报》（社会科学版）2000年第3期，第36页。

⑤ 详见《宋史·乐志四》（第9册，第3019页），《宋会要·乐》三之二六、三之二八（第1册，第320页，第322页）。

⑥ 彭国忠：《大晟词派质疑》，《上海大学学报》（社会科学版）2000年第3期，第35页。

向来为学士院、舍人院、秘书省等词臣所撰，燕乐词曲如鼓吹曲《导引》、《六州》、《十二时》等，也多为清要官所填制。大晟府徵、角二调“填词实谱”工作，主要由大晟府制撰文字承担，但也有非大晟府成员而为者。如王安中撰制《徵招调·中腔·天宁节》时，即为秘书省著作郎，而非大晟府制撰文字。可见，所谓“大晟府为制撰文字之机关”，亦非完全准确。

据上文有关大晟府直属机构与附属机构的分条考证，再结合李文郁、彭国忠及学界其他先生的研究，可将大晟府机构职能综合概括为：

（1）大晟府为颁布乐律之机关。北宋乐律多异，教坊、钧容直及天下州县原各自用律，政和四年以“大晟律”统一雅、俗乐，黄钟音高标准始得统一。实施过程为大晟府提出建议，礼部上奏，尚书省颁布，各路监司、各州县行政长官负责纠察①。

（2）大晟府为教习音乐之机关。教习雅乐由大晟府教乐所承担，教习燕乐由教坊承担，各有条制及奖罚制度②。

（3）大晟府为修正乐律之机关。政和七年后设修制大乐局，废“中声”乐而用“正声”乐，重和元年罢局③。

（4）大晟府为编辑调谱创制声律之机关。大晟府编辑的调谱包括雅乐曲谱与俗乐曲谱两大类，雅乐曲谱有祭祀及诗乐多种（今存部分残谱），如政和六年六月前及七年二月赐高丽雅乐曲谱（详后《〈高丽史·乐志〉大晟府词曲辑考》），俗乐曲谱则有政和四年六月前赐高丽燕乐“《曲谱》一十册”、“《指诀图》一十册”（《高丽史·乐志一》）、蔡攸《燕乐》三十四册、徽宗《黄钟徵、角调》二卷（《宋史·艺文志一》，《玉海》卷七、卷二八）④ 等。

（5）大晟府为操持乐令之机关。较典型者如大观元年大晟府议颁新乐（《宋史·乐志四》，《会要·乐》五之二〇）。又如政和八年大晟府提举官蔡攸奏请废“中声”乐（《宋史·乐志四》，《会要·乐》四之一）。但“操持乐令之机关”并非全属大晟府。政和三年正月州郡鹿鸣燕用乐，便由议礼局上

① 详见《宋史·乐志四》（第9册，第3019页），《宋史·乐志十七》（第10册，第3345页），《宋会要·乐》四之一（第1册，第322页），《文献通考·乐考十九》（第1285页）。

② 详见《宋会要·职官》二二之二七、二二之三〇（第3册，第2873页，第2875页），《宋会要·乐》三之二六（第1册，第320页）。

③ 详见《宋史·乐志四》（第9册，第3023页），《宋会要·乐》四之二（第1册，第322页），《皇朝编年纲目备要》卷二七（第687页）。

④ 详见《高丽史·乐志一》（第6册，第2206—2208页），《宋史·艺文志一》（第15册，第5054页），《玉海》卷七及卷二八（第943册，第198页，第691页）。

奏（《政和五礼新仪》卷首，《长编纪事本末》卷一三三）。又如政和三年八月颁示新乐器、曲谱，也是“令尚书省立法”（《宋史·乐志四》，《会要·乐》三之二六）①。

（6）大晟府为制造乐器之机关。较为典型者如大晟府制造所、修制大乐局。但并非所有乐器都由大晟府制造。大晟府成立后，制造乐器之机关尚有中书省提举制造大乐局、礼制局制造所（详上）等。

（7）大晟府为制撰文字之机关。较为典型者如大晟府“徵、角”二调“填词实谱”工作，主要由大晟府制撰文字承担，但也有非大晟府成员而为者，详上考。

（8）大晟府为仪仗、五礼、节序用乐排挡之机关。包括皇帝、皇后、皇太子、亲王及三品以上官与命妇出行导引用乐（《宋史·仪卫志四》，《政和五礼新仪》卷一三、卷一四，《通考·王礼考十三》），掌管大礼所用乐章、乐曲及用乐节次（《政和五礼新仪》卷三一、卷三二），皇室、宗室及百官筵宴与排挡用乐（《政和五礼新仪》卷一六五，《东京梦华录》卷九）②。

第二节 大晟府职官考

有关大晟府职官设置时间、职能、人员废替情况等，《宋史》、《会要》、《通考》、《玉海》、《纲目备要》等史料均有详细记载，然所述互有异同，间有抵牾之处。学界对此亦颇多歧见，原因乃未及见大晟府职官为一动态过程之设置，加上宋元以来修史者对徽宗朝的偏见而随意增删润饰史料，致使对大晟府这种特殊职官设置的研究时有误区。今试作考证订补如下。

一、大晟府职官的设置时间

有关大晟府职官设置时间，史乘记载较为歧异。《宋史·职官志八》：“大

① 详见《宋史·乐志四》（第9册，第3002页），《宋会要·乐》五之二〇（第1册，第342页），《宋史·乐志四》（第9册，第3023页），《宋会要·乐》四之一（第1册，第322页），《政和五礼新仪》卷首（第647册，第34页），《长编纪事本末》卷一三三（第387册，第413页），《宋史·乐志四》（第9册，第3019页），《宋会要·乐》三之二六（第1册，第320页）。

② 详见《宋史·仪卫志四》（第11册，第3424—3425页，第3429页），《政和五礼新仪》卷一三及卷一四（第647册，第180页，第187页），《文献通考·王礼考十三》（第1064页，第1065页），《政和五礼新仪》卷三一及卷三二（第647册，第261—265页，第266—269页），《政和五礼新仪》卷一六五（第647册，第724—730页），《东京梦华录》卷九（第58—61页）。

司乐（崇宁二年增置）……典乐（崇宁二年增置）……大晟乐令（崇宁二年增置）……大晟府（崇宁三年增置）主簿……大晟府协律郎（崇宁二年增置）。”明载大晟府职官设置时间在“崇宁二年”（只有大晟府主簿“崇宁三年增置”）。但《宋史·乐志四》却载“崇宁四年九月朔”赐新乐之名曰《大晟》，“至是专置大晟府，大司乐一员、典乐二员并为长贰，大乐令一员，协律郎四员，又有制撰官，为制甚备。于是礼乐始分为二”。则又云大晟府职官设置时间在“崇宁四年”，所述前后矛盾。其他史料亦莫衷一是，有作“崇宁二年”者，《通考·乐考三》：“徽宗崇宁元年，诏置讲议局。……其年七月，景钟成。次年，帝鼐、八鼎成，八月，新乐成……诏赐名曰《大晟》，专置大晟府，大司乐一员，典乐二员，并为长贰。大乐令一员，协律郎四员。”有作“崇宁四年”者，《宋史·徽宗本纪二》：“（崇宁四年八月）辛卯，赐新乐名《大晟》，置府建官。”《大事记讲义》卷二二：“崇宁四年作《大晟乐》。旧制，礼乐掌乎奉常。至是，置大司乐、典乐。礼乐始分而为二。”《玉海》卷一六六：“崇宁初，议大乐。四年八月二十七日，赐名《大晟》，置府建官……以大司乐、典乐为长贰，次曰大乐令、主簿、协律郎。”《纲目备要》卷二七：“（崇宁四年）八月，作《大晟乐》……置府建官……以大司乐及典乐为长贰，后置乐令、协律。礼乐始分为二。”①

史料出现有关大晟府置官时间的歧异问题，后世学者多有不同意见。《宋代官制辞典》述及大晟府大司乐、典乐、大乐令、协律郎、按协声律、制撰文字等官，均言“崇宁四年八月随大晟府创建始设”，述及大晟府主簿则言“其置废随大晟府”②，亦主“崇宁四年”说。但这与《宋史·职官志八》部分大晟府职官设于“崇宁二年”、“崇宁三年”的记载是有出入的。龚先生可能也意识到了这一点，故在述及“协律郎”时，一云“随大晟府置废而置废”，从崇宁四年说；一云“崇宁二年，隶大晟府”③。在同一书中并主二说，蹈入矛盾的“二难”境地。对此，学者多有评说，龙建国云：“大晟府设立于何时？史学界和文学史界一般认为设立于崇宁四年。这一说法虽不能算错，但不够确切。”“大晟府作为一个行政实体，确实设置于崇宁二年。当时礼乐皆归太常寺掌管，大晟

---

① 详见《宋史·职官志八》（第12册，第3992—3995页），《宋史·乐志四》（第9册，第3001—3002页），《文献通考·乐考三》（第1158—1159页），《宋史·徽宗本纪二》（第2册，第375页），《类编皇朝大事记讲义》卷二二（第373页），《玉海》卷一六六（第947册，第335页），《皇朝编年纲目备要》卷二七（第687页）。

② 龚延明：《宋代官制辞典》，第281—282页。

③ 同上书，第282页，第275页。

府也自然隶属于太常寺。"[①] 龙先生认为大晟府"确实设置于崇宁二年"的根据，即是《宋史·职官志八》和《通考·职官考九》。对于《宋史·职官志八》，因有明确记时，学界尚无异议。但对《通考·乐考三》所述"次年"的具体记时，学界则有不同意见。龙氏注云："次年（宋徽宗崇宁二年）。"[②] 有学者不同意此说，认为《通考·乐考三》所述"次年"应指崇宁四年，并对龙建国"大晟府的官员一般由太常寺的官员兼任"之说法作了辨误[③]。辨误较精审，但仍不足以释龙氏之质疑。因《通考》对大晟府置官时间的记载确有前后不同之处，如："崇宁初，置局议太乐。乐成，置府建官以司之，礼、乐始分为二。四年，诏曰：'……亲（宜）赐乐名曰《大晟》，府（其）旧乐勿用。'"[④] 则言"置府建官"在崇宁四年"诏赐名《大晟》"之前。《宋史》有关大晟府置官时间的记载可能与《通考》有同一资料来源，即宋人原始史料本身有前后不同。这不仅在《宋史·职官志八》、《宋史·乐志四》、《宋史·徽宗本纪二》有所反映，而且比较完整地保存了大晟府职官设置的动态过程。

按：大晟府职官设置过程较为复杂，其时间先后应有不同。大司乐、典乐、大乐令、协律郎当为"崇宁二年增置"，主簿为"崇宁三年增置"，按协声律为"崇宁四年增置"，制撰文字设立的时间当更晚。其证有二：其一，大司乐在"赐新乐名《大晟》"前已有实任人员。《宋史·乐志四》"（崇宁四年）八月，大司乐刘昺言。"《会要·乐》五之二〇："（崇宁）四年八月二十四日，大司乐刘炳奏。"《长编拾补》卷二五："（崇宁四年）七月甲辰，制造大乐局铸帝鼐、八鼎成，大司乐刘炳转一官。"《宋史·刘昺传》："炜死，蔡京擢昺大司乐，付

① 龙建国：《大晟府与大晟府词派》，《文学遗产》1998 年第 6 期，第 45 页。另，曾枣庄、吴洪泽《宋代文学编年史》："崇宁二年已设大晟府，但其官员为太常寺兼任。"（第 2 册，第 1091 页）与龙先生观点相似。

② 龙建国：《大晟府与大晟府词派》，《文学遗产》1998 年第 6 期，第 45 页。

③ 卫亚浩：《宋代乐府制度研究》，第 158—160 页。按：大晟府不隶太常寺而属礼部，龚延明亦有考正，详见《宋史职官志补正（增订本）》（第 263 页）。

④ 马端临：《文献通考》卷五五《职官考九》，第 499 页。按：《文献通考》点校本作"宜赐乐名曰大晟，府旧乐勿用"（第 3 册，第 1616 页）。考《宋史·乐志四》："宜赐新乐之名曰《大晟》……其旧乐勿用。"（第 9 册，第 3001—3002 页）《宋大诏令集》卷一四九《赐大晟乐名御笔手诏》："宜赐名曰《大晟》……其旧乐可更不行用。"（第 551 页）《宋会要·乐》五之二〇："宜名曰《大晟》，其旧乐可更不行用。"（第 1 册，第 342 页）《宋会要·职官》二二之二五："新乐宜赐名曰《大晟》，其旧乐勿用。"（第 3 册，第 2872 页）《长编纪事本末》卷一三五："宜赐名曰《大晟》……其旧乐勿用。"（第 387 册，第 424 页）知"乐名"为"《大晟》"，"府"字疑为"其"之笔误，或"府"字为衍文。

以乐正。”《长编拾补》卷二三系“蔡京擢昺大司乐”在崇宁三年正月甲辰。按：“赐新乐名《大晟》”在崇宁四年九月朔（详上考），而诸史有关刘昺为大司乐则有“崇宁三年正月甲辰”、“崇宁四年七月甲辰”、“崇宁四年八月二十四日”等多处记载，可证大司乐之职确在大晟府设立前已经存在。其二，协律郎原太常寺只设一员，然查史料发现崇宁元年至二年间同时为协律郎者已不止一员。晁公休《傅公行状》：“是时，蔡京初辅政用事……遣其子儵与术士协律郎赵知幾等数辈，踵至视公。”（《忠肃集》卷下）按：蔡京“初辅政用事”在崇宁元年七月，赵知幾为协律郎当在此后。又，《会要·乐》三之二四载崇宁元年八月张商英言：“臣为太常少卿日，尝荐（吴良辅）为协按音律官……今乞还良辅旧职。”“协按音律官”，《宋史·乐志三》作“按协音律”，名称与大晟府按协声律同，但按协声律崇宁四年九月一日始置，崇宁元年不当有此官。查《玉海》卷一一〇明载吴良辅官职为协律郎。可见崇宁元年八月后吴良辅官职当为协律郎，而不是按协音律。据此，崇宁元年七月、八月协律郎见诸载籍的已超过太常寺原定一员的名额，颇与大晟府协律郎四员之制（《宋史·乐志四》）[①] 吻合。以上二证足可证明，大晟府未“赐名《大晟》”前作为行政实体确已存在，此可证龙建国之说不误。这个“行政实体”的具体名称是“大乐府”（详上）。但其官员亦不全由太常寺官员兼任，则诚如其他学者所言。

笔者认为，史料所载大晟府置官时间的歧异问题，反映了大晟府作为行政实体其职官设置本身有一个“动态过程”，这一点可追溯到置局议乐之初及其特殊的背景。据《会要·职官》二二之二五：“崇宁初，置局议大乐。”按：置局议乐乃崇宁元年蔡京拜相后的新政之一。《宋史·乐志三》：“崇宁元年，诏宰臣置僚属，讲议大政。……乃博求知音之士，而魏汉津之名达于上焉。”置局议乐当始于崇宁元年八月前后，然议乐机构名称史料未有统一说法，或云“讲议局”，或云“礼乐房”，或云“制造大乐局”（详上）。盖当时议乐乃属中书省讲议司的临时新添机构，名称本未固定。然议乐人员繁多，政治斗争亦较复杂。据考，崇宁元年至二年置局议乐的负责人是太常丞、驾部员外郎兼礼乐房参详官陈旸；崇宁二年四月二十三日陈旸“上所撰《乐书》”非议魏汉津（详见《大晟府事迹编年考略》）；崇宁二年九月至十一月间，蔡京亲信刘炜“以晓乐律

① 详见《宋史·乐志四》（第9册，第3001页），《宋会要·乐》五之二〇（第1册，第342页），《长编拾补》卷二五（第2册，第844页），《宋史·刘昺传》（第32册，第11206页），《长编拾补》卷二三（第2册，第787页），《忠肃集》卷下附录《宋故朝散郎尚书吏部员外郎赠徽猷阁待制傅公行状》（第1124册，第786—789页），《宋会要·乐》三之二四（第1册，第319页），《宋史·乐志三》（第9册，第2996页），《玉海》卷一一〇（第945册，第876页），《宋史·乐志四》（第9册，第3002页）。

进”，主乐事（《宋史·刘昺传》，《通考·乐考三》），并设立“大乐府”，大司乐等官疑于此时设立。但负责此项工作的刘炜“未几而卒”，蔡京遂擢其弟刘昺为大司乐，“付以乐政”（《宋史·刘昺传》，《通考·乐考三》）。因其时未有大晟府之名，故所设诸官直接归中书省临时机构大乐府管辖。大司乐等官虽与太常寺卿、少卿、丞、博士、奉礼郎等比秩合班（《宋史·职官志八》），但设官伊始无论在实质上还是名义上都不隶太常寺，而是直接归中书省管辖，崇宁四年九月“置（大晟）府”后则隶礼部（《会要·职官》二二之二五，《玉海》卷一六六）。至于《宋史·职官志八》“大晟乐令（崇宁二年增置）”、“大晟府协律郎（崇宁二年增置）”云云，“大晟”字样乃为修史者所追加。大晟府职官设置的“动态过程”，还表现在其他官名的添置上。如制撰文字一官，除《宋史·乐志四》明载为“崇宁四年”增置外，他如《宋史·职官志四》、《通考·职官考九》虽载其官名，但均不载其置官时间（详上），可能与制撰文字本身的置官过程有关。《会要·职官》二二之二六：“宣和二年七月十六日，诏：‘大晟府近岁添置按协声律及制撰，殊为冗滥，白身满岁即补迪功郎，侥幸为甚，可并罢。在任者依省罢法。’”“近岁”云云，可见离颁诏日宣和二年不远。如云崇宁四年增置，则十五年之久不得云“近岁”。又教坊亦设有“制撰文字、同制撰文字各一人”（《会要·职官》二二之三〇），“近岁添置”云云，盖是仿教坊制撰文字、同制撰文字“添置”。按制撰文字别名“燕乐所制撰”（《会要·职官》六九之四），大晟燕乐成于政和三年，故大晟府制撰文字的“添置”，当在此时而非崇宁四年。今大晟府制撰文字政和三年后方有任官的记载，可以印证。又，大晟府职官在“置府建官”后还有不断添置，如大晟府制造官、大晟府杂务官、大晟府修制大乐管干文字等职官名称，均设于大观三年八月制造大乐局罢局后。考政和二年至三年盛允升任大晟府制造官（沈与求《盛公行状》），政和五年至六年强行父任大晟府杂务官（曾协《强公行状》），政和七年三月后宋暎任大晟府修制大乐管干文字（周必大《宋公暎墓志铭》）①。可见，大晟府成立前后其

① 详见《宋会要·职官》二二之二五（第3册，第2872页），《宋史·乐志三》（第9册，第2997页），《宋史·刘昺传》（第32册，第11206页），《文献通考·乐考三》（第1159页），《宋史·刘昺传》（第32册，第11206页），《文献通考·乐考三》（第1159页），《宋史·职官志八》（第12册，第3994—3995页），《宋会要·职官》二二之二五（第3册，第2872页），《玉海》卷一六六（第947册，第335页），《宋史·职官志八》（第12册，第3994—3995页），《宋会要·职官》二二之二六（第3册，第2873页），《宋会要·职官》二二之三〇（第3册，第2875页），《宋会要·职官》六九之四（第4册，第3931页），《龟溪集》卷一二《朝请大夫盛公行状》（第1133册，第246页），《云庄集》卷五《右中散大夫提举台州崇道观强公行状》（第1140册，第294页），《文忠集》卷三一《徽猷阁待制宋公暎墓志铭》（第1147册，第343页）。

职官设置的动态过程，应纳入大晟府职官研究的范围，否则，必然会左支右绌、治丝愈棼，难穷其壸奥。

二、大晟府的职官建制

有关大晟府的职官建制，史乘所述实较为清晰。后世学者因文献搜讨不够全面，加上对大晟府这一特殊的职官制度重视程度不够，仅据现成资料依样而编，未细加考证甄别，以致歧见丛出；或因误读原始文献，疏于标点断句，而有失于眉睫之憾。今细勘文献，参以前辈及时贤新成果，一一补正如下。

（一）提举大晟府

《宋代官制辞典》名此官为“提举大晟府所，官司名”，并言其依据为《会要·职官》二二之二五①。此盖读《会要》而标点偶误所致。查《会要·职官》二二之二五：“又有侍从及内省近侍官提举。所典六案，曰大乐，曰鼓吹，曰宴乐，曰法物，曰知杂，曰掌法。其所辖则钤辖教坊所及教坊。”并无“提举大晟府所”之官司名，而“所典”、“所辖”云云指其职掌，非“官司名”之“所”。点校本《宋史·职官志四》“大晟府”条标点为：“以侍从及内省近侍官提举。所典六案：曰大乐，曰鼓吹，曰宴乐，曰法物，曰知杂，曰掌法。”极确。按“提举大晟府”别名“大晟府提举官”或“大晟乐府提举官”。《会要·乐》三之二七：“（政和三年）六月二十八日，中书省言：‘大晟府新燕乐进讫。’诏：‘提举官刘炳特转两官。’”《碧鸡漫志》卷二：“崇宁间建大晟乐府，周美成作提举官。”② 有关提举大晟府的职掌，《宋代官制辞典》云“由内侍省宦官充。掌监领大晟府，奏禀事得专达于上”③。今查《会要·职官》二二之二五，只言“有侍从及内省近侍官提举”，《宋史·职官志四》“大晟府”条亦只言“以侍从及内省近侍官提举”④，可见乃侍从官与内侍省宦官两种身份的人兼任。按：“侍从官”为四品以上清要官，翰林学士、给事中、六部尚书、侍郎，为内侍从官；带诸阁学士、直学士、待制者，为外

① 龚延明：《宋代官制辞典》，第283页。

② 详见《宋会要·职官》二二之二五（第3册，第2872页），《宋史·职官志四》（第12册，第3886页），《宋会要·乐》三之二七（第1册，第320页），《碧鸡漫志》卷二（《词话丛编》本，第1册，第87页）。

③ 龚延明：《宋代官制辞典》，第283页。

④ 详见《宋会要·职官》二二之二五（第3册，第2872页），《宋史·职官志四》（第12册，第3886页）。

侍从官；中书舍人、起居郎、起居舍人称为“小侍从”①。今考史籍载记的大晟府提举官多为清要官兼任，如《宋史·乐志四》：“（政和末）蔡攸方提举大晟府，不喜他人预乐。”《宋史·周邦彦传》：“入拜秘书监，进徽猷阁待制，提举大晟府。”《东都事略·周邦彦传》：“（周邦彦）召为秘书监，擢徽猷阁待制，提举大晟府。”《会要·乐》四之一、二：“（政和八年九月二十日）宣和殿大学士、上清宝箓宫使兼神霄玉清万寿宫副使兼侍读编修蔡攸言：‘……将燕乐一十七调看详到大小曲三百二十三首……欲望大晟府镂板颁行。’”内侍省宦官则多为“同提举大晟府”。《会要·礼》五之三：“（政和四年三月十五日）同提举大晟府杨戬言。”② 可见在设置大晟府提举官时可同时由两人担任，如政和四年延康殿学士户部尚书刘昺提举大晟府、内省近侍官杨戬同提举大晟府，与《宋史》、《会要》所载“侍从及内省近侍官提举”相合。尽管大晟府也出现过由宦官担任提举官的现象，但如果“侍从官”与“内侍省宦官”共同提举大晟府，则侍从官任“提举大晟府”，内侍省宦官只能任“同提举大晟府”，先后次序是不能颠倒的。《宋代官制辞典》云大晟府提举官“由内侍省宦官充。掌监领大晟府，奏禀事得专达于上”，亦未细考史书而失于眉睫矣。

（二）同提举大晟府

如果出现“侍从官”与“内侍省宦官”同时担任大晟府提举官的现象，则“同提举大晟府”一般由内侍省宦官担任。《会要·礼》五之三：“（政和四年三月十五日）同提举大晟府杨戬言。”③ 因宦官品秩最高不得过从五品，而提举大晟府多由四品以上清要官担任（包括翰林学士、给事中、六部尚书、侍郎、带诸阁学士、直学士、待制、中书舍人、起居郎、起居舍人），故宦官只能为“同提举大晟府”。《宋史》、《会要》所谓“侍从及内省近侍官提举”（详上），“侍从”即四品以上清要官，“内省近侍”即从五品以下内侍省宦官，两者如果共同提举大晟府，后者多带“同”字。

（三）大司乐

《宋代官制辞典》云此官职掌为“大晟府长官，总领本府事”④。似可商

---

① 龚延明：《宋代官制辞典》，第664—665页。

② 详见《宋史·乐志四》（第9册，第3026页），《宋史·周邦彦传》（第37册，第13126页），《东都事略·周邦彦传》（第382册，第762页），《宋会要·乐》四之一、二（第1册，第322页），《宋会要·礼》五之三（第1册，第466页）。

③ 徐松辑：《宋会要·礼》五之三，第1册，第466页。

④ 龚延明：《宋代官制辞典》，第281页。

権。《徽宗词坛研究》云大司乐职掌为“大晟府主持音乐整理、修订、创制”、“大晟府的重大事务仍由（大晟府）提举官出面向朝廷论奏”[①]。颇得其实，可从。考《宋史·职官志四》“太常卿”条：“掌乐律、乐舞、乐章，以定宫架、特架之制，祭祀、享【宴】[②] 则分乐而序之。”“宫架、鼓吹、警场，率前期按阅即习。”“若礼乐有所损益……拟上于礼部。”按：太常卿原主管之乐事，后改归大司乐（《宋史·乐志四》，《通考·职官考九》）[③]，则《宋史·职官志四》有关太常卿主乐事若干职事，当即大司乐职掌。此外，大司乐的职掌尚可增加一条，即在郊庙等场合中负责“押乐”工作。今查《政和五礼新仪》，凡南郊、祈穀、雩祀、祀感生帝、祀五方帝、祀高禖、朝日、夕月、蜡东方、西方百神、祀帝鼐、祭皇地祇、祭神州地祇、祭太社太稷、祫享太庙、时享太庙、时享别庙、朝享太庙、朝献景灵宫皆大司乐“入行乐架”[④]，蕃国主来朝、册命诸王大臣、纳皇后、皇太子纳妃、皇太子冠、册皇后、册皇太子皆大司乐“入就押乐位”[⑤]，可以印证。《宋代文学编年史》云大司乐“即后人所说的提举大晟府”[⑥]。疑不确。

（四）典乐

《宋代官制辞典》云此官职掌为“大晟府副长官，佐领本府事”[⑦]。较笼

① 诸葛忆兵：《徽宗词坛研究》，第15—16页。

② 按：“宴”原脱，据《职官分纪》卷一八、《宋史·职官志四》补。

③ 详见《宋史·职官志四》（第12册，第3883页），《宋史·乐志四》（第9册，第3002页），《文献通考·职官考九》（第499页）。

④ 详见《政和五礼新仪》卷二六（第647册，第239页）、卷二九（第647册，第254页）、卷三六（第647册，第284页）、卷三八（第647册，第294页）、卷四〇（第647册，第303页）、卷四二（第647册，第312页）、卷四四（第647册，第320页）、卷四六（第647册，第330页）、卷四八（第647册，第341页）、卷五二（第647册，第359页）、卷五六（第647册，第378页）、卷六〇（第647册，第393页）、卷六四（第647册，第412页）、卷六八（第647册，第432页）、卷八一（第647册，第477页）、卷八四（第647册，第491页）、卷八六（第647册，第500页）、卷九二（第647册，第512页）、卷九八（第647册，第536页）、卷一〇一（第647册，第552页）、卷一〇三（第647册，第564页）、卷一〇五（第647册，第574页）、卷一〇六（第647册，第581页）、卷一〇七（第647册，第588页）、卷一一三（第647册，第593页）。

⑤ 详见《政和五礼新仪》卷一四八（第647册，第670页）、卷一六二（第647册，第715页）、卷一六六（第647册，第732页）、卷一七一（第647册，第751页）、卷一八〇（第647册，第792页）、卷一八二（第647册，第801页）、卷一八七（第647册，第814页）、卷一九一（第647册，第826页）。

⑥ 曾枣庄、吴洪泽：《宋代文学编年史》，第2册，第1091页。

⑦ 龚延明：《宋代官制辞典》，第282页。

统。《徽宗词坛研究》云典乐职掌为协助大司乐“主持音乐整理、修订、创制”、“有时或许是大司乐缺职，便由典乐主持业务工作”[①]。可从。《宋史·刘诜传》载其为典乐“尝上《历代雅乐因革》及《宋制作之旨》，故委以乐事”，《宋史·乐志四》载刘诜“上徵声”，“令大晟府同教坊依谱按习，仍增徵、角二谱”，《通考·乐考四》载沈宗尧（引者按：当为“任宗尧”之笔误，详后）、田为任典乐议“太、少律”事，可证其说。今查《清波杂志》载宣和元年冬祀南郊“大司乐田为押登坛歌”事（卷一一），据考证其时田为任典乐而非大司乐（详后），又可证典乐亦有代大司乐行仪式乐事，然不多见。又，查《政和五礼新仪》，凡祭祀之仪大司乐、大乐令、协律郎并用，不用典乐，然皇帝养老于太学仪“设典乐位于宫架之北”（卷一九七），职掌则似大司乐[②]。

（五）大乐令

《宋代官制辞典》云此官职掌为“参掌大晟府事”[③]；《徽宗词坛研究》云大乐令职掌乃与协律郎、按协声律、制撰文字等“从事于乐谱和词曲的创制和修订”[④]。均嫌笼统。按：《职官分纪》云“太乐令”职掌为“掌教乐人调合钟律，以供邦国之祭祀、飨燕”、“正雅乐，教官伎乐”[⑤]。此太乐令虽与大晟府乐令之职掌不同，然亦相距不远。考《政和五礼新仪》，凡宗祀上帝、祈穀祀上帝、雩祀上帝、祀感生帝、祀五方帝、祀高禖、朝日、夕月、蜡东方、西方百神、祭皇地祇、祭神州地祇、祫享太庙、时享太庙、朝享太庙、朝献景灵宫，皆“大乐令位于登歌乐簴之北，大司乐位于宫架之北”[⑥]；皇帝养老于

---

① 诸葛忆兵：《徽宗词坛研究》，第15页。

② 详见《宋史·刘诜传》（第37册，第13124页），《宋史·乐志四》（第9册，第3002页），《文献通考·乐考四》（第1173页），《清波杂志校注》卷一一（第473页），《政和五礼新仪》卷一九七（第647册，第842页）。

③ 龚延明：《宋代官制辞典》，第282页。

④ 诸葛忆兵：《徽宗词坛研究》，第15页。

⑤ 孙逢吉：《职官分纪》卷一八，第923册，第428页。

⑥ 详见《政和五礼新仪》卷三一（第647册，第262页）、卷三五（第647册，第281页）、卷三九（第647册，第300页）、卷四三（第647册，第317页）、卷四七（第647册，第337页）、卷五一（第647册，第356页）、卷五五（第647册，第374页）、卷五九（第647册，第391页）、卷六三（第647册，第409页）、卷八〇（第647册，第474页）、卷八五（第647册，第497页）、卷九七（第647册，第532页）、卷一〇二（第647册，第560页）、卷一〇七（第647册，第585页）、卷一一三（第647册，第592页）。

太学仪，则“设典乐位于宫架之北，大乐令位于登歌乐虡之北”①，可见仪式乐中“宫架”由大司乐（或典乐）押乐、“登歌”由大乐令押乐。可证大晟府乐令其职掌即掌教乐人调合钟律（或教官伎乐）以供邦国之祭祀、飨燕。关于大晟府乐令置官人数，《宋史·乐志四》、《通考·乐考三》均载大晟府始置“大乐令一员”，但《宋史·职官志四》、《会要·职官》二二之二六、《通考·职官考九》却载大观四年八月十一日“以官徒廪给繁厚，省乐令一员”，据《摛文堂集》卷四《朝散大夫徐申、奉议郎宋彧可并大晟府乐令，宣德郎李遘、将仕郎吴叔贤可并大晟府协律郎制》②，制词作于崇宁五年九月（详后），既徐申、宋彧并为大晟府乐令，可知其设官之初当为二人，大观四年八月后方减为一人。

（六）主簿

《宋代官制辞典》云“职事官名”，未言职掌③。据《宋史·职官志四》：“主簿，掌稽考簿书。”《职官分纪》卷一八：“勾检在寺文簿，及主掌出纳。”《通志》卷五四：“掌付事句（勾）稽省署抄日、监印、给纸笔等事。”《容斋四笔》卷一一：“自元丰官制行，九寺、五监各置主簿，专以掌钩考簿书为职，它不得预。”然据《事类备要·后集》卷三三：“（太常寺簿）与闻礼乐。”④ 知亦参闻礼乐。综括而言，大晟府主簿职掌当为勾检大晟府文簿、监印及主掌出纳纸笔等事，亦与参闻大晟府礼乐。

（七）协律郎

《宋代官制辞典》云此官职掌为“协调钟律”⑤；《徽宗词坛研究》云协律郎职掌乃与按协声律、制撰文字等“从事于乐谱和词曲的创制和修订”⑥。按：两说均可商榷。据《宋史·职官志四》：“协律郎，掌律吕以和阴阳之声，正宫架、特架、乐舞之位。大祭祀、享宴用乐，则执麾以诏作止之节，举麾，鼓

---

① 郑居中等：《政和五礼新仪》卷一九七，第647册，第842页。

② 详见《宋史·乐志四》（第9册，第3001—3002页），《文献通考·乐考三》（第1158—1159页），《宋史·职官志四》（第12册，第3886页），《宋会要·职官》二二之二六（第3册，第2873页），《文献通考·职官考九》（第499页），《摛文堂集》卷四（第1123册，第341页）。

③ 龚延明：《宋代官制辞典》，第282页。

④ 详见《宋史·职官志四》（第12册，第3884页），《职官分纪》卷一八（第923册，第423页），《通志》卷五四（第669页），《容斋随笔·四笔》卷一一（第5编，第6册，第326页），《古今合璧事类备要·后集》卷三三（第940册，第76页）。

⑤ 龚延明：《宋代官制辞典》，第282页。

⑥ 诸葛忆兵：《徽宗词坛研究》，第15页。

柷而乐作；偃麾，戛敔而乐止。凡乐，掌其序事。"① 所述虽非大晟府协律郎职掌，然亦相距不远。考《政和五礼新仪》，凡乐，"协律郎展视乐器"，"举麾，工鼓柷而后作；偃麾，戛敔而后止"②；军礼"命将出征仪"，协律郎"分导鼓吹令引乐工等至献俘位之南面，重行立定"及"导鼓吹令引乐工等，并于兵仗外序立，次引复入献"③。祭祀乐或设"协律郎位二"："一于坛上乐虡之西北，一于宫架之西北"④；或设"协律郎位三"："一于社坛上乐簴之东，一于稷坛上乐簴之东，一于宫架之东"⑤。可证大晟府协律郎并非"协调钟律"或"从事于乐谱和词曲的创制和修订"，其职掌当与《宋史·职官志四》所述相近，可断定也。

（八）按协声律

《宋代官制辞典》云"职掌按谱协调声律"，并言其依据为《会要·职官》二二之二五、二六⑥。然查《会要·职官》二二之二五、二六，无言及按协声律职掌"按谱协调声律"事。考张守《陆虞仲墓志铭》："公敛板诣政事堂曰：'乐府有协律郎，又置按协声律，冗孰甚焉？宜罢。'"（《毘陵集》卷一二）则按协声律职掌当与协律郎无大差异。又，史载太常寺协律郎别名"协按音律官"（《会要·乐》三之二四）或"按协音律"（《宋史·乐志三》）⑦，则按协声律乃大晟府从协律郎厘分而出。《徽宗词坛研究》言其职掌

---

① 脱脱等：《宋史》卷一六四《职官志四》，第12册，第3884—3885页。

② 详见《政和五礼新仪》卷二六（第647册，第240页）、卷二九（第647册，第254页）、卷三一（第647册，第264—265页）、卷三六（第647册，第285页）、卷三八（第647册，第295页）、卷四〇（第647册，第304页）、卷五二（第647册，第360页）、卷五六（第647册，第379页）、卷六〇（第647册，第396页）、卷六八（第647册，第432页）、卷八一（第647册，第478页）、卷八四（第647册，第492页）、卷九二（第647册，第513页）、卷一〇一（第647册，第554页）、卷一〇五（第647册，第576页）、卷一〇六（第647册，第582页）、卷一二五（第647册，第627页）、卷一二七（第647册，第635页）、卷一六〇（第647册，第711页）、卷一八七（第647册，第815页）、卷一九一（第647册，第827页）、卷一九七（第647册，第843页）。

③ 郑居中等：《政和五礼新仪》卷一五九（第647册，第707—708页）。

④ 详见《政和五礼新仪》卷二九（第647册，第253页）、卷三一（第647册，第262页）、卷三五（第647册，第281页）、卷三九（第647册，第300页）等。

⑤ 郑居中等：《政和五礼新仪》卷九二，第647册，第512页。

⑥ 龚延明：《宋代官制辞典》，第282页。

⑦ 详见《宋会要·职官》二二之二五、二六（第3册，第2872—2873页），《毘陵集》卷一二（第1127册，第809页），《宋会要·乐》三之二四（第1册，第319页），《宋史·乐志三》（第9册，第2996页）。

"从事于乐谱和词曲的创制和修订"①。可商榷。考《书录解题》卷一四："《隆韶导和集》一卷，保义郎、大晟府案协律姚公立撰。以律吕、节气、阴阳为说，凡四十九条。""大晟府案协律"即按协声律，姚公立所著书"以律吕、节气、阴阳为说"，则按协声律职掌乃非从事于乐谱和词曲的创制和修订，而是撰写纯理论性质的乐书。又，据杨时《吴国华墓志铭》："崇宁五年……授将仕郎，大晟府审验音律。未几，府罢。先生亦浩然而归，不复出矣。"（《龟山集》卷三〇）《田曹吴公文集序》："审律名仪，去年以遗逸被召。相君说之，除大成（晟）府审验音律。"（同上卷二五）"大晟府审验音律"云云，即按协声律。盖吴仪于崇宁五年初招为此官，二月即罢归。考《会要·乐》三之二五："崇宁五年九月二十六日，诏：'大乐新成，将荐祖考。其神宗本室与配位乐章，朕当亲制，以伸孝思追述之志。可令大晟府先考定谱、调、声以闻。'"② 知"谱、调、声"在崇宁五年九月才"考定"，则吴仪任按协声律亦非"从事于乐谱和词曲的创制和修订"，而只为撰写纯理论性质的乐书。

按协声律又名"协律官"、"协声律官"。《宋史·乐志四》："（宣和）二年八月，罢大晟府制造所并协律官。"《宋史·职官志一》："宣和二年，诏与大晟府制造所、协声律官并罢。"《纲目备要》卷二八："（宣和）二年，礼制局与大晟府制造所、协声律官并罢。"据《会要·职官》二二之二六："宣和二年七月十六日，诏：'大晟府近岁添置按协声律及制撰，殊为冗滥，白身满岁即补迪功郎，侥幸为甚，可并罢。在任者依省罢法。'"③ 知协律官、协声律官与按协声律为同一官。

又，考杨时《吴国华墓志铭》及《田曹吴公文集序》（详上），知按协声律又名"大晟府审验音律"。又，据《书录解题》、《通考·经籍考十三》④，按协声律又名"大晟府案协律"。均可补别名。

（九）制撰文字

《宋代官制辞典》云"（大晟府）制撰文字"别名"大晟府制撰使"⑤。

① 诸葛忆兵：《徽宗词坛研究》，第15页。

② 详见《直斋书录解题》卷一四（第11册，第410页），《龟山集》卷三〇《吴国华墓志铭》及卷二五《田曹吴公文集序》（第1125册，第390页，第352页），《宋会要·乐》三之二五（第1册，第319页）。

③ 详见《宋史·乐志四》（第9册，第3027页），《宋史·职官志一》（第12册，第3794页），《皇朝编年纲目备要》卷二八（第708页），《宋会要·职官》二二之二六（第3册，第2873页）。

④ 详见《直斋书录解题》卷一四（第11册，第410页），《文献通考·经籍考十三》（第1593页）。

⑤ 龚延明：《宋代官制辞典》，第282页。

按：此乃承中华书局《铁围山丛谈》冯惠民、沈锡麟点校本之误而未加细考也。据《铁围山丛谈》："政和初，有江汉朝宗者，亦有声，献鲁公词曰：'升平无际（词略）。'两学盛讴，播诸海内，鲁公喜，为将上进呈，命之以官，为大晟府制撰。使遇祥瑞，时时作为歌曲焉。"冯、沈点校本作"为大晟府制撰使，遇祥瑞时时作为歌曲焉"[①]。偶疏于标点断句而致误，"大晟府制撰文字"实不名"大晟府制撰使"。李国强整理本作"为大晟府制撰。使遇祥瑞"[②]，甚是。另，大晟府制撰文字除省称制撰、又称大晟乐府制撰外，尚有异名可考。《会要・职官》六九之四："田为罢典乐……以臣僚言，典乐在太常少卿之上，燕乐所制撰乃厘务官耳。"[③] 知"燕乐所制撰"即大晟府制撰文字，可补为别名。关于其职掌，《宋代官制辞典》云"创作乐曲"[④]。可商榷。据《碧鸡漫志》卷二："政和初，招试补官，置大晟乐府制撰之职。新广八十四调，患谱弗传，（万俟）雅言请以盛德大业及祥瑞事迹制词实谱。"《中兴小纪》卷八："（万俟）咏工小词，尝为大晟府撰乐章以得官者也。"明言万俟咏为"大晟乐府制撰"的工作是"制词实谱"、"为大晟府撰乐章"，而非"创作乐曲"。又，《会要・乐》三之二八载曹棐"充大晟府制撰"，亦是因填《舜韶新》曲"文理可采"。又，《铁围山丛谈》载江汉为大晟府制撰也因"献鲁公词"（卷二）。可见，"奉旨作为一时瑞物之辞"（晁以道《晁公墓表》）、"以盛德大业及祥瑞事迹制词实谱"（详上），才是制撰文字之职责。据史料记载，大晟府创制乐谱、乐曲的人员其实为教坊乐工。《宋史・乐志四》载大观元年及二年协律郎彭几、典乐刘诜"上徵声"，诏令"大晟府同教坊依谱按习，仍增徵、角二谱"；政和末，"蔡攸复与教坊用事乐工附会，又上《唐谱徵、角二声》，遂再命教坊制曲谱"。《玉海》卷七载政和中"依唐谱修定《黄钟徵、角二调》，总四十五曲，命教坊习学"；又，史料云"大乐阙徵调，有献议请补者，并以命教坊燕乐同为之"（《避暑录话》卷上），"使次乐工为之"（《拙轩词话》）[⑤]。知"创作乐曲"乃为教坊乐工的工作，非制

---

① 蔡絛撰，冯惠民、沈锡麟点校：《铁围山丛谈》卷二，第27—28页。

② 蔡絛撰，李国强整理：《铁围山丛谈》卷二，第3编，第9册，第172页。

③ 徐松辑：《宋会要・职官》六九之四，第4册，第3931页。

④ 龚延明：《宋代官制辞典》，第282页。

⑤ 详见《碧鸡漫志》卷二（《词话丛编》本，第1册，第87页），《中兴小纪》卷八（第765册，第110页），《宋会要・乐》三之二八（第1册，第322页），《铁围山丛谈》卷二（第28页），《景迂生集》卷一九《宋故平恩府君晁公墓表》（第1118册，第372页），《宋史・乐志四》（第9册，第3002页，第3026页），《玉海》卷七（第943册，第198页），《避暑录话》卷上（第2编，第10册，第256页），《拙轩词话》（《词话丛编》本，第1册，第190页）。

撰文字所宜也。

按：大晟府职官除以上所考九种外，尚有未被《宋代官制辞典》收录者，现补缀如下。

（十）制造大乐局提举官

《会要·乐》五之二〇、二一："（大观）三年八月二十三日，中书省提举制造大乐局所奏：'奉诏制造颁降三京、四辅、二十八帅府等处大乐。官吏、作匠等，及结绝罢局，有劳，可等第推恩。内初补使臣免呈试参部，提举官、承受、主管、制造等官转两官，有资者转两资，内提举、承受官并回授；无资可转者，与将一官改赐章服，一官许回授有服亲。主管文字、主管杂务各转一官，有资者转一资，各更减二年磨勘。前提举官及主管官、【主管】杂务、主管文字、监辖造作、点检文字各特转一官，有资者转一资，待诏与改换服色。'"按："中书省提举制造大乐局"名义上由中书省提举，实由宦官提举，并设有"中书省提举制造大乐局所"（详上考）。自崇宁三年二月设制造大乐局，直到大观三年八月罢局为止，都由知入内内侍省杨戬任提举官（《宋史·杨戬传》）。又，考杨戬在大观三年八月罢制造大乐局提举官后，又在政和四年三月任大晟府同提举官（《会要·礼》五之三）①。疑其自罢制造大乐局提举官后，就开始任"同提举大晟府"。

（十一）大乐府师

"大乐府师"不常设，仅魏汉津一例。《会要·舆服》六之一五："（崇宁四年）七月甲辰，制造大乐局铸帝鼐、八鼎成……冲显处士、大乐府师、授大乐局制造官魏汉津，为冲显宝应先生。"《长编纪事本末》卷一二八同。又称"太乐府师"。《会要·舆服》六之一六："（崇宁四年）九月乙未朔，以九鼎成，御大庆殿受贺，始用新乐。……乙巳，冲显宝应先生、太乐府师、授制造九鼎官魏汉津，为虚和冲显宝应先生。"②

（十二）大乐局制造官

《会要·舆服》六之一五："（崇宁四年七月甲辰）……授大乐局制造官魏汉津，为冲显宝应先生。"《长编纪事本末》卷一二八同③。大乐局制造官或称

---

① 详见《宋会要·乐》五之二〇、二一（第1册，第342—343页），《宋史·杨戬传》（第39册，第13664页），《宋会要·礼》五之三（第1册，第466页）。

② 详见《宋会要·舆服》六之一五（第2册，第1833页），《长编纪事本末》卷一二八（第387册，第362页），《宋会要·舆服》六之一六（第2册，第1833页）。

③ 详见《宋会要·舆服》六之一五（第2册，第1833页），《长编纪事本末》卷一二八（第387册，第362页）。

为“制造九鼎官”。《会要·舆服》六之一六：“（崇宁四年九月乙巳）授制造九鼎官魏汉津，为虚和冲显宝应先生。”（《长编纪事本末》卷一二八同）“制造九鼎官”为魏汉津特称，以后不见记载。按：大乐局制造官简称“制造官”。《能改斋漫录》卷一二：“徽宗崇宁四年，岁次乙酉，制造九鼎。按制造官魏汉律（津）《状》云：‘承内降，铸造鼎鼐……’”又别称“制造”（《会要·乐》三之二五）①。

（十三）同详定《大乐书》

《会要·舆服》六之一六：“（崇宁四年九月乙巳）大司乐、兼同详定《大乐书》刘炳转三官。”《长编纪事本末》卷一二八同②。按：“同详定《大乐书》”在大晟府成立后，或更名为“同详定《大晟乐书》”，均存时较短，约始于崇宁四年八月，终于大观三年六月（考详后）。

（十四）大晟府制造官

沈与求《盛公行状》：“改仪曹，兼大晟府制造官。”（《龟溪集》卷一二）按：大晟府制造官当为大观三年八月制造大乐局罢局后，分流而入大晟府的。其前身即大乐局制造官（详上），别称“制造”（《会要·乐》三之二五）③。

（十五）大晟府杂务官

曾协《强公行状》：“改承奉郎，除光禄寺丞，兼大晟府杂务官。”（《云庄集》卷五）按：大晟府杂务官别称“主管杂务”（《会要·乐》三之二五），或称“杂务”（《会要·乐》五之二一）④。

（十六）修制大乐局管勾官

《宋史·张朴传》：“起复修制大乐局管勾官田为大晟府典乐。”按：修制大乐局为政和末蔡攸提举大晟府后所设机构。修制大乐局管勾官，又名“修制大乐局管干官”（《会要·乐》四之二）、“大晟府修制大乐管干官”（《宋公

---

① 详见《宋会要·舆服》六之一五（第2册，第1833页），《长编纪事本末》卷一二八（第387册，第362页），《宋会要·舆服》六之一六（第2册，第1833页），《长编纪事本末》卷一二八（第387册，第363页），《能改斋漫录》卷一二（第5编，第4册，第79页），《宋会要·乐》三之二五（第1册，第319页）。

② 详见《宋会要·舆服》六之一六（第2册，第1833页），《长编纪事本末》卷一二八（第387册，第363页）。

③ 详见《龟溪集》卷一二（第1133册，第246页），《宋会要·乐》三之二五（第1册，第319页）。

④ 详见《云庄集》卷五（第1140册，第294页），《宋会要·乐》三之二五（第1册，第319页），《宋会要·乐》五之二一（第1册，第343页）。

暎墓志铭》)。管干官乃南宋后所追改。别名“修制”(《宋史·张朴传》)[①]。

(十七)大晟府修制大乐管干文字

周必大《宋公暎墓志铭》:“选充大晟府修制大乐管干文字。”(《文忠集》卷三一)按:此为修制大乐局下属官,设于政和七年三月蔡攸提举大晟府后,罢于重和元年十二月十九日(《会要·乐》四之二,《宋史·张朴传》)。别称“主管文字”(《会要·乐》三之二五)、“检阅文字官”(《会要·乐》四之二)[②]。

除此之外,《会要》、《通考》所述乐官尚有鼓吹令、鼓吹丞(原属鼓吹局)、教坊使、教坊副使、判官、高班都知、都知(原属教坊)等(《会要·乐》四之一,《会要·职官》二二之二八,《通考·职官考九》),分别在崇宁四年九月后及政和三年八月隶属大晟府。据《新仪》、《通考》“大晟府前部鼓吹”及“后部鼓吹”,吏属之职尚有府史、典事、职掌、局长、院官、录事等六种(《政和五礼新仪》卷一三、卷一七、卷二〇,《通考·王礼考十三》及《王礼考十四》)[③],亦可补入大晟府职官名单。按:《宋代官制辞典》分大晟府职官为乐官、职事官、乐工、吏属、伶人、伶官六类[④],所据《会要·职官》二二之二六:“(大晟府)吏属则有胥长、胥史、胥佐、贴书。掌官物者则有专知、副知、库子。工属则有乐正、乐师、色长、上工、中工、下工、舞师云。”[⑤] 大体可从,然亦有可商榷者。如将“运谱”、“掌事”列为大晟府“乐官名”等[⑥]。其实二者均属乐工而非乐官。考《宋史·职官志四》、《通考·职官考九》,就将运谱与按协声律、制撰文字同列为乐官名,云“以京朝官、选人或白衣士人通乐律者为之”。此为《宋代官制辞典》所据。然《玉海》卷一六六“崇宁大晟府”条无记载,《会要·职官》二二之二七载运谱并

---

① 详见《宋史·张朴传》(第32册,第11220页),《宋会要·乐》四之二(第1册,第322页),《文忠集》卷三一《徽猷阁待制宋公暎墓志铭》(第1147册,第343页),《宋史·张朴传》(第32册,第11220页)。

② 详见《文忠集》卷三一(第1147册,第343页),《宋会要·乐》四之二(第1册,第322页),《宋史·张朴传》(第32册,第11220页),《宋会要·乐》三之二五(第1册,第319页),《宋会要·乐》四之二(第1册,第322页)。

③ 详见《宋会要·乐》四之一(第1册,第322页),《宋会要·职官》二二之二八(第3册,第2874页),《文献通考·职官考九》(第499页),《政和五礼新仪》卷一三(第647册,第180页)、卷一七(第647册,第190页)、卷二〇(第647册,第206—207页),《文献通考·王礼考十三》及《王礼考十四》(第1064页,第1077—1078页)。

④ 龚延明:《宋代官制辞典》,第281—283页。

⑤ 徐松辑:《宋会要·职官》二二之二六《大晟府》,第3册,第2873页。

⑥ 龚延明:《宋代官制辞典》,第282页。

色长 44 人，《政和五礼新仪》卷六亦将运谱与乐正、副乐正、乐师等同列。又《大金集礼》卷三八："大德二年四月二十三日……本寺虽有亡宋乐正刘希颜、运谱田仲等二人。"亦将运谱与乐正、副乐正、乐师等同列，明运谱非乐官而属乐工无疑。又，"掌事"亦当属乐工而非乐官。按：《宋史·职官志四》、《通考·职官考九》大晟府乐官无"掌事"，《宋代官制辞典》列"掌事"为乐官，言其依据为《会要·乐》五之二一。考《会要·乐》五之二一载政和三年四月二十九日议礼局上亲祠登歌之制，"执麾挟仗色掌事"与乐正、副乐正、乐师等同列①，当属乐工而非乐官。又，分类标准亦可商榷，如："宋代举凡教坊、大晟府、教乐所、衙前乐、云韶部、钧容直等乐司所属诸色乐官、乐人、舞人，都可泛称伶人"，"乐官、乐人皆可通称伶官，与'伶人'略微有别，但分际不严"②。按：大晟府职官如提举官、大司乐、典乐、大乐令、主簿、协律郎、按协声律、制撰文字等，皆为朝廷命官兼任，不可"泛称伶人"或"通称伶官"。笔者认为，根据大晟府职官设置的动态过程与实际情况，将大晟府职官分为职事官、乐官、工属、吏属的四类分法似更妥当。大晟府提举官、大晟府同提举官、大司乐、典乐、大乐令、主簿、协律郎、按协声律、制撰文字、修制大乐局管勾官、大晟府制造官、大晟府杂务官、大晟府修制大乐管干文字、钤辖教坊等为职事官，鼓吹令、鼓吹丞、教坊使、教坊副使、教坊判官、高班都知、都知等为乐官，运谱、掌事、掌仪范、管干教头、都部头、部头、副部头、都色长、二舞色长、舞师、引舞、舞头、舞郎、乐正、副乐正、乐师、上乐工、中乐工、下乐工、执色乐工等为工属，胥长、胥史、胥佐、贴书、专知、副知、库子、府史、典事、职掌、局长、院官、录事等为吏属，文繁不详述。

三、大晟府职官任替编年考

关于大晟府职官编年，目前在宋代职官研究中仍是空白。李之亮《宋代京朝官通考》一书，举凡京朝官均有大致编年，唯独大晟府职官付诸阙如。这可能因为大晟府职官历来不被重视，加上设置时间相对较短，头绪又较纷繁

① 详见《宋史·职官志四》（第 12 册，第 3886 页），《文献通考·职官考九》（第 499 页），《玉海》卷一六六（第 947 册，第 335 页），《宋会要·职官》二二之二七（第 3 册，第 2873 页），《政和五礼新仪》卷六（第 647 册，第 155—156 页），《大金集礼》卷三八（第 222 册，第 343 页），《宋史·职官志四》（第 12 册，第 3886 页），《文献通考·职官考九》（第 499 页），《宋会要·乐》五之二一（第 1 册，第 343 页）。

② 龚延明：《宋代官制辞典》，第 283 页。

之故。然编年不仅有助于职官研究的深入，且可为大晟府这一特殊官制提供进一步研究的线索。现试作编年考辨如下：

（1）崇宁二年（1103），讲议司礼乐房参详官陈旸罢管乐事，改以刘炜主乐。时增置“大乐府”大司乐等官，刘炜疑为大司乐，魏汉津为“大乐府师”，吴良辅、赵知幾为协律郎。朱维、刘诜亦参与议乐。

按：陈旸崇宁二年九月至十一月间虽仍任礼乐房参详官，但主管礼事，改由刘炜主乐事（《宋史·刘昺传》，《通考·乐考三》）。时增置大司乐、典乐、大乐令、协律郎等官（《宋史·职官志八》）；炜死后，其弟刘昺代之，官为大司乐，疑刘炜生前主乐时亦为大司乐。关于魏汉津献乐议，《宋史·乐志三》载在崇宁元年，唯不言魏汉津官职。据《会要·舆服》六之一五、一六、《长编纪事本末》卷一二八，则魏汉津为“大乐府师”。又，崇宁二年增置协律郎等官（《宋史·职官志八》），今据《会要·乐》三之二四、《玉海》卷一一〇、《傅公行状》[①]，可考知崇宁二、三年间赵知幾、吴良辅为协律郎。

据《会要·职官》五之一四、一五，崇宁三年八月七日，因罢讲议司，奉议郎礼部员外郎陈旸、朝奉大夫朱维、承议郎刘诜各转一官[②]。按：刘诜、朱维后均为大晟府典乐，可见都与礼乐有关。

（2）崇宁三年（1104），刘昺为大司乐，杨戬任提举官，魏汉津为“大乐府师”兼大乐局制造官，吴良辅、赵知幾为协律郎。

按：《长编拾补》卷二三：“（崇宁三年正月甲辰）蔡京擢其客刘昺为大司乐，付以乐政。”《宋史·刘昺传》：“炜死，蔡京擢昺大司乐，付以乐正。”据考，刘昺为大司乐始于崇宁二年底（详后）。又《宋史·杨戬传》：“（杨戬）自崇宁后，日有宠，知入内内侍省。立明堂，铸鼎鼐，起大晟府、龙德宫，皆为提举。”按：“铸鼎鼐”始于崇宁三年二月，时杨戬任制造大乐局提举官。《铁围山丛谈》卷五：“崇宁中召见，制《大晟乐》，铸九鼎，皆其所献议。初制乐，一日，与宦者杨戬在内后苑，会上朝献景灵宫还，见汉津立道左观车驾。上望之，喜，遣小阉传旨抚问，汉津因鞠躬以谢。及还内，戬至，上曰：

① 详见《宋史·刘昺传》（第32册，第11206页），《文献通考·乐考三》（第1159页），《宋史·职官志八》（第12册，第3992—3995页），《宋史·乐志三》（第9册，第2997页），《宋会要·舆服》六之一五、一六（第2册，第1833页），《长编纪事本末》卷一二八（第387册，第363页），《宋史·职官志八》（第12册，第3992—3995页），《宋会要·乐》三之二四（第1册，第319页），《玉海》卷一一〇（第945册，第876页），《忠肃集》卷下附录《宋故朝散郎尚书吏部员外郎赠徽猷阁待制傅公行状》（第1124册，第786页）。

② 徐松辑：《宋会要·职官》五之一四、一五，第3册，第2469—2470页。

‘汉津能出观我耶?’戬曰：‘不然。早自车驾出，汉津同臣视铸工。方共饮，适闻跸还，臣舍匕箸，遽至于此。然汉津不出也。’”可证杨戬任提举官始于“铸鼎鼐”之时。又，据《会要·舆服》六之一五、一六、《长编纪事本末》卷一二八[①]，知魏汉津时任大乐局制造官。

（3）崇宁四年（1105），专置大晟府，刘昺为大司乐，魏汉津为大乐府师兼大乐局制造官，吴良辅、赵知幾为协律郎。杨戬任制造大乐局提举官。

据上考，大晟府置府建官前刘昺已为大司乐，置府建官后刘昺当续任大司乐。又，《宋史·杨戬传》：“起大晟府、龙德宫，皆为提举。”按：“起大晟府”即“大晟府置府建官”之意，时在崇宁四年九月朔，乃明载杨戬为首任大晟府提举官。但大晟府提举官始设于大观三年八月后，时杨戬任制造大乐局提举官，即大晟府提举官之前身。又，《宋史·魏汉津传》：“有马贲者，出（蔡）京之门，在大晟府十三年。方魏、刘、任、田异论时，依违其间，无所质正。”按：“任、田异论时”指政和末典乐任宗尧、田为议乐事（《宋史·乐志四》）[②]，前推13年，当在崇宁四年。考崇宁间魏汉津为大乐府师兼大乐局制造官，刘昺为大司乐，能“质正”魏汉津、刘昺者，必为大晟府长贰之职，马贲此时疑为大晟府典乐。

（4）崇宁五年（1106），吴仪任按协声律；二月，罢大晟府，吴仪罢任。九月复旧，杨戬任提举官，刘诜任典乐，徐申、宋彧任大乐令，李遘、吴叔贤任协律郎。

汪藻《蒋公墓志铭》：“杨戬建节……帝曰：‘自朕即位以来，制作礼乐，皆其手，亦非小劳。’”《宋史·杨戬传》云其铸鼎鼐、起大晟府“皆为提举”。《纲目备要》卷二八：“（政和四年五月丙戌）内侍杨戬加节度，赏制乐传宣之劳也。”[③] 据考，杨戬除政和二年至六年任“同提举大晟府”外（详后），自崇宁三年至政和元年连续八年先后任制造大乐局提举官、大晟府提举官，故徽宗说“即位以来，制作礼乐，皆其手，亦非小劳”，可见杨戬任制造

① 详见《长编拾补》卷二三（第2册，第787页），《宋史·刘昺传》（第32册，第11206页），《宋史·杨戬传》（第39册，第13664页），《铁围山丛谈》卷五（第87页），《宋会要·舆服》六之一五、一六（第2册，第1833页），《长编纪事本末》卷一二八（第387册，第363页）。

② 详见《宋史·杨戬传》（第39册，第13664页），《宋史·魏汉津传》（第39册，第13526页），《宋史·乐志四》（第9册，第3026页）。

③ 详见《浮溪集》卷二七《徽猷阁直学士左宣奉大夫致仕赠特进显谟阁直学士蒋公墓志铭》（《四部丛刊》初编本，第33页B面），《宋史·杨戬传》（第39册，第13664页），《皇朝编年纲目备要》卷二八（第710页）。

大乐局及大晟府提举官时间极长。

又，《宋史·刘诜传》："崇宁中，为讲议司检讨官。进军器、大理丞，大晟府典乐。"郭万程《宋刘太常》言刘诜为典乐在崇宁四年（《明文海》卷四一九），未知何据。考崇宁五年二月曾罢大晟府，九月才"复旧"（《会要·职官》二二之二六，《通考·职官九》）。崇宁五年九月二十六日，诏大晟府"先考定谱、调、声以闻"（《会要·乐》三之二五）。刘诜因"通音律，尝上《历代雅乐因革》及《宋制作之旨》，故委以乐事"（《宋史·刘诜传》）①，刘诜被任命为典乐，当在崇宁五年九月后。

慕容彦逢《朝散大夫徐申、奉议郎宋彧可并大晟府乐令，宣德郎李遘、将仕郎吴叔贤可并大晟府协律郎制》："敕：具官某等，朕复大晟府名，礼乐异职，各迪有功，以追治古之盛。尔等咸以通于声文，擢践厥属，钦承无怠，嗣有宠嘉。可。"② 按"复大晟府名"在崇宁五年九月，徐申、宋彧并为大晟府乐令及李遘、吴叔贤并为大晟府协律郎必在此时。

又，按协声律亦可考。杨时《吴国华墓志铭》："崇宁五年……授将仕郎，大晟府审验音律。未几，府罢。先生亦浩然而归，不复出矣。"《田曹吴公文集序》："审律名仪，去年以遗逸被召，相君说之，除大成（晟）府审验音律。"③"大晟府审验音律"云云，即按协声律。盖吴仪于本年初招为此官，二月即罢归，未复职。

（5）大观元年（1107），杨戬任提举官，刘诜任典乐，徐申、宋彧任大乐令，李遘、吴叔贤、彭几任协律郎，姚公立任按协声律。

《宋史·刘诜传》："崇宁中为……大晟府典乐。"《宋史·乐志四》："（大观二年）刘诜上徵声。"知刘诜至大观二年仍任典乐。又，考慕容彦逢为中书舍人在崇宁五年九月至大观元年春（《慕容彦逢墓志》），徐申大观元年春似仍为乐令。又，据《会要·职官》六八之一七，大观二年八月二十六日，开封府工曹参军宋彧复换西京作坊使，"以言者论彧为梁子美鹰犬……初不亲文墨，自小使臣换文资。二年之间，官至朝散郎"。考宋彧崇宁五年九月后方为乐令，二年之间，官至朝散郎，则大观元年末或二年初已离大晟府为开封府工

① 详见《宋史·刘诜传》（第37册，第13124页），《明文海》卷四一九（第1458册，第68页），《宋会要·职官》二二之二六（第3册，第2873页），《文献通考·职官九》（第499页），《宋会要·乐》三之二五（第1册，第319页），《宋史·刘诜传》（第37册，第13124页）。

② 慕容彦逢：《摛文堂集》卷四，第1123册，第341页。

③ 杨时：《龟山集》卷三〇《吴国华墓志铭》（第1125册，第390页）、卷二五《田曹吴公文集序》（第1125册，第352页）。

曹参军。又，据《会要·乐》五之二〇：“（大观二年三月三十日）先是，进士彭几进《乐书》……时礼部员外郎吴时善其说，建言乞召几至乐府。朝廷从之。”（《宋史·乐志四》同）然未言任何官，今据《墨客挥犀》卷六小注考知彭几任协律郎，其任职始于大观元年（详后《彭几考》、《吴时考》）。又，姚公立任按协声律约在此时，详见《书录解题》卷一四、《通考·经籍考十三》[①] 及下文《大晟府乐书考》。

（6）大观二年（1108），杨戬任提举官，刘诜、徐申任典乐（十月离任），彭几任协律郎，姚公立任按协声律。

按：刘昺大观二年六月为御史中丞吴执中所论而出知陈州（详后《刘昺考》），此前刘昺似仍任大司乐。

又，据程俱《祭徐申典乐文》（《北山集》卷一七）、《挥麈录·馀话》卷二，知徐申曾任典乐。考《咸淳重修毗陵志》卷八：“（徐申）大观二年十月，朝请大夫、提点太常寺大晟乐（知常州）。政和元年十二月满。”[②] 既大观二年十月徐申即出知常州，故知其为典乐必在大观二年十月前（详后《大晟府词人新考》）。

（7）大观三年（1109），杨戬任提举官，刘诜任典乐，彭几任协律郎，姚公立任按协声律。

按：大观三年八月“制造大乐局”罢局，杨戬或于此时转为大晟府提举官。附此俟考。

又，本年刘诜任典乐，彭几任协律郎，姚公立任按协声律，详见上文考证，此处从略。

（8）大观四年（1110），杨戬任大晟府提举官，刘诜任典乐（二月离任），彭几任协律郎，姚公立任按协声律。

按：刘诜大观四年二月已离典乐任，而担任太常寺少卿修撰《续因革礼》，不再管理燕乐之事（详后《刘诜考》）。

（9）政和元年（1111），杨戬任大晟府提举官，彭几任协律郎（十月前罢

---

① 详见《宋史·刘诜传》（第37册，第13124页），《宋史·乐志四》（第9册，第3002页），《永乐大典》卷五三九《慕容彦逢墓志》（第1册，第77页），《宋会要·职官》六八之一七（第4册，第3916页），《宋会要·乐》五之二〇（第1册，第342页），《宋史·乐志四》（第9册，第3002页），《墨客挥犀》卷六（第3编，第1册，第38—39页），《直斋书录解题》卷一四（第11册，第410页），《文献通考·经籍考十三》（第1593页）。

② 详见《北山集》卷一七（第1130册，第174页），《挥麈录·馀话》卷二（第6编，第2册，第39—40页），《咸淳重修毗陵志》卷八（第699册，第72页）。

任）。

按：据《会要·职官》六八之二四，政和元年十月，张商英衡州安置，“以开封府狱成，尝令余员（负）、彭几、僧德洪往来交接”。《长编纪事本末》卷一三一同[①]。据此，彭几罢协律郎任当在政和元年十月前。

（10）政和二年（1112），刘昺任提举官，杨戬任同提举官，盛允升任制造官。

按：《徽宗词坛研究》考证，政和二年刘昺为户部尚书兼大晟府提举，直到政和三年末或四年初[②]。说刘昺任大晟府提举始于政和二年，极确，但说其政和三年末或四年初不再兼任此官，似可商榷（详后）。又沈与求《盛公行状》：“政和二年……改仪曹，兼大晟府制造官。三年，司勋奏公曩摄邑苏之常熟。”[③] 可知盛允升任大晟府制造官在政和二、三年间。

（11）政和三年（1113），刘昺任提举官，杨戬任同提举官，马贲任大司乐，朱维任典乐，盛允升任制造官，万俟咏、江汉、曹棐任制撰文字，晁端礼、陆韶之任按协声律。

按：《会要·乐》三之二七：“（政和三年）六月二十八日，中书省言：‘大晟府新燕乐进讫。’诏：‘提举官刘炳特转两官……杨戬落通仕大夫，除正任观察留后……马贲等五人各转行两官。’”所奖励人员中，刘昺任大晟府提举官、杨戬任大晟府同提举官（详后）、马贲任大司乐。又，据翟汝文《马贲大司乐制》，作于政和三年，但制文有“典职惟旧，肆命汝为长”云云（《忠惠集》卷三），知马贲在政和三年正式任命为大司乐前，还曾充大晟府长贰之职。又，据《避暑录话》卷上：“政和间，郎官有朱维者……郑枢密达夫在坐，正色曰：‘公不吹，当违制。’……遂除维为典乐。”知朱维曾任典乐。据《宋史·宰辅表三》，郑居中知枢密院事在政和三年正月至六年五月。又，《会要·乐》四之一：“（政和）五年九月十六日，新差权知庐州朱维奏。”[④] 可证朱维任典乐在政和三年后至五年九月间。

关于制撰文字，则此年任职人员极多。《铁围山丛谈》卷二载晁端礼为制

---

① 详见《宋会要·职官》六八之二四（第4册，第3920页），《长编纪事本末》卷一三一（第387册，第392页）。

② 诸葛忆兵：《徽宗词坛研究》，第9页。

③ 沈与求：《龟溪集》卷一二《朝请大夫盛公行状》，第1133册，第246页。

④ 详见《宋会要·乐》三之二七（第1册，第320页），《忠惠集》卷三（第1129册，第212页），《避暑录话》卷上（第2编，第10册，第277页），《宋史·宰辅表三》（第16册，第5522—5523页），《宋会要·乐》四之一（第1册，第322页）。

撰在“政和初”，然据《乐静集》卷二八《晁次膺墓志铭》、《景迂生集》卷一九《晁公墓表》、《能改斋漫录》卷一六，考知其任职大晟府在政和三年六月上旬。又，《会要·乐》三之二八载，政和三年八月二十八日，曹棐撰到徵调《舜韶新》曲，特补将仕郎充大晟府制撰。又，《碧鸡漫志》卷二载政和初万俟咏任制撰，实应在政和三年五月后，乃因撰曲而补官（《要录》卷三四，《中兴小纪》卷八），所撰曲亦为徵调。又，《铁围山丛谈》载政和初江汉为制撰，然据其所献蔡京词“八载相业”云云（卷二），当在政和三年五月后；如写作时间在“政和初”，则蔡京只有“六载相业”（《宋史·宰辅表三》）①。详后《大晟府词人新考》，此处从略。

又，按协声律亦可考。上文晁端礼、陆韶之即按协声律，《铁围山丛谈》卷二“制撰”云云，偶误，详后。又张守《陆虞仲墓志铭》：“遂授公大晟府按协声律。……兼编集舒王遗文所检讨官。会有诏裁罢在京冗局，公敛板诣政事堂曰：‘乐府有协律郎，又置按协声律，冗孰甚焉？宜罢。’后果罢。”据《宋史·徽宗本纪三》：“（政和三年正月）癸酉，追封王安石为舒王。”② 陆韶之“兼编集舒王遗文所检讨官”在政和三年后，其为按协声律亦在此时。

（12）政和四年（1114），提举官刘昺，同提举官杨戬，大司乐马贲，典乐朱维，制撰文字田为、曹棐、万俟咏、江汉，按协声律陆韶之。

按：《会要·礼》五之三：“（政和四年三月十五日）同提举大晟府杨戬奏。”③《徽宗词坛研究》认为杨戬提举大晟府在政和四年三月至六年九月末④。未明大晟府提举官可同时由“侍从及内省近侍官”担任⑤。如果出现由“侍从及内省近侍官”共同提举大晟府的情况，则提举大晟府多由四品以上清要官担任，同提举大晟府乃由从五品以下内侍省宦官担任；既《会要·礼》五之三云杨戬“同提举大晟府”，则其为副职无疑，不得谓“同提举大晟府”

① 详见《铁围山丛谈》卷二（第27—28页），《乐静集》卷二八（第1122册，第395页），《景迂生集》卷一九（第1118册，第372页），《能改斋漫录》卷一六（第5编，第4册，第197页），《宋会要·乐》三之二八（第1册，第321页），《碧鸡漫志》卷二（《词话丛编》本，第1册，第87页），《建炎以来系年要录》卷三四（第2册，第777页），《中兴小纪》卷八（第765册，第110页），《铁围山丛谈》卷二（第27—28页），《宋史·宰辅表三》（第16册，第5522页）。

② 详见《铁围山丛谈》卷二（第28页），《毘陵集》卷一二（第1127册，第809页），《宋史·徽宗本纪三》（第2册，第390页）。

③ 徐松辑：《宋会要·礼》五之三，第1册，第466页。

④ 诸葛忆兵：《徽宗词坛研究》，第9—10页。

⑤ 详见《宋史·职官志四》（第12册，第3886页），《宋会要·职官》二二之二五（第3册，第2872页）。

即“大晟府提举官”。按：宋代官制中，“同”为副职，多与正职共事[①]。故不得谓杨戬同提举大晟府，则刘昺一定不在提举大晟府任。今既考定杨戬政和二年至六年四月间同提举大晟府，又考定刘昺政和二年至六年提举大晟府，两者其实并存。不可就杨戬同提举大晟府时间而断刘昺提举大晟府之首尾时间。

又，考刘昺政和二年任大晟府提举官后，政和三年、四年、五年、六年仍以侍从官身份兼大晟府提举官。据《会要·乐》四之一、《玉海》卷一〇五，“（政和）六年闰正月九日，大晟府编集燕乐八十四调并图谱，令刘炳撰文。”《宋史·乐志三》：“其后十三年，帝一日忽梦人言：‘乐成而凤凰不至乎！盖非帝指也。’帝寤，大悔叹……于是再出中指寸付蔡京，密命刘昺试之。时昺终匿汉津初说，但以其前议为度，作一长笛上之。”[②] 按：崇宁二年底刘昺为大司乐主乐事，“其后十三年”为政和六、七年间，其时刘昺再以徽宗“中指寸”“作一长笛上之”，可见刘昺此时虽为他官，但仍兼管大晟府事。按政和六年十月周邦彦任大晟府提举官，疑“其后十三年”乃为约数。

又，田为曾任“燕乐所制撰”之职[③]，即制撰文字别称；因“燕乐所”政和四年正月后方设（详上），田为任燕乐所制撰应在政和四年正月后。

本年马贲任大司乐，朱维为典乐，曹棐、万俟咏、江汉任制撰文字，陆韶之为按协声律，详见上文考证，此处从略。

（13）政和五年（1115），提举官刘昺，同提举官杨戬，大司乐马贲，典乐朱维（九月后裴宗元任典乐），制撰文字田为、曹棐、万俟咏、江汉，按协声律陆韶之，大晟府杂务官强行父。

按：典乐朱维于政和五年九月即离任，裴宗元任典乐当始于此时。《宋史·乐志四》：“（政和）七年二月，典乐裴宗元言。”则政和七年二月裴宗元任典乐已历数年。按：裴宗元崇宁五年至大观元年前后任医学博士（慕容彦逢《儒林郎裴宗元可医学博士制》），政和三年闰四月在太医令任（《会要·职官》二二之三八）[④]，其任典乐当在太医令任满后补朱维缺。

又，曾协《强公行状》：“改承奉郎，除光禄寺丞兼大晟府杂务官。逾年，

① 龚延明：《宋代官制辞典》，第173页，第233页。

② 详见《宋会要·乐》四之一（第1册，第322页），《玉海》卷一〇五（第945册，第778页），《宋史·乐志三》（第9册，第2998页）。

③ 徐松辑：《宋会要·职官》六九之四，第4册，第3931页。

④ 详见《宋史·乐志四》（第9册，第3019页），《摛文堂集》卷五《儒林郎裴宗元可医学博士制》（第1123册，第351页），《宋会要·职官》二二之三八（第3册，第2879页）。

文宪公薨，除公通判杭州，年二十六。"[①] 按：强行父绍兴二十七年卒，终年67岁，26岁当为政和六年，其为大晟府杂务官在前一年即政和五年。"逾年"，则其任杂务官或至政和六年初。

本年刘昺任大晟府提举官，杨戬为同提举官，马贲任大司乐，田为、曹棐、万俟咏、江汉任制撰文字，陆韶之为按协声律，详见上文考证，此处从略。

(14) 政和六年 (1116)，提举官刘昺 (十月周邦彦接任)，同提举官杨戬 (四月后接任提举官，十月罢任)，大司乐马贲，典乐裴宗元，大乐令晁冲之，大晟府主簿曾纁，按协声律陆韶之，大晟府杂务官强行父。制撰文字江汉 (政和六、七年间已离大晟府任密州通判)、万俟咏 (疑升为他官)、田为 (遭弹劾，但仍在大晟府任职)。

按：《会要·职官》七之二四："(政和) 六年四月九日，刘炳除宣和殿学士、提举醴泉观，依旧带东宫官。" 疑刘昺离大晟府提举官任即在本月，接任者为杨戬。《会要·礼》五一之二三："政和六年九月十三日，以奉安定鼎，太师蔡京为礼仪使，提举官杨戬就充都大管干。"[②] 诸葛忆兵认为杨戬此时任大晟府提举官，甚确；又认为周邦彦政和六年十月至七年三月提举大晟府，在任时间大约有半年[③]，亦可从。

又，《会要·职官》五六之四四："(政和六年) 十一月二日，诏大司乐马贲秩视待制，班着依旧。" 按马贲自政和三年任大司乐后 (详上)，到政和八年仍在任。又，《独醒杂志》卷四："(政和间) 晁冲之叔用作《梅词》以见蔡攸。攸持以白其父曰：'今日于乐府中得一人。'元长览之，即除大晟丞。"(《渔隐丛话·前集》卷五九，《诗话总龟·后集》卷三二同)[④]《清真先生遗事》、《宋魏汉津乐与大晟府》、《徽宗词坛研究》都云大晟府官制无丞，当为大乐令[⑤]。可从。又考晁冲之任大乐令在政和

① 曾协：《云庄集》卷五，第1140册，第294页。

② 详见《宋会要·职官》七之二四 (第3册，第2546页)，《宋会要·礼》五一之二三 (第2册，第1553页)。

③ 诸葛忆兵：《周邦彦提举大晟府考》，《文学遗产》1997年第5期，第114—117页。

④ 详见《宋会要·职官》五六之四四 (第4册，第3647页)，《独醒杂志》卷四 (第4编，第5册，第150页)，《苕溪渔隐丛话·前集》卷五九 (第527册，第440页)，《诗话总龟·后集》卷三二 (第2册，第2065页)。

⑤ 详见王国维《清真先生遗事》(《王国维全集》，第2册，第420页)，凌景埏《宋魏汉津乐与大晟府》(凌景埏、谢伯阳校注《诸宫调两种》附录，第277页)，诸葛忆兵《徽宗词坛研究》(第9页)。

六年前，年底已离任①。

又，大晟府主簿亦可考见。汪藻《曾君墓志铭》："君讳纁，字元礼（引者按：一本作"符礼"），世家建昌南丰。……年三十余，始举进士，中甲科，调主应天府虞城、明州鄞县簿，复陻阨。久之，当路有怜其才、悼其屈者，挽为大晟府主簿，非其好也。出提举两浙、河北、京东路盐香，改梓州路常平，皆不赴。除京畿提举学事，言者犹指君党家子，免之。得知太平州、提举两浙盐香，又皆不赴。选知高邮军，移（舒州）未期年，遭母兖国夫人忧。归吴中，至毘陵卒，年四十一，官止奉议郎，时宣和五年四月五日也。"② 按宣和五年曾纁卒时年四十一，中甲科之年"三十余"在政和三年前后。又"出提举两浙盐香，皆不赴"、"得知太平州、提举两浙盐香，又皆不赴"云云，查《吴郡志》："宣教郎曾纁，政和六年十一月二十五日到（提举两浙西路茶盐公事）任，七年罢任。""宣教郎曾纁，宣和元年九月二十日到（提举两浙西路茶盐公事）任。"③ 知已到任，第一次提举浙西茶盐始于政和六年十一月二十五日。考其初仕虞城、鄞县两任主簿或任期均不久，"复陻阨。久之"，至少有一两年，则其为大晟府主簿当在政和六年前后。

又，江汉于政和三年五月后任制撰文字，至政和六、七年间已离大晟府任密州通判。《浙江通志》："江汉……倅密州时，秦桧为郡博士，掌笺表，汉每指摘窜定。"据《宋史・秦桧传》："（秦桧）登政和五年第，补密州教授。"《宋宰辅编年录》："（翟）汝文，字公巽。尝知密州，秦桧为州学教授，汝文荐其才。"按：翟汝文知密州在政和七年（《宋史・翟汝文传》）④，江汉"倅密州"略早于翟汝文，当在政和六、七年间。因翟汝文上任后不久即荐秦桧应制举，中词学兼茂科⑤。

又，田为政和末兼修制大乐局管勾官，此前因"贪滥不法，物论勿齿"

---

① 据王兆鹏先生考证，政和七年春晁冲之在颍昌府，与从兄晁说之、外甥叶梦得诗社唱酬（《叶梦得年谱》，《宋人年谱丛刊》本，第3926—3927页）。李朝军考证晁冲之于政和六年底离开京城举家迁至新郑一带（《"别是一家"的晁冲之词》，《西北民族大学学报》（哲学社会科学版）2005年第2期，第104页）。可从。

② 汪藻：《浮溪集》卷二七，《四部丛刊》初编本，第17页B面至第18页B面。按："元礼"，文渊阁《四库全书》本作"符礼"（第435册，第358页）。

③ 范成大：《吴郡志》卷七，第1册，第742页。

④ 详见《浙江通志》卷一八一（第524册，第75页），《宋史・秦桧传》（第39册，第13747页），《宋宰辅编年录》卷一五（第596册，第550页），《宋史・翟汝文传》（第33册，第11544页，第11545页）。

⑤ 韩酉山：《秦桧传》，第6页。

（《宋史・张朴传》）而遭弹劾降职，但仍在大晟府任职。又，万俟咏政和六年“请以盛德大业及祥瑞事迹制词实谱。有旨依月用律，月进一曲”（《碧鸡漫志》卷二），疑已升为他官，但仍在大晟府，直到宣和元年八月前（《会要・职官》四三之一〇二）[①]。详后《大晟府词人新考》，此处从略。

（15）政和七年（1117），提举官周邦彦（三月后蔡攸接任），大司乐马贲，典乐裴宗元（二月后离任）、吴时（六月离任）、任宗尧（六月上任），大乐令韩极，按协声律刘僩。田为以修制大乐局管勾官兼典乐，宋暎为大晟府修制大乐管干文字。

按：据考，周邦彦政和六年十月至七年三月提举大晟府，蔡攸提举大晟府为政和七年三月至宣和初（详上）。又，《宋史・吴时传》：“提举河东常平。岁饥，发公粟以振（赈）民。童贯经略北方，每访以边事，辄不答。还，为大晟典乐，擢中书舍人、给事中。”[②] 吴时提举河东常平当在政和六、七年间，擢中书舍人为政和七年至重和元年。按：任宗尧本年六月后已为典乐，知吴时任典乐当在政和七年二月至六月间。详后《吴时考》。

《宋史・乐志四》：“政和末，明堂成，议欲为布政调燮事，乃召武臣前知宪州任宗尧，换朝奉大夫，为大晟府典乐。”“（政和七年）十月，皇帝御明堂平朔左个，始以天运政治颁于天下。”《宋史・徽宗本纪三》：“（政和七年）六月戊午朔，以明堂成，进封蔡京为陈、鲁国公。”《通考・郊社考七》：“（政和）七年，明堂成。”[③] 知任宗尧为典乐在政和七年六月前后。

又，《宋史・张朴传》：“起复修制大乐局管勾官田为大晟府典乐。”《会要・职官》六九之四：“（宣和元年八月）十八日，田为罢典乐，为大晟府乐令。以臣僚言，典乐在太常少卿之上，燕乐所制撰乃厘务官耳，太相辽绝，不冒躐如此。故有是命也。”据《宋史・乐志四》、《宋史・张朴传》、《会要・职官》六九之四、《通考・乐考四》[④]，可知田为第一次任典乐在政和末（详下）。又，修制大乐局始设于政和七年三月后，重和元年十二月十九日罢局

---

① 详见《宋史・张朴传》（第32册，第11220页），《碧鸡漫志》卷二（《词话丛编》本，第1册，第87页），《宋会要・职官》四三之一〇二（第4册，第3324页）。

② 脱脱等：《宋史》卷三四七《吴时传》，第31册，第10997页。

③ 详见《宋史・乐志四》（第9册，第3026页），《宋史・徽宗本纪三》（第2册，第398页），《文献通考・郊社考七》（第678页）。

④ 详见《宋史・张朴传》（第32册，第11220页），《宋会要・职官》六九之四（第4册，第3931页），《宋史・乐志四》（第9册，第3026页），《宋史・张朴传》（第32册，第11220页），《宋会要・职官》六九之四（第4册，第3931页），《文献通考・乐考四》（第1173页）。

（详上），则田为任大乐局管勾官必在其间。时田为以燕乐所制撰兼修制大乐局管勾官“起复”为典乐，故遭到张朴弹劾。

又，周必大《宋公暎墓志铭》：“政和四年，别以门荫为将仕郎，调孟州刑掾，改河北籴便司干当公事，选充大晟府修制大乐管干文字。以生母令人崔氏心丧去官。服除，用前籴便赏，改宣教郎、为河北转运司干当公事、提举洛口交装催促纲运，擢尚书司门员外郎，出为蔡河拨发。宣和元年冬，徽宗召对，称旨，命知宿州。”① 按：以宋暎“服除”27个月计，到宣和元年九月已“改宣教郎、为河北转运司干当公事、提举洛口交装催促纲运。擢尚书司门员外郎，出为蔡河拨发”，“冬，徽宗召对”，故推算出宋暎为“大晟府修制大乐管干文字”当在政和七年三月后。前此或后此一个月，则难以吻合宋暎“服除”前后仕历。

又，赵鼎臣《韩公行状》：“公讳粹彦，字师美，姓韩氏……诏甫下，而有司以公不起闻矣，命以批诏付其家。时（政和）八年正月二十九日也，年五十有四。……子男十四人：……极，朝奉郎，大晟府乐令。……方政和八年十月初一日，朝请大夫、行尚书度支员外郎赵某状。”② 据此，韩极政和八年正月已任大乐令有日，始任当在政和七年春，为补晁冲之大乐令缺者。

又，按协声律亦可考见。胡寅《缴刘倜复秘阁修撰》：“刘倜服事蔡攸……为大晟府按协声律。”（《斐然集》卷一五）《独醒杂志》卷九：“刘宽夫倜……为大晟府按协声律及提举道箓（录）院管干文字。其所转官，则缘按乐精熟及修道箓（录）院。”《要录》卷九：“（刘）倜宣、政间以大晟府、道箓（录）院属官，迁徽猷阁待制。”③ 知刘倜为按协声律在蔡攸提举大晟府后，即政和七年三月后至宣和初。

（16）政和八年重和元年（1118），提举官蔡攸，大司乐马贲，典乐任宗尧、田为，大乐令韩极，大晟府制撰葛庶幾，按协声律刘倜。

《襄陵文集》卷一《太学生充大晟府制撰葛庶幾补迪功郎制》。按：此文前有《中书舍人梅执礼神霄宫进书转一官制》、《潼川路提刑蒲卣修城转官制》（同上卷一），后有《工部侍郎柳庭俊妻封硕人制》（同上卷二）等制文。据

① 周必大：《文忠集》卷三一《徽猷阁待制宋公暎墓志铭》，第1147册，第343页。

② 赵鼎臣：《竹隐畸士集》卷一七《故龙图阁学士、宣奉大夫、中山府路安抚使兼马步军都总管兼知定州军府事、提举本府学事兼管内劝农使、开封县开国子、食邑六百户、赠特进、资政殿学士韩公行状》，第1124册，第242—247页。

③ 详见《斐然集》卷一五（第1137册，第474页），《独醒杂志》卷九（第4编，第5册，第192页），《建炎以来系年要录》卷九（第1册，第245页）。

《会要·刑法》三之七一："宣和元年十月十八日，提点潼川府路刑狱公事蒲卣奏……"《会要·选举》一之一五："（宣和二年正月二十二日）中书舍人梅执礼同知贡举。"《会要·职官》六九之三："（宣和元年五月十五日）工部侍郎柳庭俊降两官。"① 乃作于宣和元年至二年。据此，知《大晟府制撰葛庶幾补迪功郎制》作于宣和元年前后。时葛庶幾已任"大晟府制撰"一年，其始任当在重和元年前后。

本年蔡攸为大晟府提举官，马贲任大司乐，任宗尧、田为任典乐，韩极为大乐令，刘㑺任按协声律，葛庶幾为大晟府制撰。详见上文考证，此处从略。

（17）宣和元年（1119），提举官蔡攸，大司乐马贲（十一月离任，由田为临时代理），典乐任宗尧、田为（八月田为罢为大乐令，十一月复为典乐，十一月十三日祀南郊，临时代理大司乐之职），大晟府制撰葛庶幾，按协声律刘㑺。

按：《宋史·张朴传》："起复修制大乐局管勾官田为大晟府典乐，朴论为贪滥不法，物论勿齿，且典乐在太常少卿之上，修制冗官，不当超逾，乃罢为乐令。未几，复前命（大晟府典乐）。"《会要·职官》六九之四："（宣和元年八月）十八日，田为罢典乐，为大晟府乐令。"知田为被张朴所论，宣和元年八月十八日由典乐罢为乐令，但不久又恢复了典乐之职。考《清波杂志》卷一一："己亥冬，祀南郊。方登坛，乐作，使人推数小车，载火出于远林。左右争献言为异，指点哄然。大司乐田为押登坛歌，坛上大呼：'田为先见！'""己亥"即宣和元年。据《宋史·徽宗本纪四》、《长编拾补》卷四〇，宣和元年十一月乙卯南郊②。时田为以典乐临时代理大司乐之职，可知田为复任典乐必在宣和元年十一月乙卯前。

本年蔡攸为大晟府提举官，任宗尧任典乐，刘㑺为按协声律，葛庶幾任大晟府制撰，详见上文考证，此处从略。

（18）宣和二年（1120），提举官蔡攸，典乐任宗尧、田为。

① 详见《襄陵文集》卷一《太学生充大晟府制撰葛庶幾补迪功郎制》（第1123册，第493—494页）、卷一《中书舍人梅执礼神霄宫进书转一官制》及《潼川路提刑蒲卣修城转官制》（第1123册，第497页，第500页）、卷二《工部侍郎柳庭俊妻封硕人制》（第1123册，第511页），《宋会要·刑法》三之七一（第7册，第6613页），《宋会要·选举》一之一五（第5册，第4238页），《宋会要·职官》六九之三（第4册，第3931页）。

② 详见《宋史·张朴传》（第32册，第11220页），《宋会要·职官》六九之四（第4册，第3931页），《清波杂志校注》卷一一（第473页），《宋史·徽宗本纪四》（第2册，第405页），《长编拾补》卷四〇（第3册，第1262页）。

本年蔡攸为大晟府提举官，任宗尧、田为任典乐，详见上文考证，此处从略。

(19) 宣和三年 (1121)，提举官梁师成，大司乐蒋瑎，典乐冯舒。

按：汪藻《蒋公墓志铭》："(蒋瑎) 除光禄卿。居亡何，擢大司乐。时用魏汉津乐，以中贵人梁师成兼领。"（《浮溪集》卷二七）则"兼领"云云，实为提举官（《宋史·职官志一》）。据胡寅《翁公神道碑》（《斐然集》卷二六）、朱熹《翁君墓碣铭》（《朱熹集》卷九一）[①]，宣和三年至五年梁师成提举秘书省[②]，"兼领"大晟府当在此时。又据《要录》卷一一八："蒋瑎……事徽宗为大司乐。"[③] 据考，蒋瑎"擢大司乐"当在宣和三年，乃以光禄卿兼任大司乐，详后《蒋瑎任大晟府大司乐考》。

冯舒任典乐始于宣和三年，详见下文。

(20) 宣和四年 (1122)，提举官梁师成，大司乐蒋瑎（十月至十一月间毕完任大司乐），典乐冯舒。

按：蒋瑎于本年十月前后罢任，因与提举官梁师成在议南郊大礼使用何种规模的乐舞上，产生了严重的分歧[④]，而改任毕完为大司乐，详后《蒋瑎任大晟府大司乐考》。

又，《三朝北盟会编》卷一八："（宣和五年六月）九日庚子，收复全燕，一行官吏、将士推恩……大晟府典乐、提举秘书省道录院主管文字、宣抚使司勾当公事冯舒与除待制，更转一官。"[⑤] 按：典乐从五品，"待制"从四品，"大晟府典乐冯舒除待制，更转一官"，知其任典乐至少已有一年以上。冯舒任典乐当始于宣和三年。

(21) 宣和五年 (1123)，提举官梁师成，大司乐毕完，典乐冯舒、刘国瑞，协律郎江端本。

按：据《会要·崇儒》六之一二："（宣和）五年正月十七日，大司乐毕

---

① 详见《浮溪集》卷二七《徽猷阁待制致仕蒋公墓志铭》（《四部丛刊》初编本，第 27 页 B 面），《宋史·职官志一》（第 12 册，第 3793 页），《斐然集》卷二六《右朝奉大夫集英殿修撰翁公神道碑》（第 1137 册，第 706 页），《朱熹集》卷九一《司农寺丞翁君墓碣铭》（第 8 册，第 4667 页）。

② 李之亮：《宋代京朝官通考》，第 4 册，第 357 页，第 333 页。

③ 李心传：《建炎以来系年要录》卷一一八，第 5 册，第 2192 页。

④ 汪藻：《浮溪集》卷二七《徽猷阁待制致仕蒋公墓志铭》，《四部丛刊》初编本，第 27 页 B 面至第 28 页 A 面。

⑤ 徐梦莘：《三朝北盟会编》卷一八，第 350 册，第 133 页。

完言：‘为装成神宗皇帝御笔石本二轴投进，乞宣付秘阁收藏。’从之。”① 毕完始任大司乐当在宣和四年十月至十一月间（详上）。

又，《会要·选举》二〇之三：“（宣和）六年正月二十三日……承议郎、大晟府典乐兼国史院编修官刘国瑞……充贡举点检试卷官。”《会要·职官》六九之一六：“（宣和六年）十二月四日……大晟府典乐刘谷瑞送吏部，以言者论……谷瑞贪鄙冒进故也。”② 按：“刘国瑞”、“刘谷瑞”当为一人，其任典乐当在宣和五年至六年十二月。

又，晁冲之《简江子之求茶》：“故人新除协律郎，交游多在白玉堂。拣牙斗夸皆饮尝，幸为传声李太府，烦渠折简买头纲。”③ 按“江子之”即江端本。“李太府”即太府少卿李著，宣和五年至六年任（《会要·职官》四二之四八、六九之一三）。《长编拾补》卷四〇载江端本通判温州在宣和元年十一月，蔡攸使江端本杀林灵素在宣和二年④。江端本通判温州任满当在宣和四年十一月，离任后即授为大晟府协律郎。

（22）宣和六年（1124），大司乐毕完，典乐刘国瑞，协律郎江端本。

本年毕完为大司乐，刘国瑞任典乐，江端本为协律郎，详见上文考证，此处从略。

（23）宣和七年（1125），大晟府乐令范寅恭、钱端礼、张玮，协律郎江端本、任谊。

按：《会要·职官》三之一一、一二：“（宣和）七年六月十八日，御笔：‘直秘閧（阁）钱端义已除符宝郎，改除光禄少卿，便令供职。管勾崇福宫钱端礼除大晟府乐令，替范寅恭，通理年满阙。’吏部供到：‘范寅恭已差张玮。’臣僚上言：‘恭览……’奉圣旨：‘钱端义等具因依告示，见在省、府、寺、监不应诏旨之人。令中书省取索闻（閧）具取旨。’”⑤ 则钱端礼拟替范

① 徐松辑：《宋会要·崇儒》六之一二，第3册，第2274页。按：《徽宗词坛研究》以“毕完言”为人名（第15页）。依《宋会要》断句疑为“大司乐毕完言：‘为装成……’”，则人名似为“毕完”，“言”似为“奏言”之意。点校本《宋会要辑稿·崇儒六》标点为“大司乐毕完言：‘为装成……’”（第5册，第2868页），疑是。因无他证，附此俟考。

② 详见《宋会要·选举》二〇之三（第5册，第4576页），《宋会要·职官》六九之一六（第4册，第3937页）。

③ 傅璇琮等主编：《全宋诗》，第21册，第13877页。

④ 详见《宋会要·职官》四二之四八、六九之一三（第4册，第3258页，第3936页），《长编拾补》卷四〇（第3册，第1259页）。

⑤ 徐松辑：《宋会要·职官》三之一一、一二，第3册，第2403页。按：点校本《宋会要辑稿·职官三》：“闻：似当作‘閧’。”（第5册，第3029页）

寅恭为大晟府乐令，但因已差张玮，故未任命。而仍旧差张玮替范寅恭为大晟府乐令。

又，《画继》卷三：“任谊，字才仲，宋复古之甥也。尝为协律郎，后通判澧州。适丁乱离，钟贼反叛，为群盗所杀。”① 任谊为协律郎或在宣和末。

四、待考任时或官职的大晟府职官

除上述46名大晟府职官可大致编年②外，查宋元史料尚有27人在大晟府及其下属机构任职的记载。或为职事官，或为乐官，有些难以确定任时，有些则无法确定官名，亦附此俟考。

（1）潘景（大晟府典乐）

洪适《潘景直秘阁致仕制》：“大夫七十而请老，古之制也。近人耽禄，乃钟鸣漏尽而不知止。吁，可叹哉！具官某，学道洗心，声中其实。蚤入京都，垂上华辙。晟府典乐，禄臣司光，皆当时之遴选。退休林壑，亦既有年。遗荣抽簪，无玷终始。中秘之直，非贤弗居。光尔桑榆，用迎寿嘏。”③

按：洪适隆兴二年四月以太常少卿兼权直院，九月除中书舍人，闰十一月兼直院，乾道元年五月除翰林学士，六月除签书枢密院事（《宋史·洪适传》）。《潘景直秘阁致仕制》编于“内制”，当为翰林学士时。潘景时年七十，生年当在绍圣三年（1096），至乾道元年（1165）整70岁。其为“晟府典乐”疑在宣和末（1124—1125）。姑附于此。

（2）成藻（大晟府制撰）

《要录》卷八九：“（绍兴五年五月）丁丑，右迪功郎万俟卨言：‘摄廉州助教成藻并补下州文学，言在东都以白衣充大晟府制撰，满岁得官。’藻，朱勔馆客，尝为越州司仪曹事，以罪废。至是，依讨论例改授。”④ 成藻任大晟府制撰时间俟考。

（3）张阜、俞随、王恂（官名俟考）

《会要·舆服》六之一六：“（崇宁四年）九月乙未朔，以九鼎成，御大庆殿受贺，始用新乐。己亥，大赦天下。……大司乐、兼同详定《大乐书》刘炳转三官。承务郎张阜转承事郎，左藏库使、副俞随等二十二人，各转一官，

① 邓椿：《画继》卷三，第371册，第462页。

② 按：以上可大致编年的共有48人，剔除未任职大晟府的陈旸、刘炜2人外，还有46名大晟府职官。

③ 洪适：《盘洲文集》卷二二《潘景直秘阁致仕制》，第1158册，第394—395页。

④ 李心传：《建炎以来系年要录》卷八九，第4册，第1712页。

大将王恂等六人，授三班借职，皆以九鼎成，推恩故也。”① 知张阜、俞随、王恂等亦在大晟府任职，具体官名俟考。

（4）黄冕、王昭、张苑（官名俟考）

《会要·乐》三之二七：“（政和三年）六月二十八日，中书省言：‘大晟府新燕乐进讫。’诏：‘提举官刘炳特转两官……黄冕阶官上转一官……王昭等三人各转一官，减一年磨勘；张苑转一官。’”② 知黄冕、王昭、张苑等亦在大晟府任职，具体官名俟考。

（5）阎政（后苑造作所监官）

《襄陵文集》卷二《阎政制》：“凡乐道在朝廷，而器使在有司。董夫制作，必有所属。尔久以敏强，总提庶工，乐事告成，宜有褒励。兵团使指，是惟异恩。往祇厥官，懋承宠渥。”③ 按：制文作于宣和元年。考重和元年十二月十九日，修制大乐局罢局，徽宗有《酬奖乐局官吏诏》（《会要·乐》四之二），则“总提庶工，乐事告成”云云，当为此而发。阎政似以内侍负责乐器制造工作，原疑为修制大乐局提举官，但查诸史“修制大乐局”无“提举官”。今考崇宁三年铸九鼎于“后苑”，即以杨戬提举制造大乐局（详上），知当时虽设局制乐，但铸九鼎的实施机构，却为“后苑造作所”。据《会要·职官》三六之七二，“后苑造作所”下辖之“鎶作”和“乐器作”，乃为铸器之所。修制大乐局铸器，亦当由后苑造作所承担。故可推知阎政似为后苑造作所监官，负责政和七年三月至重和元年十二月修制大乐局乐器制造工作，而所任官名仍俟详考。

（6）刘希颜（大晟府乐正）、田仲（大晟府运谱）

《大金集礼》卷三八：“大德二年四月二十三日呈禀……本寺虽有亡宋乐正刘希颜、运谱田仲等二人，自令、丞以下，并不蒙设置。”据《会要·职官》二二之二五，乐正、运谱等均为大晟府官职④。知刘希颜曾任大晟府乐正、田仲曾任大晟府运谱，任时俟考。

（7）陆诚（大晟府乐师）

《中兴礼书》卷一二：“（绍兴十三年七月十九日）户部言：‘今有昨大晟

---

① 徐松辑：《宋会要·舆服》六之一六，第2册，第1833页。

② 徐松辑：《宋会要·乐》三之二七，第1册，第320页。

③ 许翰：《襄陵文集》卷二《阎政制》，第1123册，第503—504页。

④ 详见《大金集礼》卷三八（第222册，第343页），《宋会要·职官》二二之二五（第3册，第2872页）。

府乐师陆诚，乞拘收充分诣乐正。'"[①] 陆诚任大晟府乐师时间俟考。

(8) 任道（大晟府二舞色长）

《宋史·乐志五》："（绍兴十年，太常）丞周执羔言：'大乐兼用文、武二舞，今殿前司将下任道，系前大晟府二舞色长，深知舞仪，宜令赴寺教习。'"[②] 任道任大晟府二舞色长时间俟考。

按：以上13人均在大晟府担任职事官或乐官，其中黄冕，疑以内侍身份担任管理大晟府宴乐案一类的"承受官"，俞随、王恂则以武臣身份在大晟府法物案下辖机构大乐法物库任职，疑为"监官"。张阜以承务郎转承事郎，则为选人转为京官，具体职事不明。

另外，教坊在政和三年八月隶大晟府（详上），此后任职于教坊的人员，亦可视为大晟府乐官。如：

(9) 张俣（教坊色长）

吴莱《张氏〈大乐玄机赋论〉后题》："当《大晟乐书》之行，教坊色长张俣曾制《大乐玄机赋论》：'七音、六十律、八十四调，本不脱乎龟兹白（人曰）苏祇婆之旧。[③] 正行四十大曲，常行小令，四部弦管，犹或尚循乎大唐、五代梨园法曲之遗。'"《春明梦馀录》引作吴莱《大晟乐论》，均云"张俣《大乐玄机赋论》"[④]。按张俣所论大晟乐"七音、六十律"等，乃大观三年六月刘昺"所上"《大晟乐书》相关内容，"正行四十大曲，常行小令，四部弦管"则为燕乐内容。所谓"尚循乎大唐、五代梨园法曲之遗"，知当时燕乐尚依"唐律"之旧，未尝有所变革。据此，其书当成于政和四年正月以"大晟府十有二月所定声律"阅习教坊乐前。可推知张俣任教坊色长在大观三年六月至政和四年正月间。

(10) 张从宝（教坊乐工）

《会要·乐》四之二："宣和元年三月十九日，蔡攸奏：'近据百姓张重杨、教坊乐工张从宝赍到古籥一管。'"《玉海》卷一一〇："（宣和）元年三月十九日，乐工张从宝上古籥一管，自陈世习其艺。"[⑤]

---

① 徐松辑：《中兴礼书》卷一二，第822册，第51页。

② 脱脱等：《宋史》卷一三〇《乐志五》，第10册，第3030页。

③ 按：《隋书·音乐志中》作"龟兹人曰苏祇婆"，"白"疑为"人曰"连书而误。

④ 详见《渊颖吴先生集》卷八（《四部丛刊》初编本，第7页A面），《春明梦馀录》卷三九（第868册，第601—602页）。

⑤ 详见《宋会要·乐》四之二（第1册，第322页），《玉海》卷一一〇（第945册，第897—898页）。

（11）雷中庆（教坊使）、刘继安（教坊琵琶工）、孟水清（教坊笛工）

《铁围山丛谈》卷六："教坊琵琶则有刘继安。舞有雷中庆，世皆呼之为'雷大使'。笛有孟水清。"《东京梦华录》卷九："《三台》舞旋，多是雷中庆。……唯中庆有官，故展裹。"① 据考，雷中庆极可能做过教坊使，时人呼为"大使"②。按：《东京梦华录》所述燕乐乐器有"埙、篪"③，乃政和三年后事（详后），故雷中庆为教坊使亦在隶大晟府期间。刘继安为教坊琵琶工、孟水清为教坊笛工，亦在此时。

（12）孟景初（教坊使）、刘乔、侯伯朝、王颜喜（教坊副使）、南河炭（教坊乐官）

《东京梦华录》："是时，教坊杂剧色鳖膨刘乔、侯伯朝、孟景初、王颜喜而下，皆使、副也。"（卷九）"教坊使孟景初……装将军。……教坊南河炭……装判官。"（卷一〇）④ 知孟景初为教坊使，其任时或在雷中庆后。刘乔、侯伯朝、王颜喜亦为"使、副"，南河炭为乐官，除刘乔擅长杂班（即杂扮）、王颜喜长于散乐外，均不可详考⑤。

（13）袁陶（教坊判官、教坊使、箫管工）

《浩然斋雅谈》卷中："宣和间，教坊大使袁祹《应制诗》云。"又卷下："（宣和中）上顾教坊使袁祹。"《续骫骳说》云："政和中，袁祹（绹）为教坊判官撰文字。"⑥

按："袁祹"、"袁祹"，《靖康要录》、《三朝北盟会编》、《墨庄漫录》、《长编拾补》作"袁陶"，《铁围山丛谈》、《续骫骳说》作"袁绹"，当为同一人。袁陶为"教坊使"、"教坊判官"事，仅《浩然斋雅谈》、《续骫骳说》有载，他书不见。⑦《靖康要录》卷一："（靖康元年正月十二日）御笔：'……袁陶、武震、史彦、蒋翊、郭老娘逐人家财籍没。'"（《长编拾补》卷五二同）不载袁陶具体身份。《三朝北盟会编》卷三〇："（靖康元年正月十五日）

① 详见《铁围山丛谈》卷六（第108页），《东京梦华录》卷九（第59页）。

② 按：海宁、晓文《"教坊雷大使舞"考释》（《文学遗产》1998年第5期，第102—104页）、张国强《宋代教坊乐制研究》（第47—48页）均认为雷中庆极可能做过教坊使。

③ 孟元老：《东京梦华录》卷九"宰执亲王宗室百官入内上寿"条，第59页。

④ 详见《东京梦华录》卷九（第60页）、卷一〇（第69页）。

⑤ 按：廖奔《汴京杂剧兴衰录》认为刘乔、王颜喜任教坊副使（《河南大学学报》（哲学社会科学版）1987年第2期，第48页）。似可从。

⑥ 详见《浩然斋雅谈》卷中（第40页）及卷下（第58页），《花草粹编》卷一五（第1490册，第442页）及《词苑丛谈校笺》卷七（第441页）引《续骫骳说》。

⑦ 按：另宋元话本小说《大宋宣和遗事》亦载，未可据为信史。

箫管袁陶、武震、史彦、蒋翊……逐人家财籍没。”乃云“箫管袁陶”。《墨庄漫录》卷八：“靖康中……筑毬吹笛袁陶、武震辈，例籍其家。”则云“筑毬吹笛袁陶”。《铁围山丛谈》卷三：“歌者袁绹……宣和间，供奉九重。尝为吾言：东坡公昔与客游金山。……命绹歌其《水调歌头》。”[1] 则为“歌者袁绹”。袁陶于教坊中年辈甚高，元祐六年前后以“歌者”身份得见苏轼，政和中为“教坊判官”，宣和间以教坊使“供奉九重”，靖康元年“籍没”家财时身份乃为“箫管”（“吹笛”）[2]。野史之说无从确考，或先为“歌者”，后升为“教坊判官”、“教坊使”，晚年又以“箫管工”为左右军筑毬伴奏。

（14）司文政（教坊乐人）

《三朝北盟会编》卷六六：“（靖康元年闰十一月十一日）教坊乐人司文政，以伏阙上书无理狂悖伏诛。……榜云：‘教坊乐人司文政，伏阙上书……。’”（《靖康纪闻》略同）然《靖康要录》卷一三云“大名府进士司文政”[3]，附此俟考。

（15）孟子书、周礼义（教坊乐官）

周峰点校《东京梦华录》：“崇、观以来，在京瓦肆伎艺：张廷叟，《孟子书》。”[4] 按：此“孟子书”乃人名，非“《孟子书》”名[5]。据《靖康要录》卷一五：“（靖康二年正月二十六日）乐官孟子书等，经元帅投状。”“（二月五日）因教坊人员孟子书、周礼义……等于军前陈状。”《三朝北盟会编》卷七八：“《汴都记》曰：‘……（靖康二年二月四日）乐官孟子书等，经元帅投状。’”《宋史全文》卷一五：“（靖康二年二月乙丑）会军前取过教坊人孟子书、周礼义……等称，各有窖藏金银。”《挥麈后录》卷四：“乐官孟子书，

① 详见《靖康要录》卷一（第772册，第325—326页），《长编拾补》卷五二（第4册，第1625页），《三朝北盟会编》卷三〇（第350册，第230页），《墨庄漫录》卷八（第222页），《铁围山丛谈》卷三（第58页）。

② 按：“箫管”又名“竖笛”，或直接以“笛”名之。《乐书》卷一四八：“箫管之制，六孔，旁一孔加竹膜焉，足黄钟一均声。或谓之尺八管，或谓之竖笛，或谓之中管。……今民间谓之箫管，非古之箫与管也。”（第211册，第685页）《朱子语类》卷九二：“今之箫管，乃是古之笛。”（第6册，第2348页）据此，知“箫管”、“吹笛”，其实一也。

③ 详见《三朝北盟会编》卷六六（第350册，第528页），《靖康要录》卷一三（第772册，第581页）。

④ 孟元老撰，周峰点校：《东京梦华录》卷五，第31页。

⑤ 按：邓之诚《东京梦华录注》卷五（第132页）、伊永文《东京梦华录笺注》卷五（第463—464页）及整理本《东京梦华录》卷五（第5编，第1册，第148页），“孟子书”亦作乐官名，不作书名。

俱为平昔侥滥渠魁。"① 知孟子书为教坊乐官，诸书称"乐官"、"教坊人员"、"教坊人"，其实为一。周礼义亦与孟子书同为教坊乐官，具体职任俟考。

以上教坊人员共 14 人，任职时间在政和三年八月后，姑且附入大晟府乐官，以俟进一步考定。

① 详见《靖康要录》卷一五（第 772 册，第 630 页，第 633 页），《三朝北盟会编》卷七八（第 350 册，第 619 页），《宋史全文》卷一五［第 330 册，第 578 页；点校本卷一五（第 3 册，第 1022 页）作"孟子著"，乃误］，《挥麈后录》卷四（第 6 编，第 1 册，第 138 页）。

第二章

大晟乐体制考

大晟乐体制主要指乐制、乐书、乐器、乐调、乐谱等体性特征而言。大晟乐作为“一代之乐”，其乐制理论乃魏汉津“指律”，但实际按刘昺“中声”、“正声”理论操作，这不仅包括乐器制造和应用，还包括“谱、调、声”的具体施用。在乐书编撰方面，也有同样倾向，即刘昺乐书多托以魏汉津名义。故大晟乐其实并未贯彻魏汉津“指律”精神，崇宁、政和间实行刘昺“中声”、“正声”乐，政和末、宣和间改用蔡攸“太声”、“少声”、“正声”乐。不过，蔡攸所造并未全面推广，其乐器、乐书乃刮改刘昺原有器、书而成，其乐谱、乐调亦“不克行而止”。本章考察大晟乐体制，主要从标准音高、宫调系统、宫调内容、乐器制造与应用、曲谱制订、曲调颁行等方面，其余乐章、曲词等问题，则放在下章讨论。

第一节　大晟府雅乐乐制

雅乐，宋代史料多作“大乐”。大晟府雅乐与宋代其他时期的雅乐一样，其用途也主要实施于郊庙、朝会等大礼，本质乃为颂乐。乐制包括乐律制度（音高标准、音阶形式、音域）、乐律理论、乐器制作、乐曲内容、宫调应用、表演形式等。本节侧重介绍大晟府雅乐乐律制度、乐律理论、黄钟音高、音阶形式、音域问题、乐器应用、乐曲乐调、表演形式与宫调应用等问题。

一、大晟府雅乐的理论依据与实际操作

大晟乐的制作，是有感于大乐之制“讹缪残阙”、“太常乐器弊坏”及“声韵淆杂”（《宋史·乐志三》）而发的。于是，承北宋历次改作之遗业，秉徽宗“功成作乐”之侈心，扬蔡京“丰亨豫大”之时论，改制大乐成为时代共识，“一代之乐”由此应运而生。据《宋史·乐志一》，北宋大乐六次改作到徽宗朝方告一段落，大晟乐实质仍因袭北宋历次音乐改作成果而略事修饰，不过是假借“帝指”而塞群儒之口而已。《宋史·乐志三》评“魏汉津乐”，指出其“指法”有阮逸参与讨论。按阮逸曾有“叙述指法”的乐书二篇，乃

与魏汉津共同研究的专书，今虽佚，但仍可推知“魏汉津乐”有“阮逸乐”的影子，这一点常常被学界所忽略（详下考）。《金史·乐志上》：“（魏）汉津用李照、范镇之说，而耻同之，故用时君指节为尺，使众人不敢轻议。其尺虽为诡说，其制乃与古同，而清浊高下皆适中，非出于法数之外，私意妄为者也。”由此可知，大晟乐制作实为北宋历次音乐改作的集大成形态，尽管其中交织着党争、学派之争的种种翳障，但其目的仍在“成一代之乐”。《宋史·乐志四》载徽宗诏书云：

> 礼乐之兴，百年于此。然去圣愈远，遗声弗存。乃者，得隐逸之士于草茅之贱，获《英》、《茎》之器于受命之邦。适时之宜，以身为度，铸鼎以起律，因律以制器，按协于庭，八音克谐。昔尧有《大章》，舜有《大韶》，三代之王亦各异名。今追千载而成一代之制，宜赐新乐之名曰《大晟》，朕将荐郊庙、享鬼神、和万邦，与天下共之。

所谓“礼乐之兴，百年于此”，乃总结建隆至元祐以来多次音乐改作的事实而言；至崇宁四年而成“一代之制”，可谓了却北宋诸帝的一桩心愿。按“大晟”之“晟”含有火德炽盛之义（《订讹杂录》卷一〇），《大晟乐书》：“大乐之名则曰《大晟》。日王于午，火明于南，乘火德之运，当丰大之时，恢扩规模，增光前烈，明盛之业，永观厥成。乐名《大晟》，不亦宜乎?”（《宋史·乐志四》）[①] 宋以“火德”兴，而至徽宗朝尤炽盛；又“明盛之业，永观厥成”云云，知以“大晟”名乐，本身亦有集大成之意。

（一）大晟府雅乐乐制的理论依据——魏汉津“指律”

大晟乐的理论基础，乃魏汉津“指律”。魏汉津“指律”理论的核心，乃效黄帝、大禹“以身为度”之法，确定“黄钟律”的长度。《会要·乐》五之一八、一九有详载：

> （崇宁）三年正月二十九日，中书门下省、尚书省送到魏汉津《札子》：“臣闻通二十四气，［行］七十二候，和天地，役鬼神，莫善于乐。伏羲以一寸之器名为《含微》，其乐曰《扶桑》；女娲以二寸之器名为

① 详见《宋史·乐志三》（第9册，第2997页），《宋史·乐志一》（第9册，第2937—2938页），《宋史·乐志三》（第9册，第2997页），《金史·乐志上》（第7册，第217页），《宋史·乐志四》（第9册，第3001—3002页），《订讹杂录》卷一〇（第78册，第244页），《宋史·乐志四》（第9册，第3003页）。

《韦（苇）籥》，其乐曰《光乐》；黄帝以三寸之器名为《咸池》，其乐曰《大卷》。三三而九，乃为黄钟之律。后世因之，至唐虞未尝易。洪水之变，乐器漂荡。禹效黄帝之法，以声为律，以身为度，用左手中指三节三寸，谓之君指，裁为宫声之管；又用第四指三节三寸，谓之臣指，裁为商声之管；又用第五指三节三寸，谓之物指，裁为羽声之管。第二指为民为角，大指为事为徵。民与事，君臣治之，以物养之，故不用为裁管之法。得三指合之为九寸，即黄钟之律矣。黄钟定，余律从而生焉。商、周以来，皆用此法。因秦火，乐之法度尽废。汉诸儒张苍、班固之徒，惟用累黍容盛之法，遂至差误。晋永嘉之乱，累黍之法废。隋时牛洪用万宝常水尺，至唐室田畸及后周王朴，并用水尺之法。本庙（朝）为王朴乐声太高，令窦俨等裁损，方得声律谐和。声［律］虽谐和，即非古法。汉津今欲请圣人三指为法，谓中指、第四指、第五指各三节，先铸九鼎，次铸帝座大钟，次铸四韵清声钟，次铸二十四气钟，然后均弦裁管，为一代之乐。”从之。

《宋史·乐志三》、《通考·乐考四》所载相同，略有异文。魏汉津“指律”理论主张用徽宗中指、第四指、第五指各三节，合之为九寸之“黄钟律”。又主张“以中指之径围为容盛，度、量、权、衡皆自是而出”（《宋史·魏汉津传》，《宋史·乐志三》，《宋史·乐志四》，《通考·乐考四》）①。但据邱琼荪考证，魏汉津“黄钟律”九寸实际长度为“269.613 公厘”，与同主九寸“黄钟律”的王朴乐律“212.1615 公厘”、和岘乐律“220.64796 公厘”、阮逸乐律“220.8889 公厘”只有细微差异②。看来魏汉津“指尺”与传统“黍尺”本质上差别不大，但表面却笼罩了一层极其神秘的色彩。魏汉津认为：“声有太，有少。太者，清声，阳也，天道也；少者，浊声，阴也，地道也；中声在其间，人道也。合三才之道，备阴阳奇偶，然后四序可得而调，万物可得而理。”（《宋史·魏汉津传》）《宋史·乐志四》、《通考·乐考四》所载相同，略有异文。按：“太、少之议”为魏汉津九寸“黄钟律”的补充。据《宋史·乐志四》：“（任）宗尧至，则言太、少之说本出于古人，虽王朴犹知

① 详见《宋会要·乐》五之一八、一九（第1册，第341—342页），《宋史·乐志三》（第9册，第2998页），《文献通考·乐考四》（第1173页），《宋史·魏汉津传》（第39册，第13526页），《宋史·乐志三》（第9册，第2998页），《宋史·乐志四》（第9册，第3025页），《文献通考·乐考四》（第1173页）。

② 邱琼荪：《燕乐探微》，《燕乐三书》本，第451—454页。

之，而刘昺不用，乃自创黄钟为两律。黄钟，君也，不宜有两。……遂不用中声八寸七分管，而但用九寸管。又为一律长尺有八寸，曰太声；一律长四寸有半，曰少声：是为三黄钟律矣。”知魏汉津“指律”理论原有“三黄钟律”，太声长尺有八寸，少声长四寸有半，中声长九寸。然据《通考·乐考四》：“宗尧复申汉津太、少之议。时京子攸提举大晟府，又奏田为为典乐。宗尧愤之，令乐工断黄钟管二，一倍之，一半之，给为曰：‘此太、少律也。’为信之，以白攸。攸因执以为是，遂不用刘炳中声八寸七分管，而止用九寸管。又为一律长尺有八寸，曰太声；一律长四寸有半，曰少声。乃有三黄钟律云。”① 则言魏汉津“指律”之“三黄钟律”，太声“长尺有八寸”、少声“长四寸有半”，乃魏汉津弟子任宗尧“给”语。魏汉津“三黄钟律”的原本长度为多少，今已不可考。

关于魏汉津“指律”理论，学界多有误解。如：

> 在魏汉津看来，乐律有二：一是正声律，一是中声律。……魏汉津所谓的“正声律”，实际上是指古已言之生于黄钟之十二律。……魏汉津所谓的“中声之律”，实际上是他自己杜撰出来的。是他把“九寸为宫”，并由黄钟而产生的十二律，经过“三数退藏”后，以“八寸七分”为宫所得出来的又一个十二律。……在魏汉津看来，只有做到“得正气用正律”，“得中气用中律”，方能做到乐律的雅正。
>
> 《宋史·乐四》记政和末任宗尧为大晟府典乐时，又照魏汉津的“中正”之说行事，云：“（任）宗尧至，则言太、少之说本出于古人，虽王朴犹知之，而刘昺不用，乃自创黄钟为两律。”所谓“两律”，即所谓“黄钟正声”和“黄钟中声”。②

其实，魏汉津“指律”理论乃太声、少声、中声“三黄钟律”，后蔡攸为别于刘昺“中声”八寸七分之说，改为“太声、少声、正声”。《宋史·乐志四》：“（政和）八年八月，宣和殿大学士蔡攸言：‘……今看详古之神瞽考中声以定律，中声谓黄钟也。黄钟即中声，非别有一中气之中声也。考阅前古，初无中、

---

① 详见《宋史·魏汉津传》（第39册，第13526页），《宋史·乐志四》（第9册，第3026页），《文献通考·乐考四》（第1173页），《宋史·乐志四》（第9册，第3026页），《文献通考·乐考四》（第1173页）。

② 迟乃鹏：《魏汉津及其雅乐乐律理论》，《西华大学学报》（哲学社会科学版）2008年第1期，第14页。

正两乐。若以一黄钟为正声，又以一黄钟为中声，则黄钟君声，不当有二。'"这段话乃蔡攸据任宗尧乐议而上奏，实际上正是魏汉津"三黄钟律"说的原意（详后《任宗尧考》）。所谓"太声、少声、中声"之说，知魏汉津"中声"即"黄钟律"九寸，后被蔡攸、任宗尧改为"正声"。《宋史·乐志四》："宣和元年四月，（蔡）攸上书：'奉诏制造太、少二音登歌、宫架，用于明堂，渐见就绪，乞报大晟府者凡八条：一，太、正、少钟三等。……其二，太、正、少琴三等。……其三，太、正、少篇三等。……其四，太、正、少篴、埙、篪、箫各三等。……其五，大晟匏……今已各分太、正、少三等。……其六，旧制有巢笙、竽笙、和笙。……今依钟、磬法，裁十二管以应十二律，为太、正、少三等，其旧笙更不用。'诏悉从之。"《会要·乐》四之二："重和元年十二月十九日，诏：'太、少二音，调燮岁运，使之适平，不行于世迨数百年。近命官讨论定律，镕范既成，不假刊削，自合宫音，太、少、正声，相与为一。已降指挥，置登歌、宫架，用于明堂。'"知"太声、少声、正声"乃蔡攸据魏汉津弟子任宗尧所言而改，魏汉津"指律"初主"太声、少声、中声"而非"太声、少声、正声"，蔡攸后为别于刘昺"中声"说而改为"太声、少声、正声"。据此，知魏汉津"指律"原主太声、少声、中声"三黄钟律"说，其中"中声"实际上就是"正声"，与刘昺"中声"八寸七分不同。刘昺主乐后，遂改窜魏汉津"太声、少声、中声"说而为"中声、正声"说。换句话说，魏汉津原主太声、少声、中声"三黄钟律"说，而刘昺所主则为"黄钟正声"和"黄钟中声"之"二黄钟律"说。魏汉津弟子任宗尧所说的，正是刘昺主乐后，弃魏汉津太声、少声、中声"三黄钟律"说不用而用正声、中声"二黄钟律"说。《宋史·乐志四》对此记载较详明，如：

> （政和）八年八月，宣和殿大学士蔡攸言："……考阅前古，初无中、正两乐。若以一黄钟为正声，又以一黄钟为中声，则黄钟君声，不当有二。……若依《乐书》'正声得正气则用之，中声得中气则用之'，是冬至祀天，夏至祭地，常不用正声而用中声也。以黄钟为正声，易大吕为中声之黄钟，是帝律所起，黄钟常不用而大吕常用也。抑阳扶阴，退律进吕，为害斯大，无甚于此。今来宗祀明堂，缘八月中气未过，而用中声乐南吕为宫，则本律正声皆不得预。欲乞废中声之乐，一遵帝律，止用正声，协和天人，刊正讹谬，著于《乐书》。"诏可。

所谓"《乐书》'正声得正气则用之，中声得中气则用之'"，实出自刘昺所修《大晟乐书》，而非魏汉津《乐书》原旨。《大晟乐书》云：

魏汉津以太极元气，函三为一，九寸之律，三数退藏，故八寸七分为中声。正声得正气则用之，中声得中气则用之。宫架环列，以应十二辰；中、正之声，以应二十四气；加四清声，以应二十八宿。气不顿进，八音乃谐。若立春在岁元之后，则迎其气而用之，余悉随气用律，使无过不及之差，则所以感召阴阳之和，其法不亦密乎？（《宋史·乐志四》）

按：《大晟乐书》编撰始于大观元年，成于大观三年，其时魏汉津卒已久（详后《魏汉津考》）。史载“说者以谓蔡京使（刘）昺为缘饰之”（《宋史·乐志四》，《宋朝事实》卷一四，《长编纪事本末》卷一三五），乃指刘昺所修《大晟乐书》多非魏汉津原本之说而言。今《大晟乐书》所述“魏汉津以……八寸七分为中声。正声得正气则用之，中声得中气则用之。……中、正之声”云云（《宋史·乐志四》），其实乃刘昺“缘饰”之说。魏汉津“太声、少声、中声”之说，其中“中声”即“黄钟律”九寸，与刘昺“中、正”说之“中声”八寸七分不同。《宋史·乐志四》载蔡攸言“今看详古之神瞽考中声以定律，中声谓黄钟也。黄钟即中声，非别有一中气之中声也”，乃重申魏汉津“中声”即“黄钟律”九寸之说，又言“考阅前古，初无中、正两乐。若以一黄钟为正声，又以一黄钟为中声，则黄钟君声，不当有二”①，乃批评刘昺黄钟律“正声”九寸、“中声”八寸七分之说。后世不明魏汉津乐论已被刘昺改窜，遂以刘昺“中、正”之说为魏汉津“指律”理论，可谓失之交臂矣。

按将刘昺“中、正”说误混为魏汉津“指律”理论，实自南宋以来即已有之。如《碧鸡漫志》卷一：

或问雅、郑所分。曰：中、正则雅，多哇则郑，至论也。何谓中、正？凡阴阳之气，有中有正，故音乐有正声，有中声。二十四气岁一周天，而统以十二律。中、正之声，正声得正气，中声得中气，则可用。中、正用，则平气应，故曰：中、正以平之。若乃得正气而用中律，得中气而用正律，律有短长，气有盛衰，太过、不及之弊起矣。自扬子云之后，惟魏汉津晓此。

---

① 详见《宋史·乐志四》（第9册，第3023页），《宋史·乐志四》（第9册，第3023—3025页），《宋会要·乐》四之二（第1册，第322页），《宋史·乐志四》（第9册，第3023页），《宋史·乐志四》（第9册，第3004—3005页），《宋史·乐志四》（第9册，第3012页），《宋朝事实》卷一四（第180册，第234页），《长编纪事本末》卷一三五（第387册，第423页），《宋史·乐志四》（第9册，第3004页），《宋史·乐志四》（第9册，第3023页）。

又，朱熹《答蔡季通》："近读《长编》，说：'魏汉津、刘炳作《大晟乐》，云：依太史公"黄钟八寸七分之管"作正声之律，依班固"黄钟九寸之管"作中声之律。正声于十二月初气奏之，中声即于中气奏之，故有廿四气钟之说。'"（《朱熹集·续集》卷二）① 南宋人所述实据《大晟乐书》而非魏汉津《乐书》原旨（详上）。可见，将刘昺"中、正"说误混为魏汉津"指律"理论，乃由来已久。今人若不细加甄别，容易张冠李戴，难见其实。

又，《宋史·乐志四》："初，（魏）汉津献说，请帝三指之三寸……又谓：'有太声，有少声。……'当时以为迂怪。"② 撰史者乃以"当时以为迂怪"者，为魏汉津"指律"理论本身。窃疑"当时以为迂怪"者乃"三黄钟律"之说③，而非"指尺"本身。因"以身为度"之法乃托"帝指"而为说，在当时人们还不敢公然藐视"帝指"的神圣。今考公开反对魏汉津"指律"理论的陈旸，不过批评其"二变"、"四清"之说，还不敢否定"帝指"说本身（详见《大晟府事迹编年考略》），即可明此。又考刘昺主乐，亦只弃其"太、少之议"而止用"中声"八寸七分管，可知"当时以为迂怪"的只是"太、少之议"即"三黄钟律"说，而非"指尺"本身。又"迂怪"者，亦指"指律"中被刘昺等人"缘饰"改窜而成所谓的"三八之数"说。《纲目备要》卷二七："（崇宁四年）八月，作《大晟乐》。初，蔡京用魏汉津铸鼎作乐，取《尚书》身为度之义，以上年二十四，当四六之数，取上中指为黄钟之寸，而生度、量、权、衡以作乐。京为缘饰之。"《宋朝事实》卷一四：

> 崇宁四年九月，蔡京用魏汉津铸九鼎，作《大晟乐》。时汉津取身为度之义，以帝年二十四，当四六之数，取帝中指以为黄钟之寸，而生度、量、权、衡以作乐。汉津本剩员兵士，为范镇虞候，见其制作，略取之。而京又使刘昺缘饰之。

"以帝年二十四，当四六之数"云云，《宋朝事实》卷一四原注："以上见杨氏《编年》。"今考《长编纪事本末》卷一三五引《大晟乐论·第三篇》云：

---

① 详见《碧鸡漫志》卷一（《词话丛编》本，第1册，第80页），《朱熹集·续集》卷二（第9册，第5162页）。

② 脱脱等：《宋史》卷一二九《乐志四》，第9册，第3025页。

③ 按：太声、少声、中声"三黄钟律"说源于周代，春秋、战国时期已用于音乐实践，并不是什么"迂怪"之说（龙建国《大晟府"讨论古音，审定古调"考论》，《江西财经大学学报》2009年第4期，第84页）。又见龙建国《唐宋音乐管理与唐宋词发展研究》（第132—133页）。

> 汉津得之于师曰："人君代天理物，其所禀质（赋），必与众异。然春秋未及，则其寸不足；春秋既壮，则其寸有余。惟三八之数，为人正，得太簇之律。今请指之年，适与时应，天其兴之乎！"

以上又见《宋朝事实》卷一四，"禀质"作"禀赋"。考《宋史·徽宗本纪一》："元丰五年（1082）十月丁巳生于宫中。"则24岁正为"崇宁四年（1105）九月"。魏汉津以"帝年二十四"时进"指律"之说，其实与诸史所载不符。按魏汉津"指律"理论早在皇祐间（1049—1053）即已成书，阮逸亦与之相互讨论，详见《宋史·乐志三》、《宋朝事实》卷一四、《长编纪事本末》卷一三五等史书。其时徽宗尚未出生，魏汉津何能预先知其作乐事？又崇宁四年九月乐已成而置府建官，何得此时魏汉津方进"指律"之乐论？可见，"以帝年二十四"云云，盖为刘昺等人附会而加，必非魏汉津原书语。又《齐东野语》卷一五："宣和间，妄人方士魏汉津唱为黄帝、夏禹以声为律、身为度之说，不以累黍，而用帝指。……或难之曰：'上春秋富，手指后或不同，奈何？'复为之说曰：'请指之岁，上适年二十四，得三八之数，是为太簇、人统，过是，则寸有余，不可用矣。'其敢为欺诞也如此。"则时间又误为"宣和间"。然其说实源于《家世旧闻》："局官又从而为之说曰：'昔禹以身为度，即指尺也。'其诬伪牵合如此。……或献疑曰：'上春秋富，手指后或不同，则奈何？'汉津亦语塞。然乐亦垂成，所费巨万，因迁就为说曰：'请指之岁，上适年二十四，得三八之数，是为大（太）簇、人统，过是，则寸余□不可用矣。'其敢为欺诞，盖无所不至。然初谓汉津皇祐中尝陈指尺，是时仁庙已近四十，则三八之说，不攻自破矣。"（卷下）则明言为"局官""迁就为说"，此"局官"当即刘昺等人，因《大晟乐论》即云"惟三八之数，为人正，得太簇之律。今请指之年，适与时应"（《长编纪事本末》卷一三五）[①]，其撰书之年魏汉津卒已久，故敢于大言"缘饰"，无所顾忌[②]。

（二）大晟府雅乐乐制的实际操作——刘昺乐

据上考可知，大晟府雅乐的实际操作及乐制理论的运用，并不全按魏汉津

① 详见《皇朝编年纲目备要》卷二七（第687页），《宋朝事实》卷一四（第180册，第234页），《宋朝事实》卷一四（第180册，第234页），《长编纪事本末》卷一三五（第387册，第423页），《宋史·徽宗本纪一》（第2册，第357页），《宋史·乐志三》（第9册，第2997页），《宋朝事实》卷一四（第180册，第235页），《长编纪事本末》卷一三五（第387册，第423页），《齐东野语》卷一五（第277页），《家世旧闻》卷下（第208—209页），《长编纪事本末》卷一三五（第387册，第423页）。

② 按：魏汉津音乐理论除"指律"说与太声、少声、中声"三黄钟律"说之外，还有"鼎乐"说、乐器制造及应用理论等，详见《大晟府乐书考》，兹不赘述。

乐论行事，而是按刘昺所“缘饰”而改造的雅乐理论制乐及应用的；后期虽经蔡攸、任宗尧的更制，但事实上并没有流行。今史传中“魏汉津乐”，实质仍为偷梁换柱而成的“刘昺乐”①。

关于刘昺偷换魏汉津乐的记载，遍见于诸家史籍。《宋史·魏汉津传》：“崇宁初犹在，朝廷方协考钟律，得召见，献乐议……颁其《乐书》天下。而京之客刘昺主乐事，论太、少之说为非，将议改作。既而以乐成久，易之恐动观听，遂止。”按此说非。刘昺“议改作”实得到朝廷许可，并用于九鼎铸造。《通考·乐考四》：“徽宗崇宁三年正月，方士魏汉津言：‘禹以声为律……’从之。刘炳主乐事，建白：‘太、少不合儒书，请罢太、少议。’以《太史公书》‘黄钟八寸七分管为中声’奏之，因请帝指。时止用中指，不用径围为容盛之法，遂为正声之律十二，中声之律十二，清声之律四，凡二十有八。”② 故后来只用刘昺“中、正声”铸鼎而废魏汉津“太、少议”不用。

据李幼平考证，现存之大晟编钟分正声钟 12 件、中声钟 12 件、清声钟 4 件③。确已摈弃魏汉津“太、少议”，而只用“正声之律十二，中声之律十二，清声之律四”。史料亦有印证。《宋史·魏汉津传》：“汉津密为京言：‘《大晟》独得古意什三四尔，他多非古说。异日当以访任宗尧。’宗尧学于汉津者也。”《铁围山丛谈》卷五：“鼎乐成，亦封先王号。然汉津每叹息，谓犹不如初议。”所谓“《大晟》独得古意什三四尔”、“不如初议”，即指用刘昺“中、正声”铸鼎而废魏汉津“太、少议”事。又《通考·乐考四》：“政和末，蔡京引沈（任）宗尧为太（大）晟府典乐，宗尧复申汉津太、少之议。”《宋史·乐志四》：“（政和末）宗尧至，则言太、少之说本出于古人，虽王朴犹知之，而刘昺不用，乃自创黄钟为两律。”《纲目备要》卷二七：“朝奉大夫任宗尧，京客也；进士田为，攸客也，并为典乐。《大晟乐》旧用中、正声，若每月初气即用中声，正气即用正声。”知刘昺确已废魏汉津“太、少议”而只用“中、正声”。然据《通考·乐考四》：“刘炳主乐事，建白：‘太、少不合儒书……’又曰：‘十二律统一岁，一律统一月。一月之律，六宫、六商、六角、六徵、六羽，太、少各居其三，总十二律。宫、商、角、徵、羽各七十有二，凡三百有六十。’”又论及“太、少各居其三”，此当为任宗尧所说的“六

① 详见杨荫浏《中国古代音乐史稿》（第 386 页，第 390 页）、李幼平《大晟钟与宋代黄钟标准音高研究》（第 115 页）。

② 详见《宋史·魏汉津传》（第 39 册，第 13526 页），《文献通考·乐考四》（第 1173 页）。

③ 李幼平：《大晟钟与宋代黄钟标准音高研究》，第 27 页，第 34 页。

律为大，六吕为小”（《纲目备要》卷二七）①，而与魏汉津主张的“太、少议”迥不相侔。铸鼎时只用“中、正声”而未尝用“太、少议”，可以考定②。

二、大晟府雅乐乐制的基本内容

大晟府雅乐乐制，包括乐律制度（音高标准、音阶形式、音域）、乐律理论、乐器制作、乐曲内容、宫调应用、表演形式等。前辈学者多有涉及，然多为综合性研究（如杨荫浏《中国古代音乐史稿》），或单项研究（如李幼平《大晟钟与宋代黄钟标准音高研究》）。单独对大晟府雅乐乐制专书专章研究的，至今不易见到。本节侧重介绍大晟府雅乐乐律制度、黄钟音高、音阶形式、音域问题、乐器应用、乐曲乐调、表演形式与宫调应用，其乐器制作放在稍后单独讨论。

（一）大晟雅乐的黄钟音高、音阶形式与音域问题

大晟律虽以魏汉津“指律”为理论依据，但实由刘昺定律、制器并实施，名为“魏汉津乐”实质却为“刘昺乐”，这一点已成为学界共识，详见杨荫浏《中国古代音乐史稿》、李幼平《大晟钟与宋代黄钟标准音高研究》相关章节。本节所要论述的是大晟雅乐的黄钟音高、音阶形式与音域问题，略述如下。

1. 大晟雅乐的黄钟音高

北宋雅乐“凡六改作”，而确定黄钟音高的方法有4种，累黍之法、考证古代的尺度、根据人的声音定律、“以身为度”的“指律”③。根据“指律”而定的大晟乐黄钟音高，学界推算的方法各不相同，且理解亦有不同。邱琼荪认为魏汉津“黄钟律”九寸实际长度为“269.613公厘”；杨荫浏关于大晟乐黄钟音高有两个不同的说法，其先定为“269.613（V.D.）”、音高为“d^1+”④，后定为$c^1$⑤；李幼平通过对现存大晟钟作科学仪器测音，定为“正声”大晟钟黄钟标准音高略高于现代音名b，“中声”大晟钟黄钟标准音高略

① 详见《宋史·魏汉津传》（第39册，第13526页），《铁围山丛谈》卷五（第87页），《文献通考·乐考四》（第1173页），《宋史·乐志四》（第9册，第3026页），《皇朝编年纲目备要》卷二七（第687页），《文献通考·乐考四》（第1173页），《皇朝编年纲日备要》卷二七（第687页）。

② 按：刘昺《大晟乐书》实据魏汉津《乐书》“缘饰”而成。其中多引魏汉津之说，除关键之点作过改窜外，多数仍为魏汉津《乐书》所有，详见《大晟府乐书考》，兹不赘述。

③ 杨荫浏：《中国古代音乐史稿》，第386—389页。

④ 同上。

⑤ 黄翔鹏：《“管弦”题外谈》，《溯流探源——中国传统音乐研究》，第257页。

高于现代音名 c^1，定大晟钟黄钟标准音高为 $b-c^1$，或以 c^1 为中心上下浮动约半个小二度的音律①。

2. 大晟雅乐的音阶形式与音域问题

关于大晟雅乐的音阶形式、音域问题，曾有两种不同的意见。一种以陈旸为代表，明确反对“二变、四清”。《宋史·陈旸传》：

> 魏汉津议乐，用京房二变、四清。旸曰：“五声、十二律，乐之正也。二变、四清，乐之蠹也。二变以变宫为君，四清以黄钟清为君。事以时作，固可变也，而君不可变。太簇、大吕、夹钟，或可分也，而黄钟不可分。岂古人所谓尊无二上之旨哉？”

《东都事略·陈旸传》所载略同。关于陈旸反对“二变、四清”的奏议，《宋史·乐志三》及《长编拾补》卷二三所载相同，唯时间一作“崇宁二年九月”，一作“崇宁三年正月甲辰”②。按陈旸崇宁元年九月己丑起任“讲议司礼乐房参详官”，崇宁二年四月“上所撰《乐书》二百卷”并非议魏汉津，后因与魏汉津“论多不合”，正式调离讲议司参详官而为鸿胪少卿（详上）。陈旸反对“二变、四清”，实质是对大晟乐的音阶形式、音域问题，提出自己的意见。不过，这一意见没有得到朝廷的采纳而被调离“礼乐房参详官”的职位。

另一种以魏汉津、刘昺为代表，鼓吹“二变、四清”的音阶、音域理论。“二变”是音阶形式问题，其所鼓吹的是七声音阶（宫、商、角、徵、羽、变宫、变徵）；“四清”是音域问题，其所鼓吹的是十二律加四清声（清黄钟、清大吕、清太簇、清夹钟）。七声音阶使用“二变”（变宫、变徵）乃始于商末西周初，十二律加四清声的理论亦源于《周礼》。在北宋雅乐“六改作”过程中，其实这两个问题都是历来争论已久的老问题，但为什么魏汉津议乐主“二变、四清”，便认为是“用京房二变、四清”呢？这恐怕是针对魏汉津议乐的神秘诡异而发。魏汉津“二变”乐议因史籍失载，无法详考，但关于“四清”的议论，却见于刘昺所撰《大晟乐书》，如：

> 魏汉津以太极元气，函三为一，九寸之律，三数退藏，故八寸七分为

① 李幼平：《大晟钟与宋代黄钟标准音高研究》，第112页，第116页。

② 详见《宋史·陈旸传》（第37册，第12849页），《东都事略·陈旸传》（第382册，第750页），《宋史·乐志三》（第9册，第2997—2998页），《长编拾补》卷二三（第2册，第787页）。

中声。正声得正气则用之，中声得中气则用之。宫架环列，以应十二辰；中、正之声，以应二十四气；加四清声，以应二十八宿。气不顿进，八音乃谐。若立春在岁元之后，则迎其气而用之，余悉随气用律，使无过不及之差，则所以感召阴阳之和，其法不亦密乎？（《宋史·乐志四》）

汉津以四清为至阳之气，在二十八宿为虚、昴、星、房，四者居四方之正位，以统十二律。每清声皆有三统：申、子、辰属于虚而统于子，巳、酉、丑属于昴而统于丑，寅、午、戌属于星而统于寅，亥、卯、未属于房而统于卯。中、正之声分为二十四宿，统于四清焉。（《宋史·乐志四》）

汉津曰："黄帝、夏禹之法，简捷径直，得于自然，故善作乐者以声为本。若得其声，则形数、制度当自我出。今以帝指为律，正声之律十二，中声之律十二，清声凡四，共二十有八"云。（《宋史·乐志四》）①

剔除《大晟乐书》所添加"正声"、"中声"论调外，其余所谓"黄帝、夏禹之法"、"每清声皆有三统"之说，均本于《易》卦、"鼎乐"而发。魏汉津造"鼎乐"有所谓《上帝锡夏禹隐文》（详后），其议"四清"又多牵扯到星术、阴阳五行学，较为神秘隐晦。

陈旸反对"二变、四清"的奏议，《宋史·乐志三》及《长编拾补》卷二三有撮录。今考其所著《乐书》，尽管为早期观点，未必专门非议魏汉津而发，但可略见其一斑。（详见《乐书》卷一〇七"明二变"条及卷一〇一"辨四清"条，文繁不录。）四库馆臣云："（陈旸《乐书》）其中惟辨二变、四清二条，实为纰缪。自古论四清者，以民、臣相避，以为尊卑立说，本属附会。……又论二变曰（略）云云，不知二变之生，由于高下之次。……若不究其理之所由然，而但以数相较，则七较之五而多其二者，将十二较之五而亦多其七，是音不得有其七，而律亦不得有其十二乎！且五声、二变，有管律弦度之不同。……此理尤为旸所不知也。"（《四库全书总目·〈乐书〉提要》）陈旸从政治伦理准则的角度反对"二变、四清"，确实较为迂腐难通，这一点与宋代其他儒臣论乐的通病没有什么两样。朱载堉"辨何妥、陈旸之失"云：

夫乐有所谓声者，有所谓音者，何也？单出曰声，宫、商、角、徵、羽是也。杂比曰音，变宫、变徵是也。声音二义相兼，所谓乐也。然声之为义，浅而易解；音之为义，深而难解。……古者旋宫之法，必用二变、

① 详见《宋史》卷一二九《乐志四》，第9册，第3004页，第3005页，第3007页。

四清而后成均。宋李照之为乐，既黜四清，而陈旸之著书，复挤二变。此古所谓知声而不知音者也。旸著《乐书》凡若干万言，而无丝毫裨补于乐，纷纷饶舌，徒欲沮坏旋宫之法而已。(《乐律全书》卷一四)①

朱载堉认为“旋宫之法，必用二变、四清而后成均”，亦成确论，此为学界共识。但朱载堉认为陈旸反对魏汉津用“二变、四清”，仅仅为论乐而发，而未涉及乐论领域的政治斗争，实未能领略陈旸反对意见背后的深层动机。陈旸反对魏汉津用“二变、四清”，骨子里有针对“指律”神秘主义而发的用意，只是隐约其词使人费解而已。

（二）大晟雅乐的乐器应用

大晟雅乐的乐器应用，史籍多有记载。《通考·经籍考十三》载《（大晟雅乐）图谱》一卷，云出陈氏书。今据《书录解题》卷一四：“《大晟乐书》二十卷，太中大夫开封刘炳子蒙撰。……炳为大司乐，精为缘饰。又有《图谱》一卷。”知“《图谱》一卷”即《（大晟雅乐）图谱》，《宋史·艺文志一》载为“《政和大晟乐府雅乐图》一卷”。《郡斋读书志》卷一上：“《大晟乐府雅乐图》一卷。右皇朝政和中建大晟乐府，起黄钟于上躬之中指，弃塞古今诸儒异同之论。此其谱也。”即为此书。又《读书志》“此其谱也”云云，今据《高丽史·乐志一》所载燕乐乐器171件及“《曲谱》一十册”、“《指诀图》一十册”②，知政和四年赐高丽大晟燕乐，其乐谱即多达20册。以此推知大晟雅乐乐谱非只“一卷”。因此，所谓“《（大晟雅乐）图谱》一卷”，似为郊庙、朝会等祭祀场面大晟雅乐乐器排列及应用的图例，疑非大晟雅乐乐谱本身。

大晟雅乐乐器应用与表演之始，当在大晟雅乐创成后不久。《宋史·乐志四》：

崇宁四年七月，铸帝鼐、八鼎成。八月，大司乐刘昺言：“大朝会宫架旧用十二熊罴按（桉），金錞、箫、鼓、鞶箫等与大乐合奏。今所造大

① 详见《宋史·乐志三》（第9册，第2997—2998页），《长编拾补》卷二三（第2册，第787页），《乐书》卷一〇七（第211册，第442—443页）及卷一〇一（第211册，第415—416页），《四库全书总目·〈乐书〉提要》（第321页），《乐律全书》卷一四（第213册，第437—438页）。

② 详见《文献通考·经籍考十三》（第1593页），《直斋书录解题》卷一四（第11册，第410页），《宋史·艺文志一》（第15册，第5056页），《昭德先生郡斋读书志》卷一上（《四部丛刊》三编本，第22页B面），《高丽史·乐志一》（第6册，第2206—2208页）。

乐，远稽古制，不应杂以郑、卫。”诏罢之。又依昺改定二舞，各九成，每三成为一变。执籥秉翟，扬戈持盾，威仪之节，以象治功。庚寅，乐成，列于崇政殿。①

按刘昺奏言宫架乐废弃“金錞、箫、鼓、䩞篥等”乐器，其他史料未见记载。“改定二舞，各九成，每三成为一变”，亦见于《会要·乐》五之二〇，文字略同，时间为崇宁四年八月二十四日②。其后大晟雅乐逐渐用于郊庙、朝会、宴享等各种场合中，史载：

大观元年五月，大晟雅乐颁之于辟雍、太学、三京、四辅、藩府；九月，朝献景灵宫、飨太庙、飨明堂，用大晟雅乐。

大观三年五月，春秋释奠及赐宴辟雍，用大晟雅乐。

大观四年四月，诏感生帝、神州地祇用宫架、二舞。

政和元年正月，册皇后郑氏，用乐《正安》；五月，增皇子冠仪，用大晟乐。

政和二年二月，诏亲祀耤田，依养老礼奏大晟乐；八月，以宗庙、太社、太稷并为大祠，用宫架乐。（详见《大晟府事迹编年考略》）

然均不言其乐器应用与表演情况。直到政和三年四月二十九日（详后），议礼局上亲祠登歌、亲祠宫架、亲祠二舞、大祠、中祠登歌、大祠宫架、二舞共五种“雅乐图”，对大晟雅乐的乐器应用与表演形式作了明确的说明。

今据《宋史·乐志四》及其他史料辑考如下：

“雅乐图”1：

金钟一，在东；玉磬一，在西：俱北向。柷一，在金钟北，稍西；敔一，在玉磬北，稍东。搏拊二：一在柷北，一在敔北，东西相向。一弦、三弦、五弦、七弦、九弦琴各一，瑟四，在金钟之南，西上；玉磬之南亦如之，东上。又于午阶之东，（太庙则于泰阶之东，宗祀则于东阶之西，大朝会则于丹墀香案之东。）设篴二、篪一、巢笙二、和笙二，为一列，西上。（大朝会：和笙在篴南。）埙一，在篴南。（大朝会在篪南。）闰余匏一，箫一，各在巢笙南。又于午阶之西，（太庙则于泰阶之西，宗祀则

① 脱脱等：《宋史》卷一二九《乐志四》，第9册，第3001页。

② 徐松辑：《宋会要·乐》五之二〇，第1册，第342页。

于西阶之东，大朝会则于丹墀香案之西。）设箫二、篪一、巢笙二、和笙二，为一列，东上。埙一，在箫南。七星匏一、九星匏一，在巢笙南。箫一，在九星匏西。钟、磬、柷、敔、搏拊、琴、瑟工各坐于坛上，（太庙、宗祀、大朝会则于殿上。）埙、篪、笙、箫、箫、匏工并立于午阶之东西。（太庙则于泰阶之东西，宗祀则于西阶之间，大朝会则于丹墀香案之东西。）乐正二人在钟、磬南，歌工四人在敔东，俱东西相向。执麾挟仗色掌事一名，在乐虡之西，东向。（“亲祠登歌之制”）

“雅乐图”2：

四方各设编钟三、编磬三。东方，编钟起北，编磬间之，东向。西方，编磬起北，编钟间之，西向。南方，编磬起西，编钟间之；北方，编钟起西，编磬间之：俱北向。设十二镈钟、特磬于编架内，各依月律。四方各镈钟三、特磬三。东方，镈钟起北，特磬间之，东向。西方，特磬起北，镈钟间之，西向。南方，特磬起西，镈钟间之；北方，镈钟起西，特磬间之：皆北向。（景灵宫、天兴殿镈钟、编钟、编磬，如每岁大祠宫架陈设。）

植建鼓、鞞鼓、应鼓于四隅，建鼓在中，鞞鼓在左，应鼓在右。设柷、敔于北架内：柷一，在道东；敔一，在道西。设瑟五十二，（朝会五十六。宣德门五十四。）列为四行：二行在柷东，二行在敔西。次，一弦琴七，左四右三。次，三弦琴一十有八；（宣德门二十。）次，五弦琴一十有八：（宣德门二十。）并分左右。次，七弦琴二十有三；次，九弦琴二十有三：并左各十有二，右各十有一。（宣德门七弦、九弦各二十五，并左十有三，右十有二。）次，巢笙二十有八，分左右。（宣德门三十二。）次，匏笙三，在巢笙之间，左二、右一。次，箫二十有八；（宣德门、大朝会三十。）次，竽二十；次，篪二十有八；（宣德门三十六。朝会篪三十三：左十有七，右十有六。）次，埙一十有八；（宣德门、朝会二十。）次，箫二十有八，并分左右。（宣德门箫三十六。朝会三十三：左十有七，右十有六。）雷鼓、雷鼗各一，在左；又雷鼓、雷鼗各一，在右：（地祇：灵鼓、灵鼗各二。太庙：路鼓、路鼗各二，大朝会晋鼓二。宣德门不设。）并在三弦、五弦琴之间，东西相向。晋鼓一，在匏笙间，少南北向。

副乐正二人在柷、敔之前，北向。歌工三十有二，（宣德门四十，朝会三十有六。）次柷、敔，东西相向，列为四行，左右各二行。乐师四人，在歌工之南北，东西相向。运谱二人，在晋鼓之左右，北向。执麾挟仗色掌事一名，在乐虡之右，东向。（“亲祠宫架之制”）

“雅乐图”3：

文舞六十四人，执籥翟；武舞六十四人，执干戚：俱为八佾。文舞分立于表之左右，各四佾。引文舞二人，执纛在前，东西相向。舞色长二人，在执纛之前，分东西。（若武舞则在执旌之前。）引武舞，执旌二人，鼗二人，双铎二人，单铎二人，铙二人，持金錞四人，奏金錞二人，钲二人，相二人，雅二人，各立于宫架之东西，北向，北上，武舞在其后。（“亲祠二舞之制”）

“雅乐图”4：

编钟一，在东；编磬一，在西：俱北向。柷一，在编钟之北，稍西；敔一，在编磬之北，稍东。搏拊二：一在柷北，一在敔北，俱东西相向。一弦、三弦、五弦、七弦、九弦琴各一，瑟一，在编钟之南，西上。编磬之南亦如之，东上。坛下午阶之东，（太庙、别庙则于殿下泰阶之东，明堂、祠庙则于东阶之西。）设篴一、篪一、埙一，为一列，西上。和笙一，在篴南；巢笙一，在篪南；箫一，在埙南。午阶之西亦如之，东上。（太庙、别庙则于太（泰）阶之西，明堂、祠庙则于西阶之东。）钟、磬、柷、敔、搏拊、琴、瑟工各坐于坛上，（明堂、太庙、别庙于殿上，祠庙于堂上。）埙、篪、笙、篴、箫工并立于午阶东西。（太庙、别庙于太（泰）阶之东西，明堂、祠庙于两阶之间，若不用宫架，即登歌工人并坐。）乐正二人在钟、磬南，歌工四人在敔东，俱东西相向。执麾挟仗色掌事一名，在乐虡之西，东向。（“大祠、中祠登歌之制”）

“雅乐图”5：

四方各设镈钟三，各依月律。编钟一，编磬一。北方，应钟起西，编钟次之，黄钟次之，编磬次之，大吕次之，皆北向。东方，太簇起北，编钟次之，夹钟次之，编磬次之，姑洗次之，皆东向。南方，仲吕起东，编钟次之，蕤宾次之，编磬次之，林钟次之，皆北向。西方，夷则起南，编钟次之，南吕次之，编磬次之，无射次之，皆西向。设十二特磬，各在镈钟之内。

植建鼓、鞞鼓、应鼓于四隅。设柷、敔于北架内，柷在左，敔在右。雷鼓、雷鼗各二，（地祇以灵鼓、灵鼗，太庙、别庙以路鼓、路鼗。）分东西，在歌工之侧。瑟二，在柷东。次，一弦、三弦、五弦、七弦、九弦琴各二，各为一列。敔西亦如之。巢笙、箫、竽、篪、埙、篴各四，为四列，在雷鼓之后；（若地祇即在灵鼓后，太庙、别庙在路鼓后。）晋鼓一，在篴之后：俱北向。副乐止二人在柷、敔之北。歌工八人，左右各四，在柷、敔之南，东西相向。执麾挟仗色掌事一名，在宫架西，北向。文武二舞并同亲祠。（“大祠宫架、二舞之制”）

以上见于《宋史・乐志四》、《政和五礼新仪》卷六、《通考・乐考十三》，《会要・乐》五之二一至二三同，唯无小注①。

据以上史料考察，知“亲祠登歌”所用乐器有：金钟1、玉磬1、柷1、敔1、搏拊2，一弦、三弦、五弦、七弦、九弦琴各2，瑟8，闰余匏1、七星匏1、九星匏1，篴4、篪2、巢笙4、和笙4、埙2、箫2。所用乐工45人、乐正2人、歌工4人，执麾挟仗色掌事1名。

“亲祠宫架”所用乐器有：编钟3、编磬3，镈钟、特磬各12，建鼓、鞞鼓、应鼓各4，柷1、敔1，瑟52（朝会56，宣德门54），一弦琴7，三弦琴18（宣德门20），五弦琴18（宣德门20），七弦琴23，九弦琴23（宣德门七弦、九弦各25），巢笙28（宣德门32），匏笙3，箫28（宣德门、大朝会30），竽20，篪28（宣德门36，朝会33），埙18（宣德门、朝会20），篴28（宣德门36，朝会33），雷鼓、雷鼗各2（地祇：灵鼓、灵鼗各2；太庙：路鼓、路鼗各2；大朝会：晋鼓2；宣德门不设），晋鼓1。所用乐工343人（宣德门377人，朝会362人）、副乐正2人、歌工32（宣德门40，朝会36）人、乐师4人、运谱2人，执麾挟仗色掌事1名。

“大祠、中祠登歌”所用乐器有：编钟1、编磬1、柷1、敔1、搏拊2，一弦、三弦、五弦、七弦、九弦琴各2，瑟2，篴2、篪2、埙2，和笙2、巢笙2、箫2。所用乐工30人、乐正2人、歌工4人，执麾挟仗色掌事1名。

“大祠宫架”所用乐器有：镈钟12、编钟1、编磬1、特磬12，建鼓、鞞鼓、应鼓各4，柷、敔各1，雷鼓、雷鼗各2（地祇以灵鼓、灵鼗，太庙、别庙以路鼓、路鼗），瑟4，一弦、三弦、五弦、七弦、九弦琴各4，巢笙、箫、竽、篪、埙、篴各4，晋鼓1。所用乐工93人、副乐正2人、歌工8人，执麾挟仗色掌事1名。

“亲祠二舞”、“大祠二舞”为：文舞64人，舞色长2人，执纛引文舞2人；武舞64人，执旌引武舞2人，鼗2人，双铎2人，单铎2人，铙2人，

① 详见《宋史・乐志四》（第9册，第3013—3017页），《政和五礼新仪》卷六（第647册，第154—157页），《文献通考・乐考十三》（第1240—1241页），《宋会要・乐》五之二一至二三（第1册，第343—344页）。按：以上均有小注：“大朝会同。”（唯《宋会要》无小注。）可见这套“雅乐图”不仅用于郊庙雅乐制度，而且用于大朝会制度。又，“景灵宫、天兴殿镈钟、编钟、编磬，如每岁大祠宫架陈设”，《政和五礼新仪》作“景灵宫、天兴殿镈钟、编钟、特磬、编磬，如每岁大祠宫架陈设”，《文献通考・乐考十三》、《宋史・乐志四》误脱“特磬”，可据校补。

持金镎4人，奏金镎2人，钲2人，相2人，雅2人。

大晟雅乐乐器应用，于以上场面略可见一斑。又，《东京梦华录》亦载大晟雅乐乐器应用情况①，除多“登歌道士十余人”的记载外，大抵皆如上引《宋史·乐志四》所载，不再一一列举。

（三）大晟雅乐的乐曲乐调、表演形式与宫调应用

大晟雅乐的乐曲乐调、宫调应用与表演形式，史籍亦有记载。《宋史·艺文志一》：“《政和颁降乐曲乐章节次》一卷。”② 编于政和年间，不属于“《大晟乐书》二十卷”的内容，其书久佚。前贤疑其为燕乐曲谱集，感叹道：“（《政和颁降乐曲乐章节次》一卷）与周邦彦负责‘编集八十四调并图谱’的关系如何，亦无从考证。”③ 但据笔者考证，其书实为政和间颁降雅乐曲、乐章及用乐节次的汇编，主体为乐曲名称及四言诗式的乐章文辞，而非燕乐曲谱集（详后《大晟府乐书考》）。

大晟雅乐乐曲乐调的撰制当在大晟雅乐创成后不久。史载崇宁五年九月考定“谱、调、声”，大观元年五月颁大晟雅乐于辟雍、太学、三京、四辅、藩府祭祀之用乐者，九月即用于“朝献景灵宫、飨太庙、飨明堂”（详见《大晟府事迹编年考略》）。可见，大晟雅乐曲、乐章及用乐节次，当非始于政和间，而始于崇宁末、大观初。今略申述如下。

1. 大晟雅乐的乐曲乐调与表演形式

大晟雅乐的乐曲乐调，其内容是用于郊庙、朝会等场合的颂乐，而乐曲仍沿用宋初以来“十二安”模式，只在朝会、宴享中才见到有部分曲调名的改换。《宋史·乐志一》：“（宋初）改乐章十二‘顺’为十二‘安’，盖取‘治世之音安以乐’之义。祭天为《高安》，祭地为《静安》，宗庙为《理安》，天地、宗庙登歌为《嘉安》，皇帝临轩为《隆安》，王公出入为《正安》，皇帝食饮为《和安》，皇帝受朝、皇后入宫为《顺安》，皇太子轩县出入为《良安》，正冬朝会为《永安》，郊庙俎豆入为《丰安》，祭享、酌献、饮福、受胙为《禧安》，祭文宣王、武成王同用《永安》，籍田、先农用《静安》。”④ 大晟雅乐曲名仍为“十二安”模式，如：

《凝安》、《同安》、《明安》、《成安》（大观三年释奠乐曲）（《宋

① 孟元老：《东京梦华录》卷一〇《驾诣郊坛行礼》，第66—67页。

② 脱脱等：《宋史》卷二〇二《艺文志一》，第15册，第5056页。

③ 吴熊和：《周邦彦琐考》，《吴熊和词学论集》，第261页。

④ 脱脱等：《宋史》卷一二六《乐志一》，第9册，第2939—2940页。

史·乐志十二》)。

《正安》、《宾兴贤能》、《于乐辟雍》、《乐育英才》、《乐且有仪》(大观赐宴辟雍乐曲)。(《宋史·乐志十四》)

《吉安》(大观朝献景灵宫乐曲)。(《宋史·乐志十》)

《高安》、《嘉安》、《理安》(大观秋分夕月乐曲)。(《宋史·乐志八》)

《宁安》(黄钟二奏、太簇角二奏、姑洗徵二奏、南吕羽二奏)、《正安》、《嘉安》、《文安》(大观祀社稷乐曲)。(《宋史·乐志十二》)

《欣安》、《钦安》、《容安》、《雍安》(大观祭风师乐曲)。(同上)

《庆安》、《穆安》(大观蜡祭乐曲)。(同上)

《成安》(大观祀武成王乐曲)。(同上)

《正安》、《坤安》、《和安》、《承安》、《宜安》、《咸安》、《惠安》、《徽安》、《泰安》、《至安》(政和册皇后乐曲)。(《新仪》卷首)

《正安》、《乐育人才》、《贤贤好德》、《烝我髦士》、《利用宾王》(政和鹿鸣乐曲)。(《宋史·乐志十四》)

《景安》、《丰安》、《文安》、《成安》、《凝安》、《明安》(大观祭九鼎乐曲)。(《宋史·乐志十》)

《凝安》(黄钟为宫、大吕为角、太簇为徵、应钟为羽)、《同安》、《明安》、《丰安》、《成安》、《文安》、《娱安》(大晟府拟撰释奠乐曲)。(《宋史·乐志十二》)

《乾安》、《大宁》(政和亲郊乐曲)。(《宋史·乐志七》)

《肃安》、《正安》(政和祀感生帝乐曲)。(同上)①

《乾安》(黄钟宫)(宣和冬祀圜坛乐曲)。

《高安》(夹钟宫、黄钟角、太簇徵、姑洗羽)、《祐安》(南吕羽)、《理安》(夹钟宫)(宣和祀五方帝乐曲)。

---

① 详见《宋史·乐志一》(第9册,第2939—2940页),《宋史·乐志一》(第9册,第2939—2940页),《宋史·乐志十二》(第10册,第3235—3236页),《宋史·乐志十四》(第10册,第3298页),《宋史·乐志十》(第10册,第3174页),《宋史·乐志八》(第10册,第3119页),《宋史·乐志十二》(第10册,第3210—3211页),《宋史·乐志十二》(第10册,第3215页),《宋史·乐志十二》(第10册,第3228页),《宋史·乐志十二》(第10册,第3239页),《政和五礼新仪》卷首(第647册,第22页),《宋史·乐志十四》(第10册,第3299页),《宋史·乐志十》(第10册,第3187—3189页),《宋史·乐志十二》(第10册,第3236—3238页),《宋史·乐志七》(第10册,第3070页),《宋史·乐志七》(第10册,第3070页)。

《诚安》（夹钟宫）、《肃雝显相之曲》（大吕宫）（宣和秋飨明堂乐曲）。

《恭安》（应钟宫）、《禧安》（应钟宫）（宣和夏祭皇地祇乐曲）。

《宁安》（林钟宫、太簇角、姑洗徵、南吕羽）、《正安》（太簇宫）、《丰安》（太簇宫）、《嘉安》（应钟宫）、《威安》（太簇宫）、《和安》（应钟宫）、《宁安》（林钟宫）（宣和祭神州地祇乐曲）。

《基命》（无射宫）、《正安》（无射宫）（宣和享太庙乐曲）。

《灵安》（大吕宫）（宣和朝献景灵宫乐曲）。

《凝安》（南吕宫）、《同安》（南吕宫）、《明安》（南吕宫）、《成安》（南吕宫）、《凝安》（南吕宫）（宣和秋分日祭蟲鼎乐曲）。

《凝安》（姑洗宫）、《成安》（南吕宫）（宣和望祭岳、镇、海、渎乐曲）。

《凝安》（姑洗宫）、《同安》（太簇宫）、《明安》（太簇宫）、《成安》（太簇宫）（宣和祭先农乐曲）。

《兴安》（姑洗宫）、《钦安》（南吕宫）、《容安》（南吕宫）、《雍安》（南吕宫）、《欣安》（姑洗宫）（宣和祠司中、司命、司民、司禄乐曲）。

《禧安》（姑洗宫）、《雅安》（南吕宫）、《文安》（南吕宫）、《恺安》（南吕宫）、《登安》（姑洗宫）（宣和祭会应庙乐曲）。

《正安》（宣和朝会正旦乐曲）。

《正安》（宣和朝会冬至乐曲）。①

以上大晟雅乐曲名既为“十二安”模式，且乐曲内容无大的改变。如“《政和颁降乐曲乐章节次》一卷”（《宋史·艺文志一》），据考，乃为政和五年对熙宁六年以来乐曲乐章所作增订和“改创”的乐曲集，共有384曲，《通考·乐考十六》列其曲目168曲中，多为现成旧曲的移录，增订和“改创”的并不多（详后《大晟府乐书考》）。

既然如此，那么，大晟雅乐曲不同于旧曲之处究竟在哪里呢？

首先，在于“谱、调、声”。《会要·乐》三之二五：“崇宁五年九月，令大晟府先考定谱、调、声以闻。”大晟府既然考定“谱、调、声”，大晟雅乐曲当在这三方面与旧曲不同。所谓“谱”，即专为大晟雅乐曲新制的曲谱（其中包括据旧曲谱改制的新谱）。考《宋史·乐志四》：“（政和七年二月）中书省言：‘高丽，赐雅乐，乞习教声律、大晟府撰乐谱辞。’诏许教习，仍赐乐谱。”《会要·礼》六

① 详见《竹隐畸士集》卷一五《乐章》，第1124册，第232页，第233—234页，第232页，第232页，第232—233页，第231—232页，第231页，第234页，第233—234页，第235页，第234—235页，第235—236页，第231页，第231页。

二之五二："政和七年二月，赐高丽雅乐及乐谱。"《玉海》卷一〇五："（政和）七年二月十一日，赐高丽雅乐，大晟府撰乐府谱辞，乃赐乐谱。"知大晟雅乐曾有乐谱。今据《高丽史·乐志一》载燕乐乐器171件以及"《曲谱》一十册"、"《指诀图》一十册"①，知政和四年赐高丽大晟燕乐，其乐谱多达20册。以此推知大晟雅乐谱当非"一卷"，似不少于"二十册"。其乐谱多已不传，仅考得若干残谱（详见《大晟乐流传考》）。如《大观祭九鼎乐曲》"《景安》、《丰安》、《文安》、《成安》、《凝安》、《明安》"等，当有大晟雅乐新制的曲谱。而如《宋史·乐志七》"乾德以后祀感生帝十首"，载《大安》、《保安》、《正安》、《庆安》、《咸安》、《崇安》、《广安》、《文安》、《肃安》、《普安》等十曲，仅于"徹豆，《肃安》"小注："以下二首（引者按：即"徹豆，《肃安》"、"送神，《普安》"），政和中制。"《通考·乐考十六》"祀感生帝八首"："翰林学士承旨陶穀等撰。"知这套乐曲8只曲谱及乐章仍依旧，只《肃安》、《普安》二曲为新制。"政和中制"云云，说明这套乐曲政和中还在运用。今据《通考·乐考十六》："感生帝：降神六变，夹钟宫三奏，《大安》。"② 知政和五年这套乐曲（甚至包括乐章）没有进行什么更改，就以"《政和颁降乐曲乐章节次》一卷"的官刊方式推广应用。像这样的曲谱集，曲谱、乐辞依旧，改变的只能是它的"调、声"了。所谓"调、声"，当指调式和音高。大晟府曾以"大晟律"对旧曲作过多次"考定"、"改定"及"审按校定"，见于史籍凡有"崇宁五年九月"、"政和四年正月"、"政和七年十二月"、"政和八年九月"、"宣和元年至二年二月"等五次记载（详见《大晟府事迹编年考略》），其内容不可详考。大晟雅乐曲"宫调应用"及"调式"的改变，则见下文考证。

其次，乐器及表演形式的改变。政和三年四月曾颁行"《政和大晟乐府雅乐图》一卷"（《宋史·艺文志一》），即议礼局上亲祠登歌、亲祠宫架、亲祠二舞、大祠、中祠登歌、大祠宫架、二舞共五种"雅乐图"（详上）。其中大晟雅乐器的排列、应用均依照新"雅乐图"方式操作实施。今据史籍记载，其表演形式已发生很大改变。按上文所列举大晟雅乐仍用"十二安"模式的乐曲，其表演形式见《政和五礼新仪》"祀帝鼐仪"（卷六八）、"祀八鼎仪"

① 详见《宋会要·乐》三之二五（第1册，第319页），《宋会要·礼》六二之五二（第2册，第1720页），《玉海》卷一〇五（第945册，第778页），《宋史·乐志四》（第9册，第3019页），《高丽史·乐志一》（第6册，第2206—2208页）。

② 详见《宋史·乐志七》（第10册，第3093—3094页），《文献通考·乐考十六》（第1259页），《文献通考·乐考十六》（第1262页）。

(卷六九)、“释奠文宣王仪”（卷一二一)、“皇帝亲祠前期朝献景灵宫仪”(卷一一三)、“夕月仪”（卷六二)、“州县祭社稷仪”（卷九三)、“祀风师、雨师、雷神仪”（卷七五)、“蜡东方、西方百神仪”（卷六六)、“释奠文宣王仪”（卷一二一)、“释奠武成王仪”（卷一二二)、“册皇后仪”（卷一八七，卷一八八)、“皇帝祀昊天上帝仪”（卷二六，卷二七)、“皇帝祀感生帝仪”(卷四四，卷四五)、“皇帝祀五方帝仪”（卷四八，卷四九)、“皇帝祭皇地祇仪”（卷八一，卷八二)、“皇帝祭神州地祇仪”（卷八六，卷八七)、“皇帝时享太庙仪”（卷一〇三，卷一〇四)、“祭五方岳、镇、海、渎仪”（卷九五)、“祀司中、司命、司民、司禄仪”（卷七八)、“祀会应庙仪”（卷七七)① 等，有较大的变化。

以“大观宗祀明堂”为例。《宋史·乐志八》“大观宗祀明堂五首”，其乐曲、乐章俱存，分别为“奠玉币，《镇安》”（二首)、“配位奠币，《信安》”、“酌献，《孝安》”、“配位酌献，《大明》”②，当即大观元年九月飨明堂所用（详见《大晟府事迹编年考略》)。演奏所用宫调亦可考，据《竹隐畸士集》③，“奠玉币，《镇安》”、“配位奠币，《信安》”、“酌献，《孝安》”、“配位酌献，《大明》”，均当用无射宫。宗祀明堂用乐节次、雅乐乐曲、乐器陈设、表演形式，《政和五礼新仪》均有详载④，节引其雅乐曲及表演形式如下：

---

① 详见《政和五礼新仪》卷六八（第647册，第430—434页)、卷六九（第647册，第435—437页)、卷一二一（第647册，第614—617页)、卷一一三（第647册，第592—598页)、卷六二（第647册，第401—405页)、卷九三（第647册，第516—518页)、卷七五（第647册，第456—458页)、卷六六（第647册，第420—424页)、卷一二一（第647册，第614—617页)、卷一二二（第647册，第618　620页)、卷一八七及卷一八八（第647册，第817—823页)、卷二六及卷二七（第647册，第237—245页)、卷四四及卷四五（第647册，第319—327页)、卷四八及卷四九（第647册，第339—346页)、卷八一及卷八二（第647册，第480—483页)、卷八六及卷八七（第647册，第499—506页)、卷一〇三及卷一〇四（第647册，第563—571页)、卷九五（第647册，第522—525页)、卷七八（第647册，第465—467页)、卷七七（第647册，第462—464页)。

② 脱脱等：《宋史》卷一三三《乐志八》，第10册，第3102—3103页。

③ 赵鼎臣：《竹隐畸士集》卷一五《乐章》，第1124册，第232页。

④ 据《誓文》曰：“今年九月某日，皇帝宗祀于明堂。”（《政和五礼新仪》卷三〇，第647册，第258页）知为“宗祀明堂”用乐。“大晟陈登歌之乐于堂上前楹间，稍前，南北向；设宫架于庭中，立舞表于节缀之间”（《政和五礼新仪》卷三一，第647册，第262页）云云，详见《宋史·乐志四》(第9册，第3013—3016页)、《宋会要·乐》五之二一至二四所载“亲祠登歌之制”、“亲祠宫架之制”、“亲祠二舞之制”（第1册，第343—344页)。乐工、歌工、舞人准“雅乐图”。另有“协律郎位二，一于堂下前楹间，少西；一于宫架之西北：俱东向。大乐令位于登歌乐簴之北，大司乐位于宫架之北”（《政和五礼新仪》卷三一，第647册，第262页)，为“雅乐图”失载。

奠玉币：乐工帅工人、二舞以次入。……协律郎跪，俯伏，举麾，兴，工鼓柷，宫架《仪安之乐》作。（皇帝升降、行止，皆奏《仪安之乐》。）至阶下，偃麾，戛敔，乐止。（凡乐，皆协律郎跪，俯伏，举麾，兴，工鼓柷而后作。偃麾，戛敔而后止。）升自阼阶，登歌乐作。至板【位】，西向立，乐止。……礼仪使前奏："有司谨具，请行事。"宫架作《诚安之乐》、《右（佑）文化俗之舞》，六成止。……礼仪使以下前导皇帝诣盥洗位，登歌乐作。降自阼阶，乐止，宫架乐作。至洗位，北向立，乐止。……礼仪使奏请："执大圭。"前导皇帝升堂，大礼使从。宫架乐作，至阼阶下，乐止。升自阼阶，登歌乐作。至堂上，乐止。登歌《镇安之乐》作，殿中监视进镇圭。……礼仪使奏请："执大圭，俯伏，兴。"内侍取镇圭、缫藉，诣神宗皇帝神位前，先设缫藉于地。礼仪使奏请："再拜。"乐作，皇帝再拜讫，乐止。礼仪使前导皇帝诣神宗皇帝神位前，先设东向奠币，并如上仪。（惟登歌作《信安之乐》。）太宰以下俱复位，礼仪使前导皇帝还板位，登歌乐作。内侍举镇圭、缫藉，以镇圭授殿中监，以还有司。皇帝至板位，西向立，乐止。①

"进熟"用乐有宫架《僖安之乐》，登歌《庆安之乐》、《孝安之乐》，宫架《穆安之乐》、《成功盛德之舞》，登歌《胙安之乐》、《歆安之乐》，宫架《诚安之乐》；"望燎"用乐有宫架《诚安之乐》、《憩安之乐》②。其表演形式略同，文繁不录。以上所载"宗祀明堂"用乐节次、雅乐乐曲、乐器陈设、表演形式等，不过是大晟雅乐作为仪式音乐演奏实践中的一部分，已相当繁琐甚至令人生厌了。大晟雅乐的表演形式，正如杨荫浏所说："非常繁琐，对之作全面的介绍，并没有必要。"③ 今观其表演形式的相关记载，确乎如此。

2. 大晟雅乐的宫调应用

大晟雅乐的宫调应用往往与阴阳五行、数术学说联系在一起，披上了一层神秘主义的面纱。《大晟乐书》：

盛德在木，则居青阳，角声乃作；盛德在火，则居明堂，徵声乃作；盛德在金，则居总章，商声乃作；盛德在水，则居玄堂，羽声乃作；盛德在土，则居中央，宫声乃作。其应时之妙，不可胜言。一岁之中，兼总五运，凡丽

---

① 郑居中等：《政和五礼新仪》卷三一，第647册，第264—265页。

② 郑居中等：《政和五礼新仪》卷三二，第647册，第266—269页。

③ 杨荫浏：《中国古代音乐史稿》，第397页。

于五行者，以声召气，无不总摄。鼓宫，宫动；鼓角，角应；彼亦莫知所以使之者。则永膺寿考，历数过期，不亦宜乎？（《宋史·乐志四》）

又，政和三年九月，大晟府提举官刘昺奏：

五行之气，有生有克，四时之禁，不可不颁示天下。盛德在木，角声乃作，得羽而生，以徵为相；若用商则刑，用宫则战，故春禁宫、商。盛德在火，徵声乃作，得角而生，以宫为相；若用羽则刑，用商则战，故夏禁商、羽。盛德在土，宫声乃作，得徵而生，以商为相；若用角则刑，用羽则战，故季夏土王，宜禁角、羽。盛德在金，商声乃作，得宫而生，以羽为相；若用徵则刑，用角则战，故秋禁徵、角。盛德在水，羽声乃作，得商而生，以角为相；若用宫则刑，用徵则战，故冬禁宫、徵。此三代之所共行，《月令》所载，深切著明者也。作乐本以导和，用失其宜，则反伤和气。夫淫哇殽杂，干犯四时之气久矣。陛下亲洒宸翰，发为诏旨，淫哇之声转为雅正，四时之禁亦右所颁，则协气粹美，绎如以成。（《宋史·乐志四》）

按此又见《历代名臣奏议》卷一二八[①]，虽非《大晟乐书》之内容，亦为《大晟乐书》之引申。其中提到"春禁宫、商"、"夏禁商、羽"、"季夏禁角、羽"、"秋禁徵、角"、"冬禁宫、徵"，对宫调如何应用问题作出了明确的规定，代表了大晟府的官方意识形态。

大晟雅乐的宫调应用还体现在"依月用律"方面。"依月用律"为古乐理论，源于《礼记·月令》，云："孟春之月""律中大（太）簇"，"仲春之月""律中夹钟"，"季春之月""律中姑洗"，"孟夏之月""律中中（仲）吕"，"仲夏之月""律中蕤宾"，"季夏之月""律中林钟"，"孟秋之月""律中夷则"，"仲秋之月""律中南吕"，"季秋之月""律中无射"，"孟冬之月""律中应钟"，"仲冬之月""律中黄钟"，"季冬之月""律中大吕"[②]。然自载籍以来，"依月用律"并没有广泛用于乐曲制撰及演奏实践，只在有些朝代的雅乐中零星使用。《后汉书·孝顺孝冲孝质帝纪第六》："（阳嘉二年）冬十月庚午，

① 详见《宋史·乐志四》（第9册，第3004页），《宋史·乐志四》（第9册，第3018—3019页），《历代名臣奏议》卷一二八（第436册，第569—570页）。

② 详见《礼记正义》卷一四（第1352—1354页）、卷一五（第1361页，第1363页，第1364页）、卷一六（第1369页，第1370页，第1372页，第1373页）、卷一七（第1379页，第1380页，第1382页，第1383页）。

行礼辟雍。奏应钟，始复黄钟，作乐器，随月律。”《旧唐书·音乐志一》：“贞观二年六月，祖孝孙考以古音作为大唐雅乐，以十二律各顺其月，旋相为宫，制‘十二和’之乐……随月用律为宫。初，隋但用黄钟一宫，惟扣七钟，余五钟虚悬而不扣。及孝孙建旋宫之法，皆遍扣钟，无复虚悬者矣。”① 故“依月用律”作为古乐理论，虽在先宋历朝律历志中多有论及，但真正付诸实践的只有东汉及唐朝。然唐乐中经离乱，“依月用律”之法荡然无存。宋人兴复古乐，感叹于虽有“月律”而乐工“止用黄钟一宫”的现状，“依月用律”逐渐施用于演奏实际：

> 真宗咸平四年，太常寺言：“乐工习艺匪精，每祭享郊庙，止奏黄钟宫一调，未尝随月转律。望示条约。”乃命翰林侍读学士夏侯峤、判寺郭贽同按试，择其晓习月律者，悉增月奉。（《宋史·乐志一》）
>
> 皇祐二年五月，明堂礼仪使言：“明堂所用乐，皆当随月用律。九月以无射为均，五天帝各用本音之乐。”（《宋史·乐志二》）
>
> （皇祐二年）七月，御撰明堂无射宫乐曲谱三，皆五十七字，五音一曲，奉俎用之；二变七律一曲，饮福用之；七律相生一曲，退文舞、迎武舞及亚献、终献、徹豆用之。是月，上封事者言：“明堂酌献五帝《精安之曲》，并用黄钟一均声。此乃国朝常祀……即所未安。……月律，各从其音以为曲。其《精安》五曲，宜以无射之均，太簇为角，献青帝；仲吕为徵，献赤帝；林钟为宫，献黄帝；夷则为商，献白帝；应钟为羽，献黑帝。”（《宋史·乐志二》）

盖自咸平四年起，至皇祐年间，“依月用律”逐渐施用于祭享郊庙、明堂等演奏实践。而至徽宗朝兴造大晟乐，“依月用律”已为乐曲制作与雅乐演奏的常识，上引政和三年九月刘昺所奏“春禁宫、商”云云，便是“依月用律”应用于大晟乐制作的显证。又《宋史·乐志四》：“（政和）三年四月，议礼局上亲祠宫架之制……设十二镈钟、特磬于编架内，各依月律。”“又上大祠宫架、二舞之制：四方各设镈钟三，各依月律。”② 又为“依月用律”应用于大

① 详见《后汉书·孝顺孝冲孝质帝纪第六》（第1册，第649页），《旧唐书·音乐志一》（第4册，第77页）。

② 详见《宋史·乐志一》（第9册，第2945页），《宋史·乐志二》（第9册，第2962页），《宋史·乐志二》（第9册，第2964—2965页），《宋史·乐志四》（第9册，第3014—3015页，第3016—3017页）。

晟乐器陈设及雅乐演奏的佐证。

“依月用律”作为雅乐的基本法则，在徽宗朝不仅得到全面贯彻，甚至还成为改革乐律、创制新乐的基本乐法。《宋史·乐志四》：

> （政和七年）十月，皇帝御明堂平朔左个，始以天运政治颁于天下。是月也，凡乐之声，以应钟为宫、南吕为商、林钟为角、仲吕为闰徵、姑洗为徵、太簇为羽、黄钟为闰宫。既而中书省言：“五声、六律、十二管还相为宫，若以左旋取之，如十月以应钟为宫，则南吕为商、林钟为角、仲吕为闰徵、姑洗为徵、太簇为羽、黄钟为闰宫；若以右旋七均之法，如十月以应钟为宫，则当用大吕为商、夹钟为角、仲吕为闰徵、蕤宾为徵、夷则为羽、无射为闰宫。明堂颁朔，用左旋取之，非是。欲以本月律为宫，右旋取七均之法。”从之。仍改正诏书行下。自是而后，乐律随月右旋。

政和七年十月前，按照古老的“依月用律”理论，用“乐律随月左旋”之法，十月“依月用律”乃以应钟为宫、南吕为商、林钟为角、仲吕为闰徵、姑洗为徵、太簇为羽、黄钟为闰宫。这是宋乐自咸平四年以来习用的“依月用律”之法。崇宁四年九月至政和七年十月，在长达 12 年之久的大晟乐曲制作及演奏实践中，一直是采用“乐律随月左旋”之法。政和七年十月至宣和七年十二月的 8 年时间里，大晟乐曲制作及演奏实践才采用“乐律随月右旋”之法。据《宋史·乐志四》，“乐律随月右旋”，其宫调应用为：

> 正月，太簇为宫、姑洗为商、蕤宾为角、夷则为闰徵、南吕为徵、应钟为羽、大吕为闰宫。二月，夹钟为宫、仲吕为商、林钟为角、南吕为闰徵、无射为徵、黄钟为羽、太簇为闰宫。三月，姑洗为宫、蕤宾为商、夷则为角、无射为闰徵、应钟为徵、大吕为羽、夹钟为闰宫。四月，仲吕为宫、林钟为商、南吕为角、应钟为闰徵、黄钟为徵、太簇为羽、姑洗为闰宫。五月，蕤宾为宫、夷则为商、无射为角、黄钟为闰徵、大吕为徵、夹钟为羽、仲吕为闰宫。六月，林钟为宫、南吕为商、应钟为角、大吕为闰徵、太簇为徵、姑洗为羽、蕤宾为闰宫。七月，夷则为宫、无射为商、黄钟为角、太簇为闰徵、夹钟为徵、仲吕为羽、林钟为闰宫。八月，南吕为宫、应钟为商、大吕为角、夹钟为闰徵、姑洗为徵、蕤宾为羽、夷则为闰宫。九月，无射为宫、黄钟为商、太簇为角、姑洗为闰徵、仲吕为徵、林钟为羽、南吕为闰宫。十月，应钟为宫、南吕为商、林钟为角、仲吕为闰

徵、姑洗为徵、太簇为羽、黄钟为闰宫。十一月，黄钟为宫、太簇为商、姑洗为角、蕤宾为闰徵、林钟为徵、南吕为羽、应钟为闰宫。十二月，大吕为宫、夹钟为商、仲吕为角、林钟为闰徵、夷则为徵、无射为羽、黄钟为闰宫。

其中，“（孟春之月）客气少阳相火，与岁运同，火气太过，调宜羽，致其和。（仲春之月）调以羽。（季春之月）客气阳明，尚徵以抑金。（孟夏之月）调宜尚徵。（仲夏之月）客气寒水，调宜尚宫以抑之。（季夏之月）调宜尚宫，以致其和。（孟秋之月）调宜尚商。（仲秋之月）调宜尚商。（季秋之月）调宜尚羽，以致其平。（仲冬之月）调以羽，使气适平。（季冬之月）客气少阴火，调以羽，尚羽而抑徵”（《宋史·乐志四》）。与政和三年刘昺所奏“春禁宫、商”、“夏禁商、羽”、“季夏禁角、羽”、“秋禁徵、角”、“冬禁宫、徵”（《宋史·乐志四》）[①]，其理论是具有连续性的，不外乎为阴阳五行理论的充分运用。除“调式”方面有“右旋”、“左旋”之别，其理论实质仍是差别不大的。

大晟雅乐的宫调应用，以政和七年十月为分界线，其中“右旋取七均之法”，对徽宗朝后期的雅俗乐宫调应用产生了极大影响。“依月用律”理论的制曲及宫调应用，《竹隐畸士集》所收《乐章》五十首中，标有宫调应用的具体情况[②]，详后《大晟府乐章宫调及“依月用律”考》，兹不赘述。

第二节 大晟府燕乐乐制

对大晟燕乐的研究，历来存在较大争议，然不外两种意见。一种意见把大晟雅乐与燕乐混为一谈，认为大晟乐乃宋代词乐极盛之标志，并对宋词发展起极大之作用。另一种意见则完全割断大晟雅乐与燕乐的关系，认为大晟乐乃附会古乐之产物，并基本与宋代词乐没有关系。两种意见先后都形成了巨大影响。

前一种意见主要以清人为代表，如《憩园词话》：“崇宁间设大晟乐府，命周美成等诸词人讨论古今，撰集乐章，每一调成，即可播之管弦。于时有五

① 详见《宋史·乐志四》（第9册，第3020—3021页），《宋史·乐志四》（第9册，第3021—3022页），《宋史·乐志四》（第9册，第3021—3022页），《宋史·乐志四》（第9册，第3018—3019页）。

② 赵鼎臣：《竹隐畸士集》卷一五《乐章》，第1124册，第231—236页。

声、八音、十二律、七均、八十四调，后增至百余，换羽移商，品目详具。……倘能从此审定调律，讨论宫商，庶几可得乐章之遗，冀复大晟之旧。”《姚莒汀词雅序》：“盛唐后，词调兴焉。北宋遂隶于大晟府，由是词复合于乐。”《填词浅说》：“至宋而其体益备，设大晟乐府，领以专门名家，比切宫商，不爽铢黍。于依永、和声之道，洵为盛矣。”《赌棋山庄词话》：“倘准此法而推之词，审其阴阳平仄，剂其过、不及，安见不有清真、耆卿其人，使大晟复盛，而井水重歌哉?”① 完全把大晟雅乐与燕乐混为一谈，其误不待详辨即已明了。今据《大晟府雅乐乐制的基本内容》一节考证可知，大晟雅乐曲调为“十二安”模式，曲词以四言诗为主，与长短句形式的俗乐词确实“迥不相侔”。

后一种意见则起于晚清以后，如王国维在考察周邦彦词的宫调时说：“（周邦彦）词中所注宫调，不出‘教坊十八调’之外，则其音非大晟府之新声，而为隋、唐以来之燕乐。”② 当今学界则在此基础上加以引申，如：“过去不少论者把周邦彦词和大晟府联系起来，把清真词调，归之大晟乐曲，实在是个极大的误解，原因是不明大晟乐的性质所致。大晟乐对北宋词曲的创新，说不上有什么作用。它在音乐史上不过是代表了一种复古倒退的思潮。”③ “大晟乐作为一种朝廷雅乐，用于宗庙祭祀与朝会仪式”、“完全是复古的模式”、“把《高丽史·乐志》中的宋人词曲，与大晟乐混为一谈，实在令人遗憾”。④ 又如：“崇宁四年颁布的‘大晟乐’与政和三年颁布的‘新燕乐’，是两个不同的体系。后人好混淆一谈。”“归根结底，二者的性质、用途，依然大相径庭。”⑤ 不过基本上还没有超出王国维的论断。客观而论，自王国维以来对大晟乐的研究更接近史实的原貌，对于认清大晟乐的性质、内涵及大晟雅乐与燕乐的区别有非常积极的意义。但是，因过于强调大晟雅乐与燕乐的差别，在某种程度上仍用传统燕乐观念来界定大晟燕乐，而基本上忽视了大晟燕乐本身的特征。

对大晟燕乐的研究，目前尚局限于“性质”方面的探讨，对其内容的研

---

① 详见《憩园词话》卷一（《词话丛编》本，第3册，第2851—2852页），《春融堂集》卷四一《姚莒汀词雅序》（第1438册，第90页），《填词浅说》（《词话丛编》本，第3册，第2509页），《赌棋山庄词话》卷一一（《词话丛编》本，第4册，第3464页）。

② 王国维：《清真先生遗事》，《王国维全集》，第2册，第424页。

③ 吴熊和：《周邦彦琐考》，《吴熊和词学论集》，第260—261页。

④ 吴熊和：《高丽唐乐与北宋词曲》，《吴熊和词学论集》，第49页。

⑤ 诸葛忆兵：《大晟乐辨三题》，《文献》1998年第2期，第156页。

究则多为揣测之辞。关于大晟燕乐的性质，前贤云："崇宁四年颁布的'大晟乐'与政和三年颁布的'新燕乐'，是两个不同的体系。"按此说如放在以"雅乐中声播于燕乐"之前，则极确；但如就政和四年后的大晟燕乐而言，则可商榷。又关于大晟燕乐的内容，前贤云："'新燕乐''增演慢曲、引、近，或移宫换羽，为三犯、四犯之曲'，争奇斗巧，与'大晟乐'异趣。"①"增演慢曲、引、近"及"移宫换羽"，并非始于大晟府，而是在柳永时代即有为之（详后）；至于把"三犯、四犯之曲"当成大晟燕乐的内容，则仍是用传统燕乐观念来界定大晟燕乐。按"三犯之曲"，《片玉词》中有《渡江云》"晴岚低楚甸"，又名"《三犯渡江云》"，《清真先生遗事》主"少年说"②，《清真集笺注》则云"作年不可考"③。"四犯之曲"，《片玉词》中有《玲珑四犯》"秾李夭桃"，其作年在绍圣三年三月"重返汴京"后，而非提举大晟府的政和六年十月至七年三月前后，已见《清真集笺注》"附记"④。说明"三犯、四犯之曲"仍是传统燕乐而非大晟燕乐，把"犯调"作为大晟府新创词调的说法，似可商榷。前贤又说"政和六年……令刘昺（炳）撰以为《宴乐新书》。至此，'新燕乐'的修订、颁布工作全部完成"。⑤亦把《宴乐新书》当成了大晟燕乐曲谱集本身，其实刘昺《宴乐新书》不过是"考古声器所起，断以方今制作之原，各附以图"的考证文字及理论总结，是一部有关大晟燕乐的理论书籍，并非曲谱本身；大晟燕乐曲谱另有其书，如"《曲谱》一十册"、"《指诀图》一十册"（《高丽史·乐志一》）、"蔡攸《燕乐》三十四册"、"燕乐依月律撰词八十四调"（《会要·乐》四之二，《玉海》卷一〇五）⑥等，其"颁布工作全部完成"的时间也不在"政和六年"，而是陆续在政和四年六月、政和八年九月、宣和二年二月三个时间段。可见，对大晟燕乐乐制及其相关问题，仍有进一步研究的必要。

一、大晟燕乐标准音高、宫调系统及部分宫调内容的改定

大晟燕乐宫调改制见于多种文献。《宋史·乐志四》："（政和）四年正月，

① 诸葛忆兵：《大晟乐辨三题》，《文献》1998年第2期，第156页。

② 王国维：《清真先生遗事》，《王国维全集》，第2册，第420页。

③ 周邦彦著，罗忼烈笺注：《清真集笺注》，第222页。

④ 周邦彦著，罗忼烈笺注：《清真集笺注》，第165页。

⑤ 诸葛忆兵：《大晟乐辨三题》，《文献》1998年第2期，第156页。

⑥ 详见《高丽史·乐志一》（第6册，第2206—2208页），《宋会要·乐》四之二（第1册，第322页），《玉海》卷一〇五（第945册，第778页）。

大晟府言：‘宴乐诸宫调多不正，如以无射为黄钟宫，以夹钟为中吕宫，以夷则为仙吕宫之类。又加越调、双调、大食、小食，皆俚俗所传。今依月律改定。’诏可。”《通考·乐考十九》：“政和间，诏以大晟雅乐施于燕飨……然当时乐府奏言：‘乐之诸宫调多不正，皆俚俗所传。’”（《宋史·乐志十七》同）① 都指政和四年正月的宫调改制而言。

按大晟府所谓“以无射为黄钟宫，以夹钟为中吕宫”，与蔡絛所说大晟乐“下唐乐二律”正好吻合。《宋史·乐志四》载蔡絛之言云：“宴乐本杂用唐声调，乐器多夷部，亦唐律。徵、角二调，其均自隋、唐间已亡。政和初，命大晟府改用大晟律，其声下唐乐已两律。”② 所谓“下唐乐二律”，正是指“以无射为黄钟宫，以夹钟为中吕宫”。试列表如下（表2-1）：

表2-1

大晟乐	无射	应钟	黄钟	大吕	太簇	夹钟	姑洗	仲吕	蕤宾	林钟	夷则	南吕
唐乐	黄钟	大吕	太簇	夹钟	姑洗	仲吕	蕤宾	林钟	夷则	南吕	无射	应钟

按照蔡絛的说法，政和间“命大晟府改用大晟律，其声下唐乐已两律”，则政和四年大晟府所谓“宴乐诸宫调多不正”的主要内容“以无射为黄钟宫”，正与蔡絛宣和间所见的大晟燕乐一样。令人不解的是，自政和四年后大晟府“依月律改定”的“宴乐诸宫调”，其七宫调没有得到丝毫的改正。《景祐乐髓新经》：“［夹钟之宫］为［中吕宫］”，“［夷则之宫］为［仙吕］”，“［无射之宫］为［黄钟宫］。”《补笔谈》：“［夹钟宫］今为［中吕宫］”，“［夷则宫］今为［仙吕宫］”，“［无射宫］今为［黄钟宫］。”《词源》：“夹钟宫（俗名中吕宫）”、“夷则宫（俗名仙吕宫）”、“无射宫（俗名黄钟宫）。”③ 可据为证。又大晟府所谓“越调、双调、大食、小食，皆俚俗所传”，“今依月律改定”者，也不见有“改定”的迹象。如：

> ［黄钟商］为［越调］　［仲吕商］为［双调］　［太簇商］为［大石调］　［林钟商］为［小石调］（《景祐乐髓新经》）

① 详见《宋史·乐志四》（第9册，第3019页），《文献通考·乐考十九》（第1285页），《宋史·乐志十七》（第10册，第3345页）。

② 脱脱等：《宋史》卷一二九《乐志四》，第9册，第3026页。

③ 详见《景祐乐髓新经》（《宋史·律历志四》，第5册，第1604—1605页），《梦溪笔谈·补笔谈》卷一（第2编，第3册，第225页），《词源》卷上（《词话丛编》本，第1册，第247页，第249页，第250页）。

[黄钟商] 今为 [越调], 用六字。…… [中吕商] 今为 [双调], 用上字。…… [太簇商] 今为 [大石调], 用四字。…… [林钟商] 今为 [小石调], 用尺字。(《补笔谈》)

无射商 (俗名越调) 夹钟商 (俗名双调) 黄钟商 (俗名大石调) 仲吕商 (俗名小石调) (《词源》)①

关于这一点，朱载堉说得更清楚："至魏汉津，卒胜工师之说，始以无射倍声命曰黄钟矣。既经诸臣变更，而曲调名益乖舛。政和四年，诏改正，而难遽革。故俗乐所称黄钟者，盖宋人从时制以称之耳，其实古无射也。无射为宫，则必以黄钟为商，故俗乐谓 [商调] 为 [正宫]，就黄钟而言耳。黄钟者，无射之商也。谓 [角调] 为 [商调]，就太簇而言耳。太簇者，无射之角也。盖俗人只见音调落在黄钟、太簇者，便谓宫、商，而不知旋宫之法，宫、商无定也。又俗谓 [徵调] 为 [中吕]，中吕者，无射之徵也。谓 [羽调] 为 [越调]，越乃羽之讹也，俗名 [南吕调] 者，黄钟之下羽也。[仙吕调] 者，黄钟之清宫也。……无射倍声为均，盖自周景王始。……无射必用倍数，用倍数则反长大于黄钟矣。夫律吕之用倍数，于理无妨也。但不可因无射大于黄钟，而遂改无射，强名曰黄钟。"② 朱载堉认为政和四年虽诏改正"宴乐诸宫调"，但"难遽革"，"俗乐所称黄钟者，盖宋人从时制以称之耳，其实古无射也"。故到宣和间，蔡絛所见大晟燕乐仍是"以无射为黄钟宫"而"下唐乐两律"。

既然如此，那么大晟府所谓"今依月律改定"的究竟是什么呢？其实，蔡絛对大晟府改定燕乐已说得很清楚，所谓"政和初，命大晟府改用大晟律，其声下唐乐已两律"（详上），乃指大晟燕乐的标准音高及宫调系统作了实质性的改变，这必然波及部分宫调内容的变化。

第一，依"月律"改定燕乐，实质在标准音高及宫调系统的改定。前贤在引述依"月律"改定"宴乐诸宫调"这一段文字时，有不同的理解，如："政和四年，依乐律改定宫调名，废止越调、双调等俗称。"③ "徽宗虽以律吕

---

① 详见《景祐乐髓新经》(《宋史·律历志四》，第5册，第1604—1605页)，《梦溪笔谈·补笔谈》卷一（第2编，第3册，第225页)，《词源》卷上（《词话丛编》本，第1册，第250页，第247页，第246页，第248页)。

② 朱载堉：《乐律全书》卷一一，第213册，第389—390页。

③ 吴熊和：《周邦彦琐考》，《吴熊和词学论集》，第260页。

易诸乐名……且其废去之燕乐俗名。"① 此说实源于清人。如胡彦升在引述《宋史·乐志四》"政和四年，大晟府言：'宴乐诸宫调多不正……'"后，说："越调、大食之类，沿习已久。一旦尽易其名，又不能皆有其调，甚无谓也。"② 据上考，知大晟府并没有"废止越调、双调等俗称"。又所谓"依乐律改定宫调名"之"乐律"、"以律吕易诸乐名"之"律吕"，查《宋史·乐志四》原文实为"月律"而非"乐律"或"律吕"，"月律"与"乐律""律吕"虽仅一字之差，实质却有根本的不同。按《宋史·乐志四》所谓"月律"，即"大晟府十有二月所定声律"，这一点史籍多有记载。《会要·乐》五之三六、三七：

> （政和）四年正月，礼部奏："教坊乐春或用商声，孟或用季律，甚失四时之序。乞以大晟府十二月所定声律，令教坊阅习。"仍令秘书省撰词。

《宋史·乐志十七》、《通考·乐考十九》同③。按《宋史·乐志四》载为"大晟府言"，《会要》、《宋史·乐志十七》、《通考·乐考十九》载为"礼部奏"，时间均为"政和四年正月"（详上）。据其所载内容，"礼部奏"当在后，"大晟府言"当在其前。"礼部奏"之内容，乃"以大晟府十二月所定声律"改定教坊乐；"大晟府言"之内容，则为依"月律"改定"宴乐诸宫调"。两者所述虽有不同，其实均为依"月律"改定燕乐。《通考·乐考十九》对此有完整叙述，如：

> 政和三年，诏以《大晟乐》播之教坊，颁行天下。尚书省言："大晟燕乐已拨归教坊。所有习学之人，元隶大晟府教习，今当并令就教坊习学。"从之。四年，礼部奏："教坊乐春或用商声，孟或用季律，甚失四时之序。乞以大晟府十有二月所定声律，令教坊阅习。"从之。仍令秘书省撰词。

知政和三年大晟燕乐告成后，教坊隶大晟府管辖，大晟燕乐已"拨归教

① 罗蔗园语，参见《夏承焘集》第2册《唐宋词论丛·承教录》附录，第233页。

② 胡彦升：《乐律表微》卷五《论俗乐二十八调》，第220册，第446页。

③ 详见《宋会要·乐》五之三六、三七（第1册，第350—351页），《宋史·乐志十七》（第10册，第3359页），《文献通考·乐考十九》（第1285页）。

坊”，教坊乐与大晟燕乐合一。史料所谓“教坊乐春或用商声，孟或用季律”，亦即《宋史·乐志四》所谓“宴乐诸宫调多不正，如以无射为黄钟宫，以夹钟为中吕宫，以夷则为仙吕宫之类”。据《会要·乐》三之二七、《宋史·乐志十七》①，知教坊隶大晟府管辖始于政和三年八月九日。又，据《会要》、《宋史·乐志十七》、《通考·乐考十九》，知大晟府着手对教坊乐进行改造始于政和四年正月（详上）。“礼部奏”与“大晟府言”依“月律”改定“宴乐诸宫调”同时，可见所谓“月律”，即“大晟府十有二月所定声律”。

按上述史籍载“（政和）四年正月，礼部奏：‘教坊乐……’仍令秘书省撰词”云云，实际上昭示了宋代音乐史的一次重大改革。改革的方式即用大晟雅乐音高标准（即蔡絛所说“大晟律”或礼部所奏“大晟府十有二月所定声律”）强行“阅习”教坊乐。教坊乐纯属燕乐，却要用纯属雅乐的“大晟府十有二月所定声律”进行“阅习”，原先难登“大雅之堂”的教坊乐（燕乐），终于被“大晟律”强行统一。大晟府所言“宴乐诸宫调多不正……今依月律改定”云云，其实是这次用“大晟律”强行统一雅乐、俗乐的具体体现。前者乃是教坊隶属大晟府后，大晟府对教坊乐（燕乐）宫调系统及音高标准所作检测的报告，故由“大晟府”出面奏言；后者是大晟府将检测结果递交到“礼部”后，再由“礼部”出面奏言，其实两者所奏内容没有本质区别。故“大晟府言”提出的依“月律”改定“宴乐诸宫调”，即“礼部奏”以“大晟府十有二月所定声律”强行“阅习”教坊乐（燕乐）。

杨荫浏认为，宋朝黄钟音高标准在政和三年前太常、教坊、钧容直及天下州县“各自为律”；政和三年宋徽宗以“大晟律”将雅乐、俗乐音高标准统一为 d^1，并以行政手段强制推行②。按政和三年只是“以《大晟乐》播之教坊”（或“以雅乐中声播于燕乐”），即以“大晟律”造“新燕乐”，尚未强行统一雅俗乐音高；政和四年礼部奏“以大晟府十有二月所定声律，令教坊阅习”后，方为以大晟雅乐律强行统一雅俗乐的开端，此载在《通考·乐考十九》，极为明了。史籍云政和三年“以雅乐中声播于燕乐”（《会要·乐》三之二七），又言政和四年正月“以大晟府十二月所定声律，令教坊阅习”（《会要·乐》五之三七）③，前后时间亦很清楚。杨先生所言，除政和三年当为政和四

① 详见《文献通考·乐考十九》（第1285页），《宋会要·乐》三之二七（第1册，第320页），《宋史·乐志十七》（第10册，第3359页）。

② 杨荫浏：《中国古代音乐史稿》，第425—426页。

③ 详见《文献通考·乐考十九》（第1285页），《宋会要·乐》三之二七（第1册，第320页），《宋会要·乐》五之三七（第1册，第351页）。

年外，大体可从。关于“大晟律”（即大晟雅乐律）的黄钟标准音高，邱琼荪、杨荫浏、李幼平等都有不同的看法。今据《会要》“以雅乐中声播于燕乐”，知用于强行统一雅俗乐音高乃大晟“雅乐中声”而非“正声”，即刘昺所用黄钟“中声”八寸七分管的标准音高，亦即李幼平用科学仪器测定的“以 c^1 为中心上下浮动约半个小二度的音律”①。故蔡絛所言“宴乐本杂用唐声调……政和初，命大晟府改用大晟律，其声下唐乐已两律”（详上），乃指以大晟雅乐律的标准音高对“宴（燕）乐”进行改定，这必然波及宫调系统及部分宫调内容的变化。

关于大晟燕乐宫调系统改变的时间，杨荫浏把它定为政和七年，云：

> 到了政和七年，中书省称“为调式”为“左旋”，称“之调式”为“右旋”；它反对“左旋”，而提倡“右旋”。中书省的建议，得到了宋徽宗的批准。之后，才正式废止“为调式”系统，而改用“之调式”系统。这是在政和七年。因此，政和七年，是在《燕乐》宫调原有的“之调式”系统，在一度受到了“为调式”系统的扰乱之后，而又重新确立起来的一年。它是一道分界线。②

杨先生所说“之调式”宫调系统的记载，见于《宋史·乐志四》“政和七年十月乐律随月右旋”条③，原本为大晟雅乐宫调系统的改制，杨先生把它作为大晟燕乐宫调系统的一次重大改制，是因为此前的政和四年大晟雅俗乐宫调系统已得到统一。杨先生在对代表南北宋燕乐宫调系统的三种重要乐书《景祐乐髓新经》、《补笔谈》、《词源》做了深入研究后，得出了以下结论：

> 有根据《补笔谈》所列的表，有根据《景祐乐髓新经》所列的表，那都是依“为调式”的系统排列的；又有根据《词源》所列的表，那却又是依“之调式”的系统排列的。无论是依“为调式”系统排列，或是依“之调式”系统排列，只要依照各自所依据的系统去了解，排列的结果，基本上都是一样的。④

---

① 李幼平：《大晟钟与宋代黄钟标准音高研究》，第 112 页，第 116 页。

② 杨荫浏：《中国古代音乐史稿》，第 430 页。

③ 脱脱等：《宋史》卷一二九《乐志四》，第 9 册，第 3021 页。

④ 杨荫浏：《中国古代音乐史稿》，第 437 页。

也就是说，《词源》采用“之调式”，《景祐乐髓新经》及《补笔谈》采用“为调式”。《词源》“无射商（俗名越调）”，即“无射均”乃“无射为宫、黄钟为商、太簇为角、仲吕为徵、林钟为羽、南吕为变宫、姑洗为变徵”。故《词源》“无射商”乃“无射宫之商”，即《景祐乐髓新经》及《补笔谈》“黄钟为商”。其他如《词源》“夹钟商”乃“夹钟宫之商”，即《景祐乐髓新经》及《补笔谈》“仲吕为商”。《词源》“黄钟商”乃“黄钟宫之商”，即《景祐乐髓新经》及《补笔谈》“太簇为商”。《词源》“仲吕商”乃“仲吕宫之商”，即《景祐乐髓新经》及《补笔谈》“林钟为商”。因此，南北宋宫调名并没有做根本改变。这就是《宋史·乐志四》明载“依月律”改定“宴乐诸宫调”，但七宫调没有丝毫改正的原因所在。

然而，调式的改变表面看来对燕乐内涵没有实质性的变化，却在宫调理论上形成了“四宫七调”与“七宫四调”的不同，且在音高标准上产生了重大的变化。杨荫浏把《景祐乐髓新经》为代表的“四宫七调”、“为调式”称为“左旋”，把《词源》为代表的“七宫四调”、“之调式”称为“右旋”，并定政和七年改制为两种不同宫调系统变化的“一道分界线”：

> 上述系统（引者按：指隋、唐及北宋燕乐所用的“四旦二十八调”宫调系统）是把《燕乐》二十八调，看作四宫七调——即四宫，每宫七调的。但后来到了宋朝，渐有把二十八调看作七宫四调——即七宫，每宫四调的倾向出现。由这倾向所产生的另一系统，张炎在他的《词源》中曾用表格的形式，加以详细的阐明。两种系统之间，有着极大的区别。①

张炎《词源》所代表的“七宫四调”系统与《景祐乐髓新经》及《补笔谈》所代表的“四宫七调”系统，“两种系统之间，有着极大的区别”。杨荫浏以现代音乐术语十二个半音中的 d 音为例，张炎《词源》所代表的“七宫四调”系统可视为 D 调大音阶的 do 式的结音，《景祐乐髓新经》及《补笔谈》所代表的“四宫七调”系统则可视为 C 调大音阶的 re 式的结音②。“四宫七调”与“七宫四调”两种宫调系统，“为调式”与“之调式”两种不同的调式，其“极大的区别”还在音高标准上有重大的变化。杨先生认为：

> 音高标准的变迁，必然会影响到《燕乐》二十八调在意义上的变迁。

① 杨荫浏：《中国古代音乐史稿》，第 428—429 页。

② 同上书，第 429 页。

> 因为《燕乐》宫调既代表着宫（调），又代表着调（调式）；即是宫与调之间相对关系可以不变，但在宫的音高标准变迁之时，调的绝对音高也就随着而改变。若沈括时候的越调，可视为E调的re调式的话，则张炎时候的越调，就只可视为C调的re调式了。它们虽同是re调式，但所代表的绝对音高，却不相同。①

可见，政和四年的宫调改制对燕乐的影响并不像朱载堉所说的那样没有变化，而是在音高标准和调式内涵上均产生了巨大的变化，影响了燕乐“在意义上的变迁”。

如果对照《景祐乐髓新经》与《词源》，那么就会发现这份以诏书形式“改正行下”的表格，与《景祐乐髓新经》有很大不同，而与《词源》完全相同（详下）。可见，政和七年改制颁行所列与《词源》属相同的宫调系统。政和七年宫调系统改制命令的颁行，是自政和四年大晟府依“月律”改定燕乐诸宫调后，经过三年多的探讨总结积累起来的。宫调系统改制的详细内容，虽只记载在大晟雅乐上，其实同样适合于大晟燕乐，故杨荫浏用之于衡定南北宋燕乐宫调系统的变化。据此，知依“月律”改定燕乐诸宫调，乃“以大晟府十有二月所定声律”统一燕乐音高标准，并由此波及宫调系统的全面更制。

第二，“月律”既指“大晟府十有二月所定声律”，又指“依月用律”。这次改革除用大晟“雅乐律”强行统一教坊乐（燕乐）外，还涉及“依月用律”的问题。“依月用律”本为雅乐理论，其是否适用于大晟燕乐，目前学界持不同意见（详后《大晟府词人“依月用律”考辨》）。但据上述史料记载，所谓“教坊乐春或用商声，孟或用季律，甚失四时之序。乞以大晟府十二月所定声律，令教坊阅习”，其出发点指的正是“依月律”改造教坊乐（燕乐），其理论依据正是“依月用律”的雅乐理论。又后来“编修《燕乐书》所”改造教坊等燕乐曲谱，也是“依月律次序添入新补撰诸调曲谱”（《会要·乐》四之一、二），明确说到是用“依月用律”的雅乐理论编辑教坊等燕乐曲谱集，用的正是大晟府“月律”。“依月用律”实际上是用于政和四年特别是政和七年后至宣和七年间雅俗乐场合的。《宋史·乐志四》所载“以本月律为宫，右旋取七均之法”②，本属雅乐“依月用律”理论，但自从“依月律”改造教坊乐（燕乐）后，政和七年十月颁布的“自是而后，乐律随月右旋”音

① 杨荫浏：《中国古代音乐史稿》，第440页。

② 详见《宋会要·乐》四之一、二（第1册，第322页），《宋史·乐志四》（第9册，第3021页）。

乐政令，便同样适用于燕乐。

宋人有关大晟府“依月律”创作燕乐词曲的史料，如崇宁间万俟咏（《碧鸡漫志》卷二，《唐宋诸贤绝妙词选》卷七）、周邦彦（《词源》卷下）诸人“依月用律制词”或“按月律为之”，其时间划分过早。大晟府依“月律”改定燕乐既然在政和四年正月后，则大晟府“依月律”撰燕乐词当不早于政和四年。今据相关史料，考得大晟府“依月律”撰燕乐词的时段，乃在政和六年十月至宣和二年二月，历时三年有余；而其中尤以万俟咏贡献最大。关于“燕乐依月律撰词八十四调”，宋人对此记载颇为模糊。《会要·乐》四之二：“（宣和）二年二月六日，大晟府奏：‘燕乐依月律撰词八十四调，乞颁行。’从之。”《玉海》卷一〇五略同。所谓“新广八十四调”（《碧鸡漫志》卷二），乃指附会雅乐理论扩充而成“燕乐八十四调”。按北宋通行有“二十八调”燕乐理论（《补笔谈》卷一），但北宋燕乐实只流行“十八调”，乾兴后通行“十七调”（《宋史·乐志十七》，《会要·乐》四之一、二，《玉海》卷一〇六，《通考·乐考十九》）[①]。政和四年正月，大晟府依月律“改定”燕乐，遂将原来停留于理论研究阶段的所谓“燕乐八十四调”，一一进行“制词实谱”[②]。政和六年闰正月，“改定”燕乐八十四调工作告成，乃命刘昺撰为《宴乐新书》。政和六年十月，万俟咏奏：“新广八十四调，患谱弗传，请以盛德大业及祥瑞事迹制词实谱。”有旨：“依月用律，月进一曲。”[③] 其中“燕乐八十四调”的内容，《词源》有载。“燕乐依月律撰词八十四调”，当为“依月律”制词实谱的燕乐曲谱集，“燕乐八十四调”各撰曲词一首，共有84只曲谱。因其在宣和二年二月由大晟府奏请颁行，知大晟府词人“依月律”制词实谱工作宣告全部完成。因“燕乐依月律撰词八十四调”久佚，其详细内

---

① 详见《碧鸡漫志》卷二（《词话丛编》本，第1册，第87页），《唐宋诸贤绝妙词选》卷七（第655页，第658页），《词源》卷下（《词话丛编》本，第1册，第255页），《宋会要·乐》四之二（第1册，第322页），《玉海》卷一〇五（第945册，第778页），《碧鸡漫志》卷二（《词话丛编》本，第1册，第87页），《梦溪笔谈·补笔谈》卷一（第2编，第3册，第225页），《宋史·乐志十七》（第10册，第3349页，第3356页），《宋会要·乐》四之一、二（第1册，第322页），《玉海》卷一〇六（第945册，第799页），《文献通考·乐考十九》（第1285页）。

② 据龙建国研究，“燕乐八十四调”理论较早见于北周龟兹人苏祇婆，其后虽有人继续研究“燕乐八十四调”理论，但实际上一直没有用于音乐实践。北宋仁宗《景祐乐髓新经》是第一部系统探讨“燕乐八十四调”的著作，但北宋徽宗前“实际应用中只有二十八调”（《大晟府“讨论古音，审定古调”考论》，《江西财经大学学报》2009年第4期，第82—83页）。又见龙建国《唐宋音乐管理与唐宋词发展研究》（第128—129页）。另参［日］林谦三《隋唐燕乐调研究》、邱琼荪《燕乐探微》。

③ 王灼：《碧鸡漫志》卷二，《词话丛编》本，第1册，第87页。

容不得而知，故“依月律”制词实谱亦成为后世争论的焦点。据相关资料考证可知，大晟府词人“依月律”制词实谱，其实只在政和六年十月至宣和二年二月，其他时段词曲创作并未“依月律”而行（详后《大晟府词人“依月用律”考辨》）。

另有一点值得注意的是，上述史籍在记载“以大晟府十二月所定声律，令教坊阅习”的同时，还奏请“仍令秘书省撰词”（《宋史·乐志十七》，《会要·乐》五之三七，《通考·乐考十九》）。有关“秘书省撰词”的情况，据《能改斋漫录》卷一四《选官改定方泽〈仪安〉等曲》，其原撰乐章人乃为校书郎、著作佐郎、正字等，均为秘书省“馆职”；所“撰词”则为雅乐乐章，似乎与上述史籍所载撰教坊燕乐词曲不合。今据《宋史·王安中传》，考得王安中政和四、五年间为秘书省著作郎[①]，所撰《徽招调·中腔·天宁节》即为典型的大晟府燕乐词曲。知“秘书省撰词”云云，当包括撰制雅乐乐章及燕乐词曲两种任务。由此可知，自教坊隶大晟府后，特别是以大晟雅乐改造教坊燕乐后，原先只承担撰写雅乐词的秘书省，现在也承担撰写燕乐词的任务。从“仍令秘书省撰词”之“仍”字看，知在政和四年正月前秘书省就承担撰写燕乐词的任务，其起始时间可能在政和三年八月教坊隶大晟府之时。从上引史料可知，杨荫浏所说以“大晟律”将雅乐、俗乐音高标准统一并以行政手段推行[②]，实始于政和四年正月。也就是说，自政和四年正月始，直到宣和七年止，在这 11 年多的时间内，大晟雅乐和燕乐其实使用同一种宫调系统、同一种音高标准甚至同一种大晟“声律”。可以说，雅、俗乐在这一时期基本上是统一的，包括本属雅乐范畴的“依月用律”理论，为什么会在这一时期阑入燕乐，也就不难理解了。同样，拘狃于传统雅、俗乐壁垒而对这一时期特殊历史状况视而不见，对宋人有关大晟府燕乐“依月用律”记载持简单否定态度，是难以令人信服的。

第三，依“月律”改定燕乐诸宫调，还表现在宫调内容与部分宫调名称的变化上。据上考可知，依“月律”改定燕乐诸宫调，实质是依大晟雅乐律对燕乐进行改定。据杨荫浏考证，这次改定必然波及宫调系统和部分宫调内容的变化（详上）。据《通考·乐考十九》：“政和间，诏以大晟雅乐施于燕飨，御殿按试……然当时乐府奏言：‘乐之诸宫调多不正，皆俚俗所传。’及命刘

① 详见《宋史·乐志十七》（第 10 册，第 3359 页），《宋会要·乐》五之三七（第 1 册，第 351 页），《文献通考·乐考十九》（第 1285 页），《能改斋漫录》卷一四（第 5 编，第 4 册，第 131 页），《宋史·王安中传》（第 32 册，第 11124 页）。

② 杨荫浏：《中国古代音乐史稿》，第 425—426 页。

昺辑《燕乐新书》，亦惟以八十四调为宗，非复雅音。”（《宋史·乐志十七》同）可知“依月律改定”“宴乐诸宫调”，是把原来还停留在理论上的“燕乐八十四调”付诸音乐实践。《会要·乐》四之一：“（政和六年）闰正月九日，臣僚言：‘《大晟》雅乐，顷岁已命儒臣著《乐书》，独燕乐未有纪述。乞考古声器所起，断以方今制作之原，各附以图，为《燕乐新书》。’诏大晟府编集燕乐八十四调并图谱，令刘昺撰文。”[①] 这次“编集燕乐八十四调并图谱”的工作，当是政和四年正月大晟府依月律“改定”燕乐的延续。

按：“燕乐八十四调”较早见于北周武帝时龟兹人苏祇婆胡琵琶[②]。《宋史·律历志四》载《景祐乐髓新经》，是较早探讨“燕乐八十四调”具体内容的音乐著作。如：

> ［黄钟之宫］……为［正宫调］；［太簇商］……为［大石调］；［姑洗角］……为［小石角］；［林钟徵］……为［黄钟徵］；［南吕羽］……为［般涉调］；［应钟变宫］……为［中管黄钟宫］；［蕤宾变徵］……为［应钟徵］。［大吕之宫］……为［高宫］；［夹钟商］……为［高大石］；［仲吕角］……为［中管小石调］[③]；［夷则徵］……为［大吕徵］；［无射羽］……为［高般涉］；［黄钟变宫］为［正宫调］，［林钟变徵］为［黄钟徵］。［太簇之宫］为［中管高宫］，［姑洗商］为［高大石］[④]，［蕤宾角］为［歇指角］，［南吕徵］为［太簇徵］，［应钟羽］为［中管高般涉］，［大吕变宫］为［高宫］；［夷则变徵］为［大吕徵］。［夹钟之宫］为［中吕宫］，［仲吕商］为［双调］，［林钟角］在今乐亦为［林钟角］，［无射徵］为［夹钟徵］，［黄钟羽］为［中吕调］，［太簇变宫］为［中管高宫］，［南吕变徵］为［太簇徵］。［姑洗之宫］为［中管中吕宫］，［蕤宾商］为［中管商调］[⑤]，［夷则角］为［中管林钟角］，［应钟徵］

① 详见《文献通考·乐考十九》（第1285页），《宋史·乐志十七》（第10册，第3345页），《宋会要·乐》四之一（第1册，第322页）。

② 长孙无忌等：《隋书》卷一四《音乐志中》，第3册，第996页。参见龙建国《大晟府“讨论古音，审定古调”考论》（《江西财经大学学报》2009年第4期，第82页）及《唐宋音乐管理与唐宋词发展研究》（第128—129页）。另参［日］林谦三《隋唐燕乐调研究》、邱琼荪《燕乐探微》。

③ 按［中管小石调］，当为“［中管小石角］”。

④ 据杨荫浏《中国古代音乐史稿》，“［姑洗商］为［高大石］”，当作“［姑洗商］为［中管高大石］”（第437页）。

⑤ 据《中国古代音乐史稿》，“［蕤宾商］为［中管商调］”，当作“［蕤宾商］为［中管双调］”（第437页）。

为［姑洗徵］，［大吕羽］为［中管中吕调］，［夹钟变宫］为［中吕宫］，［无射变徵］为［夹钟徵］。［仲吕之宫］为［道调宫］，［林钟商］为［小石调］，［南吕角］为［越调］①，［黄钟徵］为［中吕徵］，［太簇羽］为［平调］，［姑洗变宫］为［中管中吕宫］，［应钟变徵］为［姑洗徵］。［蕤宾之宫］为［中管道调宫］，［夷则商］为［中管小石调］，［无射角］为［中管越调］②，［大吕徵］为［蕤宾徵］，［夹钟羽］为［中管平调］，［中吕变宫］为［道调宫］，［黄钟变徵］为［仲吕徵］。［林钟之宫］为［南吕宫］，［南吕商］为［歇指调］，［应钟角］为［大石调］③，［太簇徵］为［林钟徵］，［姑洗羽］为［高平调］，［蕤宾变宫］为［中管道调宫］，［大吕变徵］为［蕤宾徵］。［夷则之宫］为［仙吕宫］④，［无射商］为［林钟商］，［黄钟角］为［高大石调］⑤，［夹钟徵］为［夷则徵］，［仲吕羽］为［仙吕调］，［林钟变宫］为［南吕宫］，［太簇变徵］为［林钟徵］。［南吕之宫］为［中管仙吕宫］，［应钟商］为［中管林钟商］，［大吕角］为［中管高大石角］，［姑洗徵］为［南吕徵］，［蕤宾羽］为［中管仙吕调］，［夷则变宫］为［仙吕宫］，［夹钟变徵］为［夷则徵］。［无射之宫］为［黄钟宫］，［黄钟商］为［越调］，［太簇角］为［变角］⑥，［仲吕徵］为［无射徵］，［林钟羽］为［黄钟羽］，［南吕变宫］为［中管仙吕宫］，［姑洗变徵］为［南吕徵］。［应钟之宫］为［中管黄钟宫］，［大吕商］为［中管越调］，［夹钟角］为［中管双角］，［蕤宾徵］为［应钟徵］，［夷则羽］为［中管黄钟羽］，［无射变宫］为［黄钟宫］，［仲吕变徵］为［无射徵］。⑦

① 据《中国古代音乐史稿》，“［南吕角］为［越调］”，当作“［南吕角］为［越角］”（第437页）。

② 据《中国古代音乐史稿》，“［无射角］为［中管越调］”，当作“［无射角］为［中管越角］”（第437页）。

③ 据《中国古代音乐史稿》，“［应钟角］为［大石调］”，当作“［应钟角］为［大石角］”（第437页）。

④ 按：原本为［仙吕］，“宫”字当误脱，据补。

⑤ 据《中国古代音乐史稿》，“［黄钟角］为［高大石调］”，当作“［黄钟角］为［高大石角］”（第437页）。

⑥ 据《中国古代音乐史稿》，“［太簇角］为［变角］”，当作“［太簇角］为［双角］”（第437页）。

⑦ 《景祐乐髓新经》所列“八十四调”，详见《宋史·律历志四》（第5册，第1604—1605页）。

《景祐乐髓新经》所载“燕乐八十四调”，与苏祇婆“燕乐八十四调”前后相承，但黄钟音高标准有所不同。尽管燕乐付诸演奏实践的只有七宫、七商、七角、七羽“二十八调”，但理论上仍按“七调十二律”而“合八十四调”。今据《补笔谈》“十二律配燕乐二十八调”表，知成于景祐间的《景祐乐髓新经》，其所载“燕乐八十四调”到绍圣间仍停留于理论图示，其实一直未曾应用。又据相关史料，知北宋燕乐实际使用的只有“十七调”（本为“十八调”，乾兴后减为“十七调”，详上），可见，即使是“燕乐二十八调”，亦未曾全部应用。

但是，这种情况到了宣和间却发生了较大的变化。《碧鸡漫志》卷三：

> 宣和初，普府守山东人王平，词学华赡，自言得［夷则商·霓裳羽衣］谱……刻板流传。曲十一段，起第四遍、第五遍、第六遍、正攧、入破、虚催、衮、实催、歇拍、杀衮，音律节奏，与白氏歌注大异。则知唐曲，今世决不复见，亦可恨也。

所谓“［夷则商·霓裳羽衣］”，传言为唐旧谱，其实乃徽宗朝伪造。因唐及北宋燕乐无“［夷则商］”，其伪造年代当在“宣和初”之前的政和四年至重和元年间。按北宋“十二律配燕乐二十八调”表无“夷则商”。《补笔谈》：“［夷则商］［角］［羽］［南吕宫］，今燕乐皆无。”盖北宋“夷则商”乃“蕤宾宫之商”，即“夷则为商（俗称中管小石调）”。《景祐乐髓新经》：“［蕤宾之宫］为［中管道调宫］，［夷则商］为［中管小石调］。”① 燕乐不用中管调，故北宋前中期燕乐无［夷则商］。按沈括卒于绍圣二年，可知此前宋燕乐仍无用［夷则商］者。但到宣和间，燕乐已有［夷则商］的记载了。今考知燕乐用“夷则商”，与政和四年“依月律改定”“宴乐诸宫调”密切相关（详上）。燕乐缺乏“夷则商”，疑亦属大晟府所言“宴乐诸宫调多不正”的范围。因正史从简的体例，依“月律”改定“宴乐诸宫调”的内容缺乏详细记载。今据《碧鸡漫志》载宣和初“［夷则商·霓裳羽衣］”曲谱，可知将“夷则商”列入“宴乐诸宫调”，当始于政和四年的宫调改制。

据南宋词宫调名及宫调内容的变化可知，政和间依“月律”改定“宴乐诸宫调”，对南宋词的影响是非常深远的。如不见于北宋燕乐的“夷则商”，自宣和初使用后，便成为南宋燕乐常见的宫调。如《梦窗词》、《词源》都称

① 详见《碧鸡漫志》卷三（《词话丛编》本，第1册，第98页），《梦溪笔谈·补笔谈》卷一（第2编，第3册，第225页），《景祐乐髓新经》（《宋史·律历志四》，第5册，第1604—1605页）。

"夷则商（俗名商调）"①，可见徽宗朝"宴乐诸宫调"改定后一直在南宋延续使用。按燕乐中列入"夷则商"，尽管宫调内容没有本质变化，但却标志着一种新宫调系统的诞生及其统治地位的确立（依杨荫浏之说）。据《梦窗词》和《词源》记载，"夷则商（俗名商调）"，其本质乃"夷则宫之商"，即《景祐乐髓新经》及《补笔谈》的"无射为商（俗称林钟商）"。《漫志》载宣和初"［夷则商·霓裳羽衣］"曲谱实质也是如此，不过在宫调系统上改"为调式"为"之调式"罢了。宫调内容没有本质变化，真正产生变化的是宫调系统。

由此可知，《词源》所载"燕乐八十四调"，其直接来源并非《景祐乐髓新经》，而是大晟府政和六年闰正月后编集的"燕乐八十四调并图谱"（详上）。为便于比较，现将《词源》"燕乐八十四调"图列举如下：

> 黄钟宫（俗名正黄钟宫）、黄钟商（俗名大石调）、黄钟角（俗名正黄钟宫角）、黄钟徵（俗名正黄钟宫正徵）、黄钟羽（俗名般涉调）、黄钟闰（俗名大石角）、黄钟变（俗名正黄钟宫变徵）②、大吕宫（俗名高宫）、大吕商（俗名高大石调）、大吕角（俗名高宫角）、大吕徵（俗名高宫正徵）、大吕羽（俗名高般涉调）、大吕闰（俗名高大石角）、大吕变（俗名高宫变徵）、太簇宫（俗名中管高宫）、太簇商（俗名中管高大石调）、太簇角（俗名中管高宫角）、太簇徵（俗名中管高宫正徵）、太簇羽（俗名中管高般涉调）、太簇闰（俗名中管高大石角）、太簇变（俗名中管高宫变徵）、夹钟宫（俗名中吕宫）、夹钟商（俗名双调）、夹钟角（俗名中吕正角）、夹钟徵（俗名中吕正徵）、夹钟羽（俗名中吕调）、夹钟闰（俗名双角）、夹钟变（俗名中吕变徵）、姑洗宫（俗名中管中吕宫）、姑洗商（俗名中管双调）、姑洗角（俗名中管中吕角）、姑洗徵（俗名中管中吕正徵）、姑洗羽（俗名中管中吕调）、姑洗闰（俗名中管双角）、姑洗变（俗名中管中吕变徵）、仲吕宫（俗名道宫）、仲吕商（俗名小石调）、仲吕角（俗名道宫角）、仲吕徵（俗名道宫正徵）、仲吕羽（俗名正平调）、仲吕闰（俗名小石角）、仲吕变（俗名道宫变徵）、蕤宾宫（俗名中管道宫）、蕤宾商（俗名中管小石调）、蕤宾角（俗名中管道宫角）、蕤宾徵（俗名中管道宫正徵）、蕤宾羽（俗名中管正平调）、蕤宾闰（俗名中管小石角）、蕤宾变（俗名中管道宫变徵）、林钟宫（俗名南吕宫）、林

① 详见《梦窗词集》（《彊村丛书》本，第2册，第1020页，第1022页，第1023页，第1024页），《词源》卷上（《词话丛编》本，第1册，第249页）。

② 按："正黄钟宫变徵"，原本作"正黄钟宫转徵"，据改。

钟商（俗名歇指调）、林钟角（俗名南吕角）、林钟徵（俗名南吕正徵）、林钟羽（俗名高平调）、林钟闰（俗名歇指角）、林钟变（俗名南吕变徵）、夷则宫（俗名仙吕宫）、夷则商（俗名商调）、夷则角（俗名仙吕角）、夷则徵（俗名仙吕正徵）、夷则羽（俗名仙吕调）、夷则闰（俗名商角）、夷则变（俗名仙吕变徵）、南吕宫（俗名中管仙吕宫）、南吕商（俗名中管商调）①、南吕角（俗名中管仙吕角）、南吕徵（俗名中管仙吕正徵）②、南吕羽（俗名中管仙吕调）、南吕闰（俗名中管商角）、南吕变（俗名中管仙吕变徵）、无射宫（俗名黄钟宫）、无射商（俗名越调）、无射角（俗名黄钟角）、无射徵（俗名黄钟正徵）、无射羽（俗名羽调）、无射闰（俗名越角）、无射变（俗名黄钟变徵）、应钟宫（俗名中管黄钟宫）、应钟商（俗名中管越调）、应钟角（俗名中管黄钟角）、应钟徵（俗名中管黄钟正徵）、应钟羽（俗名中管羽调）、应钟闰（俗名中管越角）③、应钟变（俗名中管黄钟变徵）。④

通过比较，我们发现，与北宋通行的《景祐乐髓新经》相比，《词源》所列“燕乐八十四调”，宫调名有较大的改换，宫调内容和实质也有所不同，显然非同一系统（依杨荫浏之说）。当即政和四年“依月律”所“改定”之燕乐，亦即政和六年闰正月后大晟府编集的“燕乐八十四调并图谱”。《词源》云：“迄于崇宁，立大晟府，命周美成诸人讨论古音，审定古调。沦落之后，少得存者。由此八十四调之声稍传。”⑤ 张炎所说“由此八十四调之声稍传”，亦即《词源》所列“燕乐八十四调”，为大晟府编集的“燕乐八十四调并图谱”无疑⑥。这套“图谱”曾由大晟府词人及秘书省词臣“依月律撰词”，大晟府于宣和二年二月六日奏请颁行，名为“燕乐依月律撰词八十四调”（详

① 按：“中管商调”，原本作“中管双调”，据改。

② 按：“中管仙吕正徵”，原本作“中管中吕正徵”，据改。

③ 按：“中管越角”，原本作“中管越调”，据改。

④ 张炎：《词源》卷上，《词话丛编》本，第1册，第246—251页。按：“闰”即“闰宫”，“变”即“变徵”（“闰徵”），详见《宋史·乐志四》（第9册，第3020—3022页）、《宋史·乐志十七》（第10册，第3346页）。郑孟津等对此有笺证，参见《词源解笺》（第75—76页）。

⑤ 张炎：《词源》卷下，《词话丛编》本，第1册，第255页。

⑥ 今本《词源》自黄钟至应钟十二均，每均下必有“中声”、“正声”字样，而所列“燕乐八十四调”每调下又缀有燕乐俗字图谱（《词源》卷上，《词话丛编》本，第1册，第246—251页）。考“中声”、“正声”为大晟乐实际制器的刘昺乐论，而后刘昺依照大晟府编集的“燕乐八十四调并图谱”撰为《燕乐新书》（详上），即为此“图”。

上)。“依月律撰词”的详细内容尽管无从确考，但据宋人记载，略可钩稽数调（详见《大晟府词人“依月用律”考辨》)。今将大晟府编集的“燕乐八十四调并图谱”，与代表北宋燕乐的《景祐乐髓新经》所列“八十四调”相校，仍可发现有较大的变化：

（1）变化之一：“角声七调”内涵的改变

按“角声七调”宋初尚存。《宋史·乐志十七》述宋太宗“因旧曲造新声者五十八”，“角声七调”有“[小石角]、[双角]、[高（大石）角]、[大石角]、[歇指角]、[越角]、[林钟角]”；“角声七调”均有曲[①]，可证宋太宗时仍用于音乐实践。但乾兴以来“角声七调”已废不用。《景祐乐髓新经》载“角声七调”（[高大石角]、[双角]、[小石角]、[歇指角]、[林钟角]、[越角]、[大石角]）及“五中管角调”（[中管高大石角]、[中管双角]、[中管小石角]、[中管林钟角]、[中管越角]),《补笔谈》载“角声七调”（[林钟角]、[越角]、[大石角]、[高大石角]、[双角]、[小食角]、[歇指角])[②]，不过存于乐律理论中，实际上并未使用。

政和间补徵、角二调，已弃“正角”位不用，故《词源》虽列“[正黄钟宫角]、[高宫角]、[中管高宫角]、[中吕正角]、[中管中吕角]、[道宫角]、[中管道宫角]、[南吕角]、[仙吕角]、[中管仙吕角]、[黄钟角]、[中管黄钟角]”等十二律“正角”位宫调名，实与“角声七调”（[高大石角]、[双角]、[小石角]、[歇指角]、[林钟角]、[越角]、[大石角]）无涉。试列表如下（表2-2)：

表2-2

十二律“正角”位	《景祐乐髓新经》	《补笔谈》	《词源》
[黄钟角]	[高大石角]	[林钟角]	[正黄钟宫角]
[大吕角]	[中管高大石角]	无	[高宫角]
[太簇角]	[双角]	[越角]	[中管高宫角]
[夹钟角]	[中管双角]	无	[中吕正角]
[姑洗角]	[小石角]	[大石角]	[中管中吕角]
[仲吕角]	[中管小石角]	[高大石角]	[道宫角]
[蕤宾角]	[歇指角]	无	[中管道宫角]

① 详见《宋史·乐志十七》(第10册，第3354—3355页)，又见陈旸《乐书》卷五七（第211册，第723页)，文繁不录。

② 详见《宋史·律历志四》载《景祐乐髓新经》(第5册，第1604—1605页)，《梦溪笔谈·补笔谈》卷一（第2编，第3册，第225页)。

续表

十二律“正角”位	《景祐乐髓新经》	《补笔谈》	《词源》
[林钟角]	[林钟角]	[双角]	[南吕角]
[夷则角]	[中管林钟角]	无	[仙吕角]
[南吕角]	[越角]	[小食角]	[中管仙吕角]
[无射角]	[中管越角]	无	[黄钟角]
[应钟角]	[大石角]	[歇指角]	[中管黄钟角]

政和间“角声七调”，乃“以闰为正声，以闰加变，故闰为角，而实非正角”（蔡元定《燕乐》）①。“闰”即“变宫”位，故以“变宫”位“为角，而实非正角”。如表2－3：

表2－3

十二律“变宫”位	《景祐乐髓新经》	《补笔谈》	《词源》
[黄钟变宫]	[正宫调]	无	[大石角]
[大吕变宫]	[高宫]	无	[高大石角]
[太簇变宫]	[中管高宫]	无	[中管高大石角]
[夹钟变宫]	[中吕宫]	无	[双角]
[姑洗变宫]	[中管中吕宫]	无	[中管双角]
[仲吕变宫]	[道调宫]	无	[小石角]
[蕤宾变宫]	[中管道调宫]	无	[中管小石角]
[林钟变宫]	[南吕宫]	无	[歇指角]
[夷则变宫]	[仙吕宫]	无	[商角]
[南吕变宫]	[中管仙吕宫]	无	[中管商角]
[无射变宫]	[黄钟宫]	无	[越角]
[应钟变宫]	[中管黄钟宫]	无	[中管越角]

《词源》称“变宫”为“闰宫”，“角声七调”（[高大石角]、[双角]、[小石角]、[歇指角]、[林钟角]、[越角]、[大石角]）见于“变宫”即“闰宫”位，正是政和七年“右旋取七均之法”、“闰徵”、“闰宫”（《宋史·乐志四》）后的一贯称谓。与之相比，《景祐乐髓新经》于十二律“变宫”位均称正声，十二律“变宫”位与十二律“宫”位宫调名全同，正与《乐书》卷一五七所说“十二变宫调，声居羽音之后、清宫之前，是谓回演其声而成

① 脱脱等：《宋史》卷一四二《乐志十七》，第10册，第3346页。

均律也"[①]相合，为政和燕乐宫调改制前的状况。杨荫浏认为："（《景祐乐髓新经》）七角调不是居于变宫之位，而是居于正角音之位……但因为角调都用八声音阶，比一般的音阶多了一音，所以把它们放在正角音的位置上，也可以一样适合。""从唐代直到宋末，《燕乐》二十八调中任一相同的调名，都代表着相同的宫调的内容，并没有因时代的改变而改变。"[②]"角声七调"虽产生位移，但实质并未有大的改变。《景祐乐髓新经》于十二律"变宫"位均称正声，十二律"变宫"位与十二律"宫"位宫调名全同，而《补笔谈》于十二律"变宫"位、十二律"正徵"位与十二律"变徵"位宫调名付诸阙如，其实都只停留于理论层面的探讨，并未付诸音乐实践，这与乾兴元年至政和三年前燕乐的实际情况，还是基本相符合的。

政和补徵、角二调；其角声七调"名为七角，实亦应钟变宫声，非正角声也"（《燕乐考原》卷四）。蔡元定《燕乐》云：

> 七闰为角。……变宫以七声所不及，取闰余之义，故谓之闰。……俗乐以闰为正声，以闰加变，故闰为角，而实非正角。……角声七调，曰大食角，曰高大食角，曰双角，曰小食角，曰歇指角，曰商角，曰越角，皆生于应钟。（《宋史·乐志十七》）

江永释"角声七调"云："今按此移四字下一律当应钟，本是变宫声。而姑洗角与应钟相通，故假借名之。中位比大食调稍高，则亦以大食为第一运。有以越角为一运者，非也。角声调与商声同者，商角同用也。宫既逐羽，则角当商，故同用商调。"（《律吕阐微》卷八）[③]蔡元定《燕乐》所述"角声七调"，正是大晟府所补之"政和《角招》"，实乃以"闰（变宫）为角，而实非正角"，其律本"生于应钟"。其宫调改制即在政和间，故政和补"《角招调》"，非乾兴以前角调七均，乃"闰（变宫）为角"的大晟角调。

（2）变化之二："徵声七调"内涵的改变

"徵调"北宋雅俗乐并不用，故《景祐乐髓新经》十二律"正徵"位与十二律"变徵"位宫调名全同，《补笔谈》于十二律"正徵"位与十二律"变徵"位宫调名付诸阙如；《词源》"燕乐八十四调"中十二律"正徵"位

① 详见《宋史·乐志四》（第9册，第3021页），《乐书》卷一五七（第211册，第724页）。

② 杨荫浏：《中国古代音乐史稿》，第437页，第437—440页。

③ 详见《燕乐考原》卷四（第115册，第392页），《宋史·乐志十七》（第10册，第3346—3347页），《律吕阐微》卷八（第220册，第663页）。

与十二律“变徵”位宫调名齐整，与宫、商、羽三调颇为划一，如表2－4、表2－5：

表2－4

十二律“正徵”位	《景祐乐髓新经》	《补笔谈》	《词源》
[黄钟徵]	[中吕徵]	无	[正黄钟宫正徵]
[大吕徵]	[蕤宾徵]	无	[高宫正徵]
[太簇徵]	[林钟徵]	无	[中管高宫正徵]
[夹钟徵]	[夷则徵]	无	[中吕正徵]
[姑洗徵]	[南吕徵]	无	[中管中吕正徵]
[仲吕徵]	[无射徵]	无	[道宫正徵]
[蕤宾徵]	[应钟徵]	无	[中管道宫正徵]
[林钟徵]	[黄钟徵]	无	[南吕正徵]
[夷则徵]	[大吕徵]	无	[仙吕正徵]
[南吕徵]	[太簇徵]	无	[中管仙吕正徵]
[无射徵]	[夹钟徵]	无	[黄钟正徵]
[应钟徵]	[姑洗徵]	无	[中管黄钟正徵]

表2－5

十二律“变徵”位	《景祐乐髓新经》	《补笔谈》	《词源》
[黄钟变徵]	[仲吕徵]	无	[正黄钟宫变徵]
[大吕变徵]	[蕤宾徵]	无	[高宫变徵]
[太簇变徵]	[林钟徵]	无	[中管高宫变徵]
[夹钟变徵]	[夷则徵]	无	[中吕变徵]
[姑洗变徵]	[南吕徵]	无	[中管中吕变徵]
[仲吕变徵]	[无射徵]	无	[道宫变徵]
[蕤宾变徵]	[应钟徵]	无	[中管道宫变徵]
[林钟变徵]	[黄钟徵]	无	[南吕变徵]
[夷则变徵]	[大吕徵]	无	[仙吕变徵]
[南吕变徵]	[太簇徵]	无	[中管仙吕变徵]
[无射变徵]	[夹钟徵]	无	[黄钟变徵]
[应钟变徵]	[姑洗徵]	无	[中管黄钟变徵]

上述《景祐乐髓新经》、《补笔谈》、《词源》的对照表2－4、表2－5，正好印证了北宋燕乐与政和后燕乐的区别所在。与《景祐乐髓新经》“正徵”位、“变徵”位宫调名全同的情况相比，《词源》宫调图例是完整的“燕乐八十四调”，体现了政和补“徵调”后的宫调系统。

对《景祐乐髓新经》十二律“正徵”位与十二律“变徵”位宫调名全同的情况，陈旸解释说：“十二变徵调，声居角音之后、正徵之前，均音相类。……是谓回演其声而成均律也。”（《乐书》卷一五七）胡彦升则有不同看法：“角与变徵隔一律，变徵与正徵相接不隔，俗乐商与角隔二律，而无变徵，则亦不知正徵所在。”（《乐律表微》卷五）[①] 两人看法虽一为回护，一为批评，但揭示了同样一种现象，即北宋燕乐不但实践中不用“徵调”，即使理论上也没有完整的体系。这种情况到徽宗朝有了明显的改变，尽管音乐实践中“徵调”有着“落韵”的缺点，但理论上却变得非常完整。

据上考可知，政和四年后大晟府雅、俗乐无论是在黄钟音高、宫调系统、宫调名称及“依月用律”理论方面，都得到了音乐政令及演奏实践上的统一。依“月律”改定“宴乐诸宫调”及“以大晟府十二月所定声律”改定教坊乐，其实质都是用大晟雅乐律及“依月用律”乐法强行对传统燕乐进行“阅习”改造，从而促使了大晟燕乐黄钟音高、宫调系统、宫调名称、部分宫调内容“在意义上的变迁”。

二、大晟府燕乐乐器的制造与应用

关于大晟府燕乐乐器的制造与应用，史籍有较详细的记载。《宋史·乐志四》：“（政和三年五月）新乐器五声、八音方全。埙、篪、匏笙、石磬之类已经按试者，大晟府画图疏说颁行，教坊、钧容直、开封府各颁降二副。开封府用所颁乐器，明示依式造粥，教坊、钧容直及中外不得违。今辄高下其声，或别为他声，或移改增损乐器，旧来淫哇之声，如打断、哨笛、呀鼓、十般舞、小鼓腔、小笛之类与其曲名，悉行禁止，违者与听者悉坐罪。”[②] 这里所提到的“新乐”和“新乐器”，指的就是大晟燕乐及乐器。按此处将数月之事放在一起叙述，乃正史编撰之“联书”体例。其实大晟燕乐乐器颁降教坊、钧容直、开封府各二副在政和三年五月，而禁“高下其声”等在政和三年八月。据《会要·乐》三之二七：“（政和三年）七月十三日，开封府尹王诏奏：‘伏蒙颁降到新乐二副，臣今教习到本府衙前乐埙、篪、【匏】笙、石磬之类，于大晟府按试，并已精熟。臣等谨奉表称贺以闻。’”[③] 知颁降开封府的大晟燕乐乐器在政和

① 详见《乐书》卷一五七《曲调下》（第 211 册，第 724 页），《乐律表微》卷五《论俗乐二十八调》（第 220 册，第 445 页）。

② 脱脱等：《宋史》卷一二九《乐志四》，第 9 册，第 3018 页。

③ 徐松辑：《宋会要·乐》三之二七，第 1 册，第 320 页。按：《宋史·乐志四》作“埙、篪、匏笙、石磬”（第 9 册，第 3018 页），此处当脱“匏”字。

三年七月已按试精熟。于是，政和三年八月，诏令大晟府置图颁降于天下，没收旧燕乐乐器，一律改用大晟燕乐乐器。《会要·乐》三之二六、二七：

（政和三年）八月，新乐成，诏令大晟府置图颁降："一、新乐颁降后，在京限两季，在外限三季，川、广、福建又展一季，其更（旧）乐更不得作。所有旧来乐器不合行用者，如委是前代古器免申纳外，余并纳所在官司諿讫，申礼部，即限满用旧乐并听之者，并徒一年。旧乐器应纳不纳者，依此。一、应教坊、钧镕（容）及中外，不依今乐，辄高下其声，或别为他声，或移改增损乐器者，徒二年。许人告，赏钱一百贯。一、人户有造到新乐器，仰赴州呈验，用所颁乐按协一次，声同不异，即听行用。一、诸路州、军习乐人，如愿赴大成（晟）府按协习学，或赍乐器赴府开声，或愿收买者，并听从便。一、旧来淫哇之声，如打断、哨笛、呀鼓、十舟（般）舞之类，悉行禁止，违者杖一百，听之者加二等。许人告，赏钱五十贯文。其淫哇曲名，令开封府便行取索，申尚书省审讫，颁下禁止。一、天下如有善音律人，能翻乐谱广其声律，许以所撰谱申州，州为缴申礼部，令大晟府按协，可用听行用。其翻谱撰词人，大晟府看详，委是精熟，给券马，召赴府按试，申尚书省取旨。一、应监司候乐到，举行督责，于限内出按，许以新颁乐与逐处所造乐，与逐州官按试。如声音不异，协比不差，具保明闻奏。其奉行如法，每路具三五州申尚书省，取旨推恩。如施行弛慢、违失，禁止旧乐不尽，仰按刻（劾）奏闻。"诏："第七项十般舞字下添入'小鼓腔、小笛'五字，赏钱改作一百贯。"

政和三年九月，又申令不得将旧燕乐乐器冒充大晟燕乐乐器出卖。《会要·乐》三之二八：

（政和三年）九月九日，提举大晟府言："诸州差到买新燕乐人，例多村野，其卖乐人并各将旧格材，管作令（今）来新格乐器出卖。乞令卖乐器人并于乐器上各镌'大晟新律某人造'，如敢伪冒，立罪赏，许人告。"从之。①

这些史料给我们提供了以下信息：一是在大晟燕乐乐器颁行的同时，对旧

① 详见《宋会要·乐》三之二六、二七（第1册，第320页），《宋会要·乐》三之二八（第1册，第321页）。

燕乐乐器作了全面的清理工作，凡不合大晟燕乐“新格”的旧燕乐乐器，一律上交地方政府；二是所颁行乐器，不得移改增损，不得高下其声或别为他声，一律按照“大晟新律”行用；三是各地人户可按大晟燕乐乐器图“依式造粥”，并到各地方政府“用所颁乐按协”；四是各地乐人可到大晟府集中培训，也可用“依式造粥”的新乐器到大晟府“开声”，也可到大晟府购买新乐器。大晟燕乐乐器在推广使用过程中，明确用法律形式强制推行，并限定岁月，所谓“在京限两季，在外限三季，川、广、福建又展一季”，说明在一年之后，也就是政和四年八月后，全国各地基本上都在使用大晟燕乐乐器。

根据以上史料，可知大晟燕乐乐器具有与旧燕乐乐器不同的几个基本特点：

第一，大晟燕乐乐器是依照大晟乐自身的理论体系而制造的，原先有些属雅乐范畴的乐器摇身一变，成了大晟燕乐乐器。如“埙、篪、匏笙、石磬之类”，原来都是属雅乐范畴，现在都成了燕乐乐器。对于这一点变化，史料亦有说明。《铁围山丛谈》卷二：“八音谓金、石、土、革、丝、木、匏、竹。土则陶也。后世率不能全其克谐，至政和诏加讨论焉，乃作《徵招》、《角招》而补八音所阙者，曰石、曰陶、曰匏三焉。匏则加匏而为笙，陶乃埙也。遂埙、篪皆入用，而石则以玉或石为响，配故铁方响。普奏之亦甚韶美，谓之燕乐部八音，盖自政和始。”（《避暑录话》卷下略同）这些乐器的制造当在崇宁间即已开始，但施之燕乐却在政和三年。《会要·乐》三之二七、二八：“（政和三年八月）二十三日，大晟府奏：‘以雅乐中声播于燕乐，旧阙徵、角二调，及无土、石、匏三首（音），今乐并已增入。崇政殿按试，八音克谐。’诏颁降天下。”《宋史全文》卷一四：“（政和三年）八月辛未，太师、楚国公蔡京等言：‘伏睹大晟府以雅乐中声播于燕乐，旧阙徵、角二调，及无土、石、匏三音。今乐并已增入，五声八音于是始备。’”[①] 据此，知大晟府雅乐乐器“埙”、“篪”、“匏笙”等也在政和三年滥入燕乐，成为“燕乐部八音”，故大晟燕乐也“八音”齐备，与以往燕乐迥异。

第二，大晟燕乐乐器的制造，是“以雅乐中声播于燕乐”的体现，乐器的音高标准是严格按照“大晟新律”（即“雅乐中声”）而制造的。因此，在强制推行大晟燕乐乐器过程中，许多按照旧燕乐音高标准制造的乐器被销毁和清理，“旧乐器应纳不纳者”，并“徒一年”。从其设立“罪赏”并以法律形式推行的情况看，这些乐器的制造与旧燕乐明显属两种性质的范畴。尽管大晟

① 详见《铁围山丛谈》卷二（第24页），《避暑录话》卷下（第2编，第10册，第302—303页），《宋会要·乐》三之二七、二八（第1册，第320—321页），《宋史全文》卷一四（第330册，第544页；参点校本卷一四，第3册，第952页）。

燕乐乐器仅仅“以雅乐中声播于燕乐”，而不用“雅乐正声”，但在理论上还是与大晟雅乐属同一个体系。

第三，大晟燕乐乐器的应用，亦须“依今乐”，不得“高下其声”或“别为他声”。这里涉及所用“律”的高下问题。蔡絛说：“宴乐本杂用唐声调，乐器多夷部，亦唐律。……政和初，命大晟府改用大晟律，其声下唐乐已两律。”（《宋史·乐志四》）即旧燕乐乐器演奏乃用“唐律”，大晟燕乐乐器应用则须用“大晟新律”，其声比旧燕乐“下两律”。史载旧燕乐（包括教坊、钧容直及天下州郡所用乐）在政和四年前“各用其律”（《宋史·律历志四》）[①]，因此在统一使用新燕乐乐器后，特别规定一律行用“大晟新律”。从其设立“罪赏”（如“徒二年”等）的严厉程度看，力度要大于推广乐器本身。说明以“大晟新律”施用于大晟燕乐乐器的演奏实践，也就是说，“以雅乐中声播于燕乐”并贯彻到每一件新乐器的应用，在当时是一件十分严肃的事情，不惜以法律的形式强制推行。

过去学界争议的焦点往往集中在所谓“性质”的探讨，即大晟燕乐与雅乐究竟属不属同一个体系。今仅就“乐器”一项来看，这一争议可以得到解决。文献资料明确表明，大晟燕乐乐器的制造完全依照雅乐“八音”理论而行，其应用则严格依照“大晟新律”（即“大晟雅乐律”）；也就是说，“以雅乐中声播于燕乐”，不仅体现在大晟燕乐乐器的制造，而且还体现在应用方面。

关于大晟燕乐乐器的应用，《东京梦华录》、《高丽史·乐志一》等都有零星记载。《东京梦华录》卷九：“前列拍板，十串一行。次一色画面琵琶五十面。次列箜篌两座，箜篌高三尺许，形如半边木梳，黑漆镂花金装画，下有台座，张二十五弦，一人跪而交手擘之。以次高架大鼓二面，彩画花地金龙，击鼓人背结宽袖，别套黄窄袖，垂结带，金裹鼓棒，两手高举互击，宛若流星。后有羯鼓两座，如寻常番鼓子，置之小卓子上，两手皆执杖击之，杖鼓应焉。次列铁、石方响，明金彩画架子，双垂流苏。次列箫、【匏】笙、埙、篪、觱篥、龙笛之类，两旁对列杖鼓二百面。”[②] 按：《东京梦华录》与《宋史·礼志十六》载大宴用乐节次基本一致。《东京梦华录·自序》：“仆从先人宦游南北，崇宁癸未到京师，卜居于州西金梁桥西夹道之南。渐次长立，正当辇毂之下，太平日

① 详见《宋史·乐志四》（第9册，第3026页），《宋史·律历志四》（第5册，第1612页）。

② 孟元老：《东京梦华录》卷九，第59页。按：“匏”字原脱，据《宋史·乐志四》（第9册，第3018页）、《宋会要·乐》三之二七、二八（第1册，第320—321页）、《宋史全文》卷一四（第330册，第544页；参点校本卷一四，第3册，第952页）、《铁围山丛谈》卷二（第24页）、《避暑录话》卷下（第2编，第10册，第302—303页）等载籍补。

久，人物繁阜。……仆数十年烂赏迭游，莫知厌足。一旦兵火，靖康丙午之明年，出京南来，避地江左。”所谓“仆数十年烂赏迭游”，从崇宁二年癸未（1103）至靖康二年丁未（1127），在京师共有二十五年时间。孟元老崇宁二年至京师时方为儿童，后“渐次长立”则当在十年后（即政和三年）。又，据《东京梦华录》载大宴仪所用乐器，［匏］笙、埙、篪乃政和三年才颁行（详上），为典型的大晟府“燕乐八音”乐器。可见，《东京梦华录》所载当为政和三年至宣和七年间的大宴用乐节次。今据《东京梦华录》卷九载大宴乐器：

> 拍板（十串一行）、画面琵琶（五十面）、箜篌（两座，二十五弦）、高架大鼓（二面）、羯鼓（两座）、铁、石方响、箫、【匏】笙、埙、篪、觱篥、龙笛、杖鼓（二百面）。

与《高丽史·乐志一》载大晟燕乐乐器基本相同。如：

> 铁方响五架　石方响五架　琵琶四面　五弦二面　双弦四面　筝四面　箜篌四座　觱篥二十管　笛二十管　篪二十管　箫一十面　匏笙一十攒　埙四十枚　大鼓一面　杖鼓二十面　拍板二串①

《东京梦华录》所载乐器，铁石方响、箫、【匏】笙、埙、篪、觱篥、龙笛八项不明用数，仅拍板、画面琵琶、箜篌、高架大鼓、羯鼓、杖鼓六项就有266件，数量上明显多于《高丽史·乐志一》所载的171件，说明乃是按照藩王的规制赐予高丽大晟燕乐乐器的。两者相比，《东京梦华录》所载较为随意，其中多有漏省，如五弦、筝、大鼓等，既见于《高丽史·乐志一》，当亦属大晟燕乐乐器的范围。两者共有的埙、篪、匏笙三种原属雅乐范畴的乐器，乃政和三年后才成为“燕乐部八音”的。

又，大晟燕乐还有一部分乐器见于鼓吹乐。鼓吹局原隶太常寺，后隶大晟府。《通考·职官考九》：“宋鼓吹局……崇宁后隶大晟府。”其所用乐器，见于《宋史·乐志十五》：“车驾前后部用金钲、节鼓、㧚鼓、大鼓、小鼓、铙鼓、羽葆鼓、中鸣、大横吹、小横吹、觱篥、桃皮觱篥、箫、笳、笛，歌《导引》一曲。……太常鼓吹署乐工数少，每大礼皆取之于诸军。……奏严用金钲、大角、大鼓，乐用大小横吹、觱篥、箫、笳、笛……歌《六州》、《十

① 详见《宋史·礼志十六》（第8册，第2688—2690页），《东京梦华录·自序》（第1页），《东京梦华录》卷九（第59页），《高丽史·乐志一》（第6册，第2207—2208页）。

二时》，每更三奏之。”鼓吹局隶大晟府后，并未对这些乐器的名称进行更改。《通考·王礼考十三》载“政和大驾卤簿”，如：

> 大晟府前部鼓吹：令二人，府史二人，管押指挥使一人。㧏鼓、金钲各十二，（帅兵官八人领。）大鼓一百二十，（帅兵官二十人领。）长鸣一百二十，（帅兵官六人领。）铙鼓十二。（帅兵官四人领。）歌工、拱辰管、箫、笳各二十四，大横吹一百二十，（帅兵官十人领。）节鼓二，笛、箫、觱篥各二十四，㧏鼓、金钲各十二，（帅兵官四人领。）小鼓、中鸣各一百二十，（帅兵官八人领。）羽葆鼓十二。（帅兵官四人领。）歌工、拱辰管、箫、笳各二十四。法驾前后㧏鼓、金钲各减四，大鼓减四十，长鸣减四十，铙鼓减四，拱辰管后箫、笳各减八，大横吹减四十，节鼓后笛、箫、觱篥、笳、桃皮觱篥各减八，小鼓、中鸣各减四十，羽葆鼓减四，最后箫、笳各减八。
>
> 大晟府后部鼓吹：丞二人，典事四人，管押指挥使一人。羽葆鼓十二。（帅兵官四人领。）歌工、拱辰管、箫、笳各二十四，（帅兵官二人领。）铙鼓十二。（帅兵官四人领。）歌工、箫、笳各二十四，横吹一百二十，（帅兵官八人领。）笛、箫、觱篥、笳、桃皮觱篥各二十四。法驾羽葆鼓减四，箫、笳、桃皮觱篥各减八，铙鼓减四，小横吹减四十。（帅兵官并减二人。）

又见《宋史·仪卫志四》，《政和五礼新仪》卷一四所载更为详细，文繁不录。考鼓吹乐所用乐器，多属燕乐范畴。元丰年间，杨杰就说：“国初以来，奏大乐则鼓吹备而不作……故大乐以十二律吕名之，鼓吹之乐则曰［正宫］之类而已。（乾德中，设鼓吹十二案，制毡床十二，为熊罴腾倚之状。每案设大鼓、羽葆鼓、金镎各一，歌、箫、笳各二，又有叉手笛，名曰拱宸管……）若以律吕变易夷部宫调，则名混同而乐相紊乱矣。”（《宋史·乐志十五》）《通考·乐考三》：“徽宗崇宁元年，诏置讲议局，以大乐之制讹谬残缺……熊罴按（桉），梁、隋之制也，乃设于宫架之外。”《大晟乐书》：“前此宫架之外，列熊罴案，所奏皆夷乐也，岂容淆杂大乐！”（《宋史·乐志十七》）大晟府乐官虽言“鼓吹十二案”（即“熊罴案”）及其所属乐器（大鼓、羽葆鼓、金镎、箫、笳、拱宸管）为“夷乐”，但在郊庙等场合中仍“设于宫架之外”而“备而不作”。只是在导驾、警场、奏严等实际使用时，鼓吹乐才发挥它的作用。今考鼓吹乐性质，实属燕乐范畴，其所用曲《导引》、《六州》、《十二时》与所用宫调如［正宫］、［黄钟宫］、［正平调］、［黄钟羽］、［大石调］、［道调］、［仙吕调］等（《宋史·乐志十五》），以及其所用乐器金钲、节鼓、㧏鼓、大鼓、小鼓、铙鼓、羽葆鼓、中鸣、大横吹、小横吹、觱篥、桃皮觱篥、箫、笳、笛等（《宋史·乐志十五》）①，均为燕乐乐器②。政和三年后，鼓吹局所用乐器自然被纳入大晟燕乐乐器的范畴中。

大晟燕乐乐器的实物，今已全数失传，只剩下数量不多的文献资料。大晟燕乐乐器只采用“雅乐中声”而不用“正声”，因而其所谓“燕乐部八音”，其实只包括“中声”组乐器。而用于演奏实践的大晟燕乐乐器，确实有所谓“燕乐部八音”的特点。今据《铁围山丛谈》、《避暑录话》、《东京梦华录》、《高丽史·乐志》、《梦粱录》等史料，考得大晟燕乐乐器如下：

铁方响。（金部）③
石磬、石（或玉）方响④。（石部）
埙。（土部）
大鼓、杖鼓、羯鼓。（革部）
琵琶、箜篌、五弦、双弦、筝。（丝部）
拍板。（木部）

① 详见《文献通考·职官考九》（第499页），《宋史·乐志十五》（第10册，第3301—3302页），《文献通考·王礼考十三》（第1064页，第1065页），《宋史·仪卫志四》（第11册，第3424—3425页，第3429页），《政和五礼新仪》卷一四（第647册，第187页），《宋史·乐志十五》（第10册，第3304页），《文献通考·乐考三》（第1158页），《宋史·乐志十七》（第10册，第3362页），《宋史·乐志十五》（第10册，第3302—3304页），《宋史·乐志十五》（第10册，第3301—3302页）。

② 《文献通考·乐考二十一》：“（宋鼓吹）所用㧊鼓、金钲、铙鼓、箫、笳、横吹、长鸣、觱篥之属，皆俗部乐也。”（第1292页）《太常因革礼》卷二一：“其鼓吹四曲，悉用教坊新声。”（第821册，第431页）《玉海》卷一〇六（第945册，第797页）、《文献通考·乐考二十》（第1291页）同。

③ 现存大晟府乐器实物只剩编钟一项，全属雅乐范畴。王秀萍《宋代乐器研究》：“燕乐编钟：其形制据《东京梦华录》卷十‘驾诣郊坛行礼’条载：‘编钟形稍褊，上下两层，挂之架，两角缀以流苏。其架有如常乐方响，增其高大。’”（第7页）则认为大晟乐器有“燕乐编钟”。然据《东京梦华录》卷一〇《驾诣郊坛行礼》原文（第66—67页），实为郊祀大礼所用雅乐。但唐代燕乐清商伎、西凉伎确有编钟（《新唐书·礼乐志》，第4册，第406页）。今考大晟燕乐有“燕乐部八音”（详上），编钟是否为大晟燕乐乐器之一，尚无资料证明，只能存疑。又考大晟燕乐乐器有铁方响一种（《铁围山丛谈》卷二，第24页），姑且列入金部之中。

④ 《铁围山丛谈》卷二：“遂埙、篪皆入用，而石则以玉或石为响，配故铁方响。”（第24页）“响”当为“方响”之误脱。《梦粱录》卷三《皇太后圣节》“宰执、亲王、南班百官入内上寿赐宴”条：“宰臣酒，方响色长上殿奏喏，独打玉方响。”（第138页）此条实据《东京梦华录》卷九“宰执、亲王、宗室、百官入内上寿”条（第60页），知政和、宣和间燕乐曾用玉方响。另，朱君梅据《全宋诗》考得徽宗《宫词》“方响新成白玉牌，叩声仍与二八谐”，亦可证大晟燕乐有玉方响（《大晟词研究》，第14页）。又石磬疑以“石（或玉）方响”代，附此俟考。

匏笙。（匏部）

觱篥、笛、箫、篪。（竹部）

以上大晟燕乐乐器18种，多与《宋史·乐志》所载相同。《宋史·乐志十七》教坊及云韶部乐器：

琵琶、箜篌、五弦、筝、笙、觱篥、笛、方响、羯鼓、杖鼓、拍板。（教坊“大曲部”乐器）[①]

琵琶、箜篌、五弦、筝、笙、觱篥、方响、拍板。（教坊法曲部乐器）

觱篥、笛、羯鼓、腰鼓、揩鼓、鸡楼鼓、鼗鼓、拍板。（教坊龟兹部乐器）

三色笛、杖鼓、拍板。（教坊鼓笛部乐器）

琵琶、筝、笙、觱篥、笛、方响、杖鼓、羯鼓、大鼓、拍板。（云韶部乐器）[②]

所载旧燕乐乐器共计16种[③]。与此相比，大晟燕乐乐器多埙、石磬、匏

---

① 脱脱等：《宋史》卷一四二《乐志十七》，第10册，第3349页。按：“五弦”，原本作“五弦琴”，疑“琴”为衍文，据改。又，杨荫浏教坊“大曲部”之说，学界尚有异议。因迄今宋教坊四部尚无定论，此处姑以“大曲部”称之。

② 详见《宋史》卷一四二《乐志十七》，第10册，第3349页，第3349页，第3349页，第3349页，第3360页。

③ 按：《宋史·乐志十七》载宋旧燕乐共有琵琶、箜篌、五弦、筝、方响、大鼓、羯鼓、杖鼓、腰鼓、揩鼓、鸡楼鼓、鼗鼓、觱篥、笙、笛（或三色笛）、拍板等16种（第10册，第3349—3360页），不包括鼓吹乐、钧容直及东西班乐所用乐器在内。《宋史·乐志十五》载鼓吹乐金钲、节鼓、掆鼓、小鼓、铙鼓、羽葆鼓、中鸣、大横吹、小横吹、桃皮觱篥、笳、箫、大鼓、觱篥、笛15种乐器（第10册，第3301页），其中笛、大鼓、觱篥为教坊乐、云韶部、鼓吹乐共享；又拱辰管、长鸣、夹色见于北宋鼓吹乐，大晟府鼓吹乐用之，亦全用其名目（其中夹色以觱篥充），《宋史·乐志十五》不载，当为遗漏。又《宋史·乐志十七》东西班乐用银字觱篥、小笛、小笙3种（第10册，第3361页），《乐书》卷一八八“钧容直”有笙、笛、觱篥、琵琶、方响、拍板、杖鼓、羯鼓、大鼓9种（第211册，第848页），多与教坊乐相同。又，宋燕乐在不同时期所用乐器也有所不同，开封繁塔伎乐砖共有拍板、杖鼓、笛、筚篥、排箫、横笛、笙、铜钹、羯鼓、鸡娄鼓、鼗鼓、琵琶、贝13种乐器，为开宝七年至淳化元年间教坊所用（赵为民等《开封宋代繁塔伎乐砖析评》，《河南大学学报（哲学社会科学版）》1988年第4期，第42—46页），《宋史·乐志》不载者有铜钹、贝2种；又熙宁、大观间教坊及民间乐器有嵇琴（《梦溪笔谈·补笔谈》卷一，第2编，第3册，第224页；《东京梦华录》卷六，第38页），《宋史·乐志》亦不载。疑非常用，故不录入旧燕乐器中。

笙、篪等4种。但史载旧燕乐“无土、石、匏三音”及“篪”，其实只宋旧燕乐无，唐燕乐亦用“编磬（石磬）、篪”①，箫、双弦等旧燕乐亦有采用。故真正为旧燕乐所无而为大晟燕乐所独有的，只有埙、匏笙等2种。又旧燕乐乐器多用于大晟燕乐，因据上述史料，大晟燕乐颁行不久，有不法商人（“卖乐人”）用旧燕乐乐器冒充大晟燕乐乐器出卖，这说明大晟燕乐乐器与旧燕乐乐器相似，故能以旧充新，其不同点乃在于用“大晟新律”制造和使用。正因为这些乐器和旧燕乐乐器差别不大，所以得以鱼目混珠。

三、大晟燕乐曲谱编撰情况考辨

王国维在考察周邦彦词的宫调时说：“（周邦彦）词中所注宫调，不出‘教坊十八调’之外，则其音非大晟府之新声，而为隋、唐以来之燕乐。”并据此而断周邦彦与大晟曲谱无涉②。此说影响极大，并演变为目前学界较有代表性的观点。按王国维所说的“大晟府之新声”，乃不同于“隋、唐以来之燕乐”且出于“教坊十八调”之外的大晟府所创之新声。但如果王氏所说“大晟府之新声”只指“大晟府颁行的徵、角二调”，那么大晟府“讨论古音，审定古调”而成的“燕乐旧行一十七调”323只曲谱③，则将亦不属大晟曲谱范围，这与史料记载是颇有出入的。

正如史料所述，大晟乐创制伊始确实是与“词乐”无关的“复古气味浓重的雅乐”。《宋史·乐志四》载崇宁四年九月诏书即云：“……铸鼎以起律，因律以制器……宜赐新乐之名曰《大晟》，朕将荐郊庙、享鬼神、和万邦，与天下共之。”大观元年五月诏书亦云：“乐作已久，方荐之郊庙，施于朝廷。”这都说明宋徽宗创制大晟乐的原始用意乃在于荐郊庙、享鬼神并施于朝廷。但这一点并未贯彻始终，随着政和三年大晟乐“施于宴飨”并由大晟府刊行“新徵、角二调曲谱”后，大晟乐便与词乐有了割不断的关联。《宋史·乐志四》：

> （政和三年）五月，帝御崇政殿，亲按宴乐，召侍从以上侍立。诏曰：“《大晟之乐》已荐之郊庙，而未施于宴飨。比诏有司，以《大晟乐》播之教坊，试于殿庭，五声既具，无惉懘焦急之声，嘉与天下共之，可以所进乐颁之天下，其旧乐悉禁。”于是令尚书省立法，新徵、角二调曲谱已经按试者，并令大晟府颁行，后续有谱，依此。

① 欧阳修等：《新唐书》卷二一《礼乐志十一》，第4册，第406页。

② 王国维：《清真先生遗事》，《王国维全集》，第2册，第424页。

③ 徐松辑：《宋会要·乐》四之一、二，第1册，第322页。

《玉海》卷一〇五载“亲按宴乐”在政和三年五月二十九日，三十日诏颁之天下，大晟府刊行“新徵、角二调曲谱”在政和三年八月。《会要·乐》三之二七、《宋大诏令集》卷一四九同。新增“徵、角二调”本是与词乐无关的雅乐，但在政和三年五月二十九日“施于宴飨”并在三十日诏颁天下且于八月由大晟府刊行“新徵、角二调曲谱”后，便一下子由雅乐用为燕乐曲谱。政和三年六月，晁端礼至京，作《黄河清》、《寿星明》诸曲（《铁围山丛谈》卷二）。政和三年八月二十八日，曹棐撰徵调《舜韶新》曲（《会要·乐》五之二四）。据蔡絛称，大晟府“徵、角二调”尽管“终不得其本均”，“然其曲谱颇和美，故一时盛行于天下”（《宋史·乐志四》），而晁端礼所作《黄河清》、《寿星明》，“二者音调极韶美”，“时天下无问迩遐小大，虽伟男髫女，皆争气唱之”（《铁围山丛谈》卷二），“政和《徵招》、《角招》遂传于世矣”（《宋史·乐志四》）[①]。这些曲谱南宋时仍有流传，今存莫蒙《寿星明》“翠樾阴浓”、无名氏《寿星明》“玉露迎寒”、丘密《黄河清》“鼓角清雄占云祲”、郭子正《舜韶新》“香满西风”等当属大晟徵调曲。可见，这种“复古气味浓重的雅乐”，随着大晟乐“施于宴飨”而逐渐演变成一种词乐。雅、俗乐之间能进行如此大的转换，印证了杨荫浏有关大晟乐的一个著名判断，即宋朝黄钟音高标准在政和三年前太常、教坊、钧容直及天下州县“各自为律”，政和三年宋徽宗以“大晟律”将雅乐、俗乐音高标准强行统一并以行政手段推行[②]。因此，大晟乐这种“复古气味浓重的雅乐”也随朝廷的多次强制性推行，已逐渐取代了“隋、唐以来之燕乐”在民间的地位。可见，大晟乐在政和三年后不仅用于荐郊庙、享鬼神、春秋释奠及赐宴辟雍，而且还用于曾经盛行“打断、哨笛、呀鼓、十般舞、小鼓腔、小笛之类与其曲名”[③] 的俗乐场合。

需要说明的是，由大晟乐演变为词乐的大晟曲谱，从其产生之日起就是新旧合璧而成的“大杂烩”，并非完全是“大晟府之新声”。《宋史·乐志四》：“（政和三年五月）于是令尚书省立法，新徵、角二调曲谱已经按试者，并令

---

① 详见《宋史·乐志四》（第9册，第3001—3002页，第3002页），《宋史·乐志四》（第9册，第3017—3018页），《玉海》卷一〇五（第945册，第778页），《宋会要·乐》三之二七（第1册，第320页），《宋大诏令集》卷一四九（第551—552页），《铁围山丛谈》卷二（第28页），《宋会要·乐》五之二四（第1册，第344页），《宋史·乐志四》（第9册，第3026页），《铁围山丛谈》卷二（第28页），《宋史·乐志四》（第9册，第3026页）。

② 杨荫浏：《中国古代音乐史稿》，第425—426页。

③ 详见《宋史·乐志四》（第9册，第3018页），《宋会要·乐》三之二七（第1册，第320页）。

大晟府刊行，后续有谱，依此。其宫、商、羽调曲谱自从旧。”可证所谓“大晟府之新声”，乃只指“大晟府颁行的徵、角二调”而言；而其余“自从旧”的宫、商、羽调曲谱，尽管仍是“隋、唐以来之燕乐”，但因大晟府对其进行多次“审按校定”工作（《会要·乐》四之一、二）[①]，也应当视为大晟曲谱的一部分。换句话说，大晟曲谱是一个“动态过程”的结构范畴，如果将政和三年五月后的大晟曲谱作一分类，则“大晟府之新声”确实只包括“大晟府刊行”及“后续有谱，依此”的新徵、角二调曲谱，而其余“自从旧”的宫、商、羽调曲谱，则诚如王国维所说“非大晟府之新声，而为隋、唐以来之燕乐”；但王国维所谓“大晟府之新声”与“隋、唐以来之燕乐”的划分标准，因过于拘泥“静态”考察而没有注意到其“动态性”内涵，以之作为界定整个徽宗朝曲谱是否为大晟曲谱的分界线则未免失于草率。

其实，自政和四年正月起，随着大晟府多次对“燕乐旧行曲谱”进行“改定”，大晟曲谱中本属“隋、唐以来之燕乐”的“宫、商、羽调曲谱”，再也不能像政和三年那样“从旧”了，而被大晟府乐官一再指斥为“不正”（《宋史·乐志四》），并以“今撰均度”多次“正其过差”，直到“合于正声，悉皆谐协”（《会要·乐》四之一、二）[②] 为止。所谓“今撰均度”，即指“大晟律”而言。这种以“大晟律”改造“燕乐旧行”宫、商、羽调曲谱的工作共分两次进行，前后持续了四年零八个月。

第一次对“燕乐旧行曲谱”进行“改定”始于政和四年正月。《宋史·乐志四》：“（政和）四年正月，大晟府言：‘宴乐诸宫调多不正……今依月律改定。’诏可。”关于这次对“旧行曲谱”的“改定”工作，《宋史》的记载是不完整的。其实，这次“改定”工作并没有像前贤理解的那样“废止越调、双调等俗称”，亦非仅仅是“依乐律改定宫调名”而已。《会要·乐》四之一、二载蔡攸叙述这次“改定”工作为：“昨奉诏：‘教坊、钧容、衙前及天下州县燕乐旧行一十七调大小曲谱，声韵各有不同。令编修《燕乐书》所审按校定，依月律次序添入新补撰诸调曲谱，令有司颁降。’”[③] 则《宋史·乐志四》所谓“依月律改定”，实是大晟府“编修《燕乐书》所”对“声韵各有不同”的“教坊、钧容、衙前及天下州县燕乐旧行一十七调大小曲谱”进行“审按校定”工作，

① 详见《宋史·乐志四》（第9册，第3018页），《宋会要·乐》四之一、二（第1册，第322页）。

② 详见《宋史·乐志四》（第9册，第3019页），《宋会要·乐》四之一、二（第1册，第322页）。

③ 同上。

并“依月律次序添入新补撰诸调曲谱”。可见并非仅仅是“依乐律改定宫调名”那样简单，而是在黄钟音高标准等方面做了根本性的“审按校定”工作。“月律”与“乐律”虽仅一字之差，实质却有根本的不同。杨荫浏认为，宋朝黄钟音高标准在政和三年以前太常、教坊、钧容直及天下州县“各自为律”；政和三年宋徽宗以“大晟律”将雅乐、俗乐音高标准统一并以行政手段强制推行[①]。杨先生此说除政和三年当为政和四年外，大体可从。第一次“改定”工作至政和六年十月即已初步完成（详后），并“令有司颁降”[②]。

第二次“校定”当在蔡攸提举大晟府后特别是政和七年十月后，因“自是而后，乐律随月右旋”[③]，故相应之燕乐亦需有所校正。《会要·乐》四之一、二：

> （政和八年九月二十日）蔡攸言：“昨奉诏：‘教坊、钧容、衙前及天下州县燕乐旧行一十七调大小曲谱，声韵各有不同。令编修《燕乐书》所审按校定，依月律次序添入新补撰诸调曲谱，令有司颁降。’今撰均度，正其过差，合于正声，悉皆谐协。将燕乐一十七调看详到大小曲三百二十三首，各依月律次序，谨以进呈。如得允当，欲望大晟府镂板颁行。”从之。

由此可知，大晟府从政和四年开始的多次“审按校定”工作，总算在政和八年九月宣告完成，并由“大晟府镂板颁行”，因由蔡攸主持编撰，故取名为“蔡攸《燕乐》”。此书共有“三十四册”（《宋史·艺文志一》）[④]，依“燕乐一十七调”编排，包括大曲、小曲总共323只曲谱。又因此书乃大晟府对“燕乐旧行一十七调大小曲谱”以“今撰均度，正其过差，合于正声”而成，故当为大晟府“讨论古音，审定古调”而成的大晟燕乐谱。

据此，所谓大晟曲谱，其实并非全为大晟府之“新声”，乃包含“大晟府之新声”及由大晟府“改定”的“隋、唐以来之燕乐”两大部分在内。具体来说，由大晟乐演变而成的词乐曲谱，实际上包括由大晟府在政和三年刊行的“新徵、角二调曲谱”（《宋史·乐志四》）及由大晟府在政和四年后陆续“改

① 杨荫浏：《中国古代音乐史稿》，第425—426页。

② 徐松辑：《宋会要·乐》四之一、二，第1册，第322页。

③ 脱脱等：《宋史》卷一二九《乐志四》，第9册，第3021页。

④ 详见《宋会要·乐》四之一、二（第1册，第322页），《宋史·艺文志一》（第15册，第5054页）。

定”并于政和八年九月由“大晟府镂板颁行”的“燕乐旧行一十七调大小曲谱”（《会要·乐》四之一、二）两大部分。两大部分的大晟曲谱其数目亦可确考，即“新徵、角二调曲谱”45只（《玉海》卷七、卷二八），“燕乐旧行一十七调大小曲谱”323只（《会要·乐》四之一、二）①，总数为368只曲谱。由这368只曲谱组成的大晟曲谱在南宋得到流传，并被完整地保存到脱脱等编撰《宋史》的元朝末期（详见《大晟燕乐曲谱南宋流传考》）。如果说，368只大晟曲谱尚对宋代（特别是南宋）词乐“说不上有什么作用”，则未免过于小视大晟乐对宋代词乐的影响了。

对大晟燕乐曲谱的认识，前贤多将其混同于《燕乐新书》。朱彝尊《群雅集序》云：“终宋之世，乐章大备，四声二十八调，多至千余曲。有引、有序、有令、有慢、有近、有犯、有赚、有歌头、有促拍、有摊破、有摘遍、有大遍、有小遍、有转踏、有转调、有增减字、有偷声。惟因刘昺所编《宴乐新书》失传，而八十四调图谱不见于世。虽有歌师、板师，无从知当日之‘琴趣’、‘箫篴谱’矣。”② 将刘昺《燕乐新书》说成是一部包括四声二十八调“千余曲”在内并有多种曲体的大晟燕乐总谱，且将《燕乐新书》的存亡视作大晟曲谱本身的存亡，感叹“惟因刘昺所编《宴乐新书》失传，而八十四调图谱不见于世”。承此说而发挥者则进一步将它演变为“词乐失传说”，如：

> 崇宁间大晟乐府所集，有十二律、六十家、八十四调，后遂增至二百余。换羽移商，品目详具。逮南渡后，宫调失传，而词学亦渐紊矣。（玄烨《钦定词谱序》）
>
> 大晟乐府所集，有六十家、八十四调，后渐增至二百余调。换羽移宫，代有新增。（《填词浅说》）
>
> 崇宁间设大晟乐府……于时有五声、八音、十二律、七均、八十四调，后增至百余，换羽移商，品目详具。迨南宋之末，张叔夏已有旧谱零落之叹。至元季盛行南北曲……宫调遂从此失传矣。（《憩园词话》）③

① 详见《宋史·乐志四》（第9册，第3018页），《宋会要·乐》四之一、二（第1册，第322页），《玉海》卷七及卷二八（第943册，第198页，第691页），《宋会要·乐》四之一、二（第1册，第322页）。

② 朱彝尊：《曝书亭集》卷四〇，《四部丛刊》初编本，第7页A面。

③ 详见《钦定词谱序》（《钦定词谱》卷首，第1—2页），《填词浅说》（《词话丛编》本，第3册，第2514页），《憩园词话》卷一（《词话丛编》本，第3册，第2851—2852页）。

上述学者或说是“四声二十八调”，或说是“八十四调”，或说是“百余调”，或说是“二百余调”，所述尽管互相矛盾，但将《燕乐新书》等同于大晟曲谱本身且把此书“失传”当成大晟曲谱本身“散失”的看法却是一致的。其实，学界长期以来视《燕乐新书》为大晟曲谱的看法是不妥的。其证有二：

第一，《燕乐新书》乃“礼文”之书而非大晟曲谱本身，这一点史有明文。《会要·乐》四之一：“（政和六年）闰正月九日，臣僚言：‘《大晟》雅乐，顷岁已命儒臣著《乐书》，独燕乐未有纪述。乞考古声器所起，断以方今制作之原，各附以图，为《燕乐新书》。’诏大晟府编集燕乐八十四调并图谱，令刘昺撰文。”明确指出《燕乐新书》是在“大晟府编集燕乐八十四调并图谱”的基础上所撰之“文”，而非曲谱本身。这些“文”，不过是“考古声器所起，断以方今制作之原，各附以图”的考证文字及理论总结，充其量不过是阐述“八十四调”理论并考证乐器制作原始且“各附以图”的“礼文”之书；而所谓“图”当为乐器之“图”及“八十四调”排列之“图”，并非曲谱本身；其编撰体例或许类似刘昺的另外一部“文字”著作《大晟乐书》，虽有20卷之多，却并非大晟乐谱本身（《宋史·艺文志一》，《宋史·乐志四》）[①]。因为真正编集燕乐曲谱的任务是由大晟府承担，大晟曲谱另有他书（如“《黄钟徵、角调》二卷”、“蔡攸《燕乐》三十四册”等），非刘昺《燕乐新书》甚明。

第二，作为“礼文”之书的刘昺《燕乐新书》事实上也没有成书，真正“失传”的并不是这部未成之书，而是宣和二年编成的“新广八十四调”本之“燕乐新书”（详后）。按刘昺《燕乐新书》长期以来认为已经“失传”。吴熊和认为《燕乐新书》“最后似并未成书，故宋时公私书目皆未见记载”。[②] 吴先生推断极为正确。因刘昺在编撰《燕乐新书》过程中“与王寀交通，事败，开封尹盛章议以死。刑部尚书范致虚为请，乃长流琼州，死”（《宋史·刘昺传》），其书遭变故而未成。此书旋由继任大晟府提举官的蔡攸代编。且以蔡攸好掠人之美的品性，很可能会借机改换《燕乐新书》的书名。史载蔡攸“不喜他人预乐”，提举大晟府后，不仅废除了刘昺“中声八寸七分管”，而且“又上《唐谱徵、角二声》”（《宋史·乐志四》），其欲取刘昺乐而代之的用心路人皆知。因此，正在编撰中的《燕乐新书》在蔡攸接管后，似不宜再用刘昺之旧名。按刘昺《燕乐新书》始编于政和六年闰正月九日（详上），至重和

① 详见《宋会要·乐》四之一（第1册，第322页），《宋史·艺文志一》（第15册，第5055页），《宋史·乐志四》（第9册，第3012页）。

② 吴熊和：《周邦彦琐考》，《吴熊和词学论集》，第262页。

元年“坐罪”流配时（详见《刘昺考》），或已部分成书，然是否为完书则不可知，因“公私书目皆未见”，史部亦无镂板颁行的记载。蔡攸接管大晟府后，应对刘昺未成之书有大幅度的修正，如“不用中声八寸七分管，而但用九寸管”（《宋史·乐志四》）。故从根本上来看，蔡攸主持编撰之“燕乐书”，已远非刘昺《燕乐新书》之旧。据考察，蔡攸在提举大晟府任期内完成了多部“燕乐书”：一为“蔡攸《燕乐》三十四册”（《宋史·艺文志一》），成书于政和八年九月，依“燕乐旧行一十七调”编排，包括大曲、小曲总共323只曲谱（《会要·乐》四之一、二）；一为“《唐谱徵、角二声》”，政和末成书（《宋史·乐志四》）；一为“新广八十四调”本之“燕乐书”，依“燕乐八十四调”编排，于宣和二年二月前完工（《会要·乐》四之二，《玉海》卷一〇五），此书编成后冠以何名及具体册数如何，则因史传失载难以确考。但“新广八十四调”本与按“燕乐十七调”编排的“蔡攸《燕乐》三十四册”实非一书，因“燕乐十七调”本曾于政和八年九月成书并由大晟府镂板颁行，为一单独刊行之书；而“新广八十四调”本成书在其后，虽于宣和二年二月进呈“颁行”，但史料中无“镂板”之记载，或未及“镂板”。窃疑“新广八十四调”本之“燕乐书”因未及“镂板”流行而旋遭国变，其书或于靖康间至南渡初即已散失无闻。《宋史·乐志十七》：“及命刘昺辑《燕乐新书》，亦惟以八十四调为宗，非复雅音，而曲燕昵狎，至有援‘君臣相说之乐’以藉口者。”① 所见或非刘昺原书，乃仅据前代史料依样而编，实未见其书云。

因此，真正流传于世的大晟曲谱不是刘昺《燕乐新书》，而是由大晟府创制之“新声”及多次“审按校定”后的“燕乐旧行一十七调大小曲谱”两大部分组成且独立成集、单独颁行的纯曲谱总集。这些单独颁行的纯曲谱总集构成情况亦较复杂，如果从公私书目记载的情况考察，则大晟曲谱留存于南宋及元末的尚有“徽宗《黄钟徵、角调》二卷”、“蔡攸《燕乐》三十四册”两种；但如果从实际编撰与颁行的情况考察，则大晟曲谱实际成书的共有政和三年刊行的“新徵、角二调曲谱”、诏赐高丽之“燕乐曲谱”（书名不详）、蔡攸“唐徵、角二声曲谱”（即“徽宗《黄钟徵、角调》二卷”，详下）、“蔡攸《燕乐》三十四册”、蔡攸“新广八十四调”本之“燕乐新书”（即“燕乐依

① 详见《宋史·刘昺传》（第32册，第11207页），《宋史·乐志四》（第9册，第3026页），《宋史·乐志四》（第9册，第3026页），《宋史·艺文志一》（第15册，第5054页），《宋会要·乐》四之一、二（第1册，第322页），《宋史·乐志四》（第9册，第3026页），《宋会要·乐》四之二（第1册，第322页），《玉海》卷一〇五（第945册，第778页），《宋史·乐志十七》（第10册，第3345页）。

月律撰词八十四调"）。依其编撰情况略述如下：

其一，"新徵、角二调曲谱"，颁制并刊行于政和三年。据《宋史·乐志四》、《避暑录话》卷上、《拙轩词话》记载，这套曲谱实为教坊次乐工等人所制（详上）。政和三年刊行的"新徵、角二调曲谱"曾由大晟府词人"制词实谱"（《碧鸡漫志》卷二）①。今可考有徵调曲《黄河清》、《寿星明》、《舜韶新》等九曲。

其二，诏赐高丽之"燕乐曲谱"，有《曲谱》十册，《指诀图》十册。政和四年六月（即睿宗九年六月）前诏赐高丽（《高丽史·乐志一》），诏书谓"以雅正之声，播之今乐"与"俯赐卿新乐"（《高丽史·乐志一》）之"今乐"、"新乐"，与《宋史·乐志四》、《会要·乐》三之二七、《宋史全文》卷一四载政和三年"以雅乐中声播于燕乐"之"大晟燕乐"属于相同范畴；并载有大晟燕乐乐器"铁方响五架、石方响五架、琵琶四面、五弦二面、双弦四面、筝四面、箜篌四座、觱篥二十管、笛二十管、篪二十管、箫一十面、匏笙一十攒、埙四十枚、大鼓一面、杖鼓二十面、拍板二串"总共171件，后附有《曲谱》十册，《指诀图》十册（《高丽史·乐志一》）。诏赐高丽之燕乐曲谱，其编集之黄钟音高标准与"新徵、角二调曲谱"一样，亦依"中声八寸七分管"而行，乃典型的"刘昺乐"而非"魏汉津乐"。这套曲谱集含有晁端礼《黄河清慢》等（《高丽史·乐志二》）②，可证此书乃包含宫、商、角、徵、羽五声的完整曲谱。

其三，大晟府政和四年正月至六年十月"依月律"改定之燕乐曲谱，其编集之黄钟音高标准为"大晟律"。前贤或以为《燕乐新书》，乃非。因书名不详、公私书目失载及史料本身隐晦而不为世人所知。据蔡攸言："昨奉诏：'教坊、钧容、衙前及天下州县燕乐旧行一十七调大小曲谱，声韵各有不同。令编修《燕乐书》所审按校定，依月律次序添入新补撰诸调曲谱，令有司颁降。'今撰均度，正其过差，合于正声，悉皆谐协。"（《会要·乐》四之一、二）所谓"昨奉"、"今撰"，明显是指两个不同时期"校定"燕乐曲谱而言；

① 详见《宋史·乐志四》（第9册，第3018页），《避暑录话》卷上（第2编，第10册，第256页），《拙轩词话》（《词话丛编》本，第1册，第190页），《碧鸡漫志》卷二（《词话丛编》本，第1册，第87页）。

② 详见《高丽史·乐志一》（第6册，第2206—2208页），《高丽史·乐志一》（第6册，第2190—2198页，第2207页），《宋史·乐志四》（第9册，第3018页），《宋会要·乐》三之二七（第1册，第320页），《宋史全文》卷一四（第330册，第544页；参点校本卷一四，第3册，第952页），《高丽史·乐志一》（第6册，第2207—2208页），《高丽史·乐志二》（第6册，第2226—2227页）。

其中“昨奉”云云，当指政和四年正月至六年十月“依月律”改定之燕乐曲谱。按这套曲谱实由大晟府提举官刘昺及“同提举大晟府”杨戬负责完成，始于政和四年正月，至政和六年十月即已完成（详后《大晟府词人“依月用律”考辨》及《大晟府词人新考》）。此书与刘昺《燕乐新书》配套而行，其编集之黄钟音高标准亦依“中声八寸七分管”而行，为“刘昺乐”的燕乐实践成果总集。这部书虽曾“令有司颁降”，但未见“镂板”的记载，因政和六年九月杨戬离任大晟府，政和末重和初刘昺获罪，政和七年三月周邦彦罢免大晟府提举官并由蔡攸继任，或许因为人事更动而未及“镂板”。政和四年六月之前诏赐高丽的“《曲谱》一十册”、“《指诀图》一十册”（《高丽史·乐志一》）[1]，因在政和四年正月改定燕乐曲谱不久，或许只有少数一部分是新改定的。与这次持续近三年的新燕乐曲谱关系不大。由刘昺、杨戬负责完成的这套曲谱曾“令有司颁降”而未及“镂板”，其曲目及数量均不详。

其四，蔡攸“唐徵、角二声曲谱”。《宋史·乐志四》蔡絛称：“（政和末）蔡攸复与教坊用事乐工附会，又上《唐谱徵、角二声》，遂再命教坊制曲谱。既成，亦不克行而止。”（《通考·乐考三》同）据此，蔡攸应有“唐徵、角二声曲谱”一书，虽已成书，但由于种种原因“不克行而止”。与政和三年刊行的“新徵、角二调曲谱”相比，蔡攸“唐徵、角二声曲谱”卷数、曲谱数量均有明确记载。《玉海》卷七：“《政和黄钟徵、角调》：《书目》：二卷，政和中御制，依《唐谱》修定，《黄钟徵、角二调》总四十五曲，命教坊习学。大晟乐以指为寸，以寸生尺，以尺定律。”卷二八：“《书目》：……《黄钟徵、角调》二卷，政和中御制，依《唐谱》修定，《黄钟徵、角二调》总四十五曲，命教坊习学。”据“依《唐谱》修定”云云，知《玉海》所载“《黄钟徵、角调》二卷”即蔡攸《唐谱徵、角二声》，共有二卷45只曲谱，制成时间当在政和八年十二月以前。“政和中御制”云云，知其托名徽宗所撰，与《宋史·艺文志一》载“徽宗《黄钟徵、角调》二卷”[2]吻合。故蔡攸“唐徵、角二声曲谱”实即“徽宗《黄钟徵、角调》二卷”。

其五，蔡攸主持编撰的“《燕乐》三十四册”。“校定”时间当在政和七年蔡攸提举大晟府后，而至政和八年九月即已宣告完成，并由“大晟府镂板颁行”（《会要·乐》四之一、二），因由蔡攸主持编撰，故取名为“蔡攸

① 详见《宋会要·乐》四之一、二（第1册，第322页），《高丽史·乐志一》（第6册，第2208页）。

② 详见《宋史·乐志四》（第9册，第3026页），《文献通考·乐考三》（第1159页），《玉海》卷七（第943册，第198页）及卷二八（第943册，第691页），《宋史·艺文志一》（第15册，第5054页）。

《燕乐》"。"蔡攸《燕乐》三十四册"与刘昺、杨戬负责完成的燕乐曲谱，其相同点是很明显的：首先，"蔡攸《燕乐》三十四册"乃按"燕乐一十七调"编排，共有大小曲谱 323 只（《会要·乐》四之一、二）。所谓"燕乐一十七调"，如上所述只含宫、商、羽三声。而刘、杨之燕乐曲谱，虽理论上按"八十四调"编集并与刘昺《燕乐新书》配套而行，但实际上却按"燕乐旧行一十七调"编排，其具体数量不详。今据《会要·乐》四之一、二载蔡攸所说"昨奉"、"今撰"及"将燕乐一十七调看详到大小曲三百二十三首"来看，其曲目、数量当相差不远。其次，"蔡攸《燕乐》三十四册"，很可能是袭刘昺、杨戬负责完成的燕乐曲谱之旧稍加改窜而成。因刘昺在编撰《燕乐新书》过程中"长流琼州死"（《宋史·刘昺传》），蔡攸提举大晟府后，立刻提出重新改定燕乐曲谱，此载在《会要·乐》四之一、二[①]。其欲取刘昺乐而代之的用心是很明显的。可见，"蔡攸《燕乐》三十四册"，其实是在刘昺、杨戬负责完成的燕乐曲谱基础上改换而成。尽管"蔡攸《燕乐》三十四册"与刘昺《燕乐新书》并非一书，亦非是朱彝尊所期望的"八十四调图谱"，但总算保留到了脱脱等编撰《宋史》的元朝末期；前辈学者一再感叹"失传"、"散失"、"荡为飞灰"的大晟曲谱，其实并没有随宋室南渡而零落无存。这一点详后《大晟燕乐曲谱南宋流传考》，兹不赘述。

四、大晟燕乐徵、角二调考

如上所述，大晟燕乐曲谱尽管包括"燕乐旧行一十七调"宫、商、羽调 323 只曲谱，但历来仍以"徵、角二调"作为大晟燕乐新调的标志。葛胜仲《贺燕乐表》："厥惟圣明，乃议述作。禹取身而为度，夔制律以和声。虽谐钧已格于三神，而燕乐尚循于五季。爰稽中、正，尽革哇淫。增徵、角之招，而七律始全。陈土、石之器，而八音初备。"《纲目备要》卷二八："（政和三年）秋七月，颁新燕乐。此乐乃古徵、角招，'君臣相悦之乐'也。"《大事记讲义》卷二二："（政和三年）颂（颁）新燕乐，乃古《徵招》、《角招》，'君臣相悦之乐'。"[②] 便以"徵、角二调"作为大晟燕乐的代称。

按大晟府徵、角二调，初为雅乐范畴，后才演化为大晟燕乐之专称。《避

① 详见《宋会要·乐》四之一、二（第 1 册，第 322 页），《宋会要·乐》四之一、二（第 1 册，第 322 页），《宋会要·乐》四之一、二（第 1 册，第 322 页），《宋史·刘昺传》（第 32 册，第 11207 页），《宋会要·乐》四之一、二（第 1 册，第 322 页）。

② 详见《丹阳集》卷一《贺燕乐表》（第 1127 册，第 406 页），《皇朝编年纲目备要》卷二八（第 709 页），《类编皇朝大事记讲义》卷二二（第 373 页）。

暑录话》卷上："崇宁初，大乐阙徵调，有献议请补者。""大乐"即雅乐，时"阙徵调"，献议请补徵调者有彭几、李复等人。《宋史·乐志四》："初，进士彭几进《乐书》，论五音，言：'本朝以火德王，而羽音不禁，徵调尚阙。'礼部员外郎吴时善其说，建言乞召几至乐府。朝廷从之。"（《会要·乐》五之二〇同）李复《议乐》："又本朝运膺火德，独徵音未明，此固当重为考定也。……徵音火，南方之音也。火性炎上，音当象之。"（《潏水集》卷一）《历代名臣奏议》载"徽宗时李复上《议乐疏》"（卷一二八）①。据考，彭几、李复议补徵调当在崇宁中（详后《彭几考》）。

"大乐阙徵调"，其论不始于崇宁间，实在皇祐间即已由房庶提出。《宋史·乐志三》："初，皇祐中，益州进士房庶论尺律之法，以为尝得古本《汉书》，言在《律历志》。范镇以其说为然……而殿中丞胡瑗以为非。"《宋史·律历志四》："其后宋祁、田况荐益州进士房庶晓音，祁上其《乐书补亡》三卷，召诣阙。……（房）庶又言：'古有五音，而今无正徵音。国家以火德王，徵属火，不宜阙。今以五行旋相生法，得徵音。'……是时，瑗、逸制乐有定议，乃补（房）庶试秘书省校书郎，遣之。"《通考·经籍考十三》："石林叶氏曰：元（皇）祐中，昭陵命胡瑗、阮逸更造新乐。将成，宋景文（祁）得蜀人房庶所作《乐书补亡》三卷。……（房庶）言：'乐有五音，今无正徵音。国家以火德王，而亡本音，尤非是。'范景仁（镇）力主其说，时方用累黍尺，故庶但报闻罢。崇宁中，更定《大晟乐》，始申景仁之说，而增徵音。"② 知崇宁间彭几、李复议补徵调，不过是重申房庶之议而已。

大晟府"徵、角二调"由雅乐演化为燕乐，其关键人物乃为大晟府典乐刘诜。《宋史·乐志四》：

> 大观二年，诏曰："自唐以来，正声全失，无徵、角之音，五声不备，岂足以道和而化俗哉？刘诜所上徵声，可令大晟府同教坊依谱按习，仍增徵、角二谱，候习熟来上。"初，进士彭几进乐书，论五音，言："本朝以火德王，而羽音不禁，徵调尚阙。"礼部员外郎吴时善其说，建言乞召几至乐府。朝廷从之。至是，诜亦上徵声，乃降是诏。

① 详见《避暑录话》卷上（第2编，第10册，第256页），《宋史·乐志四》（第9册，第3002页），《宋会要·乐》五之二〇（第1册，第342页），《潏水集》卷一（第1121册，第3—4页），《历代名臣奏议》卷一二八（第436册，第572—573页）。

② 详见《宋史·乐志三》（第9册，第2985—2986页），《宋史·律历志四》（第5册，第1611—1613页），《文献通考·经籍考十三》（第1592页）。

《会要·乐》五之二〇、《玉海》卷一〇五略同，时间为“大观二年三月三十日”。按刘诜“上徵声”在大观二年二月（《宋史纪事本末》卷五），议补徵调在大观元年正月（详后《刘诜考》）。《宋史·刘诜传》：

> （刘诜）又言：“……今燕乐之音，失于高急，曲调之词，至于鄙俚，恐不足以召和气。宋，火德也，音尚徵，徵调不可阙。臣按古制，旋十二宫以七声，得正徵一调，惟陛下财取。”徽宗曰：“卿言是也，五声阙一不可。《徵招》、《角招》为‘君臣相说之乐’，此朕所欲闻而无言者。卿宜为朕典司之。”

史载崇宁五年九月二十六日，诏大晟府“先考定谱、调、声以闻”（《会要·乐》三之二五）。知刘诜上言燕乐音高、曲调阙徵当在其后。刘诜所上“徵声”，起初尚处于乐律理论探讨、制造、测试的阶段，并没有付诸实践。由理论转为徵调曲谱，虽以刘诜为主导，却是与教坊合作的结果：

> 崇宁初，大乐阙徵调，有献议请补者，并以命教坊燕乐同为之。大使丁仙现云：“音已久亡，非乐工所能为，不可以意妄增，徒为后人笑。”蔡鲁公亦不喜。蹇授之尝语予云：“见元长屡使度曲，皆辞不能。遂使以次乐工为之。逾旬，献数曲，即今《黄河清》之类。”（《避暑录话》卷上）①

史载大观二年三月诏“刘诜所上徵声，可令大晟府同教坊依谱按习”（详上）云云，知教坊“次乐工”依刘诜所上“徵声”造徵调曲谱，当在大观二年左右，而不在“崇宁初”或“崇宁中”。

按刘诜所上“徵声”当属于乐律理论，而非曲谱本身。史载刘诜上徵声后，“令大晟府同教坊依谱按习”（详上），云徵调曲谱为刘诜所制，疑有讹误。《避暑录话》则云徵调曲谱“《黄河清》之类”乃教坊“次乐工为之”（详上），而非刘诜所制。今史料所见徵调曲谱，均命名为“政和徵、角二调曲谱”（《宋史·乐志四》）。《宋史·艺文志一》、《玉海》卷七及卷二八均载“徽宗《黄钟徵、角调》二卷”，不云刘诜所制。刘诜大观四年二月已离大晟

---

① 详见《宋史·乐志四》（第9册，第3002页），《宋会要·乐》五之二〇（第1册，第342页），《玉海》卷一〇五（第945册，第778页），《宋史纪事本末》卷五（第353册，第143页；参点校本卷二八，第1册，第229页），《宋史·刘诜传》（第37册，第13124页），《宋会要·乐》三之二五（第1册，第319页），《避暑录话》卷上（第2编，第10册，第256页）。

府典乐任，而担任太常寺少卿修撰《续因革礼》，不再管理燕乐之事，政和二年七月前已卒（详后《刘诜考》）。史载“及政和间，作燕乐，求徵、角调二均韵”（《铁围山丛谈》卷二）、“《徵招》、《角招》者，政和间大晟府尝制数十曲”（姜夔《徵招》序），均为教坊乐工所为，而与刘诜无关。大晟燕乐至政和三年五月方告完成（《宋史·乐志四》）[①]，时刘诜卒已久，不及见“政和徵、角二调曲谱”的完工。知刘诜所上“徵声”属乐律理论而非徵调曲谱本身，益可考定。

“仍增徵、角二谱”云云，当为教坊乐工陆续增补，另与大晟府制造官盛允升大有关系。沈与求《盛公行状》载：

> （政和二年）方朝廷考正徵、角二声为燕乐，以厘革郑、卫淫哇之习。公上所著《乐书》数万言，论辨古乐，所以析用中、正之法甚悉。上嘉用之，改仪曹，兼大晟府制造官。
>
> （政和三年）九月，燕乐成。上命辅臣覆视，唯公所制精妙一时，特恩迁朝奉大夫。逾月，赐服三品，皆异数也。[②]

盛允升“所制精妙一时”云云，所制主要是大晟燕乐乐器，但也可能参与了“徵、角二谱”的制作（详见《盛允升任大晟府制造官考》）。据以上史料，可考知“徵、角二调”的大致制作过程：

（1）崇宁中至大观元年，群臣方议补徵调。

（2）大观二年三月至四年二月前，由大晟府典乐刘诜负责徵调的创制工作。

（3）大观四年至政和二年，“方朝廷考正徵、角二声为燕乐”，“徵、角二谱”仍在创制之中。

（4）政和三年五月，大晟燕乐告成，“徵、角二调”曲谱方部分按试完工（详上）。八月，大晟府刊行“新徵、角二调曲谱”[③]。九月，大晟府制造官盛

① 详见《宋史·乐志四》（第9册，第3026页），《宋史·艺文志一》（第15册，第5054页），《玉海》卷七及卷二八（第943册，第198页，第691页），《铁围山丛谈》卷二（第23—24页），姜夔《徵招》序（《白石道人歌曲》卷五，《彊村丛书》本，第2册，第777页），《宋史·乐志四》（第9册，第3017—3018页）。

② 沈与求：《龟溪集》卷一二，第1133册，第246—247页。

③ 详见《宋会要·乐》三之二七、二八（第1册，第320—321页），《宋史全文》卷一四（第330册，第544页；参点校本卷一四，第3册，第952页）。

允升因燕乐成，特恩迁朝奉大夫。

据上考，大晟徵调的创制当以刘诜功劳最大，但具体创制曲谱工作却是教坊“次乐工”所为。大晟角调曲谱的创制史料不见记载，只笼统载为“仍增徵、角二谱，候习熟来上”[①]，又据“（政和二年）方朝廷考正徵、角二声为燕乐”（详上），知大晟角调曲谱的创制时间当较晚。据史料所载，大晟府同教坊“仍增徵、角二谱”，从大观二年至政和三年，历时五年之久方告完备，主要工作乃教坊“次乐工”完成。

至于“徵、角二谱”的曲谱数量，《玉海》记载稍详，如：“政和中御制，依《唐谱》修定，《黄钟徵、角二调》总四十五曲，命教坊习学。《大晟乐》以指为寸，以寸生尺，以尺定律。”（卷七）“《黄钟徵、角调》二卷，政和中御制，依《唐谱》修定，《黄钟徵、角二调》总四十五曲，命教坊习学。”（卷二八）[②] 所载“《黄钟徵、角调》二卷”共有45只曲谱，虽与政和三年刊行的“新徵、角二调曲谱”不同（详上），但曲谱数目应相差不远。既“《黄钟徵、角调》二卷”，则徵调曲谱当为一卷，其曲目数当有20调以上。今可考的尚有《黄河清》、《寿星明》、《并蒂芙蓉》、《舜韶新》、《候新恩》、《醉桃源》、《圣寿齐天歌》、《中腔》、《踏歌》九调（详后《大晟燕乐曲谱南宋流传考》）。大晟角调曲谱亦当有一卷之多，数目或亦在20调以上，曲名无考，详情不得而知。

大晟府“徵、角二调”曲谱的特性，宋人颇有记载。如：“崇宁初，大乐阙徵调，有献议请补者，并以命教坊燕乐同为之。……逾旬，献数曲，即今《黄河清》之类。而终声不谐，末音寄杀他调。……仙现徐前，环顾坐中曰：‘曲甚好，只是落韵。’”（《避暑录话》卷上）“宣和间，作乐求徵声不得，尝创为燕乐，曰《黄河清曲》。其声杂，故当时有‘落韵’之诮。”（《云麓漫抄》卷一二）[③] 诸书载徵调曲谱的创制时间在“崇宁初”、“宣和间”，偶有误，而所谓“落韵”的记载则颇为一致。《铁围山丛谈》论述较详，如：

> 乐曲凡有谓之均，谓之韵。均也者，宫、徵、商、羽、角、合、变徵为之，此七均也。变徵，或云殆始于周。……韵也者，凡调各有韵，犹诗律有平仄之属，此韵也。律吕、阴阳，旋相为宫，则凡八十有四，是为八十四调。然自魏晋后至隋唐，已失徵、角二调之均韵矣。孟轲氏亦言

① 详见《宋史·乐志四》（第9册，第3002页），《宋会要·乐》五之二〇（第1册，第342页）。

② 王应麟：《玉海》卷七、卷二八，第943册，第198页，第691页。

③ 详见《避暑录话》卷上（第2编，第10册，第256页），《云麓漫抄》卷一二（第214页）。

“为我作君臣相说之乐”，盖《徵招》、《角招》是也。疑春秋时徵、角已亡，使不亡，何特言创作之哉？……夫黄钟之宫调，是为黄钟宫之均韵。可尔奏之，乃幺用中吕，视黄钟则为徵。既无徵调之正，乃独于黄钟宫调间用中吕管（宫），方得见徵音之意而已。及政和间作燕乐，求徵、角调二均韵，亦不可得。有独以黄钟宫调均韵中为曲，而但以林钟律卒之。是黄钟视林钟为徵，虽号徵调，然自是黄钟宫之均韵，非犹有黄钟以林钟为徵之均韵也。（雁里本“犹”字作“独”）此犹多方以求之，稍近于理。自余凡谓之徵、角调，是又在二者外，甚谬悠矣。然二调之均韵，几千载竟不能得。徵、角其终云古之乐，备八音……至政和诏加讨论焉，乃作《徵招》、《角招》，而补八音。……盖自政和始。（卷二）

蔡絛之论当为探本之说。所谓“黄钟视林钟为徵，虽号徵调，然自是黄钟宫之均韵，非犹有黄钟以林钟为徵之均韵”，即姜夔所云“一句似黄钟均，一句似林钟均”。如：“《徵招》、《角招》者，政和间大晟府尝制数十曲，音节驳矣。……然黄钟以林钟为徵，住声于林钟，若不用黄钟声，便自成林钟宫矣。故大晟府徵调兼母声，一句似黄钟均，一句似林钟均，所以当时有‘落韵’之讥。”（姜夔《徵招》序）与蔡絛、姜夔所述不同，朱熹却说大晟徵调只以“徵音”起调，而不以“徵音”毕曲。如：“问：温公论本朝乐无徵音，如何？曰：其中不能无徵音，只是无徵调。如首以徵音起，而末复以徵音合杀者，是徵调也。徵调失其传久矣，徽宗令人作之。作不成，只能以徵音起，而不能以徵音终。”（《朱子语类》卷九二）朱熹一面说大晟徵调只以“徵音”起调，而不以“徵音”毕曲，一面又说雅乐无“徵音”，燕乐有“徵音”。如：“又问：向见一《乐书》，温公言本朝无徵音。窃谓五音如四时代谢，不可缺一。若无徵音，则本朝之乐，大段不成说话。曰：不特本朝，从来无那徵；不特徵无，角亦无之。然只是太常乐无，那宴乐依旧有。这个也只是无徵调、角调，不是无徵音、角音。……如说无徵，便只是头声与尾声不是徵。这却不知是如何？其中有个甚么欠缺处？所以做那徵不成。徽宗尝令人硬去做，然后来做得成，却只是头一声是徵，尾后一声依旧不是，依旧走了，不知是如何？”（《朱子语类》卷九二）然有时却说燕乐亦无“徵音”，如：“俗乐中无徵声，盖没安排处。”（《朱子语类》卷九二）[1] 朱熹之论颇闪烁其词，亦非真

① 详见《铁围山丛谈》卷二（第23—24页），姜夔《徵招》序（《白石道人歌曲》卷五，《彊村丛书》本，第2册，第777页），《朱子语类》卷九二（第6册，第2345页），《朱子语类》卷九二（第6册，第2341—2342页），《朱子语类》卷九二（第6册，第2349页）。

能知大晟徵调者。

后世言乐者多引朱熹之说，盖承朱熹误说而不知者。如江永《律吕阐微》卷八、胡彦升《乐律表微》卷六。方成培《香研居词麈》有《论乐无角、徵两调之故》专论①，亦承朱熹之说而略有阐述，文繁不引。

大晟“徵调”虽有“落韵”之讥，然其曲谱颇“和美”、“韶美”。如：“时燕乐初成，八音告备，因作《徵招》、《角招》，有曲名《黄河清》、《寿香（星）明》，二者音调极韶美……时天下无问迩遐小大，虽伟男髫女，皆争气唱之。”（《铁围山丛谈》卷二）“至于《徵招》、《角招》，终不得其本均，大率皆假之以见徵音。然其曲谱颇和美，故一时盛行于天下，然教坊乐工嫉之如雠。……政和《徵招》、《角招》遂传于世矣。”（《宋史·乐志四》）这与姜夔所说“音节驳矣”颇异，具体情况俟考。又《词徵》卷二：“宋徽宗时，刘诜为大晟乐府，按古制旋十二宫，以七声得正徵一调，卒不克行。故后世所沿用，并阙徵调。”《蕙风词话》卷四：“叶少蕴《避暑录话》言：‘崇宁初，大乐无徵调。蔡京徇议者请，欲补其阙……’按《宋史·乐志》：‘……至于《徵招》、《角招》，终不得其本均，大率皆假之以见徵音。……然教坊乐工嫉之如雠。’云云。今据叶少蕴之言，是当时所制曲确有未安，故不克行，非缘教坊乐工嫉之如雠也。”② 亦对史料本身颇有误读。《宋史·乐志四》所谓“卒不克行”者，乃指蔡攸所上“《唐谱徵、角二声》”，而非指刘诜“徵声”及“政和《徵招》、《角招》”。又所谓“后世所沿用，并阙徵调”、“当时所制曲确有未安，故不克行”，亦不确，详后《大晟乐流传考》。

第三节 大晟府乐书考

对大晟府乐书的研究，历来存在较大误解。除对《大晟乐书》本身的史料不加甄别而有疏误外，对《燕乐新书》的历史真相也颇多揣测之辞。对大晟府其他乐书，则提及甚少，缺少最基本的研究。今拟对大晟府有关乐书作初步辑考，以求抛砖引玉。

---

① 详见《律吕阐微》卷八（第220册，第663—664页），《乐律表微》卷六《论徵、角二调》（第220册，第460—461页），《香研居词麈》卷二（第377册，第154—156页）。

② 详见《铁围山丛谈》卷二（第28页），《宋史·乐志四》（第9册，第3026页），《词徵》卷二（《词话丛编》本，第5册，第4100页），《蕙风词话》卷四（《词话丛编》本，第5册，第4493页）。

一、刘昺《大晟乐书》考

刘昺及其《大晟乐书》对宋代音乐特别是南宋音乐产生过重要影响，但是有关这方面的研究却仍是空白。除一些论著曾对其作过综合性阐述外，以专著专节形式作专门、集中研究的，至今仍未发现。这未免有些令人遗憾。就一些综合性论著所引述刘昺及《大晟乐书》的史料而言，也因不加甄别而有疏误。有感于此，笔者拟对刘昺《大晟乐书》编撰的相关问题作一点粗浅的考论，敬请批评指正。

（一）关于《大晟乐书》编撰及成书时间

《大晟乐书》为刘昺所撰。刘昺于崇宁间为大司乐，与魏汉津铸九鼎作大晟乐，撰《鼎书》、《新乐书》。详见《宋史·刘昺传》及《长编拾补》等相关史书，除个别细节问题颇有疏误外，大体可信。

关于《大晟乐书》编撰时间史各有说。《宋史·乐志四》："（大观四年）八月，帝亲制《大晟乐记》，命太中大夫刘昺编修《乐书》，为八论……又有度、量、权、衡四法，候气、运律、教乐、运谱四议，与律历、运气或相表里，甚精微矣，兹独采其言乐事显明者。凡为书二十卷。说者以谓蔡京使昺为缘饰之，以布告天下云。"主"大观四年八月"说。《宋史·徽宗本纪二》言大观三年六月甲戌朔诏修《大晟乐书》，则主"大观三年六月"说。《会要·乐》五之二〇主"大观元年十一月五日"之前说①。按前二说均误。

《宋史·乐志四》谓"（大观四年八月）蔡京使昺为缘饰之，以布告天下"，据《宋史·宰辅表三》，蔡京于大观三年六月辛巳罢相，政和二年五月己巳方再辅政。何能于大观四年八月"使昺为缘饰之，以布告天下"？《宋史·徽宗本纪二》言大观三年六月甲戌朔诏修《大晟乐书》，则与《玉海》所载有异。按《玉海》卷一〇五："大观三年六月，刘炳上《乐书》二十卷。"既《大晟乐书》成书时间在大观三年六月，则编撰时间当在此前。据《会要·乐》五之二〇："（大观元年）十一月五日，大司成强渊明等奏：'伏睹陛下已降睿旨编修《乐书》。乞俟书成日颁之庠序，使承学之士得以推求义训。'从之。"② 可知"大观元年十一月五日"之前，徽宗已下旨编修《大晟乐书》。

---

① 详见《宋史·乐志四》（第9册，第3003—3012页），《宋史·徽宗本纪二》（第2册，第382页），《宋会要·乐》五之二〇（第1册，第342页）。

② 详见《宋史·乐志四》（第9册，第3012页），《宋史·宰辅表三》（第16册，第5519页，第5521页），《宋史·徽宗本纪二》（第2册，第382页），《玉海》卷一〇五（第945册，第778页），《宋会要·乐》五之二〇（第1册，第342页）。

又，据《会要·舆服》六之一六：“（崇宁四年九月乙未朔）大司乐、兼同详定《大乐书》刘炳转三官。”《长编纪事本末》卷一二八略同。知崇宁四年九月新乐定名“大晟”后不久，即有编撰《大晟乐书》的计划。刘昺官职为“大司乐、兼同详定《大乐书》”，“《大乐书》”者，即《大晟乐书》之前身。刘昺既为“兼同详定《大乐书》”官，疑“详定《大乐书》”官为魏汉津。按魏汉津卒于崇宁五年十二月之前，疑魏汉津卒后不久，即由刘昺负责《大晟乐书》编撰工作。又据《大晟乐书》：“越崇宁四年八月庚寅，乐成……明年冬，致祠于帝鼐。”（《宋朝事实》卷一四，《长编纪事本末》卷一三五）既叙及崇宁五年冬祠帝鼐事，可知下旨编修《大晟乐书》必在崇宁五年十二月后。又据《会要·乐》五之二〇载大观元年十一月五日强渊明等奏云云①，刘昺负责编撰《大晟乐书》当在大观元年正月至十月间，而非大观三年六月或大观四年八月。

《大晟乐书》成书当在大观三年六月前。《玉海》卷一〇五：“大观三年六月，刘炳上《乐书》二十卷。《论》八篇，五声、八音、七均、十二律、八十四调、度、量、权、衡、二舞，各有图序，并候气、军（运）律、教乐、运谱四议，共二十卷，上之，刊印颁四方。（《书目》卷同。）”②

（二）关于《大晟乐书》卷数及篇目

关于《大晟乐书》卷数及篇目，《书录解题》、《玉海》、《通考·经籍考十三》、《宋史·乐志四》、《宋史·艺文志一》均云“二十卷”，唯独《通志》云“十三卷”③。当以“二十卷”为确。至于篇目内容，则各家载记有不同。综括而言，《大晟乐书》二十卷篇目内容有四说：

(1)《大晟乐书》二十卷，包括“八论”、“四法”（度、量、权、衡四法）、“四议”（候气、运律、教乐、运谱四议）（《宋史·乐志四》）。

(2)《大晟乐书》二十卷，包括《论》八篇，五声、八音、七均、十二律、八十四调、度、量、权、衡、二舞，各有图序，并候气、军（运）律、教乐、运谱四议（《玉海》卷一〇五）。

(3)《大晟乐书》二十卷，又有《图谱》一卷（《书录解题》卷一

① 详见《宋会要·舆服》六之一六（第2册，第1833页），《长编纪事本末》卷一二八（第387册，第363页），《宋朝事实》卷一四（第180册，第236页），《长编纪事本末》卷一三五（第387册，第424页），《宋会要·乐》五之二〇（第1册，第342页）。

② 王应麟：《玉海》卷一〇五，第945册，第778页。

③ 郑樵：《通志》卷六四《艺文二》，第767页。

四，《通考·经籍考十三》）。

(4)《大晟乐书》二十卷，又《乐论》八卷，《运谱四议》二十卷，《政和颁降乐曲乐章节次》一卷，《政和大晟乐府雅乐图》一卷（《宋史·艺文志一》）。①

今考《宋史·乐志四》载《大晟乐书》二十卷节本②，包括五个部分：

（甲）“八论”：其一论景钟，其二论黍律，其三论律高，其四论五音，其五论中声，其六论四清声，其七论度、量、权、衡，其八论房中之乐。

（乙）“图十二”：一曰五声，二曰八音，三曰十二律应二十八宿，四曰七均应二十八宿，五曰八十四调，六曰十二律所生，七曰十二律应二十四气，八曰十二律钟（中）正声，九曰堂上乐，十曰金钟、玉磬，十一曰宫架，十二曰二舞。

（丙）“八音之器”：金部有七，石部有二，丝部有五，竹部有三，匏部有六，土部有一，革部十有二，木部有二。

（丁）度、量、权、衡“四法”。

（戊）候气、运律、教乐、运谱“四议”。

《玉海》卷一〇五与之吻合，可见《宋史·乐志四》所载虽为节本，但结构完整，知据原书撮录而成。《宋史·艺文志一》载“《大晟乐书》二十卷，又《乐论》八卷，《运谱四议》二十卷”③，当有讹误。据《玉海》卷一〇五、《宋史·乐志四》所载，知“《乐论》”、“《运谱四议》”均为《大晟乐书》的部分内容，而非独立于《大晟乐书》的另书。据《宋史·艺文志一》、《玉海》卷一〇五提供的线索，可考知《大晟乐书》二十卷的大致篇目及卷数编排：

第一，《乐论》八卷。共八篇，一篇为一卷（详后辑考）。

第二，《图序》及《四议》共十二卷。包括五声、八音、七均、十二律、八十四调、度、量、权、衡、二舞及八音之器的图示和小序，以及候气、运律、教乐、运谱等四议（详后辑考）。

至于《书录解题》卷一四、《通考·经籍考十三》载“《（大晟雅乐）图

① 详见《宋史·乐志四》（第9册，第3003—3012页），《玉海》卷一〇五（第945册，第778页），《直斋书录解题》卷一四（第11册，第410页），《文献通考·经籍考十三》（第1593页），《宋史·艺文志一》（第15册，第5055—5056页）。

② 脱脱等：《宋史》卷一二九《乐志四》，第9册，第3003—3012页。

③ 脱脱等：《宋史》卷二〇二《艺文志一》，第15册，第5055—5056页。

谱》一卷”，即《宋史·艺文志一》载“《政和大晟乐府雅乐图》一卷”，编于政和间，不属于“《大晟乐书》二十卷”的内容。《郡斋读书志》也载有“《大晟乐府雅乐图》一卷”（卷一上），实即《宋史·艺文志一》载“《政和大晟乐府雅乐图》”。另《宋史·艺文志一》载有“《政和颁降乐曲乐章节次》一卷”①，也不属“《大晟乐书》二十卷”的内容。现存部分乐章残文，散见于宋人文献载籍中。

（三）《大晟乐书》辑考

《大晟乐书》第一部分为《乐论》八卷，第二部分《图序》及《四议》共十二卷。原书已佚，唯残文散见于各书中。今《宋史·乐志四》、《宋史·乐志五》撮录文字不再移录，散见于他书者辑考如下。

1.《大晟乐书·乐论》残文

《大晟乐书》中《乐论》共八卷②，《玉海》卷一〇五云为“八篇”、《宋史·乐志四》云“八论”（详上），可见“一篇”或“一论”即为“一卷”。然“八论”多已佚，唯撮录文字存于《宋史·乐志四》，不录。考他书还有《大晟乐书·乐论第三篇》残文，如：

> 五季灭裂之余，乐音散亡，周世宗观乐悬，问工人，不能答，乃命王朴审定制度。其规模鄙陋，声韵焦急，非惟朴之学识不能造微，盖焦急之音适与时应。艺祖以其声高，近于哀思，乃诏和岘减下一律。仁宗朝，诏李照与诸儒典治，取京县黍，累尺成律，审其声犹高。更用太府布帛尺为法，乃取世俗之尺以为（引者按：“取世俗之尺以为”，原刻本如此，当为衍文。）下太常四律。然太府尺，乃隋尺也。照知乐声之高，而无法以下之，乃取世俗之尺以为据。是时乐工病其歌声太浊，乃私赂铸工，使减铜齐，实下旧制三律。然照卒莫之辨。于是议者纷然，遂废不用。元（皇）祐中，命阮逸、胡瑗参定，诏天下知乐者，亟以名闻。逸、瑗减下一律，三年而乐成。言者以其制不合于古，钟声弇郁震掉，不和滋甚，遂独用之常祀、朝会焉。神考肇新宪度，将作礼乐，以文治功。元丰中，采杨杰之论，驿召范镇、刘几，与杰参议，下王朴乐二律。用仁宗所制编钟，稽考古制，是正阙失。焕然详明，夐出前世焉。然诸儒之议，虽互有

① 详见《直斋书录解题》卷一四（第11册，第410页），《文献通考·经籍考十三》（第1593页），《宋史·艺文志一》（第15册，第5056页），《昭德先生郡斋读书志》卷一上（《四部丛刊》三编本，第22页B面），《宋史·艺文志一》（第15册，第5056页）。

② 脱脱等：《宋史》卷二〇二《艺文志一》，第15册，第5055—5056页。

异同，而其论不出于西汉。虽粗能减定，而其律皆本于王朴，未有能超然自得，以圣王为师者也。魏汉津居西蜀，师事李良，授鼎乐之法。良惟以黄帝、后夔为法，余代皆有所去取。皇祐中，汉津与房庶以善乐被荐，既至，黍律已成。阮逸始非其说，汉津不得伸其所学。后逸之乐不用，乃退与汉津议指尺，作书二篇，叙述指法，其书行于世。汉津尝陈其说于太常，乐工惮改作，皆不主其说。逮崇宁初，上以英明睿哲之姿，慨然远览，将稽帝王之制，而自成一代之治。乃诏宰臣置司命属，讲议大政。顾惟大乐之制，讹谬残阙甚矣。太常以乐器敝坏，遂择诸家可用者。琴、瑟制度，参差不同，箫、篴之属，乐工自备。每大合乐，声韵淆杂，而皆失之太高。筝、【筑】、阮，秦、晋之乐也，乃列于琴、瑟之间；□□，梁、隋之制也，乃设于宫架之外。笙不用匏，舞不象成，曲不协谱。乐工率农夫、市贾，遇祭祀朝会，则追呼于阡陌、闾阎之中，教习无素，懵不知音。议乐之臣，以《乐经》散亡，无所据依。秦、汉之后，诸儒自相非议，不足取法。乃博求异人，而以汉津之名达于上焉。高世之举，适契圣心，乃请以圣上君（中）指三节为三寸，三三为九，而黄钟之律成为（焉）。汉津得之于师曰："人君代天理物，其所禀质（赋），必与众异。然春秋未及，则其寸不足；春秋既壮，则其寸有余。惟三八之数，为人正，得太簇之律。今请指之年，适与时应，天其兴之乎！"前此以黍定律，迁就其数，旷岁月而不能决。今得指法，裁而为管，大（尺）律之定，曾不崇朝。其声中正平和，清不至高，浊不至下，焦急之声，一朝顿革，闻者无不欢欣。调唱和气，油然而生焉。越崇宁四年八月庚寅，乐成，列于崇政殿。有旨，先奏旧乐三阕，乐（曲）未终，上曰："旧乐如泣声。"挥止之。既奏新乐，天颜和豫，百执事之臣无不大（忻）喜称颂。九月朔，以鼎乐成，上御大庆殿受贺。是日，初用新乐，太尉率百僚奉觞称寿，有数鹤从东北飞来，度黄庭，徊翔鸣唳。而下诏罢旧乐，赐新乐名曰《大晟》。明年冬，致祠于帝鼐殿，甘露自□（龙）角鬣下降。有诏令乐府官属，排设宫架之上，（引者按："之上"二字，原刻本如此，当为衍文。）备三献九奏，以祇谢景贶。曲再作，有双鹤回旋于宫架之上。后再习乐，群鹤屡至。昔黄帝大合乐，有元（玄）鹤六舞于前，盖和声上达而后鹤为之应。《传》曰："不见其形，当察其影。"世之知音者鲜矣，而羽物之祥，可卜其声和也。盖声音之和，上系人君之寿考，下应化日之舒长。焦急之声，固不可用于隆盛之世。昔李照欲下其律，乃曰："异日听吾乐，当令人物舒长。"照之乐固未足以感动和气如此，然亦不可谓失（无）其意矣。自艺祖御极，知乐之声高，历一百五十余年，而后中、正之声乃定。盖奕世修德，和气薰蒸，一代之乐，理若有待，寿考、舒长之应，岂易量也哉？（刘昺《大晟乐书·乐论第三篇》）

按：以上见《长编纪事本末》[①]，另见《宋朝事实》，略有异文。如“乃诏宰臣置司命属”作“乃诏宰臣，置僚属”，“君指”作“中指”，“成为”作“成焉”，“禀质”作“禀赋”，“岂易量也哉”作“岂易量哉”。另如“筝、阮”作“筝、筑、阮”，“□□”作“熊罴案”，“乃取世俗之尺以为下太常四律”作“乃下太常四律”，“大律”作“尺律”，“乐未终”作“曲未终”，“大喜”作“忻喜”，“从东北飞来，度黄庭，徊翔鸣唳”作“从东北来，飞度黄庭，回翔鸣唳”，“□角”作“龙角”，“排设宫架之上”作“排设宫架”，“失其意”作“无其意”[②]，均可补《长编纪事本末》之缺失，可从《宋朝事实》校正。又如“致祠于帝鼐殿，甘露自龙角鬛下降”，《宋朝事实》原文作“致祠于帝鼐。殿有甘露，自龙角鬛下降”[③]，《长编拾补》引《长编纪事本末》亦脱一“有”字，遂至费解，点校本断句亦误[④]。

《宋史·乐志四》引《大晟乐书》“八论”：“其三曰：‘焦急之声不可用于隆盛之世。昔李照欲下其律，乃曰：“异日听吾乐，当令人物舒长。”照之乐固未足以感动和气如此，然亦不可谓无其意矣。自艺祖御极，和乐之声高，历一百五十余年，而后中、正之声乃定。盖奕世修德，和气薰蒸，一代之乐，理若有待。’”[⑤] 即依《大晟乐书·乐论第三篇》撮录而成。撮录或翻刻过程中又有误字，如“和乐”，刘昺原书作“知乐”，可校《宋史·乐志四》之误。

2.《大晟乐书·（乐）图序》残文

《大晟乐书》第二部分为《（乐）图序》，包括五声、八音、七均（七均应二十八宿）、十二律（十二律应二十八宿、十二律所生、十二律应二十四气、十二律钟（中）正声）、八十四调、堂上乐、金钟、玉磬、宫架、二舞、度、量、权、衡与八音之器等三部分（详上）。有乐图，有小序。《宋史·乐志四》：“图虽不能具载，观其所序，亦可以知其旨意矣。”[⑥] 今乐图已佚，唯小序残文散见各书。

---

① 杨仲良：《长编纪事本末》卷一三五，第387册，第423—424页。

② 李攸：《宋朝事实》卷一四，第180册，第234—236页。

③ 同上书，第236页。

④ 黄以周等：《长编拾补》卷二三，第2册，第789页。

⑤ 脱脱等：《宋史》卷一二九《乐志四》，第9册，第3004页。

⑥ 脱脱等：《宋史》卷一二九《乐志四》，第9册，第3005—3006页。

(1)《大晟乐书》曰:“前此宫架之外，列熊罴案，所奏皆夷乐也，岂容淆杂大乐！乃奏罢之。然古鞮鞻氏掌四夷乐，靺师、旄人各有所掌，以承祭祀，以供宴享。盖中天下而立，得四海之欢心，使鼓舞焉，先王之所不废也。《汉律》曰:‘每大朝会宜设于殿门之外。’天子御楼，则宫架之外列于道侧，岂可施于广庭，与大乐并奏哉!”

按：见于《宋史·乐志十七》，为《大晟乐书·乐图序·图十二·宫架》残文。《宋史·乐志四》:“(崇宁四年）八月，大司乐刘昺言:‘大朝会宫架旧用十二熊罴按（桉），金錞、箫、鼓、觱篥等与大乐合奏。今所造大乐，远稽古制，不应杂以郑卫。’诏罢之。”[①] 与此相合。《宋史·乐志四》引《大晟乐书》无上述文字，可辑补。

又，“汉律”，百衲本、点校本同，查今本《汉书·律历志》、《汉书·礼乐志》均无此语，疑误；又《大晟乐书》引此语前有“前此宫架之外，列熊罴案”，“熊罴案”即“熊罴十二案”，成于梁朝萧衍时，《汉律》当不及载此。《御制律吕正义后编》引作“汉津曰:‘每大朝会宜设于殿门之外’”(卷八九)[②]，极是。“汉律”当为“汉津”笔误。

(2)《大晟乐书》:“黄帝有五钟，一曰景钟。景者，大也。钟，西方之声，以象厥成。惟功大者其钟特大。盖黄钟者，乐之所自出，而景钟者，又黄钟之本，故景钟为乐之祖，而不常用。惟天子亲郊上帝，则立于宫架之中，以为君围。自斋宫诣坛则击之，以召至阳之气。既至，声阕，众乐乃作。祀事既毕，升辇，又击之，至斋宫而止。盖天者，群物之祖，今以乐之祖感之，则天之百神可得而礼矣。黄钟之律九寸，故景钟之高九尺，而九九之数，寓于其间。制炼玉屑，以入铜齐，取其精纯，音韵清越。拱以九龙，其下则宝钟清声，子以承继也。其周则四清之钟、磬，奠方隅以拱卫也。龙簴鸣球，间以风（凤）琴，平时弗考，风至则鸣，贵天籁而本自然也。声气之和，以降瑞露。唯积累修德，和气薰蒸，光明盛大之业，格于上下，始可作为景钟，郊见上帝。九九相生，其数无穷，实为寿命无疆之应。”

---

① 详见《宋史·乐志十七》(第10册，第3362页),《宋史·乐志四》(第9册，第3001页)。

② 详见《汉书·律历志》(第1册，第346—353页),《汉书·礼乐志》(第1册，第353—356页),《御制律吕正义后编》卷八九（第217册，第556页)。

按：见于《中兴礼书》[1]。《通考·乐考七》、《宋史·乐志》引《大晟乐书》，文字有较大差异。如：

> 大中大夫刘昺编修《乐书》，金部有七，曰景钟，以为："景钟乃乐之祖，而非常用之乐也。黄帝五钟，一曰景钟。景，大也。钟，西方之声，以象厥成。惟功大者其钟大，世莫识其义久矣。其声则黄【钟】之正，而律吕由是生焉。平时弗考，风至则鸣。"

按：见于《通考·乐考七》，与《宋史·乐志四》引《大晟乐书》略同，乃《大晟乐书·乐图序·八音之器·金部》论"景钟"之序文。"钟，西方之声"，《宋史·乐志四》引《大晟乐书》作"钟，四方之声"[2]。乃误，可据校正。

> 《大晟乐书》："黄帝有五钟，一曰景钟。景者，大也。黄钟者，乐所自出，而景钟又黄钟之本，故为乐之祖，惟天子郊祀上帝则用之，自斋宫诣坛则击之，以召至阳之气。既至，声阕，众乐乃作。祀事既毕，升辇，又击之。盖天者，群物之祖，今以乐之祖感之，则天之百神可得而礼。音韵清越，拱以九龙，立于宫架之中，以为君围；环以四清声钟、磬、镈钟、特磬，以为臣围；编钟、编磬以为民围。内设宝钟球玉，外为龙簴凤(凤)琴。景钟之高九尺，其数九九，实高八尺一寸。垂则为钟，仰则为鼎。鼎之大，中于九斛，退藏宝八斛有一焉。"

按：此亦《大晟乐书·乐图序·八音之器·金部》论"景钟"之序文，见于《通考·乐考七》，与《宋史·乐志五》引《大晟乐书》略同。《宋史·乐志五》无"黄帝有五钟，一曰景钟。景者，大也"，《通考》盖将两段不相连文字合一。又"乐所自出"，《宋史·乐志五》同，《中兴礼书》卷一三、《能改斋漫录》卷四、《玉海》卷一〇九、《通考·乐考三》引《大晟乐书》作"乐之所自出"，当脱"之"字，可补。又"鼎之大，中于九斛，退藏宝八斛有一焉"，《宋史·乐志五》略同，"宝"作"实"。《中兴礼书》卷一三引《大晟乐书》："鼎之大，中于九斛，中声所极。九数退藏，则八斛有一焉。"

---

① 徐松辑：《中兴礼书》卷一三"绍兴十六年四月四日礼部、太常寺讨论景钟制度"条，第822册，第55页。

② 详见《文献通考·乐考七》（第1193页），《宋史·乐志四》（第9册，第3008—3009页）。

《演繁露》卷六引《大晟乐书》："鼎之中，大为九斛，中声所极。九数退藏，则八斛有一焉。"多"中声所极九数"，文字亦有异同。又《宋史·乐志三》："景钟者，黄钟之所自出也。垂则为钟，仰则为鼎。鼎之大，终于九斛，中声所极。制炼玉屑，入于铜齐，精纯之至，音韵清越。其高九尺，拱以九龙，惟天子亲郊乃用之。立于宫架之中，以为君围。"当据《大晟乐书》撮录而成，知《宋史·乐志五》、《通考·乐考七》误脱"中声所极"四字；又诸书引《大晟乐书》"中于九斛"，亦当从《宋史·乐志三》作"终于九斛"①。

(3)《大晟乐书》："应天得六钟，篆其带曰'茎钟'。作乐之初，得《英》、《茎》之器，于受命之邦。"

按：此为《大晟乐书·乐图序·八音之器·金部》论"茎钟"之序文，见于《玉海》卷一〇九，《困学纪闻》卷三引《大晟乐书》，作"应天得六钟，篆其带曰'茎钟'。诏谓：'获《英》、《茎》之器，于受命之邦。'"② 均为《大晟乐书》论"茎钟"之残文，各有脱误。

(4)《太晟书》云："其金声震百里。"

按：此为《大晟乐书·乐图序·八音之器·金部》论不知名"钟"之序文，见于《路史》，前有引文云"浮金效珍，于是铸为之钟"，小注："《太晟书》云：'其金声震百里。'"③ 知所谓"《太晟书》"，即《大晟乐书》。

(5)《大晟乐书》："黄帝鼓清角之琴，以大合鬼神，而凤凰蔽日。尧鼓琴而天神格，舜歌《南风》而天下化。"

---

① 详见《文献通考·乐考七》(第1193页),《中兴礼书》卷一三 (第822册, 第55页),《能改斋漫录》卷四 (第5编, 第3册, 第84页),《玉海》卷一〇九 (第945册, 第857页),《文献通考·乐考三》(第1160页),《宋史·乐志五》(第10册, 第3034页),《中兴礼书》卷一三 (第822册, 第55页),《演繁露》卷六 (第4编, 第8册, 第232页),《宋史·乐志三》(第9册, 第2999页),《宋史·乐志五》(第10册, 第3033—3034页),《文献通考·乐考七》(第1193页),《宋史·乐志三》(第9册, 第2999页)。

② 详见《玉海》卷一〇九 (第945册, 第853页),《困学纪闻》卷三 (《四部丛刊》三编本, 第24页A面)。

③ 罗泌:《路史》卷一七, 第383册, 第147页。

按：此为《大晟乐书·乐图序·八音之器·丝部》论“琴”之序文，见于《玉海》引《大晟乐书》[①]，《宋史·乐志四》未引，可辑补。

(6)《大晟乐书》：“琴属阳，瑟属阴。昔泰帝使素女鼓五十弦，其瑟长七尺二寸。”

按：此为《大晟乐书·乐图序·八音之器·丝部》论“瑟”之序文，见于《玉海》引《大晟乐书》[②]，《宋史·乐志四》未引，当为《大晟乐书》论“瑟”序文之引言，可辑补。

(7)《大晟乐谱》：“凤箫，以竹为之，身长一尺四寸，有十六管；阔一尺六分，蜡蜜实其底。架一尺二寸，以木为之。第一管长一尺二寸五分，第二管长一尺二寸一分，第三管长一尺一寸三分，第四管长一尺四分，第五管长九寸八分，第六管长九寸，第七管长七寸六分，第八管长六寸七分；自十六管至第九管，复如第一管至第八管之数。从右手为头，次第吹之至左，成曲分寸，协律取声。”

按：见于《乐学轨范》[③]。“《大晟乐谱》”云云，疑为《大晟乐书》中有关“八音之器”之“竹部”的佚文。

(8)《大晟乐谱》：“笙，集竹为之，云用十七管，前八簧，后九簧，高下有次序。竹长者九寸五分，底高二寸五分，共高一尺五寸。”

按：见于《乐学轨范》[④]。“《大晟乐谱》”云云，疑为《大晟乐书》中有关“八音之器”之“匏部”的佚文。

(9)《大晟乐书》：“埙、篪皆六孔而以五窍取声。二者其窍尽合则为黄钟，其窍尽开则为应钟，此埙、篪所以相应，余乐皆然。”

---

① 王应麟：《玉海》卷一一〇，第945册，第866页。

② 同上书，第864页。

③ ［朝鲜］成伣等：《乐学轨范》卷六，第273—274页。

④ 同上书，第272页。

按：见于《乐学轨范》[①]。乃为节引，而文字有异同，可与《宋史·乐志四》对校。

（10）《大晟乐书》云："少昊造，以节众乐。夏后加之四足，曰足鼓，出《隋·音乐志》。"

按：此为《大晟乐书·乐图序·八音之器·革部》论"建鼓"序文，见于《路史》[②]，为刘昺原文，"《隋·音乐志》"当作"《隋书·音乐志》"，可补校《宋史·乐志四》所引《大晟乐书》。

（11）《太晟》云："鼍鼓其腹，吕氏之说怪。"

按：见于《路史》卷一七，原文为："熙熙锵锵，帝好之，爰命鼍先为倡。"小注："方时金、石、丝、竹、匏、土、革、木之音备也……鼍先、蜚龙，盖人名。倡，首也。《太晟》云：'鼍鼓其腹，吕氏之说怪。'"[③] 均为论乐之文。"《太晟》"当即《大晟乐书》。

（12）《大晟乐谱》："其幡上缀玄色五寸，中绯绢三尺六寸，下黄色五寸，有蚨。"

按：见于《乐学轨范》[④]。"《大晟乐谱》"云云，疑为《大晟乐书》中有关"八音之器"所附"麾"之佚文。

（13）"大晟乐尺，徽宗皇帝指三节为三寸。"小注："长于王朴尺二寸一分、和岘尺一寸八分弱、阮逸、胡瑗尺一寸七分，短于邓保信尺三分、太府帛尺四分，见《大晟乐书》。"

按：见于《律吕新书》卷二，当为《大晟乐书·乐图序·度量权衡四法》残文，《宋史·乐志四》引《大晟乐书》未及。又《通考·乐考四》："刘炳主

① ［朝鲜］成俔等：《乐学轨范》卷六，第280页。
② 罗泌：《路史》卷一六，第383册，第138页。
③ 罗泌：《路史》卷一七，第383册，第147页。
④ ［朝鲜］成俔等：《乐学轨范》卷六"麾"条，第289页。

乐事，建白：'太、少不合儒书，请罢太、少议。'以《太史公书》'黄钟八寸七分管为中声'奏之，因请帝指。时止用中指，不用径围为容盛之法，遂为正声之律十二，中声之律十二，清声之律四，凡二十有八。'玉尺二，金尺一，长于王朴尺二寸一分、和岘尺一寸八分弱、阮逸等尺一寸七分，短于邓保信尺三分弱，太府布帛尺四方。''量大于汉、魏而小于隋。权衡之制，黄钟所容为十二铢，得太府四钱二分。'"① 此刘昺主乐事后所制权、衡、度、量，其中所引文字：

> 玉尺二，金尺一，长于王朴尺二寸一分、和岘尺一寸八分弱、阮逸等尺一寸七分，短于邓保信尺三分弱，太府布帛尺四方。
>
> 量大于汉、魏而小于隋。权衡之制，黄钟所容为十二铢，得太府四钱二分。

当为《大晟乐书》残文。"太府布帛尺四方"，当据《律吕新书》作"太府帛尺四分"（详上）。

3.《大晟乐书·候气、运律、教乐、运谱四议》残文

《宋史·艺文志一》载"《大晟乐书》二十卷，又《乐论》八卷，《运谱四议》二十卷"，当有讹误。据《宋史·乐志四》述《大晟乐书》云："又有度、量、权、衡四法，候气、运律、教乐、运谱四议，与律历、运气或相表里，甚精微矣，兹独采其言乐事显明者。凡为书二十卷。"可知《运谱四议》为《大晟乐书》之一部分，其卷数自然不得为"二十卷"，具体数目俟考。今"候气、运律、教乐"三议均缺，唯辑得"运谱"一则如下：

> 刘炳主乐事……曰："十二律统一岁，一律统一月。一月之律，六宫、六商、六角、六徵、六羽，太、少各居其三，总十二律。宫、商、角、徵、羽，各七十有二，凡三百有六十。古者天地四方，咸有灾变，则参酌岁气，运谱以调之。故木运临卯，火运临午，土运临四季，金运临酉，水运临子，此谓岁会气之平也。非其位则邪，当其位则正。未至而至为太过，至而不至为不及。故圣人持五运之政，犹权衡也。高者抑之，下者举之，有余损之，不足补之，以调鼎则有法，以调乐则有术。事微则祭本方之鼎，而运本均之谱。事逆则祭剋制之鼎，而运剋制之谱。"

---

① 详见《律吕新书》卷二（第212册，第42—43页；又见《律吕新书笺义》卷二，第113册，第122页），《文献通考·乐考四》（第1173页）。

按：此则当为《大晟乐书·四议·运谱》之部分内容，见《通考·乐考四》[①]。

二、大晟府其他乐书考

大晟府其他乐书，尚有可考者31种。这些乐书，对大晟乐的创制、修订、乐器制造、乐章使用、乐曲乐谱等方面均有记载，惜多已散失无存。今据相关文献资料，对其编撰原委、编撰内容及编撰者情况，作钩稽考索。有残文可辑者则录其文附后。

（一）魏汉津《乐书》辑考

《全宋文》"魏汉津小传"："魏汉津（？—1106），本蜀黥卒，皇祐中以善乐荐。崇宁初，年九十余，献乐议，请铸九鼎。四年鼎成，赐号冲显处士。八月，《大晟乐》成，加虚和冲显宝应先生，秩比中散大夫。五年十二月卒，赠太中大夫，谥嘉晟侯，配食宝成殿昭应堂。著有《大晟乐书》。"[②]

按：《全宋文》云魏汉津卒于崇宁五年十二月，乃据《会要·仪制》一三之八："魏汉津崇宁五年十二月赠太中大夫，以尝造九鼎，作大乐，故特褒赠。"可从。但又云魏汉津崇宁五年十二月卒即谥嘉晟侯，可商榷。《会要·礼》五一之二四："大观三年四月，诏：'以铸鼎之地作宝成宫，总屋七十一区。中置殿曰神灵，以祠黄帝。东庑殿曰成功，祀夏后氏。西庑殿曰特（持）盈，祀周成王及周公旦、召公奭。后置堂曰昭应，祀唐李良及隐士嘉成侯魏汉津。'"则在其死后三年方谥为嘉晟侯。《宋史·魏汉津传》叙其事历颇有次序，云："未几死……后即铸鼎之所建宝成殿，祀黄帝、夏禹、成王、周、召，而良、汉津俱配食。谥汉津为嘉晟侯。"[③] 则魏汉津死后数年方谥嘉晟侯。

关于魏汉津著述，《宋史·魏汉津传》云："（崇宁四年）八月，《大晟乐》成。徽宗御大庆殿受群臣朝贺，加汉津虚和冲显宝应先生，颁其《乐书》天下。"据《会要·舆服》六之一六："（崇宁四年九月）乙巳，冲显宝应先生、太乐府师、授制造九鼎官魏汉津，为虚和冲显宝应先生。"[④] 知颁魏汉津《乐书》于天下在崇宁四年九月。《全宋文》云魏汉津"著有《大晟乐书》"，

---

① 详见《宋史·艺文志一》（第15册，第5055—5056页），《宋史·乐志四》（第9册，第3012页），《文献通考·乐考四》（第1173页）。

② 曾枣庄等主编：《全宋文》，第46册，第145页。

③ 详见《宋会要·仪制》一三之八（第2册，第2052页），《宋会要·礼》五一之二四（第2册，第1553页），《宋史·魏汉津传》（第39册，第13526页）。

④ 详见《宋史·魏汉津传》（第39册，第13526页），《宋会要·舆服》六之一六（第2册，第1833页）。

偶误。按：《大晟乐书》乃刘昺所撰，编撰时间亦在大观元年，成书则在大观三年，其时魏汉津卒已久，无编撰《大晟乐书》的可能性。

今既知魏汉津《乐书》与《大晟乐书》非为一书，则其书内容亦当有不同。惜魏汉津《乐书》已佚，唯部分佚文散见《大晟乐书》中。如：

(1)“帝指为律”论。《大晟乐论·第三篇》：“(魏)汉津得之于师曰：‘人君代天理物，其所禀质(赋)，必与众异。然春秋未及，则其寸不足；春秋既壮，则其寸有余。惟三八之数，为人正，得太簇之律。今请指之年，适与时应，天其兴之乎！’”(《宋朝事实》卷一四，《长编纪事本末》卷一三五)《大晟乐书》：“汉津曰：‘黄帝、夏禹之法，简捷径直，得于自然，故善作乐者以声为本。若得其声，则形数、制度当自我出。今以帝指为律，正声之律十二，中声之律十二，清声凡四，共二十有八’云。”(《宋史·乐志四》)

(2)“制作在《易》”论。《大晟乐书》：“汉津尝问于李良，良曰：圣人制作之旨，皆在《易》中。《易》曰：‘《震》，起也。《艮》，止也。’柷、敔之义，如斯而已。柷以木为底，下实而上虚。《震》一阳在二阴之下，象其卦之形也。击其中，声出虚，为众乐倡。《震》为雷，雷出地奋，为春分之音，故为众乐之倡，而外饰以山林物生之状。《艮》位寅，为虎，虎伏则以象止乐。背有二十七刻，三九阳数之穷。戛之以竹，裂而为十，古或用十寸，或裂而为十二，阴数。十二者，二六之数，阳穷而以阴止之。”(《宋史·乐志四》)

(3)“随气用律”论。《大晟乐书》：“魏汉津以太极元气，函三为一，九寸之律，三数退藏，故八寸七分为中声。正声得正气则用之，中声得中气则用之。宫架环列，以应十二辰；中、正之声，以应二十四气；加四清声，以应二十八宿。气不顿进，八音乃谐。若立春在岁元之后，则迎其气而用之，余悉随气用律，使无过不及之差，则所以感召阴阳之和，其法不亦密乎?”(《宋史·乐志四》)

(4)“四清”论。《大晟乐书》：“汉津以四清为至阳之气，在二十八宿为虚、昴、星、房，四者居四方之正位，以统十二律。每清声皆有三统：申、子、辰属于虚而统于子，巳、酉、丑属于昴而统于丑，寅、午、戌属于星而统于寅，亥、卯、未属于房而统于卯。中正之声分为二十四宿，统于四清焉。”(《宋史·乐志四》)

(5)“宫架”论。《大晟乐书》：“汉津以谓：‘宫架总摄四方之气，故《大晟》之制，羽在上而以四方之禽，虡在下而以四方之兽，以象凤仪、兽舞之状。龙簴崇牙，制作华焕。'"（《宋史·乐志四》）"汉律（津）曰：'每大朝会宜设于殿门之外。天子御楼，则宫架之外列于道侧。'"（《宋史·乐志十七》）

(6)"琴、瑟制度"论。《大晟乐书》："汉津诵其师之说曰：'古者，圣人作五等之琴，琴主阳，一、三、五、七、九，生成之数也。师延拊一弦之琴，昔人作三弦琴，盖阳之数成于三。伏羲作琴有五弦，神农氏为琴七弦，《琴书》以九弦象九星。五等之琴，额长二寸四分，以象二十四气；岳阔三分，以象三才；岳内取声三尺六寸，以象期三百六十日；龙龂及折势四分，以象四时：共长三尺九寸一分，成于三，极于九。九者，究也，复变而为一之义也。'《大晟》之瑟长七尺二寸，阴爻之数二十有四，极三才之阴数而七十有二，以象一岁之候。既罢筝、筑、阮，丝声稍下，乃增瑟之数为六十有四，则八八之数法乎阴，琴之数则九十有九而法乎阳。"（《宋史·乐志四》）①

上引魏汉津论乐之语，皆出自刘昺所撰《大晟乐书》，可能有部分观点确源出魏汉津《乐书》。但是，《大晟乐书》是否会忠实照录魏汉津《乐书》原文呢？回答是否定的。其原因有二：一是魏汉津生前就与刘昺论乐观点不同。《宋史·魏汉津传》："颁其《乐书》天下。而京之客刘昺主乐事，论太、少之说为非，将议改作。既而以乐成久，易之恐动观听，遂止。""有马贲者，出（蔡）京之门，在大晟府十三年。方魏、刘、任、田异论时，依违其间，无所质正。"② 按"魏、刘异论"当在崇宁三年二月铸九鼎时，所谓"异论"，即是"论太、少之说为非"。二是依魏汉津"指律"所铸九鼎，并非魏汉津理论原貌，实际操作乃按刘昺偷梁换柱的乐律理论而行，这一点已见前文。因此，我们现在看到的《大晟乐书》所引魏汉津论乐之语，实为刘昺篡改后的文字，其核心部分诸如"太、少之说"，最终还是被改窜成了"中声"、"正声"理论。尽管如此，魏汉津《乐书》论乐的大致框架，还是保留在《大晟乐书》中。

① 详见《宋朝事实》卷一四（第180册，第235页），《长编纪事本末》卷一三五（第387册，第423页），《宋史·乐志四》（第9册，第3007页），《宋史·乐志四》（第9册，第3012页），《宋史·乐志四》（第9册，第3004—3005页），《宋史·乐志四》（第9册，第3005页），《宋史·乐志四》（第9册，第3008页），《宋史·乐志十七》（第10册，第3362页），《宋史·乐志四》（第9册，第3009—3010页）。

② 脱脱等：《宋史》卷四六二《魏汉津传》，第39册，第13526页。

又，散见于他书之资料亦可与其《乐书》相参证。如论“帝指为律”：

（魏汉津）谓：“人主禀赋与众异，请以帝指三节三寸为度，定黄钟之律。而中指之径围，则度、量、权、衡所自出也。”又云：“声有太有少。太者，清声，阳也，天道也；少者，浊声，阴也，地道也；中声在其间，人道也。合三才之道，备阴阳奇偶，然后四序可得而调，万物可得而理。”（《宋史·魏汉津传》，《通考·乐考三》）

（崇宁）三年正月，汉津言曰：“臣闻黄帝以三寸之器名为《咸池》，其乐曰《大卷》，三三而九，乃为黄钟之律。禹效黄帝之法，以声为律，以身为度，用左手中指三节三寸，谓之君指，裁为宫声之管；又用第四指三节三寸，谓之臣指，裁为商声之管；又用第五指三节三寸，谓之物指，裁为羽声之管。第二指为民、为角，大指为事、为徵，民与事，君臣治之，以物养之，故不用为裁管之法。得三指合之为九寸，即黄钟之律定矣。黄钟定，余律从而生焉。臣今欲请帝中指、第四指、第五指各三节，先铸九鼎，次铸帝坐大钟，次铸四韵清声钟，次铸二十四气钟，然后均弦裁管，为一代之乐制。”（《宋史·乐志三》）①

以上皆从魏汉津奏章节录。另，《会要》、《通考》载魏汉津《札子》，与此略同，文字较长②，不重录。与其《乐书》相互发明，可窥见魏汉津《乐书》“指律”理论的大旨。其中涉及“鼎乐”理论，有所谓“汉津今欲请圣人三指为法，谓中指、第四指、第五指各三节，先铸九鼎，次铸帝座大钟，次铸四韵清声钟，次铸二十四气钟，然后均弦裁管，为一代之乐”的说法。不过较为简略。

今据他书辑录其论“景钟”及论“鼎鼐”残文如下：

（7）“景钟”论。张康国《景钟铭序》：“（魏汉津）诵其师说，以谓：‘今之所作乃宋乐也，不当稽用前王之法，宜以皇帝身为度，自度而为权量，以数乘之，则声谐而乐成，无所沿袭。其法始于鼎，以量容九斛

① 详见《宋史·魏汉津传》（第39册，第13526页），《文献通考·乐考三》（第1159页），《宋史·乐志三》（第9册，第2998页）。

② 详见《宋会要·乐》二之三一、三二（第1册，第306—307页），《宋会要·乐》五之一八、一九（第1册，第341—342页），《文献通考·乐考三》（第1159页），《文献通考·乐考四》（第1173页）。

为鼎之大，取斛之八加斗之一，则鼎变而为景钟。景钟（引者按：“钟”字衍文），大也。九九之数兆于此，有万不同之所宗也。度高九尺，植以龙虡，其声则为黄钟之正，而律吕由是以生焉。大祭祀、大朝会、大享燕，惟天子亲御则用之，以肃群臣。其下则宝钟，子以承继也。其周则四清之钟、磬，奠方隅以拱卫也。平时弗考，风至则鸣，贡（贵）天籁而本自然也。’”（《会要·乐》三之二四、二五）

(8)“鼎鼐”论。《能改斋漫录》卷一二：“按制造官魏汉律（津）《状》云：‘承内降，铸造鼎鼐。内帝座鼐，如天之正、毕之数。外有六围，若《易》之六爻之象。中叠五重，以应九五之龙，惟上九虚之。其五重，谨按师旨，合用万载松化石并龙牙石，各一尺二寸为一重，用松石一块周围。第二围用龙牙石一块，亦用宝器捧。第三围、第四围各用松石一块，亦高一尺二寸。第五围用龙牙石一块，如《乾》之六爻、上九之爻。’”①

又，据《会要·礼》五一之二二、二三：

大观元年十一月十四日，郑居中等言：“奉诏，亳州大（太）清宫王与之进《黄帝崇天祀鼎仪诀》……臣等窃考其说，皆本于《天元玉册》、《九宫太一》，与魏汉津制度相合。其间论五运、六气胜（盛）衰、胜复，以五行相克制，亦合于汉津所授《上帝锡夏禹隐文》……。”……先是，议者请“用王与之献《皇（黄）帝崇天祀鼎仪诀》，并《上帝锡夏禹隐文》，同修为《祭鼎仪范》”。

《宋史·礼志七》略同②，两书都提到“魏汉津《上帝锡夏禹隐文》”，乃是论“鼐鼎”制作及“祭鼐鼎”仪范的专文，郑居中等即据而修成《鼎书》十七卷、《祭鼎仪范》六卷。今存《鼎书》残文③，不知与魏汉津《上帝锡夏禹隐文》有何种关系。

按：《大晟乐论》：“（魏）汉津得之于师曰：‘人君代天理物，其所禀质（赋），必与众异。然春秋未及，则其寸不足；春秋既壮，则其寸有余。惟三

① 详见《宋会要·乐》三之二四、二五（第1册，第319页），《能改斋漫录》卷一二（第5编，第4册，第79页；又见《全宋文》，第46册，第147页）。

② 详见《宋会要·礼》五一之二二、二三（第2册，第1552—1553页），《宋史·礼志七》（第8册，第2544—2545页）。

③ 详见罗泌《路史》卷四〇《钟鼎》引“《鼎书》”残文，第383册，第583页。

八之数，为人正，得太簇之律。今请指之年，适与时应，天其兴之乎！'”见于《宋朝事实》卷一四、《长编纪事本末》卷一三五所引《大晟乐书》之“乐论”部分原书。《宋朝事实》卷一四、《纲目备要》卷二七均主崇宁四年（1105）以“帝年二十四”时魏汉津进“指律”说而铸九鼎。今考魏汉津进“指律”说，实在崇宁元年（1102）八月前后，时徽宗年方21岁。又考依魏汉津“指律”铸九鼎在崇宁三年（1104）二月，时徽宗年方23岁。据此，可证“惟三八之数，为人正，得太簇之律”之论，乃刘昺事后“缘饰”而成，绝非魏汉津初说。《齐东野语》卷一五云“请指之岁，上适年二十四，得三八之数，是为太簇”，则又将时间误为“宣和间（1119—1125）”。此盖录自《家世旧闻》。然《家世旧闻》云“乐成，实崇宁丙戌秋”（卷下）[①]，亦误，实成于崇宁四年乙酉（1105）七月。按魏汉津“指律”论早在皇祐间（1049—1053）即已成书，阮逸亦与之相互讨论（详下）。其时徽宗尚未出生，魏汉津何能预先知其作乐事？又“崇宁四年九月”乐已成而置府建官，何得此时魏汉津方进“指律”之乐论？可见，“以帝年二十四”云云，盖为附会而加，必非魏汉津原书语。考证详上，兹不赘。又上引魏汉津《札子》“次铸二十四气钟”云云，所谓“二十四气钟”，即指正声钟12件、中声钟12件之合称[②]；按魏汉津原主“太、少”，刘昺认为“不合儒书”而改为“中、正”说，知魏汉津《札子》已遭刘昺改窜，或魏汉津《札子》原为刘昺伪造，不过借魏汉津名义上陈而已。

又，史载魏汉津《乐书》多剽窃于范镇之说，今考诸相关史料，实属传闻而致误，乃与事理完全不相吻合，详后《魏汉津考》。今考皇祐二年底至三年初，魏汉津与房庶以“善乐”被荐。如：

> 皇祐中，汉津与房庶以善乐被荐。既至，黍律已成。阮逸始非其说，汉津不得伸其所学。后逸之乐不用，乃退与汉津议指尺，作书二篇，叙述指法，其书行于世。汉津尝陈其说于太常，乐工惮改作，皆不主其说。

此为《大晟乐书·乐论第三篇》部分原文，见于《宋朝事实》卷一四、《长编纪事本末》卷一三五。按以上文字亦见《宋史·乐志三》，亦当据《大

① 详见《宋朝事实》卷一四（第180册，第235页），《长编纪事本末》卷一三五（第387册，第423页），《宋朝事实》卷一四（第180册，第235页），《皇朝编年纲目备要》卷二七（第687页），《齐东野语》卷一五（第277页），《家世旧闻》卷下（第208—209页）。

② 李幼平：《大晟钟与宋代黄钟标准音高研究》，第27页，第34页。

晟乐论》撮录而成，唯独没有“其书行于世”这一句。据《蜀中广记》卷九一：“魏汉津《乐指法》二篇：……后（阮）逸乐不用，（房）庶与汉津议指尺，作书二篇，叙述指法。”所谓“（房）庶与汉津议指尺”，不见于他书，当为节录《长编纪事本末》、《宋朝事实》、《宋史·乐志三》等书时，有所误解所致（详上）。不过，其云“魏汉津《乐指法》二篇”，虽为揣测之辞，亦相差不远。今考知魏汉津《乐书》原书只有“二篇”，不过是论“指律”与“鼎乐之法”，颇用“京房《易》”而参以阴阳数术。其书本与阮逸合作而成，皇祐五年后即流传于世（详后《魏汉津考》）。今刘昺《大晟乐书》多达“二十卷”，乃假托魏汉津语敷衍润饰而成，其中多非魏汉津《乐书》原文所有。可能崇宁四年“颁其《乐书》天下”（《宋史·魏汉津传》）的魏汉津《乐书》，与皇祐五年后“行于世”的“二篇”本《乐书》(《宋朝事实》卷一四，《长编纪事本末》卷一三五)①，有很大的不同。故崇宁四年后魏汉津《乐书》不止二篇。从保留在《大晟乐书》中的大致框架来看，不仅有论“指律”与“鼎乐之法”的文字，而且还涉及“宫架”论、“琴、瑟制度”论，篇幅当有很大的扩充。

（二）刘昺《鼎书》考异

关于刘昺撰《鼎书》事，除《宋史·刘昺传》外，他书不见记载。《宋史·刘昺传》：“（刘）昺撰《鼎书》、《新乐书》，皆汉津妄出己意，而昺为缘饰，语在《乐志》。”② 今查《宋史·乐志》，只载刘昺《大晟乐书》二十卷，而无撰《鼎书》的记载。此殆《宋史》修撰者遗漏所致。

有关《鼎书》的作者及卷数，史载多有不同。如：

(1)《宋史·艺文志一》：“蔡京《崇宁鼎书》一卷。”

(2)《宋史·艺文志五》：“王与之《鼎书》十七卷。”

(3)《玉海》卷八八：“大观元年，郑居中上《鼎书》一卷。”

(4)《宋史·礼志七》：“（崇宁四年九月朔）郑居中言：‘亳州太清宫道士王与之进《黄帝崇天祀鼎仪诀》……合于汉津所授《上帝锡夏禹隐文》。同修为《祭鼎仪范》，修成《鼎书》十七卷，《祭鼎仪范》六卷。’”

---

① 详见《宋朝事实》卷一四（第180册，第235页），《长编纪事本末》卷一三五（第387册，第423页），《宋史·乐志三》（第9册，第2997页），《蜀中广记》卷九一（第592册，第501页），《宋史·魏汉津传》（第39册，第13526页），《宋朝事实》卷一四（第180册，第235页），《长编纪事本末》卷一三五（第387册，第423页）。

② 脱脱等：《宋史》卷三五六《刘昺传》，第32册，第11206页。

（5）《宋史·刘昺传》：“（刘）昺撰《鼎书》、《新乐书》……语在《乐志》。”①

笔者认为，《鼎书》当有两个版本系统，一为“一卷本”，一为“十七卷本”。“一卷本”乃大司乐刘昺据魏汉津书“缘饰”而成（《宋史·刘昺传》），编撰时间在崇宁间，卷数为“一卷”；内容包括“九鼎制度”、徽宗御制《帝鼐铭》、蔡京撰《八鼎铭》（《玉海》卷八八），因铭文主要由蔡京撰写，故命名为“蔡京《崇宁鼎书》”。“十七卷本”则由翰林学士、议礼局详定官郑居中等人编，此书乃依魏汉津及道士王与之原书“择其当理合《经》”者编撰而成（详下），成书在大观元年十一月，卷数为“十七卷”；其中采用王与之《黄帝崇天祀鼎仪诀》较多，故又名为“王与之《鼎书》”（《宋史·艺文志五》）②。可知书名同为《鼎书》，但编者、卷数及内容都不相同。

关于“一卷本”，《玉海》卷八八有较详记载，云：“《崇宁鼎书》，《书目》：‘一卷。九鼎制度并铭文。《帝鼐铭》御制，余《八鼎铭》宰臣撰。’”所据乃《中兴书目》。《宋史·艺文志一》：“蔡京《崇宁鼎书》一卷。”亦当据《中兴书目》编撰而成。然对“一卷本”的编撰者，则诸书各有不同记载。《宋史·刘昺传》：“（刘）昺撰《鼎书》……皆汉津妄出己意，而昺为缘饰。”“缘饰”云云，当是蔡京授意，故刘昺所撰《鼎书》即“一卷本”，即《宋史·艺文志一》所载“蔡京《崇宁鼎书》一卷”。但《玉海》卷八八却载“一卷本”为郑居中所撰：“崇宁二年二月，以魏汉津言铸鼎。四年三月戊午，成。中曰帝鼐，八方曰苍、彤、晶、宝、魁、阜、牡、冈。上为《鼐铭》，《八鼎》命宰臣撰。……大观元年，郑居中上《鼎书》一卷。”③ 所述内容与“《崇宁鼎书》”相同，既是“《崇宁鼎书》”，当是崇宁间所编。“大观元年，郑居中上《鼎书》一卷”云云，乃将两个不同时段编撰的《鼎书》混为一谈。

关于“十七卷本”，《宋史》和《会要》都对它的编撰情况有所记载：

---

① 详见《宋史·艺文志一》（第15册，第5077页），《宋史·艺文志五》（第15册，第5264页），《玉海》卷八八（第945册，第403页），《宋史·礼志七》（第8册，第2544—2545页），《宋史·刘昺传》（第32册，第11206页）。

② 详见《宋史·刘昺传》（第32册，第11206页），《玉海》卷八八（第945册，第403页），《宋史·艺文志五》（第15册，第5264页）。

③ 详见《玉海》卷八八（第945册，第403页），《宋史·艺文志一》（第15册，第5077页），《宋史·刘昺传》（第32册，第11206页），《宋史·艺文志一》（第15册，第5077页），《玉海》卷八八（第945册，第403页）。

（崇宁四年九月朔）郑居中言："亳州太清宫道士王与之进《黄帝崇天祀鼎仪诀》，皆本于《天元玉册》、《九宫太一》，合于汉津所授《上帝锡夏禹隐文》，同修为《祭鼎仪范》，修成《鼎书》十七卷，《祭鼎仪范》六卷。"先是，诏曰："九鼎以奠九州，以御神奸，其用有法，后失其传。阅王与之所上《祀仪》，推鼎之意，施于有用，盖非今人所能作。去古绵邈，文字杂揉。可择其当理合《经》，修为定制，班付有司。"至是书成。并以每岁祀鼎常典，付有司行之。（《宋史·礼志七》）

大观元年十一月十四日，郑居中等言："奉诏亳州大（太）清宫王与之进《黄帝崇天祀鼎仪诀》，今（令）臣等参详可与不可施行。臣等窃考其说，皆本于《天元玉册》、《九宫太一》，与魏汉津制度相合。其间论五运、六气胜（盛）衰、胜复，以五行相克制，亦合于汉津所授《上帝锡夏禹隐文》。乞修为《祭鼎仪范》，时出而用之。今修成《鼎书》十七卷。《祭鼎仪范》六卷，乞颁降每岁祀鼎常典，付有司施行。"内出手诏曰："鼎之为物久矣，其义莫传。比览居中等所上，调（网）罗遗失，稽参制度，合若符契，灿然可观。其论《易》卦，谓应鼎星之象。《易》莫非象也，有取象于天，有取象于地，有取象于人，皆象其一物而已。至鼎则备天、地、人之象，故《易》于鼎独曰象者，此也。可令改正，余依所请。"先是，议者请："用王与之献《皇（黄）帝崇天祀鼎仪诀》，并《上帝锡夏禹隐文》，同修为《祭鼎仪范》。"内出手诏曰："九鼎以奠九州，以御神奸，其用其（有）法，后失其传。阅王与之所上《祀仪》，推鼎之意，施于有用，盖非今人所能作。去古绵邈，文字杂揉，可依所请，择其当理合《经》，修为定制，颁付有司。"乃命居中等刊修。至是书成来上，故有是诏。（《会要·礼》五一之二二、二三）①

考两书所载，文字略同。但《宋史·礼志七》删节过甚，易致误读。一是"郑居中上《鼎书》"时间，在"大观元年十一月十四日"，而非"崇宁四年九月"。这点可据《玉海》考定②。二是《鼎书》的编撰，有较为复杂的过程。按《会要》所述，乃先据王与之《黄帝崇天祀鼎仪诀》并魏汉津"所授"《上帝锡夏禹隐文》，"同修为《祭鼎仪范》"一书。原意只据原书"择其当理合《经》"者，修成"《祭鼎仪范》"一书，主要为"每岁祀鼎常典"、

① 详见《宋史·礼志七》（第8册，第2544—2545页），《宋会要·礼》五一之二二、二三（第2册，第1552—1553页）。

② 王应麟：《玉海》卷八八《崇宁九鼎》，第945册，第403页。

“时出而用之”，乃为“祭鼎”的各种仪式规范，与《鼎书》述“九鼎制度”是不同的。这可以理解为，因崇宁间已修成“《崇宁鼎书》一卷”，故续修“《祭鼎仪范》”与之配套。但在修撰过程中，发现“《崇宁鼎书》一卷”过于简略，故又取“王与之《黄帝崇天祀鼎仪诀》”及“魏汉津《上帝锡夏禹隐文》”，再取“《崇宁鼎书》”原有之书，增修为“《鼎书》十七卷”。其内容也就大大超过了“《崇宁鼎书》”原有的规模。因此，郑居中所上“《鼎书》十七卷”，内容既包括“九鼎制度并铭文”，也包括“鼎乐之法”、“九鼎制度”、“祭鼎仪范”等。据徽宗称，郑居中《鼎书》“调（网）罗遗失，稽参制度，合若符契，灿然可观”，并有“论《易》卦，谓应鼎星之象”等内容（详上），可见是一部集大成性质的《鼎书》。据此，“《祭鼎仪范》六卷”当是“《鼎书》十七卷”的一部分。但因“《祭鼎仪范》六卷”专为实用而编，故又作为单行之书，先行“颁降”，付有司施行。《鼎书》“十七卷本”的编撰者史各有说。《宋史·艺文志五》：“王与之《鼎书》十七卷。”又，《宋史·艺文志三》：“王与之《祭鼎仪范》六卷。”① 即将《鼎书》十七卷、《祭鼎仪范》六卷均列于亳州太清宫道士王与之名下，与《宋史》和《会要》所述不合。据考，当是王与之先进《黄帝崇天祀鼎仪诀》一书，因王与之书“文字杂揉”，乃诏翰林学士、议礼局详定官郑居中等人修改删节，“择其当理合《经》”者，并魏汉津《上帝锡夏禹隐文》，“同修为《祭鼎仪范》”，修成《鼎书》十七卷，《祭鼎仪范》六卷。可见编撰者实为“郑居中等”而非“王与之”。《宋史·艺文志》误。《玉海》载：“大观元年，郑居中上《鼎书》一卷。”② 亦误。当据《会要》、《宋史·礼志》、《宋史·艺文志》改为“大观元年，郑居中上《鼎书》十七卷”。

《鼎书》编撰过程较为复杂，溯其源流，当与魏汉津“鼎乐之法”相关（详上）。徽宗手诏所谓“王与之所上《祀仪》”，即郑居中等言之“《黄帝崇天祀鼎仪诀》”，其间有“论五运、六气胜（盛）衰、胜复，以五行相克制”等文字，乃“推鼎之意，施于有用”，与魏汉津《上帝锡夏禹隐文》相合，皆论九鼎造作原理，或与“鼎乐”相关，俟考。

《鼎书》原书今佚，其详已不可考。《路史》：“故《鼎书》曰：‘以三为十五，《河图》数也，九鼎之所得焉。以两为十五，《乾》、《坤》数也，十二律之所合焉。积九鼎之所钟，引而伸之，九州之所崇也，五运之所建也，十二

---

① 详见《宋史·艺文志五》（第15册，第5264页），《宋史·艺文志三》（第15册，第5136页）。

② 王应麟：《玉海》卷八八《崇宁九鼎》，第945册，第403页。

律之所由生也。'"[1] 此为《鼎书》原文之仅存者。

（三）刘昺《政和大晟乐府雅乐图》考略

《通考·经籍考十三》有《（大晟雅乐）图谱》一卷，云为陈氏所载。今据《书录解题》："《大晟乐书》二十卷，太中大夫开封刘炳子蒙撰。……又有《图谱》一卷。"此"《图谱》一卷"即为《（大晟雅乐）图谱》。《宋史·艺文志一》载为"《政和大晟乐府雅乐图》一卷"[2]，当即此书。《全宋文》认为此书作者为刘昺[3]，所据即《宋史·艺文志一》。可从。

按："《政和大晟乐府雅乐图》一卷"，其书久佚。前贤感叹："（《大晟乐府雅乐图》一卷）与周邦彦负责'编集八十四调并图谱'的关系如何，亦无从考证。"[4] 疑其为"曲谱集"，乃据《郡斋读书志》："《大晟乐府雅乐图》一卷。右皇朝政和中建大晟乐府，起黄钟于上躬之中指，弃塞古今诸儒异同之论。此其谱也。"据考，"《大晟乐府雅乐图》一卷"似非曲谱集，疑为郊庙、朝会等大晟雅乐乐器排列及应用的图例。《郡斋读书志》"此其谱也"云云，似非指"大晟雅乐乐谱"。今据《高丽史·乐志一》载燕乐乐器171件及"《曲谱》一十册"、"《指诀图》一十册"[5]，知政和四年赐高丽大晟燕乐，其乐谱即多达二十册。以此推知"大晟雅乐乐谱"当非"一卷"。据此，所谓"《（大晟雅乐）图谱》一卷"即"《政和大晟乐府雅乐图》一卷"，似为郊庙、朝会等大晟雅乐乐器排列及应用的图例，疑非"乐谱"本身。

所谓"《政和大晟乐府雅乐图》一卷"，其书已佚。"政和"云云，当编于政和间，不属于大观三年即已成书上奏的"《大晟乐书》二十卷"内容。今据《宋史·乐志四》载政和三年四月"亲祠登歌之制"、"亲祠宫架之制"、"亲祠二舞之制"、"大祠、中祠登歌之制"、"大祠宫架、二舞之制"共五种"雅乐图"（详上），疑即"《政和大晟乐府雅乐图》一卷"的主要内容，详本章第一节引文，兹不赘述。

（四）刘昺《政和颁降乐曲乐章节次》考略

《宋史·艺文志一》："《政和颁降乐曲乐章节次》一卷。"[6] 编于政和间，

---

① 罗泌：《路史》卷四〇《钟鼎》，第383册，第583页。

② 详见《文献通考·经籍考十三》（第1593页），《直斋书录解题》卷一四（第11册，第410页），《宋史·艺文志一》（第15册，第5056页）。

③ 曾枣庄等主编：《全宋文》，第141册，第151页。

④ 吴熊和：《周邦彦琐考》，《吴熊和词学论集》，第261页。

⑤ ［朝鲜］郑麟趾等：《高丽史》卷七〇《乐志一》，第6册，第2207—2208页。

⑥ 脱脱等：《宋史》卷二〇二《艺文志一》，第15册，第5056页。

应不属于“《大晟乐书》二十卷”的内容，其书久佚。《全宋文》认为此书作者为刘昺[①]，所据即《宋史·艺文志一》。可从。又前贤疑“《政和颁降乐曲乐章节次》一卷”为“燕乐曲谱集”[②]，似非。

据考，当为政和五年增订并颁降的雅乐乐曲、乐章及用乐“节次”的书籍，其主体为四言诗式的文辞。《通考·乐考十六》：“熙宁六年至政和五年，因事更定，增为乐章，凡三百八十有四。亲祠南郊，罢并侑之礼，其奠币之曲如左。其乐章除郊庙大祭，礼文别无沿革者，所改创词曲章句，更不具述。亲祔庙及熙宁以后更定之礼文，其乐章略具如左。”[③] 知政和五年曾对熙宁六年以来乐曲乐章作过增订和“改创”，所谓“《政和颁降乐曲乐章节次》一卷”，当为此次增改而成，共有384曲。其增订乐章并曲名如下：

熙宁飨明堂二首：英宗奠币《诚安》（一章四句），酌献《德安》（一章四句）。

飨太庙五首：英宗酌献《大安》（一章八句），送神《兴安》（一章八句）。

禘祫孟飨腊飨：宗正卿升殿《正安》（一章四句），祫享仁宗《大和》（一章八句）、英宗《大康》（一章八句）。

上仁宗英宗徽号：册宝入门升殿《显安》（一章八句）。

五方帝、九宫贵神、皇地祇等以下祭祀：亚、终献《文安》（一章四句）。

祠高禖：亚、终献《文安》，升降《正安》（各一章八句）。

望祭岳、镇、海、渎：东望，迎神《凝安》、升降《同安》，奠玉币《明安》，酌献《成安》，送神《凝安》（并一章八句）；南望，迎神、酌献、送神；中望，迎神、酌献、送神；西望，迎神、酌献、送神；北望，迎神、酌献、送神（乐章章句并同东望，各有辞）。

司中、司命：迎神《欣安》，升降《钦安》，奠币《容安》，酌献《雍安》，送神《欣安》（并一章八句）。

风师：迎神《欣安》，升降《钦安》，酌献、亚献《雍安》，奠币《容安》，送神《欣安》（并一章八句）。

雨师：迎神、升降、酌献、亚献、奠币、送神（乐章章句并同风师，

---

① 曾枣庄等主编：《全宋文》，第141册，第151页。

② 吴熊和：《周邦彦琐考》，《吴熊和词学论集》，第261页。

③ 马端临：《文献通考》卷一四三《乐考十六》，第1262页。

各有辞）。

先蚕：迎神《明安》，升降《翊安》，奠币《娱安》，酌献《美安》，亚、终献《惠安》，送神《禅安》（并一章八句）。

五龙：迎神《禧安》，升降《雅安》，奠币《文安》，酌献《恺安》，亚、终献《嘉安》，送神《登安》（并一章八句）。

武成王庙：初献、升降《同安》（一章八句）。

蜡祭：东西郊，降神《熙安》，升降《肃安》，奠币《钦安》，捧俎《承安》，酌献《怿安》，亚、终献《庆安》，送神《宣安》（并一章八句）；南北方，迎神《简安》，升降《穆安》，奠币《吉安》，酌献《禔安》，亚、终献《曼安》，送神《成安》（并一章八句）。

皇帝上尊号：册宝入门《正安》（一章八句）。

皇后册宝：出入《正安》，升座《乾安》，降座《乾安》（并一章八句）。

正冬朝会：皇帝初举酒《庆云》，再举酒《嘉禾》，三举酒《灵芝》（并一章八句）。

元符二年亲祀南郊：六变，[夹钟宫] 三奏、[黄钟角] 一奏、[太簇徵] 一奏、[姑洗羽] 一奏。

常祀皇地祇：八变，[林钟宫] 二奏、[太簇角] 二奏、[姑洗徵] 二奏、[南吕羽] 二奏。

感生帝：降神六变，[夹钟宫] 三奏，《大安》。

五方帝：青帝，降神六变，[夹钟宫] 三奏、[黄钟角] 一奏、[太簇徵] 一奏、[姑洗羽] 一奏，《高安》；赤帝，降神六变，[夹钟宫] 三奏，《高安》；黄帝，降神六变，[夹钟宫] 三奏，《高安》；白帝，降神六变，[夹钟宫] 三奏，《高安》；黑帝，降神六变，[夹钟宫] 三奏，《高安》。

太庙朝飨：迎神九变，[黄钟宫] 三奏、[大吕角] 二奏、[太簇徵] 二奏、[应钟羽] 二奏，《兴安》。

常飨太庙：迎神九变，[黄钟宫] 三奏、[大吕角] 二奏、[太簇徵] 二奏、[应钟羽] 二奏，《兴安》。

亲祀明堂：降神六变，[夹钟宫] 三奏、[黄钟角] 一奏、[太簇徵] 一奏、[姑洗羽] 一奏，《诚安》。

景灵宫荐飨：降圣（神）六变，[夹钟宫] 三奏、[黄钟角] 一奏、[太簇徵] 一奏、[姑洗羽] 一奏，《太安》。

神州地祇：迎神八变，[林钟宫] 二奏，《宁安》。

太社、太稷：迎神八变，［林钟宫］二奏，《灵安》。

朝日：降神六变，［夹钟宫］三奏，《高安》。

夕月：降神六变，［夹钟宫］二奏，《高安》（已上乐章并不详具）。

先农：迎神《凝安》，升降《同安》，奠币《明安》，酌献《成安》，送神《凝安》（并一章八句）。

文宣王庙：迎神《凝安》，初献升降《同安》，奠币《明安》，酌献《成安》（并一章八句）；兖国公位，酌献《成安》，送神《凝安》；舒王位，酌献《成安》（并一章八句）。

武成王庙：迎神《凝安》，奠币《明安》，酌献《成安》（并一章八句）；留侯位，酌献、送神《凝安》（一章八句）。

高禖：降神六变，［夹钟宫］三奏，《高安》。

增上神宗徽号：宝册升殿《显安》（一章八句）。

大朝会：皇帝初举酒《灵芝》，再举《寿星》，三举《甘露》（各一章八句）。

哲宗受传国宝：命官改制乐章，凡三章。大朝会上寿用之，其一《永昌》，其二《神光》，其三《翔鹤》（各一章八句）。

上太皇太后、皇太后、皇太妃册宝：皇帝升座《乾安》，皇帝降座《乾安》，太皇太后升座《坤安》、降座《坤安》，太尉等奉册宝出入门《正安》（各一章八句）。

南郊礼成回仗御楼：《采茨》（一章八句）、《乾安》（二章，章八句）。

大观三年制闻喜燕：状元以下入门《正安》，第一盏《宾兴贤能》，第二盏《于乐辟雍》，第三盏《乐育英材》，第四盏《乐且有仪》，第五盏《正安之曲》（各一章八句）。

政和二年鹿鸣燕：第一《正安》，第二《乐育贤材》，第三《贤贤好德》，第四《烝我髦士》，第五《利用宾王》（各一章八句）。

祭九鼎：帝鼐，降神《景安》，奉馔《丰安》，亚、终献《文安》；春分苍鼎，亚、终献《成安》；立夏罡鼎，迎神《凝安》，亚、终献《成安》；夏至彤鼎，酌献《成安》；立秋阜鼎，酌献《成安》；秋分晶鼎，亚、终献《成安》；立冬魁鼎，迎神《凝安》，酌献《成安》；冬至宝鼎，奠币《明安》（并一章八句）。①

① 详见《文献通考》卷一四三《乐考十六》，第1262—1263页。

按：以上乐章并曲名共有168曲，另216曲则不见此目，当属于“更不具述”部分（《通考·乐考十六》）。又据《会要·乐》四之一：“（政和）五年九月十六日，新差权知庐州朱维奏：‘……余器亦各开排疏说，及将合用乐章、谱并歌调，一处镂板行下。’从之。”① 所谓“合用乐章、谱并歌调”，当据以上乐章选定配谱。故知“《政和颁降乐曲乐章节次》一卷”，其颁行当在“政和五年九月”前。

（五）刘昺《燕乐新书》考辨

关于刘昺《燕乐新书》，史料多有记载。《宋史·乐志四》：“（政和六年）诏：‘《大晟》雅乐，顷岁已命儒臣著《乐书》，独宴乐未有纪述。其令大晟府编集八十四调并图谱，令刘昺撰以为《宴乐新书》。’”《宋史·乐志十七》：“政和间，诏以大晟雅乐施于燕飨，御殿按试，补徵、角二调，播之教坊，颁之天下。然当时乐府奏言：‘乐之诸宫调多不正，皆俚俗所传。’及命刘昺辑《燕乐新书》，亦惟以八十四调为宗，非复雅音。”② 一作“《宴乐新书》”，一作“《燕乐新书》”，为同一书名之异写。

因史料记载的模糊不清，后世学者或以此书为“大晟燕乐曲谱总集”，并云其包括四声二十八调“千余曲”并有多种曲体③。按《燕乐新书》并非“燕乐曲谱总集”，而是专述大晟燕乐制作之原、燕乐乐器图谱、燕乐八十四调图谱的《乐书》。其他史料亦有记载，如：

> （政和六年）闰正月九日，臣僚言：“《大晟》雅乐，顷岁已命儒臣著《乐书》，独燕乐未有纪述。乞考古声器所起，断以方今制作之原，各附以图，为《燕乐新书》。”诏大晟府编集燕乐八十四调并图谱，令刘昺撰文。（《会要·乐》四之一）
>
> （政和）六年闰正月九日，大晟府编集燕乐八十四调并图谱，令刘炳撰文。（《玉海》卷一〇五）④

《会要》、《玉海》均明言《燕乐新书》乃刘昺在“大晟府编集燕乐八十四调并图谱”的基础上所撰之“文”，而非曲谱本身。这些“文”，不过是

---

① 详见《文献通考·乐考十六》（第1262页），《宋会要·乐》四之一（第1册，第322页）。

② 详见《宋史·乐志四》（第9册，第3019页），《宋史·乐志十七》（第10册，第3345页）。

③ 朱彝尊：《曝书亭集》卷四〇《群雅集序》，《四部丛刊》初编本，第7页A面。

④ 详见《宋会要·乐》四之一（第1册，第322页），《玉海》卷一〇五（第945册，第778页）。

“考古声器所起，断以方今制作之原，各附以图”的考证文字及理论总结，充其量不过是阐述八十四调理论并考证乐器制作原始且“各附以图”的“礼文”之书；其编撰体例或许类似刘昺的另外一部文字著作《大晟乐书》，虽有二十卷之多，却并非大晟乐谱本身（详上）。而所谓“图谱”当为乐器之图谱及燕乐八十四调之声调图谱，因为大晟燕乐曲谱另有他书，如“徽宗《黄钟徵、角调》二卷”（《宋史·艺文志一》，《玉海》卷七及卷二八）、“蔡攸《燕乐》三十四册”（《会要·乐》四之一）、“《曲谱》一十册”、“《指诀图》一十册”（《高丽史·乐志一》）① 等。《燕乐新书》乃“乐书”而非“曲谱总集”，可以考定。

《燕乐新书》长期以来认为已“失传”。吴熊和认为《燕乐新书》“最后似并未成书，故宋时公私书目皆未见记载”。② 吴先生“并未成书”的推断极确，然尚可补充。笔者认为，刘昺在编撰《燕乐新书》过程中获重罪流放，其书遭变故而未成，旋由继任大晟府提举官的蔡攸代编，书名可能已被蔡攸改篡。关于“王寀、刘昺坐妖讪诛窜”③ 的时间，各家虽有不同意见，但都定于政和末重和初（详后《刘昺考》），姑从之。

又，刘昺《燕乐新书》始编于政和六年闰正月九日，至政和末重和初“坐罪”流配时，其书或已部分成书，然当非完书。其证有二：

其一，蔡攸提举大晟府后，曾设立“编修《燕乐书》所”，专门编撰修订《燕乐新书》。《会要·乐》四之一、二：“（政和八年九月二十日）蔡攸言：‘昨奉诏：“教坊、均（钧）容、衙前及天下州县燕乐旧行一十七调大小曲谱，声韵各有不同。令编修《燕乐书》所审按校定……”’”④ “编修《燕乐书》所”的任务除审按校定燕乐旧行曲谱外，当亦包括“编修《燕乐书》”，此“《燕乐书》”当即《燕乐新书》之省称。据诸葛忆兵考证，蔡攸提举大晟府为政和七年三月至宣和初（详上）。则由蔡攸主持“编修《燕乐书》”当在政和七年三月后。

其二，“燕乐新书”最终完工时间当在宣和二年初。《会要·乐》四之二：“（宣和）二年二月六日，大晟府奏：‘燕乐依月律撰词八十四调，乞颁行。’

---

① 详见《宋史·艺文志一》（第15册，第5054页），《玉海》卷七及卷二八（第943册，第198页，第691页），《宋会要·乐》四之一、二（第1册，第322页），《高丽史·乐志一》（第6册，第2207—2208页）。

② 吴熊和：《周邦彦琐考》，《吴熊和词学论集》，第262页。

③ 脱脱等：《宋史》卷三五六《刘昺传》，第32册，第11207页。

④ 徐松辑：《宋会要·乐》四之一、二，第1册，第322页。

从之。"《玉海》卷一〇五略同。此二则史料与《会要·乐》四之一"诏大晟府编集燕乐八十四调并图谱，令刘昺撰文"及《宋史·乐志四》"其令大晟府编集八十四调并图谱，令刘昺撰以为《宴乐新书》"[①] 的记载是一致的，可见"燕乐新书"直到宣和二年二月前才完工。

据上考可知，尽管政和六年闰正月已令刘昺撰修《燕乐新书》，但一者因燕乐"审按校定"工作直到政和八年九月方完成，二者又因刘昺"坐罪"流配，即改由蔡攸主持"编修《燕乐书》"，故《燕乐新书》在刘昺主持编撰期间确"并未成书"，其成书时间当在宣和二年初。

由蔡攸接管后的《燕乐新书》编成后冠以何名，因史传失载难以确考。以蔡攸好掠人之美的品性，在提举大晟府后很可能会借机改换《燕乐新书》书名。史载蔡攸"不喜他人预乐"，接管大晟府后，废除了刘昺"中声八寸七分管"，"而但用九寸管"（《宋史·乐志四》），对刘昺未成之书有大幅度修正。因此，正在编撰中的《燕乐新书》在蔡攸接管后，似不宜再用刘昺之旧名。今《宋史·艺文志一》有"蔡攸《燕乐》三十四册"的记载，据考与"新广八十四调"本"燕乐新书"实非一书。因"蔡攸《燕乐》三十四册"依"燕乐旧行一十七调"编排，曾于政和八年九月成书并由大晟府镂板颁行，为一单独刊行之书（《会要·乐》四之一、二）；而"新广八十四调"本"燕乐新书"成书在其后，虽于宣和二年二月进呈"颁行"，但史料中无"镂板"之记载，或未及"镂板"。窃疑由刘昺等人开其端而由蔡攸最终编成的"新广八十四调"本之"燕乐新书"因未及"镂板"流行而旋遭国变，其书南渡后或已零落散失，故张炎有"沦落之后，少得存者"的感叹，然"由此八十四调之声稍传"云云（《词源》卷下），或仍有残本流传。《宋史·乐志十七》"及命刘昺辑《燕乐新书》，亦惟以八十四调为宗，非复雅音"云云[②]，所见或非刘昺原书，乃仅据前代史料依样而编，实未见其书云。

（六）吴良辅《乐书》及相关著述考

吴良辅，字号、籍里无考。元丰中尝上《乐书》，原为信州司法参军。元符二年，因太常少卿张商英荐其知乐，诏为协律郎，按协音律，改造琴、瑟，

---

① 详见《宋会要·乐》四之二（第1册，第322页），《玉海》卷一〇五（第945册，第778页），《宋会要·乐》四之一（第1册，第322页），《宋史·乐志四》（第9册，第3019页）。

② 详见《宋史·乐志四》（第9册，第3026页），《宋史·艺文志一》（第15册，第5054页），《宋会要·乐》四之一、二（第1册，第322页），《词源》卷下（《词话丛编》本，第1册，第255页），《宋史·乐志十七》（第10册，第3345页）。

教习登歌，修定乐章；旋以冗官罢。崇宁元年，以张商英言还旧职[①]。

吴良辅著述颇夥，有《乐书》五卷、《乐纪》三十六卷、《琴谱》一卷、《诗乐说》三卷、《大晟乐书》十三卷、《诗重文说》七卷、《方言释音》一卷、《竹书》等。略考如下：

1.《乐书》五卷

《宋史·艺文志一》："吴良辅《乐书》五卷。"《玉海》卷一〇五、《宋史纪事本末》卷五所载卷数同[②]。吴良辅《乐书》五卷成书于元丰间。其各卷大致内容诸书各有概述，如：

> 《乐书》五卷，吴良辅撰。释声、律、音、器四门，总四十四篇。篇释其事，总论其法，上之。(《玉海》卷一〇五)
>
> (元符) 二年正月，诏前信州司法参军吴良辅按协音律，改造琴、瑟，教习登歌，以太常少卿张商英荐其知乐故也。初，良辅在元丰中上《乐书》五卷，其书分为四类，以谓："天地兆分，气数爰定。律厥气数，通之以声。于是撰《释律》。律为经，声为纬。律以声为文，声以律为质。旋相为宫，七音运生。于是撰《释声》。声生于日，律生于辰，故经之以六律，纬之以五声。声律相协，和而无乖。播之八音，八音以生。于是撰《释音》。四物兼采，八器以成。度数施设，象隐于形。考器论义，道德以明。于是撰《释器》。"类各有条，凡四十四篇，大抵考之经传，精以讲思，颇益于乐理，文多，故弗著焉。(《宋史·乐志三》)

《宋史纪事本末》卷五所载与《宋史·乐志三》同，唯"凡四十四篇"作"凡四十十四篇"，"颇益于乐理"作"颇益于乐"[③]，当有讹误，宜从《宋史·乐志三》、《玉海》卷一〇五。据三书所载，知《乐书》五卷前四卷"释事"，后一卷"论法"。前四卷分为"四门"或"四类"，第一卷为《释律》，

---

① 详见《续资治通鉴长编》卷五〇五（第20册，第12045页），《宋史·乐志三》（第9册，第2996—2997页），《玉海》卷一〇五及卷一一〇（第945册，第771页，第876页），张景修《（乐圃先生）墓志铭》（朱长文《乐圃馀稿》附录，第1119册，第56—58页），《宋会要·乐》三之二四（第1册，第319页）。

② 详见《宋史·艺文志一》（第15册，第5055页），《玉海》卷一〇五（第945册，第771页），《宋史纪事本末》卷五（第353册，第141页；参点校本卷二八，第1册，第226页）。

③ 详见《玉海》卷一〇五（第945册，第771页），《宋史·乐志三》（第9册，第2996—2997页），《宋史纪事本末》卷五（第353册，第141页；参点校本卷二八，第1册，第226页）。

第二卷为《释声》，第三卷为《释音》，第四卷为《释器》，各考之经传，凡44篇，篇释其事。第五卷“总论其法”。

吴良辅《乐书》五卷今佚，唯辑得佚文一则。《瑟谱》：“吴良辅《乐书》曰：‘八尺一寸，宫数也。七尺二寸，商数也。’”① 此当为第四卷《释器·瑟》的部分内容。

2.《乐纪》三十六卷

详见《宋史·艺文志一》、《通志》卷六四、《玉海》卷一〇五。《宋史·艺文志一》：“（吴良辅）《乐记》三十六卷。”《通志》卷六四亦作“《乐记》三十六卷”，《玉海》卷一〇五作“《乐纪》三十六卷”②。“记”、“纪”古通用。因《礼记》有“《乐记》”一篇，吴良辅当不敢僭用经书“《乐记》”之名，应以“《乐纪》”为是。

《乐纪》三十六卷内容均为述历代音乐名、故事及歌曲。《玉海》卷一〇五：“《乐纪》三十六卷，（吴）良辅撰。起太昊，迄隋开皇，诸乐故事、歌曲，共三十六卷。”小注：“第二十五卷缺。”③ 知宋时“《乐纪》三十六卷”已不全。该书元以后即不见著录，久佚。

3.《琴谱》一卷

详见《宋史·艺文志一》、《玉海》卷一一〇。《宋史·艺文志一》：“吴良辅《琴谱》一卷。”当作于绍圣四年至元符元年间，吴良辅当因撰写此书而被荐为协律郎。《会要·乐》三之二四：“崇宁元年八月十六日，翰林学士张商英言：‘信州司理参军吴良辅善鼓琴，知古乐。臣为太常少卿日尝荐为协按音律官，使改造琴、瑟，教习登歌，旋以冗官罢。今乞还良辅旧职。’从之。”张商英为太常少卿，在绍圣四年十一月丙子至元符元年十二月丁丑（《长编》卷四九三、卷五〇四），其荐吴良辅按协音律见《宋史·乐志三》。按崇宁元年七月蔡京为相，八月置讲议司，故《会要·乐》三之二四载张商英推荐吴良辅还旧职“协按音律官”，当为讲议司设置“礼乐房”一事而发。又“协按音律官”，《宋史·乐志三》作“按协音律”，此为大晟府乐官，崇宁四年设，崇宁元年不当有此官。据考，吴良辅官职实为协律郎。《玉海》卷一一〇：“协律郎吴良辅，集王安石《胡笳十八拍》曲

---

① 熊朋来：《瑟谱》卷六，第377册，第370页。

② 详见《宋史·艺文志一》（第15册，第5055页），《通志》卷六四（第767页），《玉海》卷一〇五（第945册，第771页）。

③ 王应麟：《玉海》卷一〇五，第945册，第771页。

及《元丰行》，谱歌六篇，协之音律，附于琴声，为《琴谱》一卷。”① 知其书乃集王安石《胡笳十八拍》曲及《元丰行》谱歌而成，当有琴谱。该书元以后即不见著录，久佚不存。

4.《大晟乐书》十三卷

仅《通志》载：“《大晟乐书》十三卷，吴良辅。”（卷六四）他书不见记载，疑为郑樵误记。《通志》又载有“《乐书》二十卷，刘炳。”（卷六四）乃为“刘昺《大晟乐书》二十卷”（《宋史·艺文志一》，《宋史·乐志四》，《直斋书录解题》卷一四，《玉海》卷一〇五，《通考·经籍考十三》）②。“炳”后赐改为“昺”。或刘昺编《大晟乐书》时，吴良辅亦为参编者之一。附此俟考。

5.《诗乐说》三卷

仅《通志》载：“《诗乐说》三卷，吴良辅。”③ 他书不见记载。

6.《诗重文说》七卷

详见《宋史·艺文志一》、《授经图义例》。《宋史·艺文志一》：“吴良辅《诗重文说》七卷。”《授经图义例》所载同④，或明时尚有书，今不存。

7.《方言释音》一卷

仅《通志》载：“《方言释音》一卷，吴良辅撰。”⑤ 他书不见记载。

8.《竹书》

仅元人李衎《竹谱》卷四、卷五有载，他书不见记载，盖久佚不存。唯据《竹谱》辑得佚文两则⑥，知其书亦间引经书例述音乐，有字书色彩。卷数及作年不详。

---

① 详见《宋史·艺文志一》（第15册，第5055页），《宋会要·乐》三之二四（第1册，第319页），《续资治通鉴长编》卷四九三（第19册，第11704页）及卷五〇四（第20册，第12004页），《宋史·乐志三》（第9册，第2996页），《宋会要·乐》三之二四（第1册，第319页），《宋史·乐志三》（第9册，第2996页），《玉海》卷一一〇（第945册，第876页）。

② 详见《通志》卷六四（第767页），《通志》卷六四（第767页），《宋史·艺文志一》（第15册，第5055—5056页），《宋史·乐志四》（第9册，第3003—3012页），《直斋书录解题》卷一四（第11册，第410页），《玉海》卷一〇五（第945册，第778页），《文献通考·经籍考十三》（第1593页）。

③ 郑樵：《通志》卷六四《艺文二》，第767页。

④ 详见《宋史·艺文志一》（第15册，第5046页），《授经图义例》卷一二（第675册，第286页）。

⑤ 郑樵：《通志》卷六三《艺文一》，第762页。

⑥ 详见李衎《竹谱》卷四、卷五（第814册，第359页，第374页）。

（七）吴仪“乐书”考

吴仪（？—1107），字国华，世为延平人，一说剑浦人。杨时、罗从彦等师事之。元祐间，受荐于朝，辞不赴。崇宁五年，授将仕郎、大晟府审验音律，罢归；大观元年卒，学者称审律先生[①]。《全宋文》有小传[②]。

吴仪精于音律，自号审律。据载，吴仪“晚益玩心于象数、音律之学，自为一家。有《文集》若干卷。崇宁五年，诏求天下遗逸。部使者以先生应诏，辞不就，已而敦迫之，乃乘驿就道。今相太师公见而说之，授将仕郎、太（大）晟府审验音律”（《吴国华墓志铭》）。“审律名仪，去年以遗逸被召，相君说之，除大成（晟）府审验音律。”（《田曹吴公文集序》）[③]“今相太师公”即蔡京，吴仪得官为“大晟府审验音律”（即“大晟府按协声律”），乃为蔡京所引。崇宁五年二月，蔡京罢相，吴仪亦罢归。

吴仪“乐书”今佚不存，唯辑得佚文一篇。如：

> 琴之为器，古堂上乐也。堂上之乐，有玉磬，有琴，有瑟。而堂下之乐，有柷敔、鼗鼓、晋鼓、镈钟、特钟、编钟、编磬、笙、竽、埙、篇、箫、篪、篴管、椟、雅，是为雅乐之器。今皆不用，故时俗寡得而闻。维琴、笙、篴管形制仅存，而笙与篴管，又流于胡部。惟琴得用于士君子。盖古之士常自御琴、瑟，而不专于乐工之事。故其传积久，而用特隆。然时变乐騳，殊失其法。太古之琴，七尺有二寸，而一弦。后世圣人，裁为三尺六寸，而虞舜益之以五弦。至周文王复增【二弦】，变宫、变徵而为七。其巨弦寓名黄钟，而推当于宫。次太簇商，次姑洗角，次蕤宾变徵，次林钟正徵，次南吕羽，而最后为应钟变宫。三分其弦之长，以备上中下三十六律之声，总而计之，得二百五十二声。当其用于均操抑援之次，而律吕旋相之不同，亦皆率是。七声以为法而不可杂，依于一律以为声而不可说。今之为琴，一切异古。长及寻仞，短隐肘袂，而无定数。骤易二弦，使叶中吕而为高角，去其变宫、变徵而增少宫、少商。或一操而变

① 详见《龟山集》卷三〇《吴国华墓志铭》（第1125册，第390页）及卷二五《田曹吴公文集序》（第1125册，第352页），《豫章文集》卷一四（第1135册，第758页），《新安志》卷一〇（第8册，第7765页），《大清一统志》卷四三〇（穆彰阿等编，第622册，第199页），《江南通志》卷一九六（第512册，第765页），《福建通志》卷五三（第529册，第762页），《闽中理学渊源考》卷一《审律吴国华先生仪》（第460册，第23—24页）。

② 曾枣庄等主编：《全宋文》，第108册，第221页。

③ 详见《龟山集》卷三〇（第1125册，第390页）、卷二五（第1125册，第352页）。

（遍）用众律，或一引而涉历于数徽。其度曲之无制，流声之不依永，徒烦手摇（淫）音，播美听而已。

此文见于《群书考索》，云：“吴仪《琴堂序》，见《延平志》。”①《乐律全书》、《格致镜原》均有节文②。《全宋文》据嘉庆十五年刻本《嘉庆南平县志》移录此文，有异文，可参校；又“美听而已”后多以下一段，如：“虽然，观其曲无奇邪艳丽之词以蛊惑人之志意，听其声无喧轰啾裂之声以动荡人之心耳。若夫秋庭月白，夜榻风清，授弦促轸，缓调静抚，冷然而哀怨，萧然而轩昂，有如松涧之泻鸣泉，竹窗之风落叶，亦足饰寂寞而养高闲，清毛骨而爽神思。此士君子与夫幽人野客所以隆尚而不入于流俗之妙也。彼以其为哇淫无法，比郑、卫而逐之者，过也。又以其为真含太古之音，而异乎郑、卫之滥，鼓之可以召和气，而听之可以感纯心者，亦过也。始予学今之琴于郡之道流米温之，既又学古之乐于朝阳尉阮进叔，乃校知其得失之如此。而温之北敞其所栖之前向以为堂，而朝夕援琴自娱于其间。居一日，请序夫琴之理而愿与有闻焉。是可与也，故为诵所闻而语之。”③ 可辑补。

（八）刘诜“徵声”及相关著述考

刘诜，字应伯，福州福清人。熙宁九年徐铎榜进士，历莆田主簿，知庐江县。崇宁中为讲议司检讨官，进军器、大理丞、大晟府典乐。尝上《历代雅乐因革》、《宋制作之旨》及“徵声”，参编《大晟乐书》。历宗正、鸿胪、卫尉、太常寺少卿，纂《续因革礼》。卒，以尝造燕乐，特赠龙图阁直学士（详见《刘诜考》）。

刘诜乐书著述主要有《历代雅乐因革》、《宋制作之旨》、“徵声”、《续因革礼》等。略考如下。

1.《历代雅乐因革》

按：《历代雅乐因革》见于《宋史·刘诜传》（详下）而不见于公私书目，殆为奏章而非专书。或宋时即已失传。故《玉海》、《通考》等无只字载记。《明文海》、《大清一统志》、《福建通志》所载④同《宋史·刘诜传》，均

① 章如愚：《群书考索》卷五一《乐门·乐器类》，第936册，第665页。

② 详见《乐律全书》卷首（第213册，第9页），《格致镜原》卷四六《乐器类二·琴》（第1031册，第704—705页）。

③ 曾枣庄等主编：《全宋文》，第108册，第221—222页。

④ 详见《明文海》卷四一九《宋刘太常》（第1458册，第68页），《大清一统志》卷三二六（第481册，第527页），《福建通志》卷四三（第529册，第437页）。

为转录之文。

《历代雅乐因革》当作于崇宁元年至二年间，时因朝廷讲议大乐，而刘诜为"讲议司礼乐房检讨官"或"讲议司大乐房检讨官"（详上）。《历代雅乐因革》的内容当为叙述历代雅乐因革故事，为音乐史一类的书籍。《大清一统志》言其内容有"宋，火德，音上徵。臣按古制，旋十二宫以七声，得正徵一调"①，盖误将《宋史·刘诜传》"上徵声"之论当成《历代雅乐因革》的内容。

2.《宋制作之旨》

《宋史·刘诜传》："刘诜，字应伯……崇宁中，为讲议司检讨官。进军器、大理丞，大晟府典乐。诜通音律，尝上《历代雅乐因革》及《宋制作之旨》，故委以乐事。"②

按：此书百衲本及点校本《宋史·刘诜传》、《续四库》本《清一统志》均作"《宋制作之旨》"③，《四库》本《宋史·刘诜传》、《明文海》本《宋刘太常》、《四库》本《清一统志》则作"《宋制作之音》"④。兹姑从前者，附此以俟再考。

又，《宋制作之旨》见于史传而不见于公私书目，或宋时即已失传。当作于崇宁元年至二年间，为刘诜任"讲议司礼乐房检讨官"时所献，或为奏章，内容疑专述宋代雅乐制作的故事，亦为音乐史一类的书籍。《大清一统志》言其内容有"宋，火德，音上徵"云云⑤，乃误将《宋史·刘诜传》"上徵声"之论当成《宋制作之旨》的内容，其实不可据信。

3. 刘诜"徵声"

刘诜"上徵声"事，《宋史·乐志四》有载。如：

> 大观二年，诏曰："自唐以来，正声全失，无徵、角之音，五声不备，岂足以道和而化俗哉？刘诜所上徵声，可令大晟府同教坊依谱按习，

---

① 和珅等：《大清一统志》卷三二六，第481册，第527页。

② 脱脱等：《宋史》卷四四四《刘诜传》，第37册，第13124页。

③ 按：百衲本《宋史·刘诜传》（第6册，第1294页）、点校本《宋史·刘诜传》（第37册，第13124页）、《续修四库全书》本《大清一统志》卷四二六（穆彰阿等编，第622册，第61页），均作"《宋制作之旨》"。

④ 按：文渊阁《四库全书》本《宋史·刘诜传》（第288册，第256页）、《明文海》卷四一九《宋刘太常》（第1458册，第68页）、文渊阁《四库全书》本《大清一统志》卷三二六（和珅等编，第481册，第527页），均作"《宋制作之音》"。

⑤ 和珅等：《大清一统志》卷三二六，第481册，第527页。

仍增徵、角二谱，候习熟来上。”……至是，诜亦上徵声，乃降是诏。

《会要·乐》五之二〇、《玉海》卷一〇五略同，时间为“大观二年三月三十日”。按：刘诜“上徵声”在大观二年二月（详上），议补“徵调”在大观元年正月（详后《刘诜考》）。《宋史·刘诜传》：

> （刘诜）又言：“……今燕乐之音，失于高急，曲调之词，至于鄙俚，恐不足以召和气。宋，火德也，音尚徵，徵调不可阙。臣按古制，旋十二宫以七声，得正徵一调，惟陛下财取。”徽宗曰：“卿言是也，五声阙一不可。《徵招》、《角招》为‘君臣相说之乐’，此朕所欲闻而无言者。卿宜为朕典司之。”

史载崇宁五年九月二十六日，诏大晟府“先考定谱、调、声以闻”（详上）。知刘诜上言燕乐音高、曲调阙徵当在其后。刘诜所上“徵声”，起初尚处于乐律理论探讨、制造、测试的阶段，并没有付诸实践。由理论转为“徵调”曲谱，虽以刘诜为主导，却是与教坊合作的结果（《避暑录话》卷上）①。

“大乐阙徵调”，其论不始于崇宁间，早在皇祐间即已由房庶提出（《宋史·律历志四》，《通考·经籍考十三》）。崇宁间彭几、李复议补徵调，不过是重申房庶之议而已。刘诜所上“徵声”，乃集彭几、李复乐议加以综合而成（详后《刘诜考》），当属乐律理论，而非曲谱本身。徵调曲谱“《黄河清》之类”，乃教坊“次乐工为之”（《避暑录话》卷上，《拙轩词话》），而非刘诜所为；刘诜大观四年二月已离大晟府典乐任，而担任太常寺少卿修撰《续因革礼》，不再管理燕乐之事，政和二年七月前已卒。“仍增徵、角二谱”云云，当为教坊乐工陆续增补，另大晟府制造官盛允升“考正徵、角二声为燕乐”，亦用力甚多。大晟燕乐至政和三年五月方告完成（详上），时刘诜卒已久，不及见“政和徵、角二调曲谱”的完工。教坊“次乐工”依刘诜“徵声”所造“徵调”曲谱，今可考的尚有《黄河清》、《寿星明》、《并蒂芙蓉》、《舜韶新》、《候新恩》、《醉桃源》、《圣寿齐天歌》、《中腔》、《踏歌》等九调。据刘诜言“今燕乐之音失于高急，曲调之词至于鄙俚”（详上），“（刘诜）特赠

① 详见《宋史·乐志四》（第9册，第3002页），《宋会要·乐》五之二〇（第1册，第342页），《玉海》卷一〇五（第945册，第778页），《宋史·刘诜传》（第37册，第13124页），《避暑录话》卷上（第2编，第10册，第256页）。

龙图阁直学士，以尝造燕乐故也”（《会要·仪制》一一之一三）①，知刘诜“以七声得正徵一调”，均属大晟燕乐的范围，其书今佚，详情不得而知。唯据两宋人记载略可考其特征，详见《大晟燕乐徵、角二调考》，兹不赘述。

4.《续因革礼》

《宋史·刘诜传》：“（历）太常四少卿，纂《续因革礼》。”郭万程《宋刘太常》：“终太中大夫、太常寺少卿。时置礼制局，故所著有《续因辈（革）礼》。”（《明文海》卷四一九）② 按“礼制局”设于政和三年七月二十一日，罢于宣和二年七月一日③。“礼制局”当为“议礼局”之误。《续因革礼》盖刘诜为“议礼局”所撰，公私书目未见记载，疑未成书。

按：政和四年太常少卿葛胜仲亦撰《政和续因革礼》，其体例当与刘诜《续因革礼》略同，附录如下：

> （政和）四年，葛胜仲为太常少卿。自建隆至治平初，所行典礼，尝为书百篇。胜仲续其书，自治平迄政和四年，部居条目，皆视欧阳修之旧。总例凡五十三卷，吉礼九十四卷，宾礼十三卷，军礼四卷，嘉礼三十三卷，凶礼七十七卷，庙议二十七卷，合三百卷。目录三卷，与前书并藏奉常。又编纂《太常祠祀仪制格目》，每岁大祠凡九十有六，中祠凡二十有九，小祠凡一十有四。每祠为一卷。岁再祀，或四时祀，或月祀。若祭名异，而祀仪相类，则合一卷。凡四十八卷，标录二卷。④

《续因革礼》的编撰，盖始于元丰七年六月（《长编》卷三四六），然其书未见刊行。刘诜编撰《续因革礼》，其起始年代当为“自治平迄大观四年”，乃在前贤基础上续有所撰，但未及成书即已卒。后葛胜仲为太常少卿，实乃接续刘诜《续因革礼》之现成略加续修，总成“三百卷”之鸿篇巨帙。具体例分总例、吉礼、宾礼、军礼、嘉礼、凶礼、庙议，与《政和五礼新仪》相合，郭万程所谓“时置礼制局（议礼局），故所著有《续因辈（革）礼》”（《明文

① 详见《宋史·律历志四》（第5册，第1612页），《文献通考·经籍考十三》（第1592页），《避暑录话》卷上（第2编，第10册，第256页），《拙轩词话》（《词话丛编》本，第1册，第190页），《宋会要·仪制》一一之一三（第2册，第2031页）。

② 详见《宋史·刘诜传》（第37册，第13125页），《明文海》卷四一九（第1458册，第68页）。

③ 龚延明：《宋代官制辞典》，第191页。

④ 王应麟：《玉海》卷六九《政和续因革礼》，第945册，第36页。

海》卷四一九《宋刘太常》)[①]，为《续因革礼》编撰之因。刘诜《续因革礼》体例疑即与之相似，因原书已佚，不可详考。

(九）彭几《乐书》考

彭几，字渊材，筠州新昌人。于洪觉范为叔侄。元丰、元祐间，游京师十余年，父以书呼之，归侍。绍圣初，谒曾布论边事。崇、观年间，为郭天信、张商英门客。晓大乐，尝献《乐书》论徵调，得协律郎。政和初，张、郭得罪，远配。与洪觉范、邹元佐号“新昌三奇”（详后《彭几考》)。

彭几进《乐书》事见《宋史·乐志四》等书，如：

> （大观二年）初，进士彭几进《乐书》，论五音，言：“本朝以火德王，而羽音不禁，徵调尚阙。”礼部员外郎吴时善其说，建言乞召几至乐府。朝廷从之。至是，诜亦上徵声，乃降是诏。(《宋史·乐志四》)

《会要·乐》五之二〇、《玉海》卷一〇五略同。彭几进《乐书》的时间，诸书不见记载。《避暑录话》卷上：“崇宁初，大乐阙徵调，有献议请补者。”《拙轩词话》：“崇宁中，大乐阙徵调，议者请补之。”[②] 均言“崇宁初”或“崇宁中”。“献议请补者”、“议者”云云，当指彭几等人。盖彭几数进《乐书》议补“徵调”，然在崇宁间亦不见售。又史载礼部员外郎吴时善其说，建言乞召彭几至大晟府（详上)。按吴时为礼部员外郎在大观元年（详后《吴时考》)，彭几《乐书》被采纳亦当在本年。

按：宋乐缺“徵音”，乃仁宗朝议乐者即已言明[③]。崇宁间，彭几再申其说；至大观二年刘诜再上徵声，始列于大晟府新乐中。彭几《乐书》今佚，唯辑得佚文一则，云：

> 本朝以火德王，而羽音不禁，徵调尚阙。

乃“论五音”之文，见于《宋史·乐志四》、《会要·乐》五之二〇、

---

① 详见《续资治通鉴长编》卷三四六（第14册，第8307页)，《明文海》卷四一九（第1458册，第68页)。

② 详见《宋史·乐志四》(第9册，第3002页)，《宋会要·乐》五之二〇（第1册，第342页)，《玉海》卷一〇五（第945册，第778页)，《避暑录话》卷上（第2编，第10册，第256页)，《拙轩词话》(《词话丛编》本，第1册，第190页)。

③ 详见《文献通考》卷一八六《经籍考十三》，第1592页。

《玉海》卷一〇五等（详上）。原书体例、卷数均不可考。

（十）姚公立《隆韶导和集》考

姚公立，字号、籍里均无考。保义郎、大晟府按协声律。详见《书录解题》卷一四、《通考·经籍考十三》。《通志》卷六四作“姚分立”①，疑为翻刻笔误。

姚公立所撰乐书名《隆韶导和集》，史籍多有记载。如：

> 《隆韶导和集》一卷，姚分立。（《通志》卷六四）
>
> 《隆韶导和集》一卷。保义郎、大晟府案协律姚公立撰。以律吕、节气、阴阳为说，凡四十九条。（《书录解题》卷一四，《通考·经籍考十三》）②

四库馆臣按云：“案《文献通考》题《隆韶道百和集》，误。”③ 可从。

姚公立《隆韶导和集》一卷，内容以律吕、节气、阴阳为说，总49条。今佚不存。

（十一）盛允升《乐书》考

盛允升（1059—1116），字德常，吴兴人。以荫补太庙斋郎，调开封府酸枣县主簿，润州金坛尉，摄乌程尉，历昆山丞、杭州签判、开封府刑曹，通判扬州，领开封府户曹。方朝廷考正徵、角二声为燕乐，上所著《乐书》数万言，改仪曹，兼大晟府制造官。营奉明达皇后寝园有劳，迁朝散大夫，请知秀州，待次乡郡，以大晟奏功迁朝请大夫。卒，享年五十有八。④

盛允升《乐书》见沈与求《盛公行状》，如：

> 政和二年，当路以公年未艾，才不宜遂休，表复用。训词褒许，即以旧领阶官司开封府户曹事。方朝廷考正徵、角二声为燕乐，以厘革郑、卫淫哇之习。公上所著《乐书》数万言，论辨古乐，所以析用中、正之法

① 郑樵：《通志》卷六四《艺文二》，第767页。

② 详见《通志》卷六四（第767页），《直斋书录解题》卷一四（第11册，第410页），《文献通考·经籍考十三》（第1593页）。

③ 陈振孙：《直斋书录解题》卷一四“《隆韶导和集》一卷”小注，第11册，第410页。

④ 详见《龟溪集》卷一二《朝请大夫盛公行状》（第1133册，第245—247页），《吴兴备志》卷一三（第494册，第424页）。

甚悉。上嘉用之。改仪曹，兼大晟府制造官。[①]

按："上所著《乐书》数万言"云云，知原书卷数当甚夥。但南宋后公私书目均不见记载，可能并未刊行，或在南宋即已佚失。考其书"论辨古乐"及"析用中、正之法"，当是探讨大晟乐乐理之书，"中、正之法"为刘昺所倡，为大晟乐实际制器所本，知盛允升《乐书》当为"刘昺乐"提供理论依据。又盛允升任"大晟府制造官"后，负责"大晟燕乐乐器"制造，即完全依照雅乐"八音"理论而行。也就是说，盛允升《乐书》可能正是讨论如何"以雅乐中声播于燕乐"（详上）的一部乐书。其中可能涉及"考正徵、角二声"问题，但偏重于乐器制造而非"考正徵、角二声"乐谱。今其所撰《乐书》失传，无从详考。

（十二）蔡攸"乐书"考

蔡攸（1077—1126），字居安，兴化军仙游人，蔡京长子。任监在京裁造院，以蔡京有宠，自鸿胪丞赐进士出身，除秘书郎。以直秘阁、集贤殿修撰编修《国朝会要》。至枢密直学士，加龙图阁学士兼侍读，详定《九域图志》，修《六典》，提举上清宝箓宫、秘书省、大晟府、两街道录院、礼制局、道史局。为宣和殿大学士，带淮康军节度使。历开府仪同三司、镇海军节度使、少保、少傅、少师，封英国公，领枢密院，进太保。后以燕山之役祸及宗社，诛死。《宋史》有传[②]。

蔡攸于政和七年三月至宣和初，以提举秘书省兼大晟府提举官[③]，议改作大乐，设修制大乐局，编有乐书多种，略考如下。

1. 蔡攸"乐书"

《宋史·乐志四》："（政和）八年八月，宣和殿大学士蔡攸言：'九月二日，皇帝躬祀明堂，合用大乐。按《乐书》："正声得正气则用之，中声得中气则用之。"自八月二十八日，已得秋分中气，大飨之日当用中声乐。今看详古之神瞽考中声以定律，中声谓黄钟也。黄钟即中声，非别有一中气之中声也。考阅前古，初无中、正两乐。若以一黄钟为正声，又以一黄钟为中声，则黄钟君声，不当有二。况帝指起律，均法一定，大吕居黄钟之次，阴吕也，臣声也。今减黄钟三分，则入大吕律矣，易其名为黄钟中声，不唯纷更帝律，又以阴吕臣声僭窃黄钟之名。若依《乐书》"正声得正气则用之，中声得中气则

① 沈与求：《龟溪集》卷一二《朝请大夫盛公行状》，第1133册，第246—247页。

② 脱脱等：《宋史》卷四七二《蔡攸传》，第39册，第13730—13732页。

③ 诸葛忆兵：《周邦彦提举大晟府考》，《文学遗产》1997年第5期，第114—117页。

用之”，是冬至祀天，夏至祭地，常不用正声而用中声也。以黄钟为正声，易大吕为中声之黄钟，是帝律所起，黄钟常不用而大吕常用也。抑阳扶阴，退律进吕，为害斯大，无甚于此。今来宗祀明堂，缘八月中气未过，而用中声乐南吕为宫，则本律正声皆不得预。欲乞废中声之乐，一遵帝律，止用正声，协和天人，刊正讹谬，著于《乐书》。’诏可。”①

蔡攸“著于《乐书》”云云，此《乐书》即《大晟乐书》。知蔡攸针对刘昺《大晟乐书》“讹谬”做过“刊正”工作，当另著有“乐书”。其书不见于公私书目，疑未及刊行。今据史料略辑录其说如下：

宣和元年四月，（蔡）攸上书：“奉诏制造太、少二音登歌、宫架，用于明堂，渐见就绪，乞报大晟府者凡八条：［其］一，太、正、少钟三等。旧制，编钟、编磬各一十六枚，应钟之外，增黄钟、大吕、太簇、夹钟四清声。今既分太、少，则四清声不当兼用，止以十二律正声各为一架。其二，太、正、少琴三等。旧制，一、三、五、七、九弦凡五等。今来讨论，并依《律书》所载，止用五弦，弦大者为宫而居中央，君也。商张右傍，其余大小相次，不失其序，以为太、正、少之制，而十二律举无遗音。其一、三、五（引者按：“五”为衍文）、七、九弦，太、少乐内更不制造。其三，太、正、少篇三等。谨按《周官》篇章之职，歈以迎寒暑。王安石曰：‘篇，三孔，律吕于是乎生。’而其器不行于世久矣。近得古篇，尝以颁行。今如《尔雅》所载，制造太、正、少三等，用为乐本，设于众管之前。其四，太、正、少篴、埙、篪、箫各三等。旧制，箫一十六管，如钟、磬之制，有四清声。今既分太、少，其四清声亦不合兼用，止用十二管。其五，大晟匏有三色：一曰七星，二曰九星，三曰闰余，莫见古制。匏备八音，不可阙数，今已各分太、正、少三等，而闰余尤无经见，唯《大晟乐书》称‘匏造十三簧者，以象闰余。十者，土之成数；三者，木之生数：木得土而能生也’。故独用黄钟一清声。黄钟清声无应闰之理，今去闰余一匏，止用两色，仍改避七星、九星之名，止曰七管、九管。其六，旧制有巢笙、竽笙、和笙。巢笙自黄钟而下十九管，非古制度。其竽笙、和笙并以正律林钟为宫，三笙合奏，曲用两调，和笙奏黄钟曲，则巢笙奏林钟曲以应之，宫、徵相杂。器本宴乐，今依钟、磬法，裁十二管以应十二律，为太、正、少三等，其旧笙更不用。其七，柷、敔、晋鼓、镈钟、特磬，虽无太、少，系作止和乐，合行备设。其

① 脱脱等：《宋史》卷一二九《乐志四》，第9册，第3023页。

八，登歌、宫架有搏、拊二器，按《虞书》'戛击鸣球，搏拊琴瑟'。王安石解曰：'或戛或击，或搏或拊。'与《虞书》所载乖戾。今欲乞罢而不用。"诏悉从之。(《宋史·乐志四》)

(任) 宗尧至，则言太、少之说本出于古人，虽王朴犹知之，而刘昺不用，乃自创黄钟为两律。黄钟，君也，不宜有两。蔡攸方提举大晟府……乃奏(田)为大晟府典乐，遂不用中声八寸七分管，而但用九寸管。又为一律，长尺有八寸，曰太声；一律长四寸有半，曰少声：是为三黄钟律矣。律与容盛又不翅数倍。黄钟既四寸有半，则圜钟几不及二寸。诸器大小皆随律，盖但以器大者为太，小者为少。(《宋史·乐志四》)

大晟乐府尝罢一、三、七、九，惟存五弦，谓其"得五音之正，最优于诸琴也"。(《宋史·乐志十七》)①

以上又见《通考·乐考四》、《纲目备要》卷二七、《通考·乐考十》②，文繁不录。按：蔡攸"乐书"诸说均当为大晟府典乐任宗尧所创，乃借蔡攸之手一再向朝廷申疏。史载任宗尧进魏汉津"太、正、少三黄钟律"说，而被田为所夺③。其说乃非，田为不过是在主乐方面夺了任宗尧的行政权力而已，蔡攸"乐书"实本任宗尧而非田为（详后《任宗尧考》）。

2.《唐谱徵、角二声》

关于《唐谱徵、角二声》的记载，见蔡絛《国史后补》。蔡絛云：

政和初，命大晟府改用大晟律，其声下唐乐已两律。然刘昺止用所谓中声八寸七分管为之，又作匏笙、埙、篪，皆入夷部。至于《徵招》、《角招》，终不得其本均，大率皆假之以见徵音。然其曲谱颇和美，故一时盛行于天下，然教坊乐工嫉之如雠。其后，蔡攸复与教坊用事乐工附会，又上《唐谱徵、角二声》，遂再命教坊制曲谱。既成，亦不克行而止。④

---

① 详见《宋史·乐志四》（第9册，第3023—3025页），《宋史·乐志四》（第9册，第3026页），《宋史·乐志十七》（第10册，第3341—3342页）。

② 详见《文献通考·乐考四》（第1173页），《皇朝编年纲目备要》卷二七（第687页），《文献通考·乐考十》（第1212页）。

③ 脱脱等：《宋史》卷四六二《魏汉津传》，第39册，第13526页。

④ 脱脱等：《宋史》卷一二九《乐志四》，第9册，第3026页。

此则内容，他书不见引用。按《宋史·乐志四》引蔡絛此条前尚有“初，汉津献说，请帝三指之三寸”云云，《通考·乐考三》引此作“蔡攸《国史补》”①，乃翻刻之误，当为“蔡絛《国史后补》”②。《通考·乐考三》只引蔡絛《国史后补》前半部分，后半部分无引文。《宋史·乐志四》引此文作“（蔡）攸之弟（蔡）絛曰：‘初，汉津献说，请帝三指之三寸’”、“（蔡）絛又曰：‘宴乐本杂用唐声调’”③，知两条内容均出自蔡絛《国史后补》。

《国史后补》对《唐谱徵、角二声》的记载虽语焉不详，但大体已将其与“政和《徵招》、《角招》”作了清晰的区别。今考《玉海》：“《政和黄钟徵、角调》：《书目》：二卷，政和中御制，依《唐谱》修定，《黄钟徵、角二调》总四十五曲，命教坊习学。大晟乐以指为寸，以寸生尺，以尺定律。”（卷七）又：“《书目》：……《黄钟徵、角调》二卷，政和中御制，依《唐谱》修定，《黄钟徵、角二调》总四十五曲，命教坊习学。”（卷二八）所谓“依《唐谱》修定”，与《宋史·乐志四》、《通考·乐考三》“又上《唐谱徵、角二声》”④吻合，知《玉海》所载“《黄钟徵、角调》二卷”、“《政和黄钟徵、角调》”、“《黄钟徵、角二调》”即蔡攸《唐谱徵、角二声》，共有二卷45只曲谱。所谓“政和中御制”，乃托名徽宗所撰，实为“蔡攸复与教坊用事乐工附会”而成。其制成时间当在政和末。

3. 蔡攸《燕乐》三十四册

“蔡攸《燕乐》三十四册”见于《宋史·艺文志一》，他书不见记载。按“蔡攸《燕乐》三十四册”乃大晟府“讨论古音，审定古调”而成的一套“燕乐总谱”。《会要·乐》四之一、二：

> （政和八年九月二十日）蔡攸言：“昨奉诏：‘教坊、均（钧）容、衙前及天下州县燕乐旧行一十七调大小曲谱，声韵各有不同。今编修

① 详见《宋史·乐志四》（第9册，第3025页），《文献通考·乐考三》（第1159页）。

② 据《文献通考·钱币考二》：“蔡絛《国史补》：‘国朝铸钱，沿袭五代及南唐故事……’”（第96页）《文献通考·兵考十二》：“蔡絛《国史补》：‘政和二年，诏于京东西、河北以旧牧地募人牧马，以次推行于诸路……’”（第1393页）知“蔡攸《国史补》”乃“蔡絛《国史补》”翻刻之误。按蔡絛《国史补》原名为《国史后补》。尤袤《遂初堂书目》：“蔡絛《国史后补》。”（第8册，第19页）《直斋书录解题》卷五：“《国史后补》五卷，蔡絛撰。”（第11册，第159页）《文献通考·经籍考二十七》：“蔡絛《国史后补》。”（第1677页）

③ 详见《文献通考·乐考三》（第1159页），《宋史·乐志四》（第9册，第3025页，第3026页）。

④ 详见《玉海》卷七及卷二八（第943册，第198页，第691页），《宋史·乐志四》（第9册，第3026页），《文献通考·乐考三》（第1159页）。

《燕乐书》所审按校定，依月律次序添入新补撰诸调曲谱，令有司颁降。’今撰均度，正其过差，合于正声，悉皆谐协。将燕乐一十七调看详到大小曲三百二十三首，各依月律次序，谨以进呈。如得允当，欲望大晟府镂板颁行。”从之。

据上载，知此书完工于政和八年九月二十日前。时任“燕乐所制撰”的田为承担了“审按校定”的主要工作（《会要·职官》六九之四）[①]，但因由蔡攸挂名主编，故命名为“蔡攸《燕乐》”，共有“三十四册”，包含“一十七调”323只曲谱。尽管徽宗诏书明确规定这套新撰“燕乐曲谱”必须包括“燕乐旧行一十七调大小曲谱”及“依月律次序添入新补撰诸调曲谱”（详上），即需按宫、商、角、徵、羽五声编撰。但出于某种原因，蔡攸还是只将“看详到”的“燕乐一十七调”大小曲谱单独刊行，其余“徵、角二调曲谱”则另刊为《唐谱徵、角二声》。

徽宗诏书《诏令集》失收，不明其具体下达时间，当在政和四年正月后。“蔡攸《燕乐》三十四册”当始编于政和七年三月提举大晟府后。又蔡攸有编撰“《唐谱徵、角二声》”之事（详上），与其完成“《燕乐》三十四册”的时间相先后。可见，蔡攸提举大晟府后，曾多次对大晟府“燕乐曲谱”进行“审按校定”，力图编成一套包括宫、商、角、徵、羽五声“各依月律次序”的“大晟燕乐总谱”。这套“大晟燕乐总谱”其实完整地保存到了脱脱主编《宋史》的元朝末期（详后《大晟燕乐曲谱南宋流传考》）。

（十三）张俣《大乐玄机赋论》

吴莱《张氏〈大乐玄机赋论〉后题》：“及乎大晟乐府之立，吾殆未知其尚有胡俗之杂耶？抑果雅乐之正也？夫以雅乐平淡而声缓，胡俗繁碎而声急。今大晟之乐律太高，乐声急矣。当《大晟乐书》之行，教坊色长张俣曾制《大乐玄机赋论》：‘七音、六十律、八十四调，本不脱乎龟兹白（引者按：“白”当为“人曰”之误刻，考证详上。）苏祇婆之旧。正行四十大曲，常行小令，四部弦管，犹或尚循乎大唐、五代梨园法曲之遗，此非胡俗之杂行者乎？宜雅乐之未易遽复也。’然吾就俣之所学，尝谓乐工肄乐，先须通达强记，巧妙斡旋，复穷十载晓夜之思，而务谙前人格范之固，不可以草茅无识，而轻议乐。又况汉津蜀一黥卒，窥范景仁、司马君实之议论，而且得与夫黄帝、夏禹，配食于乐成之庙，尚可至今沿袭而不变耶？”孙承泽《春明梦馀

---

① 详见《宋史·艺文志一》（第15册，第5054页），《宋会要·乐》四之一、二（第1册，第322页），《宋会要·职官》六九之四（第4册，第3931页）。

录》引作吴莱《大晟乐论》，均云“张倶《大乐玄机赋论》”①。

按：张倶为教坊色长，其书当成于大观三年六月刘昺“上《大晟乐书》”后。所论大晟乐“七音、六十律、八十四调”，乃为《大晟乐书》相关内容，而又论及“正行四十大曲，常行小令，四部弦管”，则为燕乐内容。据《大乐玄机赋论》“犹或尚循乎大唐、五代梨园法曲之遗”云云，知当时燕乐尚依“唐律”之旧，未尝有所变革。据此，其书当成于政和四年正月以“大晟府十有二月所定声律”阅习教坊乐（详上）前。今可推知《大乐玄机赋论》作于大观三年六月至政和四年正月间。其论大晟乐不脱俗乐之范围，颇讥号称“雅乐”的大晟乐之性质，不过是俗乐的翻版。其书元时尚存，今佚，不可详考。

（十四）佚名“大晟府燕乐乐器谱释图”

《宋史·徽宗本纪三》：“（政和三年五月）己酉，班新燕乐。”《宋史·乐志四》：“（政和三年五月）诏曰：‘……以《大晟乐》播之教坊……可以所进乐颁之天下，其旧乐悉禁。’于是令尚书省立法……新乐器五声、八音方全。埙、篪、匏笙、石磬之类已经按试者，大晟府画图疏说颁行，教坊、钧容直、开封府各颁降二副。开封府用所颁乐器，明示依式造粥，教坊、钧容直及中外不得违。今辄高下其声，或别为他声，或移改增损乐器……悉行禁止，违者与听者悉坐罪。”②

按：“大晟府画图疏说颁行”云云，其“图”乃政和三年造成的大晟燕乐乐器及如何演奏的“疏说”文字，当颁于政和三年八月（详上）。据《会要·乐》四之一“乞诏大晟府将合颁降雅乐，逐一图绘形制，逐件以谱释标记。（谓如编钟于逐钟，编磬于逐磬，埙、篪、笛于逐穴旁，竿、箫于逐管上，各标题“黄、大、太、夹”字之类。）”云云，可知逐件燕乐乐器必定也有文字“谱释标记”。其所包含的大晟燕乐乐器，只新造的“埙、篪、匏笙、石磬之类”等有“谱释图”。又据《会要·乐》三之二七：“人户有造到新乐器，仰赴州呈验，用所颁乐按协一次。声同不异，即听行用。”③知大晟燕乐乐器可“依式造粥”，所谓“式”，当为乐器构造图。因此，大晟府政和三年颁行的

① 详见《渊颖吴先生集》卷八（《四部丛刊》初编本，第7页A面至B面），《春明梦馀录》卷三九（第868册，第601—602页）。

② 详见《宋史·徽宗本纪三》（第2册，第391页），《宋史·乐志四》（第9册，第3017—3018页）。

③ 详见《宋会要·乐》四之一（第1册，第322页），《宋会要·乐》三之二七（第1册，第320页）。

“画图疏说”，当包括乐器构造图及演奏“谱释图”两部分。此书南宋后即已佚不存，故公私书目未见记载，姑名之曰“大晟府燕乐乐器谱释图”。

又，《高丽史·乐志一》载有“《曲谱》一十册”、“《指诀图》一十册”，乃政和四年六月前赐高丽的燕乐曲谱集①。其中“《指诀图》一十册”，当为演奏乐器的“器乐谱”。不知与政和三年颁行的“大晟府燕乐乐器谱释图”有何关系，附此俟考。

（十五）佚名“大晟府燕乐曲谱”

《宋史·徽宗本纪三》：“（政和三年五月）己酉，班新燕乐。”《宋史·乐志四》：“（政和三年五月）诏曰：‘……以《大晟乐》播之教坊……’于是令尚书省立法，新徵、角二调曲谱已经按试者，并令大晟府刊行，后续有谱，依此。其宫、商、羽调曲谱自从旧。”②

按：这套燕乐曲谱当颁于政和三年八月，具体书名不详，姑名之曰“大晟府燕乐曲谱”。今考其内容，共包括两部分：其一，“新徵、角二调曲谱”，颁制并刊行于政和三年八月。据史载，这套曲谱实为教坊“次乐工”等人所制（《避暑录话》卷上，《拙轩词话》），曾由大晟府词人“制词实谱”（详上）。今可考有徵调曲《黄河清》、《寿星明》、《并蒂芙蓉》、《舜韶新》、《候新恩》、《醉桃源》、《圣寿齐天歌》、《中腔》、《踏歌》等九曲。其二，“其宫、商、羽调曲谱自从旧”云云，乃指“燕乐旧行一十七调大小曲谱”，政和八年九月由大晟府镂板颁行时，包括大曲、小曲总共323只曲谱（《会要·乐》四之一、二），共有“三十四册”（《宋史·艺文志一》）③。此为修订整理后的大晟府燕乐曲谱。政和三年这批未经整理的“自从旧”的“宫、商、羽调曲谱”，不知具体数目如何？又《高丽史·乐志一》载有“《曲谱》一十册”、“《指诀图》一十册”，乃政和四年六月前赐高丽的燕乐曲谱集（详上）。其中“《曲谱》一十册”，当为燕乐曲谱集。这套曲谱集含有晁端礼《黄河清慢》等，可证此书乃包含宫、商、角、徵、羽五声的完整曲谱。不知与政和三年颁行的“大晟府燕乐曲谱”有何关系，附此俟考。

（十六）佚名“大晟府四时禁乐图”

《宋史·乐志四》：“（政和三年九月，刘昺）上言曰：‘五行之气，有生

① ［朝鲜］郑麟趾等：《高丽史》卷七〇《乐志一》，第6册，第2206—2208页。

② 详见《宋史·徽宗本纪三》（第2册，第391页），《宋史·乐志四》（第9册，第3017—3018页）。

③ 详见《避暑录话》卷上（第2编，第10册，第256页），《拙轩词话》（《词话丛编》本，第1册，第190页），《宋会要·乐》四之一、二（第1册，第322页），《宋史·艺文志一》（第15册，第5054页）。

有克，四时之禁，不可不颁示天下。盛德在木，角声乃作，得羽而生，以徵为相；若用商则刑，用宫则战，故春禁宫、商。盛德在火，徵声乃作，得角而生，以宫为相；若用羽则刑，用商则战，故夏禁商、羽。盛德在土，宫声乃作，得徵而生，以商为相；若用角则刑，用羽则战，故季夏土王，宜禁角、羽。盛德在金，商声乃作，得宫而生，以羽为相；若用徵则刑，用角则战，故秋禁徵、角。盛德在水，羽声乃作，得商而生，以角为相；若用宫则刑，用徵则战，故冬禁宫、徵。此三代之所共行，《月令》所载，深切著明者也。作乐本以导和，用失其宜，则反伤和气。夫淫哇殽杂，干犯四时之气久矣。陛下亲洒宸翰，发为诏旨，淫哇之声转为雅正，四时之禁亦右所颁，则协气粹美，绎如以成。’诏令大晟府置《图》颁降。”①

按：“诏令大晟府置《图》颁降”云云，当为“大晟府四时之禁乐图”，乃政和三年九月后“颁降”。然非大观三年即已成书上奏的“《大晟乐书》二十卷”内容。虽为大晟府提举官刘昺所奏，然其书未必为刘昺编撰。此书南宋后即已佚不存，故公私书目未见记载，姑名之为“大晟府四时禁乐图”，附此俟考。

（十七）“《曲谱》一十册”、“《指诀图》一十册”

“《曲谱》一十册”、“《指诀图》一十册”，见于《高丽史·乐志一》②，前附政和四年六月前赐高丽大晟乐诏，后附有大晟乐器。经考证，这批乐器均为燕乐乐器，而“《曲谱》一十册”、“《指诀图》一十册”均当为大晟燕乐谱及器乐谱（详后《〈高丽史·乐志〉大晟府词曲辑考》）。其书多达20册，今已不存。略有残谱可考，详后。

（十八）佚名“大晟府雅乐乐器谱释图”

据《会要·乐》四之一：“（政和）五年九月十六日，新差权知庐州朱维奏：‘臣伏睹大晟府以雅乐颂（颁）降天下，州、军姑有其器而已，未必能作之。乞诏大晟府将合颁降雅乐，逐一图绘形制，逐件以谱释标记。（谓如编钟于逐钟，编磬于逐磬，埙、箎、笛于逐穴旁，笙、箫于逐管上，各标题“黄、大、太、夹”字之类。）不可谱释者，逐色后疏说如何考击。（谓如柷后则声说“凡乐初作，先以木槌于柷左右并柷底共击九下”，敔后则声说“凡乐止，以竹戛于敔背上划三遍”之类。）余器亦各开排疏说，及将合用乐章、谱并歌调，一处镂板行下。’从之。”③ 原文作“（大观）五年九月十六日”，误，详

① 脱脱等：《宋史》卷一二九《乐志四》，第9册，第3018—3019页。

② ［朝鲜］郑麟趾等：《高丽史》卷七〇《乐志一》，第6册，第2206—2208页。

③ 徐松辑：《宋会要·乐》四之一，第1册，第322页。

后《朱维任大晟府典乐及其他仕历考》。

按：此处既云“镂板行下”，又云“从之”，则这种“逐件以谱释标记”的“图绘”，当已雕版发行。成书应在政和五年九月后。南宋后即已佚不存，故公私书目未见记载，姑名之曰“大晟府雅乐乐器谱释图”。

今考朱维所奏，包含了“乐器谱释”和“歌辞谱”两个部分。其中第一部分是大晟府各种雅乐乐器的“谱释标记”图，每件乐器上都标示了“黄、大、太、夹”之类字样，不可谱释的则每种添写了说明性文字。另外一部分，则是合用乐章的“谱并歌调”，成书在政和五年九月至六年六月间（详后）。

（十九）佚名“大晟府撰乐谱辞”

《会要·乐》四之一：“（政和）五年九月十六日，新差权知庐州朱维奏：‘……余器亦各开排疏说，及将合用乐章、谱并歌调，一处镂板行下。’从之。”①

按：所谓“合用乐章、谱并歌调”，当即乐章“谱辞”。史载政和七年二月，高丽“乞习教声律、大晟府撰乐谱辞”②，其实都是雅乐乐章“谱辞”（详后《〈高丽史·乐志〉大晟府词曲辑考》）。当据“《政和颁降乐曲乐章节次》一卷”中选定乐曲乐章配谱而成。既然在政和六年六月就已赐予高丽（详后），则当编成于政和六年六月前。又因政和五年九月十六日才由朱维奏请编撰，知成书在政和五年九月后。“大晟府撰乐谱辞”在政和五年九月至六年六月间已“镂板行下”。

关于“大晟府撰乐谱辞”，现代部分学者据此断为“确为宋王朝赐给高丽的‘大晟府撰乐谱辞’”及“大晟府习用的一种简式歌谱”，认为即《高丽史·乐志二》所载北宋词曲（详后）。颇可商榷。经考证，知其为雅乐乐章谱，与燕乐曲谱没有关系（详后《〈高丽史·乐志〉大晟府词曲辑考》）。今据《宋史·艺文志一》：“《政和颁降乐曲乐章节次》一卷。”乃政和五年增订并颁降的雅乐乐曲、乐章及用乐“节次”的书籍，其主体为四言诗式的文辞，已见上考。“大晟府撰乐谱辞”即据此书选定而成，不过配备了“黄、大、太、夹”之类的雅乐律吕谱，主要用于“以宁祖考”（《会要·礼》六二之五二）③ 等祭祀场合（详后《〈高丽史·乐志〉大晟府词曲辑考》）。

---

① 徐松辑：《宋会要·乐》四之一，第1册，第322页。

② 详见《宋史·乐志四》（第9册，第3019页），《玉海》卷一〇五（第945册，第778页）。

③ 详见《宋史·艺文志一》（第15册，第5056页），《宋会要·礼》六二之五二（第2册，第1720页）。

（二十）佚名“大晟府燕乐八十四调并图谱”

《会要·乐》四之一：“（政和六年）闰正月九日，臣僚言：‘《大晟》雅乐，顷岁已命儒臣著《乐书》，独燕乐未有纪述。乞考古声器所起，断以方今制作之原，各附以图，为《燕乐新书》。’诏大晟府编集燕乐八十四调并图谱，令刘昺撰文。”（《宋史·乐志四》、《玉海》卷一〇五略同）[①]

前贤疑“大晟府燕乐八十四调并图谱”为“燕乐曲谱集”，云：“（《政和颁降乐曲乐章节次》一卷）与周邦彦负责‘编集八十四调并图谱’的关系如何，亦无从考证。”[②] 所据即张炎《词源》：“迄于崇宁，立大晟府，命周美成诸人讨论古音，审定古调。沦落之后，少得存者。由此八十四调之声稍传。而美成诸人，又复增演慢曲、引、近，或移宫换羽，为三犯、四犯之曲，按月律为之，其曲遂繁。”（卷下）按：张炎所说“由此八十四调之声稍传”，亦即《词源》所列“燕乐八十四调”，并附俗字图谱，当据大晟府编集的“燕乐八十四调并图谱”绘制而成。据此可知，所谓“八十四调并图谱”，不过是像《词源》所列“燕乐八十四调”律吕名并俗名之图表（每调下略缀有燕乐俗字图谱而已，详上考，兹不赘），并不是“一曲有一曲之谱”（《词源》卷下）那样的“燕乐曲谱集”。因此，“大晟府燕乐八十四调并图谱”当非曲谱集而为乐书，乃刘昺《燕乐新书》中的一部分。其编集时间始于政和六年闰正月，编集者据张炎说乃“周美成（邦彦）诸人”，当可信。但《词源》又将“大晟府燕乐八十四调并图谱”这样一种乐书性质的“图谱”和“增演慢曲、引、近”等编集曲谱之事放在一起叙述，易致误会。今据《会要·乐》四之二、《玉海》卷一〇五[③]，考得真正的“燕乐八十四调”曲谱集并不是政和六、七年间由周邦彦“负责编集”的“大晟府燕乐八十四调并图谱”，而是由万俟咏等人“依月律”制词实谱的“燕乐依月律撰词八十四调”。它的成书时间在宣和二年前后，与“大晟府燕乐八十四调并图谱”并不是一回事。但从“乐书”到“曲谱”仍有先后继承关系，或“燕乐八十四调曲谱集”即依此书理论而成。

（二十一）赐予高丽的“大晟雅乐乐谱”

宋徽宗政和六年（睿宗十一年）六月前赐高丽大晟雅乐，《高丽史·

---

① 详见《宋会要·乐》四之一（第1册，第322页），《宋史·乐志四》（第9册，第3019页），《玉海》卷一〇五（第945册，第778页）。

② 吴熊和：《周邦彦琐考》，《吴熊和词学论集》，第261页。

③ 详见《词源》卷下（《词话丛编》本，第1册，第255页），《词源》卷下（《词话丛编》本，第1册，第257页），《宋会要·乐》四之二（第1册，第322页），《玉海》卷一〇五（第945册，第778页）。

乐志一》前附赐乐诏书，后附有大晟雅乐乐器428件清单；除了赐高丽大晟乐器外，还有雅乐文舞、武舞等佾舞所用的各种仪物、麾幡、服饰、衣冠等。据载，政和六年八月己卯，高丽睿宗特意下诏："况今大宋皇帝特赐《大晟乐》，文、武舞宜先荐宗庙，以及宴享。"十月戊辰，亲阅大晟乐于乾德殿。癸酉，亲祼太庙，荐大晟乐（《高丽史·乐志一》）①。知这套乐器本年已经使用，当配有"大晟雅乐乐谱"（详后《〈高丽史·乐志〉大晟府词曲辑考》）。

据《宋史·乐志四》："（政和七年二月）中书省言：'高丽，赐雅乐，乞习教声律、大晟府撰乐谱辞。'诏许教习，仍赐乐谱。"《会要·礼》六二之五二、《玉海》卷一〇五略同，微有异文。按：所谓"乞习教声律、大晟府撰乐谱辞"，知其在政和七年二月前，即已赐雅乐"声律、大晟府撰乐谱辞"，但因不知如何施用，故有"乞习教"之请。据此，知政和六年六月前赐高丽大晟雅乐，所赐包括乐器、器乐谱及雅乐乐章谱三个部分（详后《〈高丽史·乐志〉大晟府词曲辑考》）。乐器、器乐谱已用于政和六年十月"亲祼太庙"（《高丽史·乐志一》），不存在演奏方面的问题。唯独"大晟府撰乐谱辞"，则属雅乐乐章谱范围，有演唱方面的困难，故而向宋廷请求教习。赐予高丽的"大晟雅乐乐谱"，前后共有两次：一次在政和六年六月之前，一次在政和七年二月之前。前一次所赐包括乐器、器乐谱及雅乐乐章谱三个部分；后一次所赐当与前次差别不大，不过主要侧重于"习教"，或许只是一些合用乐章的"谱并歌调"及"谱释"文字（《会要·乐》四之一）② 而已。详考见《〈高丽史·乐志〉大晟府词曲辑考》，兹不赘述。

（二十二）佚名"燕乐依月律撰词八十四调"

《会要·乐》四之二："（宣和）二年二月六日，大晟府奏：'燕乐依月律撰词八十四调，乞颁行。'从之。"《玉海》卷一〇五："（宣和）二年二月，依月律撰燕乐词八十四调。"③

按：此当为万俟咏等人"依月律"制词实谱的燕乐曲谱集，"燕乐八十四

① 详见《高丽史·乐志一》（第6册，第2190—2198页），《高丽史·乐志一》（第6册，第2198页）。

② 详见《宋史·乐志四》（第9册，第3019页），《宋会要·礼》六二之五二（第2册，第1720页），《玉海》卷一〇五（第945册，第778页），《高丽史·乐志一》（第6册，第2198页），《宋会要·乐》四之一（第1册，第322页）。

③ 详见《宋会要·乐》四之二（第1册，第322页），《玉海》卷一〇五（第945册，第778页）。

调”各撰曲词一首，共有84只曲谱。今据相关史料，考得大晟府“依月律”撰燕乐词时段在政和六年十月至宣和二年二月，历时三年有余；而其中尤以万俟咏（雅言）贡献最大（详后《大晟府词人“依月用律”考辨》）。“燕乐依月律撰词八十四调”宣和二年前后即已成书，但可能并未单独刊行，故公私书目未见记载。

（二十三）佚名“阁谱”（或称“宣和谱”）

关于“阁谱”（或称“宣和谱”）的记载，见于袁桷三文，云：

> 自渡江来，谱之可考者曰阁谱，曰江西谱。阁谱由宋太宗时渐废，至皇祐间复入秘阁。今世所藏金石图画之精善，咸谓阁本。盖皆昔时秘阁所庋，而琴有阁谱，亦此义也。方阁谱行时，别谱存于世良多。至大晟乐府证定，益以阁谱为贵，别谱复不得入，其学寖绝。绍兴时，非入阁本者不得待诏。……曰江西者，由阁而加详焉。其声繁以杀，其按抑也，皆别为义例。（《琴述赠黄依然》）
>
> 北有完颜夫人谱，实宋太宗阁谱。余幼尝学之，其声数以繁。完颜谱独声缓，差异而裹声良同。（《示罗道士》）
>
> 问谱所从来，乃出韩忠献家。盖通南北所传，皆阁谱、宣和谱。北为完颜谱，南为御前祇应谱，今紫霞前谱是也。（《题徐天民草书》）①

据以上史料记载，知“阁谱”原为太宗时所编，后渐湮废；仁宗皇祐间，复增订入秘阁，号“阁谱”；徽宗时，又经“大晟乐府证定”，演变为“宣和谱”。这与史料记载太宗至道元年“增作九弦琴、五弦阮，别造新谱三十七卷”（《宋史・乐志一》）是颇为一致的。唯袁桷对“阁谱”之命名，时有不同界定，或直接名“宋太宗阁谱”，或云“至大晟乐府证定，益以阁谱为贵”，或云“盖通南北所传，皆阁谱、宣和谱”，易滋疑窦。盖“阁谱”之得名，实与“秘阁所庋”有关，另亦与真宗设“龙图阁”以储太宗琴谱、阮谱等不无关系（《玉海》卷二八）②。“阁谱”既经仁宗朝“重加详校”，又经徽宗朝“大晟乐府证定”，则似不宜命名为“宋太宗阁谱”，当以最后校订朝代命名。袁桷所称“阁谱、宣和谱”是也。

“阁谱”何时经“大晟乐府证定”而演变为“宣和谱”，因史料失载，无

① 详见《袁桷集校注》卷四四《琴述赠黄依然》（第5册，第1952—1953页）、卷四四《示罗道士》（第5册，第1957页）、卷四九《题徐天民草书》（第6册，第2161页）。

② 详见《宋史・乐志一》（第9册，第2944页），《玉海》卷二八（第943册，第672—673页）。

从详考。疑亦在政和末、宣和初，或与蔡攸提举大晟府有关。如："宣和元年四月，攸上书：'奉诏制造太、少二音登歌、宫架，用于明堂，渐见就绪。乞报大晟府者凡八条……其二，太、正、少琴三等。旧制，一、三、五、七、九弦凡五等，今来讨论，并依《律书》所载，止用五弦。弦大者为宫而居中央，君也。商张右傍，其余大小相次，不失其序，以为太、正、少之制，而十二律举无遗音。其一、三、五（引者按："五"为衍文）、七、九弦，太、少乐内更不制造。'"① 关于"阁谱"（或称"宣和谱"）卷数、曲目，亦因原书失传，不可详考②。

第四节 大晟府乐器考

大晟府乐器包括雅乐乐器和燕乐乐器两大部分，前文已对大晟府燕乐乐器做过初步探讨，此节侧重考察大晟府雅乐乐器。关于大晟府雅乐乐器的研究，自元、明、清三代以来，多为文献资料的移录及撮录。对其实物进行科学仪器测试，并取得实质性突破的当数李幼平《大晟钟与宋代黄钟标准音高研究》。其书对现存大晟钟进行了历史学、考古学及音乐学研究，参用现代科技手段并作精密推算，基本弄清了有关大晟乐黄钟标准音高的真相。以下依据宋人资料，并结合元、明、清以来研究成果，对大晟府雅乐乐器的制造及使用情况略作考辨。

一、大晟府"金部"乐器

（一）大晟钟

大晟钟铸造始于崇宁三年二月。时置"制造大乐局所"，据魏汉津"指律"铸大晟钟（详上），但在设计、形制、纹饰上取法当时出土的"宋公戌钟"：

---

① 脱脱等：《宋史》卷一二九《乐志四》，第9册，第3023—3024页。

② 附记：关于宋"阁谱"的来源、使用及琴谱种类，章华英《宋代古琴音乐研究》考述甚详，然所据均为编于景祐元年至庆历元年（1034—1041）的《崇文总目》，并云"共有琴谱、琴书三十种，多为北宋以前著录琴谱"、"宋代阁谱所录以唐以前古谱及唐人创作的乐曲为主"（第51—57页）。今考"阁谱由宋太宗时渐废，至皇祐间复入秘阁"及"至大晟乐府证定，益以阁谱为贵"云云，则此"阁谱"当包含"皇祐间（1049—1053）"后至徽宗时"大晟乐府证定"的"宣和谱"在内。所谓"益以阁谱为贵，别谱复不得入"、"绍兴时，非入阁本者不得待诏"，此"阁谱"、"阁本"，则纯指"宣和谱"矣。金启华、萧鹏《周密及其词研究》认为"阁谱"即"大晟旧谱"，并对其在南宋流传及演变列有图表（第73—75页）。可从。

右六器，铭文略无小异，皆曰“宋公成之茎钟”。……惟太祖有天下，实起睢阳，故国号大宋。是六钟，既出于宋地，而铭文又有曰“宋公成”，则其于受命之邦，出为太平之符者，正其时欤？由是作乐之初，特诏大晟府取是为式，遂成有宋一代之乐焉。(《重修宣和博古图》卷二二)

始端州上“宋成公之钟”，而后得以作《大晟》。(《铁围山丛谈》卷四)

右宋茎钟六，其铭款曰“宋公成之茎钟”。……是时，帝作《大晟》，即取以为钟法。(《东观馀论》卷上)

大晟府有古茎钟六，皆有款识，云“宋公成之茎钟”。……于是诏与大晟，即以为法。(《路史》卷四一)①

按：以上均云“宋公成”，据李先生考证，当为“宋公戌”②。根据魏汉津“指律”，“先铸九鼎，次铸帝坐大钟，次铸四韵清声钟，次铸二十四气钟”（《宋史·乐志三》，《会要·乐》五之一九）。“帝坐大钟”疑即景钟，“四韵清声钟”即黄、大、太、夹四清声钟，“二十四气钟”即正声钟 12 件、中声钟 12 件。又据《宋史·乐志六》、《通考·乐考三》载：“绍兴大乐，多用大晟所造，有编钟、镈钟、景钟。”③ 知大晟钟分景钟、编钟、镈钟三类。

1. 景钟

崇宁三年七月，景钟成（详上）。《大晟乐书》载：

金部有七：曰景钟。……景，大也。钟，四（西）方之声，以象厥成。惟功大者其钟大……平时弗考，风至则鸣。（《宋史·乐志四》）

一曰景钟……惟天子郊祀上帝则用之……立于宫架之中，以为君围；环以四清声钟、磬、镈钟、特磬，以为臣围；编钟、编磬以为民围。内设宝钟球玉，外为龙簴风（凤）琴。景钟之高九尺，其数九九，实高八尺一寸。垂则为钟，仰则为鼎。鼎之大，中（终）于九斛，【九数】退藏，

① 详见《重修宣和博古图》卷二二（第 457—458 页），《铁围山丛谈》卷四（第 80 页），《东观馀论》卷上（第 3 编，第 4 册，第 82 页），《路史》卷四一（第 383 册，第 591 页）。

② 李幼平：《大晟钟与宋代黄钟标准音高研究》，第 25—27 页。

③ 详见《宋史·乐志三》（第 9 册，第 2998 页），《宋会要·乐》五之一九（第 1 册，第 342 页），《宋史·乐志六》（第 10 册，第 3050 页），《文献通考·乐考三》（第 1161 页）。

宝（实）八斛有一焉。(《宋史·乐志五》)[①]

按：此引文亦见于《中兴礼书》卷一三、《能改斋漫录》卷四、《演繁露》卷六、《玉海》卷一〇九、《通考·乐考七》，文字略有异同[②]。如“中”当为“终”，“宝”当为“实”，“退藏”前脱“九数”二字，详见前文。

《大晟乐书》：“《大晟》之制，天子亲祀圆丘，则用景钟为君围。……非亲祀，则不用君围。”（《宋史·乐志四》）“景钟……惟天子郊祀上帝则用之。”（《宋史·乐志五》）故景钟使用场合较为少见。考《宋史·乐志四》、《政和五礼新仪》卷六、《通考·乐考十三》载亲祠宫架、大祠中祠登歌、大祠宫架之制甚详，唯独不载使用景钟情况。据《东京梦华录》卷一〇：“又有大钟曰景钟。”[③] 为宣和元年十一月郊祀用乐，即有景钟的使用。

2. 编钟

大晟编钟分正声、中声、清声三组。《通考·乐考七》：“今《大晟乐》宗前代制，亦用十六枚，以十二枚为正钟，四枚为清钟焉。”《宋史·乐志四》：“宫架环列，以应十二辰；中、正之声，以应二十四气；加四清声，以应二十八宿。”“中、正之声分为二十四宿，统于四清焉。”《东京梦华录》卷一〇：“编钟形稍褊，上下两层，挂之架，两角缀以流苏。”[④] 据《大晟乐书》载被改窜后的魏汉津理论，大晟编钟分正声钟 12 件、中声钟 12 件、清声钟 4 件，分别由“候气”而将其中 12 件正声组钟与 4 件清声组钟，或 12 件中声组钟与 4 件清声组钟编于 1 簴。大晟编钟的铸造和使用，至少不会少于 1 悬、12 簴、192 件。如加上“候气”所用钟，则每悬至少需另备 12 组、每组 12 件，计 144 件不同组别的编钟。每一宫悬大晟编钟总数多达 336 件[⑤]。

大晟编钟使用情况，见于《宋史·乐志四》、《政和五礼新仪》卷六、《通

① 详见《宋史·乐志四》（第 9 册，第 3008—3009 页），《宋史·乐志五》（第 10 册，第 3033—3034 页）。

② 详见《中兴礼书》卷一三（第 822 册，第 55 页），《能改斋漫录》卷四（第 5 编，第 3 册，第 83—84 页），《演繁露》卷六（第 4 编，第 8 册，第 232 页），《玉海》卷一〇九（第 945 册，第 857 页），《文献通考·乐考七》（第 1193 页）。

③ 详见《宋史·乐志四》（第 9 册，第 3008 页），《宋史·乐志五》（第 10 册，第 3033 页），《宋史·乐志四》（第 9 册，第 3013—3017 页），《政和五礼新仪》卷六（第 647 册，第 154—156 页），《文献通考·乐考十三》（第 1240—1241 页），《东京梦华录》卷一〇（第 66 页）。

④ 详见《文献通考·乐考七》（第 1192 页），《宋史·乐志四》（第 9 册，第 3004 页，第 3005 页），《东京梦华录》卷一〇（第 66 页）。

⑤ 李幼平：《大晟钟与宋代黄钟标准音高研究》，第 27 页，第 34 页。

考·乐考十三》。据《宋史·乐志四》政和三年四月亲祠宫架之制：“四方各设编钟三、编磬三。”大祠、中祠登歌之制：“编钟一，在东；编磬一，在西：俱北向。”大祠宫架之制：“四方各设……编钟一，编磬一。”《政和五礼新仪》卷六“亲祠宫架”、“大祠登歌（中祠同）”和“大祠宫架”之制同，唯“大祠宫架”之制误脱“编钟一”三字，可校补。《高丽史·乐志一》载睿宗十一年（即政和六年，下同，不再注明）赐高丽大晟乐器：“登歌乐器：编钟，正声一十六颗、中声一十二颗。”“轩架乐器：编钟，九架，每架正声一十六颗、中声一十二颗。”[①] 共用大晟编钟 252 件，为诸侯王仪制。

大晟编钟在蔡攸提举大晟府后，略有改造。《宋史·乐志四》：

> 宣和元年四月，蔡攸言：“奉诏制造太、少二音登歌、宫架，用于明堂，渐见就绪，乞报大晟府者凡八条：一，太、正、少钟三等。旧制，编钟、编磬各一十六枚，应钟之外，增黄钟、大吕、太簇、夹钟四清声。今既分太、少，则四清声不当兼用，止以十二律正声各为一架。”

但据载，蔡攸“太、正、少钟三等”虽已铸成并施于“明堂布政”，“但以器大者为太，小者为少……执政心知其非”（《宋史·乐志四》，《纲目备要》卷二七）[②]，似只限于朝廷郊祀，未尝颁于天下州县。李幼平疑大晟编钟“大晟/无射□□”之空缺处“中声”二字为蔡攸废“中声”后所刮改[③]。现存大晟编钟均为蔡攸提举大晟府前的遗物，尽管蔡攸一心要炮制新乐，但乐工只刮改了个别字形，而未改变原乐器的音高本质[④]。

3. 镈钟

《大晟乐书》：“金部有七……曰镈钟。……镈钟形声宏大，各司其辰，以管摄四方之气。”又：“往者，国朝祀天地、宗庙及大朝会，宫架内止设镈钟。”（《宋史·乐志四》）大晟镈钟的使用情况，见于《宋史·乐志四》、《政

---

① 详见《宋史·乐志四》（第 9 册，第 3014—3016 页），《政和五礼新仪》卷六（第 647 册，第 154—156 页），《文献通考·乐考十三》（第 1240—1241 页），《宋史·乐志四》（第 9 册，第 3014 页，第 3016 页，第 3016 页），《政和五礼新仪》卷六（第 647 册，第 154—156 页），《高丽史·乐志一》（第 6 册，第 2190—2191 页，第 2192 页）。

② 详见《宋史·乐志四》（第 9 册，第 3023—3024 页），《宋史·乐志四》（第 9 册，第 3026 页），《皇朝编年纲目备要》卷二七（第 687 页）。

③ 李幼平：《大晟钟与宋代黄钟标准音高研究》，第 51 页，第 71 页，第 79 页，第 106 页。

④ 同上书，第 79 页，第 106 页。

和五礼新仪》卷六、《通考·乐考十三》。据《宋史·乐志四》亲祠宫架之制："设十二镈钟、特磬于编架内，各依月律。四方各镈钟三、特磬三。"大祠宫架之制："四方各设镈钟三，各依月律……十二特磬，各在镈钟之内。"《政和五礼新仪》卷六"亲祠宫架"和"大祠宫架"之制同①。

镈钟"形声宏大"，实质上是一种"特悬钟"，又叫"特钟"。《朱子语类》卷九二："镈钟甚大，特悬钟也。众乐未作，先击特钟，以发其声。众乐既阕，乃击特磬，以收其韵。"② 所谓特钟"以发其声"，即指"镈钟"而言。大晟镈钟共有12枚，分东西南北排列，"以管摄四方之气"；又"配十二辰"而"各司其辰"。政和大晟雅乐图"镈钟"排列及使用情况，体现了"刘昺乐"的时代特点。

蔡攸提举大晟府后，鉴于以往"镈、钟不分小大"、"混为一器"的现象，提出了修正意见。《会要·乐》五之二四、二五：

> （政和）七年三月一日，议礼局（引者按：当为"礼制局"）奏："考《周礼·春官》有'钟师镈师'，《国语》伶州鸠曰：'大钧有镈无钟，鸣其细也；细钧有钟无镈，昭其大也。'然则钟，大器也；镈，小钟也。以宫、商为钧，则谓之大钧，其声大，故用镈以鸣其细，而不用钟；以角、徵、羽为钧，则谓之小钧，其声细，故用钟以昭其大，而不用镈。然后细大不逾，声应相保，和平出焉。是镈、钟两器，其用不同，故周人各立其官。后世之镈钟，非特不分小大，又混为一器，复于乐架编钟、编磬之外，设镈钟十二，配十二辰，皆非是。盖镈钟犹之特磬，与编钟、编磬相须为用者也。编钟、编磬，其阳声六，以应律；其阴声六，以应吕。既应十二辰矣，复为镈钟十二以配之，则于义重复。乞宫架乐去十二镈钟，止设一大钟为钟、一小钟为镈、一大磬为特磬，以为众声所依。"从之。

按：亦见于《宋史·乐志四》，文字略同③。礼制局认为，"镈"和"钟"

① 详见《宋史·乐志四》（第9册，第3008—3009页，第3009页），《宋史·乐志四》（第9册，第3014—3016页），《政和五礼新仪》卷六（第647册，第154—156页），《文献通考·乐考十三》（第1240—1241页），《宋史·乐志四》（第9册，第3014页，第3016页），《政和五礼新仪》卷六（第647册，第154—156页）。

② 黎靖德编：《朱子语类》卷九二，第6册，第2348页。

③ 详见《宋会要·乐》五之二四、二五（第1册，第344—345页），《宋史·乐志四》（第9册，第3020页）。

本为两种不同乐器，“镈”为“小钟”而“钟”为“大器”，在实际使用中应突出不同作用。于是提出“宫架乐去十二镈钟，止设一大钟为钟、一小钟为镈”，并得到朝廷的同意。此为蔡攸的重要改革，目的是纠“刘昺乐”之非。宣和元年四月，蔡攸又提出“镈、钟”更“中声乐”为“正声乐”。《宋史·乐志四》：

> 宣和元年四月，蔡攸言：“奉诏制造太、少二音登歌、宫架，用于明堂，渐见就绪，乞报大晟府者凡八条……其七，柷、敔、晋鼓、镈、钟、特磬，虽无太、少，系作止和乐，合行备设。”①

“镈、钟”不仅明确更为二器，且还使用新黄钟音高标准，即“黄钟正声九寸管”。不过，南宋后蔡攸严分“镈、钟”二器的做法并没有被接受。据《朱子语类》“镈钟甚大，特悬钟也”（详上）看来，实仍按《大晟乐书》“镈钟形声宏大”的理论行事。

（二）大晟金錞、金镯、金铙、金铎

《大晟乐书》：“金部有七……曰金錞，曰金镯，曰金铙，曰金铎。”（《宋史·乐志四》）其使用情况见于《宋史·乐志四》、《政和五礼新仪》卷六、《通考·乐考十三》。《宋史·乐志四》亲祠二舞之制：“引武舞，执旌二人，鼗二人，双铎二人，单铎二人，铙二人，持金錞四人，奏金錞二人，钲二人，相二人，雅二人。”②

按：“钲二人”，《政和五礼新仪》作“镯二人”③。凌景埏云：“政和三年，议礼局所上亲祠、大祠登歌、宫架、二舞制中，金部尚有钲……或为政和时增置也。”④ 考钲即金镯⑤，与鼓吹乐所用钲不同，较早见于元丰二年⑥，非“政和时增置”。

《东京梦华录》卷一〇：“击铜铙响环，又击如铜灶突者。又两人共携铜瓮就地击者。”所列三种不同金部乐器，即金錞（形如“铜瓮”）、金镯（形

---

① 脱脱等：《宋史》卷一二九《乐志四》，第9册，第3023—3025页。

② 详见《宋史·乐志四》（第9册，第3008—3009页），《宋史·乐志四》（第9册，第3015页），《政和五礼新仪》卷六（第647册，第156页），《文献通考·乐考十三》（第1241页），《宋史·乐志四》（第9册，第3015页）。

③ 郑居中等：《政和五礼新仪》卷六，第647册，第156页。

④ 凌景埏：《宋魏汉津乐与大晟府》，凌景埏、谢伯阳校注《诸宫调两种》附录，第268—269页。

⑤ 陈旸：《乐书》卷一一一，第211册，第457页。

⑥ 脱脱等：《宋史》卷一二七《乐志二》，第9册，第2975页。

如“铜灶突”）、金铙。《高丽史·乐志一》载赐高丽大晟乐器：“乐舞：铙铃二柄、双头铎二柄、金镑二只、金钲二面。”① 为大晟金部乐器在高丽使用情况。

（三）大晟金钟

金钟之设，始于神宗朝。陈旸说：“天子亲祠南郊，及大飨登歌，用金钟、玉磬，可谓得古人致美之意矣！比年以来，太乐丞叶防仿唐朝一时苟简之制，欲移郊祀天地金钟、玉磬，施之庙朝。”（《乐书》卷一一三）《会要·礼》二四之五八：“政和六年闰正月十二日，大晟府言：‘神宗皇帝尝命儒臣肇造玉磬，藏之乐府，久不施用。乞令略加磨砻，俾与律合。并造金钟，专用于明堂，以荐在天之神。’从之。”《宋朝事实》卷一四、《长编纪事本末》卷一三五、《玉海》卷一〇九略同。然《玉海》载为“政和玉磬、金钟”，视金钟为徽宗朝所新造②。《宋史·乐志五》亦持此观点，如：

> （绍兴十六年）寻制金钟、玉磬二架。初，元丰本虞庭鸣球及晋贺循采玉造磬之义，命荣咨道肇造玉磬。元祐亲祠，始一用之。久藏乐府，至政和加以磨砻，俾协音律，并造金钟，专用于明堂。……金玉禀气于《乾》，纯精至贵，故钟必以金，磬必以玉，始备金声玉振之全。③

认为元丰间只造玉磬而未造金钟，所述与《会要》等相同。又“金玉禀气”云云，实乃录自《大晟乐书》。

关于大晟金钟的记载，最早亦见于《大晟乐书》（《宋史·乐志四》）。按《大晟乐书》成书于大观三年，有关大晟金钟的记载乃据经书而定。又在政和三年亲祠登歌之制，已有大晟金钟的使用图示。《宋史·乐志四》：“金钟一，在东……柷一，在金钟北，稍西……瑟四，在金钟之南。”④ 然大观三年至政和三年，《大晟乐书》及议礼局所上图示中之大晟金钟实仍在理论设想之中。大晟金钟的制造实在政和六年，如：

① 详见《东京梦华录》卷一〇（第66页），《高丽史·乐志一》（第6册，第2193页）。

② 详见《乐书》卷一一三（第211册，第473页），《宋会要·礼》二四之五八（第1册，第928页），《宋朝事实》卷一四（第180册，第239页），《长编纪事本末》卷一三五（第387册，第425页），《玉海》卷一〇九（第945册，第862页），《玉海》卷一〇九（第945册，第862页）。

③ 脱脱等：《宋史》卷一三〇《乐志五》，第10册，第3034页。

④ 详见《宋史·乐志四》（第9册，第3005—3006页，第3008页），《宋史·乐志四》（第9册，第3013页）。

（大观）六年正月十三日，大晟府言："……并造金钟，专用于明堂。"从之。（《会要·乐》四之一）

大观六年正月，造金钟，专用于明堂。（《玉海》卷一〇九）[①]

按作"（大观）六年正月十三日"，误，当作"政和六年闰正月十二日"，详见《大晟府事迹编年考略》[②]。

二、大晟府"石部"乐器

大晟石部乐器有磬。刘昺《大晟乐书》："石部有二：曰特磬，曰编磬。"（《宋史·乐志四》）但据《铁围山丛谈》卷二："石则以玉或石为响……盖自政和始。"姜夔《大乐议》："绍兴大乐，多用大晟所造……有特磬、玉磬、编磬。"（《宋史·乐志六》）[③] 知大晟磬实分特磬、玉磬、编磬三种。

（一）特磬

特磬的功用，朱熹论之甚详，云："钟、磬有特悬者"，"器大而声宏"，"但于起调毕曲之时，击其本律之悬，以为作止之节"（《答杨子顺》）。"众乐未作，先击特钟，以发其声。众乐既阕，乃击特磬，以收其韵。"（《朱子语类》卷九二）所谓特钟"以发其声"、特磬"以收其韵"。宋朝特磬乃用于"后庙"，"若已升祔后庙，遂置而不用"（《宋史·乐志四》引《大晟乐书》）。于是，大晟府重新改定特磬的应用制度，所谓"《大晟》之制，金石并用，以谐阴阳"（《宋史·乐志四》）[④]，知大晟特磬使用比以往更广泛。《宋史·乐志四》载，亲祠宫架之制：

设十二镈钟、特磬于编架内，各依月律。四方各镈钟三、特磬三。东方，镈钟起北，特磬间之，东向。西方，特磬起北，镈钟间之，西向。南方，特磬起西，镈钟间之；北方，镈钟起西，特磬间之：皆北向。（景灵

---

① 详见《宋会要·乐》四之一（第1册，第322页），《玉海》卷一〇九（第945册，第857页）。

② 按：大晟金钟实物尚有"大晟应钟"1件，存西安市文物管理处（李幼平《浙江临海宋大晟应钟及其研究》，《黄钟》（武汉音乐学院学报）2011年第4期，第238—242页）。

③ 详见《宋史·乐志四》（第9册，第3009页），《铁围山丛谈》卷二（第24页），《宋史·乐志六》（第10册，第3050页）。

④ 详见《朱熹集》卷五九《答杨子顺》（第5册，第3035页），《朱子语类》卷九二（第6册，第2348页），《宋史·乐志四》（第9册，第3009页），《宋史·乐志四》（第9册，第3009页）。

宫、天兴殿镈钟、编钟、编磬，如每岁大祠宫架陈设。)①

《通考·乐考十三》同，《政和五礼新仪》小注："景灵宫、天兴殿镈钟、编钟、特磬、编磬，如每岁大祠宫架陈设。"多"特磬"二字。查《宋史·乐志四》及《政和五礼新仪》"大祠宫架"，均有"设十二特磬，各在镈钟之内"，知《宋史·乐志四》"亲祠宫架之制"小注误脱"特磬"二字，可据校补。又大祠宫架之制："四方各设镈钟三，各依月律。……设十二特磬，各在镈钟之内。"(《宋史·乐志四》)② 可考特磬使用情况。

大晟特磬尺寸制度亦可考见。《中兴礼书》：

(绍兴十五年闰十一月) 王晋锡言："磬实用长阔大小，特磬黄钟为祖，上股一尺五分，长三尺三分，大股阔九寸，长一尺一寸，下各厚一寸六分，约三寸，临时定声。系省记到崇宁年大乐局制造大晟新乐尺寸。"③

所载为崇宁间特磬制度，乃用刘昺"中声"八寸七分管。但蔡攸提举大晟府后，特磬更"中声乐"为"正声乐"，采用魏汉津"正声"九寸管。《宋史·乐志四》：

宣和元年四月，蔡攸言："奉诏制造太、少二音登歌、宫架……其七，柷、敔、晋鼓、镈钟、特磬，虽无太、少，系作止和乐，合行备设。"④

但南宋史料所载大晟府特磬制度，仍刘昺"正声、中声"乐。张震《补夔州大晟乐记》："钟、磬正声、中声凡五十有六。"⑤ 朱若冰《彭州重修大晟乐记》："惟金、石二音粗能具体。"⑥ 知蔡攸改制的大晟特磬，并没有被广泛

① 脱脱等：《宋史》卷一二九《乐志四》，第9册，第3014页。

② 详见《文献通考·乐考十三》(第1241页)，《政和五礼新仪》卷六（第647册，第154页)，《宋史·乐志四》(第9册，第3016—3017页)，《政和五礼新仪》卷六（第647册，第156页)，《宋史·乐志四》(第9册，第3016—3017页)。

③ 徐松辑：《中兴礼书》卷一三，第822册，第55页。《全宋文》收作王晋锡《开具郊祀大礼合用钟磬乐架奏》(第198册，第75页)。

④ 脱脱等：《宋史》卷一二九《乐志四》，第9册，第3023—3025页。

⑤ 张震：《补夔州大晟乐记》，《全宋文》，第225册，第34页。

⑥ 朱若冰：《彭州重修大晟乐记》，《全宋文》，第225册，第198页。

接受。

（二）编磬

《大晟乐书》："石部有二：曰特磬，曰编磬。"（《宋史·乐志四》）大晟编磬使用情况，见于《宋史·乐志四》、《政和五礼新仪》、《通考·乐考十三》[①]。据《宋史·乐志四》亲祠宫架之制：

> 四方各设编钟三、编磬三。东方，编钟起北，编磬间之，东向。西方，编磬起北，编钟间之，西向。南方，编磬起西，编钟间之；北方，编钟起西，编磬间之：俱北向。

大祠、中祠登歌之制：

> 编钟一，在东；编磬一，在西：俱北向。

大祠宫架之制：

> 四方各设……编钟一，编磬一。北方，应钟起西，编钟次之，黄钟次之，编磬次之，大吕次之，皆北向。东方，太簇起北，编钟次之，夹钟次之，编磬次之，姑洗次之，皆东向。南方，仲吕起东，编钟次之，蕤宾次之，编磬次之，林钟次之，皆北向。西方，夷则起南，编钟次之，南吕次之，编磬次之，无射次之，皆西向。[②]

《政和五礼新仪》、《通考·乐考十三》同。《高丽史·乐志一》载赐高丽大晟乐器："登歌乐器：编磬，正声一十六枚、中声一十二枚。""轩架乐器：编磬九架，每架正声一十六枚、中声一十二枚。"[③] 共用大晟编磬252件，为诸侯王仪制。

---

① 详见《宋史·乐志四》（第9册，第3009页），《宋史·乐志四》（第9册，第3014—3017页），《政和五礼新仪》卷六（第647册，第154—156页），《文献通考·乐考十三》（第1240—1241页）。

② 详见《宋史·乐志四》（第9册，第3014页），《宋史·乐志四》（第9册，第3016页），《宋史·乐志四》（第9册，第3016—3017页）。

③ 详见《政和五礼新仪》卷六（第647册，第154—156页），《文献通考·乐考十三》（第1240—1241页），《高丽史·乐志一》（第6册，第2191页，第2192页）。

大晟编磬蔡攸提举大晟府后，略有改造。《宋史·乐志四》：

宣和元年四月，蔡攸言："奉诏制造太、少二音登歌、宫架……旧制，编钟、编磬各一十六枚，应钟之外，增黄钟、大吕、太簇、夹钟四清声。今既分太、少，则四清声不当兼用，止以十二律正声各为一架。"

知宣和元年后大晟编磬已废四清声不用。大晟编磬之材，刘昺云"必用泗滨之石"（《宋史·乐志四》）[①]，张震《补夔州大晟乐记》亦云"采石泗滨"[②]。但亦有云取自荆南白碑驿者[③]。

（三）玉磬

关于大晟玉磬的记载，见于多种文献（《会要·礼》二四之五八，《宋朝事实》卷一四，《长编纪事本末》卷一三五，《玉海》卷一〇九）。《会要·乐》四之一："（大观）六年正月十三日，大晟府言：'神宗皇帝尝命儒臣肇造玉磬，藏之乐府，久不施用。乞令略加磨砻，俾与律合……'从之。"[④] 按："大观六年"当为"政和六年"之误。详上，文繁不述。

大晟玉磬使用情况，见于《宋史·乐志四》、《政和五礼新仪》、《通考·乐考十三》。据《宋史·乐志四》亲祠登歌之制：

玉磬一，在西……敔一，在玉磬北，稍东……瑟四，在金钟之南，西上；玉磬之南亦如之。

大晟玉磬及使用情况虽屡见于文献记载，然大观三年至政和三年，《大晟乐书》及图示中之"大晟玉磬"，实仍在理论设想之中。大晟玉磬的制造实在政和六年，实际使用则在宣和元年。《东京梦华录》卷一〇："坛前设宫架乐，前列编钟、玉磬。……玉磬状如曲尺，系其曲尖处，亦架之，上下两层挂之。"南宋后未见实际使用。《朱子语类》卷九二："堂上乐金钟、玉磬，今太常玉磬锁在柜里，更不曾设，恐为人破损，无可赔还。寻常交割，只据文书。

---

① 详见《宋史·乐志四》（第9册，第3023—3024页），《宋史·乐志四》（第9册，第3009页）。

② 张震：《补夔州大晟乐记》，《全宋文》，第225册，第34页。

③ 庄绰：《鸡肋编》卷上，第4页。

④ 详见《宋会要·礼》二四之五八（第1册，第928页），《宋朝事实》卷一四（第180册，第239页），《长编纪事本末》卷一三五（第387册，第425页），《玉海》卷一〇九（第945册，第862页），《宋会要·乐》四之一（第1册，第322页）。

若要看，旋开柜取一二枚视之。”① 可见，南宋后大晟玉磬多未见使用。

三、大晟府“土部”乐器

《大晟乐书》：“土部有一：曰埙。”（《宋史·乐志四》）大晟土部乐器唯有埙一种，亦为大晟府所增设。考宋旧大乐本无土音。《避暑录话》卷下：“大乐旧无匏、土二音。……埙亦木为之。是八音而为木者三也。……至崇宁更定大乐，始具之。”② 知埙用于雅乐乃自徽宗朝始。政和三年后，埙亦施用于燕乐（详上）。

大晟埙使用情况，见于《宋史·乐志四》、《政和五礼新仪》卷六、《通考·乐考十三》。据《宋史·乐志四》亲祠登歌之制：“又于午阶之东设……埙一，在篴南。”“又于午阶之西设……埙一，在篴南。”亲祠宫架之制：“次，埙一十有八。”大祠、中祠登歌之制：“设篴一、箎一、埙一，为一列，西上。”大祠宫架之制：“巢笙、竽、箎、埙、篴各四，为四列，在雷鼓之后。”《政和五礼新仪》卷六、《通考·乐考十三》同。《东京梦华录》卷一〇：“有土烧成如圆弹，而开窍者。”所用即为埙。《高丽史·乐志一》载赐高丽大晟乐器：“登歌乐器：埙，中、正声各二枚。”“轩架乐器：埙，中、正声各一十四枚。”③ 为大晟埙在高丽使用情况。

大晟埙在蔡攸提举大晟府后，略有所改造。《宋史·乐志四》：

> 宣和元年四月，蔡攸言：“奉诏制造太、少二音登歌、宫架……其四，太、正、少篴、埙、箎、箫各三等。”④

知蔡攸提举大晟府后，大晟埙已分“太、正、少三等”。

---

① 详见《宋史·乐志四》（第9册，第3013页），《政和五礼新仪》卷六（第647册，第154—156页），《文献通考·乐考十三》（第1240—1241页），《宋史·乐志四》（第9册，第3013页），《东京梦华录》卷一〇（第66页），《朱子语类》卷九二（第6册，第2348页）。

② 详见《宋史·乐志四》（第9册，第3011页），《避暑录话》卷下（第2编，第10册，第302—303页）。

③ 详见《宋史·乐志四》（第9册，第3013—3017页），《政和五礼新仪》卷六（第647册，第154—156页），《文献通考·乐考十三》（第1240—1241页），《宋史·乐志四》（第9册，第3013页，第3014页，第3016页，第3017页），《政和五礼新仪》卷六（第647册，第154—156页），《文献通考·乐考十三》（第1241页），《东京梦华录》卷一〇（第66页），《高丽史·乐志一》（第6册，第2191页，第2193页）。

④ 脱脱等：《宋史》卷一二九《乐志四》，第9册，第3023—3024页。

四、大晟府"革部"乐器

大晟革部乐器有"晋鼓、建鼓、鼗鼓、雷鼓、雷鼗、灵鼓、灵鼗、路鼓、路鼗、雅鼓、相鼓、搏拊"等 12 种。《大晟乐书》："革部十有二：曰晋鼓，曰建鼓，曰鼗鼓，曰雷鼓，曰雷鼗，曰灵鼓，曰灵鼗，曰路鼓，曰路鼗，曰雅鼓，曰相鼓，曰搏拊。"（《宋史·乐志四》）按：《东京梦华录》卷一〇："次列数架大鼓，或三或五，用木穿贯，立于架座上。"有大鼓 1 种。据《宋史·乐志十七》、《通考·乐考三》，大鼓、羽葆鼓等被《大晟乐书》斥为"夷乐"①，知大晟雅乐不用大鼓，此大鼓当为大晟革部乐器的俗称。

又，《宋史·乐志四》、《会要·乐》五之二四亦载大晟雷鼓、雷鼗使用情况。《宋史·乐志四》："（政和七年）四月，礼制局言：'……明堂宜同郊祀，用礼天神六变之乐，其宫架赤紫，用雷鼓、雷鼗。'"《会要·乐》五之二四作"（政和七年）四月十八日"，"礼制局言"有"从之"。政和七年四月十八日，礼制局言明堂大乐乞宫架赤素，用雷鼓、雷鼗（《会要·礼》二四之六三）②。

大晟革部乐器使用情况，见于《宋史·乐志四》、《政和五礼新仪》卷六、《通考·乐考十三》。据《宋史·乐志四》亲祠登歌之制："搏拊二：一在柷北，一在敔北，东西相向。"亲祠宫架之制："植建鼓、鞞鼓、应鼓于四隅，建鼓在中，鞞鼓在左，应鼓在右。……雷鼓、雷鼗各一，在左；又雷鼓、雷鼗各一，在右。晋鼓一，在匏笙间。"亲祠二舞之制："鼗二人……相二人，雅二人。"大祠、中祠登歌之制："搏拊二：一在柷北，一在敔北。"大祠宫架、二舞之制："植建鼓、鞞鼓、应鼓于四隅。……雷鼓、雷鼗各二……晋鼓一，在篴之后。"《政和五礼新仪》卷六、《通考·乐考十三》同③。

关于大晟革部乐器种类，凌景埏云："政和三年，议礼局所上亲祠、大祠

---

① 详见《宋史·乐志四》（第 9 册，第 3011—3012 页），《东京梦华录》卷一〇（第 66 页），《宋史·乐志十七》（第 10 册，第 3362 页），《文献通考·乐考三》（第 1158 页）。

② 详见《宋史·乐志四》（第 9 册，第 3020 页），《宋会要·乐》五之二四（第 1 册，第 344 页），《宋史·乐志四》（第 9 册，第 3020 页），《宋会要·乐》五之二四（第 1 册，第 344 页），《宋会要·礼》二四之六三（第 1 册，第 931 页）。

③ 详见《宋史·乐志四》（第 9 册，第 3013—3017 页），《政和五礼新仪》卷六（第 647 册，第 154—156 页），《文献通考·乐考十三》（第 1240—1241 页），《宋史·乐志四》（第 9 册，第 3013 页，第 3014—3015 页，第 3015 页，第 3016 页，第 3016—3017 页），《政和五礼新仪》卷六（第 647 册，第 154—156 页），《文献通考·乐考十三》（第 1240—1241 页）。

登歌、宫架、二舞制中……革部尚有鞞鼓、应鼓，或为政和时增置也。"[①] 按：鞞鼓、应鼓为宋雅乐中原有乐器，徽宗朝大乐亦用，但并非大晟新造革部乐器。又《高丽史·乐志一》载赐高丽大晟乐器："登歌乐器：搏拊二面。""轩架乐器：晋鼓一面……立鼓二座……立鼓一面；鼙鼓一面；应鼓一面。""乐舞：鼗鼓二面……相鼓二面……雅鼓二面。"[②] "立鼓"云云，不见于《大晟乐书》所列12种革部乐器中，亦为宋雅乐中原有乐器，并非大晟新造革部乐器。

蔡攸提举大晟府后晋鼓更"中声乐"为"正声乐"。又，大晟革部乐器中，搏拊在蔡攸提举大晟府后疑已"罢而不用"。《宋史·乐志四》：

> 宣和元年四月，蔡攸言："奉诏制造太、少二音登歌、宫架，用于明堂……其八，登歌、宫架有搏、拊二器，按《虞书》'戛击鸣球，搏拊琴瑟。'王安石解曰：'或戛或击，或搏或拊。'与《虞书》所载乖戾。今欲乞罢而不用。"诏悉从之。

从"诏悉从之"来看，经蔡攸改造后的大晟乐搏拊疑已罢用。然据史载"（蔡攸）乐始成，试之于政事堂，执政心知其非，然不敢言，因用之于明堂布政，望鹤愈不至"（《宋史·乐志四》）[③]，知罢搏拊后演奏效果不佳。

五、大晟府"丝部"乐器

《大晟乐书》："丝部有五：曰一弦琴，曰三弦琴，曰五弦琴，曰七弦琴，曰九弦琴，曰瑟。"（《宋史·乐志四》）大晟丝部乐器唯有一弦琴、三弦琴、五弦琴、七弦琴、九弦琴及瑟等6种，乃刘昺改制的结果。《通考·乐考三》："（刘昺言）琴、瑟制度参差不同……筝、筑、阮，秦、晋之乐也，乃列丁琴、瑟之间。"《大晟乐书》："既罢筝、筑、阮，丝声稍下，乃增瑟之数为六十有四，则八八之数法乎阴；琴之数则九十有九而法乎阳。"（《宋史·乐志四》）但《通考·乐考十》："大晟乐府尝罢一、三、七、九，惟存五弦，谓其得五音之正，最优于诸琴也。"《宋史·乐志十七》同。与《大晟乐书》"五等之琴，琴主阳，

① 凌景埏：《宋魏汉津乐与大晟府》，凌景埏、谢伯阳校注《诸宫调两种》附录，第268—269页。

② ［朝鲜］郑麟趾等：《高丽史》卷七〇《乐志一》，第6册，第2191页，第2193页。

③ 详见《宋史·乐志四》（第9册，第3023—3025页），《宋史·乐志四》（第9册，第3026页）。

一、三、五、七、九，生成之数也”（《宋史·乐志四》）① 所载不同。

《通考》、《宋史》关于大晟琴的不同记载，颇滋后来者误解。危素《送董英仲琴所诗序（己丑）》：

> 大晟乐府尝罢一弦、三弦、九弦琴，惟存五弦琴而已。以为“五弦得五音之正，最优于诸琴也”。或者琴之弦七而以缓急变其声，则自能具十二弦之数。一弦具十二声，具十二弦，则具百四十有四声。百四十四声本于十二律，而十二律又有六浊之异。六清既为清矣，而六浊无清则不和。故自黄钟至中吕，又有子声亦六也。是以五声之旋相为宫也，则七弦可变十有八律，而二百一十六声皆备焉。②

其实《大晟乐书》正主“一、三、五、七、九”等“五等之琴”，“五等之琴”正好包括“一、三、五、七、九弦琴”在内，与“五弦琴”意义不同。故大晟府自大观至政和年间并未“罢一、三、七、九弦琴”，真正罢用在宣和元年后。《宋史·乐志四》：

> 宣和元年四月，蔡攸言：“奉诏制造太、少二音登歌、宫架……其二，太、正、少琴三等。旧制，一、三、五、七、九弦凡五等。今来讨论，并依《律书》所载，止用五弦，弦大者为宫而居中央，君也。商张右傍，其余大小相次，不失其序，以为太、正、少之制，而十二律举无遗音。其一、三、五（引者按：“五”为衍文）、七、九弦，太、少乐内更不制造。”

知自宣和元年开始，方“罢一、三、七、九”弦琴，只用“五弦琴”一种，而分“太、正、少琴三等”。《宋史·乐志十七》、《通考·乐考十》“大晟乐府尝罢一、三、七、九，惟存五弦”后，还有“今复俱用”四字③，知南宋又恢复了大晟府政和年间用“一、三、五、七、九”弦琴的制度。

---

① 详见《宋史·乐志四》（第9册，第3009—3010页），《文献通考·乐考三》（第1158页），《宋史·乐志四》（第9册，第3010页），《文献通考·乐考十》（第1212页），《宋史·乐志十七》（第10册，第3341—3342页），《宋史·乐志四》（第9册，第3009页）。

② 危素：《说学斋稿》卷三，第1226册，第728页。

③ 详见《宋史·乐志四》（第9册，第3023—3024页），《宋史·乐志十七》（第10册，第3341—3342页），《文献通考·乐考十》（第1212页）。

另外，大晟丝部乐器除“一弦琴、三弦琴、五弦琴、七弦琴、九弦琴”外，尚有“大晟之瑟”。刘昺《大晟乐书》：

> 丝部有五……曰瑟。……《大晟》之瑟长七尺二寸……既罢筝、筑、阮，丝声稍下，乃增瑟之数为六十有四，则八八之数法乎阴。[①]

《瑟谱》：“《大晟乐书》曰：‘大晟之瑟长七尺二寸。’”小注：“瑟之长至八尺一寸、七尺二寸而定，瑟之广至一尺八寸而定。不一尺八寸不能容二十五弦，瑟之弦至二十五弦而定矣。”[②]

大晟丝部乐器使用情况，见于《宋史·乐志四》、《政和五礼新仪》卷六、《通考·乐考十三》。据《宋史·乐志四》亲祠登歌之制：“一弦、三弦、五弦、七弦、九弦琴各一。瑟四，在金钟之南。”亲祠宫架之制：“设瑟五十二；次，一弦琴七，左四右三。次，三弦琴一十有八；次，五弦琴一十有八，并分左右。次，七弦琴二十有三；次，九弦琴二十有三：并左各十有二，右各十有一。”大祠、中祠登歌之制：“一弦、三弦、五弦、七弦、九弦琴各一，瑟一，在编钟之南，西上。编磬之南亦如之。”大祠宫架之制：“次，一弦、三弦、五弦、七弦、九弦琴各二，各为一列。敔西亦如之。”《政和五礼新仪》卷六、《通考·乐考十三》同。《东京梦华录》卷一〇：“有琴而长者，如筝而大者。”当指琴、瑟而非筝。《高丽史·乐志一》载赐高丽大晟乐器：“登歌乐器：琴，一弦、三弦、五弦、七弦、九弦各二面；瑟，二面。”“轩架乐器：琴，一弦五面、三弦一十三面、五弦一十三面、七弦一十六面、九弦一十六面；瑟，四十二面。”[③] 为大晟丝部乐器在高丽使用情况。

六、大晟府“木部”乐器

大晟木部乐器唯有柷、敔2种。《大晟乐书》：“木部有二：曰柷，曰敔。”（《宋史·乐志四》）《东京梦华录》卷一〇：“乐作，先击柷，以木为之，如

---

① 脱脱等：《宋史》卷一二九《乐志四》，第9册，第3009—3010页。

② 熊朋来：《瑟谱》卷六，第377册，第370—371页。

③ 详见《宋史·乐志四》（第9册，第3013—3017页），《政和五礼新仪》卷六（第647册，第154—156页），《文献通考·乐考十三》（第1240—1241页），《宋史·乐志四》（第9册，第3013页，第3014—3015页，第3016页，第3016—3017页），《政和五礼新仪》卷六（第647册，第154—156页），《文献通考·乐考十三》（第1240—1241页），《东京梦华录》卷一〇（第66页），《高丽史·乐志一》（第6册，第2191页，第2192页）。

方壶，画山水之状。每奏乐击之，内外共九下。乐止，则击敔，如伏虎，脊上如锯齿。一曲终，以破竹刮之。”对柷、敔形制及演奏记载颇详。又《避暑录话》卷下：“大乐旧无匏、土二音，笙、竽但如今世俗所用。笙以木刻其本而不用匏。埙亦木为之。是八音而为木者三也。……至崇宁更定大乐，始具之。”[①] 知旧时大乐木部乐器较为淆乱，大晟府颇痛革旧大乐之失，蔡攸亦主是说。《宋史・乐志四》：

> 宣和元年四月，蔡攸言：“奉诏制造太、少二音登歌、宫架……其七，柷、敔、晋鼓、镈钟、特磬，虽无太、少，系作止和乐，合行备设。”[②]

可见，蔡攸提举大晟府后亦主木部乐器为柷、敔 2 种，唯更“中声乐”为“正声乐”耳。

大晟木部乐器使用情况，见于《宋史・乐志四》、《政和五礼新仪》卷六、《通考・乐考十三》。据《宋史・乐志四》亲祠登歌之制：“柷一，在金钟北，稍西；敔一，在玉磬北，稍东。”亲祠宫架之制：“设柷、敔于北架内：柷一，在道东；敔一，在道西。”大祠、中祠登歌之制：“柷一，在编钟之北，稍西；敔一，在编磬之北，稍东。”大祠宫架之制：“设柷、敔于北架内，柷在左，敔在右。”《政和五礼新仪》卷六、《通考・乐考十三》同。《高丽史・乐志一》载赐高丽大晟乐器：“登歌乐器：柷，一只……敔，一只。”“轩架乐器：柷，一只……敔，一只。”[③] 为大晟木部乐器在高丽使用情况。

七、大晟府“匏部”乐器

《大晟乐书》：“匏部有六：曰竽笙，曰巢笙，曰和笙，曰闰余匏，曰九星匏，曰七星匏。”（《宋史・乐志四》）按大晟匏部乐器有竽笙、巢笙、和笙、闰余匏、九星匏、七星匏等 6 种，乃刘昺改制的结果。考宋旧大乐本无匏。

---

① 详见《宋史・乐志四》（第 9 册，第 3012 页），《东京梦华录》卷一〇（第 67 页），《避暑录话》卷下（第 2 编，第 10 册，第 302—303 页）。

② 脱脱等：《宋史》卷一二九《乐志四》，第 9 册，第 3023—3025 页。

③ 详见《宋史・乐志四》（第 9 册，第 3013—3017 页），《政和五礼新仪》卷六（第 647 册，第 154—156 页），《文献通考・乐考十三》（第 1240—1241 页），《宋史・乐志四》（第 9 册，第 3013 页，第 3014 页，第 3016 页，第 3017 页），《政和五礼新仪》卷六（第 647 册，第 154—156 页），《文献通考・乐考十三》（第 1240—1241 页），《高丽史・乐志一》（第 6 册，第 2191—2192 页，第 2193 页）。

《通考·乐考三》："（刘昺言）笙不用匏，舞不成象，曲不叶谱。"《避暑录话》卷下："大乐旧无匏、土二音，笙、竽但如今世俗所用。笙以木刻其本而不用匏。……至崇宁更定大乐，始具之……虽燕乐皆行用。"《铁围山丛谈》卷二："所阙者曰石、曰陶、曰匏三焉，匏则加匏而为笙……谓之燕乐部八音。"① 于是大晟府雅乐添置匏部乐器 6 种。政和三年后，大晟匏部乐器亦用之于燕乐。

大晟匏部乐器使用情况，见于《宋史·乐志四》、《政和五礼新仪》卷六、《通考·乐考十三》。据《宋史·乐志四》亲祠登歌之制："又于午阶之东设……巢笙二、和笙二……闰余匏一，箫一，各在巢笙南。又于午阶之西设……巢笙二、和笙二……七星匏一、九星匏一，在巢笙南。"亲祠宫架之制："次，巢笙二十有八，分左右。次，匏笙三，在巢笙之间，左二、右一。……次，竽二十，并分左右。"大祠、中祠登歌之制："坛下午阶之东，设……和笙一，在篴南；巢笙一，在篪南。"大祠宫架、二舞之制："巢笙、竽……各四，为四列，在雷鼓之后。"《政和五礼新仪》卷六、《通考·乐考十三》同。《东京梦华录》卷一〇："如笙而大者，如箫而增其管者。"即指匏部而言。《高丽史·乐志一》载赐高丽大晟乐器："登歌乐器：巢笙，中、正声各二攒……和笙，中、正声各二攒。""轩架乐器：巢笙，中、正声各二十一攒；竽笙，中、正声各一十五攒。"② 为大晟匏部乐器在高丽使用情况。

蔡攸提举大晟府后，曾对大晟匏部乐器作删汰、改造。《宋史·乐志四》：

> 宣和元年四月，蔡攸言："奉诏制造太、少二音登歌、宫架……其五，大晟匏有三色：一曰七星，二曰九星，三曰闰余，莫见古制。匏各八音，不可阙数，今已各分太、正、少三等，而闰余尤无经见，唯《大晟乐书》称'匏造十三簧者，以象闰余。十者，土之成数；三者，木之生数：木得土而能生也。'故独用黄钟一清声。黄钟清声无应闰之理，今去闰余一匏，止用两色，仍改避七星、九星之名，止曰七管、九管。其六，

① 详见《宋史·乐志四》（第 9 册，第 3010—3011 页），《文献通考·乐考三》（第 1158 页），《避暑录话》卷下（第 2 编，第 10 册，第 302—303 页），《铁围山丛谈》卷二（第 24 页）。

② 详见《宋史·乐志四》（第 9 册，第 3013—3017 页），《政和五礼新仪》卷六（第 647 册，第 154—156 页），《文献通考·乐考十三》（第 1240—1241 页），《宋史·乐志四》（第 9 册，第 3013 页，第 3014 页，第 3016 页，第 3017 页），《政和五礼新仪》卷六（第 647 册，第 154—156 页），《文献通考·乐考十三》（第 1240—1241 页），《东京梦华录》卷一〇（第 66 页），《高丽史·乐志一》（第 6 册，第 2191 页，第 2193 页）。

旧制有巢笙、竽笙、和笙。巢笙自黄钟而下十九管，非古制度。其竽笙、和笙并以正律林钟为宫，三笙合奏，曲用两调，和笙奏黄钟曲，则巢笙奏林钟曲以应之，宫、徵相杂。器本宴乐，今依钟、磬法，裁十二管以应十二律，为太、正、少三等，其旧笙更不用。”①

知蔡攸删汰闰余匏、巢笙、竽笙、和笙不用，又依“太、正、少三等”改造大晟匏部乐器，改九星匏、七星匏为九管匏、七管匏，并创制十二管匏。

八、大晟府“竹部”乐器

《大晟乐书》：“竹部有三：曰长篴，曰篪，曰箫。”（《宋史·乐志四》）按大晟竹部乐器唯有长篴、篪、箫等3种，乃刘昺改制的结果。《通考·乐考三》：“（刘昺言）箫、篴之属，乐工自备。每大合乐，声韵淆杂，而皆失之太高。……熊罴按（桉），梁隋之制也，乃设于宫架之外。”按“熊罴按（桉）”《大晟乐书》斥为“夷乐”（《宋史·乐志十七》），于是删汰了竹部乐器箛、拱宸管等。又按宋旧大乐本无篪。《避暑录话》卷下：“（大乐）旧又无篪，至是亦备，虽燕乐皆行用。”② 大晟府增篪为竹部乐器，衍及于燕乐。

大晟竹部乐器使用情况，见于《宋史·乐志四》、《政和五礼新仪》卷六、《通考·乐考十三》。据《宋史·乐志四》亲祠登歌之制：“又于午阶之东设篴二、篪一……箫一，各在巢笙南。又于午阶之西设篴二、篪一……箫一，在九星匏西。”亲祠宫架之制：“次，箫二十有八……次，篪二十有八……次，篴二十有八，并分左右。”大祠、中祠登歌之制：“坛下午阶之东，设篴一、篪一……箫一，在埙南。”大祠宫架之制：“篴各四，为四列，在雷鼓之后。”《政和五礼新仪》卷六、《通考·乐考十三》同。《高丽史·乐志一》载赐高丽大晟乐器：“登歌乐器：篪，中、正声各二管……篴，中、正声各二管……箫，中、正声各二面。”“轩架乐器：篪，中、正声各二十四管……篴，中、正声各二十四管……箫，中、正声各二十二面。”③ 为大晟竹部乐器在高丽使

---

① 脱脱等：《宋史》卷一二九《乐志四》，第9册，第3023—3025页。

② 详见《宋史·乐志四》（第9册，第3010页），《文献通考·乐考三》（第1158页），《宋史·乐志十七》（第10册，第3362页），《避暑录话》卷下（第2编，第10册，第303页）。

③ 详见《宋史·乐志四》（第9册，第3013—3017页），《政和五礼新仪》卷六（第647册，第154—156页），《文献通考·乐考十三》（第1240—1241页），《宋史·乐志四》（第9册，第3013页，第3014页，第3016页，第3017页），《政和五礼新仪》卷六（第647册，第154—156页），《文献通考·乐考十三》（第1240—1241页），《高丽史·乐志一》（第6册，第2191页，第2192—2193页）。

用情况。

大晟竹部乐器在蔡攸提举大晟府后，略有所改造。《宋史·乐志四》：

> 宣和元年四月，蔡攸言："奉诏制造太、少二音登歌、宫架……其四，太、正、少篴、埙、箎、箫各三等。旧制，箫一十六管，如钟、磬之制，有四清声。今既分太、少，其四清声亦不合兼用，止用十二管。"

知竹部乐器宣和元年后分"太、正、少三等"，箫则废四清声不用，"止用十二管"。又创制太、正、少三等大晟篇。《会要·乐》四之二：

> （宣和元年三月十九日）蔡攸奏："……窃见大晟制篇，只为舞器，执而不猷。……今据百姓张重杨、教坊乐工张从宝赍到古篇一管……按之以声，悉协钧（均）律。……考之制造太、少、正声，篇之律吕咸备，乞颁降施行。'"从之。

《宋史·乐志四》、《玉海》卷一一〇略同。知大晟篇之增设，乃据古篇而定。据《宋史·乐志五》："宣和添用篇色，未及颁降州郡。"[①] 知"宣和篇"虽行于朝廷大乐，但未及颁降州郡。

① 详见《宋史·乐志四》（第9册，第3023—3024页），《宋会要·乐》四之二（第1册，第322页），《宋史·乐志四》（第9册，第3023—3024页），《玉海》卷一一〇（第945册，第897—898页），《宋史·乐志五》（第10册，第3029—3030页）。

第三章

大晟府乐章及词曲考

“乐章”一般指雅乐而言，多为四言诗，有时还包括一些骚体诗。大晟府乐章除《宋史》著录外，《会要》、《玉海》等书尚可辑录补充。与北宋其他朝代乐章相比，大晟府乐章除用“大晟律”统一音高标准外，其用途、形式及撰录人身份均无大的区别。“词曲”属燕乐范围，多为长短句形式，大晟府词曲所用“律”与雅乐同，唯政和四年前教坊、钧容直及大晟府各自用“律”，政和四年后方以“大晟律”审按校定，并重新统一宫调、音高。故所用“燕乐十七调”虽与政和四年前相同，其实用“律”不同，宫调名亦有调整。大晟府词曲撰者身份则与雅乐迥异，雅乐乐章为侍从官、馆阁词臣等撰写，词曲除部分为京朝官、选人撰写外，多委之知音的白衣人撰写。

第一节　大晟府乐章撰制及相关问题考

“乐章”，宋代一般指雅乐歌辞而言①。宋人集部所收，赵鼎臣《乐章》50首，张孝祥《乐章》，均为雅乐歌辞。“乐章”标题多较长，如韩琦《嘉祐明堂乐章一首》，苏颂《正月一日……行上寿之仪，乐章曲名》，周必大《乾道六年加上太上皇后尊号册宝乐章》、《淳熙六年明堂大礼前二日朝献景灵宫乐章》等，楼钥《孝宗皇帝祔庙乐章》，一般说明用途和对象。宋人乐章多用于郊祀、朝会等场合，体制多为四言诗，语言形式多拟《诗经》。部分亦有骚体，如杨亿《太常乐章三十首》“亚献、终献、送神，并奏《理安

---

① 宋人有关“乐章”的界定很不确定。《朱子语类》卷九二：“今朝廷乐章，长短句者如《六州歌头》，皆是俗乐鼓吹之曲；四言诗乃大乐中曲。本朝乐章，《会要》、《国史》中只有数人做得好，如王荆公做得全似《毛诗》，甚好。”（第6册，第2346—2347页）“乐章”便有二义：俗乐乐章（长短句，即词曲），大乐乐章（四言诗）。前者如柳永《乐章集》，所载全为词曲即长短句；后者除四言诗外，尚有骚体，不例举。

之曲》"："神之来兮风肃然，神之去兮升九天。"① 宋人"乐章"尽管多数缺乏真情实感，艺术上也显得板滞雕琢，但作为"歌辞"，在宋代雅乐中有重要作用，具有庄重严密的等级制度，撰写者一般为"侍从官"（包括翰林学士承旨、翰林学士、直学士院、权直学士院、学士院权直等）②、"小侍从"（中书舍人、秘书监、秘书少监等）及"馆职"（秘书省著作郎、著作佐郎、秘书郎、校书郎、正字等），均为"清要"词臣，一旦跻身于撰写者行列，便有莫大荣耀。

大晟府乐章除具备宋代乐章的普遍特征外，还因乐制的变化、撰制的更动，而有复杂的时代特点，在宋代乐章史上起关键作用。

一、大晟府乐章的撰制及使用情况

大晟府乐章撰制当始于崇宁五年九月。前此则有崇宁五年二月毁大晟府事，故不当有依大晟乐撰作乐章事。史载崇宁五年九月二十日，大晟府复仍旧（详上）；九月二十六日，徽宗诏亲制乐章，"将荐祖考"，诏令大晟府"先考定谱、调、声以闻"（《会要·乐》三之二五）。大概从此时始，大晟府才陆续考定"谱、调、声"。至大观元年十二月，方见有命学士院撰进"逐鼎乐章"的手诏（《会要·礼》五一之二三）③。

今查《宋史·乐志十》有《祭九鼎十二首》，在《大观三年朝献景灵宫二首》后。其内容则为"帝鼐（土王日祀）降神，《景安》"；"奉馔，《丰安》"；"亚、终献，《文安》"；"春分，苍鼎亚、终献，《成安》"；"立夏，冈鼎迎神，《凝安》"；"亚、终献，《成安》"；"夏至，彤鼎酌献，《成安》"；"立秋，阜鼎酌献，《成安》"；"秋分，晶鼎亚、终献，《成安》"；"立冬，魁鼎迎神，《凝安》"；"酌献，《成安》"；"冬至，宝鼎奠币，《明安》"（《宋

① 详见《竹隐畸士集》卷一五《乐章》（第1124册，第231—236页），《于湖居士文集》卷一《乐章》（《四部丛刊》初编本，第7页B面），《安阳集》卷二三（第1089册，第344页），《苏魏公文集》卷二八（第382—383页），《文忠集》卷一一九（第1148册，第321—328页），《楼钥集》卷四二（第3册，第784页），《武夷新集》卷五（第1086册，第406—409页）。

② 按：有时乐章撰写者竟为"台阁"，包括宰执等。《忠惠集》卷七《辞免创修大晟乐章状》："伏况今者侍从、台阁，英俊如林，才能过臣，皆可就事。"（第1129册，第257—258页）《宋史·乐志五》："（绍兴十六年）命学士沈虚中作歌曲，以荐于太庙、圜丘、明堂。寻又内出御制郊祀大礼天地、宗庙乐章，及诏宰执、学士院、两省官删修郊祀大礼乐章，付太常肄习。"（第10册，第3035页）

③ 详见《宋会要·乐》三之二五（第1册，第319页），《宋会要·礼》五一之二三（第2册，第1553页）。

史·乐志十》）。据《政和五礼新仪》卷六八："季夏土王日，祀帝鼐。"[①]"土王日"乃在季夏。此套乐章共12首，时令为一年所有。既大观元年十二月二十四日方由"臣僚"奏言"撰谱制词"，"内出手诏"当在其后。故"逐鼎乐章"最早撰成当在大观二年前后。

大晟府乐章的撰制，当由秘书省及学士院承担。《能改斋漫录》卷一四："宣和四年，校书郎韩迪撰方泽《仪安之曲》，著作佐郎吴次宾撰社稷《安宁之曲》，校书郎艾晟撰感生帝《大安之曲》，校书郎赵永裔撰帝鼐《景安之曲》，正字李舜由撰兖国公《成安之曲》。臣僚上言曰：'……奉圣旨：令尚书省措置，选官改定。元撰方泽《仪安》等曲官，除赵永裔已罢馆职外，余并送吏部，与合入差遣。'其后艾晟进《状》辨正……恭奉圣旨：'前降送吏部指挥与改正，别与差遣。'"[②] 所载原撰乐章人，乃校书郎韩迪、著作佐郎吴次宾、校书郎艾晟、校书郎赵永裔、正字李舜由等，均为秘书省馆职。其分撰方泽、社稷、感生帝、帝鼐、兖国公乐章，措辞有不合处，由尚书省措置，"选官改定"，即"降送吏部指挥与改正"。

大观、政和间，史籍多有"命学士院撰进"（《会要·礼》五一之二三）及中书舍人创修乐章的记载。学士院包括翰林学士承旨、翰林学士、直学士院、权直学士院、学士院权直，均为"代王者言"的清贵侍从官，称"内制"。中书舍人兼掌原舍人院知制诰草拟命令职事，称"外制"。"学士院撰进"乐章尚见于他书。《会要·礼》二四之六四、六五："政和七年八月十二日，内出御制宗祀明堂及亲祠五室奠币、酌献乐曲九章，其余饮福等三章，令学士院撰进。"（《玉海》卷一〇六略同）"学士院撰进"乐章乃为九鼎"逐鼎乐章"及明堂乐章。然侍从官、馆阁词臣等撰写之乐章，亦需由翰林学士、中书舍人"改定"，方可施用。史载政和二年八月，议礼局奏乞将翰林学士、中书舍人改定大晟府乐章别作卷秩编载（《政和五礼新仪》卷首）[③]。

秘书省馆职人员"合撰乐章"为宋朝"故事"（《梁溪漫志》卷二《秘书省官撰文字》），但"撰进"大晟府乐章事，于史料所见稍晚。明确记载见上

---

① 详见《宋史·乐志十》（第10册，第3187—3189页），《政和五礼新仪》卷六八（第647册，第430页）。

② 吴曾：《能改斋漫录》卷一四《选官改定方泽〈仪安〉等曲》，第5编，第4册，第131页。按："《安宁之曲》"，当为"《宁安之曲》"。

③ 详见《宋会要·礼》五一之二三（第2册，第1553页），《宋会要·礼》二四之六四、六五（第1册，第931—932页），《玉海》卷一〇六（第945册，第804页），《政和五礼新仪》卷首（第647册，第32页）。

引《能改斋漫录》，乃在宣和四年（详上）。然其他史料亦载有“儒臣”撰大晟府乐章事。如：

> （政和六年）十月，臣僚乞以崇宁、大观、政和所得珍瑞名数，分命儒臣作为颂诗，协以新律，荐之郊庙，以告成功。诏送礼制局。（《宋史·乐志四》）
>
> 政和七年三月一日，议礼局（引者按：当为“礼制局”）言：“鼓吹惟备警卫，未有铙歌之曲，请诏儒臣撰述。凡王师大献具奏，以耸群听。”诏可。（《玉海》卷一〇六）

《宋史·乐志十五》、《通考·乐考二十》亦载，略同《玉海》而稍详。按《宋史·乐志四》载政和六年十月臣僚乞分命儒臣作为颂诗，所谓“颂诗”，亦当指雅乐乐章，“儒臣”云云，应包含秘书省馆职人员在内。又，《玉海》卷一〇六、《宋史·乐志十五》、《通考·乐考二十》载政和七年三月礼制局请诏“儒臣”撰述铙歌曲，疑亦有秘书省馆职人员在内。《会要·乐》四之二：“（宣和）四年六月九日，臣僚上言：‘一岁之间……所司（用）乐章总五百六十九首。当时儒馆分领，概以与之，未尝择而授也。故其所作，多有失义类者。’诏令尚书省措置，选官改定。除赵永裔已罢馆职外，余并送吏部，与合入差遣。”赵永裔前曾任校书郎（《能改斋漫录》卷一四）[①]，知“儒馆”乃指“馆职”。“儒臣”云云，当包含秘书省馆职人员在内，分撰大晟府乐章多见于政和六年十月后。

大晟府乐章撰制时段，亦可据相关史料考见：（1）崇宁五年九月二十六日，因大晟乐新成，将荐祖考。徽宗拟亲制神宗本室与配位乐章，令大晟府先考定“谱、调、声”以闻。（2）大观元年十二月，命学士院撰进“逐鼎乐章”。（3）大观三年，更撰释奠乐章。（4）大观四年十二月，皇后册仪，定乐名，别撰乐章。（5）政和二年八月，议礼局奏乞将翰林学士、中书舍人改定大晟府乐章别作卷秩编载。（6）政和五年，大晟府拟撰释奠十四章。（7）政和六年十月，臣僚乞分命儒臣作为颂诗。（8）政和七年三月，礼制局请诏儒

---

① 详见《梁溪漫志》卷二（第5编，第2册，第147页），《宋史·乐志四》（第9册，第3019页），《玉海》卷一〇六（第945册，第797页），《宋史·乐志十五》（第10册，第3304页），《文献通考·乐考二十》（第1291页），《宋史·乐志四》（第9册，第3019页），《玉海》卷一〇六（第945册，第797页），《宋史·乐志十五》（第10册，第3304页），《文献通考·乐考二十》（第1291页），《宋会要·乐》四之二（第1册，第322页），《能改斋漫录》卷一四（第5编，第4册，第131页）。

臣撰述铙歌曲。(9)政和七年八月十二日，徽宗御制宗祀明堂及亲祠五室奠币、酌献乐曲九章，其余饮福等三章令学士院撰。(10)宣和四年，诏尚书省选官“改定”韩迪、吴次宾、艾晟、赵永裔、李舜由等分撰方泽、社稷、感生帝、帝鼐、兖国公乐章。详见《大晟府事迹编年考略》，文繁不重引。

大晟府乐章使用情况，史料多有记载。据《会要·乐》四之二，知大晟府乐章一年内所用，凡569首①。然见于《宋史·乐志》的乐章主要是大观、政和间所撰。大观间乐章主要有《大观宗祀明堂五首》、《大观秋分夕月四首》、《大观三年朝献景灵宫二首》、《祭九鼎十二首》、《大观祀社稷九首》、《大观祭风师六首》、《雨师五首》、《大观蜡祭二首》、《大观三年释奠六首》、《大观祀武成王一首》、《大观闻喜宴六章》等；政和间乐章主要有《政和祀感生帝二首》、《政和亲郊三首》、《崇恩太后升祔十四首》、《大晟府拟撰释奠十四首》、《政和鹿鸣宴五首》等（详后)。《宋史·乐志》共载大观、政和间乐章112首，知大晟府乐章当有大量遗失。现据集部、子部考得宣和间乐章50首、残句5首（详后)。其余402首俟考。

大晟府乐章曾于政和二年八月由翰林学士、中书舍人“改定”，别作卷秩编载；政和五年九月十六日，朱维乞诏大晟府将合颁降乐器各疏说及乐章、谱并歌调镂板行下（详上)。这一次与大晟乐器一起镂板颁降的“乐章、谱并歌调”具体数目未见记载，然以行政命令推行，天下诸路州、军无不奉行。尤其是大晟府春秋释奠乐章，推行尤为广泛。政和四年四月，诏诸路州、军大晟乐器依例用于春秋释奠，因周焘奏成都府学所降并已习熟，故推广于诸路州、军②；政和四年四月二十七日，诏依孔端友乞许族人及县学生肄习大晟新乐，备释奠家祭用（详见《大晟府事迹编年考略》)。

另外，夔州、彭州、福州等均有颁降大晟新乐及州学生肄习大晟府释奠乐章事，详见张震《补夔州大晟乐记》、朱若冰《彭州重修大晟乐记》、熊朋来《乐章谱·孔子庙释奠》③ 等。政和六年闰正月庚申，“太府寺丞王鼎奏：‘《政和五礼新仪》既成书，欲乞依仿新乐颁行之。仍许令州县召募礼生肄业于官，使之推行民间，专以《新仪》从事。’……从之。”（《长编纪事本末》卷一三三，《长编拾补》卷三五）可见，政和四、五年间，乃大晟府释奠乐章

① 徐松辑：《宋会要·乐》四之二，第1册，第322页。

② 徐松辑：《宋会要·乐》四之一，第1册，第322页。

③ 详见张震《补夔州大晟乐记》（《全宋文》，第225册，第34页)，朱若冰《彭州重修大晟乐记》（《全宋文》，第225册，第198页)，熊朋来《乐章谱·孔子庙释奠》（《瑟谱》卷五，第377册，第355—367页)。

推行之时；而至政和六年，大晟府乐章推行全国各地，《政和五礼新仪》“释奠文宣王仪”所载州郡用乐情况（卷一二一）①，亦可为一旁证。除此之外，大晟府乐章还一度传播至高丽，详后考证，兹不赘述。

二、大晟府乐章宫调及“依月用律”考

（一）大晟府乐章宫调

今存《宋史·乐志》大晟府乐章，其所用宫调未有标明。仅《宋史·乐志九》“崇恩太后升祔十四首”、《宋史·乐志十二》“大观祀社稷九首”及“大晟府拟撰释奠十四首”有个别曲调附有说明，如：

> 迎神，《兴安》：［黄钟宫］二奏、［大吕角］二奏、［太簇徵］二奏、［应钟羽］二奏（《宋史·乐志九》）
>
> 迎神，《宁安》：［黄钟］二奏、［太簇角］二奏、［姑洗徵］二奏、［南吕羽］二奏（《宋史·乐志十二》）
>
> 迎神，《凝安》：［黄钟为宫］、［大吕为角］、［太簇为徵］、［应钟为羽］（《宋史·乐志十二》）②

按：以上“［黄钟宫］二奏”误，当为“［黄钟宫］三奏”。《周礼·春官·宗伯下》：“凡乐，黄钟为宫、大吕为角、太簇为徵、应钟为羽……于宗庙之中奏之。若乐九变，则人鬼可得而礼矣。”又，据《政和五礼新仪》卷一〇六：“宫架作《兴安之乐》、《孝熙昭德之舞》九成。”据此，“迎神，《兴安》”当为“九变”（“九成”），即“［黄钟为宫］三奏、［大吕为角］二奏、［太簇为徵］二奏、［应钟为羽］二奏”。又，“［黄钟］二奏”亦误，当为“［函钟为宫］二奏”。《周礼·春官·宗伯下》：“凡乐，函钟为宫、太簇为角、姑洗为徵、南吕为羽，灵鼓、灵鼗、孙竹之管、空桑之琴瑟、《咸池之舞》，夏日至，于泽中之方丘奏之。若乐八变，则地示皆出，可得而礼矣。凡乐，黄钟为宫、大吕为角、太簇为徵、应钟为羽，路鼓、路鼗、阴竹之管、龙门之琴瑟、《九德之歌》、《九磬之舞》，于宗庙之中奏之。若乐九变，则人鬼可得而礼矣。”据此，“函钟为宫”乃祀地示，“黄钟为宫”乃祀人鬼。“祀社

① 详见《长编纪事本末》卷一三三（第387册，第414页），《长编拾补》卷三五（第3册，第1122页），《政和五礼新仪》卷一二一（第647册，第613—617页）。

② 详见《宋史·乐志九》（第10册，第3160—3161页），《宋史·乐志十二》（第10册，第3210—3211页），《宋史·乐志十二》（第10册，第3236页）。

稷”正属祀地示，当为“函钟为宫”。《宋史·乐志十二》载《绍兴祀太社太稷十七首》“迎神，用《宁安》”，正作“函钟为宫（春社用）”、“函钟为宫（秋社、腊用）”①。

另据《竹隐畸士集》所载乐章，多注有宫调。其乐章共50首，内容包括12类，即祀圜坛、飨明堂、祭方泽、祭神州地祇、太庙、景灵宫、祭鼎鼎、中望、祭先农、祠司中、司命、司民、司禄、祭会应庙等，其所用宫调有15种，如：

> 黄钟宫、夹钟宫、黄钟角、太簇徵、姑洗羽、南吕羽、大吕宫、应钟宫、林钟宫、太簇角、姑洗徵、太簇宫、无射宫、南吕宫、姑洗宫。②

基本按大晟乐“依月用律”次序排列，因其作于宣和二年至三年底（详后），故当为典型的大晟府乐章。

又，大晟府“诗谱”尚有“《虞书》赓载之歌”，“夏《五子之歌》”，“商之《那》”，“周之《麟趾》、《驺虞》、《文王》、《清庙》”等曲谱（《宋史·乐志四》），绍熙、庆元间尚存（《朱子语类》卷九二）③。

今据熊朋来《诗新谱》：

> 《驺虞》二章，章三句。[黄钟羽]（俗呼[般涉]）。
>
> 《驺虞》二章，章三句。[夹钟角]（俗呼[双角]）。
>
> 试协诸律，得[黄钟羽]为一终，又得[夹钟角]为一终，并存其谱。（以上《瑟谱》卷三）
>
> 《文王》七章，章八句（每章二韵）：一章[黄钟宫]（俗呼[正宫]），二章[黄钟商]（俗呼[大石调]），三章[大吕商]（俗呼[高大石调]），四章[大吕宫]（俗呼[高宫]），五章[大吕商]（俗呼[高大石调]），六章[大吕宫]（俗呼[高宫]），七章[黄钟宫]（俗呼[正宫]）。（《瑟谱》卷四）
>
> 《清庙》一章八句。[夹钟宫]（俗呼[中吕宫]）。……案《周礼·

① 详见《周礼注疏》卷二二《春官·宗伯下》（第790页），《政和五礼新仪》卷一〇六（第647册，第582页），《周礼注疏》卷二二《春官·宗伯下》（第789—790页），《宋史·乐志十二》（第10册，第3211—3214页）。

② 详见赵鼎臣《竹隐畸士集》卷一五《乐章》，第1124册，第231—236页。

③ 详见《宋史·乐志四》（第9册，第3019页），《朱子语类》卷九二（第6册，第2347页）。

大司乐》:“奏无射,歌夹钟,以享先祖。”……今以[夹钟宫]谱《清庙》之瑟。(《瑟谱》卷四)①

所载《驺虞》、《文王》、《清庙》三套诗谱,尽管为熊朋来新撰之“诗新谱”,而非大晟府原谱,但仍依“诗旧谱”(即《风雅十二诗谱》)之谱法撰谱。其使用宫调及宫调俗名,仍可用以考索大晟府原谱之宫调及宫调俗名。

另外,熊朋来《乐章谱·孔子庙释奠》,也多用大晟府原曲,如:

迎神,《凝安之曲》([黄钟为宫],俗呼[正宫])“大哉宣圣”一曲。

[大吕为角],俗呼[高大石调]“仰之弥高”一曲。

[太簇为徵](俗调无徵声)“道同于天”一曲。

[应钟为羽],俗呼[中管黄钟羽]“生而知之”一曲。

“盥洗、升殿(降殿、饮福通用)”“《同安之曲》[姑洗宫],俗呼[中管中吕宫])”“右文兴化”一曲。

送神,《宁安之曲》([黄钟宫])“肃庄神缨”一曲。

按:以上均见《瑟谱》②。考熊朋来《乐章谱·孔子庙释奠》“迎神,《凝安之曲》([黄钟为宫])”,即“大晟府拟撰释奠十四首”之“迎神《凝安》,[黄钟为宫]”原曲(《宋史·乐志十二》);“[大吕为角]”即“大观三年释奠六首”之“迎神《凝安》”(同上),原无宫调;“[太簇为徵]”即“大晟府拟撰释奠十四首”之“奉俎,《丰安》”(同上),原无宫调;“[应钟为羽]”即“大晟府拟撰释奠十四首”之“迎神《凝安》,[大吕为角]”(同上)。考《宋史·乐志十二》,[应钟为羽]章上四句作“圣王生知,阐迺儒规。《诗》、《书》文教,万世昭垂”,下四句同《瑟谱》[大吕为角]章,作“生而知之,有教无私。成均之祀,威仪孔时”。盖朋来参采两章合为一章,以谐律耳。又“《同安之曲》[姑洗宫]”即“大晟府拟撰释奠十四首”之“初献盥洗,《同安》”(同上),原无宫调;“《宁安之曲》([黄钟宫])”即“大观三年释奠六首”之“送神,《凝安》”(同上),原无宫调③。

① 详见《瑟谱》卷三(第377册,第297—299页)、卷四(第377册,第338页)、卷四(第377册,第345—347页)。

② 详见《瑟谱》卷五《乐章谱·孔子庙释奠》,第377册,第355—367页。

③ 详见《宋史·乐志十二》“大观三年释奠六首”、“大晟府拟撰释奠十四首”,第10册,第3235—3237页。

然熊朋来所用“孔子庙释奠”，词虽多袭大晟府原曲之旧，曲谱谱字则略有增损。如：

> 释奠乐章，自政和以来，增损不同。如福州本迎、送神、盥洗、升降、奠币、酌献共只五曲，虽简约易于教习，遂以祀先圣之辞祀颜、孟，且具（引者按：一本作“其”）谱不成宫调。今福、吉、洪、袁教习祀乐，止据福州《通祀辑略》。甚欲改定其谱而不能。郴州旧刻《通祀礼》，与王氏《瑟书》同出一手。然奠献皆［南吕宫］。春丁律中夹钟之月，合各随月律。又如曾子、子思，自咸淳三年升配，亦有乐章。朋来因弦瑟补定其谱，春丁二月，用［夹钟宫］；秋丁八月，用［南吕宫］。惟迎神用［黄钟为宫］、［大吕为角］、［太簇为徵］、［应钟为羽］。①

熊朋来（1246—1323）与张炎（1248—1319）同时，其所用曲谱代表了理宗、度宗间（1225—1276）的实际情况。熊朋来撰谱，乃据“福州本”、“郴州旧刻”原谱“改定其谱”、“补定其谱”。其原谱最早可溯源至大晟曲谱。所谓“释奠乐章，自政和以来，增损不同”，乃指政和五年《大晟府拟撰释奠十四首》，经南宋辗转流传，有所谓“福州本”、“郴州旧刻”等不同版本。流传的大晟曲谱，经多次“增损”后，虽“简约易于教习”，但“具（其）谱不成宫调”。熊朋来“改定”、“补定”之谱，与大晟府原谱已有较大不同。但正如上述考证所述，其谱法甚至多数谱字，仍依大晟曲谱而来。

现将熊朋来《瑟谱》与张炎《词源》所载宫调及俗名对照。熊朋来《瑟谱》所载宫调及俗名：

> ［黄钟宫］俗呼［正宫］　［无射商］俗呼［越调］（卷二）
>
> ［黄钟羽］俗呼［般涉］　［夹钟角］俗呼［双角］　［无射商］俗呼［越调］　［蕤宾角］俗呼［中管小石角］　［夷则商］俗呼［商调］　［黄钟商］俗呼［大石调］　［林钟角］俗呼［歇指角］　［南吕商］俗呼［中管商调］　［太簇羽］俗呼［中管高般涉调］　［姑洗商］俗呼［中管双调］　［大吕角］俗呼［高大石角］　［应钟商］俗呼［中管越调］　［太簇角］俗呼［中管高大石调］　［应钟羽］俗呼［中管越角调］（卷三）
>
> ［夹钟宫］俗呼［中吕宫］　［黄钟宫］俗呼［正宫］　［夷则商］

① 熊朋来：《瑟谱》卷五《乐章谱·孔子庙释奠》，第377册，第353—355页。

俗呼［商调］　［黄钟商］俗呼［大石调］　［大吕商］俗呼［高大石调］　［大吕宫］俗呼［高宫］　［中吕宫］俗呼［小石调］　［林钟商］俗呼［歇指调］　［南吕宫］俗呼［中管仙吕宫］（卷四）

［黄钟为宫］俗呼［正宫］　［大吕为角］俗呼［高大石调］　［太簇为徵］俗调无徵声　［应钟为羽］俗呼［中管黄钟羽］　［姑洗宫］俗呼［中管中吕宫］　［夹钟宫］俗呼［中吕宫］（春丁用）［南吕宫］俗呼［中管仙吕宫］（秋丁用）（卷五）①

张炎《词源》所载宫调及俗名：

［黄钟宫］（俗名［正黄钟宫］）　［黄钟商］（俗名［大石调］）［黄钟羽］（俗名［般涉调］）

［大吕宫］（俗名［高宫］）　［大吕商］（俗名［高大石调］）［大吕角］（俗名［高宫角］）

［太簇角］（俗名［中管高宫角］）　［太簇徵］（俗名［中管高宫正徵］）　［太簇羽］（俗名［中管高般涉调］）

［夹钟宫］（俗名［中吕宫］）　［夹钟角］（俗名［中吕正角］）

［姑洗宫］（俗名［中管中吕宫］）　［姑洗商］（俗名［中管双调］）

［仲吕宫］（俗名［道宫］）

［蕤宾角］（俗名［中管道宫角］）

［林钟商］（俗名［歇指调］）　［林钟角］（俗名［南吕角］）

［夷则商］（俗名［商调］）

［南吕宫］（俗名［中管仙吕宫］）　［南吕商］（俗名［中管商调］）

［无射商］（俗名［越调］）

① 详见《瑟谱》卷二（第377册，第276页，第288页），《瑟谱》卷三（第377册，第297—325页），《瑟谱》卷四（第377册，第328—351页），《瑟谱》卷五（第377册，第355—367页）。按：［太簇角］俗呼［中管高大石调］，误，当为"俗呼［中管高大石角］"；［应钟羽］俗呼［中管越角调］，误，当为"俗呼［中管羽调］"，因"［中管越角调］"正名为"［应钟角］"；［中吕宫］俗呼［小石调］，误，当为"俗呼［道调宫］"，因"［小石调］"正名为"［仲吕商］"；［大吕为角］俗呼［高大石调］，误，当为"［高大石角］"，因"［高大石调］"正名为"［大吕商］"。

［应钟商］（俗名［中管越调］） ［应钟羽］（俗名［中管羽调］）①

两相比较，大体相同，只有角调有异。如《瑟谱》“［大吕角］俗呼［高大石角］”、“［太簇角］俗呼［中管高大石调（角）］”、“［夹钟角］俗呼［双角］”、“［蕤宾角］俗呼［中管小石角］”、“［林钟角］俗呼［歇指角］”，《词源》“［大吕角］（俗名［高宫角］）”、“［太簇角］（俗名［中管高宫角］）”、“［夹钟角］（俗名［中吕正角］）”、“［蕤宾角］（俗名［中管道宫角］）”、“［林钟角］（俗名［南吕角］）”（详上）。

（二）大晟府乐章“依月用律”考

《竹隐畸士集》收有祀圜坛、飨明堂、祭方泽、祭神州地祇、太庙、景灵宫、祭畾鼎、中望、祭先农、祠司中、司命、司民、司禄、祭会应庙等12类乐章50首，各自标有宫调。如：

《景灵宫，奉香币，〈灵安之曲〉（大吕宫）》（“景灵宫”乐章）

《太庙，酌献僖祖室〈基命之曲〉（无射宫）》、《亚、终献，〈正安之曲〉（无射宫）》（“太庙”乐章）

《冬祀圜坛，出入、大小次，〈乾安之曲〉（黄钟宫）》（“祀圜坛”乐章）

《秋飨明堂，降神，〈诚安之曲〉（夹钟宫）》、《徹豆，〈肃雝显相之曲〉（大吕宫）》（“飨明堂”乐章）

《夏祭方泽，太祖位奠币，〈恭安之曲〉（应钟宫）》、《饮福，〈禧安之曲〉（应钟宫）》（“祭方泽”乐章）

《祭神州地祇，迎神，〈宁安之曲〉（林钟宫）》、《曲同前（太簇角）》、《曲同前（姑洗徵）》、《曲同前（南吕羽）》、《盥洗，〈正安之曲〉（太簇宫）。舆归板位、望瘗通用》、《捧俎，〈丰安之曲〉（太簇宫）》、《神州地祇位，酌献，〈嘉安之曲〉（应钟宫）》、《退文、迎武，〈威安之曲〉（太簇宫）》、《徹豆，〈和安之曲〉（应钟宫）》、《送神，〈宁安之曲〉（林钟宫）》（“祭神州地祇”乐章）

《祀黑帝，降神，〈高安之曲〉（夹钟宫）》、《曲同前（黄钟角）》、《曲同前（太簇徵）》、《曲同前（姑洗羽）》、《酌献，〈祐安之曲〉（南吕羽）》、《送神，〈理安之曲〉（夹钟宫）》（“祀五方帝”乐章）

《中望，迎神，〈凝安之曲〉（姑洗宫）》、《酌献，〈成安之曲〉（南吕

① 张炎：《词源》卷上，第1册，第246—251页。按：“中管商调”，原本作“中管双调”，据改。

官)》、《送神，〈凝安之曲〉(姑洗宫)》(“中望”乐章)

《祭皛鼎，迎神，〈凝安之曲〉(南吕宫)》、《升、降殿，〈同安之曲〉(南吕宫)》、《奠币，〈明安之曲〉(南吕宫)》、《酌献，〈成安之曲〉(南吕宫)》、《亚、终献，〈成安之曲〉(南吕宫)》、《送神，〈凝安之曲〉(南吕宫)》(“祭皛鼎”乐章)

《祠司中、司命、司民、司禄，迎神，〈兴安之曲〉(姑洗宫)》、《升、降坛，〈钦安之曲〉(南吕宫)》、《奠币，〈容安之曲〉(南吕宫)》、《酌献，〈雍安之曲〉(南吕宫)》、《送神，〈欣安之曲〉(姑洗宫)》(“祠司中、司命、司民、司禄”乐章)

《祭先农，迎神，〈凝安之曲〉(姑洗宫)》、《升、降坛，〈同安之曲〉(太簇宫)》、《奠币，〈明安之曲〉(太簇宫)》、《酌献，〈成安之曲〉(太簇宫)》、《送神，〈凝安之曲〉(姑洗宫)》(“祭先农”乐章)

《祭会应庙，迎神，〈禧安之曲〉(姑洗宫)》、《升降堂，〈雅安之曲〉(南吕宫)》、《奠币，〈文安之曲〉(南吕宫)》、《酌献，〈恺安之曲〉(南吕宫)》、《送神，〈登安之曲〉(姑洗宫)》(“祭会应庙”乐章)①

今考《竹隐畸士集》乐章所用宫调有黄钟宫、夹钟宫、黄钟角、太簇徵、姑洗羽、南吕羽、大吕宫、应钟宫、林钟宫、太簇角、姑洗徵、太簇宫、无射宫、南吕宫、姑洗宫15种，基本按大晟乐“依月用律”次序排列。如：

(1) 冬祀圜坛乐章：“《出入、大小次，〈乾安之曲〉(黄钟宫)》。”

按：黄钟宫为十一月之律，冬祀乃在冬至日。《政和五礼新仪》：“誓文曰：今年十一月某日冬日至，皇帝祀天于圜坛。”(卷二五) 又：“工鼓柷，宫架《乾安之乐》作。(皇帝升、降、行、止，皆作《乾安之乐》。)”(卷二六)②

(2) 祀五方帝乐章：“《祀黑帝，降神，〈高安之曲〉(夹钟宫)》、《曲同前(黄钟角)》、《曲同前(太簇徵)》、《曲同前(姑洗羽)》、《酌献，〈祐安之曲〉(南吕羽)》、《送神，〈理安之曲〉(夹钟宫)》。”

按：祀黑帝以立冬为祀日(《政和五礼新仪》卷五〇)。其律当用十月之律应钟宫。此处酌献用南吕羽，据《周礼·春官·宗伯下》“函钟为宫、太簇为角、姑洗为徵、南吕为羽”，乃六月夏至日祭方泽之律。《政和五礼新仪》卷五〇：“《高安之乐》作，六成止。”“次引初献诣盥洗位，《正安之乐》作。(初献、升降、行止，皆作《正安之乐》。)”“送神，《高安之乐》作，一成

① 赵鼎臣：《竹隐畸士集》卷一五《乐章》，第1124册，第231—236页。

② 详见《政和五礼新仪》卷二五(第647册，第232页)、卷二六(第647册，第240页)。

止。”曲名亦有异，俟考。考熊朋来《乐章谱·孔子庙释奠》阐释“依月用律”云：“释奠乐章，自政和以来，增损不同。……然奠献皆［南吕宫］。春丁律中夹钟之月，合各随月律。……春丁二月，用［夹钟宫］；秋丁八月，用［南吕宫］。惟迎神用［黄钟为宫］、［大吕为角］、［太簇为徵］、［应钟为羽］。……送神用［黄钟宫］，复其初也。盥洗用［姑洗宫］。”（《瑟谱》卷五）知“依月用律”乃为“出入”、“大小次”、“奠献”等用当月之律，它如“降神”（即“迎神”）、“送神”则皆依《周礼》天神、地示、人鬼三大系统用乐。黑帝属天神系统，其乐圜钟为宫、黄钟为角、太簇为徵、姑洗为羽（《周礼·春官·宗伯下》）[①]，“圜钟”即夹钟，正与《周礼》吻合。“送神”则仍用夹钟宫，“复其初也”。可见正合大晟府“依月用律”用乐节次。

（3）飨明堂乐章：“《秋飨明堂，降神，〈诚安之曲〉（夹钟宫）》、《彻豆，〈肃雝显相之曲〉（大吕宫）》。”

按：飨明堂在季秋九月（《政和五礼新仪》卷三〇）。此处亲祀或摄祀之曲已略，当用九月之律无射宫。又所载曲名与礼书所载有异。《政和五礼新仪》：“宫架作《诚安之乐》、《右（佑）文化俗之舞》，六成止。”（卷三一）又：“次引礼部……户部、兵部、工部尚书升堂……登歌《歆安之乐》作。”（卷三二）[②] 知此处“降神，《诚安之曲》（夹钟宫）”，当为“［夹钟为宫］三奏、［黄钟为角］一奏、［太簇为徵］一奏、［姑洗为羽］一奏”，共为六成，此处已略。

（4）祭方泽乐章：“《夏祭方泽，太祖位奠币，〈恭安之曲〉（应钟宫）》、《饮福，〈禧安之曲〉（应钟宫）》。”

按：奠献等亲祀或摄祀用当月之律，此处当用五月律蕤宾宫（《政和五礼新仪》卷八〇）。“应钟宫”乃为十月之律。又《政和五礼新仪》：“礼仪使前导皇帝诣太祖皇帝神位前，酌献并如上仪。（惟登歌作《英安之乐》。）”（卷八〇）“宫架《禧安之乐》作。皇帝至饮福位，北向立。”（卷八二）[③] 礼书

① 详见《政和五礼新仪》卷五〇（第647册，第347页），《周礼注疏》卷二二《春官·宗伯下》（第789页），《政和五礼新仪》卷五〇（第647册，第350页，第351页，第352页），《瑟谱》卷五《乐章谱·孔子庙释奠》（第377册，第353—355页），《周礼注疏》卷二二《春官·宗伯下》（第789—790页）。

② 详见《政和五礼新仪》卷三〇（第647册，第258页）、卷三一（第647册，第265页）、卷三二（第647册，第268页）。

③ 详见《政和五礼新仪》卷八〇（第647册，第471页）、卷八〇（第647册，第471页）、卷八二（第647册，第481页）。

“太祖位《英安》”，此处作《恭安》，俟考。

（5）祭神州地祇乐章：“《祭神州地祇，迎神，〈宁安之曲〉（林钟宫）》、《曲同前（太簇角）》、《曲同前（姑洗徵）》、《曲同前（南吕羽）》、《盥洗，〈正安之曲〉（太簇宫）。舆归板位、望瘗通用》、《捧俎，〈丰安之曲〉（太簇宫）》、《神州地祇位，酌献，〈嘉安之曲〉（应钟宫）》、《退文、迎武，〈威安之曲〉（太簇宫）》、《彻豆，〈和安之曲〉（应钟宫）》、《送神，〈宁安之曲〉（林钟宫）》。”

按：祭神州地祇奠献等用当月之律，此处当用十月律应钟宫（《政和五礼新仪》卷八五）。他如“迎神”、“送神”当用《周礼·春官·宗伯下》地示系统“函钟为宫、太簇为角、姑洗为徵、南吕为羽”（八变）。又《政和五礼新仪》卷八六：“宫架作《宁安之乐》、《广生储祐之舞》八成止。”① 此处“迎神，《宁安之曲》（林钟宫、太簇角、姑洗徵、南吕羽）”，“林钟”即“函钟”，各奏二变或二成，正合《周礼》用乐节次。

（6）太庙乐章：“《太庙，酌献僖祖室〈基命之曲〉（无射宫）》、《亚、终献，〈正安之曲〉（无射宫）》。”

按：“时享太庙”分孟春、夏、秋、冬四季（《政和五礼新仪》卷一〇二）。此处用无射宫，乃季秋九月之律。又《政和五礼新仪》卷一〇四：“前导皇帝诣僖祖室，乐止，宫架作《基命之乐》。”“宫架作《正安之乐》、《武功之舞》，执事者以爵授亚献。”“终献诣洗，及升殿酌献，并如亚献之仪。”② 其曲名亦合。

（7）景灵宫乐章：“《景灵宫，奉香币，〈灵安之曲〉（大吕宫）》。”

按：“时享太庙”分孟春、夏、秋、冬四季③。此处“奉香币”用大吕宫，乃属季冬十二月之律。

（8）祭晶鼎乐章：“《祭晶鼎，迎神，〈凝安之曲〉（南吕宫）》、《升、降殿，〈同安之曲〉（南吕宫）》、《奠币，〈明安之曲〉（南吕宫）》、《酌献，〈成安之曲〉（南吕宫）》、《亚、终献，〈成安之曲〉（南吕宫）》、《送神，〈凝安之曲〉（南吕宫）》。”

按：祭晶鼎在秋分八月（《政和五礼新仪》卷六九）。其律当用南吕宫。

---

① 详见《政和五礼新仪》卷八五（第647册，第494页），《周礼注疏》卷二二《春官·宗伯下》（第789页），《政和五礼新仪》卷八六（第647册，第501页）。

② 详见《政和五礼新仪》卷一〇二（第647册，第557页）、卷一〇四（第647册，第568—569页）。

③ 郑居中等：《政和五礼新仪》卷一一四，第647册，第600页。

又《政和五礼新仪》："《凝安之乐》作，三成止。……次引初献诣盥洗位，《同安之乐》作。（凡初献、升降、行止，皆作《同安之乐》。）……《明安之乐》作……执事者以币授奉礼郎。……《成安之乐》作，执事者以爵授亚献。……次引终献诣洗、升殿行礼，并如亚献之仪。……送神，《凝安之乐》作，一成止。"（卷六九）① 此处用乐节次正与礼书吻合。

（9）中望乐章："《中望，迎神，〈凝安之曲〉（姑洗宫）》、《酌献，〈成安之曲〉（南吕宫）》、《送神，〈凝安之曲〉（姑洗宫）》。"

按：中望乃属五方岳、镇、海、渎之一。《宋史·乐志十一》"太中祥符五岳加帝号祭告八首"，有"中望迎神《凝安》"。据《政和五礼新仪》卷九五，知其祀日有"四立（立春、立夏、立秋、立冬）、土王日（季夏）"之分。此处酌献用南吕宫，乃八月之律。《政和五礼新仪》卷九五："《凝安之乐》作，三成止。""《成安之乐》作，执事者以爵授初献。""初献，再拜，《成安之乐》作。次诣镇、海、渎酌尊所，酌献并如上仪。""《成安之乐》作，执事者以爵授亚献。""次诣镇、海、渎神位前，酌献并如上仪。""送神，《凝安之乐》作，一成止。"② 曲名与礼书亦合。

（10）祭先农乐章："《祭先农，迎神，〈凝安之曲〉（姑洗宫）》、《升、降坛，〈同安之曲〉（太簇宫）》、《奠币，〈明安之曲〉（太簇宫）》、《酌献，〈成安之曲〉（太簇宫）》、《送神，〈凝安之曲〉（姑洗宫）》。"

按：祭先农即祠神农氏，在"正月上辛后吉亥"（"立春后亥日"）③。此处用升降、奠币、酌献均用太簇宫，乃正月之律，正合礼书"正月上辛后吉亥"、"立春后亥日享先农"之义。

（11）祠司中、司命、司民、司禄乐章："《祠司中、司命、司民、司禄，迎神，〈兴安之曲〉（姑洗宫）》、《升、降坛，〈钦安之曲〉（南吕宫）》、《奠币，〈容安之曲〉（南吕宫）》、《酌献，〈雍安之曲〉（南吕宫）》、《送神，〈欣安之曲〉（姑洗宫）》。"

按：祠司中、司命、司民、司禄在十月（《宋史·礼志一》，《政和五礼新仪》卷七八）。其律当用应钟宫。此处升降、奠币、酌献均用南吕宫，乃八月

① 详见《政和五礼新仪》卷六九（第647册，第434页）、卷六九（第647册，第436—437页）。

② 详见《宋史·乐志十一》（第10册，第3191—3192页），《政和五礼新仪》卷九五（第647册，第522页）、卷九五（第647册，第524—525页）。

③ 详见《宋史·礼志一》（第8册，第2425页），《礼书》卷二九《先农坛》（第130册，第174页）。

之律。《政和五礼新仪》卷七八：“《欣安之乐》作，三成止。”“次引献官诣盥洗位，《钦安之乐》作。（凡献官升降、行止，皆作《钦安之乐》。）”“《雍安之乐》作，执事者以爵授献官。”“送神，《欣安之乐》作，一成止。”① 曲名亦有异，俟考。

（12）祭会应庙乐章：“《祭会应庙，迎神，〈禧安之曲〉（姑洗宫）》、《升降堂，〈雅安之曲〉（南吕宫）》、《奠币，〈文安之曲〉（南吕宫）》、《酌献，〈恺安之曲〉（南吕宫）》、《送神，〈登安之曲〉（姑洗宫）》。”

按：祭会应庙在仲春二月（《政和五礼新仪》卷七七）。其律当用夹钟宫。此处升降、奠币、酌献均用南吕宫，乃八月之律。《政和五礼新仪》卷七七：“《禧安之乐》作，三成止。”“次引初献诣盥洗位，《雅安之乐》作。（凡初献升降、行止，皆作《雅安之乐》。）”“《恺安之乐》作，执事者以爵授初献。”“《嘉安之乐》作，执事者以爵授亚献。”“送神，《登安之乐》作，一成止。”② 曲名吻合。

按：《竹隐畸士集》卷一五所载乐章，当为赵鼎臣任秘书少监时所作③。这些乐章所用宫调并未注明“俗呼”名，但据史籍记载，雅、俗乐宫调系统政和四年正月后被强行统一。《会要·乐》五之三六、三七：“（政和）四年正月，礼部奏：‘教坊乐春或用商声，孟或用季律，甚失四时之序。乞以大晟府十二月所定声律，令教坊阅习。’仍令秘书省撰词。”《宋史·乐志十七》、《通考·乐考十九》同。“令秘书省撰词”云云，当包括雅乐、俗乐乐章在内（详后）。《宋史·乐志四》载政和四年正月大晟府“依月律”改定燕乐“诸宫调”④，即以“大晟府十二月所定声律”阅习教坊乐，大晟雅俗乐从此共同一个音高标准，雅、俗乐宫调系统由此也被强行统一（详上）。因此，宣和二、三年间的雅、俗宫调名，应与熊朋来（1246—1323）、张炎（1248—1319）时期大体相同。

---

① 详见《宋史·礼志一》（第8册，第2425页），《政和五礼新仪》卷七八（第647册，第464页），《政和五礼新仪》卷七八（第647册，第466—467页）。

② 详见《政和五礼新仪》卷七七（第647册，第461页）、卷七七（第647册，第463—464页）。

③ 据《北山集》卷七《诗送赵承之秘监鼎臣安抚邓州三首》（第1130册，第67页）、《陵阳集》卷二《送赵承之秘监出守南阳》（第1133册，第776页）等，考得赵鼎臣任秘书少监在宣和二年至三年底。《唐宋诸贤绝妙词选》卷五：“（赵鼎臣）仕宣和中，自开封少尹除少蓬。”（第635页）“少蓬”即秘书少监（《宋代官制辞典》，第239页）。

④ 详见《宋会要·乐》五之三六、三七（第1册，第350—351页），《宋史·乐志十七》（第10册，第3359页），《文献通考·乐考十九》（第1285页），《宋史·乐志四》（第9册，第3019页）。

第二节 大晟府乐章辑考

据《会要·乐》四之二，“一岁之间……所司（用）乐章总五百六十九首”（《玉海》卷一〇五略同）[①]，乃指一年之内所用乐章而言。现考得雅乐乐章157首，乃自大观至宣和年间所撰，非“一岁之间”所作，余412首则已佚无存。今依《政和五礼新仪》礼仪及用曲次序，分门别类并编年考订如下：

（1）政和亲郊三首

> 皇帝升降，《乾安》：“因山为高（词略）。”配位酌献，《大宁》：“于穆文祖（其一，词略）。”“於皇顺祖（其二，词略）。”

按：见《宋史·乐志七》。据《竹隐畸士集》卷一五“冬祀圜坛乐章”：“冬祀圜坛，出入、大小次，《乾安之曲》（黄钟宫）。”知《政和亲郊三首》“皇帝升降，《乾安》”、“配位酌献，《大宁》”，宫调当为黄钟宫。查《宋史·徽宗本纪三》，政和三年与六年十一月均有祀圜丘事[②]，《政和亲郊三首》当用于此时。

（2）徽宗亲郊前一日朝飨太庙乐章一首

> 皇帝诣仁宗室酌献，宫架奏［无射宫］《美成》之乐舞：“仁德如天（词略）。”

按：见《中兴礼书》卷一五，后有绍兴二十八年七月五日礼部言：“今将郊祀大礼，前期朝飨太庙乐章，仁宗皇帝酌献《美成》之乐舞一首，太常寺省记得此一首系徽宗皇帝御制。”《宋史·乐志七》：“（绍兴）二十八年，以臣僚有请改定，于是御制乐章十有三及徽宗元御制仁宗庙乐章一，共十有四篇。”[③]

（3）宣和冬祀圜坛一首

---

① 详见《宋会要·乐》四之二（第1册，第322页），《玉海》卷一〇五（第945册，第778页）。

② 详见《宋史·乐志七》（第10册，第3070页），《竹隐畸士集》卷一五《乐章》（第1124册，第232页），《宋史·徽宗本纪三》（第2册，第392页，第397页）。

③ 详见《中兴礼书》卷一五《郊祀乐曲乐章一》（第822册，第70页），《宋史·乐志七》（第10册，第3073页）。

出入、大小次，《乾安》（黄钟宫）："穆穆皇皇（词略）。"

按：辑自《竹隐畸士集》卷一五，原作《冬祀圜坛，出入、大小次，〈乾安之曲〉（黄钟宫）》。《政和五礼新仪》卷二六："皇帝升降、行止，皆作《乾安之乐》。"据《宋史·徽宗本纪四》，宣和元年与四年均有祀圜丘事①。赵鼎臣宣和二、三年间任秘书少监（详上），此曲当用于宣和四年。

（4）政和祀感生帝二首

彻豆，《肃安》（以下二首，政和中制）："奉承明祀（词略）。"送神，《普安》："既临下土（词略）。"

按：《宋史·乐志七》"乾德以后祀感生帝十首"，包括"降神，《大安》"、"太尉行，《保安》"、"罍洗，《正安》"、"奠玉币，《庆安》"、"奉俎，《咸安》"、"酌献，《崇安》"、"饮福，《广安》"、"亚、终献，《文安》"、"彻豆，《肃安》"、"送神，《普安》"等十首。于"彻豆，《肃安》"小注："以下二首（引者按：即"彻豆，《肃安》"、"送神，《普安》"），政和中制。"《通考·乐考十六》："翰林学士承旨陶穀等撰。"据《宋史·乐志一》："乾德元年，翰林学士承旨陶穀等奉诏撰定祀感生帝之乐章。曲名：降神用《大安》，太尉行用《保安》，奠玉币用《庆安》，司徒奉俎用《咸安》，酌献用《崇安》，饮福用《广安》，亚献、终献用《文安》，送神用《普安》。"知陶穀等所撰为《大安》、《保安》、《正安》、《庆安》、《咸安》、《崇安》、《广安》、《文安》八首，而"彻豆，《肃安》"、"送神，《普安》"二首，《宋史·乐志七》所收为"政和中制"②，非陶穀等撰。据此，"彻豆，《肃安》"、"送神，《普安》"二首乃政和间撰。

（5）宣和四年祀感生帝曲

《大安之曲》："为赤熛怒。"

按：《能改斋漫录》："宣和四年……校书郎艾晟撰感生帝《大安之

① 详见《竹隐畸士集》卷一五《乐章》（第1124册，第232页），《政和五礼新仪》卷二六（第647册，第240页），《宋史·徽宗本纪四》（第2册，第405页，第411页）。

② 详见《宋史·乐志七》（第10册，第3093—3094页），《宋史·乐志七》（第10册，第3094页），《文献通考·乐考十六》（第1259页），《宋史·乐志一》（第9册，第2940页），《宋史·乐志七》（第10册，第3094页）。

曲》……臣僚上言曰：'……感生帝之诗，有曰"为赤熛怒"者，帝神名也。祭之辄斥其名，何耶？'"①

（6）宣和祀五方帝六首

黑帝降神，《高安》［夹钟宫］："帝厘天工（词略）。"［黄钟角］："皇天平分（词略）。"［太簇徵］："旆兮缤纷（词略）。"［姑洗羽］："既博我牲（词略）。"酌献，《祐安》（南吕羽）："物成于冬（词略）。"送神，《理安》（夹钟宫）："神之徕止（词略）。"

按：辑自《竹隐畸士集》卷一五，原作《祀黑帝，降神，〈高安之曲〉（夹钟宫）》、《曲同前（黄钟角）》、《曲同前（太簇徵）》、《曲同前（姑洗羽）》、《酌献，〈祐安之曲〉（南吕羽）》、《送神，〈理安之曲〉（夹钟宫）》。据《政和五礼新仪》卷五〇："以立春日祀青帝。（赤帝以立夏，黄帝以季夏土王，白帝以立秋，黑帝以立冬为祀日。）"知《祀黑帝，降神，〈高安之曲〉（夹钟宫）》等六首，属于《祀五方帝》之一部分。赵鼎臣宣和二、三年间任秘书少监（详上），此曲可题作"宣和祀五方帝六首"。据《政和五礼新仪》卷五〇："《高安之乐》作，六成止。"② 知"黑帝降神，《高安》"，当为"［夹钟宫］三奏"、"［黄钟角］一奏"、"［太簇徵］一奏"、"［姑洗羽］一奏"。

（7）大观宗祀明堂五首

奠玉币，《镇安》："交于神明（其一，词略）。""有邦事神（其二，词略）。"配位奠币，《信安》："肇祀明堂（词略）。"酌献，《孝安》："若昔大猷（词略）。"配位酌献，《大明》："于昭皇考（词略）。"

按：详见《宋史·乐志八》。据《宋史·徽宗本纪二》，大观元年九月辛亥飨明堂。《大观宗祀明堂五首》当用于此时。又据《竹隐畸士集》卷一五，"奠玉币，《镇安》"、"配位奠币，《信安》"、"酌献，《孝安》"、"配位酌献，《大明》"，均用无射宫③，可补宫调。

① 吴曾：《能改斋漫录》卷一四《选官改定方泽〈仪安〉等曲》，第5编，第4册，第131页。

② 详见《竹隐畸士集》卷一五《乐章》（第1124册，第233—234页），《政和五礼新仪》卷五〇（第647册，第347页），《政和五礼新仪》卷五〇（第647册，第350页）。

③ 详见《宋史·乐志八》（第10册，第3102—3103页），《宋史·徽宗本纪二》（第2册，第379页），《竹隐畸士集》卷一五《乐章》（第1124册，第231—236页）。

（8）宣和秋飨明堂二首

降神，《诚安》（夹钟宫）：“于昭明堂（词略）。”撤（彻）豆，《肃雝显相之曲》（大吕宫）：“嘉荐飨矣（词略）。”

按：辑自《竹隐畸士集》卷一五，原作《秋飨明堂，降神，〈诚安之曲〉（夹钟宫）》、《彻豆，〈肃雝显相之曲〉（大吕宫）》。据《宋史·徽宗本纪四》，宣和元年至六年均大飨明堂①。赵鼎臣宣和二年至三年底任秘书少监（详上），此曲当用于宣和三年九月。

（9）宣和夏祭皇地祇二首

太祖位奠币，《恭安》（应钟宫）：“于赫烈祖（词略）。”饮福，《禧安》（应钟宫）：“惟圣能飨（词略）。”

按：辑自《竹隐畸士集》卷一五，原作《夏祭方泽，太祖位奠币，〈恭安之曲〉（应钟宫）》、《饮福，〈禧安之曲〉（应钟宫）》。据《政和五礼新仪》卷八一、卷八二，祭皇地祇（即祭方泽），奠币登歌作《恭安之乐》，饮福宫架作《禧安之乐》。据《宋史·徽宗本纪四》，宣和二年与五年曾两次祭地于方泽②。赵鼎臣宣和二、三年间任秘书少监（详上），此曲当用于宣和二年五月。

（10）宣和四年祀方泽曲

《仪安之曲》：“蔽芾之棠（词略）。”

按：《能改斋漫录》卷一四：“宣和四年，校书郎韩迪撰方泽《仪安之曲》……臣僚上言曰：‘……今方泽《仪安之曲》乃曰：“蔽芾之棠，合并为一。遐方来归，兹卉是式。”’”据《宋史·徽宗本纪四》，宣和五年五月癸酉祭地于方泽③。当为此次祭祀预作。

---

① 详见《竹隐畸士集》卷一五《乐章》（第1124册，第232页），《宋史·徽宗本纪四》（第2册，第404页，第406页，第408页，第410页，第413页，第414页）。

② 详见《竹隐畸士集》卷一五《乐章》（第1124册，第232页），《政和五礼新仪》卷八一、卷八二（第647册，第479页，第482页），《宋史·徽宗本纪四》（第2册，第406页，第412页）。

③ 详见《能改斋漫录》卷一四（第5编，第4册，第131页），《宋史·徽宗本纪四》（第2册，第412页）。

(11) 宣和祭神州地祇十首

迎神,《宁安》[林钟宫]:“于铄神州(词略)。”[太簇角]:“至哉坤元(词略)。”[姑洗徵]:“有充斯牲(词略)。”[南吕羽]:“昆仑之南(词略)。”盥洗,《正安》(太簇宫)(舆归板位、望瘗通用):“载谋载惟(词略)。”捧俎,《丰安》(太簇宫):“牲也硕之(词略)。”神州地祇位酌献,《嘉安》(应钟宫):“厥民蚩蚩(词略)。”退文、迎武,《威安》(太簇宫):“有奕其舞(词略)。”徹豆,《和安》(应钟宫):“羞之芬芬(词略)。”送神,《宁安》(林钟宫):“霓旌舒舒(词略)。”

按:辑自《竹隐畸士集》卷一五,原作《祭神州地祇,迎神,〈宁安之曲〉(林钟宫)》、《曲同前(太簇角)》、《曲同前(姑洗徵)》、《曲同前(南吕羽)》、《盥洗,〈正安之曲〉(太簇宫)舆归板位、望瘗通用》、《捧俎,〈丰安之曲〉(太簇宫)》、《神州地祇位,酌献,〈嘉安之曲〉(应钟宫)》、《退文迎武,〈威安之曲〉(太簇宫)》、《徹豆,〈和安之曲〉(应钟宫)》、《送神,〈宁安之曲〉(林钟宫)》。据赵鼎臣宣和二年至三年底任秘书少监(详上),此曲可题作“宣和祭神州地祇十首”。又《政和五礼新仪》卷八六,宫架作《宁安之乐》、《广生储祐之舞》八成止。据《周礼·春官·宗伯下》地示系统“函钟为宫、太簇为角、姑洗为徵、南吕为羽”(八变)①,“函钟”即“林钟”。据此,上辑“迎神,《宁安之曲》(林钟宫、太簇角、姑洗徵、南吕羽)”,当为“[林钟宫]二奏、[太簇角]二奏、[姑洗徵]二奏、[南吕羽]二奏”,“二奏”即二变或二成。

(12) 大观秋分夕月四首

降神,《高安》:“至阴之精(词略)。”奠玉币:“玉钩初弯(词略)。”酌献:“名稽汉仪(词略)。”送神:“四扉大开(词略)。”

按:详见《宋史·乐志八》。奠玉币、酌献、送神三首曲名原脱。据《宋史·乐志八》“夕月三首”:“奠玉币、酌献,《嘉安》。”《政和五礼新仪》卷六二:奠玉币“《嘉安之乐》作”,送神“《理安之乐》作,一成止。”《宋史·乐志八》“夕月十首”:“奠玉币,《嘉安》”、“酌献,《嘉安》”、“送神,

① 详见《竹隐畸士集》卷一五《乐章》(第1124册,第232—233页),《政和五礼新仪》卷八六(第647册,第501页),《周礼注疏》卷二二《春官·宗伯下》(第789页)。

《理安》”。可知，《大观秋分夕月四首》奠玉币当用《嘉安》，酌献亦用《嘉安》，送神用《理安》。又“秋分夕月”（《宋史·礼志一》），据《竹隐畸士集》卷一五，“奠玉币，《嘉安》”、“酌献，《嘉安》”均用无射宫[①]。可据校补。

（13）宣和享太庙二首

酌献，僖祖室《基命》（无射宫）：“宋之初基（词略）。”亚、终献，《正安》（无射宫）：“维皇蒸蒸（词略）。”

按：辑自《竹隐畸士集》卷一五，原作《太庙，酌献僖祖室，〈基命之曲〉（无射宫）》、《亚、终献，〈正安之曲〉（无射宫）》。据《政和五礼新仪》卷一〇四，僖祖室“宫架作《基命之乐》”，亚、终献“宫架作《正安之乐》、《武功之舞》”。又，据《宋史·徽宗本纪四》，宣和元年十一月甲寅、四年十一月己巳曾两次飨太庙[②]。赵鼎臣宣和二年至三年底任秘书少监（详上），上辑曲当为宣和三年所预作。

（14）崇恩太后升祔十四首

入门，《显安》：“伣天生德（词略）。”神主升殿，《显安》：“曰嫔于京（词略）。”迎神，《兴安》四章，［黄钟宫］二奏：“閟宫有侐（词略）。”［大吕角］二奏：“羽旌风翔（词略）。”［太簇徵］二奏：“枚枚閟宫（词略）。”［应钟羽］二奏：“旨酒嘉肴（词略）。”罍洗，《嘉安》：“列爵陈俎（词略）。”升降殿，《熙安》：“笙箫纷如（词略）。”酌献，《兹安》：“雝雝玉佩（词略）。”亚献，《神安》：“嫔于潜邸（词略）。”退文舞、进武舞，《昭安》：“翩然干戚（词略）。”终献，《仪安》：“珩璜之贵（词略）。”徹豆，《成安》：“锵洋纯绎（词略）。”送神，《兴安》：“黍稷维馨（词略）。”

按：详见《宋史·乐志九》。崇恩太后为哲宗皇后刘氏，葬于永泰陵在政

① 详见《宋史·乐志八》（第10册，第3119页），《宋史·乐志八》（第10册，第3118页），《政和五礼新仪》卷六二（第647册，第404—405页），《宋史·乐志八》（第10册，第3121—3122页），《宋史·礼志一》（第8册，第2425页），《竹隐畸士集》卷一五《乐章》（第1124册，第231—236页）。

② 详见《竹隐畸士集》卷一五《乐章》（第1124册，第231—232页），《政和五礼新仪》卷一〇四（第647册，第568—569页），《宋史·徽宗本纪四》（第2册，第405页，第411页）。

和三年五月丙午，“升祔”则在六月癸亥（《宋史·礼志二十六》，《宋史·徽宗本纪三》）。据《竹隐畸士集》卷一五，“升、降殿，《熙安》”、“酌献，《兹安》”、“亚献，《神安》”、“退文舞、进武舞，《昭安》”、“终献，《仪安》”均用蕤宾宫[①]。可补宫调。又，“迎神，《兴安》四章”之“［黄钟宫］二奏”误，当为“［黄钟宫］三奏”。考详上，兹不赘述。

（15）上明达皇后册宝五首

迎神，《歆安》：“恭俭宜家（词略）”酌献，《明安》：“涓官有严（词略）。”退文舞、进武舞，《昭安》：“秉翟竣事（词略）。”徹豆，《成安》：“登献罔愆（词略）。”送神，《歆安》：“备成熙事（词略）。”

按：详见《宋史·乐志九》。明达皇后刘氏为宋徽宗贵妃，政和三年七月薨，追谥明达皇后（《宋史·礼志十二》，《纲目备要》卷二八，《通考·帝系考七》）。《宋史·乐志十五》有《政和三年追册明达皇后〈导引〉》一首。又，据《竹隐畸士集》卷一五，“酌献，《明安》”、“退文舞、进武舞，《昭安》”均用夷则宫[②]。可补宫调。

（16）大观三年朝献景灵宫二首

奉馔，《吉安》：“威灵洋洋（其一，词略）。”“尔牲既充（其二，词略）。”

按：见《宋史·乐志十》。据《竹隐畸士集》卷一五，“奉馔，《吉安》”用大吕宫[③]。可补宫调。

（17）宣和朝献景灵宫一首

奉香币，《灵安》（大吕宫）》：“我躬我飨（词略）。”

---

① 详见《宋史·乐志九》（第10册，第3160—3162页），《宋史·礼志二十六》（第9册，第2874页），《宋史·徽宗本纪三》（第2册，第391页），《竹隐畸士集》卷一五《乐章》（第1124册，第231—236页）。

② 详见《宋史·乐志九》（第10册，第3165页），《宋史·礼志十二》（第8册，第2620页），《皇朝编年纲目备要》卷二八（第709页），《文献通考·帝系考七》（第2028页），《宋史·乐志十五》（第10册，第3319—3320页），《竹隐畸士集》卷一五《乐章》（第1124册，第231—236页）。

③ 详见《宋史·乐志十》（第10册，第3174页），《竹隐畸士集》卷一五《乐章》（第1124册，第231页）。

按：辑自《竹隐畸士集》卷一五，原作《景灵宫奉香币，〈灵安之曲〉（大吕宫）》。据《宋史·徽宗本纪四》，宣和元年十一月癸丑及四年十一月戊辰，两次朝献景灵宫[①]。赵鼎臣宣和二年至三年底任秘书少监（详上），此曲当为宣和三年预作。

（18）祭九鼎十二首

> 帝鼐（土王日祀）降神，《景安》："日号丙丁（词略）。"奉馔，《丰安》："粢盛既丰（词略）。"亚、终献，《文安》："工祝致辞（词略）。"春分，苍鼎亚、终献，《成安》："法乾刚兮（词略）。"立夏，冈鼎迎神，《凝安》："我方东南（词略）。"亚、终献，《成安》："黄流在中（词略）。"夏至，彤鼎酌献，《成安》："牺尊将将（词略）。"立秋，阜鼎酌献，《成安》："明德崇享（词略）。"秋分，皛鼎亚、终献，《成安》："神宫巍巍（词略）。"立冬，魁鼎迎神，《凝安》："时运而冬（词略）。"酌献，《成安》："罍之初登（词略）。"冬至，宝鼎奠币，《明安》："秉心齐明（词略）。"

按：详见《宋史·乐志十》。"逐鼎乐章"之修定，在徽宗手诏"命学士院撰进"后（《会要·礼》五一之二三），当在大观元年底至大观二年前后（详上）。《政和五礼新仪》："夏土王日祀帝鼐。"（卷六八）"春分日祀苍鼎，立夏日祀罡鼎，夏至日祀彤鼎，立秋日祀阜鼎，秋分日祀皛鼎，立冬日祀魁鼎，冬至日祀宝鼎。"（卷六九）据《宋史·礼志一》，至少在大观三年修成《吉礼》时[②]，已有"祀帝鼐仪"、"祀八鼎仪"及"逐鼎乐章"之使用。《宋史·乐志十》载《祭九鼎十二首》，当作于大观三年前，乃由学士院撰进。据上考，其准确作年应在大观二年前后。

又，校勘记据《宋史·礼志》云此处脱"立春祭牡鼎之文"[③]，是。《政和五礼新仪》载"立春日祀牡鼎"乐章节次："迎神，《凝安》（三变）；初献升降、行止，《同安》；奠币，《明安》；酌献，《成安》；亚、终献，《成安》；

---

① 详见《竹隐畸士集》卷一五《乐章》（第1124册，第231页），《宋史·徽宗本纪四》（第2册，第405页，第411页）。

② 详见《宋史·乐志十》（第10册，第3187—3189页），《宋会要·礼》五一之二三（第2册，第1553页），《政和五礼新仪》卷六八（第647册，第430页）及卷六九（第647册，第434页），《宋史·礼志一》（第8册，第2423页）。

③ 按：《宋史·乐志十》校勘记："《祭九鼎十二首》，按下文只有八鼎，据本书卷一〇四《礼志》，本节当缺立春祭牡鼎之文。"（第10册，第3189页）

送神，《凝安》（一变）”①。

又，《宋史·乐志》校勘记云脱“立春祭牡鼎之文”，其实其他七鼎乐章多缺。据《竹隐畸士集》“祭晶鼎”乐章：“迎神，《凝安》（南吕宫）”、“升、降殿，《同安》（南吕宫）”、“奠币，《明安》（南吕宫）”、“酌献，《成安》（南吕宫）”、“亚、终献，《成安》（南吕宫）”、“送神，《凝安》（南吕宫）”②，每鼎祭祀乐章有6首，九鼎当共有54首。其余42首均缺。

又，“帝鼐（土王日祀）降神，《景安》”，当脱“六变”二字。《政和五礼新仪》：“季夏土王日，祀帝鼐。……宫架作《景安之乐》、《帝临嘉至之舞》六成。”③

又，“奉馔，《丰安》”，当为“奉俎，《丰安》”。据《政和五礼新仪》，奉俎“宫架《丰安之乐》作”。④

又，“立夏，冈鼎迎神，《凝安》”、“立冬，魁鼎迎神，《凝安》”，均当脱“三变”二字。《政和五礼新仪》：“立夏日祀罡鼎……《凝安之乐》作，三成止。”“立冬日祀魁鼎……《凝安之乐》作，三成止。”⑤

又，据《竹隐畸士集》，凡“迎神，《凝安之曲》”、“升、降殿，《同安之曲》”、“奠币，《明安之曲》”、“酌献，《成安之曲》”、“亚、终献，《成安之曲》”、“送神，《凝安之曲》”，均用南吕宫⑥。知《祭九鼎》乐章乃用当月之律。据此，“帝鼐（土王日祀）降神，《景安》”、“奉馔，《丰安》”、“亚、终献，《文安》”，当用蕤宾宫；“春分，苍鼎亚、终献，《成安》”，当用夹钟宫；“立夏，冈鼎迎神，《凝安》”、“亚、终献，《成安》”，当用仲吕宫；“夏至，彤鼎酌献，《成安》”，当用蕤宾宫；“立秋，阜鼎酌献，《成安》”，当用夷则宫；“秋分，晶鼎亚、终献，《成安》”，当用南吕宫；“立冬，魁鼎迎神，《凝安》”、“酌献，《成安》”，当用应钟宫；“冬至，宝鼎奠币，《明安》”，当用黄钟宫。可据校补。

（19）宣和秋分日祭晶鼎六首

迎神，《凝安》（南吕宫）：“帝缵禹功（词略）。”升、降殿，《同安》（南吕宫）：“有将维馨（词略）。”奠币，《明安》（南吕宫）：“嘉荐惟时

① 郑居中等：《政和五礼新仪》卷六九《祀八鼎仪》，第647册，第436—437页。

② 赵鼎臣：《竹隐畸士集》卷一五《乐章》，第1124册，第234页。

③ 郑居中等：《政和五礼新仪》卷六八《祀帝鼐仪》，第647册，第430—432页。

④ 郑居中等：《政和五礼新仪》卷六八《祀帝鼐仪》，第647册，第433页。

⑤ 郑居中等：《政和五礼新仪》卷六九《祀八鼎仪》，第647册，第436—437页。

⑥ 赵鼎臣：《竹隐畸士集》卷一五《乐章》，第1124册，第234页。

（词略）。”酌献，《成安》（南吕宫）：“秋既分矣（词略）。”亚、终献，《成安》（南吕宫）：“既荐清酤（词略）。”送神，《凝安》（南吕宫）：“神既飨矣（词略）。”

按：辑自《竹隐畸士集》卷一五，原作《祭皛鼎，迎神，〈凝安之曲〉（南吕宫）》、《升、降殿，〈同安之曲〉（南吕宫）》、《奠币，〈明安之曲〉（南吕宫）》、《酌献，〈成安之曲〉（南吕宫）》、《亚、终献，〈成安之曲〉（南吕宫）》、《送神，〈凝安之曲〉（南吕宫）》。据赵鼎臣宣和二年至三年底任秘书少监（详上），此曲可题作“宣和秋分日祭皛鼎六首”。又，据《政和五礼新仪》[①]，知“祭皛鼎，迎神，《凝安之曲》（南吕宫）”脱“三变”二字，“送神，《凝安之曲》（南吕宫）”脱“一变”二字。

（20）宣和四年祀帝鼐曲

《景安之曲》：“祀彼显相。”

按：《能改斋漫录》卷一四：“宣和四年……校书郎赵永裔撰帝鼐《景安之曲》。臣僚上言曰：‘……帝鼐之诗有曰“祀彼显相”者，群臣相其祀事也。谓之“祀彼显相”者，又何人耶？’”[②]

（21）宣和望祭岳、镇、海、渎三首

中望迎神，《凝安》（姑洗宫）：“节彼崇山（词略）。”酌献，《成安》（南吕宫）：“彼高维嵩（词略）。”送神，《凝安》（姑洗宫）：“假之愉愉（词略）。”

按：辑自《竹隐畸士集》卷一五，原作《中望，迎神，〈凝安之曲〉（姑洗宫）》、《酌献，〈成安之曲〉（南吕宫）》、《送神，〈凝安之曲〉（姑洗宫）》。据赵鼎臣宣和二年至三年底任秘书少监（详上），此曲可题作“宣和望祭岳、镇、海、渎三首”。又据《政和五礼新仪》[③]，知“中望，迎神，《凝安》（姑

① 详见《竹隐畸士集》卷一五《乐章》（第1124册，第234页），《政和五礼新仪》卷六九（第647册，第436—437页）。

② 吴曾：《能改斋漫录》卷一四《选官改定方泽〈仪安〉等曲》，第5编，第4册，第131页。

③ 详见《竹隐畸士集》卷一五《乐章》（第1124册，第234页），《政和五礼新仪》卷九五（第647册，第524—525页）。

洗宫)”，脱“三成”二字，“送神，《凝安》(姑洗宫)”脱“一成”二字。

(22) 大观祀社稷九首

迎神，《宁安》[黄钟]二奏：“惟土之尊(词略)。”[太簇角]二奏：“惟穀之神(词略)。”[姑洗徵]二奏：“猗欤那欤(词略)。”[南吕羽]二奏：“笾豆斯陈(词略)。”初献升降，《正安》：“崇崇广坛(词略)。”奠币，《嘉安》：“于嘻阴祀(词略)。”酌献，《嘉安》：“坤元生物(词略)。”亚、终献，《文安》：“荐嘉亶时(词略)。”送神，《宁安》：“尊罍芬香(词略)。”

按：详见《宋史·乐志十二》。据《会要·礼》一四之六五、六六及二三之三、《宋史·乐志四》，政和二年八月太社、太稷诸节次方用宫架乐①。知《大观祀社稷九首》为“州县祭社稷仪”之雅乐乐章。

又，据《政和五礼新仪》②，“迎神，《宁安》”脱“八变”二字，“送神，《宁安》”脱“一变”二字。

又，“[黄钟]二奏、[太簇角]二奏、[姑洗徵]二奏、[南吕羽]二奏”，“[黄钟]二奏”云云，乃误，当为“[函钟为宫]二奏”。考详上，兹不赘述。

(23) 宣和四年祀社稷曲

《宁安之曲》：“求福生民，表功社稷。曰舞以帗，曰冕以絺。”

按：《能改斋漫录》：“宣和四年……著作佐郎吴次宾撰社稷《安宁之曲》(按：当为“《宁安之曲》”)……臣僚上言曰：‘……今社稷《宁安之曲》，乃曰：“求福生民，表功社稷。曰舞以帗，曰冕以絺。”’”③

(24) 大观祭风师六首

降神，《欣安》：“羽旗云车(词略)。”初献升降，《钦安》：“明昭维馨(词略)。”奠币，《容安》：“吹嘘于喁(词略)。”酌献，《雍安》：“牺尊斯陈(词略)。”亚、终献，《雍安》：“清酤洋洋(词略)。”送神，

① 详见《宋史·乐志十二》(第10册，第3210—3211页)，《宋会要·礼》一四之六五、六六及二三之三(第1册，第619—620页，第893页)，《宋史·乐志四》(第9册，第3012—3013页)。

② 郑居中等：《政和五礼新仪》卷九三《州县祭社稷仪》，第647册，第516—518页。

③ 吴曾：《能改斋漫录》卷一四《选官改定方泽〈仪安〉等曲》，第5编，第4册，第131页。

《欣安》："窈冥无穷（词略）。"

按：详见《宋史·乐志十二》。《宋史·礼志一》："立春后丑日祀风师。"据《竹隐畸士集》卷一五，"初献升降，《钦安》"、"奠币，《容安》"、"酌献，《雍安》"、"亚、终献，《雍安》"均用太簇宫。可补宫调。又，据《政和五礼新仪》[①]，"降神，《欣安》"脱"三变"二字，"送神，《欣安》"脱"一变"二字。

（25）雨师五首

迎神，《欣安》："神之无象（词略）。"升降，《钦安》："佩玉璆如（词略）。"奠币，《容安》："崇崇坛阶（词略）。"酌献，亚、终献，《雍安》："寅恭我神（词略）。"送神，《欣安》："牲俎告徹（词略）。"

按：详见《宋史·乐志十二》。《宋史·礼志一》："立夏后申日祀雨师。"据《竹隐畸士集》卷一五，"升降，《钦安》"、"奠币，《容安》"、"酌献，亚、终献，《雍安》"均用仲吕宫。可补宫调。又，据《政和五礼新仪》[②]，"迎神，《欣安》"脱"三变"二字，"送神，《欣安》"脱"一变"二字。

（26）宣和祭先农五首

迎神，《凝安》（姑洗宫）："厥初生民（词略）。"升、降坛，《同安》（太簇宫）："陟彼坛矣（词略）。"奠币，《明安》（太簇宫）："噫嘻田祖（词略）。"酌献，《成安》（太簇宫）："我稷我黍（词略）。"送神，《凝安》（姑洗宫）："惟风其马（词略）。"

按：辑自《竹隐畸士集》卷一五，原作《祭先农，迎神，〈凝安之曲〉（姑洗宫）》、《升、降坛，〈同安之曲〉（太簇宫）》、《奠币，〈明安之曲〉

① 详见《宋史·乐志十二》（第10册，第3215页），《宋史·礼志一》（第8册，第2425页），《竹隐畸士集》卷一五《乐章》（第1124册，第231—236页），《政和五礼新仪》卷七五（第647册，第456—458页）。

② 详见《宋史·乐志十二》（第10册，第3216页），《宋史·礼志一》（第8册，第2425页），《竹隐畸士集》卷一五《乐章》（第1124册，第231—236页），《政和五礼新仪》卷七五（第647册，第456—458页）。

（太簇宫）》、《酌献，〈成安之曲〉（太簇宫）》、《送神，〈凝安之曲〉（姑洗宫）》。据赵鼎臣宣和二年至三年底任秘书少监（详上），此曲可题作“宣和祭先农五首”。又，据《宋史·礼志一》：“立春后丑日祀风师，亥日享先农。”[①] 故“升、降坛，《同安》”、“奠币，《明安》”、“酌献，《成安》”，均用太簇宫。

（27）大观蜡祭二首

东郊亚、终献，《庆安》：“震乘春阳（词略）。”南郊升降，《穆安》：“穆如熏风（词略）。”

按：详见《宋史·乐志十二》。《宋史·礼志一》：“腊日大蜡，祭百神。”《政和五礼新仪》卷六六：“以季冬腊前一日，蜡祭东方、西方百神。”据《竹隐畸士集》卷一五，“东郊亚、终献，《庆安》”、“南郊升降，《穆安》”均用大吕宫[②]。可补宫调。

（28）大观三年释奠六首

迎神，《凝安》：“仰之弥高（词略）。”升降，《同安》：“生民以来（词略）。”奠币，《明安》：“于论鼓钟（词略）。”酌献，《成安》：“道德渊源（词略）。”配位酌献，《成安》：“俨然冠缨（词略）。”送神，《凝安》：“肃庄绅绥（词略）。”

按：详见《宋史·乐志十二》。春秋释奠用大晟乐，当始于大观三年初（《宋史·礼志八》，《宋史·乐志四》）。此载《大观三年释奠六首》即为“改撰”之大晟乐章。又，据《政和五礼新仪》[③]，“迎神，《凝安》”脱“三变”二字，“送神，《凝安》”脱“一变”二字。

---

① 详见《竹隐畸士集》卷一五《乐章》（第1124册，第235页），《宋史·礼志一》（第8册，第2425页）。

② 详见《宋史·乐志十二》（第10册，第3228页），《宋史·礼志一》（第8册，第2425页），《政和五礼新仪》卷六六（第647册，第419页），《竹隐畸士集》卷一五《乐章》（第1124册，第231—232页）。

③ 详见《宋史·乐志十二》（第10册，第3235—3236页），《宋史·礼志八》（第8册，第2550—2552页），《宋史·乐志四》（第9册，第3002—3003页），《政和五礼新仪》卷一二一（第647册，第614—617页）。

（29）大晟府拟撰释奠十四首

迎神，《凝安》[黄钟为宫]："大哉宣圣（词略）。"[大吕为角]："生而知之（词略）。"[太簇为徵]："巍巍堂堂（词略）。"[应钟为羽]："圣王生知（词略）。"初献盥洗，《同安》："右文兴化（词略）。"升殿，《同安》："诞兴斯文（词略）。"奠币，《明安》："自生民来（词略）。"奉俎，《丰安》："道同乎天（词略）。"文宣王位酌献，《成安》："大哉圣王（词略）。"兖国公位酌献，《成安》："庶几屡空（词略）。"邹国公位酌献，《成安》："道之由兴（词略）。"亚、终献，用《文安》："百王宗师（词略）。"徹豆，《娱安》："牺象在前（词略）。"送神，《凝安》："有严学宫（词略）。"

按：详见《宋史·乐志十二》。《宋史·礼志八》"文宣王庙祠"："（政和三年）《新仪》成，以孟春元日释菜，仲春、仲秋上丁日释奠。……（五年）《大晟乐》成，诏下国子学选诸生肄习。上丁释奠，奏于堂上，以祀先圣。"《山东通志》卷一一之三："（政和）五年，大晟府拟撰释奠十四章，诏下国学，选诸生肄习。上丁释奠，奏于堂上，以祀先圣。"《幸鲁盛典》卷三："（大观）四年，大晟府拟撰释奠十四章。"[①] 记时各有异，据笔者考证，《大晟府拟撰释奠十四首》当作于政和五年（详见《大晟府事迹编年考略》）。

又，《政和五礼新仪》卷一二一："《凝安之乐》作，三成止。"此为大观三年旧仪制。政和五年《大晟府拟撰释奠十四首》，则"迎神，《凝安》"有黄钟为宫、大吕为角、太簇为徵、应钟为羽乐章四首，已非三成，此正所谓"自政和以来增损不同"（《瑟谱》卷五）。此次"释奠文宣王仪"改制，宋代正史失载。《宋史·乐志五》："（绍兴十六年）定释奠为大祀，用《凝安》九成之乐。郡邑行事，则乐止三成。"《宋史·乐志》载绍兴十六年释奠《凝安》方用"九成之乐"，实在政和五年《大晟府拟撰释奠十四首》，《凝安》即已用九成之乐。熊朋来《乐章谱·孔子庙释奠》："释奠乐章，自政和以来增损不同。……春丁二月用［夹钟宫］，秋丁八月用［南吕宫］，惟迎神用［黄钟为宫］、［大吕为角］、［太簇为徵］、［应钟为羽］。""……宗庙迎神乐九变：［黄钟为宫］三奏、［大吕为角］、［太簇为徵］、［应钟为羽］各二奏。"（《瑟谱》卷五）今据《宋史·乐志十二》及《山东通志》卷一一之三，考得政和

---

① 详见《宋史·乐志十二》（第10册，第3236—3238页），《宋史·礼志八》（第8册，第2551页），《山东通志》卷一一之三（第539册，第522—523页），《幸鲁盛典》卷三（第652册，第39页）。

五年《大晟府拟撰释奠十四首》,《凝安》用九成之乐。又,据《宋史·乐志五》及上引《乐章谱·孔子庙释奠》(《瑟谱》卷五)①,知《大晟府拟撰释奠十四首》“迎神,《凝安》”,当脱“九变”二字。又“[黄钟为宫]、[大吕为角]、[太簇为徵]、[应钟为羽]”,亦当为“[黄钟为宫]三奏”、“[大吕为角]、[太簇为徵]、[应钟为羽]”各“二奏”。

又,《大晟府拟撰释奠十四首》除“迎神,《凝安》”外,各章宫调均缺。今据熊朋来《乐章谱·孔子庙释奠》考得:迎神《凝安》([黄钟为宫]三奏、[大吕为角]、[太簇为徵]、[应钟为羽]各二奏);初献盥洗《同安》([姑洗宫])、升殿《同安》([姑洗宫]);奠币《明安》、奉俎《丰安》、文宣王位酌献《成安》、兖国公位酌献《成安》、邹国公位酌献《成安》、亚终献《文安》及徹豆《娱安》,均为春丁二月用[夹钟宫],秋丁八月用[南吕宫];送神《凝安》([黄钟宫])②。又,据《政和五礼新仪》③,“送神,《凝安》”,当脱“一变”二字。

(30)宣和四年祀兖国公曲

《成安之曲》:“于论中声。”

按:《能改斋漫录》卷一四:“宣和四年……正字李舜由撰兖国公《成安之曲》。臣僚上言曰:‘……甚者乐不用中声久矣,而其诗犹曰:“于论中声。”岂不悖乎?’”又,据《瑟谱》卷五:“酌献,《成安之曲》([夹钟宫],俗呼[中吕宫],春丁用)”、“[南吕宫],俗呼[中管仙吕宫],秋丁用”④。可补宫调。

(31)大观祀武成王一首

---

① 详见《政和五礼新仪》卷一二一(第647册,第615页),《瑟谱》卷五《乐章谱·孔子庙释奠》(第377册,第353页),《宋史·乐志五》(第10册,第3036页),《瑟谱》卷五(第377册,第353—354页,第357—358页),《宋史·乐志十二》(第10册,第3236—3238页),《山东通志》卷一一之三(第539册,第522—523页),《宋史·乐志五》(第10册,第3036页),《瑟谱》卷五(第377册,第353—354页,第357—358页)。

② 熊朋来:《瑟谱》卷五《乐章谱·孔子庙释奠》,第377册,第355—367页。按:《瑟谱》卷五《乐章谱·孔子庙释奠》:“送神用[黄钟宫],复其初也。盥洗用[姑洗宫]。”“盥洗、升殿(降殿、饮福通用[姑洗宫])。”“春丁二月用[夹钟宫],秋丁八月用[南吕宫]。”(第377册,第354页)。

③ 郑居中等:《政和五礼新仪》卷一二一《释奠文宣王仪》,第647册,第614—617页。

④ 详见《能改斋漫录》卷一四(第5编,第4册,第131页),《瑟谱》卷五(第377册,第361—362页)。

酌献，《成安》："凉彼周王（词略）。"

按：详见《宋史·乐志十二》。《政和五礼新仪》卷一二二："以仲春上戊（仲秋上戊）释奠昭烈武成王。"据《竹隐畸士集》卷一五，"酌献，《成安》"仲春上戊用夹钟宫、仲秋上戊用南吕宫[①]。可补宫调。

（32）宣和祠司中、司命、司民、司禄五首

迎神，《兴安》（姑洗宫）："文昌煌煌（词略）。"升、降坛，《钦安》（南吕宫）："肃盥而升（词略）。"奠币，《容安》（南吕宫）："戒期惟先（词略）。"酌献，《雍安》（南吕宫）："于昭于天（词略）。"送神，《欣安》（姑洗宫）："车隐雷兮（词略）。"

按：辑自《竹隐畸士集》卷一五，原作《祠司中、司命、司民、司禄，迎神，〈兴安之曲〉（姑洗宫）》、《升、降坛，〈钦安之曲〉（南吕宫）》、《奠币，〈容安之曲〉（南吕宫）》、《酌献，〈雍安之曲〉（南吕宫）》、《送神，〈欣安之曲〉（姑洗宫）》[②]。据赵鼎臣宣和二年至三年底任秘书少监（详上），此曲可题作"宣和祠司中、司命、司民、司禄五首"。

又，《宋史·礼志一》："立冬后亥日，祀司中、司命、司人、司禄。"《政和五礼新仪》卷七八："以立冬后亥日，祀司中、司命、司民、司禄。"则"升、降坛，《钦安》"、"奠币，《容安》"、"酌献，《雍安》"当用应钟宫。此处用南吕宫，乃八月之律，俟考。又，"迎神，《兴安》"，据下文"送神，《欣安》"。又据《政和五礼新仪》卷七八："《欣安之乐》作，三成止。""送神，《欣安之乐》作，一成止。"[③] 知"兴安"当为"欣安"之误。又，"迎神"当据补"三变"二字，"送神，《欣安》"当脱"一变"二字。

（33）宣和祭会应庙五首

迎神，《禧安》（姑洗宫）："惟皇建国（词略）。"升、降堂，《雅安》（南吕宫）："我酒惟旨（词略）。"奠币，《文安》（南吕宫）："神之至矣（词略）。"酌献，《恺安》（南吕宫）："日吉时良（词略）。"送神，《登安》（姑洗宫）："灵兮连蜷（词略）。"

① 详见《宋史·乐志十二》（第10册，第3239页），《政和五礼新仪》卷一二二（第647册，第617页），《竹隐畸士集》卷一五《乐章》（第1124册，第234页）。

② 赵鼎臣：《竹隐畸士集》卷一五《乐章》，第1124册，第234—235页。

③ 详见《宋史·礼志一》（第8册，第2425页），《政和五礼新仪》卷七八（第647册，第464页），《政和五礼新仪》卷七八（第647册，第466—467页）。

按：辑自《竹隐畸士集》卷一五，原作《祭会应庙，迎神，〈禧安之曲〉（姑洗宫）》、《升、降堂，〈雅安之曲〉（南吕宫）》、《奠币，〈文安之曲〉（南吕宫）》、《酌献，〈恺安之曲〉（南吕宫）》、《送神，〈登安之曲〉（姑洗宫）》[①]。据赵鼎臣宣和二年至三年底任秘书少监（详上），此曲可题作“宣和祭会应庙五首”。

又，祀会应庙即“祭五龙”，乃在仲春，律当用夹钟宫（《宋史·礼志一》，《政和五礼新仪》卷七七，《通考·郊社考二十三》）。此处用南吕宫，为八月之律。俟考。又据《政和五礼新仪》卷七七[②]，“迎神，《禧安》”当脱“三变”二字，“送神，《登安》”当脱“一变”二字。

（34）宣和朝会正旦一首

大朝群臣，第一盏《正安》：“开岁发春（词略）。”

按：辑自《竹隐畸士集》卷一五，原作《正旦大朝群臣，第一盏〈正安之曲〉》[③]。据赵鼎臣宣和二年至三年底任秘书少监（详上），此曲可题作“宣和朝会正旦一首”。

（35）宣和朝会冬至一首

公卿入门，《正安》：“帝乘新阳（词略）。”

按：辑自《竹隐畸士集》卷一五，原作《冬至大朝会，公卿入门，〈正安之曲〉》[④]。据赵鼎臣宣和二年至三年底任秘书少监（详上），此曲可题作“宣和朝会冬至一首”。

（36）大观闻喜宴六章

状元以下入门，《正安》：“多士济济（词略）。”初举酒，《宾兴贤能》：“明明天子（词略）。”再酌，《于乐辟雍》：“乐只君子（词略）。”

---

① 赵鼎臣：《竹隐畸士集》卷一五《乐章》，第1124册，第235—236页。

② 详见《政和五礼新仪》卷七七（第647册，第461页，第463页），《文献通考·郊社考二十三》（第824页），《宋史·礼志一》（第8册，第2425页），《政和五礼新仪》卷七七（第647册，第462—464页）。

③ 赵鼎臣：《竹隐畸士集》卷一五《乐章》，第1124册，第231页。

④ 同上。

三酌，《乐育英才》："圣谟洋洋（词略）。"四酌，《乐且有仪》："我求懿德（词略）。"五酌，《正安》："思皇多士（词略）。"

按：详见《宋史·乐志十四》。《通考·乐考十六》作"大观三年制闻喜"。据《玉海》卷一〇五、《宋大诏令集》卷一四九、《宋史·徽宗本纪二》、《宋史·乐志四》①，知用于大观三年五月。

（37）政和鹿鸣宴五首

初酌酒，《正安》："思乐泮水（词略）。"再酌，《乐育人才》："钟鼓皇皇（词略）。"三酌，《贤贤好德》："鸣鹿呦呦（词略）。"四酌，《烝我髦士》："首善京师（词略）。"五酌，《利用宾王》："遐不作人（词略）。"

按：详见《宋史·乐志十四》。《通考·乐考十六》作"政和二年《鹿鸣燕》"。据《玉海》卷一〇六②，知《政和鹿鸣宴五首》颁降于政和二年九月二十五日；又知同时颁降的还有"《唐乡饮乐章》十七、《大射乐章》四"，今佚。

第三节　大晟府词曲撰制及相关问题考

大晟府词曲属燕乐范围，多为长短句形式，用"律"与雅乐同。大晟府词曲撰者身份与雅乐迥异，雅乐乐章为侍从官、馆阁词臣等撰写，词曲除部分为京朝官、选人撰写外，多为知音的白衣人撰写。

一、大晟府词曲撰制及使用情况

大晟府词曲除鼓吹曲《导引》、《六州》、《十二时》等为清要官所填制外，主要由"京朝官、选人，或白衣士人通乐律者为之"③。京朝官撰制大晟

① 详见《宋史·乐志十四》（第10册，第3298页），《文献通考·乐考十六》（第1259页），《玉海》卷一〇五（第945册，第778页），《宋大诏令集》卷一四九《京西提学曾弼乞赐宴辟雍用雅乐御笔》（第551页），《宋史·徽宗本纪二》（第2册，第382页），《宋史·乐志四》（第9册，第3002—3003页）。

② 详见《宋史·乐志十四》（第10册，第3299页），《文献通考·乐考十六》（第1259页），《玉海》卷一〇六（第945册，第799页）。

③ 详见《宋史·职官志四》（第12册，第3886页），《文献通考·职官考九》（第499页）。

府词曲者，今所见有毛滂、赵企、王安中等人。《铁围山丛谈》：

> 有毛滂泽民者，有时名，上一词甚伟丽，而骤得进用。大观中，有赵企企（循）道者，以长短句显，如曰："满怀离恨（词略）。"人多称道之，遂用为显官，俾以应制。会南丹纳土，企道之词曰："闻道南丹风土美（词略）。"而鲁公深佳之。然赵雅不乐以词曲进，公后不取焉。①

据《毛滂简谱》："（崇宁元年）擢置馆阁，为删定官。夏秋之际，为言者论去，流落汴京。""（大观元年）上词蔡京，甚伟丽，骤得进用。先后官登闻鼓院、祠部员外郎。（大观二年）正月，以京朝官身份参加元会大典。"② 馆职属京官③，知毛滂上词蔡京时，当属京朝官行列。

按："赵企企道"当为"赵企循道"，"企道之词"当为"循道之词"。赵企（？—1118），字循道，徽宗大观间知绩溪县，重和元年卒于台州通判任。《全宋诗》有小传④。据《铁围山丛谈》，赵企《感皇恩（令）》大观年间已流传，因而荐为"显官"，"俾以应制"。按"南丹纳土"在大观四年（《宋史·徽宗本纪二》），赵企以词曲"应制"当在大观四年至政和初。所谓"显官"，即指赵企为员外郎事（杨时《送赵循道赴都讲》、《直舍大风书事寄循道》）⑤，属京朝官。

又，王安中有《徵招调·中腔·天宁节》："红云蒨雾笼金阙（词略）。"据《宋史·王安中传》："历秘书省著作郎。政和间，天下争言瑞应，廷臣辄笺表贺。徽宗观所作，称为奇才。"⑥ 王安中政和四、五年间为秘书省著作郎，词当作于此时。

选人撰制大晟府词曲者，则有江汉、晁端礼等人。《铁围山丛谈》卷二：

> 政和初，有江汉朝宗者……献鲁公词曰："升平无际（词略）。"……

---

① 蔡絛撰，冯惠民、沈锡麟点校：《铁围山丛谈》卷二，第27页。

② 周少雄点校：《毛滂集》附录，第286页，第288页。

③ 龚延明：《宋代官制辞典》，第688页。

④ 傅璇琮等主编：《全宋诗》，第20册，第13535页。

⑤ 详见《铁围山丛谈》卷二（第27页），《宋史·徽宗本纪二》（第2册，第385页），《龟山集》卷三八《送赵循道赴都讲（南陵人）》（第1125册，第461页）及卷四一《直舍大风书事寄循道》（第1125册，第479页）。

⑥ 脱脱等：《宋史》卷三五二《王安中传》，第32册，第11124页。

鲁公喜，为将上进呈，命之以官，为大晟府制撰。……又有晁次膺者……有一曲曰：“深院锁春风（词略）。”亦歌之。遂入大晟，亦为制撰。

按：《要录》卷五三：“朝奉郎江汉者，初以本乐府撰词曲得官。”① 说江汉“以本乐府撰词曲得官”，乃以白衣士人补官，误。江汉实为选人改官（详后）。又《铁围山丛谈》晁端礼“遂入大晟，亦为制撰”云云，乃临时职事，实非正式所授官。时晁端礼以谪散官身份为制撰之事，政和三年因“进”《并蒂芙蓉》、《黄河清》等曲而获特恩“叙复”，由从八品之节度推官“还”为正九品之“承事郎”（职事为从九品“按协声律”），由选人改官为京官（详后）。

白衣士人撰制词曲而释褐者，则有曹棐、万俟咏、田为等人。如：“（政和三年）八月二十八日，平江府进士曹棐撰到徵调《舜韶新》曲，特补将仕郎充大晟府制撰。”（《会要·乐》三之二八）“政和初，（万俟咏）招试补官，置大晟乐府制撰之职。”（《碧鸡漫志》卷二）“有士人田为者，善琵琶，无行，（蔡）攸乃奏为大晟府典乐。”（《宋史·乐志四》）② 按：“进士”、“士人”，其实都是白衣士人；曹棐、万俟咏、田为均直接由白衣士人补官为制撰（详后）。

关于大晟府词曲使用情况，见于史载的主要有以下几个方面：

1. 用于“鼓吹”场合

如鼓吹曲《导引》、《六州》、《十二时》等，多为清要官填制。《宋史·乐志十五·政和三年追册明达皇后〈导引〉一首》：“来嫔初载（略）。”又，“神主祔别庙《导引》一首”：“柔容懿范（略）。”按：明达皇后刘氏为宋徽宗贵妃，政和三年七月薨，追谥明达皇后（《宋史·礼志十二》，《纲目备要》卷二八，《通考·帝系考七》）③。《全宋词》：“案曹元忠辑宋徽宗词，以此二首及下别庙一首为宋徽宗作。”④ 曹元忠或别有所本，如所见为实，则鼓吹曲亦有御制者。

---

① 详见《铁围山丛谈》卷二（第27—28页），《建炎以来系年要录》卷五三（第3册，第1089页）。

② 详见《宋会要·乐》三之二八（第1册，第321页），《碧鸡漫志》卷二（《词话丛编》本，第1册，第87页），《宋史·乐志四》（第9册，第3026页）。

③ 详见《宋史·乐志十五》（第10册，第3319—3320页），《宋史·礼志十二》（第8册，第2620页），《皇朝编年纲目备要》卷二八（第709页），《文献通考·帝系考七》（第2028页）。

④ 唐圭璋编：《全宋词》，第5册，第3725页。

四库馆臣云："《乐志十五》悉用［正宫］《导引》、《六州》、《十二时》凡四曲。"① 今只存《导引》四曲，《六州》、《十二时》已佚。又，政和七年十二月，诏《六州》改名《崇明祀》，《十二时》改名《称吉礼》，《导引》改名《熙事备成》②。据姜夔《圣宋铙歌鼓吹曲十四首》："政和七年，臣工以请，上诏制用。中更否扰，声文罔传。"③ 政和铙歌、鼓吹曲数量或有十余首之多，并已"制用"，然至南宋即已失传；所谓"中更否扰"，疑遭蔡攸等辈非废。

2. 用于"上寿"

晁端礼《黄河清慢》云："晴景初升风细细（略）。"按此词作于政和三年。又政和四年六月前赐高丽燕乐词，有《献天寿令（嗺子）》："阆苑人间虽隔（略）。"（《高丽史·乐志二》）乃出自《献仙桃》大曲（《高丽史·乐志二》）④，当作于政和三年前后。

3. 用于"应制"

万俟咏《明月照高楼慢·中秋应制》："平分素商（略）。"据《复雅歌词》："宣和间，万俟雅言（咏）中秋应制，作《明月照高楼慢》，云：'平分素商（词略）。'"⑤ 作于宣和元年中秋，时万俟咏或由制撰文字改为他官。

又，蔡京《桃源忆故人·丙申岁闰元宵应制》："闰余三五轻寒峭（略）。"见旧抄本《西清诗话》卷下，《全宋词》未及收⑥。"丙申岁"为政和六年，时闰元宵，蔡京应制而作。又，蔡京《失调名·车驾祓禊西池拟应制》（详后）、万俟咏《安平乐慢·都门池苑应制》、《三台·清明应制》、《恋芳春慢·寒食前进》等，均为应制词。另晁端礼《黄河清慢》一作"《黄河清慢·应制作》"，亦为应制词。

4. 用于"述盛德大业及祥瑞事"

《碧鸡漫志》卷二："（政和初）置大晟乐府制撰之职。新广八十四调，患谱弗传，雅言（万俟咏）请以盛德大业及祥瑞事迹制词实谱。"按：万俟咏提出"新广八十四调……制词实谱"，在政和六年十月前后（详后）。其实，早

① 详见《宋史·乐志十五》附录《考证》，第282册，第539页。

② 脱脱等：《宋史》卷一四〇《乐志十五》，第10册，第3304页。

③ 夏承焘：《姜白石词编年笺校》，第107页。

④ 详见《高丽史·乐志二》（第6册，第2212—2213页），《高丽史·乐志二》（第6册，第2211—2214页）。

⑤ 鲖阳居士：《复雅歌词》，陈元靓《岁时广记》卷三一引，《词话丛编》本，第1册，第61页。

⑥ 姚大勇：《蔡京诗词补遗》，《江海学刊》2000年第4期，第17—18页。

在政和三年，晁端礼已用词曲叙“祥瑞事”，有词名《并蒂芙蓉》（《能改斋漫录》卷一六）[①]。

又，政和四年六月前赐高丽燕乐词，有《寿延长·破字令》：“青春玉殿和风细（略）。”[②] 乃“述盛德大业”之词，作于政和三年前后。此外，万俟咏《恋芳春慢·寒食前进》“处处笙歌，不负治世良辰。……仁主祈祥为民，非事行春”，《三台·清明应制》“好时代、朝野多欢，遍九陌、太平箫鼓”等词，亦“述盛德大业”之词。

5. 用于“节序”

万俟咏《三台·清明应制》、《恋芳春慢·寒食前进》、《明月照高楼慢·中秋应制》等，分咏清明、寒食、中秋，为典型的节序词。蔡京《失调名·车驾祓禊西池拟应制》：“华林芳昼（略）。”见旧抄本《西清诗话》卷下，《全宋词》未及收（详上）。“祓禊”在三月三日上巳节，亦为典型的节序词。又万俟咏《醉蓬莱》：“……上元佳致（略）。”“上元佳致”云云，当为元宵词。又徽宗《金莲绕凤楼》：“绛烛朱笼相随映（略）。”《词谱》卷一一：“《金莲绕凤楼》，调见《花草粹编》。此宋徽宗观镫（灯）词也，故名《金莲绕凤楼》。”[③] 又蔡京《桃源忆故人·丙申岁闰元宵应制》（详上），均为元宵词。

除此之外，大晟府词曲亦有用于游宴、射宴等场合，文繁不述。

二、大晟府词人“依月用律”考辨

大晟府词人“依月用律”之说，乃为史传所出，本为大晟府乐制的组成部分之一。但经夏先生研究后，治宋词者均以言“依月用律”为讳，甚者踵事增华，将先生商榷之语增衍为崭绝之言。如：“至‘依月用律’及用中管为调，乃雅乐律法，隋唐以来，从未施诸燕乐。徽宗虽以律吕易诸乐名，然大晟诸人，仍未以月律入燕乐。……是知《钦定词谱》以月律分类，实属不伦。”[④]“大晟府的‘依月用律’，是当时人和后代人所津津乐道的，被看作是它的一大创造和贡献。但今人夏先生经过研究指出：宋词因为不能用四十八调中的三十五中调管，故不可能‘依月用律’。‘依月用律’之说，本出大晟诸人附会

① 详见《碧鸡漫志》卷二（《词话丛编》本，第1册，第87页），《能改斋漫录》卷一六（第5编，第4册，第197—198页）。

② ［朝鲜］郑麟趾等：《高丽史》卷七一《乐志二》，第6册，第2214—2215页。

③ 王奕清等：《钦定词谱》卷一一，第196页。

④ 罗蔗园语，参见夏承焘《唐宋词论丛》附录《承教录》，《夏承焘集》，第2册，第233页。

古乐……不足信也。"[①] 则把"宋词不用中管调"及不能"依月用律"之说进一步绝对化。其实，夏先生并未完全否定"依月用律"说。如："雅言（万俟咏）与清真（周邦彦）同官大晟府，尝奉旨依月用律，月进一曲，其必非盲填如杨、陈可知矣。"[②] "宋词不用中管调，以管短一半则声高一倍，不易吹奏。今所见惟万俟咏《春草碧》一首中用中管高中（宫），盖咏在大晟府时依功令'依月用律'之作。"[③] "以予所知，今存宋人词中，其确用中管，且确为'依月用律'，惟有仅见之一首，即万俟雅言（咏）之《春草碧》是。"[④] 即指出大晟府词人曾依"月律"撰词，万俟咏《春草碧》即为其中一首。考之原说，夏先生《词律三义》虽立"宋词不依月用律"及"宋词不用中管调，故不能'依月用律'"二条，但却以"以予考之，亦不尽然"的措辞委婉而出[⑤]，非全然否定。事实上，"宋词不用中管调"，乃沈曾植氏即已疑之，云："中管五调，宋世俗乐所无，独太常雅乐有之。"[⑥] 夏先生尝以此问张尔田氏，张氏对以"宋词非不用中管，特用之者少耳"，先生允为"妙解"[⑦]。方成培亦云："观万俟咏《春草碧》自注：'中管高宫。'则亦未尝不用为调矣。"[⑧] 故沈曾植俗乐不用"中管"之说，时人赞成者颇少。夏先生指出"宋词不用中管调"的同时，又指出万俟咏《春草碧》"确用中管"，为典型的大晟府"依月用律"之作。

（一）"依月用律"徽宗朝之前即已用于燕乐

"依月用律"为古乐理论，然自载籍以来，演奏实践或用或不用。宋人兴复古乐，有叹于虽有"月律"而乐工"止用黄钟一宫"的现状（《宋史·乐志一》），"依月用律"逐渐施用于演奏实践。盖自咸平四年起，至皇祐年间，"依月用律"屡见于祭享郊庙、明堂等演奏实践（《宋史·乐志一》，《宋史·乐志二》）[⑨]。

今据相关史料，考得"依月用律"在徽宗朝之前即已用于燕乐。《太常因

---

① 彭国忠：《大晟词派质疑》，《上海大学学报》（社会科学版）2000年第3期，第38页。

② 夏承焘：《唐宋字声之演变》，《夏承焘集》，第2册，第77页。

③ 夏承焘：《〈白石道人歌曲〉校律》，《夏承焘集》，第2册，第359—360页。

④ 夏承焘：《词律三义》，《夏承焘集》，第2册，第10页。

⑤ 同上书，第6页，第9页。

⑥ 沈曾植：《菌阁琐谈》，第4册，第3614页。

⑦ 夏承焘：《词律三义》，《夏承焘集》，第2册，第8—9页。

⑧ 方成培：《香研居词麈》卷二《论中管和缪》，第377册，第169页。

⑨ 详见《宋史·乐志一》（第9册，第2945页），《宋史·乐志一》（第9册，第2945页），《宋史·乐志二》（第9册，第2962页，第2964—2965页）。

革礼》卷二一："国朝推（惟）大角抟（传）三曲而已，其鼓吹四面（曲），悉用教坊新声。车驾出入，奏《导引》及《降仙台》。警严，奏《六州》、《十二时》，皆随月用宫。"（《会要·舆服》三之一七、一八、《玉海》卷一〇六、《通考·乐考二十》略同）所谓"随月用宫"，亦即"依月用律"。按宋鼓吹乐"随月用宫"，当起始较早。据《太常因革礼》卷二七："鼓吹令鼓吹部，有《六州》、《十二时》、《导引》、《降仙台》四曲。是年（大中祥符五年），凡赴祀所，还宫，乃奏《导引》曲。"知至迟在大中祥符五年前，"依月用律"似即已用于鼓吹乐。又，《玉海》卷一〇六："仁宗定雅乐，并及鼓吹，且谓'警严一奏，不应再用其曲'。（减《导引》二曲。）亲制《奉禋歌》以备三迭。又诏聂冠卿、李照造词配声，下太常肄之。是年郊祀用焉。景祐二年八月辛酉，御制警严曲，名曰《振容歌》。十月乙卯，改《奉禋》。皇祐二年，享明堂，御制《合宫歌》。（用［黄钟宫］。）"（《通考·乐考二十》同）其中皇祐二年享明堂《合宫歌》，所用［黄钟宫］，正名为［无射之宫］。《景祐乐髓新经》："［无射之宫］为［黄钟宫］。"《补笔谈》："［无射宫］，今为［黄钟宫］。"[①] 此为九月之律，正是享明堂之月律。据此可知，景祐二年至皇祐二年间，就已将雅乐"依月用律"理论用于鼓吹乐。

今考鼓吹乐性质，实属燕乐范畴，其所用乐器金钲、节鼓、㭻鼓、大鼓、小鼓、铙鼓、羽葆鼓、中鸣、大横吹、小横吹、觱篥、桃皮觱篥、箫、笳、笛等，均为燕乐乐器；其《导引》、《六州》、《十二时》、《降仙台》四曲所用宫调，如［正宫］、［黄钟宫］、［正平调］、［黄钟羽］、［大石调］、［道调］、［仙吕调］等[②]，实为"随月用宫"。《宋史·乐志十五》：

> 自天圣已来，帝郊祀、躬耕籍田、皇太后恭谢宗庙，悉用［正宫］《导引》、《六州》、《十二时》，凡四曲。景祐二年郊祀，减《导引》第二曲，增《奉禋歌》。初，李照等撰警严曲，请以《振容》为名。帝以其义无取，故更曰《奉禋》。其后祫享太庙，亦用之。大享明堂，用［黄钟宫］，增《合宫歌》。凡山陵导引灵驾，章献、章懿皇后用［正平调］，仁

① 详见《太常因革礼》卷二一（第821册，第431页），《宋会要·舆服》三之一七、一八（第2册，第1790页），《玉海》卷一〇六（第945册，第796—797页），《文献通考·乐考二十》（第1291页），《太常因革礼》卷二七（第821册，第454页），《玉海》卷一〇六（第945册，第797页），《文献通考·乐考二十》（第1291页），《宋史·律历志四》引《景祐乐髓新经》（第5册，第1605页），《梦溪笔谈·补笔谈》卷一（第2编，第3册，第225页）。

② 脱脱等：《宋史》卷一四〇《乐志十五》，第10册，第3302—3304页。

宗用［黄钟羽］，增《昭陵歌》。神主还宫，用［大石调］，增《虞神歌》。凡迎奉祖宗御容，赴宫观、寺院，并神主祔庙，悉用［正宫］。惟仁宗御容赴景灵宫，改用［道调］，皆止一曲。

熙宁中，亲祠南郊，曲五，奏［正宫］《导引》、《奉禋》、《降仙台》。祠明堂曲四，奏［黄钟宫］《导引》、《合宫歌》，皆以《六州》、《十二时》。永厚陵导引警场，及神主还宫，皆四曲。虞主祔庙奉安，慈圣光献皇后山陵，亦如之。诸后告迁升祔，上仁宗、英宗徽号，迎太一宫神像，亦以一曲导引。率因事随时定所属宫调，以律和之。

元符三年七月，学士院奏："太常寺鼓吹局，应奉大行皇帝山陵卤簿，鼓吹仪仗并严更警场，歌词乐章，依例撰成。灵驾发引至陵所，［仙吕调］《导引》等九首，已令乐工协比声律。"从之。①

据此，知仁宗、神宗、哲宗三朝鼓吹乐都是"依月用律"。前贤所谓"'依月用律'……从未施诸燕乐"（详上），实未曾考及宋代鼓吹乐所用燕乐曲调《导引》、《六州》、《十二时》等，完全是"随月用宫"（"依月用律"）这一史实。

（二）大晟府依"月律"改定"燕乐诸宫调"

"依月用律"作为雅乐的基本法则，在徽宗朝不仅得到全面贯彻，甚至还成为改革乐律、创制新乐的基本乐法，上文已有论述。但是，徽宗朝成为雅乐共识的"依月用律"，是否真的对大晟燕乐产生了相应影响呢？前贤对此多有否定，如"徽宗虽以律吕易诸乐名，然大晟诸人，仍未以月律入燕乐"②。今考其说与史实不符。

按：大晟燕乐"依月用律"见于宋人原始史料。《宋史·乐志四》："（政和）四年正月，大晟府言：'宴乐诸宫调多不正，如以无射为黄钟宫，以夹钟为中吕宫，以夷则为仙吕宫之类。又加越调、双调、大食、小食，皆俚俗所传。今依月律改定。'诏可。"依"月律"改定燕乐诸宫调，乃雅乐"依月用律"理论影响大晟燕乐的显证。宋人其他史料亦有记载。《会要·乐》五之三六、三七："（政和）四年正月，礼部奏：'教坊乐春或用商声，孟或用季律，甚失四时之序。乞以大晟府十二月所定声律，令教坊阅习。'仍令秘书省撰词。"《宋史·乐志十七》、《通考·乐考十九》同，所载均为

① 详见《宋史》卷一四〇《乐志十五》，第10册，第3302—3304页。

② 详见夏承焘《唐宋词论丛》附录《承教录》，《夏承焘集》，第2册，第233页。

“礼部奏”。《宋史·乐志四》则为“大晟府言”[①]。据其所载内容，“礼部奏”乃“以大晟府十二月所定声律”，改定教坊乐；“大晟府言”则为依“月律”改定“宴乐诸宫调”。所述虽有所不同，实均为依“月律”改定燕乐，实质是用“大晟律”强行统一雅、俗乐[②]。《通考·乐考十九》对此有完整叙述，如：“政和三年，诏以《大晟乐》播之教坊，颁行天下。尚书省言：‘大晟燕乐已拨归教坊。所有习学之人，元隶大晟府教习，今当并令就教坊习学。’从之。（政和）四年，礼部奏：‘教坊乐春或用商声，孟或用季律，甚失四时之序。乞以大晟府十有二月所定声律，令教坊阅习。’从之。仍令秘书省撰词。”知政和三年大晟燕乐告成后不久，教坊隶大晟府管辖，大晟燕乐已“拨归教坊”，教坊乐与大晟燕乐合一。史料所谓“教坊乐春或用商声，孟或用季律”，亦即《宋史·乐志四》所谓“宴乐诸宫调多不正”[③]。

大晟府依“月律”改定燕乐，还成立了专门的机构，曰“编修《燕乐书》所”。其依“月律”改定燕乐的直接成果，即“《燕乐》三十四册”（《宋史·艺文志一》）的“镂板颁行”。《会要·乐》四之一、二：

> （政和八年九月二十日）蔡攸言：“昨奉诏：‘教坊、均（钧）容、衙前及天下州县燕乐旧行一十七调大小曲谱，声韵各有不同。令编修《燕乐书》所审按校定，依月律次序添入新补撰诸调曲谱，令有司颁降。’今撰均度，正其过差，合于正声，悉皆谐协。将燕乐一十七调看详到大小曲三百二十三首，各依月律次序，谨以进呈。如得允当，欲望大晟府镂板颁行。”从之。[④]

所谓“昨奉诏……依月律次序添入新补撰诸调曲谱，令有司颁降”，乃指政和四年正月后大晟府依“月律”次序改定燕乐之事，这次“改定”工作约于政和六年十月前完成，并有曲谱“令有司颁降”（详见《宋史·乐志四》、

---

① 详见《宋史·乐志四》（第9册，第3019页），《宋会要·乐》五之三六、三七（第1册，第350—351页），《宋史·乐志十七》（第10册，第3359页），《文献通考·乐考十九》（第1285页），《宋史·乐志四》（第9册，第3019页）。

② 杨荫浏：《中国古代音乐史稿》，第425—426页。

③ 详见《文献通考·乐考十九》（第1285页），《宋史·乐志四》（第9册，第3019页）。

④ 详见《宋史·艺文志一》（第15册，第5054页），《宋会要·乐》四之一、二（第1册，第322页）。

《会要·乐》四之一、《玉海》卷一〇五)[①]。又所谓“今撰均度……将燕乐一十七调看详到大小曲三百二十三首”云云，乃指政和七年三月后大晟府以“今撰均度”依“月律”次序改定燕乐之事，这次“改定”工作约于政和八年九月前完成，并有“大晟府镂板颁行”燕乐曲谱（详上）。可以说，自政和四年正月后至政和八年九月前先后两次完成的燕乐曲谱，均为“依月律次序”改定而成。前贤“大晟诸人，仍未以月律入燕乐”云云，可谓不攻自破。

（三）参与“依月用律”的词人辨正

对“依月用律”用于大晟燕乐这一点，前贤亦有甚相推许者。沈曾植云：“美成、不伐以后，则大晟功令，日趋平整矣。”[②]“美成”为周邦彦，“不伐”为田为，二人均为大晟府词人；“功令”即“依月用律”，沈氏认为在周邦彦、田为二人同为大晟府词人后，词曲创作便逐渐步入“依月用律”轨道。这种说法亦有言过其实之处。

考沈氏之说，实源于宋人史料。然宋人有关大晟府词人“依月律”撰燕乐词的记载，多系于崇宁间。所谓崇宁间万俟咏“依月用律，月进一曲”（《碧鸡漫志》卷二）、“依月用律制词”（《唐宋诸贤绝妙词选》卷七）或周邦彦（美成）诸人“按月律为之”（《词源》卷下）[③]，其时间划分过早。按大晟府依“月律”改定燕乐既在政和四年正月后，则“依月律”撰燕乐词时间当不早于政和四年。

关于参与“依月用律”制词人员，《碧鸡漫志》列有周邦彦、万俟咏、田为等八人（卷二）。今据相关史料，考得大晟府“依月律”撰燕乐词时段在政和六年十月至宣和二年二月，历时三年有余。周邦彦（美成）任提举官，在政和六年十月至七年三月（详上）；田为（不伐）在“编修《燕乐书》所”任制撰官，时间也在此时前后；万俟咏政和三年五月后到宣和元年都在大晟府（详后《大晟府词人新考》），这三人与“依月用律”制词时间相合。尤以万俟咏对“依月用律”制词贡献最大。按《碧鸡漫志》所谓“依月用律，月进一曲”（卷二），在政和六年十月前后。如：

> （政和六年）诏：“《大晟》雅乐，顷岁已命儒臣著《乐书》，独宴乐

---

① 详见《宋史·乐志四》（第9册，第3019页），《宋会要·乐》四之一（第1册，第322页），《玉海》卷一〇五（第945册，第778页）。

② 沈曾植：《菌阁琐谈》，《词话丛编》本，第4册，第3607页。

③ 详见《碧鸡漫志》卷二（《词话丛编》本，第1册，第87页），《唐宋诸贤绝妙词选》卷七（第655页），《词源》卷下（《词话丛编》本，第1册，第255页）。

未有纪述。其令大晟府编集八十四调并图谱，令刘昺撰以为《宴乐新书》。”（《宋史·乐志四》）

（政和六年）十月，臣僚乞以崇宁、大观、政和所得珍瑞名数，分命儒臣作为颂诗，协以新律，荐之郊庙，以告成功。诏送礼制局。（《宋史·乐志四》）

《会要·乐》四之一、《玉海》卷一〇五载“大晟府编集八十四调并图谱”，在“政和六年闰正月九日”，而至政和六年十月，“八十四调并图谱”初步编成。《碧鸡漫志》“新广八十四调”、“以盛德大业及祥瑞事迹制词实谱”云云（卷二）[①]，与正史所载政和六年十月臣僚乞以“所得珍瑞名数”、“作为颂诗，协以新律”相合。可知万俟咏于大晟府“依月律改定”燕乐曲谱及“制词实谱”工作均有贡献，其时段在政和六年十月至宣和元年八月间（万俟咏宣和元年八月前已离大晟府任，详后《大晟府词人新考》）。

今据宋人史料所载，大晟府词人中，徐申、晁端礼二人均不可能“依月用律”。因大晟府“依月律改定”燕乐曲谱始于政和四年正月后，而“依月律”制词实谱在政和六年十月至宣和二年二月间。徐申大观二年十月即已离开大晟府，晁端礼卒于政和三年七月（详后《大晟府词人新考》），其时大晟燕乐尚未有“按月律进词”之说。《唐宋诸贤绝妙词选》卷七：“晁次膺，宣和间充大晟府协律郎，与万俟雅言齐名，按月律进词。”[②] 实属误传。又，考周邦彦政和六年十月至七年三月入大晟府为提举官（详上），虽在“按月律进词”时段内，然周邦彦词大部分作于此时段前。又据夏承焘考证，周邦彦词所用宫调月份，与其词所反映月份不合，实际未尝“依月用律”[③]。今考周邦彦词作，确实未发现有“依月用律”的痕迹。又据周邦彦晚年颇“悔少作”，在大晟府期间，虽曾“讨论古音，审定古调”，“按月律为之”（《词源》卷下），那也只是依据“大晟律”审按校定“燕乐旧行一十七调曲谱”，并“依月律次序添入新补撰诸调曲谱”（《会要·乐》四之一、二），其词的创作可能没有“依月用律”。大晟府词人中，江汉、田为宋人史料中也无“依月用律”

① 详见《碧鸡漫志》卷二（《词话丛编》本，第1册，第87页），《碧鸡漫志》卷二（《词话丛编》本，第1册，第87页），《宋史·乐志四》（第9册，第3019页），《宋史·乐志四》（第9册，第3019页），《宋会要·乐》四之一（第1册，第322页），《玉海》卷一〇五（第945册，第778页），《碧鸡漫志》卷二（《词话丛编》本，第1册，第87页）。

② 黄昇：《唐宋诸贤绝妙词选》卷七，第654页。

③ 夏承焘：《词律三义》，《夏承焘集》，第2册，第7页。

的记载。其中江汉政和六、七年间已离大晟府任密州通判（详后《大晟府词人新考》），时值大晟府“按月律进词”的起始阶段。宣和末年江汉为明堂司令（《要录》卷五三），时“按月律进词”已过去数年之久（大晟府奏请颁行“燕乐依月律撰词八十四调”在宣和二年二月，详见《会要·乐》四之二、《玉海》卷一〇五）[①]，故江汉在“制词实谱”期间并没有在大晟府任职，宣和末年的工作性质也与“依月用律”无关。

又，史载万俟咏“依月用律，月进一曲”，田为“亦供职大乐”并为《大声集》作序（《碧鸡漫志》卷二，《书录解题》卷二一，《通考·经籍考七十三》）。时田为在燕乐所任制撰官，并兼任修制大乐局管勾官，尔后又任大晟府典乐、乐令、典乐、大司乐（详后《大晟府词人新考》），恰在“按月律进词”时段内。但《碧鸡漫志》虽云“田为不伐亦供职大乐”（卷二），并不言其“依月用律”，现存田为词也找不到“依月用律”的痕迹。其实，田为在燕乐所任制撰官期间，主要工作是“审按校定”“燕乐旧行一十七调大小曲谱”及“依月律次序添入新补撰诸调曲谱”（《会要·乐》四之一、二），即“讨论古音，审定古调”（《词源》卷下）[②]，这一点和周邦彦的工作颇相似。或许“依月用律制词”不是周邦彦、田为的职责，故二人现存作品中均找不到“依月用律制词”之作。

现知大晟府词人中，“按月律进词”并有词例可考的只有万俟咏一人。这一点也为夏先生所许可。

（四）大晟府词人“依月用律”的内容蠡测

关于大晟府词人“依月用律”的内容，《碧鸡漫志》有所谓“新广八十四调，患谱弗传，雅言请以盛德大业及祥瑞事迹制词实谱。有旨依月用律，月进一曲”[③] 的说法。其所提供的信息至少有以下三点：

第一，所谓“依月用律，月进一曲”，乃依大晟府十二月“声律”依次每月进曲一首。“依月用律”不过是“随月用宫”，这在徽宗朝之前的鼓吹乐中

---

① 详见《词源》卷下（《词话丛编》本，第1册，第255页），《宋会要·乐》四之一、二（第1册，第322页），《建炎以来系年要录》卷五三（第3册，第1089页），《宋会要·乐》四之二（第1册，第322页），《玉海》卷一〇五（第945册，第778页）。

② 详见《碧鸡漫志》卷二（《词话丛编》本，第1册，第87页），《直斋书录解题》卷二一（第11册，第612页），《文献通考·经籍考七十三》（第1944—1955页），《碧鸡漫志》卷二（《词话丛编》本，第1册，第87页），《宋会要·乐》四之一、二（第1册，第322页），《词源》卷下（《词话丛编》本，第1册，第255页）。

③ 王灼：《碧鸡漫志》卷二，《词话丛编》本，第1册，第87页。

已能做到（详上）。今考万俟咏词，“随月用宫”者有《春草碧》一词：“又随芳渚生（词略）。”《词谱》卷二六：“调见《大声集》，自注：‘中管高宫。’……俗谱以中管高为调名者，误。姜夔《集》有太簇宫《喜迁莺》词，自注：‘俗呼中管高宫。’”又云：“此词即咏春草，亦以题为调名。宋词仅见此首，无别首可校。”① 夏先生说：“今所见惟万俟咏《春草碧》一首中用中管高中（宫），盖（万俟）咏在大晟府时依功令‘依月用律’之作。”② 亦认为万俟咏在大晟府“依月用律”之作。今据张炎《词源》“太簇宫，俗名中管高宫”（卷上），为正月之律，而万俟咏《中管高宫·春草碧》有“乱红铺绣茵”语，为暮春三月之景，与“功令”不合。可能大晟府“依月用律”之作只要求写景大致具有节序意味，而并不要求严格的时令特征，这一点尚待考证。

第二，所谓“新广八十四调”，亦有史籍可征。据《会要·乐》四之二：“（宣和）二年二月六日，大晟府奏：‘燕乐依月律撰词八十四调，乞颁行。’从之。”《玉海》卷一〇五略同③。可知“新广八十四调”，乃指“燕乐八十四调”。燕乐旧行十八调，北宋通行有“二十八调”燕乐理论。政和四年正月，大晟府依月律“改定”燕乐，遂将“燕乐八十四调”理论付诸音乐实践；政和六年闰正月，“改定”燕乐八十四调工作告成，乃命刘昺撰为《宴乐新书》；政和六年十月，万俟咏奏请“以盛德大业及祥瑞事迹制词实谱”（详上）。其中“燕乐八十四调”的内容，张炎《词源》有载（按：今本《词源》自黄钟至应钟十二均，每均下必有“中声”、“正声”字样，而“中声”、“正声”为“刘昺乐”的核心理论，可证《词源》所列“燕乐八十四调”及俗字谱，必为大晟府编集的“燕乐八十四调并图谱”无疑。考详上）。需要指出的是，“制词实谱”工作到宣和二年二月之前方告全部完成，并由大晟府奏请颁行，其时万俟咏已任“秦川茶马司第三等干当公事”之职；至于何时离开大晟府，据考，当在宣和元年八月前（详后《大晟府词人新考》）。很显然，“依月律撰燕乐词八十四调”，非由万俟咏一人完成，当成于众人之手。其标志性成果就是“燕乐依月律撰词八十四调”，并由大晟府奏请颁行。宋人对此记载颇模糊，其详细内容不得而知。

第三，以盛德大业及祥瑞事迹“制词实谱”，目的在于应制而谀颂。《唐

① 王奕清等：《钦定词谱》卷二六，第465页。

② 夏承焘：《〈白石道人歌曲〉校律》，《夏承焘集》，第2册，第359—360页。

③ 详见《宋会要·乐》四之二（第1册，第322页），《玉海》卷一〇五（第945册，第778页）。

宋诸贤绝妙词选》卷七：“（万俟咏）依月用律制词，故多应制。”[1] 此“应制”非赓和宋徽宗之作，乃依徽宗旨意“依月用律，月进一曲”之义。据此，知现存万俟咏词曲中有“应制”字样者当为“依月用律制词”。如：

（1）《安平乐慢·都门池苑应制》：“瑞日初迟（词略）。”《词谱》卷三二：“调见万俟咏《大声集》。”[2]

（2）《恋芳春慢·寒食前进》：“蜂蕊分香（词略）。”按：“进”云云，当依徽宗旨意“依月用律，月进一曲”之义，与“应制”为同一类型。《词谱》卷三一：“调见万俟咏《大声集》。崇宁中，咏充大晟府制撰，依月用律制词，多应制之作。此词自注：‘寒食前进。’故以《恋芳春》为名也。”[3] 即以《恋芳春慢·寒食前进》为“依月用律制词”，当有一定依据。可从。“仁主祈祥为民”云云，当叙“盛德大业”之义。

（3）《三台·清明应制》：“见梨花初带夜月（词略）。”按：《词谱》卷三九：“《乐苑》云：‘唐《三台》，羽调曲。’”[4]

（4）《明月照高楼慢·中秋应制》：“平分素商（词略）。”按：《复雅歌词》：“宣和间，万俟雅言（咏）中秋应制，作《明月照高楼慢》，云：‘平分素商（词略）。’”[5]

（5）《快活年近拍》：“千秋万岁君（词略）。”按：《词谱》卷一八：“《快活年近拍》，金词注‘黄钟宫’。”据张炎《词源》“无射宫，俗名黄钟宫”（卷上）[6]，为九月之律。万俟咏《快活年近拍》所谓“重令节”，当指九月九日重阳节，其律令恰应九月月令。

（6）《雪明鳷鹊夜慢》：“望五云多处春深（词略）。”按：《复雅歌词》：“景龙楼先赏，自十二月十五日便放灯，直至上元。万俟雅言（咏）作《雪明鳷鹊夜慢》，云：‘望五云多处春深（词略）。’”[7] 此为咏元宵佳节之词，与应制词言“盛德大业及祥瑞事迹”相合。

以上如“身世疑在仙乡”、“五侯半隐少年场”（《安平乐慢·都门池苑应

① 黄昇：《唐宋诸贤绝妙词选》卷七，第655页。

② 王奕清等：《钦定词谱》卷三二，第580页。

③ 同上书，卷三一，第568页。

④ 同上书，卷三九，第716页。

⑤ 鲖阳居士：《复雅歌词》，陈元靓《岁时广记》卷三一引，《词话丛编》本，第1册，第61页。

⑥ 详见《钦定词谱》卷一八（第318页），《词源》卷上（《词话丛编》本，第1册，第250页）。

⑦ 鲖阳居士：《复雅歌词》，陈元靓《岁时广记》卷一一引，《词话丛编》本，第1册，第60页。

制》)，“仁主祈祥为民，非事行春”（《恋芳春慢·寒食前进》)，“散翠烟、飞入槐府。敛兵卫、阊阖门开”（《三台·清明应制》)，“还是共唱御制词，送御觞”（《明月照高楼慢·中秋应制》)，“千秋万岁君，五帝三皇世”（《快活年近拍》)，“望五云多处春深”、“圣时观风重腊”（《雪明鳷鹊夜慢》)，实际上都带有谀颂色彩，乃应制词的体例。《唐宋诸贤绝妙词选》卷七：“雅言（万俟咏）之词，词之圣者也。发妙音于律吕之中，运巧思于斧凿之外。平而工（正)，和而雅，比诸刻琢句意而求精丽者，远矣。”尽管从艺术角度衡量，此说不无道理，但内容多歌咏“盛德大业及祥瑞事迹”，并无可取之处。有关这些词的作年，《碧鸡漫志》卷二、《绝妙词选》卷七等说万俟咏“依月用律制词”在“崇宁间”、“崇宁中”、“宣和间”[①]，均误。其时段乃在政和六年十月至宣和元年八月间，因万俟咏宣和元年八月前已不在大晟府任职（详后《大晟府词人新考》)。

（五）对大晟府词人“依月用律”的评价与误解

以上对大晟府词人“依月用律”的考察，仅万俟咏一人有实例可依。就万俟咏“依月用律”之词来看，均为节序应制所作，与其所云“以盛德大业及祥瑞事迹制词实谱”基本吻合。其余词人如徐申、晁端礼、周邦彦、江汉、田为等五人，均无“依月用律”的词例。大晟府词人“依月用律”时间，在政和六年十月至宣和二年二月间，总共维持了三年零四个月。而由大晟府奏请颁行的“依月律撰燕乐词八十四调”，也不过是一个粉饰太平、歌功颂德的样板。

可以说，大晟府词人“依月用律”，对宋词发展并没有起多少推动作用，却被南宋人渲染至神秘的程度。《唐宋诸贤绝妙词选》卷七：“万俟雅言精于音律，自号词隐。崇宁中充大晟府制撰，依月用律制词，故多应制。”“晁次膺，宣和间充大晟府协律郎，与万俟雅言齐名，按月律进词。”杨缵《作词五要》云：“第二要择律。律不应月，则不美。如十一月调须用［正宫］，元宵词必用［仙吕宫］为宜也。”（《词源》卷下）张炎《词源》云：“迄于崇宁，立大晟府，命周美成诸人……按月律为之，其曲遂繁。”[②] 按：“依月用律”在杨缵之前似还没有作为“择律”标准被提升至词法高度，至杨缵便以“依月用律”书之于《作词五要》，俨然已成为雅词创作必须遵守的法则！受杨缵影响较深的张炎，则更将大晟府“依月用律”作为雅词的新标准，将“大晟诸人附会古乐”的做法进一步推向极端，表现出强烈的崇“大晟律”倾向。

① 详见《唐宋诸贤绝妙词选》卷七（第658页)，《碧鸡漫志》卷二（《词话丛编》本，第1册，第87页)，《唐宋诸贤绝妙词选》卷七（第655页，第654页)。

② 详见《唐宋诸贤绝妙词选》卷七（第655页，第654页)，《词源》卷下（《词话丛编》本，第1册，第268页)，《词源》卷下（《词话丛编》本，第255页)。

后世不明大晟府词人“依月用律”真相，往往被南宋黄昇、杨缵、张炎所眩惑，从而有种种理解上的误区。沈曾植云：

> 《大晟》律吕之法，俗乐中荡然不存，而《大晟》雅乐，元袭宋，明袭元，一线相沿，未尝改作。……《续通考》、《明史·乐志》，皆载十二月按律乐歌，大略与《词源》合。正月太簇，本宫黄钟商，俗名大石，曲名《万年春》之类；二月夹钟，本宫夹钟宫，俗名中吕，曲名《玉街行》；三月姑洗，本宫太簇商（与太簇本宫黄钟商同例），俗名大石，曲名《贺圣朝》；四月仲吕，本宫无射徵，俗名黄钟正徵，曲名《喜升平》；五月蕤宾，本宫姑洗商，俗名中管双调，曲名《乐清朝》；六月林钟，本宫夹钟角，俗名中吕角，曲名《庆皇都》；七月夷则，本宫南吕商，俗名中管商角，曲名《永太平》；八月南吕，本宫南吕宫，俗名中管仙吕，曲名《凤皇吟》；九月无射，本宫无射宫，俗名黄钟，曲名《飞龙引》；十月应钟，本宫姑洗徵，俗名中吕正徵，曲名《龙池宴》；十一月黄钟，本宫夷则角，俗名仙吕角，曲名《金门乐》；十二月大吕，本宫大吕宫，俗名高宫，曲名《风云会》。雅俗之名，皆用宋世之旧。而中管五调，宋世俗乐所无，独太常雅乐有之。此明太常乐即宋《大晟乐》，最显证也。①

则以明太常乐“依月用律”之法与张炎《词源》比勘，认为即大晟府“依月用律”之遗。清人迷信“大晟功令”者，皆录而不加辨别。如：“晁（端礼）字次膺，崇宁中擢第，宣和间充大晟协律，与万俟雅言按月律进词。”（《古今词话·词评》上卷）“雅言号词隐，崇宁中充大晟府制撰，与晁次膺按月律进词。《大声集》五卷，周美成序之。”（《古今词话·词评》上卷）“（万俟咏）崇宁中充大晟府制撰，与晁次膺按月律进词。”（《历代词话》卷六）“（万俟咏）崇宁中，充大晟府制撰，依月用律，有《大声集》五卷。”（《雨村词话》卷三）甚者缘饰为美谈。如：“至如晁次膺、万俟雅言之依月用律，进词应制，调名尚数百种未传。”（《远志斋词衷》）“有提举大晟之官僚，按月律进词，承宣命珥笔，宠诸词人，良云盛事。”（《古今词话·词话》上卷）② 按：以上节录《碧鸡漫

① 沈曾植：《菌阁琐谈》，《词话丛编》本，第4册，第3613—3614页。

② 详见《古今词话·词评》上卷（《词话丛编》本，第1册，第986页），《古今词话·词评》上卷（《词话丛编》本，第1册，第989页），《历代词话》卷六（《词话丛编》本，第2册，第1199页），《雨村词话》卷三（《词话丛编》本，第2册，第1430页），《远志斋词衷》（《词话丛编》本，第1册，第645页），《古今词话·词话》上卷（《词话丛编》本，第1册，第759页）。

志》、《绝妙词选》、《词源》而不加甄别，辗转抄录中又添臆说，以致讹误百出。如云晁端礼“崇宁中擢第，宣和间充大晟协律”，据考，晁端礼实于熙宁六年擢第，政和三年充大晟府按协声律（详后《大晟府词人新考》）。又如云万俟咏“崇宁中充大晟府制撰，与晁次膺按月律进词”，《碧鸡漫志》实云“政和初”[①]，其“按月律进词”乃在政和六年至宣和元年，其时晁端礼已卒（详后）。又如云“有提举大晟之官僚，按月律进词”，则指周邦彦提举大晟府“按月律进词”，据考周邦彦虽有提举大晟府之事，但“按月律进词”却无证据。又，沈曾植以《明史·乐志三》载“十二月按律乐歌”[②]附会大晟府“依月用律”，亦勇于臆测，疏于考证。又云“依月用律，进词应制，调名尚数百种未传”，亦未知何据。清儒考据之学大昌，然于词学不经意若此，其贻误后学亦难于屈指。

夏先生批评道：“‘依月用律’之说，本出大晟诸人附会古乐；词家伫兴之作，但求腔调谐美，何必守此功令。张炎、杨缵论词之书，张皇幽邈，以此自炫，由今观之，亦缘饰之辞，不足信也。”[③]在指出南宋人“张皇”、“缘饰”的同时，对“‘依月用律’之说，本出大晟诸人附会古乐”的事实亦有肯定，对宋词“依月用律”的实质及其误解作了精到的辨析，批驳极为有力。任先生云：“宋人之词，是否实行按月择律；当时普通词家皆实行，抑仅精音律者始实行；仅于节序之词实行，抑于一切之词皆实行。”[④]对宋词“依月用律”范围作了积极的思考，有助于后学做进一步的考察。今据上考，可知宋词“依月用律”实始于徽宗朝以前，其范围亦不限于“节序之词”，而在鼓吹乐中即有广泛运用。不过，随政和四年正月以“大晟月律”改定燕乐后，大晟府词人不仅在理论上对“依月用律”作了部分建构（如“依月律次序”审

---

① 王灼：《碧鸡漫志》卷二，《词话丛编》本，第1册，第87页。

② 张廷玉等：《明史》卷六三《乐志三》，第8册，第160页。按：徐一夔等《明集礼》、王圻《续通考》、方以智《通雅》亦载，其曲名《万年春》（即《百字令》）、《贺圣朝》（即《鹧鸪天》）、《喜升平》（即《秦楼月》）、《庆皇都》（即《蝶恋花》）、《凤皇吟》（即《太常引》）、《飞龙引》（即《醉花阴》）、《龙池宴》（即《人月圆》）、《风云会》（即《唐多令》），皆“宋世俗乐”而非“《大晟》雅乐”。据考证，“《大晟》雅乐”仍用“十二安”曲式，皆四言诗，与此俗乐曲调及长短句形式并不相同。其中《黄钟正徵·喜升平》（即《秦楼月》）、《中吕正徵·龙池宴》（即《人月圆》）、《中管商角·永太平》、《仙吕角·金门乐》，现存史料尚不能证其为大晟燕乐“徵、角二调”之遗。笔者另有详考，兹不赘述。

③ 夏承焘：《词律三义》，《夏承焘全集》，第2册，第10页。

④ 任二北：《研究词乐之意见》，华东师范大学中文系古典文学研究室编《词学研究论文集（1911—1949）》，第309页。

按校定“燕乐旧行一十七调大小曲谱”并“添入新补撰诸调曲谱”等），并且还付诸创作实践（如“依月律撰燕乐词”）。这一点因被南宋人作了夸大性的宣传，遂使后人在认识到南宋人的夸大不实后，又容易对大晟府词人“依月用律”的真实情况作出全盘否定的评价。

第四节　大晟府新创词调考

有关大晟府新创词调，学界已有统计和梳理①。近几年来，根据新出资料及钩稽所得，又考得大晟府新创词调若干。在前贤研究基础上，参以新出文献，细加比勘考证而汇为一编。

一、关于大晟府新创词调的误解问题

关于大晟府新创词调，明、清以来学者颇有误解。《御选历代诗馀》卷四九：“故宣、政词家，有《侧犯》、《尾犯》、《花犯》、《玲珑四犯》等名也。”《大鹤山人词话》：“至美成提举大晟，演为曼声，三犯、四犯，变调綦繁，美且备已。”这种认识源于宋人之说。《贵耳集》卷上：“自宣、政间周美成、柳耆卿辈出，自制乐章，有曰《侧犯》、《尾犯》、《花犯》、《玲珑四犯》。……宣和之曲，皆曰‘犯’。”《词源》卷下：“迄于崇宁立大晟府，命周美成诸人讨论古音，审定古调。……美成诸人，增演慢曲、引、近，或移宫换羽，为三犯、四犯之曲，按月律为之，其曲遂繁。”② 其实有误。

事实上，“犯调”非宋代初出，更非“宣、政”特产，早在唐朝即已有之。《乐书》卷一六四：“唐自天后末年，《剑气》入《浑脱》，始为犯声之始。《剑气》宫调，《浑脱》角调，以臣犯君，故有犯声。明皇时乐人孙处秀，善吹笛，好作犯声，时人以为新意而效之，因有犯调。”陈旸自注：“五行之声，所司为正，所欹为旁，所斜为偏，所下为侧。故正宫之调，正犯黄钟宫，旁犯越调，偏犯中吕宫，侧犯越角之类。”姜夔《凄凉犯》小序：“唐人《乐书》云：‘犯有正、旁、偏、侧。宫犯宫为正，宫犯商为旁，宫犯角为偏，宫犯羽为侧。’此说非也。十二宫所住字各不同，不容相犯。十二宫特可犯商、

① 详见龙建国《大晟府创制新调考论》（《词学》第23辑，第97—107页）、《唐宋音乐管理与唐宋词发展研究》（第140—149页）与朱君梅《大晟词研究》（第19—22页）。

② 详见《御选历代诗馀》卷四九（第253页），《大鹤山人词话》（《词话丛编》本，第5册，第4329页），《贵耳集》卷上（第6编，第10册，第293—294页），《词源》卷下（《词话丛编》本，第1册，第255页）。

角、羽耳。”（《白石道人歌曲》卷六）[①] 均可证犯调源于唐人《乐书》。

按：《尾犯》见柳永《乐章集》。《词谱》卷二三：“《尾犯》，调见《乐章集》‘夜雨滴空阶’词，注：‘[正宫]。’‘晴烟羃羃’词，注：‘[林钟商]。’秦观词名《碧芙蓉》。”[②] 知《尾犯》在仁宗、神宗时即已流行。又《侧犯》、《花犯》、《玲珑四犯》，首调均见周邦彦《片玉词》，然作年并非在“宣、政间”。罗忼烈有详考，如：

> 《侧犯》“暮霞霁雨”：“缅怀汴京少年游也。时在绍圣，旧党既去，新党登坛，未见召命，故有所思耳。”
>
> 《花犯》“粉墙低”：“按清真以元祐八年二月知溧水，至绍圣三年三月何愈继任，旋入京任国子主簿。此词为在溧水最后一次赏梅之作，盖其已奉召命矣。”
>
> 《玲珑四犯》“秾李夭桃”：“此首似为重返汴京赠旧欢之作……亦不外沧桑之感耳。”按周邦彦“重返汴京”在绍圣三年三月后。[③]

知所谓《侧犯》、《花犯》、《玲珑四犯》，作年都在绍圣间，而非“宣、政间”。又张炎所谓“迄于崇宁立大晟府，命周美成诸人……为三犯、四犯之曲，按月律为之”（详上），其实亦非。“四犯之曲”如《玲珑四犯》“秾李夭桃”，作年在绍圣三年三月，而非提举大晟府的政和六年十月至七年三月前后，已见《清真集笺注》“附记”[④]。“三犯之曲”有《渡江云》“晴岚低楚甸”，又名“《三犯渡江云》”[⑤]。作年有三说：

（1）“少年说”。王国维《清真先生遗事》：“先生少年曾客荆州……《渡江云》词云‘晴岚低楚甸’……此时作也。其时当在教授庐州之后，知溧水之前。”[⑥] 按周邦彦“教授庐州之后，知溧水之前”在元祐四年秋至八年二月。

（2）“暮年说”。陈思《清真居士年谱》：“《渡江云》词云‘晴岚低楚甸’，为政和六年自明州还京之作……此词为召为秘书监明州解组时作……去

① 详见《乐书》卷一六四（第211册，第755页），姜夔《凄凉犯》小序（《彊村丛书》本，第2册，第778—779页）。

② 王奕清等：《钦定词谱》卷二三，第403页。

③ 详见《清真集笺注》，第119页，第134页，第165页，第655页。

④ 周邦彦著，罗忼烈笺注：《清真集笺注》，第165页。

⑤ 王奕清等：《钦定词谱》卷二八，第504页。

⑥ 王国维：《清真先生遗事》，《王国维全集》，第2册，第420页。

明州为（政和六年）二月上旬。”①

（3）作年不可考。罗先生云：“按两说（“少年说”与“暮年说”）为时相去甚远，一为少年作，一为暮年作，皆非也。《陈谱》以江流附会成说，于‘楚甸’已不可通；《遗事》谓客荆州时作，于词中伤行役之旨，亦难自圆也。考集中《齐天乐》、《绮寮怨》、《六幺令》及此，皆南北往来过荆南所作，海绡翁谓‘此行当是由荆南入都’是也，岁月则不可考矣。”②

上述三说均可作为“提举大晟府时所作”的反证。由此可证，以“犯调”作为大晟府新创词调的说法，基本是不符合事实的。

除此之外，前贤所述大晟府新创词调的数目，也存在严重的误解。自明、清以来有“八十四调”、“百余调”、“二百余调”等三种说法。《词谱序》：“崇宁间，大晟乐府所集，有十二律、六十家、八十四调，后遂增至二百余。”《西圃词说》：“洎宋崇宁间，立大晟乐府，有一十二律、六十家、八十四调，调愈多，流派因之以别，短长互见。”《填词浅说》：“大晟乐府所集，有六十家、八十四调，后渐增至二百余调。”《憩园词话》：“崇宁间设大晟乐府，命周美成等诸词人讨论古今，撰集乐章。……于时有五声、八音、十二律、七均、八十四调，后增至百余。”③ 或云“八十四调”，或云“百余调”，或云“二百余调”，均误。

按：“八十四调”之说，显然以“燕乐八十四调”为大晟府新创词调数目，乃出于对宋人史料的误解。所谓“新广八十四调”、“八十四调之声”（《碧鸡漫志》卷二，《词源》卷下），乃指附会雅乐理论而成的“燕乐八十四调”，其内容详见张炎《词源》所载（详上）。“二百余调”之说源于嘉靖间何良俊《〈草堂诗馀〉序》：“至周待制（邦彦）领太（大）晟府乐，比切声调，十二律各有篇目。柳屯田（永）加增至二百余调。”（《草堂诗馀》卷首）④ 按“柳屯田（永）”主要活动年代在真宗、仁宗时期，何良俊将其列在周邦彦后，实误。“二百余调”云云，亦未知何据。又“百余调”之说当是“二百余调”误写，均源于《〈草堂诗馀〉序》，兹不述。

---

① 周邦彦著，罗忼烈笺注：《清真集笺注》，第222页。

② 同上。

③ 详见玄烨《钦定词谱序》（《钦定词谱》卷首，第1—2页），《西圃词说》（《词话丛编》本，第2册，第1449页），《填词浅说》（《词话丛编》本，第3册，第2514页），《憩园词话》卷一（《词话丛编》本，第3册，第2851—2852页）。

④ 详见《碧鸡漫志》卷二（《词话丛编》本，第1册，第87页），《词源》卷下（《词话丛编》本，第1册，第255页），《草堂诗馀》卷首（第1489册，第533页）。

今据宋人史料记载，大晟府新创词调主要包含两部分，“新徵、角二调”与“燕乐旧行一十七调”。“新徵、角二调”成于政和三年，故又称“政和《徵招》、《角招》”（详上）。姜夔《徵招序》云：“《徵招》、《角招》者，政和间大晟府尝制数十曲，音节驳矣。”[①] 未言“数十曲”的确切数目。据《玉海》，“徵、角二调”共有45只曲谱[②]。除“新徵、角二调曲谱”45只曲谱外，大晟府新创词调还包含“燕乐旧行一十七调”曲谱。《会要·乐》四之一、二：“（政和八年九月二十日）蔡攸言：‘……将燕乐一十七调看详到大小曲三百二十三首，各依月律次序，谨以进呈。如得允当，欲望大晟府镂板颁行。’从之。”[③] 据此，大晟曲谱主要由“新徵、角二调曲谱”45只与“燕乐旧行一十七调大小曲谱”323只组成，总数为368只曲谱。其中大晟府新创词调的数目，不得超过368只曲谱的范围。

如果将大晟府“讨论古音，审定古调”，即“依旧曲创新声”也当成词调创新，则大晟府新创词调的数目当为368调，多于何良俊《〈草堂诗馀〉序》所说的“二百余调”。

二、大晟府《徵招》、《角招》调小考

据上考，大晟府“新徵、角二调”共有45只曲谱。据“黄钟徵、角调二卷”（详上），可考“徵调”曲谱当为一卷，其曲目数当有20调以上。大晟“角调”曲谱亦当有一卷之多，数目或亦在20调以上。然而令人不解的是，宋人史料记载的多是“政和《徵招》”制曲创调情况，“《角招》”制曲创调情况则极为隐晦。今据相关史料，对大晟府《徵招》、《角招》调试作考辨如下。

1.《黄河清（慢）》

词调首见晁端礼《黄河清慢·应制作》。词有“大晟奏功，六乐初调角、徵”[④] 之说，可证为徵调。《铁围山丛谈》卷二：“有晁次膺者……遂入大晟，亦为制撰。时燕乐初成，八音告备，因作《徵招》、《角招》，有曲名《黄河清》、《寿香（星）明》，二者音调极韶美。次膺作一词曰：‘晴景初升风细细

---

① 姜夔：《白石道人歌曲》卷五，《彊村丛书》本，第2册，第777页；唐圭璋编：《全宋词》，第3册，第2183页。

② 按：《玉海》卷七、卷二八载“《黄钟徵、角调》二卷”共有45只曲谱（第943册，第198页，第691页），虽与政和三年刊行“新徵、角二调曲谱”不同，但曲谱数目应相差不远，考证详上。

③ 徐松辑：《宋会要·乐》四之一、二，第1册，第322页。

④ 详见《铁围山丛谈》卷二（第28页），《钦定词谱》卷二六。按，《唐宋诸贤绝妙词选》卷七（第654页）、《御选历代诗馀》卷六五（第330页）作“六乐初调宫、徵”，误。

(略)。’时天下无问迩遐小大，虽伟男髫女，皆争气唱之。”考“燕乐初成，八音告备”在政和三年（详上），又晁氏卒于政和三年七月，知《唐宋诸贤绝妙词选》卷七“宣和间充大晟府协律郎”云云，乃误。《历代诗馀》卷一一六、《词谱》卷二六、《词苑丛谈》卷七引《铁围山丛谈》均作“宣和初”[①]，亦误。又，据上考，大晟府“按月律进词”始于政和六年，知晁端礼所作徵调《黄河清（慢）》，不属于“依月用律”的范围。

2.《寿星明》

据上引《铁围山丛谈》，知晁端礼还作有“徵调曲”《寿香明》。按：“《寿香明》”当为“《寿星明》”之笔误。《花草粹编》载朱希真《蓦山溪·集曲名》：“仰祝《寿星明》。”[②] 又，星凤阁抄本晁端礼《闲斋琴趣外编》卷六有《寿星明》：“露湿晴花……乐奏《徵招》初遍（词略）。”[③] 又，王安中有《徵招调·中腔》，《词谱》卷一一：“凡曲有歌头，有中腔。此《徵招》调之中腔也。”[④] 知《寿星明》为大晟府所补《徵招》大曲之“初遍”。

又，《沁园春》亦名《寿星明》[⑤]，乃别体，当与《徵招》调“初遍”之《寿星明》无涉。

3.《并蒂芙蓉》

词见《能改斋漫录》：

> 政和癸巳，《大晟乐》成，嘉瑞既至。蔡元长以晁端礼次膺荐于徽宗……次膺效乐府体属辞以进，名《并蒂芙蓉》。上览之称善，除大晟府协律郎，不克受而卒。其词云：“太液波澄（词略）。”[⑥]

《历代诗馀》、《词谱》、《词苑丛谈》略同，均引自《能改斋漫录》，节文各有异同，然不言其为“徵调曲”[⑦]。今人冒广生认为《并蒂芙蓉》即《黄河

① 详见《铁围山丛谈》卷二（第28页），《唐宋诸贤绝妙词选》卷七（第654页），《御选历代诗馀》卷一一六（第511页），《钦定词谱》卷二六（第465页），《词苑丛谈校笺》卷七（第438页）。

② 陈耀文：《花草粹编》卷一六，第1490册，第470页。

③ 唐圭璋编：《全宋词》，第1册，第443页。

④ 王奕清等：《钦定词谱》卷一一，第201页。

⑤ 同上书，卷三六，第667页。

⑥ 吴曾：《能改斋漫录》卷一六《乐府上·并蒂芙蓉词》，第5编，第4册，第197—198页。

⑦ 详见《御选历代诗馀》卷六五（第329页），《钦定词谱》卷二六（第464页），《词苑丛谈校笺》卷七（第408页）。

清慢》[①]。或有所据。

4.《舜韶新》

徵调曲，见于《玉海》卷一〇五："政和二年八月二十八日，曹棐撰徵调《舜韶新》曲，命为大晟府制撰。"《会要·乐》三之二八及五之二四略同[②]。《玉海》作"政和二年"，《会要》作"政和三年"，系年各不同。据《复雅歌词》："政和二年，得玄圭。三年，圣旨：平江府进士曹棐撰徵招调《舜韶新慢》曲，文理可采，特补将仕郎充大晟乐府制撰。"[③] 知作于政和三年。《舜韶新》又名《舜韶新慢》，曲名当源于王珪《大飨明堂庆成诗》："衣冠汉仪旧，金石舜韶新。"（《华阳集》卷一）《会要·乐》三之二八作"《尧韶新》"[④]，误。

曹棐"徵招调《舜韶新慢》"久佚。《词谱》录南宋郭子正《舜韶新》，云："此调只有此词，无别首可校。"（卷二九）乃未见星凤阁抄本晁端礼《闲斋琴趣外编》所录《舜韶新》词[⑤]耳。

5.《徵招调·中腔》

王安中《徵招调·中腔·天宁节》："……奏九韶、帝心悦（词略）。"《全宋词》："'奏九韶'，毛扆校语云：'奏'上疑脱一字。"[⑥] 按毛校未确。《高丽史·乐志二》载《寿延长》大曲有《中腔令》，上片第四句正作六字句[⑦]。

又，《词谱》："宋大晟乐府始补《徵招》调。凡曲有歌头，有中腔。此《徵招》调之中腔也。"（卷一一）此说甚确。然云"《徵招调·中腔》，双调五十五字，前段五句三仄韵，后段四句三仄韵。……按宋姜夔制《徵招调》，今周密、张炎集中有之"（《词谱》卷一一），则非。《徵招调·中腔》亦有平韵者，详见《寿延长》大曲之《中腔令》曲词（《高丽史·乐志二》）。又，姜夔《徵招调》，乃"因旧曲《正宫·齐天乐慢》前两拍是徵调，故足成之"

---

① 冒广生：《冒鹤亭词曲论文集》，第 307—308 页。

② 详见《玉海》卷一〇五（第 945 册，第 778 页），《宋会要·乐》三之二八及五之二四（第 1 册，第 321 页，第 344 页）。

③ 详见《古今合璧事类备要·外集》卷一一《音乐门·乐章》"《舜韶新慢》"条，第 941 册，第 510 页。此条《词话丛编》本鲖阳居士《复雅歌词》未收，可补辑（近见葛渭君《词话丛编·补编》已补）。

④ 详见《华阳集》卷一（第 1093 册，第 8 页），《宋会要·乐》三之二八（第 1 册，第 321 页）。

⑤ 详见《钦定词谱》卷二九（第 531 页），《全宋词》（第 1 册，第 443 页）。

⑥ 唐圭璋编：《全宋词》，第 2 册，第 750 页。

⑦ ［朝鲜］郑麟趾等：《高丽史》卷七一《乐志二》，第 6 册，第 2215 页。

(姜夔《徵招序》)[①]，并非于“徵招调”中取“中腔”一遍而成。

6.《中腔令》

《高丽史·乐志二》载《寿延长》大曲有《中腔令》：“彤云映彩色相映(词略)。”据致语“梨园新曲奏《中腔》”及曲词“同意贺、元珪丰擎”(《高丽史·乐志二》)，乃与徽宗朝史实相合。《东都事略》卷一一、《纲目备要》卷二八、《宋史·徽宗本纪三》载之尤详，文繁不引。又考致语“三边奠枕投戈戟，南极明星献瑞祥”，正与《宋史·徽宗本纪二》、《宋史·徽宗本纪三》史事吻合[②]，知《中腔令》当创调于政和三年春。今存王安中《徵招调·中腔·天宁节》与无名氏《中腔令》字句相类，当为星凤阁抄本《闲斋琴趣外编》卷六载“新填徵调”《中腔》之同一体[③]；万俟咏《钿带长中腔》[④]，字句与前二首《中腔》颇不同，当为“新填徵调”“又一首(与前腔不同)”的“又一体”。

今考得《中腔令》共有四体：

(1)《徵招调·中腔》(王安中)，双调55字，前段5句3仄韵，后段4句3仄韵(《词谱》卷一一)。

(2)《中腔令》，双调54字，前后段各4句，首句仄韵，后3平韵，平仄通押(《高丽史·乐志二》)。

(3)《寿延长·破字令》(实即《中腔令》)，双调52字，前后段各4句，4仄韵(《词谱》卷一〇)。

(4)《钿带长中腔》(万俟咏)，双调，67字。前段8句，6平韵；后段6句，4平韵(《词谱》卷一五)[⑤]。

---

① 详见《钦定词谱》卷一一(第201页)，《钦定词谱》卷一一(第201—202页)，《高丽史·乐志二》(第6册，第2215页)，《白石道人歌曲》卷五(《彊村丛书》本，第2册，第778页)。

② 详见《高丽史·乐志二》(第6册，第2215页)，《高丽史·乐志二》(第6册，第2215页)，《东都事略》卷一一(第382册，第87页)，《皇朝编年纲目备要》卷二八(第707页)，《宋史·徽宗本纪三》(第2册，第390页)，《宋史·徽宗本纪二》(第2册，第378—387页)，《宋史·徽宗本纪三》(第2册，第390页)。

③ 唐圭璋编：《全宋词》，第1册，第443页。

④ 考《全宋词》引《全芳备祖·前集》卷二二《瑞香门》万俟咏《钿带长中腔》词(第2册，第809页)，乃咏“瑞香”，“钿带长”三字盖以“钿带”喻瑞香花之“形”，实为万俟咏《中腔》咏“瑞香”之起首句。故词调名当为《徵招调·中腔·瑞香》而非《钿带长中腔》。

⑤ 详见《钦定词谱》卷一一(第201—202页)，《高丽史·乐志二》(第6册，第2215页)，《钦定词谱》卷一〇(第169页)，《钦定词谱》卷一五(第264—265页)。

7.《踏歌》

《踏歌》为"徵调曲"，详见晁端礼词集。星凤阁抄本《闲斋琴趣外编》卷六载"新填徵调各首"有："《踏歌》一首、又一首（与前腔不同）。"① 仅有存目而原词已佚。今所见乃朱敦儒及无名氏《踏歌》，均为三片。《词谱》卷二〇："朱敦儒《踏歌》，三段八十三字。前两段各四句，四仄韵。后一段六句，四仄韵。""（《梅苑》载无名氏《踏歌》）三段八十四字，前两段各四句，四仄韵。后一段五句，四仄韵。"② 不知与《闲斋琴趣外编》卷六载"新填徵调各首"之"《踏歌》一首、又一首（与前腔不同）"是否相同，俟考。

按："踏歌"作为歌舞技艺，起源较早（详见《云仙杂记》卷九、《野客丛书》卷二四、《资治通鉴》卷二〇六）。唐代多为队舞。《词谱》卷二："《踏歌词》，唐《辇下岁时记》：'先天初，上御安福门观灯，令朝士能文者为踏歌。'陈旸《乐书》云：'《踏歌》，队舞曲也。'"查今本《乐书》无云"队舞曲"者（卷一八五），其所谓"唐《辇下岁时记》"云云，实见于《旧唐书·睿宗本纪七》、《唐语林》卷七、《类说》卷二一及《玉海》卷一〇六③，文繁不引。

《踏歌》唐宋时亦演为大曲之一遍，《梦溪笔谈》卷五有详载。《东京梦华录》卷九："第八盏御酒，歌板色一名，唱《踏歌》。"《梦粱录》卷三："第八盏进御酒，歌板色长唱《踏歌》。"④ 所载《踏歌》都用于大宴歌舞结束前，这与《笔谈》所述位置在大曲最后，是基本一致的。

又，《踏歌》作为词调，始于唐初。《乐府诗集》载唐人崔液《踏歌词》二首、谢偃《踏歌词》三首、张说《踏歌词》二首，均为"单调三十字，六句四平韵"（卷八二），与宋代"三段八十三字，四仄韵"、"三段八十四字，四仄韵"（《词谱》卷二〇）⑤ 有本质的不同。星凤阁抄本《闲斋琴趣外编》卷六载"新填徵调各首"中"《踏歌》一首、又一首（与前腔不同）"⑥，乃政

① 唐圭璋编：《全宋词》，第1册，第443页。

② 王奕清等：《钦定词谱》卷二〇，第356页，第356页。

③ 详见《云仙杂记》卷九（第1035册，第688页），《野客丛书》卷二四（第280页），《资治通鉴》卷二〇六（第1391页），《钦定词谱》卷二（第23页），《乐书》卷一八五（第211册，第832页），《旧唐书·睿宗本纪七》（第4册，第16页），《唐语林校证》卷七（第656页），《类说》卷二一（第873册，第380页），《玉海》卷一〇六（第945册，第795页）。

④ 详见《梦溪笔谈》卷五（第2编，第3册，第38页），《东京梦华录》卷九（第61页），《梦粱录》卷三（第139页）。

⑤ 详见《乐府诗集》卷八二（第1158—1159页），《钦定词谱》卷二〇（第356页，第356页）。

⑥ 唐圭璋编：《全宋词》，第1册，第443页。

和三年新创，与《中腔令》的创调背景相同。

8.《圣寿齐天歌》

星凤阁抄本《闲斋琴趣外编》卷六载“新填徵调各首”有：“《圣寿齐天歌》（逐唱）一首、又一首。”① 《圣寿齐天歌》疑为《圣寿齐天乐》之笔误，谢桃坊径引为《圣寿齐天歌》与《圣寿齐天乐》②，或有所据。笔者与谢先生有同感。《闲斋琴趣外编》卷六原文为“《圣寿齐天歌》（逐唱）一首、又一首”，颇疑抄写者因“乐”字后“逐唱”而误为“歌”，“歌”字或为“乐”字笔误。又据《正宫·齐天乐慢》“前两拍是徵调”（姜夔《徵招序》）③，亦可证《圣寿齐天歌》与《圣寿齐天乐》实为同一曲的异文。

9.《醉桃源》

《醉桃源》为徵调曲，见于晁端礼词集。星凤阁抄本《闲斋琴趣外编》卷六载“新填徵调各首”有：“《醉桃源》一首。”④ 仅有存目而原词已佚。

10.《候新恩》

《候新恩》为徵调曲，见于晁端礼词集。星凤阁抄本《闲斋琴趣外编》卷六载“新填徵调各首”有：“《候新恩》一首。”⑤ 仅有存目而原词已佚，宋人亦未见填制者。俟考。

“政和《角招》”的制曲创调情况，今已难考。现略比勘数调，尚属臆测，未必为政和角调，聊以抛砖引玉。

11.《垂丝钓·商角调》

《中原音韵》“商角调六章”：“《垂丝钓》。”（卷下）《词谱》：“《垂丝钓》，《中原音韵》注：‘商角调。’《太平乐府》注：‘商调。’”共列四体（卷一五）⑥。

12.《应天长·商角调》

《中原音韵》“商角调六章”：“《应天长》。”（卷下）《词谱》：“《应天长》，此调有令词、慢词。令词始于韦庄，又有顾敻、毛文锡两体。宋毛幵词名《应天长令》。慢词始于柳永《乐章集》，注：‘林钟商调。’又有周邦彦一

---

① 唐圭璋编：《全宋词》，第1册，第443页。

② 谢桃坊：《〈高丽史·乐志〉所存宋词考辨》，《宋词辨》，第359页。

③ 姜夔：《白石道人歌曲》卷五，《彊村丛书》本，第2册，第778页；唐圭璋编：《全宋词》，第3册，第2183页。

④ 唐圭璋编：《全宋词》，第1册，第443页。

⑤ 同上。

⑥ 详见《中原音韵》卷下（第1册，第229页），《钦定词谱》卷一五（第257页）。

体，名《应天长慢》。”共列十二体（卷八）①。

按：《应天长》用于徽宗朝大宴歌舞曲。《东京梦华录》卷九：“第五盏御酒，独弹琵琶……杂戏毕，参军色作语，放小儿队，又群舞《应天长》曲子出场。”《复堂词话序》：“至大晟之署，《应天长》、《瑞鹤仙》之属，上荐郊廊，拓大厥宇，正变日备。”②

13.《月中行·小石角》

《词谱》卷七：“《月宫春》，调见《花间集》毛文锡词。周邦彦更名《月中行》。《宋史·乐志》属小石角。”《宋史·乐志十七》：“小石调（角）九：《月宫春》……。”《词谱》卷七“《小石角·月宫春》”共收二体③。

按：以上三调均为旧调，原非政和角调，或徽宗朝以旧调作新声。附此俟考。

14.《保寿乐·商角调》

今存曹勋《保寿乐·太母庆七十》，注“商角调”，当作于绍兴二十一年。按角调七均，宋乾兴以来已不用，政和补“《角招调》”，所谓［小石角］《长生宝宴乐》、［商角调］《筵前保寿乐》，当非乾兴以前角调七均，疑依大晟角调增衍而来。

《词谱》卷二三：“《保寿乐》，周密天基圣节乐次：‘再坐第六盏，觱篥独吹［商角调］《筵前保寿乐》。’”列曹勋《保寿乐》，为“双调九十四字，前段十句四仄韵，后段九句五仄韵”体④。

按：《武林旧事》载理宗天基节排当乐次：“（初坐）第五盏，笙独吹［小石角］《长生宝宴乐》。”“（再坐）第六盏，觱篥独吹［商角调］《筵前保寿乐》。”（卷一）曹勋《保寿乐》词调，疑与排当乐次［商角调］《筵前保寿乐》相同。燕南芝庵《唱论》：“商角唱悲伤宛转。”⑤

15.《角招》

姜夔《徵招》序：

《徵招》、《角招》者，政和间大晟府尝制数十曲，音节驳矣。……此

① 详见《中原音韵》卷下（第1册，第229页），《钦定词谱》卷八（第130页）。

② 详见《东京梦华录》卷九（第60页），《复堂词话》（《词话丛编》本，第4册，第3987页）。

③ 详见《钦定词谱》卷七（第122页），《宋史·乐志十七》（第10册，第3354页），《钦定词谱》卷七（第122页）。

④ 王奕清等：《钦定词谱》卷二三，第407页。

⑤ 详见《武林旧事》卷一（第329页，第330页），《唱论》（第1册，第161页）。

曲依《晋史》……《角招》曰黄钟清角调。(《白石道人歌曲》卷五)

《词谱》卷三四:“《角招调》,见赵以夫《虚斋集》自注:‘姜夔制《角招》、《徵招》二曲。余以《角招》赋梅。古乐府有大、小《梅花》,皆角声也。’”① 按:《词谱》赵以夫说误,据姜夔《徵招》序,知《角招》乃依《晋史》“黄钟清角调”而为,并非依大晟府《角招》原作而制。

三、大晟府其他新创词调考略

大晟府其他新创词调尚有49调,有宫调可考者注出,无宫调可考者亦附诸此编。依旧曲造新声及失调名而为新创词调者,亦酌情收入。

1.《春草碧》

万俟咏有《春草碧》“又随芳渚生”,《词谱》:“调见《大声集》,自注:‘中管高宫。’……俗谱以‘中管高’为调名者,误。姜夔《集》有太簇宫《喜迁莺》词,自注:‘俗呼中管高宫。’”又云:“此词即咏春草,亦以题为调名。”② 夏先生说:“今所见惟万俟咏《春草碧》一首中用‘中管高中(宫)’,盖(万俟)咏在大晟府时依功令‘依月用律’之作。”③ 认为其为“依月用律”之作。

2.《雪明鳷鹊夜慢》

万俟咏有《雪明鳷鹊夜慢》“望五云多处春深”,《复雅歌词》:“景龙楼先赏,自十二月十五日便放灯,直至上元。万俟雅言(咏)作《雪明鳷鹊夜慢》,云:‘望五云多处春深(词略)。’”《词谱》卷二三依《花草粹编》作宋徽宗词④。误,当据《复雅歌词》作万俟咏词。

3.《明月照高楼慢》

万俟咏有《明月照高楼慢·中秋应制》“平分素商”,《复雅歌词》:“宣和间,万俟雅言(咏)中秋应制,作《明月照高楼慢》,云:‘平分素商(词略)。’”⑤

4.《恋芳春慢》

万俟咏有《恋芳春慢·寒食前进》“蜂蕊分香”,《词谱》:“调见万俟咏

---

① 详见《白石道人歌曲》卷五(《彊村丛书》本,第2册,第777—778页),《钦定词谱》卷三四(第636页)。

② 王奕清等:《钦定词谱》卷二六,第465页。

③ 夏承焘:《〈白石道人歌曲〉校律》,《夏承焘集》,第2册,第359—360页。

④ 详见《复雅歌词》(《词话丛编》本,第1册,第60页),《钦定词谱》卷二三(第401页)。

⑤ 鲖阳居士:《复雅歌词》,陈元靓《岁时广记》卷三一引,《词话丛编》本,第1册,第61页。

《大声集》。崇宁中，（万俟）咏充大晟府制撰，依月用律制词，多应制之作。此词自注：‘寒食前进。’故以《恋芳春》为名也。”①

5. 《别瑶姬慢》

万俟咏《别瑶姬慢》：“可惜香红（词略）。”《词谱》：“《忆瑶姬》，此调有仄韵、平韵两体。仄韵者，始自曹组，一名《别素质》。平韵者，始自万俟咏，一名《别瑶姬慢》。”共列二体，并云：“此调押平韵者，以此词（万俟咏《别瑶姬慢》）为正体。若蔡词之多押一韵，史词之添字，又句读异同，皆变格也。”②

6. 《芰荷香》

万俟咏《芰荷香》：“小潇湘（词略）。”《词谱》：“《芰荷香》，调见《大声集》。金词注‘双调’。”共列二体，并云：“此词（又一体）换头句减一字，与万俟词异。”③

7. 《快活年近拍》

万俟咏有《快活年近拍》“千秋万岁君”，《词谱》：“《快活年近拍》，金词注‘黄钟宫’，《太和正音谱》‘双调’。”并云：“此调无别首宋词可校……但万俟词当时被之管弦，其审音必精。”④

8. 《卓牌儿》

万俟咏《卓牌儿·春晚》：“东风绿杨天（词略）。”亦名《卓牌儿慢》，“儿”或作“子”。扬无咎《卓牌子慢·中秋次田不伐韵》，田不伐即大晟府词人田为，原作有《卓牌子慢·中秋》，今佚。《历代诗馀》共列二体⑤。

9. 《凤皇枝令》

万俟咏《凤皇枝令》：“人间天上（词略）。”《复雅歌词》：“万俟雅言作《凤皇枝令》，忆景龙楼先赏。序云：‘景龙门，古酸枣门也，自左掖门之东，为夹城南北道，北抵景龙门。自腊月十五日放灯，纵都人夜游。’……其词曰（词略）。”按：词中有“一从鸾辂北向。旧时宝座应蛛网”云云，当为徽宗父子被掳掠北行后作。“《连昌》清唱”云云，借元稹《连昌宫词》自托哀思；“游人此际客江乡”云云，乃指万俟咏流落江

① 王奕清等：《钦定词谱》卷三一，第568页。

② 同上，第576页。

③ 同上书，卷二六，第465页。

④ 同上书，卷一八，第318页。

⑤ 沈辰垣等：《御选历代诗馀》卷三四（第176页）、卷六四（第326页）。

南而言（《要录》卷三四）①。《凤皇枝令》词调当为徽宗朝新调，万俟咏乃借之以伤逝耳。

10.《烛影摇红》

周邦彦《烛影摇红》："芳脸轻匀（词略）。"《能改斋漫录》："王都尉有《忆故人》词，云（词略）。徽宗喜其词意，犹以不丰容宛转为恨，遂令大晟府别撰腔。周美成增损其辞，而以首句为名，谓之《烛影摇红》（词略）。"②罗忼烈云："词为政和六、七年间提举大晟府时奉敕作也。""此非颂圣贡谀之作，不似府中旧员晁端礼、万俟咏诸人之所制也。"③《词谱》："《烛影摇红》……若周邦彦词，则合毛、王二体为一阕。……前段即毛词体，后段即用王词，但第二、三句王词九字，此则删去二字作七字句，仍是毛词体也。此词可平可仄。"④

11.《琐窗寒》

周邦彦《琐窗寒》："暗柳啼鸦（词略）。"《词谱》卷二七："《琐窗寒》，一名《琐寒窗》，调见《片玉集》。盖寒食词也，因词有'静琐一庭愁雨'及'故人翦烛西窗语'句，取以为名。"调名当得自小晏词"鸭炉香过琐窗寒"（《浣溪沙》）。据《梦窗词》："《琐窗寒》，无射宫俗名越调，犯中吕宫，又犯正宫。"⑤知为犯调曲。据罗忼烈考证，作年在政和六年至重和元年间⑥。《词谱》共列五体⑦。

12.《六丑》

周邦彦《六丑》："正单衣试酒（词略）。"按：《六丑》首见清真词。《浩然斋雅谈》："宣和中……问六丑之义，莫能对。急召邦彦问之，对曰：'此犯六调，皆声之美者，然绝难歌。昔高阳氏有子六人，才而丑，故以比之。'"⑧知为"犯六调"之曲，故名《六丑》；唯"宣和中"云云，乃误。郑文焯

---

① 详见《复雅歌词》（《词话丛编》本，第1册，第61页），《建炎以来系年要录》卷三四（第2册，第777页）。

② 吴曾：《能改斋漫录》卷一七，第5编，第4册，第214页。

③ 周邦彦著，罗忼烈笺注：《清真集笺注》，第186页。

④ 王奕清等：《钦定词谱》卷七，第115页。

⑤ 详见《钦定词谱》卷二七（第484页），吴文英《梦窗词集》（《彊村丛书》本，第2册，第1009页）。

⑥ 周邦彦著，罗忼烈笺注：《清真集笺注》，第184页。

⑦ 王奕清等：《钦定词谱》卷二七，第484页。

⑧ 周密：《浩然斋雅谈》卷下，第58页。

《清真词校后录要》云提举大晟府时所作①；罗忼烈据“潞州”为“隆德府”旧称，考为政和二年出知隆德府时作②。《词谱》共列三体③。

13. 《大酺》

周邦彦《大酺》：“对宿烟收（词略）。”《词谱》：“《大酺》，调见清真乐府。按唐教坊曲有《大酺乐》，《羯鼓录》亦有《太簇商·大酺乐》，宋词盖借旧曲名，自制新声也。”④《浩然斋雅谈》云“宣和中”作，乃误。罗忼烈认为政和二年出知隆德府，或政和七年出知真定府时作⑤。《词谱》共列二体⑥。

14. 《兰陵王》

周邦彦《兰陵王》：“柳阴直（词略）。”按：《兰陵王》调首见周邦彦词。《词谱》：“《兰陵王》，唐教坊曲名。”《碧鸡漫志》：“今《越调·兰陵王》凡三段，二十四拍，或曰遗声也。此曲声犯［正宫］，管色用大凡字、大一字、勾字，故亦名《大犯》。又有《大石调·兰陵王慢》，殊非旧曲。周、齐之际，未有前后十六拍慢曲子耳。”⑦知《兰陵王》有越调、大石调二种宫调，周邦彦《兰陵王》为越调，又名《大犯》，为犯调曲。

毛幵《樵隐笔录》云其为“九重故谱”⑧，罗忼烈认为：“此词当是重和元年春，自徽猷阁待制提举大晟府出知真定府时，留别汴京故旧之作。”“据《樵隐笔录》，谱是宣和大晟乐府协律郎某所传，而此协律郎某者，或亦清真昔日属僚也。”⑨《词谱》共列五体⑩。

15. 《荔枝香》

周邦彦《荔枝香》：“照水残红零乱（词略）。”《荔枝香》又名《荔枝香近》、《荔枝香近拍》，唐旧曲，政和间大晟府曾做过改定工作。《寓简》卷八：

---

① 施蛰存主编：《词籍序跋萃编》，第109页。又见孙虹校注、薛瑞生订补《清真集校注》附录，第512页。

② 周邦彦著，罗忼烈笺注：《清真集笺注》，第254页。

③ 王奕清等：《钦定词谱》卷三八，第702—703页。

④ 同上书，卷三七，第690页。

⑤ 周邦彦著，罗忼烈笺注：《清真集笺注》，第248页。

⑥ 王奕清等：《钦定词谱》卷三七，第690页。

⑦ 详见《钦定词谱》卷三七（第688页），《碧鸡漫志》卷四（《词话丛编》本，第1册，第103页）。

⑧ 毛幵：《樵隐笔录》，吴则虞点校《清真集》，第124页。

⑨ 周邦彦著，罗忼烈笺注：《清真集笺注》，第201页。

⑩ 王奕清等：《钦定词谱》卷三七，第688页。

“徽宗政和间，新作燕乐，搜访古曲遗声。……得《黄帝盐》、《荔支香》二谱。……《荔支香》音节韶美，遂入燕乐施用。”“遂入燕乐”云云，当非全用唐曲，实曾依“大晟律”做过改定工作，详上。《词谱》卷一八共列三体[①]。

16.《瑞鹤仙》

周邦彦《瑞鹤仙》：“悄郊园带郭（词略）。”调见清真词，注“高平”。《词谱》：“《瑞鹤仙》，元高拭词注‘正宫’。”（卷三一）按吴文英《瑞鹤仙》注：“林钟羽，俗名高平。”《梦庵词集》注：“黄钟商。”（《词谱》卷三一）[②]罗忼烈据《玉照新志》系于宣和二年[③]。

按：《瑞鹤仙》当为大晟府所制新声，《复堂词录序》即以《瑞鹤仙》为大晟府新创调。其说有史可证。《宋史·仪卫志六》：“政和二年，延福宫宴辅臣。有群鹤自西北来，盘旋于睿谟殿上。及奏《大晟乐》，而翔鹤屡至。诏制瑞鹤旗。”[④] 徽宗并有诗、画，其《宫词》云：“大晟揄扬逸乐音，躬行律度革淫（哇）淫。长门羽鹤来翔舞，正雅方知上欲歆。”又徽宗《题瑞鹤图》序：“政和壬辰，上元之次夕，忽有祥云拂郁，低映端门……”，均记其事[⑤]。俗传黄庭坚《瑞鹤仙》词赝作，《词名索引》（增补本）、《词调名辞典》均不取之[⑥]，甚是。《词谱》共列十六体[⑦]。

17.《黄鹂绕碧树》

周邦彦《黄鹂绕碧树》：“双阙笼佳气（词略）。”罗忼烈认为：“此首盖刺徽宗及蔡京党人之作，非佳篇，而用意颇明白，度其时当在政和末提举大晟府时。词调始晁端礼，端礼于政和三年以承事郎为大晟府协律，此曲疑是大晟府所制新声。”[⑧]《词谱》列有二体[⑨]。

---

① 详见《寓简》卷八（第4编，第5册，第78—79页），《钦定词谱》卷一八（第304页）。

② 详见《钦定词谱》卷三一（第558页），《梦窗词集》（《彊村丛书》本，第2册，第1010页），《钦定词谱》卷三一（第558页）。

③ 周邦彦著，罗忼烈笺注：《清真集笺注》，第206页。

④ 详见《复堂词话》（《词话丛编》本，第4册，第3987页），《宋史·仪卫志六》（第11册，第3463页）。

⑤ 傅璇琮等主编：《全宋诗》，第26册，第17053页，第17069页。

⑥ 吴藕汀云“《瑞鹤仙》，调见宋周邦彦《片玉集》卷二”，详见《词名索引》（增补本）第139页，《词调名辞典》第702页。

⑦ 王奕清等：《钦定词谱》卷三一，第558页。

⑧ 周邦彦著，罗忼烈笺注：《清真集笺注》，第189页。

⑨ 王奕清等：《钦定词谱》卷二五，第445页。

18.《金人捧露盘》

晁端礼《金人捧露盘》："天赐禹圭尧瑞（词略）。"乃指徽宗"玄圭"事，在政和二年十月戊子[①]；词中"三五庆元宵，扫春寒、花外惠风轻扇"、"春宵苦长短"云云，知《金人捧露盘》作于政和三年春。

又贺铸《天宁乐》，自注："《铜人捧露盘引》。"词云：

> 斗储祥，虹流祉，兆黄虞。未□□、□圣真符。千龄叶应，九河清，神物出龟图。□□□□，□盛时、朝野欢娱。　靡不覆，旋穹□，□□□，□坤与。致万国、一变华胥。霞觞□□，□□□、□□□宸趋。五云长在，望子□、□□□□。

按："天宁"为徽宗"圣节"，又"河清"、"真符"、"五云"云云，指徽宗大观、政和间祥瑞事。王安中《拟进天应颂一首》序："故神鼎成而甘露零，大晟奏而灵羽至。荣光出海而澄波绀澈，真符韫石而圭瑞告成。云呈纷郁之五色，日见戴承之二气。双葩骈沼，同颖荐垄，期应绍至，史不绝书。"[②]其中"真符韫石而圭瑞告成"，乃在政和二年十月戊子（详上）；"大晟奏而灵羽至"，则在政和二年"上元之次夕"。徽宗《题瑞鹤图》序、《宋史·仪卫志六》均载其事（详上）。其作年亦在政和三年前后。

据此，知《金人捧露盘》为大晟府新调，创调当在政和二年前后。《词谱》："《金人捧露盘》，一名《铜人捧露盘》。……金词注'越调'。"[③]不为晁端礼《金人捧露盘》、贺铸《天宁乐》入谱，而取贺铸《金人捧露盘》"控沧江"为"又一体"。今考《词谱》共列五体，而以高观国《金人捧露盘》"双调七十九字"为正体[④]，而不列晁端礼《金人捧露盘》，盖以其调字多而为仄韵。按：晁端礼《金人捧露盘》双调138字，前段14句7仄韵，后段15句7仄韵。其与贺铸《天宁乐》（《铜人捧露盘引》），"双调八十一字，前段八句五平韵，后段九句四平韵"，当为政和创调之"二体"。何者为"正体"，何者为"又一体"，尚难确考。

19.《玉女摇仙佩》

晁端礼《玉女摇仙佩》："宫梅弄粉（词略）。"按：词中"元圭再赐，已

---

① 详见《宋史·徽宗本纪三》（第2册，第390页），《宋史·礼志五》（第8册，第2499页），《东都事略》卷一一（第382册，第87页）。

② 王安中：《初寮集》卷一，第1127册，第7页。

③ 王奕清等：《钦定词谱》卷一八，第318页。

④ 王奕清等：《钦定词谱》卷一八，第318页。

把成功来告”云云，知作于政和三年二月前后（详上）。《玉女摇仙佩》调见柳永《乐章集》。《词谱》：“《玉女摇仙佩》，柳永《乐章集》注‘正宫’。”共列二体①。可补晁端礼《玉女摇仙佩》“双调一百三十九字，前段十五句七仄韵，后段十四句七仄韵”。

20.《上林春慢》

晁冲之《上林春慢》：“帽落宫花（词略）。”晁氏政和间因献《汉宫春》词补官为“大乐令”（《独醒杂志》卷四云为“大晟府丞”，误，详后）。《词谱》卷三〇：“《上林春慢》，《宋史·乐志》：‘中吕宫。’”然据《武林旧事》卷一：“初坐，乐奏［夷则宫］，觱篥起《上林春引子》。”《词源》卷上：“夹钟宫，俗名中吕宫。”“夷则宫，俗名仙吕宫。”② 《上林春》有“中吕宫”、“仙吕宫”两种宫调。

21.《传言玉女》

晁冲之《传言玉女·上元》：“一夜东风（词略）。”按：《传言玉女》盖政和中所创新调（《续骫骳说》）。《词谱》卷一七：“《传言玉女》，高拭词注‘黄钟宫’。”共列二体③。

22.《金莲绕凤楼》

宋徽宗《金莲绕凤楼》：“绛烛朱笼相随映（词略）。”《词谱》：“《金莲绕凤楼》，调见《花草粹编》。此宋徽宗观镫（灯）词也，故名《金莲绕凤楼》。”仅列一体④。

23.《月上海棠》

《词徵》卷一：“《月上海棠》，徽庙所创调。”《云麓漫抄》卷四：“徽庙既内禅，寻幸淮浙，尝作小词名《月上海棠》。”今徽宗词已佚，唯存残句。《词谱》卷一六：“《月上海棠》……金词注‘双调’。……姜夔《白石词》，注‘夹钟商’。”共列二体⑤。

24.《侍香金童》

《侍香金童》，当为政和间新调（《渔隐丛话·后集》卷三九）。调名盖源

---

① 王奕清等：《钦定词谱》卷三八，第702页。

② 详见《独醒杂志》卷四（第4编，第5册，第150页），《钦定词谱》卷三〇（第547页），《武林旧事》卷一（第328页），《词源》卷上（《词话丛编》本，第1册，第247页，第249页）。

③ 详见《花草粹编》卷一五（第1490册，第442页）、《词苑丛谈校笺》卷七（第441页）所引《续骫骳说》，《钦定词谱》卷一七（第292页）。

④ 王奕清等：《钦定词谱》卷一一，第196页。

⑤ 详见《词徵》卷一（《词话丛编》本，第5册，第4089页），《云麓漫抄》卷四（第62页），《钦定词谱》卷一六（第274页）。

于道教（《文苑英华》卷七七九），与徽宗崇道吻合。《词谱》卷一四："《侍香金童》，金词注'黄钟宫'，又'黄钟调'。"共列三体①。

25.《鱼游春水》

无名氏《鱼游春水》："青楼东风里（词略）。"原为古词，政和中徽宗命大晟府撰腔。《能改斋漫录》："政和中，一中贵人使越州回，得辞于古碑阴，无名无谱，亦不知何人作也。录以进。御命大晟府撰腔，因词中语，赐名《鱼游春水》（词略）。"（卷一六）然《渔隐丛话·后集》云："《复斋漫录》云（略）。《古今词话》云：'东都防河卒，于汴河上掘地，得石刻，有词一阕，不题其目，臣僚进上。上喜其藻思绚丽，欲命其名，遂摭词中四字，名曰《鱼游春水》，令教坊倚声歌之。'二说不同，未详孰是。"（卷三九）一云得之越州古碑阴，一云得之汴河石刻，但均云大晟府（教坊政和三年八月隶属大晟府）创新谱。《词谱》卷二一共列二体②。

26.《撷芳词》

无名氏《撷芳词》："风摇动（词略）。"《词谱》："《撷芳词》，《古今词话》云：'政和间，京师妓之姥曾嫁伶官，常入内教舞。传禁中《撷芳词》，以教其妓。人皆爱其声，又爱其词类唐人所作。张尚书帅成都，蜀中传此词竞唱之，却于前段下添"忆忆忆"三字，后段下添"得得得"三字。又名《摘红英》，殊失其义。不知禁中有撷芳园，故名《撷芳词》也。'按程垓词名《折红英》，曾觌词名《清商怨》，吕渭老词名《惜分钗》，陆游因词中有'可怜孤似钗头凤'句，改名《钗头凤》。《能改斋漫录》无名氏词名《玉珑璁》。"③

按：《古今词话》为宋人杨湜撰，原文《花草粹编》卷一二、《词综》卷二四、《词苑丛谈》卷七俱引。《撷芳词》当为政和间新调。《词谱》卷一〇共列五体④。

27.《春从天上来》

吴激《春从天上来·会宁府遇老姬善鼓瑟，自言梨园旧籍》："海角飘零

---

① 详见《苕溪渔隐丛话·后集》卷三九（第528册，第173页），《文苑英华》卷七七九《宫金箓斋颂并序（崔元明）》（第1340册，第577—578页），《钦定词谱》卷一四（第248页）。

② 详见《能改斋漫录》卷一六（第5编，第4册，第190页），《苕溪渔隐丛话·后集》卷三九（第528册，第170页），《钦定词谱》卷二一（第547页）。

③ 王奕清等：《钦定词谱》卷一〇，第180页。

④ 详见《花草粹编》卷一二（第1490册，第386页），《词综》卷二四（第395页），《词苑丛谈校笺》卷七（第428页），《钦定词谱》卷一〇（第180—182页）。

（词略）。”自注：“三山郑中卿从张贵谟使北，曰闻有歌之者。”（《中兴以来绝妙词选》卷二）按：所言“老姬”、“梨园旧籍”，当为徽宗时宫中乐妓；词中“问当时遗谱，有绝艺、鼓瑟湘灵”云云，明言《春从天上来》乃徽宗朝“遗谱”。调得名于欧阳修《春帖子词》“风送春从天上来”（《欧阳修诗编年笺注》卷一〇）。《词谱》卷三三共列四体[①]。

28.《五福降中天》

江致和《五福降中天》：“喜元宵三五（词略）。”见杨湜《古今词话》，当为大晟府新调。《高丽史·乐志二》载《惜奴娇（曲破）》其八有“楼起霄宫里。五福中天纷绛（降）瑞”[②]，所述正为元宵佳节事，与江致和《五福降中天》词合。

《词谱》：“《五福降中天》，调见《花草粹编》，一作《五福降中天慢》。”[③] 然查《花草粹编》，只载沈约之（端节）《五福降中天慢·咏梅》，实为《齐天乐》[④]。《词谱》：“《齐天乐》……沈端节词名《五福降中天》。”[⑤] 考江致和《五福降中天》实非《齐天乐》，沈约之（端节）《齐天乐》别名《五福降中天慢·咏梅》，二者不同。

29.《献仙桃》

无名氏《献仙桃》：“元宵佳会赏春光（词略）。”调见《高丽史·乐志二》，为《献仙桃》队舞曲[⑥]。为政和四年赐高丽大晟燕乐曲之一（详后）。

30.《献天寿令（嗺子）》

无名氏《献天寿令（嗺子）》：“阆苑人间虽隔（词略）。”调见《高丽史·乐志二》，为《献仙桃》队舞曲。《词谱》：“《献天寿令》，双调五十二字，前后段各四句，三平韵。”（卷一〇）略去“嗺子”二字，似误。据《莲花台》队舞曲：“两童女唱《嗺子令》‘阆苑人间’。”（《高丽史·乐志二》）[⑦]

---

① 详见《中兴以来绝妙词选》卷二（第716页），《欧阳修诗编年笺注》卷一〇（第3册，第1174页），《钦定词谱》卷三三（第612—614页）。

② 详见杨湜《古今词话》（《词话丛编》本，第1册，第35页），《高丽史·乐志二》（第6册，第2222页）。

③ 王奕清等：《钦定词谱》二一，第367页。

④ 陈耀文：《花草粹编》卷一九，第1490册，第549页。按：江致和《五福降中天》见《花草粹编》卷一六（第1490册，第475页），与《五福降中天慢》名同实非。

⑤ 王奕清等：《钦定词谱》卷三一，第563页。

⑥ ［朝鲜］郑麟趾等：《高丽史》卷七一《乐志二》，第6册，第2212页。

⑦ 详见《高丽史·乐志二》（第6册，第2212—2213页），《钦定词谱》卷一〇（第169页），《高丽史·乐志二》（第6册，第2220页）。

知《献天寿令（嗺子）》又名《嗺子令》。

31.《献天寿（慢）》

无名氏《献天寿（慢）》："日暖风和春更迟（词略）。"调见《高丽史·乐志二》，为《献仙桃》队舞曲。按《莲花台》队舞曲："乐官奏《献天寿令（慢）》"，"两童女唱《献天寿令》'日暖风和'。"（《高丽史·乐志二》）《献天寿令（嗺子）》52字，《献天寿令（慢）》47字，疑二调均为《献天寿令》，一为"嗺子"唱，一为"慢"唱。"嗺子"与"慢"乃为唱腔。《词谱》仅列一体①。

32.《金盏子令（嗺子）》

无名氏《金盏子令（嗺子）》：

东风报暖，到头嘉气渐融怡。巍峨凤阙，起鳌山万仞，争耸云涯。梨园弟子，齐奏新曲，半是埙、篪。见满筵、簪绅醉饱，颂《鹿鸣》诗。

调见《高丽史·乐志二》，为《献仙桃》队舞曲。词中"齐奏新曲，半是埙、篪"，指"埙、篪"政和三年亦成为"燕乐部八音"（详上）而言。又，政和二年九月二十五日，颁《鹿鸣宴乐章》五曲（详上）。据此，知《献仙桃》大曲《金盏子令（嗺子）》作年在政和二、三年间。《词谱》仅列一体②。

33.《金盏子（慢）》

无名氏《金盏子（慢）》："丽日舒长（词略）。"调见《高丽史·乐志二》，为《献仙桃》队舞曲。《词谱》共列五体③。然未列晁端礼《金盏子（慢）》。可补。

34.《寿延长·破字令》

无名氏《寿延长·破字令》："青春玉殿和风细（词略）。"调见《高丽史·乐志二》，为《寿延长》队舞曲。政和四年赐高丽"大晟燕乐"曲。《武林旧事》卷一："初坐，乐奏［夷则宫］……第三盏，唱《延寿长》歌曲子。"疑即此曲。《词谱》仅列一体④。

---

① 详见《高丽史·乐志二》（第6册，第2212页），《高丽史·乐志二》（第6册，第2220页），《钦定词谱》卷六（第107页）。

② 详见《高丽史·乐志二》（第6册，第2213页），《钦定词谱》卷六（第107页）。

③ 详见《高丽史·乐志二》（第6册，第2213页），《钦定词谱》卷三二（第585—586页）。

④ 详见《高丽史·乐志二》（第6册，第2215页），《武林旧事》卷一（第328页），《钦定词谱》卷一〇（第169页）。

35.《步虚子令》

无名氏《步虚子令》："碧烟笼晓海波闲（词略）。"调见《高丽史·乐志二》，为《五羊仙》队舞曲。政和四年赐高丽"大晟燕乐"曲。《词谱》仅列一体①。

36.《五羊仙·破字令》

无名氏《五羊仙·破字令》："缥缈三山岛（词略）。"调见《高丽史·乐志二》，为《五羊仙》队舞曲。政和四年赐高丽"大晟燕乐"曲。《词谱》仅列一体②。

37.《折花令三台》

无名氏《折花令三台》："翠幕华筵（词略）。"调见《高丽史·乐志二》，为《抛球乐》队舞曲，原为"唱《折花令三台》词：'翠幕华筵（词略）'"。《词谱》："《折花令》，调见《高丽史·乐志》。"③ 略去"三台"二字，似误。

按：《折花三台》实为劝酒曲之一。《后山谈丛》卷二"酒半，折花，歌以插之"，《石林燕语》载刘几"益令折花，劝坐客尽戴，益酒行"（卷一〇），《御定曲谱》卷六载《插花三台》，《中原音韵》卷下载《万花方三台》，均可为证。史浩《花舞》："后行吹《折花三台》。……舞唱了，后行吹《三台》。舞转，放花瓶。又舞上花裀，背花对坐，唱《折花三台》：'算仙家（词略）。'又唱：'对芳辰（词略）。'唱了，起舞，后行吹《折花三台》一遍。舞讫，相对坐，取盆中花插头上，又唱：'叹尘寰（词略）。'又唱：'是非场（词略）。'唱了，侍女持酒果置裀上，舞，相对自饮。饮讫，起舞《三台》一遍，自陈（念）遣队。"④ 录有多首《折花三台》词。盖《折花令》用《三台》"嗺酒"，故称《折花令三台》或《折花三台》。史浩《花舞》每略去"折花"二字，而称"后行吹《三台》"，故《折花令三台》实可略称《三台》，而不可称为"《折花令》"。

《词谱》收《折花令》"双调五十二字，前后段各五句，三仄韵"，而不取史浩《折花三台》"双调五十五字，前段六句二仄韵，后段四句二仄韵"⑤，

① 详见《高丽史·乐志二》（第6册，第2216页），《钦定词谱》卷一二（第219—220页）。

② 详见《高丽史·乐志二》（第6册，第2217页），《钦定词谱》卷八（第146页）。

③ 详见《高丽史·乐志二》（第6册，第2218页），《钦定词谱》卷一〇（第169页）。

④ 详见《后山谈丛》卷二（第33页），《石林燕语》卷一〇（第146页），《御定曲谱》卷六（第1496册，第517页），《中原音韵》卷下（第1册，第227页），《鄮峰真隐大曲》卷一（《彊村丛书》本，第1册，第524—527页）。

⑤ 王奕清等：《钦定词谱》卷一〇，第169页。

盖不知二者均为《三台》词。可补。

38.《惜奴娇（曲破）》

无名氏《惜奴娇（曲破）》："春早皇都冰泮"（其一）、"无算仗委东君遍"（其二）、"夸帝里"（其三）、"景云披靡"（其四）、"盛时凝理"（其五）、"骋轮纵勒"（其六）、"莫如胜概"（其七）、"楼起霄宫里"（其八）。调见《高丽史·乐志二》，为大曲"曲破"。《惜奴娇曲破》，《高丽史·乐志二》未载其表演形式，《乐学轨范》卷四"曲破"条载其《初入排列图》，表演仪节为：

> （1）乐奏《会八仙引子》，奉竹竿子二人足蹈而进，口号，又足蹈而退；舞人入场。（2）乐奏《惜奴娇》，二人舞，唱"春早皇都冰泮"（前段称"尾前词"，后段称"尾后词"）。（3）乐奏"攧遍"、"入破"、"虚催"、"催衮"、"催拍"、"中衮"、"歇拍"、"煞衮"，两妓舞，每段落首尾均有进退。（4）乐奏《会八仙引子》，奉竹竿子二人足蹈而进，口号，又足蹈而退；舞二人舞，足蹈而退。[①]

据此，以上八遍疑各为"攧遍"、"入破"、"虚催"、"催衮"、"催拍"、"中衮"、"歇拍"、"煞衮"，与两宋大曲"曲破"相似。

《词谱》："《惜奴娇》，元高拭调注'双调'。按《高丽史·乐志》，宋赐《大晟乐》内，有《惜奴娇曲破》。择其雅者，亦为类列。"共列四体[②]。

39.《忆吹箫（慢）》

调见《高丽史·乐志二》，为无名氏词。调名出于神宗《瑶台第一层》"凤凰台畔，取次忆吹箫"（《能改斋漫录》卷一七）。据曹勋《凤凰台上忆吹箫·圣节》（《松隐集》卷三八），《武林旧事》卷八："第三盏，琵琶起《忆吹箫》。"知其为寿曲。《词谱》共列六体[③]。

40.《荔子丹》

无名氏《荔子丹》："斗巧宫妆扫翠眉（词略）。"调见《高丽史·乐志

---

① ［朝鲜］成俔等：《乐学轨范》卷四，第204—205页。参王小盾、刘玉珺《从〈高丽史·乐志〉"唐乐"看宋代音乐》，《中国音乐学》2005年第1期，第50页。

② 王奕清等：《钦定词谱》卷一六，第280页。

③ 详见《高丽史·乐志二》（第6册，第2223—2224页），《能改斋漫录》卷一七（第5编，第4册，第218页），《松隐集》卷三八（第1129册，第564页），《武林旧事》卷八（第439页），《钦定词谱》卷二五（第440—442页）。

二》。《词谱》云为“宋赐高丽《大晟乐》”，仅列一体[①]。

41.《太平年（慢　中腔唱)》

无名氏《太平年（慢　中腔唱)》：“皇州春满群芳丽（词略)。”调见《高丽史·乐志二》。《词谱》仅列一体，收此调并脱“慢　中腔唱”[②]。可补。

42.《金殿乐（慢　踏歌唱)》

无名氏《金殿乐（慢　踏歌唱)》：“驾紫鸾軿（词略)。”调见《高丽史·乐志二》。据崔令钦《教坊记·曲名》：“金殿乐。”《乐府诗集》卷八〇：“《金殿乐》：‘入夜秋砧动（诗略)。’”《南村辍耕录》卷二七：“黄钟：《金殿乐三台》。”[③] 知《金殿乐》为唐曲，徽宗朝乃为“慢　踏歌唱”，或以之入“徵调曲”。

43.《爱月夜眠迟（慢)》

无名氏《爱月夜眠迟（慢)》：“禁鼓初敲（词略)。”调见《高丽史·乐志二》，为无名氏词。《词谱》：“《爱月夜眠迟慢》，调见《高丽史·乐志》，宋词也，即赋本意。”仅列一体[④]。

44.《惜花春起早（慢)》

无名氏《惜花春起早（慢)》：“向春来（词略)。”调见《高丽史·乐志二》，为无名氏词。《词谱》：“《惜花春起早慢》，调见《高丽史·乐志》。即赋题本意。”仅列一体[⑤]。

45.《天下乐（令)》

无名氏《天下乐（令)》：“寿星明久（词略)。”调见《高丽史·乐志二》，为无名氏词。《词谱》：“《天下乐》，唐教坊曲名。”（卷一〇）又：“《高丽史·乐志》名《天下乐令》。”（卷五)[⑥]

46.《太平乐》

《墨庄漫录》卷四：“（宣和三年）侨寓于毗陵郡崇安寺古柏院中。一日，忽梦临水有轩，主人延客……使两女子以铜杯酌酒。谓子东（关注）曰：‘自

---

① 详见《高丽史·乐志二》（第6册，第2227页)，《钦定词谱》卷一〇（第172页)。

② 详见《高丽史·乐志二》（第6册，第2228页)，《钦定词谱》卷五（第86页)。

③ 详见《高丽史·乐志二》（第6册，第2229页)，《教坊记笺订》（第119页)，《乐府诗集》卷八〇（第1125页)，《南村辍耕录》卷二七（第371页)。

④ 详见《高丽史·乐志二》（第6册，第2230页)，《钦定词谱》卷三三（第614—615页)。

⑤ 详见《高丽史·乐志二》（第6册，第2230页)，《钦定词谱》卷二八（第514页)。

⑥ 详见《高丽史·乐志二》（第6册，第2237页)，《钦定词谱》卷一〇（第179页）及卷五（第78—79页)。

来歌曲新声，先奏天曹，然后散落人间。他日东南休兵，有乐府曰《太平乐》，汝先听其声。’遂使两女子舞，主人抵掌而为之节。已而恍然而觉，犹能记其五拍。子东因作诗记云：‘玄衣仙子从双鬟。缓节长歌一鲜颜。满引铜杯效鲸吸，低回红袖作弓弯。舞留月殿春风冷，乐奏钧天晓梦还。行听新声《太平乐》，先传五拍到人间。’……后四年，子东始归杭州……复梦前美须者，腰一长笛，手披书册，举以示子东。纸白如玉，小朱栏界间行似谱，有其声而无其词。笑谓子东曰：‘将有待也。往时在梁溪，曾按《太平乐》，尚能记其声否乎？’子东因为之歌。美须者援腰间笛，复作一弄。亦私记其声，盖是［重头小令］。”按：《太平乐》调见《教坊记》、《明皇杂录》卷下①。据“行听新声《太平乐》”，知为宣和间新调。《词调名辞典》以“玄衣仙子从双鬟”为《太平乐》词②。可从。

47.《桂花明》

《墨庄漫录》：“其后（宣和七年）梦又至一处，榜曰‘广寒宫’……月姊因问：‘往时梁溪，曾令奴鬟歌舞，传《太平乐》，尚能记否？又遣紫髯翁吹新声，亦能记否？’子东曰：‘悉记之。’因为歌之。月姊喜见颜面。复出一纸，书以示子东曰：‘亦新词也。’姊歌之，其声宛转，似乐府《昆明池》。……乃倚其声而为之词，名曰《桂花明》，云：‘缥缈神清开洞府。遇广寒宫女。问我双鬟梁溪舞。还记得当时否？　碧玉词章教仙语。为按歌宫羽。皓月满窗人何处？声永断、瑶台路。’”③ 据“宣和二年”、“明年”、“后四年”云云，知为宣和七年事。《桂花明》乃教坊新声，关注托于神仙所传云。

48.《昆明池》

调见无名氏词“深诚杳隔无疑”。《墨庄漫录》：“其后（宣和七年）梦又至一处，榜曰‘广寒宫’……月姊因问：‘往时梁溪，曾令奴鬟歌舞，传《太平乐》，尚能记否？又遣紫髯翁吹新声，亦能记否？’……复出一纸，书以示子东曰：‘亦新词也。’姊歌之，其声宛转，似乐府《昆明池》。……独记其一句云：‘深诚杳隔无疑。’亦不知为何等语也。”④ 据“宣和二年”、“明年”、“后四年”云云，知为宣和七年事。《昆明池》乃教坊新声，关注托于神仙所

① 详见《墨庄漫录》卷四（第122—123页），《教坊记笺订》（第106页），《明皇杂录》卷下（第26页）。

② 吴藕汀、吴小汀：《词调名辞典》，第100页。

③ 张邦基：《墨庄漫录》卷四“关子东二梦”条，第123—124页。

④ 同上。

传云。南渡后李弥逊有作（《昆明池·次韵尚书兄春晚》“帐锦笼庭”），知其调南宋尚存。

49.《失调名》

蔡京《失调名·车驾祓禊西池拟应制》：

> 华林芳昼，春水绿漪，金池琼苑。韶景丽，千重锦绣，万顷玻璃铺净练。长虹跨浪，非烟非雾，一簇楼台水面。□首秋千，波舴艋，惊鱼潜鸥远。　　君王共乐，星列羽卫，修禊豫游水殿。凝望处，珊瑚鞭袅，天骥将军遵路款。云铙迅棹，风旗叠鼓，矫首龙舟出岸。时乘殿外，宝津楼下，见华芝回辇。　　三斛力引雕弓，百中穿杨神武箭。长空望羽，缥缈云中落雁。九衢十里花光转，万岁声鳌□。洛浦人归，瑶池饮散，有莺啼蝶恋。

调见姚大勇《蔡京诗词补遗》，据宋本《西清诗话》辑录①。当为徽宗朝新调。

第五节　《高丽史·乐志》大晟府词曲辑考

《高丽史·乐志》所载宋徽宗赐大晟乐及相关史料、词曲等，历来颇多争议。近年来，随着对大晟乐及其词曲研究的不断深入，《高丽史·乐志》中的相关史料及词曲等，也有望获得更进一步的认识。有感于此，笔者谨对《高丽史·乐志》所载词曲及相关问题做了一点新的考证。

一、宋徽宗赐高丽大晟乐的性质及内容考述

宋徽宗赐高丽大晟乐凡先后三次：一次在高丽睿宗九年六月（即政和四年六月）之前，一次在睿宗十一年六月（即政和六年六月）之前，一次在睿宗十二年二月（即政和七年二月）。《高丽史·乐志一》载政和四年赐高丽大晟乐诏：

> 睿宗九年六月甲辰朔，安稷崇还自宋，徽宗诏曰：“……乃诏有司，以身为度，由度铸鼎作乐，荐之天地、宗庙，羽物时应。夫今之乐犹古之乐，朕所不废。以雅正之声，播之今乐，肇布天下，以和民志。……今因

① 姚大勇：《蔡京诗词补遗》，《江海学刊》2000 年第 4 期，第 17—18 页。

信使安稷崇回，俯赐卿新乐。”[①]

《高丽史·乐志一》除载此诏书外，还有所赐大晟乐器，包括：

> 铁方响五架　石方响五架　琵琶四面　五弦二面　双弦四面　筝四面　箜篌四座　觱篥二十管　笛二十管　篪二十管　箫一十面　匏笙一十攒　埙四十枚　大鼓一面　杖鼓二十面　拍板二串[②]

总共有乐器171件，另外还有“《曲谱》一十册”、“《指诀图》一十册”[③]。

前贤据本年十月睿宗“亲祫于太庙”[④]，即将其划入大晟雅乐的范围，并云：“大晟乐作为一种朝廷雅乐，用于宗庙祭祀与朝会仪式”、“完全是复古的模式”、“把《高丽史·乐志》中的宋人词曲，与大晟乐混为一谈，实在令人遗憾”。[⑤] 这一观点颇有影响。但令人感到不解的是，《高丽史·乐志一》载政和四年赐所谓大晟“雅乐”乐器中，竟然全部为燕乐乐器，这一点与《东京梦华录》载政和、宣和间燕乐乐器完全相同。如：

> 拍板（十串一行）、画面琵琶（五十面）、箜篌（两座，二十五弦）、高架大鼓（二面）、羯鼓（两座）、杖鼓、铁、石方响、箫、【匏】笙、埙、篪、觱篥、龙笛、杖鼓（二百面）。[⑥]

与《宋史·乐志十七》所载燕乐乐器相比，只有埙、篪、匏笙等为旧燕乐所无，而为大晟燕乐所独有。按埙、篪、匏笙三种乐器在政和三年也成为“燕乐部八音”，详上引《铁围山丛谈》、《避暑录话》[⑦]，文繁不重引。但《避暑录话》卷下云埙、篪、匏笙等乐器入燕乐在崇宁间，当属误记。《宋史·乐志四》、《会要·乐》三之二七、二八、《宋史全文》卷一四均载燕乐增入

① ［朝鲜］郑麟趾等：《高丽史》卷七〇《乐志一》，第6册，第2206—2207页。

② 同上书，第2207—2208页。

③ 同上书，第2208页。

④ 同上。

⑤ 吴熊和：《高丽唐乐与北宋词曲》，《吴熊和词学论集》，第49页。

⑥ 孟元老：《东京梦华录》卷九，第59页。按：“匏”字原脱，据补，考证详上。

⑦ 详见《铁围山丛谈》卷二（第24页），《避暑录话》卷下（第2编，第10册，第302—303页）。

“土、石、匏三音”在政和三年（引文详前）。据此，埙、篪、匏笙等入燕乐当在政和三年；而《高丽史·乐志一》载政和四年所赐大晟乐器，正是《铁围山丛谈》所说“盖自政和始”的“燕乐部八音”[①]。

事实上，政和四年赐睿宗诏书所谓“以雅正之声，播之今乐”与“俯赐卿新乐”之“今乐”、“新乐”，与《宋史·乐志四》、《会要》、《宋史全文》所载政和三年“以雅乐中声播于燕乐”[②]之大晟燕乐属相同范畴。《宋史·乐志四》对此记载较详，《宋大诏令集》载“政和三年五月三十日”《行大晟新乐御笔手诏》[③]，与《宋史·乐志四》略同，亦作“大晟新乐”。《长编拾补》：

> 《续宋编年资治通鉴》：“秋七月，颁新燕乐。此乐乃古徵、角招，‘君臣相悦之乐’也。先是，并制匏笙、埙、篪，八声始备。”……按“新燕乐”即《大晟乐》。《乐志》：“五月，降诏颁乐。八月，大晟府以雅乐中声播于燕乐，旧阙徵、角二调，无土、木、匏三音，今乐并已增入。”[④]

黄以周所作考证亦证实“今乐”、“新乐”即“新燕乐”。据此可知，《高丽史·乐志》载赐高丽睿宗诏书中之“今乐”、“新乐”等，正是成于政和三年的大晟新燕乐。

另外，《玉海》载孙觌《代高丽王谢赐燕乐表》，也能证明政和四年赐高丽乐为大晟燕乐，如：

> 十行赐札，诞弥辽海之邦；万里同文，普听钧天之乐。……监二代以敷文，命一夔而制乐。登歌下管，天地同流；鼓瑟吹笙，君臣相说。加贲鹿蘋之飨，辅成鱼藻之欢。……出大晟之珍藏，作朝鲜之荣观。……[⑤]

《代高丽王谢赐燕乐表》乃政和四年甲午词科之命题。《玉海》卷二〇三：“《代高丽王谢赐燕乐》。”自注：“甲午。”《书录解题》卷一八：“《鸿庆集》四十二卷，户部尚书晋陵孙觌仲益撰。大观三年进士，政和四年词科《代高

① 蔡絛撰，冯惠民、沈锡麟点校：《铁围山丛谈》卷二，第 24 页。

② 详见《宋史·乐志四》（第 9 册，第 3018 页），《宋会要·乐》三之二七、二八（第 1 册，第 320—321 页），《宋史全文》卷一四（第 330 册，第 544 页；参点校本卷一四，第 3 册，第 952 页）。

③ 无名氏：《宋大诏令集》卷一四九，第 551—552 页。

④ 黄以周等：《长编拾补》卷三二，第 3 册，第 1058—1059 页。

⑤ 王应麟：《玉海》卷二〇三《辞学指南·表》，第 948 册，第 307—308 页。

丽谢赐燕乐表》，脍炙人口。”知此表作于政和四年甲午。又《玉海》在引《代高丽王谢赐燕乐表》后注云：“此表警句，全用经句，而复典丽。大凡词科四六，须间有此一两联，则易入人眼。王志古亦云：‘《徵》、《角》并扬，庆君臣之相悦；埙、篪迭奏，与天地以同流。’事亦与孙仲益同。”（卷二〇三）[①]“大凡词科四六”云云，知同年参加词科考试作《代高丽王谢赐燕乐表》的还有王志古等人；所谓“《徵》、《角》并扬”、“埙、篪迭奏”，乃王志古《表》中之语，正指大晟燕乐而言。

据此可知，徽宗政和四年赐高丽的乃是大晟新燕乐，而同时所赐乐器171件及《曲谱》十册、《指诀图》十册等，也属大晟燕乐范围。

（附记：韩国音乐学界如张师勋、宋芳松、申大澈等先生也认为大晟雅乐传入高丽的时间在政和六年六月；其中宋芳松指出，政和四年传入高丽的音乐，只是用于宋教坊乐的乐器来奏的“新乐”，而不是用于祭礼仪式的“雅乐”[②]。）

二、《高丽史·乐志》所载词曲非“大晟府撰乐谱辞”

关于《高丽史·乐志二》载北宋词曲的性质，学界有各种猜想。早在清初，即有学者猜测为“宋祐陵（徽宗）所赐大晟府乐谱”[③]。现代部分学者据此断为“确为宋王朝赐给高丽的‘大晟府撰乐谱辞’”及“大晟府习用的一种简式歌谱”，云：“由此也可证实这卷幸存的宋词是大晟府习用的一种简式歌谱，乐工歌伎对于各词调的固定旋律、节奏、声腔都是熟悉的，某些词因特殊要求而注明了声腔和节奏的变样，他们便可凭此顺利地演唱了。”[④]

前贤断言《高丽史·乐志二》载北宋词曲为“大晟府习用的一种简式歌谱”及“大晟府撰乐谱辞”，其实不过是据宋人史料的几处简略记载而生发的。如：

> （政和）七年二月十一日，赐高丽雅乐、大晟府撰乐府谱辞，乃赐乐谱。（《玉海》卷一〇五）
>
> （政和七年二月）中书省言：“高丽，赐雅乐，乞习教声律、大晟府

① 详见《玉海》卷二〇三（第948册，第319页），《直斋书录解题》卷一八（第11册，第523页），《玉海》卷二〇三（第948册，第308页）。

② 详见［韩］沈淑庆《高丽与宋时期的宫廷乐舞艺术交流》，《南京艺术学院学报》2004年第1期，第50页。

③ 朱彝尊：《曝书亭集》卷四四《书〈高丽史〉后》，《四部丛刊》初编本，第11页B面。

④ 谢桃坊：《〈高丽史·乐志〉所存宋词考辨》，《宋词辨》，第353页，第360页。

撰乐谱辞。”诏许教习，仍赐乐谱。(《宋史·乐志四》)

政和七年二月，赐高丽雅乐及乐谱。三月，赐笾豆十二、簠簋四、登一、鉶一、鼎二、罍洗二、尊二。铭曰：“惟尔令德孝恭，世称东藩。用赐宝尊，以宁尔祖考。子子孙孙，其永保之。”(《会要·礼》六二之五二)①

以上均提到“赐乐谱”或“大晟府撰乐（府）谱辞”。但是，细读原文，发现所谓“赐乐谱”或“大晟府撰乐（府）谱辞”，跟“赐高丽雅乐”连在一起，《会要》所载，又跟赐礼器若干连在一起。这就使人怀疑：政和七年二月赐高丽乐谱或“大晟府撰乐（府）谱辞”，究竟是不是属于燕乐范围呢？

造成这一混乱的根源，仍是宋人史料一贯的“联书体”叙述模式。《宣和奉使高丽国图经》卷四〇：“比年入贡，又请赐大晟雅乐，及请赐燕乐。诏皆从之。故乐舞益盛，可以观听。”《宋史·高丽传》：“政和中，升其使为国信，礼在夏国上，与辽人皆隶枢密院；改引伴、押伴官为接送馆伴。赐以《大晟燕乐》、笾豆、簠簋、尊罍等器，至宴使者于睿谟殿中。”(《通考·四裔考二》同)② 均将“赐以《大晟燕乐》”和“笾豆”等礼器放在一起叙述，甚至还将赐高丽“大晟燕乐”及“大晟雅乐”的时间先后次序做了颠倒。如仅依据《宣和奉使高丽国图经》、《宋史·高丽传》及《通考》，恐怕很容易得出“赐以《大晟燕乐》”和“笾豆、簠簋、尊罍等器”是在同一时间（即政和七年二月）。但史实并非如此简单。

今据相关史料，考得赐高丽大晟燕乐在政和四年六月前（见上文）；而赐高丽大晟雅乐则在政和六年六月前。史籍对政和六年赐高丽大晟雅乐有较详记载。《高丽史·乐志一》载政和六年（即睿宗十一年）赐高丽大晟乐诏云：

睿宗十一年六月乙丑，王字之还自宋，徽宗诏曰：“……百年而兴，乃作《大晟》。……雅正之音，诞弥率土。以安宾客，以悦远人。……古之诸侯，教尊德盛，赏之以乐，肆颁轩簴……今赐《大晟》雅乐。”③

明确说“今赐《大晟》雅乐”，诏书后所附大晟乐器名单，正可证明其属

① 详见《玉海》卷一〇五（第945册，第778页），《宋史·乐志四》（第9册，第3019页），《宋会要·礼》六二之五二（第2册，第1720页）。

② 详见《宣和奉使高丽国图经》卷四〇（第3编，第8册，第154页），《宋史·高丽传》（第40册，第14049页），《文献通考·四裔考二》（第2560页）。

③ ［朝鲜］郑麟趾等：《高丽史》卷七〇《乐志一》，第6册，第2190页。

于雅乐范围，如：

> 登歌乐器：编钟，正声一十六颗、中声一十二颗……编磬，正声一十六枚、中声一十二枚…… 琴，一弦、三弦、五弦、七弦、九弦各二面；瑟，二面……箎，中、正声各二管……篴，中、正声各二管……箫，中、正声各二面……巢笙，中、正声各二攒……和笙，中、正声各二攒；埙，中、正声各二枚……搏拊二面……柷，一只……敔，一只。
>
> 轩架乐器：编钟，九架，每架正声一十六颗、中声一十二颗……编磬九架，每架正声一十六枚、中声一十二枚……琴，一弦五面、三弦一十三面、五弦一十三面、七弦一十六面、九弦一十六面；瑟，四十二面……箎，中、正声各二十四管……篴，中、正声各二十四管……箫，中、正声各二十二面；巢笙，中、正声各二十一攒；竽笙，中、正声各一十五攒；埙，中、正声各一十四枚……晋鼓一面……立鼓二座……立鼓一面；鞞鼓一面；应鼓一面……柷，一只……敔，一只。
>
> 乐舞：鼗鼓二面、铙铃二柄、双头铎二柄、金錞二只…… 相鼓二面……金钲二面……雅鼓二面。

这份乐器名单见《高丽史・乐志一》，共有大晟乐器 428 件①。这些乐器与《大晟乐书》所载十分相似。据《大晟乐书》，大晟雅乐乐器包括景钟、编钟、镈钟、金錞、金镯、金铙、金铎等金部乐器 7 种，特磬、编磬等石部乐器 2 种，一弦琴、三弦琴、五弦琴、七弦琴、九弦琴、瑟等丝部乐器 6 种，长篴、箎、箫等竹部乐器 3 种，竽笙、巢笙、和笙、闰余匏、九星匏、七星匏等匏部乐器 6 种，晋鼓、建鼓、鼗鼓、雷鼓、雷鼗、灵鼓、灵鼗、路鼓、路鼗、雅鼓、相鼓、搏拊等革部乐器 12 种，土部乐器埙 1 种，木部乐器柷、敔 2 种，共八部 39 种乐器（《宋史・乐志四》）。因此，政和六年赐高丽的大晟乐，才是名副其实的大晟雅乐。另外，政和六年除赐高丽大晟乐器外，还有雅乐文舞、武舞等所用的各种仪物、麾幡、服饰、衣冠等（《高丽史・乐志一》）。为此，政和六年八月己卯，睿宗特意下诏："况今大宋皇帝特赐《大晟乐》，文、武舞宜先荐宗庙，以及宴享。"十月戊辰，亲阅大晟乐于乾德殿。癸酉，亲祼太庙，荐大晟乐（《高丽史・乐志一》）②。

---

① ［朝鲜］郑麟趾等：《高丽史》卷七〇《乐志一》，第 6 册，第 2190—2194 页。

② 详见《宋史・乐志四》（第 9 册，第 3008—3012 页），《高丽史・乐志一》（第 6 册，第 2190—2194 页），《高丽史・乐志一》（第 6 册，第 2197—2198 页）。

既然“赐高丽雅乐”在政和六年，但《宋史》、《会要》、《玉海》为什么又要把“赐高丽雅乐及乐谱”的时间说成是政和七年二月呢？

“联书体”撰史模式是造成这一记时混乱的真正原因。如《长编》即将景祐三年（1036）与皇祐中（1049—1053）相差十余年史事放在一起“联书”①，并成为其撰史的惯例。今据以上所引几种文献比勘，知“赐高丽雅乐”在政和六年六月前而非政和七年二月。政和七年二月所谓赐高丽“雅乐及乐谱”，乃继政和六年六月前赐高丽雅乐器、二舞、器乐谱及雅乐乐章谱后，因高丽乐师不知如何演奏，故政和七年二月宋廷特诏“许教习，仍赐乐谱”②。

据上引政和四年词科考试《代高丽王谢赐燕乐表》，再结合相关史料，知《高丽史·乐志一》载燕乐乐器171件及“《曲谱》一十册”、“《指诀图》一十册”，正是政和四年赐大晟燕乐的内容。而政和七年二月“乞习教”的“大晟府撰乐（府）谱辞”，却是用于“以宁祖考”等祭祀场合的雅乐乐章，其形式当如旁注“黄、大、太、夹”之类律吕谱的四言诗，而非燕乐曲词无疑③。因此，把“《高丽史·乐志》所存宋词”当成是“大晟府撰乐谱辞”或“大晟府习用的一种简式歌谱”本身，实颇可商榷。

---

① 李焘：《续资治通鉴长编》卷一一九，第5册，第2802—2807页。

② 按：政和六年六月徽宗赐高丽大晟雅乐，当包括乐器、器乐谱及雅乐乐章谱三个部分。《高丽史·乐志一》载高丽“乞习教声律”时言：“其太常编制有云：‘宋朝唯寄衣冠、乐器，本朝不知肄习。’承旨徐温入宋，私习舞仪而传教之。其进退疎数之节，无所凭依，似不可尽信。……歌师但诵谱之高伍，略不解其词语，可谓欺神人也。”（第6册，第2198页）因乐器、器乐谱已用于政和六年十月“亲祼太庙”，不存在演奏方面的问题。唯独“大晟府撰乐谱辞”，则属乐章谱范围，有演唱方面的困难，故而向宋廷请求教习。据此，知“大晟府撰乐（府）谱辞”乃政和六年六月连同雅乐乐器一道赐予高丽，因高丽乐师不知如何演奏，故“乞习教声律”；至政和七年二月，宋廷特诏“许教习，仍赐乐谱”。此从杨昭全（《中国—朝鲜·韩国文化交流史》，第1189页）、迟凤芝（详下）之说。王波亦同意此说，并补充“徐温入宋”不在政和七年（《大晟府的音乐与文学》，第35页），亦有理。

③ 据迟凤芝考证，“大晟府撰乐（府）谱辞”为配有律吕谱的雅乐乐章，今存高丽朝文庙雅乐乐章律吕谱，如“大哉宣圣”（“黄南林姑”）等，即源自宋朝“大晟府释奠十四首”（《朝鲜文庙雅乐的传承与变迁》，第36页，第55—56页，第169—198页）。这批乐章律吕谱成于政和五年，政和六年六月赐予高丽，“大概是开始时传习未精，因此到政和七年，又要求‘习教声律’”、“宋朝徽宗对高丽赐大晟雅乐之后，仍然有对前来的使者教习声律、传授乐谱的记载”（同上，第25页，第34页）。所见极是。今考《高丽史·乐志一》载“登歌轩架乐迭奏节度”，属政和六年六月赐高丽大晟雅乐，有乐章《正安之曲》等（第6册，第2194—2198页）；《乐学轨范》卷一《祀天神》附乐谱小注“大成（晟）谱同”（第70页）；《乐学轨范》卷二《时用雅乐部祭乐》并载乐章乐谱（第110—116页），虽非徽宗朝原谱，但仍含大晟乐谱成分，是可以肯定的。

三、《高丽史·乐志》所载大晟府词曲考索

关于“《高丽史·乐志》所存宋词”，自清代以来学者即认为是大晟乐词[①]。因现存《高丽史·乐志》词曲作品，都无一例外归在“唐乐”范围之内。宋代正史明言“唐乐”为“既赐乐”后所属[②]，可见“唐乐”乃高丽对宋徽宗政和四年所赐大晟燕乐的尊称。把“唐乐”范围内的词曲作品界定为大晟乐词，与宋代史料所记载的历史事实是基本吻合的。

但是，保存在《高丽史·乐志》的词曲作品，是否完全是政和间所赐之原貌呢？目前学界对此意见还很不统一。谢先生认为，“这一卷《高丽史·乐志》幸存宋词……确为宋王朝赐给高丽的‘大晟府撰乐谱辞’”及“大晟府习用的一种简式歌谱”[③]。吴先生则认为，《高丽史·乐志二》载北宋七套大曲《献仙桃》、《寿延长》、《抛球乐》、《五羊仙》、《莲花台》（即《柘枝》）、《惜奴娇（曲破）》、《万年欢》均为神宗时期传入高丽的[④]。又据韩国学者沈淑庆考证，《抛球乐》传入高丽在熙宁六年前后，《献仙桃》传入高丽在北宋末期[⑤]。王先生重新肯定了清代及现代学者所持“大晟乐词”说：

> 《高丽史·乐志》既然把宋神宗熙宁年间传入的教坊乐编入“俗乐”，那么，“唐乐”便是指另一批教坊乐，即较晚传入的徽宗时的音乐。……尽管宋代词文学之传入高丽可以有许多机会，但“唐乐”却只能随乐工谱器而传入。因此可以判断，它是通过以上三次途经（引者按：即政和四年、政和六年、政和七年赐高丽大晟乐及谱辞），亦即在宋政和年间和高丽睿宗年间，进入高丽宫廷的。[⑥]

笔者认为，《高丽史·乐志》所载词曲尽管有相当一部分是徽宗朝的作品，但也应看到其中仍有许多是徽宗朝之前传入高丽的。据目前已有成果以及

---

① 详见《曝书亭集》卷四四《书〈高丽史〉后》，《钦定词谱》卷一〇（第172页）及卷一六（第280页），《听秋声馆词话》卷一七（《词话丛编》本，第3册，第2795页）。

② 脱脱等：《宋史》卷四八七《高丽传》，第40册，第14054—14055页。

③ 谢桃坊：《〈高丽史·乐志〉所存宋词考辨》，《宋词辨》，第353页，第360页。

④ 吴熊和：《高丽唐乐与北宋词曲》，《吴熊和词学论集》，第39—42页。

⑤ ［韩］沈淑庆：《高丽与宋时期的宫廷乐舞艺术交流》，《南京艺术学院学报》2004年第1期，第49页。

⑥ 参见王小盾、刘玉珺《从〈高丽史·乐志〉“唐乐”看宋代音乐》，《中国音乐学》2005年第1期，第52页。

笔者考证所得，《高丽史·乐志》“唐乐”所载词曲，乃史官汇集前代词曲为一编，其实并非《宋史·高丽传》载政和四年“赐乐”后“唐乐”的原貌。其“唐乐”所载词曲基本上可以分成三类，传入高丽的时间也主要分为熙丰间、元祐间、政和四年等三个重要阶段：

第一，《高丽史·乐志二》所载散词，既有宋人作品，也有高丽人作品。据韩国学者车珠环考证，《月华清（慢）》作者可能是高丽末期无名氏[①]。又据吴熊和考证，《高丽史·乐志》“唐乐”所载“散词”，有人名可考者15首，如柳永《转花枝（令）》、《夏云峰（慢）》、《醉蓬莱（慢）》、《倾杯乐》、《雨霖铃（慢）》、《浪淘沙（令）》、《御街行（令）》、《临江仙（慢）》、阮逸女《花心动（慢）》第二首、晏殊《少年游》上阕、欧阳修《洛阳春》等11首，传入高丽时间在熙、丰间[②]。

又，据笔者考证，《高丽史·乐志二》载《行香子（慢）》“瑞景光融”，当作于熙宁元年三月，如：

> 瑞景光融。焕中天霁烟，佳气葱葱。皇居崇壮丽，金碧辉空。彤霄外，瑶殿深处，帘卷花影重重。迎步辇，几簇真仙？贺庆寿新宫。　方逢。圣主飞龙。正休盛大宁，朝野欢同。何妨宴赏？奉宸意慈容。韶音按，露觞将进，蕙炉飘馥香浓。长愿承颜，千秋万岁，明月清风。[③]

按：“庆寿新宫”，指太皇太后“庆寿宫”，建于熙宁元年三月戊子；“方逢。圣主飞龙”，指神宗登基后立新元。《宋史·慈圣光献曹皇后传》：“神宗立，尊（曹氏）为太皇太后，名宫曰庆寿。”《宋史·神宗本纪一》：“（治平四年正月丁巳）即皇帝位。……（熙宁元年春三月）戊子，作太皇太后庆寿宫、皇太后宝慈宫。”《行香子（慢）》“帘卷花影重重”、“贺庆寿新宫”，正指新建太皇太后曹氏“庆寿宫”事，可确考为熙宁元年三月。其传入高丽的

---

① ［韩］沈淑庆：《高丽与宋时期的宫廷乐舞艺术交流》，《南京艺术学院学报》2004年第1期，第49—50页。

② 吴熊和：《高丽唐乐与北宋词曲》，《吴熊和词学论集》，第44—45页。按：据《高丽史·文宗世家二》：“（文宗十五年六月）丁巳，以宋进士陈渭为秘书校书郎，萧鼎、萧迁为閤门承旨，叶盛为殿前承旨。渭有文艺，鼎等三人晓音律。”（第1册，第223页）文宗八年即宋仁宗嘉祐六年，宋人萧鼎、萧迁、叶盛因通音律而被高丽封官，疑柳永、晏殊、欧阳修、阮逸女等人之词传入高丽的时间在宋仁宗嘉祐六年之前。附此俟考。

③ ［朝鲜］郑麟趾等：《高丽史》卷七一《乐志二》，第6册，第2233页。

时间，亦当在熙宁四年十月高丽使者金悌回国时（《长编》卷二二三、卷二二六）①。

第二，词曲东传高丽的第二个重要时期，也是被学界相对忽略的元祐年间，近年也有学者注意到并予以指明。吴熊和认为，《高丽史·乐志二》所载散词，如苏轼《行香子》，其传入高丽的年代当在哲宗时期，“此后则无可能”②。又据笔者考证，《高丽史·乐志二》载无名氏《水龙吟（慢）》“玉皇金阙长春”，当是元祐七年贺皇婚之词，如：

> 玉皇金阙长春，民仰天高欣戴。年年一度定佳期，风情多感慨。绮罗竞交会。争折花枝两相对。舞袖翩翩歌声妙，掩粉面、斜窥翠黛。　锦额门开彩架。球儿裳、先秀神仙队。融香拂席舞霓裳动，铿锵环珮。宝座巍巍五云密，欢呼争拜退。管弦众作欲归去。愿吾皇、万年恩爱。③

按：《宋史·哲宗本纪一》：“（元祐六年）八月己丑，三省进纳后六礼仪制。……（元祐七年）夏四月己未，立皇后孟氏。”又，《宋史·礼志十四》：

> 元祐五年八月，太皇太后诏：“以皇帝纳后，令翰林学士、御史中丞、两省与太常礼官，检详古今六礼沿革，参考《通礼》典故，具为成式。”元祐六年八月，三省、枢密院言：“六礼，命史纳采……”元祐七年正月，诏尚书左丞苏颂撰册文并书，学士院上六礼辞语。其纳采制文（略），其答文（略）。三月，礼部、太常寺上《纳后仪注》：发六礼制书。太皇太后御崇庆殿，内外命妇立班行礼毕。……宣制曰：“皇帝纳后，命公等持节行礼。”四月，太皇太后手书曰：“皇帝年长，中宫未建。历选诸臣之家，以故侍卫亲军马军都虞候、赠太尉孟元孙女为皇后。”

《水龙吟（慢）》所载“长春”、“佳期”、“风情”及“愿吾皇、万年恩爱”云云，正是元祐七年三月“纳后”的形象写照。其传入高丽的年代，则当在元祐八年二、三月间。苏轼《论高丽买书利害札子三首》其一：“近据馆

① 详见《宋史·慈圣光献曹皇后传》（第25册，第8621页），《宋史·神宗本纪一》（第2册，第264页，第268页），《续资治通鉴长编》卷二二三（第9册，第5432页）及卷二二六（第9册，第5500页，第5504页）。

② 吴熊和：《高丽唐乐与北宋词曲》，《吴熊和词学论集》，第47—48页。

③ ［朝鲜］郑麟趾等：《高丽史》卷七一《乐志二》，第6册，第2228页。

伴所申，乞与高丽使抄写曲谱。臣谓郑、卫之声，流行海外，非所以观德。”（《苏轼文集》卷三五）按《长编》系高丽抄写曲谱在“元祐八年二月辛亥”，云：“（元祐八年二月辛亥）礼部尚书苏轼言：‘高丽人使乞买书籍……又近据馆伴所申，乞与高丽使抄写《曲谱》。臣谓郑、卫之声，流行海外，非所以观德。’诏所买书籍曾经收买者，许依例。金箔特许收买，余依奏，吏人免上簿。”李焘自注：“诏：‘高丽买书，自有体例。《编敕》乃禁民间，令依前降指挥。’《新录》系之三月六日，今并附此。元符元年四月十二日《宋球传》，《旧录》云：‘副陈轩馆伴，高丽使求《册府元龟》、《乐谱》、金箔。苏轼为礼部尚书，以先朝柔远非是，乘此沮之，且诬馆伴规其私遗，陈请勿与。球曰：“先朝盖尝赐之矣，此非中国所秘。不与，何以示广大?”朝廷是其议，卒与之。’”（卷四八一）[①] 据此，《高丽史·乐志二》载贺皇婚之词，及苏轼《行香子》等词曲，当是元祐八年二、三月间朝廷“许依例”高丽抄写曲谱及“特许收买”“《乐谱》、金箔”期间，而随其人使传入高丽的。需要说明的是，元祐八年高丽抄写曲谱及收买“《乐谱》、金箔”，乃是收集神宗至哲宗时期的新曲。《高丽史·乐志二》所载词曲中，当有一批是在这个时期传入的。目前学界对神宗及徽宗时期词曲传入高丽的史实颇为注意，而对哲宗时期词曲东传高丽的史实重视程度不够，应当加强这方面的研究。

第三，可以确考为政和间赐大晟燕乐时传入的词曲，除晁端礼《黄河清（慢）》外，还有些作品可确定其东传高丽的大致时间。如赵企《感皇恩（令）》：

> 骑马踏红尘，长安重到。人面依然似花好。旧欢才展，又被新愁分了。未成云雨梦，巫山晓。　千里断肠，关山古道。回首高城似天杳。满怀离恨，付与落花啼鸟。故人何处也，青春老。

按：《铁围山丛谈》：“大观中，有赵企企（循）道者，以长短句显。如曰：‘满怀离恨，付与落花啼鸟。’人多称道之，遂用为显官，俾以应制。会南丹纳土，企道之词曰：‘闻道南丹风土美（词略）。’”赵企《感皇恩（令）》大观间已流传，因而荐为“显官”，“俾以应制”。又“南丹纳土”在大观四

① 详见《宋史·哲宗本纪一》（第2册，第332页，第334页），《宋史·礼志十四》（第8册，第2656—2660页），《苏轼文集》卷三五（第3册，第997页），《续资治通鉴长编》卷四八一（第19册，第11438—11442页）。

年（《宋史·徽宗本纪二》）[①]，赵企以词曲“应制”当在大观四年至政和初。其《感皇恩（令）》东传高丽的时间，应在政和四年赐大晟燕乐时。

另据王小盾等考证，《高丽史·乐志》“唐乐”所载祝寿谀颂之词，“其主体是作为天宁节祝寿乐舞创制出来的”，这类词有《满朝欢（令）》“共献君王千万岁”、《清平乐》“真主玉历成康”、《还宫乐》“喜贺我皇”等[②]。笔者考知这类词曲还有《游月宫（令）》“当今圣主座龙楼”，中有“海晏河清”，即为徽宗朝多次黄河清闹剧的反映；又如《天下乐（令）》“寿星明久”，亦为徽宗天宁节祝寿之词。但也要注意到，在《高丽史·乐志》“唐乐”所载祝寿词中，并不是所有的都是为徽宗天宁节而作，可以考知作者的如柳永《御街行（令）》“椿龄无尽”、《醉蓬莱（慢）》“南极星中，有老人呈瑞”，便为真宗承天节、仁宗乾元节祝寿之词。无名氏《行香子（慢）》“瑞景光融”，当为神宗熙宁元年贺太皇太后曹氏之词。

又，据笔者考证，《高丽史·乐志二》载北宋七套大曲中，至少有《献仙桃》、《寿延长》、《五羊仙》、《莲花台》、《惜奴娇（曲破）》等五套大曲，可证明其作于徽宗时期。如《献仙桃》大曲有《金盏子令（嗺子）》：

> 东风报暖，到头嘉气渐融怡。巍峨凤阙，起鳌山万仞，争耸云涯。梨园弟子，齐奏新曲，半是埙、篪。见满筵、簪绅醉饱，颂《鹿鸣》诗。（《高丽史·乐志二》）

据《玉海》卷一〇六：“政和二年九月二十五日，颁《鹿鸣宴乐章》五曲。”《宋史·乐志十四》有“政和鹿鸣宴五首”乐章，《通考·乐考十六》作“政和二年《鹿鸣燕》”[③]。又《金盏子令（嗺子）》词曲“齐奏新曲，半是埙、篪”，“埙、篪”非泛指，政和二年即成为“燕乐部八音”的标志性乐器（详上）。据此，《献仙桃》大曲《金盏子令（嗺子）》当作于政和三年。《献仙桃》大曲及其所含词曲如《献仙桃》“元宵佳会”、《献天寿（慢）》“日暖风和”、《献天寿令（嗺子）》“阆苑人间”、《金盏子（慢）》“丽日舒长”、《瑞鹧鸪（慢）》“海东近日”、《瑞鹧鸪（慢　嗺子）》“北暴东顽”等，其东

---

① 详见《铁围山丛谈》卷二（第27页），《宋史·徽宗本纪二》（第2册，第385页）。

② 王小盾、刘玉珺：《从〈高丽史·乐志〉“唐乐”看宋代音乐》，《中国音乐学》2005年第1期，第53—54页。

③ 详见《高丽史·乐志二》（第6册，第2213页），《玉海》卷一〇六（第945册，第799页），《宋史·乐志十四》（第10册，第3299页），《文献通考·乐考十六》（第1262页）。

传高丽应在政和四年赐大晟燕乐时（详上）。

又，如《寿延长》大曲有《中腔令》：

彤云暎彩色相暎，御座中天簇簪缨。万花铺锦满高庭。庆敞需、宴欢声。　千龄启统乐功成。同意贺、元珪丰擎。宝觞频举侠群英。万万载、乐升平。(《高丽史·乐志二》)

据乐官奏《中腔令》后，竹竿子口号致语曰：“梨园新曲奏《中腔》。”(《高丽史·乐志二》载《寿延长》大曲）知《中腔令》为新调，其创调时间则当在徽宗朝。按《中腔令》曲词“同意贺、元珪丰擎”，所述“元珪（圭)”史事，乃徽宗朝所特有。因“元圭”得于政和二年十月，十一月冬至方受“元圭”于大庆殿；政和三年正月诏以天赐“元圭”册告诸陵（《宋史·徽宗本纪三》，《宋史·礼志五》，《东都事略》卷一一）。故知词调《中腔》创调时间最早当在政和二年十一月至政和三年初。又据《中腔令》曲词“万花铺锦满高庭”及口号致语“花杂寿香熏绮席”，知《中腔令》当创调于政和三年春。又《寿延长》大曲口号致语曰：

太平时节好风光，玉殿深深日正长。花杂寿香熏绮席，天将美禄泛金觞。三边奠枕投戈戟，南极明星献瑞祥。欲识圣朝多乐事，梨园新曲奏《中腔》。(《高丽史·乐志二》)

所谓“三边奠枕投戈戟，南极明星献瑞祥”，与大观、政和间史实正相吻合，详上引《宋史·徽宗本纪二》、《宋史·徽宗本纪三》。据此，所谓“梨园新曲奏《中腔》”，乃在政和年间，《中腔令》实为当时所创新调。据此可知，《寿延长》大曲及其所含词曲《寿延长·破字令》“青春玉殿”(《高丽史·乐志二》)①，亦当属政和四年赐高丽大晟燕乐。

又，《五羊仙》大曲所载《步虚子令》：

碧烟笼晓海波闲。江上数峰寒。佩环声里，异香飘落人间。弭绛节，

① 详见《高丽史·乐志二》(第6册，第2215页)，《宋史·徽宗本纪三》(第2册，第390页)，《宋史·礼志五》(第8册，第2499页)，《东都事略》卷一一（第382册，第87页)，《高丽史·乐志二》(第6册，第2215页)，《宋史·徽宗本纪二》(第2册，第378—387页)，《宋史·徽宗本纪三》(第2册，第390页)，《高丽史·乐志二》(第6册，第2215页)。

五云端。　宛然共指，嘉禾瑞开。一笑破朱颜。九重峣阙，望中三祝高天。万万载，对南山。①

按："五云"为五色祥云，本出《周礼》而广泛见于徽宗瑞应贺颂及天宁节贺寿诗词。如王安中《拟进天应颂一首》序："大晟奏而灵羽至。……云呈纷郁之五色，日见戴承之二气。"（《初寮集》卷一）傅察《天宁节马前口号》："千秋从昔庆嘉名，四海而今贺太平。十里旌旗明晓色，万家弦管被新声。五云已逐阳乌现，百兽方随仪凤鸣。更喜簪绅趋燕衎，南山祝圣愿同倾。"（《忠肃集》卷下）② 贺铸《天宁乐》（《铜人捧露盘引》）"五云长在"，万俟咏《快活年近拍》："五云楼近，风送歌声，依约睿思新制。"万俟咏《雪明鳷鹊夜》："望五云多处，探春开阆苑。"无名氏《金盏子（慢）》："九重天上，五云开处，丹楼碧阁峥嵘。"据此，知《五羊仙》大曲载《步虚子令》为徽宗朝贺天宁节之曲。又，《五羊仙》大曲"乐官仍奏《中腔令》。奉威仪十八人，歌《中腔令》'彤云映彩色'"，据上考，《中腔令》"彤云映彩色"创调于政和三年春，故可知《五羊仙》大曲及其所用词曲均属政和四年赐高丽大晟燕乐。

又，《莲花台》大曲"两童女唱《献天寿令》'日暖风和'词"、"两童女唱《嗺子令》'阆苑人间'词"（《高丽史·乐志二》）。按《献天寿令》"日暖风和"词见于《献仙桃》大曲，原作《献天寿（慢）》"日暖风和"；《嗺子令》"阆苑人间"词实即《献天寿令（嗺子）》"阆苑人间"词，均见于《献仙桃》大曲（《高丽史·乐志二》）③。据上考可知，《莲花台》既多用徽宗朝大曲《献仙桃》中新曲，故应属徽宗朝新改作之大曲，其东传高丽亦在政和四年。

又，《惜奴娇（曲破）》末遍：

楼起霄官里。五福中天纷绛瑞。弦管齐谐，清宛振逸天外。万舞低回纷绕，罗纨摇曳。顷刻转轮归去。会感激天意。　幸列熙台，洞天遥遥望

---

① ［朝鲜］郑麟趾等：《高丽史·乐志二》，第6册，第2216页。按：点校本原作"宛然共指嘉禾瑞。开一笑，破朱颜"，今从吴熊和先生《〈高丽史·乐志〉所载词曲》标点（《高丽唐乐与北宋词曲》附录，《吴熊和词学论集》，第59页）。

② 详见《初寮集》卷一（第1127册，第7页），《忠肃集》卷下（第1124册，第775页）。

③ 详见《高丽史·乐志二》（第6册，第2220页），《高丽史·乐志二》（第6册，第2212—2213页）。

圣梓。五夕华胥，鱼钥并开十二。圣景难逢无比。人间动且经岁。婉娩踌躇，再拜五云迤逦。（《高丽史·乐志二》）

按：“再拜五云迤逦”云云，据上考乃为徽宗朝瑞应事。《五羊仙》大曲、《莲花台》大曲均有“乐官奏《五云开瑞朝》引子”（《高丽史·乐志二》），均为徽宗朝新曲。又，《乐学轨范》载《惜奴娇（曲破）》“初入排列图”，其中所奏《会八仙引子》（卷四），亦见《献仙桃》大曲（《高丽史·乐志二》）①，可为政和四年赐高丽大晟燕乐之一证。

综上所述，徽宗赐高丽大晟乐凡先后三次，其中政和四年六月前所赐为大晟燕乐、政和六年六月前及政和七年二月所赐均为大晟雅乐。又《高丽史·乐志》“唐乐”所载词曲，乃高丽史官汇集前代词曲为一编，非“大晟府撰乐谱辞”。其传入高丽的时间，也并非完全在“宋徽宗政和年间”，而是在熙丰间、元祐间、政和间等三个重要阶段。

① 详见《高丽史·乐志二》（第6册，第2222页），《高丽史·乐志二》（第6册，第2216页，第2220—2221页），《乐学轨范》卷四（第204—205页），《高丽史·乐志二》（第6册，第2212—2214页）。

第四章

大晟府词人及其他职官考

在大晟府任职而又有词作存世的大晟府职官，均可归入大晟府词人的范围。据学界研究，大晟府词人一般指周邦彦、徐申、晁端礼、万俟咏、田为、江汉、晁冲之等七人。对其在大晟府任职情况、任职时间等方面的考察，则颇多歧见。除周邦彦研究取得了较大的成果外，其他六人则仍停留于对宋、元、明、清人资料的移录，缺乏新的考索。对大晟府其他职官及任职情况的考察，则多付诸阙如。有感于此，笔者广泛钩稽文献资料，对大晟府词人及部分大晟府职官的任职情况等，作了初步的考证。

第一节　大晟府词人新考

大晟府词人仕历研究历来歧见丛出，原因在于未审宋人文献存有疏误，而明、清以来转相抄录，几成定论。钩稽宋人文史资料细加考证甄别，或许是解决歧异的有效途径。有感于此，笔者谨从史料出发，参以宋代官制研究的新成果，对世传大晟府词人试作考辨。

一、徐申任典乐时间考

关于徐申任典乐时间及为官履历，诸书多承宋人疏误而未加甄别。《挥麈录》："徐幹臣伸，三衢人。政和初，以知音律为太常典乐，出知常州。"《诗话总龟》引《挥麈录》同①。明、清以来如《宋稗类抄》、《词综》、《词苑丛谈》、《历代诗馀》、《绝妙好词笺》、《清真先生遗事》、《全宋词》"徐伸小传"、《宋词三百首笺注》"徐伸小传"、《宋魏汉津乐与大晟府》、《唐宋人词

① 详见《挥麈录·馀话》卷二（第6编，第2册，第39—40页），《诗话总龟·后集》卷二一（第2册，第2057页）。

话》“徐伸小传”[①] 等，莫不因其旧说。

按：诸书引“徐申”姓名作“徐伸”，似误。《摛文堂集》、《北山集》、《攻媿集》、《武林旧事》、《齐东野语》、《鸡肋编》等均作“徐申”，《挥麈馀话》、《诗话总龟》、《词综》、《绝妙好词笺》、《历代诗馀》、《词谱》、《浙江通志》等作“徐伸”。作“徐伸”者多为丛抄之书，故当从《摛文堂集》、《北山集》、《攻媿集》等作“徐申”[②]。

又，徐申出知常州的时间，自《挥麈录·馀话》后，诸书皆承其说云“政和初”，实误。徐申知常州当如《毗陵志》所载在大观二年十月至政和元年十二月[③]。其证有三：

其一，《挥麈录》所载开封尹李孝寿知苏州的时间，应在大观三年八月。《挥麈录·馀话》卷二：

> （徐伸）政和初，以知音律为太常典乐，出知常州。尝自制《转调二郎神》云：（词略）。既成，会开封尹李孝寿来牧吴门，李以严治京兆，号李阎罗。道出郡下，幹臣大合乐燕劳之，喻群娼令讴此词，必待其问乃止。娼如戒，歌至三四，李果询之。幹臣蹙頞云：“某顷有一侍婢，色艺冠绝。前岁以亡室不容，逐去。今闻在苏州一兵官处，屡遣信欲复来，而今之主公靳之。感慨赋此，词中所叙，多其书中语。今焉适有天幸，公拥麾于彼，不审能为我致之否？”李云：“此甚不难，可无虑也。”既次无锡，宾赞者请受谒次第。李云：“郡官当至枫桥。”桥距城十里而远。翌日，舣舟其所，官吏上下望风股栗。李一阅刺字，忽大怒云：“都监在法不许出城，乃亦至此。使郡中万一有火盗之虞，岂不殆哉？”斥都监下

① 详见《宋稗类抄》卷一七（第1034册，第460页），《词综》卷九（第138页），《词苑丛谈校笺》卷八（第493页），《御选历代诗馀》卷一〇三及卷一一六（第475页，第512页），《绝妙好词笺》卷五（第278—279页），《清真先生遗事》（《王国维全集》，第2册，第420页），《全宋词》（第2册，第814页），《宋词三百首笺注》（第163页），《宋魏汉津乐与大晟府》（凌景埏、谢伯阳校注《诸宫调两种》附录，第276页），《唐宋人词话》（第439页）。

② 《摛文堂集》卷四有《朝散大夫徐申、奉议郎宋彧可并大晟府乐令，宣德郎李邍、将仕郎吴叔贤可并大晟府协律郎制》（第1123册，第341页），《北山集》卷一七有《祭徐申典乐文》（第1130册，第174页）。按：慕容氏、程氏与徐申同时，当不致误书姓名。又，《楼钥集》卷一〇三《娄公神道碑》亦云“徐申”（第5册，第1791页）。又，《鸡肋编》卷中（第72页）、《齐东野语》卷四（第63页）载徐申名讳事，亦与此合。

③ 《咸淳重修毗陵志》卷八：“（徐申）大观二年十月，朝请大夫、提点太常寺大晟乐（知常州）。政和元年十二月满。”（第699册，第72页）

阶，荷校送狱。又数日，取其供牍判奏字。其家震惧求援，宛转哀鸣致恳。李笑云："且还徐典乐之妾了，来理会。"兵官者解其指，即日承命，然后舍之。（曾仲恭云。）

据《吴郡志》卷一一："李孝寿，朝请郎，大观三年八月到。四年三月，降集贤殿修撰。政和元年六月，除显谟阁待制、提举醴泉观。"① 知李孝寿知苏州在大观三年八月至政和元年六月。《挥麈录》将其离苏州的时间"政和初"当成了到苏州任的时间，诸书辗转移录，故有所未察。

其二，方志有关徐申知常州的政绩及时间，亦可与《毗陵志》相佐证。《姑苏志》卷五四："（林虙）复教授常州。常号多士，籍于学者千余人。时方以三舍取士，乃身为劝率，从者风靡。大观三年，廷试，常士预选者五十三人。上赐诏曰：'进贤，受上赏，知州、教授特转一官。'虙由奉议郎改宣德郎，知州徐申遂于学之南，立进贤坊、荣赐亭以侈之。"《江南通志》卷三二："荣赐亭：在武进县状元桥西南。宋大观三年，合试天下贡士，独昆陵五十有三人。诏褒之，赐州守徐申爵一级。申遂立坊于桥南，曰进贤，建亭曰荣赐。"②

其三，宋人集部所载，亦可印证《毗陵志》徐申出知常州的时间。程俱《祭徐申典乐文》："公在毗陵，百废具张。……俱也羁穷，窃禄于市，视价低昂。于公之门，实昧平生，引分自藏。公于众中，惠然察之，以短为长。"（《北山集》卷一七）程俱时为监常州市易务，曾得到徐申的奖掖。据程瑀《程公（俱）行状》："大观初，监常州市易务，八宝恩迁通仕郎。政和元年，改宣德郎，差知泗州临淮县事。"（《新安文献志》卷九四上）③ 程俱政和元年既已离监常州市易务任，可知徐申知常州在大观间而不在"政和初"。

又，杨时《与许少尹》其四："昆陵苦多雨，麦颇稔，而蚕不收。……旧日志完亦闻此疾，徐典乐传一方，服之立效。当为就其子求此，方便附去。"（《龟山集》卷二一）按："许少尹"即许幾，其为开封府少尹在大观三年（《浮溪集》卷二六《户部尚书许公墓志铭》）。"志完"即邹浩，字志完，晋

① 详见《挥麈录·馀话》卷二（第6编，第2册，第39—40页），《吴郡志》卷一一（第1册，第771页）。

② 详见《姑苏志》卷五四（第493册，第1020页），《江南通志》卷三二（第508册，第75页）。

③ 详见《北山集》卷一七（第1130册，第174页），《新安文献志》卷九四上《宋左中奉大夫徽猷阁待制新安县开国伯食邑九百户致仕赠左通奉大夫程公（俱）行状》（第1376册，第560页）。

陵人。崇宁中归自岭表，即居于常州，政和初卒（《江南通志》卷一四二、卷三九）。又，杨时政和初萧山令秩满奉祠，亦客居毘陵，讲学城东书堂（《江南通志》卷一七二）①。杨时与许幾书信，当作于政和初春。其前徐申尝传一方治邹浩病而立效，时邹浩居于常州，可知杨时作此书信前徐申即已知常州。由此益可证明，徐申知常州当如《毗陵志》载在大观二年十月至政和元年十二月，而非如《挥麈录》所载“政和初”。

既知徐申知常州准确时间，则其任典乐时间亦可据相关史料考见。慕容彦逢《朝散大夫徐申、奉议郎宋彧可并大晟府乐令，宣德郎李遘、将仕郎吴叔贤可并大晟府协律郎制》：

> 敕：具官某等，朕复大晟府名，礼乐异职，各迪有功，以追治古之盛。尔等咸以通于声文，擢践厥属，钦承无怠，嗣有宠嘉。可。（《摛文堂集》卷四）

按：“复大晟府名”在崇宁五年九月。《通考·职官考九》：“（崇宁）五年二月，因省冗员，（大晟府）并之礼官，九月复旧。”《宋史·乐志四》：“（崇宁）五年九月，诏曰：‘……二月，尝诏省内外冗官，大晟府亦并之礼官。夫舜命夔典乐，命伯夷典礼，礼乐异道，各分所守，岂可同职？其大晟府名可复仍旧。’”徐申、宋彧并为大晟府乐令当在崇宁五年九月“大晟府名可复仍旧”后。又知慕容彦逢为中书舍人在崇宁五年九月至大观元年春（《慕容彦逢墓志》）②，可证徐申为大晟府乐令当在其间，其为典乐必在任大晟府乐令后。因大观二年十月徐申即出知常州，故知其为典乐当在大观二年十月前。

二、晁端礼任大晟府官职考

关于晁端礼任职大晟府时间，史料有明确记载，无需赘述。唯所任官职，则各持所是。或云“协律郎”，《能改斋漫录》、《绝妙词选》、《万姓统谱》、《氏族大全》、《历代诗馀》、《清真先生遗事》、《唐宋词鉴赏辞典》“晁端礼小

① 详见《龟山集》卷二一（第1125册，第317页），《浮溪集》卷二六（《四部丛刊》初编本，第6页B面），《江南通志》卷一四二（第511册，第142页）及卷三九（第508册，第217页），《江南通志》卷一七二（第511册，第897页）。

② 详见《摛文堂集》卷四（第1123册，第341页），《文献通考·职官考九》（第499页），《宋史·乐志四》（第9册，第3001—3002页），《永乐大典》卷五三九《慕容彦逢墓志》（第1册，第77页）。

传”等皆主是说[①]；或云“大晟府按协声律”，《晁次膺墓志铭》、《晁公墓表》、《徽宗词坛研究》等主是说[②]；或云“大晟府协律”，《书录解题》、《通考·经籍考七十三》、《古今词话》、《宋诗纪事》、《全宋词》“晁端礼小传”、《宋词三百首笺注》“晁元礼小传”、《词集考》“闲斋琴趣外篇”解题、《唐宋人词话》“晁端礼小传”等主是说[③]；或云“制撰”，唯《铁围山丛谈》主是说。现试作考辨如下：

史载晁端礼在大晟府曾先后任两个官职：一为制撰文字，一为按协声律，详见《铁围山丛谈》、《晁次膺墓志铭》、《晁公墓表》。《墓表》云：“公乃被迅召入大晟府，奉旨作为一时瑞物之辞。乃还公承事郎、大晟府按协声律。”（《景迂生集》卷一九）所述为两种不同官职之职能，一为“奉旨作为一时瑞物之辞”，即《铁围山丛谈》所说的“制撰”（卷二）；一为按协声律，则为最终官职。晁端礼为制撰文字，史料或叙其官名或不叙。《墓铭》叙其事为“公效乐府体，属辞以进”（《乐静集》卷二八），《墓表》亦云“奉旨作为一时瑞物之辞”，《丛谈》载“遂入大晟，亦为制撰”（卷二）[④]，其事均为制撰文字职责。但《墓铭》、《墓表》为什么只叙其事而略其官名呢？其原因乃在召赴大晟府后，并未立即授官，而以“谪散官”任制撰之职。《墓铭》云：

> 政和癸巳，《大晟乐》既成，八音克谐，人神以和，嘉瑞继至。宜德能文之士，作为辞章，歌咏盛德，铺张宏休，以传无穷。士于此时，秉笔待命，愿备撰述，以幸附托，亦有日矣。公相太师蔡鲁公（京）知公之

① 详见《能改斋漫录》卷一六（第5编，第4册，第197页），《唐宋诸贤绝妙词选》卷七（第854页），《万姓统谱》卷三〇（第956册，第495页），《氏族大全》卷六（第952册，第210页），《御选历代诗馀》卷一〇三及卷一一五（第475页，第510页），《清真先生遗事》（《王国维全集》，第2册，第420页），《唐宋词鉴赏辞典》（第441页）。

② 详见《乐静集》卷二八（第1122册，第395页），《景迂生集》卷一九（第1118册，第372页）及《徽宗词坛研究》（第17页）。

③ 详见《直斋书录解题》卷二一（第11册，第610页），《文献通考·经籍考七十三》（第1944页），《古今词话·词评》上卷（第1册，第986页），《宋诗纪事补订》卷二五（第655页），《全宋词》（第1册，第418页），《宋词三百首笺注》（第88页），《词集考》（第67页），《唐宋人词话》（第296页）。按：《词综》卷九“晁端礼”条既云“大晟府协律”，又云“大晟府协律郎”（第134页）。

④ 详见《景迂生集》卷一九《宋故平恩府君晁公墓表》（第1118册，第372页），《铁围山丛谈》卷二（第28页），《乐静集》卷二八《晁次膺墓志铭》（第1122册，第395页），《铁围山丛谈》卷二（第28页）。

才，以姓名闻上，诏乘驿赴阙。……会禁中嘉莲生，分苞合趺，夐出天造，人意有不能形容者。公效乐府体属辞以进，上览之称善。未几，中暍感疾，更十数医不得愈。命下，除大晟府按协声律，奄奄不克受。①

按：晁端礼自元丰七年"坐预支公钱夺官"后（《晁次膺墓志铭》），元祐元年"以散官论如常法"（《晁公墓表》），闲居近三十年；召赴大晟府后至授官前的一个多月（《晁公墓表》）②，其身份仍为"谪散官"，然其职事则为"效乐府体属辞"、"奉旨作为一时瑞物之辞"。《铁围山丛谈》叙其职事为：

晁次膺……遂入大晟，亦为制撰。时燕乐初成，八音告备，因作《徵招》、《角招》，有曲名《黄河清》、《寿香（星）明》，二者音调极韶美。……时天下无问迩遐小大，虽伟男髫女，皆争气唱之。③

《丛谈》言晁端礼"遂入大晟，亦为制撰"云云，乃临时职事，实非正式所授官。又按"谪散官"因犯罪而免除官职，遇恩赦重新录用为官，尚需经"叙"、"理"、"出雪"等手续④。晁端礼召赴大晟府后一个多月，正处于"叙"、"理"期，故只能以"谪散官"身份任制撰事。《墓铭》、《墓表》对此记载较明确。

所谓"乃还公承事郎、大晟府按协声律"，所谓"命下，除大晟府按协声律"，均指正式授官前，朝廷颇费"叙"、"理"时日。据《墓表》，晁端礼元祐初"乃不得特恩洗涤"，而"以散官论如常法"⑤，即未"叙复"原官。政和三年，因"进"《并蒂芙蓉》、《黄河清》等曲而获"特恩"赦免原罪，不依常"格"而叙复原官，故曰"乃还公承事郎、大晟府按协声律"。据叙复格法，八品、九品并于九品下叙⑥。《墓表》叙晁端礼元丰年间官职为"以瀛州防御推官知洺州平恩县"、"以泰宁军节度推官知大名府莘县事"，叙政和三年

① 李昭玘：《乐静集》卷二八《晁次膺墓志铭》，第1122册，第395页。

② 详见《乐静集》卷二八《晁次膺墓志铭》（第1122册，第395页），《景迂生集》卷一九《宋故平恩府君晁公墓表》（第1118册，第372页），《景迂生集》卷一九《宋故平恩府君晁公墓表》（第1118册，第372页）。

③ 蔡絛撰，冯惠民、沈锡麟点校：《铁围山丛谈》卷二，第28页。

④ 龚延明：《宋代官制辞典》，第654页。

⑤ 晁以道：《景迂生集》卷一九《宋故平恩府君晁公墓表》，第1118册，第372页。

⑥ 龚延明：《宋代官制辞典》，第654页。

官职为“乃还公承事郎、大晟府按协声律”①。据考，防御推官、节度推官崇宁二年易为从事郎及文林郎，均为从八品之选人；承事郎虽为正九品，却为京官②。晁端礼由从八品之节度推官“还”为正九品之承事郎（职事为从九品大晟府按协声律），名义上为“叙复”，实际上却由选人改官为京官。故《墓铭》叙士大夫之言云：“晁次膺自此升矣！”③“还”与“升”虽为一字之差，实际上却体现了《墓表》、《墓铭》撰写者不同的写作心态。《墓表》作于建炎二年，叙得官用“还”、得官缘由用“奉旨”，有刻意洗脱之意；《墓铭》乃作于政和三年，叙得官用“升”、得官缘由用“进”，乃为实录。

“按协声律”一职与“制撰文字”职事当有很大不同，但均“以京朝官、选人或白衣士人通乐律者为之”（《宋史·职官志四》，《通考·职官考九》）。晁端礼因“作为一时瑞物之辞”而得官按协声律，《铁围山丛谈》径以“制撰”名之④，虽叙其事而实为“野史笔法”，显得不够严谨。《墓铭》、《墓表》只叙其事而略其官名，乃严格按照宋代职官叙复制度叙事，实为典型的“墓志笔法”，其写实性不容怀疑。故晁端礼叙复后之官职，当为“承事郎、大晟府按协声律”，而不为制撰文字。

至于“协律郎”一职，乃见于丛抄之书《能改斋漫录》、《绝妙词选》等，实野史小说所附会，不可据信。《能改斋漫录》：

> 政和癸巳，《大晟乐》成，嘉瑞既至。蔡元长以晁端礼次膺荐于徽宗，诏乘驿赴阙。次膺至都，会禁中嘉莲生，分苞合趺，夐出天造，人意有不能形容者。次膺效乐府体属辞以进，名《并蒂芙蓉》。上览之，称善。除大晟府协律郎，不克受而卒。⑤

比较而言，《漫录》乃撮录《墓铭》而成，唯官名有异耳。按：大晟府协律郎从八品，晁端礼元丰年间为正九品之推官，元祐后品秩乃升为从八品；按照宋代职官叙复制度，“八品、九品并于九品下叙”。故晁端礼叙复后官品只能是从九品，而不可能是从八品。《漫录》云晁端礼叙复后官职为大晟府协律

① 晁以道：《景迂生集》卷一九《宋故平恩府君晁公墓表》，第1118册，第372页。

② 龚延明：《宋代官制辞典》，第544页，第573页，第688页。

③ 李昭玘：《乐静集》卷二八《晁次膺墓志铭》，第1122册，第395页。

④ 详见《宋史·职官志四》（第12册，第3886页），《文献通考·职官考九》（第499页），《铁围山丛谈》卷二（第28页）。

⑤ 吴曾：《能改斋漫录》卷一六，第5编，第4册，第197页。

郎，不合宋代职官叙复制度，乃撮录《墓铭》后所妄改。

三、万俟咏任大晟府制撰时段考

关于万俟咏任大晟府制撰时间，宋人记载已不一，明、清以来学者更是众说纷纭，或作“崇宁中”①，或作“政和初”②，或作“宣和间”③。盖多承宋人之说而未加细考。宋人之说，有“崇宁中”（《绝妙词选》卷七）、“政和初”（《碧鸡漫志》卷二）、“宣和间”（《绝妙词选》卷七）三种。“崇宁说”乃黄昇误读《漫志》所致。《碧鸡漫志》卷二：

> 崇宁间建大晟乐府，周美成作提举官，而制撰官又有七。万俟咏雅言，元祐诗赋科老手也。三舍法行，不复进取，放意歌酒，自称大梁词隐。每出一章，信宿喧传都下。政和初，招试补官，置大晟乐府制撰之职。④

因《漫志》言崇宁间大晟府制撰官有七，万俟咏在七人中，故误为制撰官亦在崇宁中。万俟咏任制撰官时间必不在崇宁中，此可据《漫志》及其他史料考见。

按：《漫志》“三舍法行”云云，乃在政和二年五月。《宋史·选举志一》：“崇宁三年，遂诏：‘天下取士，悉由学校升贡，其州郡发解及试礼部法并罢。’自此，岁试上舍，悉差知举，如礼部试。五年，诏：‘大比岁，更参用科举取士一次。其亟以此意，使远士即闻之。’时州县悉行三舍法，得免试入学者，多当官子弟。而在学积岁月，累试乃得应格，其贫且老者甚病之。故诏及此，而未遽废科举也。大观四年五月，星变，凡事多所更定……遂诏更行

---

① 详见《词品》卷四（第1册，第501页）、《古今词话·词评》上卷（第1册，第989页）、《历代词话》卷六（第2册，第1199页）、《雨村词话》卷三（第2册，第1430页）、《词综》卷九（第137页）、《御选历代诗馀》卷一〇三及卷一一六（第475页，第511页）、《钦定词谱》卷三一（第568页）、《词学通论》（第83页）、《宋词三百首笺注》“万俟咏小传”（第161页）等，均云万俟咏“崇宁中”充大晟府制撰。

② 孙克强编《唐宋人词话》（第435页）、诸葛忆兵《徽宗词坛研究》（第17页）均主是说。

③ 黄昇《唐宋诸贤绝妙词选》卷七（第654页）、沈雄《古今词话·词评》上卷（《词话丛编》本，第1册，第986页）承其说。

④ 详见《唐宋诸贤绝妙词选》卷七（第655页），《碧鸡漫志》卷二（《词话丛编》本，第1册，第87页），《唐宋诸贤绝妙词选》卷七（第654页），《碧鸡漫志》卷二（《词话丛编》本，第1册，第87页）。

科举一次。”[①] 知崇宁至大观间“州县悉行三舍法”，然亦参用科举取士，未完全实行三舍法。祝尚书认为，崇宁至政和间，取士制度为“双轨制”，即在行三舍法的同时，还兼用科举取士[②]。笔者据相关史料，考得罢黜科举完全实行三舍法的时间，在政和二年五月。《九朝编年备要》卷二八：“（政和二年五月）罢科举。”《长编拾补》卷三一：“（政和二年五月）壬申，臣僚上言，参以科举废罢县学岁升之法非便。”《长编拾补》引《续宋编年资治通鉴》：“（政和二年五月）罢科举。”又引《十朝纲要》：“（政和二年）五月壬申，罢科举。”（卷三一）知罢黜科举完全实行三舍法，在政和二年五月十六日壬申。又查《会要·选举》九之一五、一六，政和三年至宣和二年均为赐上舍出身、同上舍出身。又，据《会要·选举》九之一五：“（政和三年）五月六日，赐承议郎徐禋同上舍出身。臣僚言：‘舍法革千载科举之弊，进士之科因以罢去。（徐）禋之所赐尚仍旧制，于名实有所未正。’故有是命。”[③] 知政和三年五月后，进士科名亦完全替以“三舍”名。

又，“万俟咏雅言，元祐诗赋科老手也”云云，亦可考知万俟咏“不复进取”的具体时间。按：“元祐诗赋科”实只行于元祐六年，绍圣元年罢[④]。又，据史载，“元祐诗赋科”历来被视为“元祐学术”：

> 绍圣初，以诗赋为元祐学术，复罢之。政和中，遂著于令，士庶传习诗赋者，杖一百。畏谨者至不敢作诗。（《韵语阳秋》卷五）
>
> （政和中）诗为元祐学术。……（李彦章）上章论（陶）渊明、李（白）、杜（甫）而下皆贬之，因诋黄（庭坚）、张（耒）、晁（补之）、秦（观）等，请为科禁。何清源至修入令式，诸士庶习诗赋者杖一百。（《齐东野语》卷一六）

所谓“以诗赋为元祐学术”，实指“元祐诗赋科”而言。然自绍圣元年罢

---

① 脱脱等：《宋史》卷一五五《选举志一》，第11册，第3622页。

② 祝尚书：《宋代科举与文学》，第132页。

③ 详见《九朝编年备要》卷二八（第328册，第755—756页），《长编拾补》卷三一（第3册，第1029页），《长编拾补》卷三一（第3册，第1029页），《宋会要·选举》九之一五、一六（第5册，第4404页），《宋会要·选举》九之一五（第5册，第4404页）。按：《群书考索·后集》卷二七《士门·学制类》引《长编》（第937册，第364页），乃与《宋会要·选举》九之一五文字同，今本《续资治通鉴长编》及《长编拾补》均失载，可补辑。

④ 脱脱等：《宋史》卷一五五《选举志一》，第11册，第3620—3622页。

"元祐诗赋科"以来，绍圣元年、绍圣四年、元符三年、崇宁二年、崇宁五年、大观三年连续六科实际仍参用"诗赋"。政和元年三月，殿中侍御史李彦章言："今罢黜诗赋而使士兼习，则士不得专心先王之学，流于俗好，恐非先帝以经术造士之志。"臣僚又言，诗赋为元祐学术。于是诏送敕局立法，宰臣何执中遂请禁人习诗赋。故至政和二年亲试举人，始罢赐诗，改赐箴（《会要·选举》七之三四）。可见，直到"政和二年亲试举人"，方完全"罢黜诗赋"，前六科考试皆"使士兼习"。万俟咏既为"元祐诗赋科老手"，疑其除参加了元祐六年"诗赋科"考试外，在绍圣元年至大观三年的六科"兼习诗赋"科举考试中，可能还参加过其中的多次考试，故得以"老手"称之。政和二年五月十六日，罢科举，悉行三舍法，立法以禁"诗赋"（《会要·选举》七之三四）[①]，万俟咏于此时方完全绝望，遂"不复进取，放意歌酒，自称大梁词隐"。

至于万俟咏何时为制撰官，《漫志》"政和初，招试补官，置大晟乐府制撰之职"[②] 之说亦嫌笼统。据上考，万俟咏政和二年五月前无任制撰官的可能。又，万俟咏"不复进取，放意歌酒，自称大梁词隐"亦应有一段较长的时间。按万俟咏为制撰官当在政和三年五月后。史载：

> 政和三年五月，大晟府以雅乐中声播于宴乐。
>
> 政和三年六月，晁端礼至京，撰徵调《黄河清》、《寿香（星）明》、《并蒂芙蓉》等曲。
>
> 政和三年七月，开封府奏按试大晟新乐精熟。
>
> 政和三年八月，诏大晟宴乐颁降天下。
>
> 政和三年八月二十八日，平江府进士曹棐撰到徵调《舜韶新》曲，特补将仕郎充大晟府制撰。

详后《大晟府事迹编年考略》，文繁不重引。据此可知，在大晟府推行新燕乐的时段里，落魄放浪的万俟咏终于找到了入仕的捷径。因为在大晟府官制中，"白衣士人通乐律者"可以有机会获得按协声律、制撰文字等官（《宋史·职官志四》，《通考·职官考九》）。这样，即使不参加三舍取士也有入仕希望，曹棐即是一例。万俟咏身份与曹棐十分相似，亦是因撰曲而补官（《中

① 详见《韵语阳秋》卷五（第524页），《齐东野语》卷一六（第292—293页），《宋会要·选举》七之三四（第5册，第4372页），《宋会要·选举》七之三四（第5册，第4372页）。

② 王灼：《碧鸡漫志》卷二，《词话丛编》本，第1册，第87页。

兴小纪》卷八，《要录》卷三四）[①]，非如《漫志》所谓“招试补官”。按照常理，既然崇宁四年大晟府就已有白衣士人为制撰文字的职官设置，万俟咏为何要等到政和三年方走这条捷径呢？其缘由主要是：政和三年前，大晟府还处于创制新乐的过程中，特别是徵调曲谱，虽是大观二年所上，然至政和三年五月方令大晟府刊行（详上）。万俟咏以白衣士人身份充大晟府制撰，乃如平江府进士曹棐一样（宋代泛称进士者，实为白衣士人），亦是献徵调曲得官。今考得其所上徵调曲为《徵招调·中腔·瑞香》（各本均误为“《钿带长中腔》”），此调创调于政和三年春，亦为万俟咏政和三年五月后方为制撰官之确证[②]。

关于万俟咏在大晟府的作为，《漫志》有“新广八十四调，患谱弗传，（万俟）雅言请以盛德大业及祥瑞事迹制词实谱。有旨依月用律，月进一曲”[③]的记载。按大晟府“依月律改定”燕乐曲谱始于政和四年正月，至政和六年十月，“改定”工作初步完成。《宋史·乐志四》：

> （政和）四年正月，大晟府言：“宴乐诸宫调多不正，如以无射为黄钟宫，以夹钟为中吕宫，以夷则为仙吕宫之类。又加越调、双调、大食、小食，皆俚俗所传。今依月律改定。”诏可。
>
> （政和六年）诏：“《大晟》雅乐，顷岁已命儒臣著《乐书》，独宴乐未有纪述。其令大晟府编集八十四调并图谱，令刘昺撰以为《宴乐新书》。”
>
> （政和六年）十月，臣僚乞以崇宁、大观、政和所得珍瑞名数，分命儒臣作为颂诗，协以新律，荐之郊庙，以告成功。诏送礼制局。[④]

《会要》、《玉海》载“大晟府编集八十四调并图谱”在政和六年闰正月

---

① 详见《宋史·职官志四》（第12册，第3886页），《文献通考·职官考九》（第499页），《中兴小纪》卷八（第765册，第110页），《建炎以来系年要录》卷三四（第2册，第777页）。

② 据《寿延长》大曲《中腔令》曲词“同意贺、元珪丰擎”及口号致语“梨园新曲奏《中腔》”（《高丽史·乐志二》，第6册，第2215页），考得“元珪（圭）”乃指政和二年十月至政和三年正月史事（《宋史·徽宗本纪三》，第2册，第390页；《宋史·礼志五》，第8册，第2499页；《东都事略》卷一一，第382册，第87—88页；《皇朝编年纲目备要》卷二八，第707页）。又，据《中腔令》曲词“万花铺锦满高庭”及口号致语“花杂寿香薰绮席”，知《中腔令》创调于政和三年春。此亦为万俟咏政和三年方为“制撰官”之确证。

③ 王灼：《碧鸡漫志》卷二，《词话丛编》本，第1册，第87页。

④ 详见《宋史》卷一二九《乐志四》，第9册，第3019页。

九日[①]，知“编集八十四调并图谱”始于政和六年闰正月。而至政和六年十月，“燕乐八十四调并图谱”初步编成。《漫志》“新广八十四调”、“雅言请以盛德大业及祥瑞事迹制词实谱”云云，与正史所载政和六年十月臣僚乞以“所得珍瑞名数”、“作为颂诗，协以新律”相合。可知万俟咏于大晟府依月律“制词实谱”工作颇有贡献，其时间乃在政和六年十月后。但制词实谱工作直到宣和二年二月“燕乐依月律撰词八十四调”才颁行（详上），其时万俟咏已任“秦川茶马司第三等干当公事”之职[②]。至于何时离开大晟府，据《会要》载，则当在宣和元年八月前[③]。

四、田为任职大晟府履历考

田为任职大晟府时间，史料记载极不统一。《宋史·乐志四》、《通考·乐考四》载在政和末，《纲目备要》卷二七则载在崇宁四年前[④]。两相比较，崇宁四年前蔡攸引其客田为“为典乐”必误，因崇宁四年后方专置大晟府，且其时提举大晟府的并非蔡攸而是杨戬[⑤]。但《宋史·乐志四》说田为直接从士人骤然为大晟府典乐，则宋代官制中从无此例。

据史料记载，田为任职大晟府是从白衣士人直接补官的。《宋史·乐志四》：“有士人田为者，善琵琶，无行，（蔡）攸乃奏为大晟府典乐。”《纲目备要》卷二七：“进士田为，（蔡）攸客也，并为典乐。”[⑥] 或云士人，或云进士，其实都是白衣士人[⑦]。按白衣士人任职于大晟府，其官职只能是按协声律、制撰文字之一[⑧]。按协声律、制撰文字均为从九品，典乐从五品，官品相

① 详见《宋会要·乐》四之一（第1册，第322页），《玉海》卷一〇五（第945册，第778页）。

② 徐松辑：《宋会要·职官》四三之一〇二，第4册，第3324页。

③ 据《宋会要·职官》四三之一〇一、一〇二，宣和四年四月十一日枢密院推赏第三等干当公事万俟咏、李与同，各减二年半磨勘；然至宣和五年十二月十五日推赏宣和四年九月至五年九月秦川茶马司人员时，已无万俟咏（第4册，第3324页），万俟咏宣和四年九月之前当已离任。据此，万俟咏任秦川茶马司干当公事当在宣和元年八月至四年八月前后。也就是说，万俟咏宣和元年八月之前已不在大晟府任职。

④ 详见《宋史·乐志四》（第9册，第3025—3026页），《文献通考·乐考四》（第1173页），《皇朝编年纲目备要》卷二七（第687页）。

⑤ 严格说，崇宁三年二月至大观三年八月杨戬为“制造大乐局”提举官，负责景钟、九鼎及其他大晟乐器的制造。大观三年八月“制造大乐局”罢局，杨戬又为大晟府提举官，详见《大晟府官制考》。

⑥ 详见《宋史·乐志四》（第9册，第3026页），《皇朝编年纲目备要》卷二七（第687页）。

⑦ 凡业进士科考试的举人，无论是应发解试（州试）、省试（礼部试）及殿试，通称进士，均为布衣。（《宋代官制辞典》，第630页）

⑧ 详见《宋史·职官志四》（第12册，第3886页），《文献通考·职官考九》（第499页）。

差较大,《宋史·乐志四》、《纲目备要》卷二七云田为直接由白衣士人奏为大晟府典乐，殆不可信。这一点史有明载，如：

> (宣和元年八月)十八日，田为罢典乐，为大晟府乐令。以臣僚言，典乐在太常少卿之上，燕乐所制撰乃厘务官耳，太相辽绝，不冒躐如此。故有是命也。(《会要·职官》六九之四)
>
> 起复修制大乐局管勾官田为大晟府典乐。(张)朴论(田)为贪滥不法，物论匆齿，且典乐在太常少卿之上，修制冗官，不当超逾，乃罢为乐令。(《宋史·张朴传》)①

均载田为在任典乐前，其职务乃燕乐所制撰和修制大乐局管勾官。据此，田为初任大晟府之官非典乐，已无疑义。

田为任典乐前的官职尚有燕乐所制撰与修制大乐局管勾官两种。燕乐所制撰即制撰文字别称。又，“修制大乐局管勾官”云云，诸书不见记载。考《会要·乐》四之二：

> 重和元年十二月十九日，诏：“太、少二音，调燮岁运，使之适平，不行于世迨数百年。近命官讨论定律，镕范既成，不假刊削，自合宫音，太、少、正声，相与为一。已降指挥，置登歌、宫架，用于明堂。所有乐局检阅文字官三员，各转一官；差充修制大乐局管干官、手分、楷书、书奏、书写人、通引官、定声、都作头共十五人，各转一官资，无官资人候有官日收使；工匠等共七十四人，共支绢三百匹，等第支散。”②

其中修制大乐局管干官一职，即修制大乐局管勾官，管干官即管勾官，南宋避赵构讳而追改③。按：修制大乐局乃蔡攸提举大晟府后重修大乐的产物。蔡攸提举大晟府在政和七年三月后至宣和初(详上)，考修制大乐局始设于政和七年三月后，重和元年十二月十九日罢局(详见《大晟府事迹编年考略》),则田为任修制大乐局管勾官必在政和七年三月后。田为由燕乐所制撰兼修制大

---

① 详见《宋会要·职官》六九之四(第4册，第3931页),《宋史·张朴传》(第32册，第11220页)。

② 徐松辑:《宋会要·乐》四之二，第1册，第322页。

③ 龚延明:《宋代官制辞典》,第285页，第295页，第344页。

乐局管勾官，当在此时。

据上考，田为任职大晟府履历应为：（1）燕乐所制撰。田为因“善琵琶”被荐，由白衣士人特补燕乐所制撰。因大晟燕乐成于政和三年五月，又燕乐所政和四年正月后方设立（详上），田为任燕乐所制撰应在政和四年正月后。（2）修制大乐局管勾官。《宋史·张朴传》：“起复修制大乐局管勾官田为大晟府典乐。”按田为始任典乐在政和末（《宋史·乐志四》，《通考·乐考四》），又“起复”乃“在降责中，朝廷再擢用之谓也”（《朝野类要》卷三）①，知田为一直在降授或责授期中任修制大乐局管勾官②。由燕乐所制撰到修制大乐局管勾官间可能还曾升任某种官职，详情无考。田为任修制大乐局管勾官必在政和七年三月后，直到重和元年十二月十九日罢局。时万俟咏“依月用律，月进一曲”，田为“亦供职大乐”并为《大声集》作序（《书录解题》卷二一，《通考·经籍考七十三》）。（3）大晟府典乐。据《宋史·乐志四》、《宋史·张朴传》、《会要·职官》六九之四、《通考·乐考四》，可知田为第一次任典乐在政和七年六月前后至宣和元年八月。《宋史·张朴传》：“起复修制大乐局管勾官田为大晟府典乐。”《通考·乐考四》：“政和末，蔡京引沈（任）宗尧为太（大）晟府典乐，宗尧复申汉津太、少之议。时京子攸提举大晟府，又奏田为为典乐。”（《宋史·乐志四》略同）因田为“起复”为大晟府典乐时，其官职仍是燕乐所制撰兼修制大乐局管勾官，故遭到张朴弹劾。又田为罢典乐在宣和元年八月，详上引《会要》。（4）大晟府乐令。据《会要·职官》六九之四，田为宣和元年八月十八日罢为大晟府乐令。又，据《宋史·张朴传》：“乃罢（田为）为乐令。未几，复前命（大晟府典乐）。”知田为在罢为大晟府乐令后不久即又任典乐。（5）大晟府典乐。据《清波杂志》，“己亥冬”田为已任大司乐。知田为第二次任典乐当在宣和元年十一月十三日前（详下）。（6）大司乐。《清波杂志》卷一一：“己亥冬，祀南郊。方登坛，乐作，使人推数小车，载火出于远林。左右争献言为异，指点哄然。大司乐田为押登坛歌，坛上大呼：‘田为先见！’而上亦不责也。”“己亥”即宣和元年。据《宋史·徽宗本纪四》、《长编

① 详见《宋史·张朴传》（第32册，第11220页），《宋史·乐志四》（第9册，第3025—3026页），《文献通考·乐考四》（第1173页），《朝野类要》卷三（第70页）。

② 龚延明《宋代官制辞典》亦引“起复修制大乐局管勾官田为大晟府典乐”这则资料，认为“起复”乃“在降授或责授期中重新擢用”（第652页）。

拾补》卷四〇，宣和元年十一月乙卯南郊[①]。知田为宣和元年十一月乙卯前已升任大司乐。

田为离大司乐任的时间难以确考。据汪藻《蒋公墓志铭》，蒋瑎“擢大司乐”在宣和三年[②]。知宣和三年前田为已离大司乐任，或极有可能在宣和元年十一月祀南郊后即不再担任此职。

五、江汉献词及任职大晟府时间考

关于江汉献蔡京词及任职大晟府时间，诸书皆从《铁围山丛谈》作“政和初”。《铁围山丛谈》：

> 政和初，有江汉朝宗者，亦有声，献鲁公词曰：“升平无际。庆八载相业，君臣鱼水（词略）。”两学盛讴，播诸海内。鲁公喜，为将上进呈，命之以官，为大晟府制撰。使遇祥瑞，时时作为歌曲焉。[③]

按《丛谈》所载江汉《喜迁莺》乃“献鲁公（蔡京）词”，当非献于“政和初”，而在政和三年五月后。其原因有二：

第一，史载蔡京第一次为相在崇宁元年七月戊子至五年二月丙寅，第二次为相在大观元年正月甲午至三年六月辛巳，第三次为相在政和二年五月己巳至宣和二年六月戊寅，第四次为相在宣和六年十二月癸亥至七年四月庚申（《宋史·宰辅表三》）。江汉献蔡京词“八载相业”云云，当指第三次为相期间，如以此词写作时间在“政和初”，则只有“六载相业”；又蔡京政和元年尚在杭州，且进封鲁公亦在政和二年十一月辛巳（《宋史·宰辅表三》）[④]。据此，足可证此词作于政和三年而非“政和初”。诸书误将江汉长短句蜚声词坛的年

① 详见《直斋书录解题》卷二一（第 11 册，第 612 页），《文献通考·经籍考七十三》（第 1944—1955 页），《文献通考·乐考四》（第 1173 页），《宋史·乐志四》（第 9 册，第 3025—3026 页），《宋会要·职官》六九之四（第 4 册，第 3931 页），《宋史·张朴传》（第 32 册，第 11220 页），《宋史·张朴传》（第 32 册，第 11220 页），《文献通考·乐考四》（第 1173 页），《宋史·乐志四》（第 9 册，第 3025—3026 页），《宋会要·职官》六九之四（第 4 册，第 3931 页），《宋会要·职官》六九之四（第 4 册，第 3931 页），《清波杂志校注》卷一一（第 473 页），《清波杂志校注》卷一一（第 473 页），《宋史·徽宗本纪四》（第 2 册，第 405 页），《长编拾补》卷四〇（第 3 册，第 1262 页）。

② 汪藻：《浮溪集》卷二七，《四部丛刊》初编本，第 27 页 B 面。

③ 蔡絛撰，冯惠民、沈锡麟点校：《铁围山丛谈》卷二，第 27—28 页。

④ 详见《宋史·宰辅表三》（第 16 册，第 5513—5516 页，第 5517—5519 页，第 5521—5527 页，第 5530 页），《宋史·宰辅表三》（第 16 册，第 5521 页）。

代当成了“献鲁公词”的年代，实未细读原文也。

第二，江汉任大晟府制撰在政和三年五月后，还有一点可为佐证。《北山集》有与江汉唱和诗一组，如：

> 酸寒北山尉，憔悴孔州守。枯鱼同处陆，濡沫赖诗酒。当时年尚壮，意气亦何有？只今双鬓华，十载一回首。仕初君似遇，游倦吾已丑。邂逅记昔游，空嗟汉南柳。(《戏示江协律汉》)
>
> 君家翠岩翁，三一久已守。……感彼志冰霜，吾衰等蒲柳。(《江再和戏答四篇》其三，自注：“右一篇属仲嘉。”)
>
> 太平一春台，好在四夷守。持盈何足道，饱德醉以酒。君为乐歌词，嘉瑞无不有。不知府中士，谁子号称首？如君真妩媚，孰谓施嫱丑？故应洗余累，令君继温、柳。(《江再和戏答四篇》其四)[①]

按：以上三诗作于同一时期，其中一篇“属仲嘉”，“仲嘉”即江褒，字仲嘉，卒于政和七年六月（《北山集》卷三一《江君墓志铭》），故知程俱此次邂逅江汉在政和七年前。考程俱崇宁、大观间均来往仕隐于淮南、两浙，政和元年至三年知泗州临淮县事，政和三年至七年六月前赋闲居于吴江。只有政和三年秋自知泗州临淮县事召赴都堂审察（《新安文献志》卷九四上《程公（俱）行状》），才有机会于汴京邂逅江汉，故其任职于大晟府当在政和三年五月后。程诗“君为乐歌词，嘉瑞无不有”，乃与《铁围山丛谈》载“为大晟府制撰，使遇祥瑞，时时作为歌曲焉”相合。“不知府中士”云云，乃指大晟府群彦；“江协律汉”云云，则与史料所述大晟府制撰有异。然据其“君为乐歌词，嘉瑞无不有”，则职责乃在于制撰文字。知“江协律汉”云云，非真指协律郎之职，乃对大晟府低层官员制撰文字之侈称。又据“十载一回首”、“仕初君似遇”，知江汉崇宁二年（1103）前后即已为官。然至政和三年（1113）方因“撰词曲”而改官。《要录》卷五三：“朝奉郎江汉者，初以本乐府撰词曲得官。”[②] 云江汉“得官”乃因“撰词曲”，疑误。据程俱《戏示江协律汉》，知江汉初仕十年后方因献蔡京词而由选人改为京官，职事则为大晟府制撰。

关于江汉在大晟府的任职时段，诸书未见记载。按江汉于政和三年五月后

---

① 详见程俱《北山集》卷四（第1130册，第41页）。

② 详见《北山集》卷三一（第1130册，第304—306页），《新安文献志》卷九四上（第1376册，第560页），《建炎以来系年要录》卷五三（第3册，第1089页）。

任大晟府制撰，至政和六、七年间已离开大晟府任密州通判。《浙江通志》卷一八一："江汉，字朝宗，常山人。博学能文，尤长歌行。倅密州时，秦桧为郡博士，掌笺表，汉每指摘窜定。"据《宋史·秦桧传》："（秦桧）登政和五年第，补密州教授。"又《宋宰辅编年录》卷一五："（翟）汝文，字公巽。尝知密州，秦桧为州学教授，汝文荐其才。"按：翟汝文知密州在政和七年（《宋史·翟汝文传》，《会要·兵》一二之二〇）[①]，江汉"倅密州"略早于翟汝文，当在政和六、七年间。因翟汝文上任后不久即荐秦桧应制举，中词学兼茂科[②]。

六、晁冲之任职大晟府时间及官职考

晁冲之在大晟府任职情况，见于《独醒杂志》卷四："政和间，置大晟乐府，建立长属。时晁冲之叔用作《梅词》以见蔡攸。攸持以白其父曰：'今日于乐府中得一人。'元长览之，即除大晟丞。词中云：'无情燕子（词略）。'以为燕雁与梅不相关而挽入用之，故见笔力。"《渔隐丛话·前集》卷五九："又端伯所编《乐府雅词》中，有《汉宫春·梅词》，云是李汉老作，非也，乃晁冲之叔用作。政和间，作此词献蔡攸。是时，朝廷方兴大晟府，蔡攸携此词呈其父，云：'今日于乐府中得一人。'京览其词，喜之，即除大晟府丞。今载其词曰：'潇洒江梅（词略）。'此词中用玉堂事，乃唐人诗，云：'白玉堂前一树梅（诗略）。'或云玉堂乃翰苑之玉堂，非也。"[③] 此为较早见于载籍者。曾敏行、胡仔生活在南宋初中期，离晁冲之卒年不远，对其在大晟府任职的记载当可信。又《诗话总龟》也载有此事，不过是辑录《渔隐丛话》原文，无所发明[④]。今人为晁冲之作小传者，亦将其在大晟府任职及时间加以考述。如《唐宋人词话》"晁冲之小传"："晁冲之（生卒年不详），字叔用，晁补之从弟。济州巨野（今属山东）人。举进士不第。绍圣初，卜居具茨山下，人称具茨先生。政和间，至京师，为大晟府丞。诗学陈师道，近人赵万里辑有

---

① 详见《浙江通志》卷一八一（第524册，第75页），《宋史·秦桧传》（第39册，第13747页），《宋宰辅编年录》卷一五（第596册，第550页），《宋史·翟汝文传》（第33册，第11544页，第11545页），《宋会要·兵》一二之二〇（第7册，第6962页）。

② 韩酉山：《秦桧传》，第6页。

③ 详见《独醒杂志》卷四（第4编，第5册，第150页），《苕溪渔隐丛话·前集》卷五九（第527册，第440页）。

④ 阮阅：《诗话总龟·后集》卷三二，第2册，第2065页。按：《诗话总龟》引文后附小注："《苕溪渔隐》。"盖即据《苕溪渔隐丛话》移录。考《诗话总龟》"今本前集基本系阮阅编撰，后集疑为书贾杂抄而成"（《诗话总龟》"阮阅小传"，《宋诗话全编》本，第2册，第1315页），此可为印证。

《晁叔用词》一卷。”[①] 其来源即出于《独醒杂志》、《渔隐丛话》、《诗话总龟》三书。

今考晁冲之在大晟府任职时间及官职，《独醒杂志》、《渔隐丛话》、《诗话总龟》都说在“政和间”，未言具体时间。又考宋人史料，皆云晁冲之多次举进士不第，绍圣党祸既作，超然无仕进意（《书录解题》卷二〇，《通考·经籍考七十二》）；政和间，混迹汴都平康，与名妓李师师、崔念月相往返（《墨庄漫录》卷八），且乐府最知名（《渔隐丛话·后集》卷三六）。晁冲之既以白衣士人身份因撰曲而得官，其事迹与上文所述万俟咏等人相似。至于其“作《梅词》以见蔡攸”时所任官职，《独醒杂志》、《渔隐丛话》、《诗话总龟》都说为“大晟丞”或“大晟府丞”。考晁冲之乃以白衣士人“作《梅词》以见蔡攸”而得官；按照大晟府官制，白衣士人初任官职只可能是按协声律、制撰文字中的一种（《宋史·职官志四》，《通考·职官九》）[②]，不太可能是大晟丞或大晟府丞。又《独醒杂志》、《渔隐丛话》、《诗话总龟》云蔡攸携其词呈蔡京，当是以文学才能而得官，其所得官疑为制撰文字而非大晟丞。

按：大晟府职官设置中并无大晟丞或大晟府丞，王国维、凌景埏、诸葛忆兵云当为“大晟府乐令”[③]，甚是。又，大晟府乐令从七品，而制撰文字从九品。按照大晟府官制，白衣士人因献词而得官，其实无品，得官名称全称应为“假从九品将仕郎”权充大晟府制撰文字，一年后方能“特补”将仕郎。故其因“作《梅词》以见蔡攸”而得官，所得官断不可能为从七品大晟府乐令（即所谓大晟丞）。大晟府乐令似为后来晁冲之所升任官名。至于其何年升迁为从七品大晟府乐令，按照大晟府职官升任次序，即使在政和六年八月即任满三年后迁任，亦属“超逾”、“冒躐”。故《独醒杂志》、《渔隐丛话》、《诗话总龟》所云晁冲之“政和间”即任大晟丞（应为大晟府乐令），疑为他在大晟府终任之官职，任时最早在政和六年八月后。对于晁冲之任大晟府官职及时间，提出以上质疑，尚属臆测，未敢遂断，附此俟考。

不过，晁冲之可能在升任大晟府乐令后不久，即离开大晟府。按晁冲之有

---

① 孙克强编著：《唐宋人词话》，第439页。

② 详见《直斋书录解题》卷二〇（第11册，第592页），《文献通考·经籍考七十二》（第1936页），《墨庄漫录》卷八（第222页），《苕溪渔隐丛话·后集》卷三六（第528册，第131页），《宋史·职官志四》（第12册，第3886页），《文献通考·职官九》（第499页）。

③ 详见王国维《清真先生遗事》（《王国维全集》，第2册，第420页），凌景埏《宋魏汉津乐与大晟府》（凌景埏、谢伯阳校注《诸宫调两种》附录，第277页），诸葛忆兵《徽宗词坛研究》（第17页）。

《和寄叶甥少蕴内翰见招》、《次韵答少蕴知府甥和四兄以道长句并见寄二首》，据考，叶梦得政和七年春移知颍昌府并结诗社唱酬①，则晁冲之此时当已离开大晟府。李朝军考证晁冲之于政和六年底离开京城举家迁至新郑一带，并与从兄晁说之、外甥叶梦得政和七年春诗社唱酬②，可从。

大晟府词人除以上六人外，其他如王国维《清真先生遗事》列为大晟府僚属七人之内的姚公立③，《书录解题》、《文献通考·经籍考十三》载其官名为大晟府按协律④，乃非制撰官且无词传世，故不述；又大晟府提举官周邦彦，前贤考述已多，此不赘论。所述六人中，徐申入大晟府时间最早，乃在崇宁五年九月至大观二年十月前先后任大晟府乐令和典乐，大观二年十月已离开大晟府；晁端礼次之，约于政和三年六月下旬召赴大晟府，以“谪散官”而任制撰文字职事，一月后叙复，命官为大晟府按协声律，未及上任即卒；万俟咏、田为、晁冲之、江汉均以白衣士人或选人任大晟府制撰文字，后皆各有升迁。江汉政和六、七年间离开大晟府，晁冲之政和六年底离开大晟府，唯万俟咏、田为分别于政和三年五月后、政和四年正月后至大晟府，又分别于宣和元年、宣和二年离开大晟府。故大晟府词人乃为一相对松散的词人群体，衡以现代意义的“文学流派”必不合，然亦不可谓其非文学群体。大晟府词人当不止此六人，如可确断为大晟府词人的曹棐⑤，因其词作无一保存，今人多不许之。钩稽历史资料耐心加以求证，对大晟府词人研究来说，应还有可开拓的空间。

第二节　魏汉津考

魏汉津为大晟乐的首创者，然史传有关其生平行实却记载颇略，且有较多讹误。后世有关魏汉津事迹及其乐书的考察，则多误信刘昺《大晟乐书》及部分史籍的叙述，实际上颇与史实相乖。今细勘文献资料，对魏汉津事迹及其乐书略作考辨。

---

① 王兆鹏：《叶梦得年谱》，《宋人年谱丛刊》本，第3926—3927页。

② 李朝军：《“别是一家”的晁冲之词》，《西北民族大学学报》（哲学社会科学版）2005年第2期，第104页。

③ 王国维：《清真先生遗事》，见《王国维全集》，第2册，第419—420页。

④ 详见《直斋书录解题》卷一四（第11册，第410页），《文献通考·经籍考十三》（第1593页）。

⑤ 曹棐既以徽调《舜韶新》曲得官，鲖阳居士亦将其列入《复雅歌词》，详见《古今合璧事类备要·外集》卷一一（第941册，第510页）。

一、关于魏汉津身份、籍贯和早期行踪

关于魏汉津早期身份和籍贯，《铁围山丛谈》卷五："魏汉津，黥卒也，不知何许人。"《家世旧闻》卷下："（魏）汉津，蜀中黥卒也。"《宋史·魏汉津传》："魏汉津，本蜀黥卒也。"《宋史·乐志三》："本剩员兵士，自云居西蜀。"其籍贯不明，但于蜀居住颇久。《纲目备要》卷二七："蜀人魏汉津者，年九十余。"《通考·乐考三》："乃博求知音之士，而蜀人魏汉津上言（略）。"《宋史·刘昺传》："遂引蜀人魏汉津铸九鼎，作《大晟乐》。"乃云"蜀人"。不知何据？又据《长编》卷一六九、卷一七一，皇祐二年底至三年初，魏汉津被益州知州田况以"善乐"荐至京师①。其时魏汉津年约 43 岁，未至"剩员"年龄。据此，知魏汉津在皇祐二年前一直在成都。

又，"蜀黥卒"云云，当是以得罪而刺配西蜀，刺配之年不可考。今据《清波杂志》卷二："沙门岛黥卒溢额……选年深至配所不作过者移州。"《萍洲可谈》卷一："（苏轼）言：'……后到海南，见一黥卒，自云元系教坊瑟二部头。'"《乐郊私语》："有魏汉津者，以一蜀黥卒，为造此乐。"可以推知，魏汉津刺配西蜀前，其身份可能并非"兵士"，或许本身就是乐人，后因得罪而为"蜀黥卒"。有关魏汉津为"黥卒"的记载，见于史籍者甚众，《铁围山丛谈》卷三记之尤详②。

又，"剩员"云云，考《宋史·职官志三》："材不中禁卫而足以执役为厢军"、"以老疾而裁其功力之半为剩员"。《宋史·兵志一》："（军士）无家可还者，隶诸州为剩员。"《宋史·兵志三》："又诏承前遣使取内外军中疲老者，咸给奉粮之半，以隶剩员。"《宋史·兵志八》："景祐元年，诏选骁骏填拱圣诸军，退其老疾为剩员，不任役者免为民。"知"剩员"为军士中年老多病且又无家可还者，给俸粮之半，比"民"境遇要好。又考兵级年六十，将校年六十五，减充为"剩员"。《宋史·兵志八》："元祐四年，诏：'今后岁拣禁军节级，筋力未衰者，年六十五始减充剩员。'八年，泾原路经略司奏：'拣

① 详见《铁围山丛谈》卷五（第 87 页），《家世旧闻》卷下（第 209 页），《宋史·魏汉津传》（第 39 册，第 13525 页），《宋史·乐志三》（第 9 册，第 2997 页），《皇朝编年纲目备要》卷二七（第 679 页），《文献通考·乐考三》（第 1159 页），《宋史·刘昺传》（第 32 册，第 11206 页），《续资治通鉴长编》卷一六九及卷一七一（第 7 册，第 4064—4065 页，第 4121—4123 页）。

② 详见《清波杂志校注》卷二（第 48—49 页），《萍洲可谈》卷一（第 124 页），《乐郊私语》（第 630 册，第 12 页），《铁围山丛谈》卷三（第 53 页）。按："一蜀"，《乐郊私语》文渊阁《四库全书》本作"西蜀"（第 1040 册，第 406 页），疑是。

选诸将下剩员，年六十以下，精力不衰，仍充军，以补阙额。’从之。”“隆兴二年，殿前司言：‘诸军法：兵级年六十，将校年六十五，减充剩员给请。内有战功，亦止半给。’”但北宋有关“剩员”年龄实际上有不同的规定。《长编》卷三〇五：“（元丰三年六月丙辰）又言：‘本路剩员数多，坐费粮饷。乞年虽未及五十五，羸病怯弱者，并听减放。’并从之。”至于魏汉津何年为“剩员兵士”？据《宋史·乐志三》：“崇宁元年，诏宰臣置僚属，讲议大政。……乃博求知音之士，而魏汉津之名达于上焉。汉津至是年九十余矣。本剩员兵士，自云居西蜀。”《家世旧闻》卷下：“或言有魏汉津知铸鼎作乐之法。汉津，蜀中黥卒也。自言年九十五，得法于仙人李良。良盖年八百岁，谓之李八百者是也。”按：魏汉津崇宁元年（1102）即已“年九十五”，则生年当在大中祥符元年（1008）。然“自言年九十五”云云，疑为魏汉津夸诞之说，至于其生年及为“剩员”之年仍只能大致测定。如按照北宋有关“剩员”55岁的年龄规定，则当在嘉祐七年（1062）；如按照北宋有关“剩员”60岁的年龄规定，则当在治平四年（1067）。但这未免过晚。考皇祐二年（1050）底至三年（1051）初，益州知州田况以魏汉津“善乐”荐至京师，其时魏汉津年约43岁，未至“剩员”年龄。但如仍以“蜀黥卒”身份荐至京师，则恐怕朝廷难以接受。《通考·兵考六》：“非游手无藉之徒，则负罪亡命之辈耳，良民不为兵也。故世之詈人者曰黥卒、曰老兵，盖言其贱而可羞。”又，据《铁围山丛谈》述刘赓不肯“与黥卒坐对”云云（卷三），时在崇宁间尚且如此，皇祐二年当更难及“议乐”者行列。魏汉津既被荐至京师“议乐”，其身份当已非“蜀黥卒”。又，考《宋史·兵志八》：“皇祐元年，拣河北、河东、陕西、京东西禁、厢诸军，退其罢癃为半分，甚者给粮遣还乡里、系化外。若以罪隶军，或尝有战功者，悉以剩员处之。”皇祐元年“以罪隶军”、“悉以剩员处之”，然不及蜀。《长编》卷三一四：“（元丰四年秋七月戊申）燕达言：‘神卫剩员中，甚有年三十五以下少壮之人。欲乞自京选一千人，分擘与将下，充樵汲诸般差使。’”[①] 知“以罪隶军”、“悉以剩员处之”，虽未至法定“剩员”年龄，也可滥竽充数。以此推测，魏汉津由“蜀黥卒”转为“剩员兵

① 详见《宋史·职官志三》（第12册，第3855页），《宋史·兵志一》（第14册，第4573页），《宋史·兵志三》（第14册，第4641页），《宋史·兵志八》（第14册，第4828页），《宋史·兵志八》（第14册，第4836页，第4847页），《续资治通鉴长编》卷三〇五（第12册，第7430页），《宋史·乐志三》（第9册，第2997页），《家世旧闻》卷下（第208—209页），《文献通考·兵考六》（第1348页），《铁围山丛谈》卷三（第53页），《宋史·兵志八》（第14册，第4829页），《续资治通鉴长编》卷三一四（第13册，第7609页）。

士”，或许就在皇祐二年前后。

有关魏汉津早年事迹，《宋史·魏汉津传》：“魏汉津，本蜀黥卒也。自言师事唐仙人李良，号李八百者，授以鼎乐之法。……皇祐中，与房庶俱以善乐荐。”《铁围山丛谈》卷五：“魏汉津，黥卒也，不知何许人。自云遇李良仙人，以其八百岁，世号‘李八百’者。”均言及“师事唐仙人李良”事。按此事当为魏汉津杜撰，考当时“黥卒”多以异术、夸诞之言游走权贵之门（详见《梦溪笔谈》、《避暑录话》、《孙公谈圃》）。魏汉津托言“师事唐仙人李良”，亦属此类。然众书云“蔡京神其说而托于李良”（《宋史·乐志三》，《宋史·魏汉津传》），则非。考魏汉津托言“师事唐仙人李良”，当在皇祐二年前。《宋朝事实》卷一四：“魏汉津居西蜀，师事李良，授鼎乐之法。良惟以黄帝、后夔为法，余代皆有所去取。”言魏汉津居西蜀时即“师事李良”，李良“授鼎乐之法”、“惟以黄帝、后夔为法”云云，即为“指尺”理论。又考魏汉津皇祐二年底至三年初以“善乐”荐至京师，即已兜售他的“指尺”理论（《宋史·乐志三》）[①]。《大晟乐论》云：

> 汉津得之于师曰：“人君代天理物，其所稟质（赋），必与众异。然春秋未及，则其寸不足；春秋既壮，则其寸有余。惟三八之数，为人正，得太簇之律。今请指之年，适与时应，天其兴之乎！”[②]

所谓“汉津得之于师”，“师”即为李良。而所谓“授以鼎乐之法”，即指“指尺”而言。当然，第一位赏识他的“指尺”理论的人并不是蔡京，而是田况。

关于魏汉津“善乐”的传说，其实早在皇祐二年前，即已流传于蜀中。史载魏汉津“尝过三山龙门，闻水声，谓人曰：‘其下必有玉。’即脱衣没水，抱石而出，果玉也。”（《宋史·魏汉津传》，《铁围山丛谈》卷五）闻水声而

---

① 详见《宋史·魏汉津传》（第39册，第13525—13526页），《铁围山丛谈》卷五（第87页），《梦溪笔谈》卷二〇（第2编，第3册，第149—150页，第156页），《避暑录话》卷上（第2编，第10册，第229页），《孙公谈圃》卷下（第559册，第184页），《宋史·乐志三》（第9册，第2997页），《宋史·魏汉津传》（第39册，第13525页），《宋朝事实》卷一四（第180册，第235页），《宋史·乐志三》（第9册，第2997页）。按：“李良”，《家世旧闻》卷下（第209页）、《文献通考·郊社考二十三》（第824页）均作“李良”。

② 详见《宋朝事实》卷一四（第180册，第235页），《长编纪事本末》卷一三五（第387册，第423页）。

知有玉，此为“善乐”的典型事例。按“龙门”（或云“三山龙门”），在韩城县北五十里（《陕西通志》卷八）。此事《宋史·魏汉津传》载在以“善乐”荐至京师前，甚确。魏汉津既自称为李良“授以鼎乐之法”，又有“善乐”的验证，故而引起了益州知州田况的注意。据《长编》卷一七一：“（皇祐三年十二月甲辰）益州乡贡进士房庶为试校书郎。……田况自蜀还，亦言其知音。”考“田况自蜀还”在皇祐二年十一月戊戌（《长编》卷一六九），其“言其（房庶）知音”当在皇祐二年底至三年初。《宋史·乐志三》“皇祐中，汉津与房庶以善乐被荐”云云，亦当为田况所荐，时间应在皇祐二年底至三年初。田况知益州在庆历八年九月至皇祐二年十一月，历时二年有余（《宋史·田况传》，《长编》卷一六七、卷一六九）①。有关魏汉津早年行踪的记载，可考者只有以上数端。

二、魏汉津皇祐议乐及“略取”范镇说考辨

皇祐二年底至三年初，魏汉津与房庶以“善乐”被荐。如：

> 皇祐中，汉津与房庶以善乐被荐，既至，黍律已成。阮逸始非其说，汉津不得伸其所学。后逸之乐不用，乃退与汉津议指尺，作书二篇，叙述指法，其书行于世。汉津尝陈其说于太常，乐工惮改作，皆不主其说。

此为《大晟乐书》部分原文，见《宋朝事实》、《长编纪事本末》②。按：以上文字亦见《宋史·乐志三》，当据《大晟乐论·第三篇》撮录而成，唯独没有“其书行于世”这一句。据考，魏汉津与房庶以“善乐”被荐，当在皇祐二年底至三年初。但是，朝廷并没有采纳魏汉津与房庶的意见。

值得注意的是，这次因“善乐”被荐而“推恩”，受惠的只有房庶一人，魏汉津却没有得到任何赏赐。这可能是因魏汉津主张“指尺”理论，而与当时的“累黍”乐论格格不入。房庶之说则得到范镇的赞许，故得“校书郎”

① 详见《铁围山丛谈》卷五（第87页），《宋史·魏汉津传》（第39册，第13525页），《陕西通志》卷八（第551册，第419—420页），《续资治通鉴长编》卷一七一（第7册，第4121—4123页），《续资治通鉴长编》卷一六九（第7册，第4064—4065页），《宋史·乐志三》（第9册，第2997页），《宋史·田况传》（第28册，第9783页），《续资治通鉴长编》卷一六七（第7册，第4008—4009页）及卷一六九（第7册，第4064—4065页）。

② 详见《宋朝事实》卷一四（第180册，第235页），《长编纪事本末》卷一三五（第387册，第423页）。

以遣（《通考·经籍考十三》）。《通考·经籍考十三》对房庶乐论内容有所概述，并云后来范镇“制雅乐”，即本房庶之说。但没有提到魏汉津进“指尺”乐论的事。《能改斋漫录》：“徽宗崇宁四年，岁次乙酉，制造九鼎。按制造官魏汉律（津）《状》云：‘……所有合用龙牙石并万年松化之石，自皇祐间西川取到，祗备造鼎。今见在城南玉仙观内，有此石五段，松石三，龙牙石二，并堪充今律鼎中五围使用。伏望详酌，特赐指挥，下所属取索前来应副。’”“据魏汉律（津）《状》称‘皇祐间西川取到，祗备造鼎’，乃知仁宗朝已尝议造九鼎矣。”（卷一二）皇祐间自西川取到龙牙石、万年松化之石“祗备造鼎”云云，似乎朝廷还是部分采纳了魏汉津“指尺”乐论，准备“造鼎”而后未果。这件事其他书中未见记载，可能是魏汉津自我夸耀，也可能是史书失载。这段时间魏汉津可能并未立即回到西蜀，而是逗留在京师，还游历了京师城南的玉仙观，并结识了陈道士（《能改斋漫录》卷一二）[①]。

但史书又载阮逸皇祐三年反对魏汉津“指尺”，但到后来“（阮）逸之乐不用”的时候，却对魏汉津“指尺”发生了兴趣，又转过头来与魏汉津一起研究（《宋朝事实》卷一四，《长编纪事本末》卷一三五）。关于“逸之乐不用”的时间，据《长编》卷一七五、《通考·乐考三》[②]，可考知在皇祐五年。

从皇祐五年始，魏汉津就与阮逸一起研究“指尺”，并“作书二篇，叙述指法，其书行于世”（详上）。所谓“其书行于世”，当是魏汉津与阮逸合著的有关“指尺”的乐书。这部书约在50年后被蔡京利用，但在此前却被埋没。所谓“汉津尝陈其说于太常，乐工惮改作，皆不主其说”（详上），时阮逸当已过世。至于魏汉津“陈其说于太常”的时间已不可确考，或在熙宁间。因在元丰三年五月，“改作”大乐事又起[③]，再未见有魏汉津进乐议的记载。

关于魏汉津皇祐五年后讨论“指尺”事，《宋史·乐志三》、《宋朝事实》、《长编纪事本末》所述皆谓阮逸（详上）。后世或有云房庶者，《蜀中广记》卷九一：“魏汉津《乐指法》二篇：……皇祐中，（魏汉津）同房庶被荐。既至，

① 详见《文献通考·经籍考十三》（第1592页），《文献通考·经籍考十三》（第1592页），《能改斋漫录》卷一二（第5编，第4册，第79页），《能改斋漫录》卷一二（第5编，第4册，第79页）。

② 详见《宋朝事实》卷一四（第180册，第235页），《长编纪事本末》卷一三五（第387册，第423页），《续资治通鉴长编》卷一七五（第7册，第4234页），《文献通考·乐考三》（第1158页）。

③ 详见《宋史·乐志三》（第9册，第2981—2986页），《玉海》卷一〇五（第945册，第775—776页）。

黍律已成，为阮逸所非。后（阮）逸乐不用，（房）庶与汉津议指尺，作书二篇，叙述指法。汉津尝陈于太常，皆不主其说。”所谓“后（阮）逸乐不用，（房）庶与（魏）汉津议指尺”，不见于他书，当为节录史书时有所误解所致。其实确指阮逸不得志而转与魏汉津议指尺，而非房庶与魏汉津议指尺。据《书录解题》卷一四，知房庶元丰四年卒已久，其子房审权为“《大乐演义》三卷”，再述房庶乐议，乃被范镇采纳，并用于元祐元年至三年的新乐制作①。

有关魏汉津皇祐五年后的行踪难以考索。只知他一度与阮逸议“指尺”，并合著有《乐书》，《蜀中广记》云书名为“魏汉津《乐指法》二篇”（卷九一），虽为揣测之辞，亦相差不远。其书流传于世，后又自陈于太常，不获用而退。其后魏汉津长时间过着隐居生活。《会要·礼》五一之二二及《舆服》六之一四、《灵岩集》卷六《隆肅铭》、《通考·郊社考二十三》、《宋史·礼志七》皆以“隐士”称魏汉津，《铁围山丛谈》卷一、《容斋三笔》卷一三、《书录解题》卷一四、《通考·乐考三》、《通考·乐考四》又以“方士”称魏汉津②，方士、隐士略有差别。但都可见其以后数十年一直“居西蜀”，未再上乐议。直到崇宁元年，其议“指尺”的《乐书》被蔡京一伙看中，被改窜后加以利用为止。

这里要辨清的还有一桩公案，即《宋史》载魏汉津《乐书》剽窃范镇之说。如：

> 或言（魏）汉津本范镇之役，稍窥见其制作，而京托之于李良云。（《宋史·魏汉津传》）
>
> 或谓（魏）汉津旧尝执役于范镇，见其制作，略取之。蔡京神其说，而托于李良。（《宋史·乐志三》）③

① 详见《蜀中广记》卷九一（第592册，第501页），《直斋书录解题》卷一四（第11册，第409页）。

② 详见《蜀中广记》卷九一（第592册，第501页），《宋会要·礼》五一之二二及《舆服》六之一四（第2册，第1552页，第1832页），《灵岩集》卷六《隆肅铭》（第1181册，第571—572页），《文献通考·郊社考二十三》（第824页），《宋史·礼志七》（第8册，第2545页），《铁围山丛谈》卷一（第12页），《容斋随笔·三笔》卷一三（第5编，第6册，第157页），《直斋书录解题》卷一四（第11册，第410页），《文献通考·乐考三》（第1159页），《文献通考·乐考四》（第1173页）。

③ 详见《宋史·魏汉津传》（第39册，第13526页），《宋史·乐志三》（第9册，第2997页）。按：此外，《宋朝事实》卷一四（第180册，第234页）、《乐轩集》卷八《策问·本朝乐》（第1152册，第114页）、《群书考索·续集》卷二七（第938册，第350页）、《金史·乐志上》（第7册，第217页）、《渊颖吴先生集》卷八《张氏〈大乐玄机赋论〉后题》（《四部丛刊》初编本，第7页A面至B面）均有相似记载。

按：以上所云魏汉津《乐书》剽窃范镇之说，诸葛忆兵先生认为“没有事实根据”[①]。极是。今考诸相关史料，所谓“剽窃”之说，实属传闻而致误，乃与事理完全不相吻合：

第一，从两人行实可考“略取”之说失实。据考，范镇（1008—1089），成都人，宝元元年进士，为新安主簿，召入国子监；庆历元年，为通监直讲；庆历五年，召试学士院，除馆阁校勘，充编修《唐书》官；皇祐元年，特除直秘阁；至和二年，知谏院兼管勾国子监（《南阳集》卷三〇《范公神道碑》）。今假设魏汉津“旧尝执役于范镇”，其时间也当在宝元元年前。因在此后，范镇均在他乡为官，还成都时间均极短暂，无法以“蜀黥卒”魏汉津“执役”。今考魏汉津皇祐二年底至三年初被益州知州田况荐“善乐”前，一直居住在成都。也就是说，他要以“蜀黥卒”的身份而“执役于范镇”，实在没有这个机会。而在宝元元年前，范镇乃为布衣，按宋制，当不得以“黥卒”而“执役”。即使魏汉津在宝元元年前结识了范镇，其时范镇也未有“制作”事，魏汉津自然也不能就“稍窥见其制作”或“见其制作，略取之”。又考所谓“见其（范镇）制作”云云，乃范镇“出私财铸乐器”（《郡斋读书后志》卷一，《通考·经籍考十三》），时间在元祐元年前后。元祐三年才奏上朝廷（《宋史·乐志三》）。如果真像所说“汉津本剩员兵士，为范镇虞候，见其制作，略取之”（《宋朝事实》卷一四）[②] 的话，则魏汉津当范镇“制作”时，已至80—83岁高龄，是否可以再作范镇的“虞候”，是值得怀疑的。再者，其时朝廷已赐诏褒奖，魏汉津即使想“略取之”，也已不可能。

第二，今考范镇论乐，主要是在皇祐三年后（《宋史·律历志四》，《长编》卷一七一）。按范镇论乐乃“宗房庶”，潜心研讨房庶乐论长达“四十余年”后，才付诸“制作”。据《郡斋读书后志》卷一：“《范蜀公乐书》一卷。右皇朝范镇景仁撰。景仁论乐宗房庶，潜心四十余年，出私财铸乐器，元祐中奏御。”《通考·经籍考十三》略同。魏汉津既与房庶同时以善乐被荐，且又同为蜀人，其论乐主张除“指尺”外，其余当与房庶接近，故真正影响魏汉津的是房庶乐论，而不太可能是范镇乐论。《通考·经籍考十三》：“石林叶氏曰：乐有五音，今无正徵音。国家以火德王，而亡本音，尤非是。范景仁（镇）力主其说，时

① 诸葛忆兵：《徽宗词坛研究》，第25页。

② 详见《南阳集》卷三〇《范公神道碑》（第1101册，第759—762页），《昭德先生郡斋读书后志》卷一（《四部丛刊》三编本，第7页A面），《文献通考·经籍考十三》（第1592页），《宋史·乐志三》（第9册，第2988页），《宋朝事实》卷一四（第180册，第234页）。

方用累黍尺，故（房）庶但报闻罢。崇宁中，更定《大晟乐》，始申景仁之说，而增徵音。"[①] 其说颇颠倒因果源流。范镇论乐力主房庶说，故"崇宁中，更定《大晟乐》"，不得谓"申景仁之说"，当是承用房庶之说。

今考房庶乐论经范镇长达"四十余年"的潜心研讨后，确在崇宁、大观间形成了较大影响。按房庶论乐，主"二变"而尚"徵音"，昌"颁格律"统一天下之"律"（《宋史·律历志四》，《长编》卷一七一）。这些日后均为大晟乐所袭用。魏汉津论乐力倡"二变"说，而大观初彭几、刘诜议补"徵音"（详后），也是受到房庶的影响。据《书录解题》卷一四、《通考·经籍考十三》[②]，知范镇用于元祐元年至三年的新乐制作，包括补"匏、土二音"，亦当是承用房庶及其子房审权之说。

第三，考察魏汉津与范镇乐论，其实有很大不同。《宋史·陈旸传》："魏汉津议乐，用京房二变、四清。"《宋史·乐志三》、《东都事略》同。魏汉津《乐书》主"四清"，而范镇论乐非议"四清"（《宋史·乐志三》，《乐书》卷一一〇，《玉海》卷一〇五）。又魏汉津《乐书》主"二变"，与房庶相近而略有不同。房庶主张"当改变徵为变羽，易变为闰"（《长编》卷一七一），魏汉津议"二变"失载，无法详考，但政和后"二变"为"闰宫、闰徵"（《宋史·乐志四》）[③]，亦与房庶相近而略有不同。又魏汉津论乐，"用京房"《易》则颇明显[④]，见《宋史·乐志四》引《大晟乐书》（详见前文《大晟乐体制考》）。又见《能改斋漫录》引魏汉津"铸造鼎鼐"之法（详上）。可见魏汉津论乐实为"鼎乐之法"，颇用"京房《易》"而参以阴阳数术，与范镇"累黍"乐论有很大不同。

综上可知，魏汉津无论是以"蜀黥卒"而"执役于范镇"，或者以"剩员

---

① 详见《宋史·律历志四》（第5册，第1611—1613页），《续资治通鉴长编》卷一七一（第7册，第4121—4124页），《昭德先生郡斋读书后志》卷一（《四部丛刊》三编本，第7页A面），《文献通考·经籍考十三》（第1592页），《文献通考·经籍考十三》（第1592页）。

② 详见《宋史·律历志四》（第5册，第1612页），《续资治通鉴长编》卷一七一（第7册，第4121—4123页），《直斋书录解题》卷一四（第11册，第409页），《文献通考·经籍考十三》（第1592页）。

③ 详见《宋史·陈旸传》（第37册，第12849页），《宋史·乐志三》（第9册，第2997—2998页），《东都事略·陈旸传》（第382册，第750页），《乐书》卷一一〇（第211册，第452页），《玉海》卷一〇五（第945册，第776—777页），《宋史·乐志三》（第9册，第2989—2990页），《续资治通鉴长编》卷一七一（第7册，第4121—4123页），《宋史·乐志四》（第9册，第3021—3022页）。

④ 按《宋史·律历志十四》："曩者魏汉津尝创用指尺以制律，乃窃京房之故智。"（第6册，第1916页）

兵士”而“为范镇虞候”，其说法均不符合史实。至于后来大晟乐用房庶乐论（为范镇乐论所本）尚“徵音”，且昌“颁格律”统一天下之“律”，那是大观二年至政和四年后的事，其时魏汉津卒已久，与魏汉津乐论无关。史传所谓魏汉津《乐书》剽窃范镇之说，实属传闻而致误。后世不明史实真相而以讹传讹，实在是一件很遗憾的事。

三、魏汉津崇宁“献乐”及仕历考述

崇宁元年，是魏汉津时来运转的一年。《宋史·乐志三》：“崇宁元年，诏宰臣置僚属，讲议大政。……乃博求知音之士，而魏汉津之名达于上焉。”《宋史·魏汉津传》：“崇宁初犹在，朝廷方协考钟律，得召见，献乐议。”均言魏汉津崇宁元年为朝廷“博求”而得召见。按：以上记载均取材于刘昺《大晟乐书·乐论第三篇》（《宋朝事实》卷一四，《长编纪事本末》卷一三五）①，唯刘昺不言“魏汉津之名达于上”的准确时间。今据陈旸上《乐书》非议魏汉津乐在崇宁二年四月，则此时魏汉津乐议已形成影响，可见崇宁元年魏汉津已上乐议（详见《大晟府事迹编年考略》）。

至于荐举魏汉津的人士，史传载为大司乐刘昺。《宋史·刘昺传》：“蔡京擢昺大司乐，付以乐正。遂引蜀人魏汉津，作《大晟乐》。昺撰《鼎书》、《新乐书》，皆汉津妄出己意，而昺为缘饰。”但史载擢刘昺大司乐在崇宁三年正月（《长编拾补》卷二三），而魏汉津在崇宁元年八月即已至京师言乐，时间上颇难吻合，此其一。又，刘昺《大晟乐论》：“乃诏宰臣置僚属，令讲议大政。……乃博求异人，而以汉津之名达于上焉。”（《宋朝事实》卷一四，《长编纪事本末》卷一三五）并未言及自己引荐魏汉津事。又，《宋史·魏汉津传》：“颁其《乐书》天下。而京之客刘昺主乐事，论太、少之说为非，将议改作。既而以乐成久，易之恐动观听，遂止。”连刘昺也以“太、少之说为非”，视为“迂怪”，其引荐魏汉津的可能性不大，此其二。又，《宋史·魏汉津传》：“有马贲者，出（蔡）京之门，在大晟府十三年。方魏、刘、任、田异论时，依违其间，无所质正。”按：“魏、刘异论”当在崇宁三年二月铸九鼎时（详后），刘昺最终用“中、正”理论取代了魏汉津“太、少之说”而铸九鼎，此其三。其实，魏汉津献乐议的引荐者不是刘昺，而是蔡京本人。《宋史·魏汉津传》：“当时以为迂怪，蔡京独神之。”《宋史纪事本末》卷五：“（崇宁元年）蔡京复荐之，乃得召见，献乐议，曰：‘声有太，有少……万物

---

① 详见《宋史·乐志三》（第9册，第2997页），《宋史·魏汉津传》（第39册，第13526页），《宋朝事实》卷一四（第180册，第235页），《长编纪事本末》卷一三五（第387册，第423页）。

可得而理。’当时以为迂怪。蔡京独神之。”按：崇宁元年七月戊子，蔡京拜右相；甲午，诏蔡京提举讲议司（详上）。其荐举魏汉津当在崇宁元年八月前后。又，《铁围山丛谈》卷三：“刘尚书（赓），法家也。崇宁间为大司寇，一日来诣东府见鲁公。公时在便坐，与魏先生汉津对，因延刘尚书弛公裳，即燕坐焉。……汉津铸九鼎，作《大晟》，上甚礼听之。”据《会要·职官》五之一三：“（崇宁元年八月四日）尚书刑部侍郎刘赓为详定官。”[①] 时刘赓为讲议司详定官，而魏汉津已为蔡京座上客。可见，“引蜀方士魏汉津见帝”的乃蔡京而非刘昺，可以考定。

不过，并不是所有人都赞成魏汉津“帝指”之说，史载陈旸就反对魏汉津乐论（详上）。按陈旸从政治伦理的角度批评魏汉津乐论，实在崇宁二年四月二十三日[②]。其实，魏汉津也没有想到，他的乐论使他无形中陷入党争之中。按崇宁间议乐亦为赵（挺之）、蔡（京）两党之角力场。陈旸非议魏汉津乐，为蔡党所不容，遂以刘炜代之。刘炜主乐后，乃力主魏汉津乐而非废陈旸乐，唯史料不载刘炜时任何官。考陈旸虽罢管乐事，但时仍任讲议司礼乐房参详官，而蔡京遂巧立一官署及官名，以行讲议司礼乐房参详官之实，此官署之名为“大乐府”，而行政长官则为大司乐。据上引“炜死，蔡京擢昺大司乐”，知刘炜主乐后所任官正是大司乐，时间则当在崇宁二年九月至十一月间，详见前文《大晟府官制考》，兹不赘述。

崇宁元年魏汉津到京师后，不可能意识到会卷入党争之中，更不可能意识到朝廷会利用他的“帝指”说以压倒众论，实际上却改窜入他人的乐论。他到达讲议司礼乐房的当年，朝廷并没有给予他什么官职，只是仍以“隐士”（或“方士”）身份提交他的乐议。崇宁二年九月至十一月间，朝廷专门设立“大乐府”，魏汉津才有一个新拟的官职——“大乐府师”。《会要·舆服》六之一五：“（崇宁四年）七月甲辰，制造大乐局铸帝鼐、八鼎成……冲显处士、大乐府师、授大乐局制造官魏汉津，为冲显宝应先生。”（《长编纪事本末》卷一二八同；《会要·舆服》六之一六又称“太乐府

---

① 详见《宋史·刘昺传》（第32册，第11206页），《长编拾补》卷二三（第2册，第787页），《宋朝事实》卷一四（第180册，第235页），《长编纪事本末》卷一三五（第387册，第423页），《宋史·魏汉津传》（第39册，第13526页），《宋史·魏汉津传》（第39册，第13526页），《宋史·魏汉津传》（第39册，第13526页），《宋史纪事本末》卷五（第353册，第141页；参点校本卷二八，第1册，第226—227页），《铁围山丛谈》卷三（第53页），《宋会要·职官》五之一三（第3册，第2469页）。按：《长编拾补》卷二三载擢刘昺大司乐在崇宁三年正月，据考实为崇宁二年底（详上）。

② 详见苗建华《陈旸〈乐书〉成书年代考》，《音乐研究》1992年第3期，第66页。

师”。）大乐府成立于崇宁二年九月至十一月间，大乐府师不常设，仅魏汉津一例。据考察，大乐府师并不是什么真正的职官名，大乐府有专门的职官如大司乐、典乐、大乐令、协律郎等，真正的负责人是大司乐。今考大乐府在设立伊始，负责人当为刘炜。其人“通乐律”（《宋史·刘昺传》，《通考·乐考三》），后来刘昺用以取代魏汉津“太、少”议的“中、正”之说，即是刘炜所主张。故刘炜任大司乐的数月内，即积极筹划如何将自己的乐论移植到魏汉津乐论中。《家世旧闻》：“局官又从而为之说曰：‘昔禹以身为度，即指尺也。’其诬伪牵合如此。”（卷下）“局官”云云，或指刘炜，其在魏汉津献“指尺”乐议时，还曾为之润饰乐论。不过，刘炜主乐后数月即卒（《宋史·刘昺传》，《通考·乐考三》）①。按：刘炜死后，蔡京乃擢其弟刘昺为大司乐。关于刘昺为大司乐的时间，诸家均系于崇宁三年正月，乃误，当在崇宁二年底，详后《刘昺考》。

崇宁二年底至三年正月，在魏汉津任大乐府师、刘昺为大司乐期间，有关新乐拟采用的黄钟律管问题，发生了一场分歧极大的争执。《宋史·魏汉津传》：“献乐议……颁其《乐书》天下。而京之客刘昺主乐事，论太、少之说为非，将议改作。既而以乐成久，易之恐动观听，遂止。”按：此说非，刘昺“议改作”实得到了朝廷许可，并用于九鼎铸造。《通考·乐考四》：“徽宗崇宁三年正月，方士魏汉津言：‘禹以声为律……’从之。刘炳主乐事，建白：‘太、少不合儒书，请罢太、少议。’……因请帝指。时止用中指，不用径围为容盛之法，遂为正声之律十二，中声之律十二，清声之律四，凡二十有八。”② 故后来只用刘昺“中、正声”铸鼎而废魏汉津“太、少议”不用。据李幼平考证，现存大晟编钟分正声钟 12 件、中声钟 12 件、清声钟 4 件③。确实已经摈弃了魏汉津“太、少议”，而只用“正声之律十二，中声之律十二，清声之律四”。史料亦有印证。《宋史·魏汉津传》：“汉津密为京言：‘《大晟》独得古意什三四尔，他多非古说。异日当以访任宗尧。’宗尧学于汉津者也。”《铁围山丛谈》卷五：“鼎乐成，亦封先王号。然汉津每叹息，谓犹不如

---

① 详见《宋会要·舆服》六之一五（第 2 册，第 1833 页），《长编纪事本末》卷一二八（第 387 册，第 362 页），《宋会要·舆服》六之一六（第 2 册，第 1833 页），《宋史·刘昺传》（第 32 册，第 11206 页），《文献通考·乐考三》（第 1159 页），《家世旧闻》卷下（第 209 页），《宋史·刘昺传》（第 32 册，第 11206 页），《文献通考·乐考三》（第 1159 页）。

② 详见《宋史·魏汉津传》（第 39 册，第 13526 页），《文献通考·乐考四》（第 1173 页）。

③ 李幼平：《大晟钟与宋代黄钟标准音高研究》，第 27 页，第 34 页。

初议。”[①] 所谓“《大晟》独得古意什三四尔”、“不如初议”，即指用刘昺“中、正声”铸鼎而废魏汉津“太、少议”事[②]。

崇宁三年二月，经过一年多讨论，朝廷决定以魏汉津“指尺”理论铸九鼎，并设“中书省提举制造大乐局”，以魏汉津为制造官、杨戬为提举官。

关于铸九鼎起始时间，诸书多误为崇宁三年正月（《宋史·徽宗本纪一》，《纲目备要》卷二七，《通鉴续编》卷一一，《长编拾补》卷二三），或误为“崇宁四年”者（《宋史·五行志四》，《会要·舆服》六之一四，《宋会要辑稿·补编》，《宋朝事实》卷一四，《能改斋漫录》卷四），或误为“崇宁二年”者（《玉海》卷八八），或误为“崇宁元年”者（《通考·郊社考二十三》）[③]。其实，铸九鼎应始于崇宁三年二月[④]。在正式“铸九鼎”前还按相关程序由魏汉津在崇宁三年正月提交书面申请。据《宋会要》：

> （崇宁）三年正月二十九日，中书门下省、尚书省送到魏汉津《札子》：“臣闻通二十四气……先铸九鼎，次铸帝座大钟，次铸四韵清声钟，次铸二十四气钟，然后均弦裁管，为一代之乐。”从之。[⑤]

《宋史·乐志三》、《玉海》卷八及卷一〇五、《通考·乐考四》所载略同[⑥]。按：魏汉津早在崇宁元年八月即已进“指尺”说，崇宁三年正月又看到

---

① 详见《宋史·魏汉津传》（第39册，第13526页），《铁围山丛谈》卷五（第87页）。

② 按：《宋史·乐志四》（第9册，第3026页）、《皇朝编年纲目备要》卷二七（第687页）、《文献通考·乐考四》（第1173页）有详细记载，文繁不录。

③ 详见《宋史·徽宗本纪一》（第2册，第368页），《皇朝编年纲目备要》卷二七（第679页），《通鉴续编》卷一一（第332册，第662—663页），《长编拾补》卷二三（第2册，第787页），《宋会要·舆服》六之一四（第2册，第1832页），《宋会要辑稿·补编》（第244页），《能改斋漫录》卷四（第5编，第3册，第83—84页），《宋朝事实》卷一四（第180册，第234页），《宋史·五行志四》（第5册，第1437页），《玉海》卷八八（第945册，第403页），《文献通考·郊社考二十三》（第824页）。

④ 详见《宋会要·礼》五一之二二及《舆服》六之一四（第2册，第1552页，第1832页），《长编纪事本末》卷一二八（第387册，第361页），《灵岩集》卷六《隆鼐铭》（第1181册，第571—572页），《宋史全文》卷一四（第330册，第531页；参点校本卷一四，第3册，第929页）及《大晟府事迹编年考略》。

⑤ 徐松辑：《宋会要·乐》五之一八至二〇，第1册，第341—342页。

⑥ 详见《宋史·乐志三》（第9册，第2998页），《玉海》卷八（第943册，第209页）及卷一〇五（第945册，第777页），《文献通考·乐考四》（第1173页）。

魏汉津《札子》，两者之间实有区别。崇宁元年八月乃进《乐书》，此次正式提出"铸九鼎"的书面申请。尽管魏汉津本人此时已明白，朝廷不过是利用自己的学说做个幌子，实际却按刘炜、刘昺兄弟"中、正"说铸鼎造器，亦已无可奈何。崇宁三年二月，朝廷很快批准了魏汉津的申请，正式进入铸鼎流程。不过，诸书记载"铸九鼎"者不一，有言魏汉津铸九鼎（《宋朝事实》卷一四，《宋史全文》卷一四），有言杨戬"铸九鼎"（《宋史·杨戬传》）。其实，"铸鼎鼐"有较复杂程序，理论出于魏汉津，实际操作者当为杨戬（《宋史·杨戬传》，《铁围山丛谈》卷五）[①]，乐政则归刘昺。时已设立"铸九鼎"临时机构"制造大乐局"，杨戬任提举官，魏汉津为制造官[②]。

崇宁三年七月，铸景钟成；八月，罢讲议司，陈旸转为鸿胪少卿（详上）。《长编拾补》云陈旸因"论多不合，遂迁旸为鸿胪少卿"，在"崇宁三年正月甲辰"（卷二三）。此说实误。按：陈旸崇宁元年九月官职为太常丞、驾部员外郎兼礼乐房参详官（详上），太常丞从七品，驾部员外郎正七品，可能是因兼礼乐房参详官的缘故，而由从七品的品秩任正七品的职事；崇宁二年九月因上《乐书》而转一官（详上），时官职为礼部员外郎，亦为正七品，"转一官"后当为从六品；而鸿胪少卿为正六品，品秩高于陈旸以前所有官职，因"论多不合"而"迁"，本为降黜而反升迁，当无此理。考《长编纪事本末》卷一三二："（崇宁三年）八月戊申（七日），诏：'讲议司官属依制置三司条例司体例推恩，翰林学士承旨张康国、刑部侍郎刘赓、提举洞霄宫蹇序辰、显谟阁待制范致虚、王汉之等三十五人各迁一官。"此诏无陈旸"推恩"名字，然据"翰林学士承旨张康国……等三十五人各迁一官"云云，亦只载五人姓名，其余三十人皆略去。今查《会要·职官》五之一四、一五，崇宁三年八月七日，奉议郎、礼部员外郎陈旸转一官[③]。"转一官"与"迁一官"义同。可见，陈旸迁为鸿胪少卿，乃是因罢讲议司有劳而"转一官"的缘故。按：陈旸一直反对以魏汉津乐议铸器，今铸景钟成，陈旸反而"转一官"，当

---

① 详见《宋朝事实》卷一四（第180册，第234页），《宋史全文》卷一四（第330册，第533页；参点校本卷一四，第3册，第932页），《宋史·杨戬传》（第39册，第13664页），《宋史·杨戬传》（第39册，第13664页），《铁围山丛谈》卷五（第87页）。

② 详见《宋史·杨戬传》（第39册，第13664页），《宋会要·乐》五之二〇、二一（第1册，第342—343页），《长编纪事本末》卷一二八（第387册，第362页），《铁围山丛谈》卷五（第87页），《能改斋漫录》卷一四（第5编，第4册，第79页）及前文《大晟府官制考》。

③ 详见《长编拾补》卷二三（第2册，第790页），《长编纪事本末》卷一三二（第387册，第403页），《宋会要·职官》五之一四、一五（第3册，第2469—2470页）。

是借机而使其远离大乐，让魏汉津等安心铸器。

此时，流传着有关魏汉津与杨戬铸九鼎而又能分身迎“车驾”传说。详见《铁围山丛谈》[①]，文繁不引。这不过是蔡京一伙装神弄鬼以神其说的谎言，可能并不出自魏汉津本人的宣扬。

崇宁四年三月，铸帝鼐、八鼎成，赐魏汉津号“冲显处士”。关于九鼎铸成时间，诸书记载各异，《宋史·乐志四》云为“崇宁四年七月”，《东都事略》卷一〇、《纲目备要》卷二七则云为“崇宁四年”。按：主“崇宁四年八月”说者显然有误，因八月连续有“奉安九鼎”、“改定二舞”、“崇政殿奏新乐”等一系列与“鼎乐”相关的大事，故不可能于八月方告完成。九鼎铸成当在崇宁四年三月。宋人史料多主是说，如《会要·舆服》六之一四：“《祭鼐鼎篇》云：‘崇宁三年二月，以隐士魏汉津言，备万物之象，铸鼎九。四年三月，告成。’”《玉海》卷八八：“（崇宁）四年三月戊午，（九鼎）成。”（《通考·郊社考二十三》略同）《灵岩集》卷六《隆鼐铭》：“乃崇宁建号之三载，仲春之月，用隐士魏汉津言，备百物之象，爰铸九鼎。四年季春，大冶告成。”按：唐士耻为“宁宗、理宗时人”，集中“表、檄、箴、铭、赞、颂诸篇，亦皆拟作”（《四库全书总目·〈灵岩集〉提要》），其说当属可信。又张全真《贺九鼎成表》：“王春启节，阳德布和。……窃以文鼎出于山川，甘露零于草木。……故得九牧之金，制器五色之瑞。”（《播芳大全》卷二上）既云“王春启节，阳德布和”，亦可证九鼎成于春天。各书云“七月”或“八月”者，均为秋天，与此矛盾。又，据《宋史·魏汉津传》：“（崇宁）四年三月，鼎成，赐号冲显处士。”[②] 知铸九鼎成后，魏汉津赐号“冲显处士”，乃在崇宁四年三月。

崇宁四年七月甲辰，因铸帝鼐、八鼎成，推赏众官，“冲显处士”魏汉津再被赐予“冲显宝应先生”称号。《长编纪事本末》：“（崇宁四年）七月甲辰，制造大乐局铸帝鼐、八鼎成……冲显处士、大乐府师、授大乐局制造官魏汉津，为冲显宝应先生。”[③] 按：本年三月魏汉津赐号“冲显处士”，赐号“冲显宝应先生”当在本年七月。

---

① 蔡絛撰，冯惠民、沈锡麟点校：《铁围山丛谈》卷五，第87页。

② 详见《宋史·乐志四》（第9册，第3001页），《东都事略》卷一〇（第382册，第83页），《皇朝编年纲目备要》卷二七（第687页），《宋会要·舆服》六之一四（第2册，第1832页），《玉海》卷八八（第945册，第403页），《文献通考·郊社考二十三》（第824页），《灵岩集》卷六《隆鼐铭》（第1181册，第571—572页），《四库全书总目·〈灵岩集〉提要》（第1403页），《五百家播芳大全文粹》卷二上（第1352册，第68页），《宋史·魏汉津传》（第39册，第13526页）。

③ 杨仲良：《长编纪事本末》卷一二八，第387册，第362页。

崇宁四年八月二十日甲申，奠九鼎于九成宫；二十一日，车架幸九成宫酌献，至北方宝鼎，鼎忽漏，水流溢于外[①]。按：魏汉津对此事颇有异议。《铁围山丛谈》卷五：“（魏）汉津明乐律，晓阴阳数术，多奇中，尝私语所亲曰：‘不三十年，天下乱矣。’鼎乐成，亦封先王号。然汉津每叹息，谓犹不如初议。”《乐郊私语》、《张氏〈大乐玄机赋论〉后题》亦述及此事[②]。知魏汉津曾与人诉说过对刘昺等人改窜其乐的不满，并对刘昺装神弄鬼、巧言润饰的政客嘴脸颇致微词，然终于未敢明言。详后《任宗尧考》，兹不赘述。

崇宁四年九月朔，大庆殿称庆，赐乐名《大晟》，置府建官（《宋史·乐志四》）；加魏汉津“虚和冲显宝应先生”，并颁其《乐书》天下。《会要·舆服》六之一六：“（崇宁四年）九月乙未朔，以九鼎成，御大庆殿受贺，始用新乐。……乙巳，冲显宝应先生、太乐府师、授制造九鼎官魏汉津，为虚和冲显宝应先生，秩比中散大夫，赐宅一区，田六十顷，银绢各五百匹两。”《宋史·魏汉津传》：“（崇宁）四年三月，鼎成，赐号冲显处士。八月，《大晟乐》成。徽宗御大庆殿受群臣朝贺，加汉津虚和冲显宝应先生，颁其《乐书》天下。”后世或有载大观元年颁魏汉津《乐书》于天下者。《御制律吕正义后编》卷八五：“大观元年，颁新乐于天下，加魏汉津虚和冲显宝应先生。令大晟府颁其《乐书》于天下。”[③] 按：魏汉津于崇宁五年十二月前已卒，加“虚和冲显宝应先生”乃魏汉津生前事。大观元年颁魏汉津“《乐书》于天下”云云，未知何据？

四、有关魏汉津卒年及“赐谥”嘉晟侯的时间

有关魏汉津卒年，史书未明载。《御批历代通鉴辑览》卷八〇：“（崇宁四年冬十一月）方士魏汉津死，赐号嘉成侯。”《御批续资治通鉴纲目》卷九：“（崇宁四年冬十一月）方士魏汉津死，赐号嘉成侯。”《续资治通鉴》卷八九：“（崇宁四年九月乙未朔）赐魏汉津号嘉成侯。于铸鼎之地作宝成宫，置殿以祠黄帝、夏禹、周成王、周公旦、召公奭，置堂以祀唐李良及汉津。汉津

---

① 详见《宋会要·舆服》六之一五（第2册，第1833页），《皇朝编年纲目备要》卷二七（第680页），《铁围山丛谈》卷一（第12页）及《大晟府事迹编年考略》。

② 详见《铁围山丛谈》卷五（第87页），《乐郊私语》（第630册，第12页），《渊颖吴先生集》卷八《张氏〈大乐玄机赋论〉后题》（《四部丛刊》初编本，第6页A面至B面）。

③ 详见《宋史·乐志四》（第9册，第3001—3002页），《宋会要·舆服》六之一六（第2册，第1833页），《宋史·魏汉津传》（第39册，第13526页），《御制律吕正义后编》卷八五（第217册，第458页）。

寻死于京师，年九十矣。”均未言所据，实源出于元人陈桱所撰《通鉴续编》[①]。凌景埏云：“是岁（崇宁四年）冬汉津卒，赐谥嘉晟侯。”[②] 所据即《御批续资治通鉴纲目》，当误。《全宋文》“魏汉津小传”：“（崇宁）五年十二月卒，赠太中大夫，谥嘉晟侯，配食宝成殿昭应堂。”[③] 实据《会要·仪制》一三之八：“魏汉津崇宁五年十二月赠太中大夫，以尝造九鼎，作大乐，故特褒赠。”[④] 乃是。

按：魏汉津在世的最后一年，即崇宁五年二月，又发生了一件令魏汉津想象不到的事，即大晟府的被“毁”。崇宁五年二月，蔡京罢相，赵挺之为尚书右仆射，“毁”大晟府即在此时（详上）。大晟府被“毁”还涉及人事更动问题，有些大晟府官员还因此罢了职事。据杨时《吴国华墓志铭》：“崇宁五年……授将仕郎，大晟府审验音律。未几，府罢。先生亦浩然而归，不复出矣。”[⑤] 知吴仪（国华）于本年初招为“大晟府审验音律”（即“按协声律”），二月即罢归，未复职。查史料对魏汉津在“毁”大晟府后的经历缺乏记载，不知其所得赏赐有否收缴，今已无从详考。

不过，大晟府很快又在崇宁五年九月二十日“复仍旧”（详上）。关于恢复大晟府的原因，《长编拾补》、《纲目备要》有载[⑥]，所述“太乐府”云云，乃大晟府旧称（详上）。时蔡京虽已罢相，但仍居京城赐第，窥伺朝政，故能指使党羽，影响决策。大晟府既为蔡京“绍述神考美意”的主要政绩之一，为蔡京一伙的进身阶，也成为蔡（京）党与赵（挺之）党角力的名利场，故蔡京必复之而后快（详见前文《大晟府官制考》）。大晟府在崇宁五年九月二十日“复仍旧”后，魏汉津仍在世，不知经此反复变更后，有何举止变化？然魏汉津就在本年十二月前过世，或许与大晟府的变故有些许关系。

魏汉津死后，仍被作为政治工具被蔡京一伙加以利用。《铁围山丛谈》卷五：“鼎乐成，亦封先王号。……未久，死几年，忽有人自陕右，附汉津书归其家者。仍遣封以示鲁公，始验为尸解云。”说在魏汉津死后将近一年，即大

---

① 详见《御批历代通鉴辑览》卷八〇（第338册，第297页），《御批续资治通鉴纲目》卷九（第693册，第334页），《续资治通鉴》卷八九（第467页），《通鉴续编》卷一一（第332册，第666页）。

② 凌景埏：《宋魏汉津乐与大晟府》，凌景埏、谢伯阳校注《诸宫调两种》附录，第261页，第293页。

③ 曾枣庄等主编：《全宋文》，第46册，第145页。

④ 徐松辑：《宋会要·仪制》一三之八，第2册，第2052页。

⑤ 杨时：《龟山集》卷三〇，第1125册，第390页。

⑥ 详见《长编拾补》卷二六（第2册，第879页），《皇朝编年纲目备要》卷二七（第689页）。

观元年十一月前后，还从陕西寄书信给家人。“尸解”云云，乃出于道家者流附会，不可据信。又“仍遣封以示鲁公（蔡京）”云云，知此怪诞的传说源于蔡京。据《故太中大夫魏汉津亲女夫张清可三班借职制》（《摛文堂集》卷八），此必为魏汉津死后推恩之制，当在大观元年前后。知魏汉津卒后不久，其亲女夫张清即推恩而为“三班借职”。所谓“附汉津书归其家者”，或许即寄于此人。《通鉴续编》：“（崇宁四年）九月以九鼎成，受贺于大庆殿，赐方士魏汉津号嘉成侯。作宝成宫。”小注：“帝以九鼎成，受贺于大庆殿。诏于铸鼎之地作宝成宫，置殿以祠黄帝、夏禹、周成王、周公旦、召公奭，置堂以祀唐李良及魏汉津，赐汉津号嘉成侯。汉津寻死于京师，年九十矣。”（卷一一）此将数年之事系于一处，乃为“联书体”，而叙事偶误。《通鉴后编》卷九六、《御批历代通鉴辑览》卷八〇、《御批续资治通鉴纲目》卷九、《续通鉴》卷八九，均误从此书而不加考证。按“宝成宫”成于大观三年，魏汉津“赐谥”嘉晟侯亦不在崇宁四年九月，乃在其卒后三年。详见《宋史·魏汉津传》、《会要·礼》五一之二四、《通考·郊社考二十三》[①] 及前文《魏汉津〈乐书〉辑考》，兹不赘述。

第三节　刘昺考

《全宋文》“刘昺小传”：“刘昺，初名炳，后赐今名，字子蒙，开封东明（今河南兰考境）人。元符末，中进士甲科，授太学博士，迁秘书省正字、校书郎。擢大司乐，引蜀人魏汉津铸九鼎，正乐律。累迁给事中、翰林学士，改工部尚书，出知陈州。坐亲丧不葬夺职。蔡京入相，引为户部尚书，再为翰林学士，加宣和殿学士，知河南府。后坐与王寀交通，长流琼州，卒，年五十七。著有《大晟乐书》二十卷、《乐论》八卷、《运谱四议》二十卷、《政和颁降乐曲乐章节次》一卷、《政和大晟乐府雅乐图》一卷。见《宋史》卷二〇二《艺文志》一及卷三五六本传。”[②] 按：此为删节《宋史·刘昺传》而成，但因删削太甚出现了疏误：

---

① 详见《铁围山丛谈》卷五（第87页），《摛文堂集》卷八（第1123册，第393页），《通鉴续编》卷一一（第332册，第666页），《资治通鉴后编》卷九六（第343册，第765页），《御批历代通鉴辑览》卷八〇（第338册，第297页），《御批续资治通鉴纲目》卷九（第693册，第334页），《续资治通鉴》卷八九（第467页），《宋史·魏汉津传》（第39册，第13526页），《宋会要·礼》五一之二四（第2册，第1553页），《文献通考·郊社考二十三》（第824页）。

② 曾枣庄等主编：《全宋文》，第141册，第151页。

第一，“蔡京入相，引为户部尚书”。据文意似为蔡京第一次“入相”而“引为户部尚书”。按蔡京前后四次“入相”，据《宋史·刘昺传》：“蔡京擢昺大司乐，付以乐正。遂引蜀人魏汉津，铸九鼎，作《大晟乐》。……累迁给事中。”“京置局议礼，昺又领之。为翰林学士，改工部尚书。”“京再辅政，召为户部尚书。”① 知蔡京第一次入相（崇宁元年七月戊子至五年二月丙寅）即“擢昺大司乐”，第二次入相（大观元年正月甲午至三年六月辛巳）又使“昺领局议礼。为翰林学士，改工部尚书”，第三次入相（政和二年五月己巳至宣和二年六月戊寅）期间，“引为户部尚书，再为翰林学士”。《全宋文》“刘昺小传”似未顾及此，而出现了叙事上的疏误。

第二，《全宋文》“刘昺小传”认为刘昺“著有《大晟乐书》二十卷、《乐论》八卷、《运谱四议》二十卷”，所据即《宋史·艺文志一》：“刘昺《大晟乐书》二十卷，又《乐论》八卷，《运谱四议》二十卷，《政和颁降乐曲乐章节次》一卷，《政和大晟乐府雅乐图》一卷。”② 据笔者考证，“《乐论》”、“《运谱四议》”均为《大晟乐书》的部分内容，而非独立于《大晟乐书》的另书（详见前文《刘昺〈大晟乐书〉考》）。

现据《宋史·刘昺传》及相关文史资料，对刘昺生平事历重加钩稽考证；刘昺著述情况，则已见前文《大晟府乐书考》，兹不赘述。

元符三年（1100），进士甲科，起家太学博士。

《宋史·刘昺传》：“元符末，进士甲科，起家太学博士。”按：元符末即元符三年，是年“同解褐”者有谢孚、窦盌，或言刘昺有为窦盌代笔取贷事。胡寅《朝请郎谢君墓志铭》：“中元符三年进士第……初，肄业成均时，与刘炳俱以学《易》擅名。有窦盌者，尝游从，俄同解褐。会言者论盌假于中选，炳坐斥久之，又进用矣。复以及公。”（《斐然集》卷二六）《宋名臣言行录》：“（俞㮚）又发刘炳为举子时，为富人窦盌代笔取贷事。”《宋史·刘昺传》：“京再辅政，召为户部尚书。……御史中丞俞㮚发其奸利事，京徙㮚他官。”③

关于刘昺为太学博士事，《宋代京朝官通考》无载。按：太学博士为元丰三年国子监直讲改称，从八品，班位在国子博士下、国子正与太学正上，元丰新制额为10人或12人④。

---

① 脱脱等：《宋史》卷三五六《刘昺传》，第32册，第11206页。

② 脱脱等：《宋史》卷二〇二《艺文志一》，第15册，第5055—5056页。

③ 详见《宋史·刘昺传》（第32册，第11206页），《斐然集》卷二六（第1137册，第697页），《宋名臣言行录·别集上》卷四（第449册，第396页），《宋史·刘昺传》（第32册，第11207页）。

④ 龚延明：《宋代官制辞典》，第349—350页。

建中靖国元年（1101）至崇宁元年（1102），由太学博士迁秘书省正字、校书郎。

《宋史·刘昺传》："元符末，进士甲科，起家太学博士，迁秘书省正字、校书郎。"[①]

虽秘书省正字与太学博士均为从八品，但太学博士次于秘书省正字。元丰新制至南宋绍兴元年，秘书省正字额为二人[②]。按：刘昺为太学博士不久，即迁为秘书省正字。

又秘书省校书郎亦为从八品，但位在秘书省正字之上，元丰新制额为四人[③]。李之亮系崇宁元年秘书省校书郎为慕容彦逢、薛昂、许敦仁三人[④]，另一人疑即刘昺。

崇宁二年（1103）初，由秘书省校书郎迁为起居郎；约于年底任大司乐，又破格升为殿中少监。

（1）本年初，由秘书省校书郎升迁为起居郎。

《摛文堂集》卷四《起居郎刘炳可殿中少监制》，制文作于崇宁二年。《宋史·张康国传》："崇宁元年，入为吏部左司员外郎，起居郎。二年，为中书舍人。"据《会要·职官》二之三，起居郎元丰新制一人[⑤]。知刘昺为起居郎当在张康国后，亦即崇宁二年。

李之亮系刘昺为起居郎在大观元年[⑥]。似误。因起居郎从六品，大观元年刘昺已为翰林学士，正三品。刘昺为起居郎当在崇宁二年初。

（2）九月至十一月间，兄刘炜主乐，任职大司乐。

《宋史·刘昺传》："兄（刘）炜，通乐律。炜死，蔡京擢昺大司乐。"[⑦]刘炜实以蔡京之荐代陈旸主管乐事。时蔡京立大乐府以专管乐事，又巧立大司乐官名以行"礼乐房参详官"之实，在崇宁二年九月至十一月间，详见《大晟府官制考》，兹不赘述。

（3）本年底，刘炜卒，蔡京遂擢刘昺为大司乐。

《宋史·刘昺传》："（刘）炜死，蔡京擢昺大司乐，付以乐正。遂引蜀人

---

① 脱脱等：《宋史》卷三五六《刘昺传》，第32册，第11206页。

② 龚延明：《宋代官制辞典》，第242页。

③ 同上书，第241页。

④ 李之亮：《宋代京朝官通考》，第4册，第544—545页。

⑤ 详见《摛文堂集》卷四《起居郎刘炳可殿中少监制》（第1123册，第339页），《宋史·张康国传》（第32册，第11107页），《宋会要·职官》二之三（第3册，第2373页）。

⑥ 李之亮：《宋代京朝官通考》，第2册，第551页。

⑦ 脱脱等：《宋史》卷三五六《刘昺传》，第32册，第11206页。

魏汉津，铸九鼎，作《大晟乐》。"[①] 按：刘炜死后，蔡京急于寻找代理人，刘昺遂因亲党关系被擢为大司乐。

关于刘昺为大司乐的时间，诸家均系于崇宁三年正月，疑误。《长编拾补》："（崇宁三年正月）甲辰，用方士魏汉津之说铸九鼎。（【案】《通鉴续编》云：蔡京擢其客刘昺为大司乐，付以乐政，刘昺引蜀方士魏汉津见帝，献乐议，从之。）"[②] 按：魏汉津进"指律"在崇宁元年而不在崇宁三年，已见上考。《长编拾补》云"刘昺引蜀方士魏汉津见帝，献乐议"，乃误读《宋史·刘昺传》"遂引蜀人魏汉津，铸九鼎，作《大晟乐》"一节所致。《宋史》本文只云刘昺为大司乐后"铸九鼎"事，实未言汉津献乐议亦为其所引。又，"铸九鼎"在崇宁三年二月，其时刘昺已任大司乐若干时。《长编拾补》亦将刘昺任大司乐系于崇宁三年正月甲辰，未免失考。笔者认为，刘炜卒后蔡京即擢刘昺为大司乐，当在崇宁二年底（详见《大晟府事迹编年考略》）。今据崇宁三年正月魏汉津《札子》"次铸二十四气钟"云云（详上），所谓"二十四气钟"，即指正声钟 12 件、中声钟 12 件之合称[③]。按：魏氏原主"太、少"，刘昺认为"不合儒书"而改为"中、正"说[④]，后魏汉津《札子》即已被刘昺改以"中、正"说铸器，可推知此前刘昺已任大司乐。

因任大司乐之职，起居郎刘昺破格升为殿中少监。

据慕容彦逢《起居郎刘炳可殿中少监制》（详上），刘昺由起居郎升为殿中少监当在崇宁二年底。刘昺官品不足为大司乐，故由从六品起居郎升迁为从五品殿中少监，位在秘书少监之上[⑤]。

李之亮系刘昺为殿中少监在大观元年[⑥]。似误。按：《摛文堂集》另有《宣德郎尚书司封员外郎王孝迪可殿中少监制》、《右正言卢航除殿中少监制》两制（卷四），据《宋史·职官志四》，殿中少监一人[⑦]，故不可能有三人同在大观元年为殿中少监事。考慕容彦逢两次为中书舍人，王孝迪、卢航除殿中少监或当慕容彦逢在第二次为中书舍人时，即崇宁五年至大观元年春，刘昺为

---

① 脱脱等：《宋史》卷三五六《刘昺传》，第 32 册，第 11206 页。

② 黄以周等：《长编拾补》卷二三，第 2 册，第 787 页。

③ 李幼平：《大晟钟与宋代黄钟标准音高研究》，第 27 页，第 34 页。

④ 详见《宋史·魏汉津传》（第 39 册，第 13526 页），《文献通考·乐考四》（第 1173 页）。

⑤ 龚延明：《宋代官制辞典》，第 263 页。

⑥ 李之亮：《宋代京朝官通考》，第 2 册，第 551 页。

⑦ 详见《摛文堂集》卷四（第 1123 册，第 322—323 页，第 339 页），《宋史·职官志四》（第 12 册，第 3880 页）。

殿中少监当在慕容彦逢第一次为中书舍人时，即崇宁二年。

崇宁三年（1104）二月，任大司乐，铸九鼎，由殿中少监免试除中书舍人；七月，景钟成，由中书舍人迁为给事中。

（1）二月，以魏汉津言铸九鼎，大司乐刘昺免试除中书舍人。

《宋史·刘昺传》："蔡京擢（刘）昺大司乐，付以乐正。遂引蜀人魏汉津，铸九鼎，作《大晟乐》。"[①] 按：铸九鼎在崇宁三年二月（详见《大晟府事迹编年考略》），时刘昺任大司乐，负责铸九鼎的行政事务。

据《摛文堂集》卷九《殿中少监刘炳可免试除中书舍人诰》，按慕容彦逢本年春"罹嘉国夫人忧"（《慕容彦逢墓志》）[②]，故《殿中少监刘炳可免试除中书舍人诰》当作于崇宁三年二月。李之亮系刘昺为中书舍人在大观元年[③]。似误。因崇宁四年刘昺以给事中领议礼局[④]，而给事中为正四品，位在中书舍人之上，故不可能于大观元年方为中书舍人。

（2）七月，景钟成，刘昺由中书舍人迁为给事中。

《宋史·乐志三》："（崇宁三年）秋七月，景钟成。"《会要·乐》三之二四及五之一九、《玉海》卷一〇九同[⑤]。刘昺由中书舍人迁为给事中，当因"景钟成"而迁。

崇宁四年（1105）三月，任大司乐兼领局议礼；七月甲辰，因铸九鼎成，转一官，赐五品服；九月乙巳，因置大晟府而转三官，授"同详定《大乐书》"官。

（1）三月，置局议礼，刘昺又领之。

《宋史·刘昺传》："累迁给事中。京置局议礼，昺又领之。"[⑥] 李之亮系刘昺为给事中在崇宁五年[⑦]。似误。《通鉴续编》卷一一："（崇宁四年三月）置议礼局于尚书省……以给事中刘昺领其事。"《长编拾补》"大观元年正月庚子"条："据《宋史·礼志》云，大观初，置议礼局于尚书省。又云祀礼修于元丰，至崇宁复有所增损。盖初命详议在（崇宁）四年三月，此（大观元年

---

① 脱脱等：《宋史》卷三五六《刘昺传》，第 32 册，第 11206 页。

② 详见《摛文堂集》卷九（第 1123 册，第 403 页），《永乐大典》卷五三九《慕容彦逢墓志》（第 1 册，第 77 页）。

③ 李之亮：《宋代京朝官通考》，第 2 册，第 94 页。

④ 陈桱：《通鉴续编》卷一一，第 332 册，第 665 页。

⑤ 详见《宋史·乐志三》（第 9 册，第 2999 页），《宋会要·乐》三之二四及五之一九（第 1 册，第 319 页，第 342 页），《玉海》卷一〇九（第 945 册，第 857 页）。

⑥ 脱脱等：《宋史》卷三五六《刘昺传》，第 32 册，第 11206 页。

⑦ 李之亮：《宋代京朝官通考》，第 2 册，第 496 页。

正月）则再命详议。”（卷二七）云“初命详议在（崇宁）四年三月，此（大观元年正月）则再命详议”，或有所据。考《宋史·徽宗本纪二》：“（大观元年正月）庚子，复置议礼局于尚书省。”① 知崇宁中曾置，后罢，至此“复置”。

（2）七月九日，因铸帝鼐、八鼎成，转一官，赐五品服。

《会要·舆服》六之一五：“（崇宁四年）七月甲辰，制造大乐局铸帝鼐、八鼎成，宣成（德）郎、大司乐刘炳转一官，赐五品服。”《长编纪事本末》卷一二八同②。

（3）八月二十一日，酌献至北方宝鼎，鼎忽漏，水流溢于外，以为神。

《宋史·礼志七》：“帝幸九成宫酌献。”《宋史·徽宗本纪二》：“（崇宁四年八月）乙酉，诣宫酌献。”《纲目备要》卷二七：“及奉安，翼日，上幸九成宫酌献。至北方曰宝鼎者，方焚香再拜，而鼎忽漏，其中水流溢于外。蔡京私怪之，殊不乐。于是刘炳曰：‘鼎之水土，皆取九州之地中。独宝鼎取水土于雄州界北，燕之正方也。或者其为此乎？’当时尤以为神，然其后终于北方致乱。”《会要·舆服》六之一五所载略同③。

二十四日，奏罢大朝会十二熊罴桉、金錞、箫、鼓、鞞鞉等，又请改定二舞。

《宋史·乐志四》：“（崇宁四年）八月，大司乐刘昺言：‘大朝会宫架旧用十二熊罴按（桉），金錞、箫、鼓、鞞鞉等与大乐合奏。今所造大乐，远稽古制，不应杂以郑卫。’诏罢之。又依昺改定二舞，各九成，每三成为一变。执籥秉翟，扬戈持盾，威仪之节，以象治功。”《会要·乐》五之二〇、《玉海》卷一〇七略同，作“崇宁四年八月二十四日”④。

（4）九月十一日前，因大晟府置府建官，转三官，授“同详定《大乐书》”官。

《会要·舆服》六之一六：“（崇宁四年）九月乙未朔，以九鼎成，御大庆

---

① 详见《通鉴续编》卷一一（第332册，第665页），《长编拾补》卷二七（第2册，第906页），《宋史·徽宗本纪二》（第2册，第377页）。

② 详见《宋会要·舆服》六之一五（第2册，第1833页），《长编纪事本末》卷一二八（第387册，第362页）。

③ 详见《宋史·礼志七》（第8册，第2544页），《宋史·徽宗本纪二》（第2册，第375页），《皇朝编年纲目备要》卷二七（第680页），《宋会要·舆服》六之一五（第2册，第1833页）。

④ 详见《宋史·乐志四》（第9册，第3001页），《宋会要·乐》五之二〇（第1册，第342页），《玉海》卷一〇七（第945册，第828—829页）。

殿受贺，始用新乐。……大司乐、兼同详定《大乐书》刘炳转三官。……皆以九鼎成，推恩故也。”《长编纪事本末》卷一二八略同[①]。

崇宁五年（1106）二月，大晟府并之礼官；九月复旧，官职俟考。

二月，诏省内外冗官，大晟府并之礼官；九月，大晟府名复仍旧（详上）。其间刘昺任何官职，俟考。

大观元年（1107）正月，除翰林学士；三月，改工部尚书；十一月，令撰《大晟乐书》，颁《鼎书》；十二月，提举《纪元历》。

（1）正月七日，蔡京复为尚书左仆射，荐为翰林学士。

《宋史·刘昺传》：“京置局议礼，昺又领之。为翰林学士，改工部尚书。”[②] 李之亮系刘昺为翰林学士在大观元年[③]。按：刘昺为翰林学士当是蔡京所荐。《续通鉴》：“（大观元年正月甲午）蔡京复为尚书左仆射。……庚子，御笔议礼局依旧于尚书省置局。”[④]

按：“议礼局”设立于大观元年正月十三日，政和三年四月罢局，六月结局[⑤]。所谓“京置局议礼，昺又领之”云云，事在崇宁四年三月（详上），考大观、政和间议礼局无刘昺之名，疑不在局中。

（2）三月前后，为翰林学士，制词荒谬，以不称职罢，改工部尚书。

《宋史·刘昺传》：“改工部尚书。提举《纪元历》，有所损益。”《会要·职官》六八之一六：“（大观二年）六月二十八日，工部尚书刘炳为显谟阁直学士、知陈州。以言者论炳昨在翰苑，制词荒谬，以不称职罢。为工部尚书，其实迁也。今又以私意妄议《新历》，故有是命。”[⑥]

按：李之亮系刘昺为工部尚书在大观元年至二年六月，又系刘昺为翰林学士在大观元年，又系慕容彦逢权翰林学士在大观元年春[⑦]，则刘昺改工部尚书当在大观元年春。

（3）十一月五日前，受命修《大晟乐书》。

《宋史·乐志四》：“（大观四年）八月，帝亲制《大晟乐记》，命太中大

---

① 详见《宋会要·舆服》六之一六（第2册，第1833页），《长编纪事本末》卷一二八（第387册，第363页）。

② 脱脱等：《宋史》卷三五六《刘昺传》，第32册，第11206页。

③ 李之亮：《宋代京朝官通考》，第1册，第687—688页。

④ 毕沅：《续资治通鉴》卷九〇，第470页。

⑤ 龚延明：《宋代官制辞典》，第191页。

⑥ 详见《宋史·刘昺传》（第32册，第11206页），《宋会要·职官》六八之一六（第4册，第3916页）。

⑦ 详见《宋代京朝官通考》，第3册，第806页；第1册，第687—688页。

夫刘昺编修《乐书》。”系刘昺编修《乐书》于大观四年八月，大误。《宋史·徽宗本纪二》言大观三年六月甲戌朔诏修《大晟乐书》，亦与此不合。按《会要·乐》五之二〇云：“（大观元年）十一月五日，大司成强渊明等奏：‘伏睹陛下已降睿旨编修《乐书》。乞俟书成日颁之庠序，使承学之士得以推求义训。’从之。”则大观元年十一月五日前即已诏修《大晟乐书》。又考《玉海》卷一〇五：“大观三年六月，刘炳上《乐书》二十卷。”[①] 则大观三年六月乃《大晟乐书》奏上的时间。

按：刘昺崇宁四年九月乙巳前，就“兼同详定《大乐书》”官[②]，故其受命编修《大晟乐书》当在崇宁四年九月置大晟府后至大观元年十一月五日前的这段时间。

（4）十四日，以《鼎书》、《祭鼎仪范》付有司行之。

关于《鼎书》、《祭鼎仪范》颁降时间，《宋史·礼志七》云崇宁四年九月朔。然《玉海》卷八八：“大观元年，郑居中上《鼎书》一卷。”又大观元年十一月十四日，郑居中等修成《鼎书》十七卷，《祭鼎仪范》六卷，乞颁降（《会要·礼》五一之二三）[③]，则《鼎书》、《祭鼎仪范》颁降当在大观元年十一月。

关于《鼎书》作者，史料多有不同。盖《鼎书》最初为刘昺主持撰写，后因故退出。详见《大晟府乐书考》，兹不赘述。

（5）十二月二十三日，以诏旨“改定”《纪元历》，任提举官。

关于刘昺提举《纪元历》时间，史料记载各有不同：

第一，《宋史·刘昺传》：“改工部尚书。提举《纪元历》，有所损益。”[④] 按：刘昺为工部尚书在大观元年春至二年六月[⑤]。据《会要·运历》一之九：“（崇宁）五年五月十六日，诏：‘洪造等所定新历，名曰《纪元》，颁之天下。’大观元年十二月二十三日，诏：‘……比阅其书，颇有差舛，未足以遗后。其历局所上《历经》、《历议》，可令改定。’”《玉海》卷一〇：“崇宁五年五月十六日，历成，赐名《纪元》。……（大观元年）十二月二十三日，

---

① 详见《宋史·乐志四》（第9册，第3003页），《宋史·徽宗本纪二》（第2册，第382页），《宋会要·乐》五之二〇（第1册，第342页），《玉海》卷一〇五（第945册，第778页）。

② 徐松辑：《宋会要·舆服》六之一六，第2册，第1833页。

③ 详见《宋史·礼志七》（第8册，第2544页），《玉海》卷八八（第945册，第403页），《宋会要·礼》五一之二三（第2册，第1553页）。

④ 脱脱等：《宋史》卷三五六《刘昺传》，第32册，第11206页。

⑤ 李之亮：《宋代京朝官通考》，第3册，第806页。

诏：‘历书差舛，其所上《历经》、《历议》，可令改定。’”① 知《纪元历》崇宁五年五月修成，大观元年十二月二十三日，诏“令改定”，即所谓“有所损益”。据此，刘昺“提举《纪元历》”当在大观元年十二月二十三日至二年六月间。

第二，《续通鉴》卷八九：“（崇宁五年五月）丁未，班《纪元历》，刘昺所造也。”《全史日至源流》卷二八：“（崇宁）丙戌五年正月癸巳朔，十一月丙午日，酉初三刻十五分内五十一秒冬至。《史》：‘七月庚寅朔，日当食不亏。’此年颁刘昺所造《纪元新历》。”② 则谓《纪元历》“刘昺所造”，时间在崇宁五年五月前，乃误。

据《会要·运历》一之九、《玉海》卷一〇，知《纪元历》为姚舜辅等“所造”，洪造等“所定”（详上），刘昺不过以工部尚书身份为提举官而已。

大观二年（1108）六月二十八日，为御史中丞吴执中所劾，以工部尚书、显谟阁直学士、知陈州；十一月二十一日，落职。

（1）六月二十八日，以显谟阁直学士、知陈州。

《宋史·刘昺传》：“提举《纪元历》，有所损益。为吴执中所论，以显谟阁直学士、知陈州。”《会要·职官》六八之一六：“（大观二年）六月二十八日，工部尚书刘昺为显谟阁直学士、知陈州。”时刘昺为御史中丞吴执中所劾（《宋史·吴执中传》）③，故知刘昺此时已罢大司乐之职，以显谟阁直学士、知陈州。

（2）十一月二十一日，因臣僚论列，落职。

《宋史·刘昺传》：“知陈州。昺与弟焕皆侍从，而亲丧不葬，坐夺职罢郡。复以事免官。”《会要·职官》六八之一七：“（大观二年）十一月二十一日，徽猷阁待制、知陈州刘炳及其弟焕并落职，候葬事了毕与小郡。以不葬祖母及父母二十余年，为臣僚论列故也。”④

朱熹《偶读漫记》：“《传》云：‘先是，蔡京忌张康国，引（吴）执中居言路。执中论刘炳兄弟不葬亲、【成】服，【数】宋乔年父子过恶，相继罢黜。

---

① 详见《宋会要·运历》一之九（第3册，第2132页），《玉海》卷一〇（第943册，第259页）。

② 详见《续资治通鉴》卷八九（第469页），《全史日至源流》卷二八（第796册，第554页）。

③ 详见《宋史·刘昺传》（第32册，第11206页），《宋会要·职官》六八之一六（第4册，第3916页），《宋史·吴执中传》（第32册，第11204页）。

④ 详见《宋史·刘昺传》（第32册，第11206—11207页），《宋会要·职官》六八之一七（第4册，第3916页）。

炳与乔年，皆京党也。'"[①]

大观三年（1109）六月，降授朝奉大夫，提举杭州洞霄宫，上《乐书》二十卷。

《玉海》："大观三年六月，刘炳上《乐书》二十卷。"[②] 按：刘昺自去年十一月二十一日"落职"后，以"降授朝奉大夫、提举杭州洞霄宫"（详下）身份撰写《大晟乐书》，本年六月完成，奏上。

大观四年（1110）六月二十二日，因言者再论，勒停。

《会要·职官》六八之二一："（大观四年）六月二十二日，降授朝奉大夫、提举杭州洞霄宫刘炳，勒停。以言者谓褫官轻典，未厌士论故也。"[③]

政和元年（1111），勒停。

《宋史·刘昺传》："昺与弟焕皆侍从，而亲丧不葬，坐夺职罢郡。复以事免官。京再辅政，召为户部尚书。"按："夺职罢郡"，在大观二年十一月二十一日；"勒停"在大观四年六月二十二日，直到"（蔡）京再辅政"，即政和二年五月己巳（《宋史·宰辅表三》）[④]。

政和二年（1112）五月，蔡京第三次"入相"，召为户部尚书，兼任大晟府提举官。

（1）五月，蔡京第三次"入相"，召为户部尚书，由废黜中还故班，当在本年五月后。

《宋史·刘昺传》："京再辅政，召为户部尚书。昺尝为京画策，排郑居中，故京力援昺，由废黜中还故班。御史中丞俞桌发其奸利事，京徙桌他官。"按：此云"京再辅政，召为户部尚书"，乃误。据《宋史·宰辅表三》："（政和二年）五月己巳，蔡京落致仕，依前太师，三日一至都堂治事。"[⑤] 此为蔡京第三次入相，而非"京再辅政"。蔡京第三次入相时，召刘昺为户部尚书。李之亮系刘昺为户部尚书始于政和二年[⑥]。

---

① 朱熹著，郭齐、尹波点校：《朱熹集》，第6册，第3696页。按："葬亲、【成】服，【数】宋乔年父子过恶"，《四部丛刊》初编本作"葬亲、服，宋乔年父子过恶"（第5页B面）；点校本作"葬亲，数宋乔年父子过恶"（第6册，第3696页）；文渊阁《四库全书》本作"葬亲、成服，宋乔年父子过恶"（第1145册，第407页）。今据三本校补。

② 王应麟：《玉海》卷一〇五，第945册，第778页。

③ 徐松辑：《宋会要·职官》六八之二一，第4册，第3918页。

④ 详见《宋史·刘昺传》（第32册，第11207页），《宋史·宰辅表三》（第16册，第5521页）。

⑤ 同上。

⑥ 李之亮：《宋代京朝官通考》，第3册，第241页。

（2）旋遭俞㮚发其奸利事，蔡京救护得免。

按：史载“御史中丞俞㮚发其奸利事”在刘昺召还前，与《宋史·刘昺传》不同。《宋名臣言行录》：

> 因论俞㮚颇力学，有志于远大，似与目前稍异。京曰：“某亦知之。”既相，即用㮚为中丞。而㮚首陈六弊，无所顾望。又发刘炳为举子时，为富人窦盥代笔取贷事。炳方自拱州道见京，教京尽除居中等党。法度不问是非，一切皆复。得召为户书，京方得倚为腹心。于是，积前事，大憾公，谓蒋猷曰：“前为其属石公弼，今为其荐俞㮚，两败吾事。”遂有相恶意。而刘炳等从而媒孽（蘖）曰：“梦得盖欲自为门户，素何尝以公为是?”炳与其弟焕、蒋猷、翟汝文、蔡靖、毛友十数人，皆居中所逐者，相继召用，独公不召。①

按：此述说前后矛盾。蔡京“用㮚为中丞”在“既相”后；而“炳方自拱州道见京，教京”云云，则又似在蔡京“既相”前。考《斐然集》卷二六《朝请郎谢君墓志铭》：“会言者论：‘（窦）盥假于中选。（刘）炳坐斥久之，又进用矣。’复以及公。”《宋史·俞㮚传》：“又发户部尚书刘炳为举子时阴事。京方倚炳为腹心，戾其意，改㮚翰林学士。迁兵部尚书，以枢密直学士、知开德府。”② 则知俞㮚论刘炳，在其已为户部尚书后。

（3）以户部尚书，兼任大晟府提举官。

《徽宗词坛研究》：“政和二年，蔡京再度执政，即召刘昺为户部尚书。大约就在这一年，刘昺兼任大晟府提举。于是，刘昺荐周邦彦自代，未得许可。”“刘昺兼任大晟府提举，直到政和三年末或四年初。”③

政和三年（1113）六月，大晟府新燕乐进讫，转官；九月，为礼制局详议官。

（1）六月二十八日，大晟府新燕乐进讫，诏特转两官。

《会要·乐》三之二七：“（政和三年）六月二十八日，中书省言：‘大晟府新燕乐进讫。’诏：‘提举官刘炳特转两官，内一官转行，一官回授有服亲

---

① 李幼武：《宋名臣言行录·别集上》卷四，第449册，第396页。

② 详见《斐然集》卷二六（第1137册，第697页），《宋史·俞㮚传》（第32册，第11170页）。

③ 诸葛忆兵：《徽宗词坛研究》，第9页。

属。'" 按：刘昺为大晟府提举官时，仍任户部尚书。《忠惠集》卷四《户部尚书刘炳磨勘制》，《会要·职官》二七之二一亦载[①]，文繁不引。

（2）九月五日，为礼制局详议官，令太学诸生习肄雅乐。

《宋史·乐志四》："（政和三年）九月，诏：'《大晟乐》颁于太学、辟雍，诸生习学。所服冠以弁，袍以素纱、皂缘，绅带，佩玉。'从刘昺制也。"《宋史·刘昺传》："京再辅政，召为户部尚书。……令太学诸生习肄雅乐。"《长编纪事本末》卷一三四："（政和三年）九月癸未，户部尚书刘炳、中书舍人翟汝文为礼制【局】详议官，起居舍人陈邦光、国子司业曾开为同详议官。"[②]

（3）户部尚书、礼制局详议官刘昺乞禁浮言。

详见《宋大诏令集》卷一四八《户部尚书礼制局详议官刘炳乞禁浮言御笔手诏（政和三年十月四日）》[③]。

（4）十月四日，宰执按试两学生所习大晟雅乐，刘昺与大司成刘嗣明，奏有鹤翔宫架之上。

《宋史·刘昺传》："令太学诸生习肄雅乐。阅试日，（刘）昺与大司成刘嗣明，奏有鹤翔宫架之上。"据《会要·瑞异》一之二一："（政和三年）十月四日，大司成刘嗣明等奏：'契勘今月四日，宰执赴学按试大（太）学、国子生所习大晟雅乐。至第二章，曲未终，有仙鹤四只自南来，盘旋飞舞宫架之上，徘徊欲下。众人欢呼，遂由东而去。伏乞宣付史馆，以彰太平盛事。'"（《宋史全文》卷一四略同）[④] 知在十月四日。

（5）十月十四日，诏从刘昺议礼之言。

《宋史·刘昺传》："徽宗所储三代彝器，诏昺讨定。凡尊爵、俎豆、盘匜之属，悉改以从古，而载所制器于祀仪。"《长编纪事本末》卷一三四："（政和三年十月）辛酉，手诏：'先王制器……'从刘炳之言也。"[⑤]

政和四年（1114）五月，离户部尚书任，再为翰林学士；八月，由端明殿学士改为延康殿学士。

---

① 详见《宋会要·乐》三之二七（第1册，第320页），《忠惠集》卷四（第1129册，第218页），《宋会要·职官》二七之二一（第3册，第2947页）。

② 详见《宋史·乐志四》（第9册，第3018页），《宋史·刘昺传》（第32册，第11207页），《长编纪事本末》卷一三四（第387册，第416页）。

③ 无名氏：《宋大诏令集》卷一四八，第548页。

④ 详见《宋史·刘昺传》（第32册，第11207页），《宋会要·瑞异》一之二一（第3册，第2075页），《宋史全文》卷一四（第330册，第544页；参点校本卷一四，第3册，第952页）。

⑤ 详见《宋史·刘昺传》（第32册，第11207页），《长编纪事本末》卷一三四（第387册，第416页）。

（1）五月，离户部尚书任，再为翰林学士。

李之亮系刘昺再为翰林学士在政和四年至五年二月[①]。据《会要·食货》五一之四二：“（政和）四年四月二十日，（户部尚书）刘炳等奏：‘勘会诸路拖欠钱物……’”《宋史全文》卷一四：“（政和四年五月）癸巳，翰林学士王黼为户部尚书。”《宋史·刘昺传》：“京再辅政，召为户部尚书。……再为翰林学士。”[②] 知刘昺本年五月离户部尚书任，再为翰林学士或在政和四年五月前后。

（2）八月，由端明殿学士改为延康殿学士。

《宋史·范致虚传》：“初，致虚在讲议司，延康殿学士刘昺尝乘蔡京怒挤之。”据《会要·职官》五六之四三，政和四年八月三日，改端明殿学士为延康殿学士[③]；又，讲议司罢于崇宁三年四月，其时未有延康殿学士。此盖史料补述。

政和五年（1115）正月六日，由翰林学士再为户部尚书；二月十四日，以户部尚书为太子宾客。

（1）正月六日，再为户部尚书。

《宋史·刘昺传》：“再为翰林学士。东宫建，为太子宾客，又还户部。大理议户绝法，若祖有子未娶而亡，不得养孙为嗣。昺曰：‘计一岁诸路户绝，不过得钱万缗。使岁失万缗而天下无绝户，岂不可乎？’诏从其议。”据《会要·选举》一之一四：“（政和五年正月六日）户部尚书兼侍读王甫知贡举。”[④] 知王黼“知贡举”后，户部尚书一职空缺，疑刘昺于此时再为户部尚书。

（2）二月十四日，以户部尚书为太子宾客。

《宋史·刘昺传》：“再为翰林学士。东宫建，为太子宾客。”按：刘昺为太子宾客在本年二月十四日。《会要·职官》七之二四：“（政和五年二月）十四日，翰林学士承旨强渊明、翰林学士刘炳并为宾客。”《玉海》卷一二九：“政和五年二月十四日（乙巳立太子）强渊明、刘炳为宾客。”按：刘昺以太

---

① 李之亮：《宋代京朝官通考》，第1册，第691页。

② 详见《宋会要·食货》五一之四二（第6册，第5695页），《宋史全文》卷一四（第330册，第545页；参点校本卷一四，第3册，第953页），《宋史·刘昺传》（第32册，第11207页）。

③ 详见《宋史·范致虚传》（第32册，第11327页），《宋会要·职官》五六之四三（第4册，第3646页）。

④ 详见《宋史·刘昺传》（第32册，第11207页），《宋会要·选举》一之一四（第5册，第4237页）。

子宾客身份为户部尚书而非翰林学士。《靖康要录》卷一："（政和五年二月）宣和殿学士蔡攸书册，殿中监高伸书宝，礼毕。太师、鲁国公蔡京率百官称贺讫，又诣东宫贺皇太子，如故事。以户部尚书刘炳、翰林学士承旨强渊明为宾客。"①

（3）本年至六年初，仍为户部尚书。

李之亮系刘昺再为户部尚书在政和五年至六年②。据《会要·食货》五六之三五、三六："（政和）五年五月十八日，户部尚书刘炳等奏：'契勘本部承受官员……'""（政和五年）十一月九日，户部尚书刘炳《札子》奏：'臣勑勘本朝事务……'"③

（4）受命与梁师成范金仿制簠。

翟汝文《簠铭》："帝承天休受簠，锡命臣炳、臣师成，范金孔肖，称祀于世室。臣某祗帝显命，识于簠曰：'永宝用享。'""维政和乙未某月甲子，帝崇配昭考，肇称于总章，爰作嘉簠。皇天顾歆明德，俾帝万年有休。"④

政和六年（1116）闰正月九日，诏令撰《燕乐新书》；四月九日，罢户部尚书，除宣和殿学士，提举醴泉观，依旧带东宫官。

（1）闰正月九日，诏大晟府编集燕乐八十四调并图谱，令刘昺撰为《燕乐新书》。

《会要·乐》四之一："（政和六年）闰正月九日，臣僚言：'《大晟》雅乐，顷岁已命儒臣著《乐书》，独燕乐未有纪述。乞考古声器所起，断以方今制作之原，各附以图，为《燕乐新书》。'诏大晟府编集燕乐八十四调并图谱，令刘昺撰文。"《宋史·乐志四》、《宋史·乐志十七》亦叙刘昺撰《宴乐新书》事，文字略同⑤。

（2）四月九日，罢户部尚书，除宣和殿学士，提举醴泉观，依旧带东宫官。

《会要·职官》七之二五："（政和）六年四月九日，刘炳除宣和殿学士，提举醴泉观，依旧带东宫官。"⑥ 可见，本年四月九日刘昺已罢户部尚书，而

① 详见《宋史·刘昺传》（第32册，第11207页），《宋会要·职官》七之二四（第3册，第2546页），《玉海》卷一二九（第946册，第425页），《靖康要录》卷一（第772册，第313页）。

② 李之亮：《宋代京朝官通考》，第3册，第241页。

③ 徐松辑：《宋会要·食货》五六之三五、三六，第6册，第5790页。

④ 翟汝文：《忠惠集》卷一〇，第1129册，第296页。

⑤ 详见《宋会要·乐》四之一（第1册，第322页），《宋史·乐志四》（第9册，第3019页），《宋史·乐志十七》（第10册，第3345页）。

⑥ 徐松辑：《宋会要·职官》七之二五，第3册，第2547页。

除宣和殿学士，提举醴泉观，依旧带东宫官。

政和七年（1117），帝再出“指寸”命造新乐，作长笛上之；知河南府。

（1）徽宗出“指寸”命刘昺再造新乐，昺匿魏汉津初说，作一长笛上之，遂止。

《宋史·乐志三》：“其后十三年，帝一日忽梦人言：‘乐成而凤凰不至乎！盖非帝指也。’帝寤，大悔叹……于是再出中指寸付蔡京，密命刘昺试之。时昺终匿汉津初说，但以其前议为度，作一长笛上之。帝指寸既长于旧，而长笛殆不可易，以动人观听，于是遂止。盖京之子絛云。”① 按：以“帝指”造乐在崇宁三年正月，十三年后即政和七年。

（2）四月八日，臣僚上章劾刘昺违法奏补亲属，未闻施行。

《宋史·蔡攸传》：“帝将去（蔡）京，先逐其党刘昺、刘焕等。使御史中丞王安中劾之。”按王安中政和七年二月至九月为御史中丞（《宋史·王安中传》，《会要·职官》五五之一三）。《会要·职官》五六之四六、四七载，政和七年四月八日，臣僚上章劾刘昺违法奏补亲属，未闻施行。诏：“刘昺大晟府教乐转官特令回授弟光指挥，更不施行。”②

（3）六月八日前，复任户部尚书。

李之亮系政和七年至政和八年重和元年刘昺为户部尚书③。可商榷。《会要·食货》四三之一二：“（政和）七年六月八日，户部尚书刘昺言：‘诸路粮纲情弊甚多，沿流居民无不收买官纲米斛，欲今后要逐路官司觉察。……’”（《食货》四七之七、八同）④ 知刘昺任户部尚书在本年六月八日前，而至本年十二月前，则已知河南府（详下）。

（4）十二月前，知河南府。

《宋史·刘昺传》：“加宣和殿学士，知河南府，积官金紫光禄大夫。”⑤ 李之亮系刘昺知河南府于重和元年至宣和二年⑥。似误，详后考。按：刘昺知河南府的贴职，《宋史·刘昺传》为“宣和殿学士”，《纲目备要》为“资政

---

① 脱脱等：《宋史》卷一二八《乐志三》，第9册，第2998—2999页。

② 详见《宋史·蔡攸传》（第39册，第13731页），《宋史·王安中传》（第32册，第11124页），《宋会要·职官》五五之一三（第4册，第3606页），《宋会要·职官》五六之四六、四七（第4册，第3648页）。

③ 李之亮：《宋代京朝官通考》，第3册，第242页。

④ 详见《宋会要·食货》四三之一二（第6册，第5578页），《宋会要·食货》四七之七、八（第6册，第5615—5616页）。

⑤ 脱脱等：《宋史》卷三五六《刘昺传》，第32册，第11207页。

⑥ 李之亮：《北宋京师及东西路大郡守臣考》，第61—62页。

殿学士”[①]。考“加宣和殿学士”在政和六年四月九日，政和七年知河南府时或又加资政殿学士。

政和八年重和元年（1118），与王寀交通，事败，长流琼州。

《宋史·刘昺传》：“加宣和殿学士，知河南府，积官金紫光禄大夫。与王寀交通，事败，开封尹盛章议以死。刑部尚书范致虚为请，乃长流琼州。死，年五十七。”[②]

关于“王寀、刘昺坐妖讪诛窜”的时间，各家均有不同意见：

(1)《清真先生遗事》考证刘昺“获罪必在重和元年九月前”[③]。《清真事迹新证》考证刘昺在政和七年下半年至八年三、四月间“坐罪”流配[④]。

(2)《长编纪事本末》：“（政和七年十二月）是月，宣德郎、管勾太平观陈瓘自江州移南康军居住。【原注】瓘始自通州徙江州，杜门不出谒，而来者不拒。逾年，或有旨不许出城……阅数日，方知王寀得罪，而谗者以谓来居王寀之乡，因以危言陷瓘。赖上察之，止令于南康居住云。”[⑤] 则“王寀得罪”在“陈瓘自江州移南康军居住”前，即在政和七年十二月前。

(3)《景定建康志》：“徽宗皇帝手诏：‘……而比年以来，怀僭乱之异谋，干殊死之极宪。如赵谂、储侔、王寀、刘昺之徒。……故兹诏示，奉行毋怠，付李邦彦。（政和八年二月，刻石府学。）”[⑥] 则政和八年二月前，刘昺已得罪。

(4)《长编拾补》引《续宋编年资治通鉴》、《九朝编年备要》、《十朝纲要》，刘昺“事败”议罪分别在重和元年二月、重和元年六月、重和元年六月己卯，并“据以改归”重和元年六月甲戌[⑦]。

(5)《会要·刑法》六之二三：“（政和）八年六月二十八日，诏曰：‘……刘昺出入禁闼，腹心之臣；王寀儒馆通籍，勋阀之后。而议论交通，踪迹往复，诗歌酬唱，辞所连逮者三十人。悖逆不道，谤讪妖讹，载籍所未尝有，人臣所不忍闻。（姚）立之、（王）大年、（王）寀诛止其身，家属悉原；

---

① 陈均：《皇朝编年纲目备要》卷二八，第721页。

② 脱脱等：《宋史》卷三五六《刘昺传》，第32册，第11207页。

③ 《清真先生遗事·尚论三》云刘昺“获罪必在重和元年九月前”，但同前《年表四》却系于“宣和元年”（《王国维全集》，第2册，第421页，第428页）。或后者为笔误。

④ 薛瑞生、孙虹：《清真事迹新证》，见孙虹校注、薛瑞生订补《清真集校注》，第64—65页。

⑤ 杨仲良：《长编纪事本末》卷一二九，第387册，第374页。

⑥ 周应合：《景定建康志》卷四，第2册，第1369页。

⑦ 黄以周等：《长编拾补》卷三七，第3册，第1179页。

（刘）昺特贷死，长流海外，又听其子随逐。……故兹诏示，可出榜朝堂，布告在位，咸使闻之。'"①

今按：诸家之说虽有异同，但所云时段均接近事实。现据《挥麈后录》略考如下：

> 王寀辅道，枢密韶之子。……上令逮捕辅道与所言客姚坦之、王大年，以其事下开封。使者至，辅道自谓无它，亦不以介意。语家人曰："辩数乃置，无以为念也。"至狱中，刻木皆出纸求书，且谓辅道曰："昔苏学士坐系乌台时，卫狱吏实某等之父祖。苏学士既出后，每恨不从其乞翰墨也。"辅道喜，作歌行以赠之，处之甚怡然。而盛章以炳之故，得以甘心矣。因上言词语有连及炳者，乞并治之。上曰："炳从臣也，有罪，未宜草草。"炳既闻上语，不疑其他。一日，上幸宝箓，驻跸斋官，从官皆在焉。炳越班面奏帘外曰："臣猥以无状，待罪迩列。适有中伤者，非陛下保全，已虀粉矣。"再拜而退。炳既谢已，举首，始见章在侧注目瞪视，惶骇失措，深以为悔。翌日，章以急速请对，因言："寀与炳腹心诽谤，事验明白。今对众越次，上以欺罔陛下，下以营惑群臣，祸将有不胜言者。幸陛下裁之。"上始怒，是日有旨，内侍省不得收接刘炳文字。炳犹未知之，以谓事平矣，故不复防闲。章既归，遣开封府司录孟彦弼携捕吏窦鉴等数人，即讯炳于家。炳囚服出见。分宾主而坐，词气慷慨，无服辞。彦弼既见其不屈，欲归。而窦鉴者语彦弼曰："尚书几间得寀一纸字，足以成案矣。"遂乱抽架上书，适有炳著撰稿草，翻之至底，见炳和辅道诗，尚未成，首云："白水之年大道盛，扫除荆棘奉高真。"诗意谓辅道尝有嫉恶之意；时尚道，目上为高真尔。鉴得之，以为奇货，归以授章。章命其子并释以进云："白水谓来年庚子寀举事之时。炳指寀为高真，不知以何人为荆棘？将寘陛下于何地？岂非所谓大逆不道乎？"但以此坐辅道与客，皆极刑。炳以官高，得弗诛，削籍窜海外。焕责授团练副使，黄州安置。凡王、刘亲属，等第斥谪之。②

考"王寀得罪"在政和七年十二月前。然刘昺未立即获罪，"议罪"至"获罪"尚有一段时距，其时间亦略可考。据史料考察，刘昺"议罪"至"获罪"时有三个关键人物，一是开封尹盛章，一是刑部尚书范致虚，一是左丞

① 徐松辑：《宋会要·刑法》六之二三，第7册，第6705页。

② 王明清：《挥麈后录》卷三，第6编，第1册，第125—127页。

薛昂，均可证刘昺获罪在政和八年。

第一，盛章为开封尹，在政和八年。《会要・刑法》二之七三："（政和八年十二月）十五日，开封尹盛章奏……"盛章议刘昺罪即在为开封尹任。据《会要・刑法》四之八九："（政和）七年四月三日，王革又奏：奉诏，开封府见禁公事希少。"① 既然王革政和七年四月三日仍在开封尹任上言事，则盛章政和七年四月为开封尹且议刘昺罪的可能性不大。李之亮系王革任开封尹在政和五年至八年②。亦可为一证。

第二，议刘昺罪时，范致虚正为刑部尚书。《宋史・范致虚传》："政和七年，复官，入为侍读，修国史。寻除刑部尚书，提举南京鸿庆宫。初，（范）致虚在讲议司，延康殿学士刘昺尝乘蔡京怒挤之。后王寀坐妖言系狱，事连昺，论死。致虚争之，昺得减窜。士论贤之。"《宋史・宰辅表三》："（重和元年九月庚寅）范致虚自刑部尚书除中大夫、尚书右丞。"③ 范致虚政和七年从"复官，入为侍读，修国史"到"寻除刑部尚书"，其为刑部尚书议刘昺罪时，亦似当在政和七年末至八年初之后。

第三，"凡王刘亲属，等第斥谪之"云云，在政和八年八月前后。《挥麈后录》卷三："王、刘既诛窜，适郑达夫与蔡元长交恶，郑知蔡之尝荐二人也。忽降旨，应刘炳所荐，并令吏部具姓名以闻，当议降黜。宰执既对，左丞薛昂进曰：'刘炳，臣尝荐之矣。今炳所荐尚当坐，而臣荐炳，何以逃罪？'京即进曰：'刘炳、王寀，臣俱曾荐之。今大臣造为此谋，实欲倾臣。臣当时所荐者，材也，固不保其往。今在廷之臣如郑居中等，皆臣所引，以至于此，今悉叛臣矣。臣亦不保其往。愿陛下深察。'上笑而止。由是不直达夫，即再降旨，刘炳所荐并不问。"考薛昂为左丞在政和七年十二月丁巳至八年九月庚寅，此《宋史・宰辅表三》已明载。《挥麈后录》记"左丞薛昂"云云，则当在议刘昺罪后不久。《会要・职官》六〇之一八载，政和八年八月七日，诏被举之人坐举主罪，可更不施行。"先是，因刘昺任户部尚书及翰林学士日，数举自代之人。其后昺坐罪恶逆，而所举官皆及责。至是乃降此诏。"④

按：《长编拾补》引《续宋编年资治通鉴》、《九朝编年备要》、《十朝纲

① 详见《宋会要・刑法》二之七三（第7册，第6532页），《宋会要・刑法》四之八九（第7册，第6666页）。

② 李之亮：《北宋京师及东西路大郡守臣考》，第32页。

③ 详见《宋史・范致虚传》（第32册，第11327页），《宋史・宰辅表三》（第16册，第5525页）。

④ 详见《挥麈后录》卷三（第6编，第1册，第131页），《宋史・宰辅表三》（第16册，第5524—5525页），《宋会要・职官》六〇之一八（第4册，第3741页）。

要》，刘昺“事败”议罪分别在重和元年二月、重和元年六月、重和元年六月己卯[①]，凌景埏系刘昺获罪“流琼州”于重和元年[②]。诸家所言刘昺获罪于政和八年（即重和元年）说似较确当。

死于琼州，年五十七。

《宋史·刘昺传》：“与王寀交通，事败……乃长流琼州。死，年五十七。”未言准确时间。按《三朝北盟会编》载“建炎元年五月一日庚寅朔”大赦文：“应吴储、吴侔、王寀、刘昺等亲属，前来禁锢约束指挥，条具以闻。停降诸色人等，未经叙用及永不收叙人，并特与叙原职名。已迁补者，额外收补。”（卷一〇一）知建炎元年刘昺身故已颇有一段时间。又，考《挥麈前录》：“燕云之役，盖成于□□□；王寀之枉，繇盛章父子欲害刘炳兄弟，世皆亡其事迹。”[③]“燕云之役”在宣和四年四月，疑刘昺此前已死于琼州。

（附记：《会要·食货》四三之一二：“（宣和）七年六月八日，户部尚书刘炳言：‘诸路粮纲……’”[④] 李之亮据之，系刘昺宣和六年六月为户部尚书[⑤]。大误。按：此段《会要》只作七年六月八日，而紧接宣和后，乃属错简。据《宋史·刘昺传》、《长编拾补》、《纲目备要》、《十朝纲要》（详上），刘昺于重和元年已因王寀案长流琼州，并在其后卒于贬所，未闻起复；《会要·食货》四三之一二、一三载刘昺宣和七年六月八日又为户部尚书言事及宣和七年七月二十一日开封尹王革驳刘昺之议，或是因涉及纲运事与同年转输燕山府事混编也。考宣和七年后《会要·食货》四三之一三又续以八年三月十二日臣僚言东南诸路斛斗法，宣和无八年，必是政和八年之事也；又考《会要》辑校者云此处两处重出、颠倒史料事（《会要·食货》四三之一一）[⑥]，可证必是政和七年事窜入宣和七年无疑。新读《宋会要辑稿》点校本，亦云此处“宣和七年”当为“政和七年”[⑦]。）

---

① 黄以周等：《长编拾补》卷三七，第3册，第1179页。

② 凌景埏：《宋魏汉津乐与大晟府》，凌景埏、谢伯阳校注《诸宫调两种》附录，第285页。

③ 详见《宋史·刘昺传》（第32册，第11207页），《三朝北盟会编》卷一〇一（第351册，第9页），《挥麈前录》卷四（第6编，第1册，第54页）。按：《挥麈前录》点校者疑脱“陈尧臣”三字。

④ 徐松辑：《宋会要·食货》四三之一二，第6册，第5578页。

⑤ 李之亮：《宋代京朝官通考》，第3册，第243页。

⑥ 详见《宋会要·食货》四三之一二、一三（第6册，第5578—5579页），《宋会要·食货》四三之一三（第6册，第5579页），《宋会要·食货》四三之一一（第6册，第5578页）。

⑦ 点校本《宋会要辑稿·食货四三》，第12册，第6974页。

第四节　刘诜考

关于刘诜生平履历，《宋史》、《万姓统谱》、《福建通志》均有记载。《宋史·刘诜传》：

> 刘诜，字应伯，福州福清人。中进士第，历莆田主簿，知庐江县。崇宁中，为讲议司检讨官。进军器、大理丞，大晟府典乐。诜通音律，尝上《历代雅乐因革》及《宋制作之旨》，故委以乐事。……历宗正、鸿胪、卫尉、太常四少卿。纂《续因革礼》。①

李之亮据上述资料叙刘诜为官履历：(1) 为宗正少卿于崇宁元年至二年。(2) 为军器丞于崇宁二年至三年。(3) 为鸿胪少卿于崇宁二年至三年。(4) 为卫尉少卿于崇宁三年至四年。(5) 为大理丞于崇宁三年至四年。(6) 为太常寺少卿于崇宁四年至五年。②

李先生主要依据《宋史·刘诜传》，然未加考证。按《宋史·刘诜传》叙刘诜历官颇有次序，本来不误。但李先生在具体编年时，却未能按照《宋史·刘诜传》的顺序。考察宋代职官品秩，宗正少卿从五品，军器丞从八品，鸿胪少卿正六品，卫尉少卿正六品，大理丞正八品，太常寺少卿从五品。据《宋史·职官志八》"建隆以后合班之制"："太常寺、宗正少卿、秘书少监、光禄等寺七寺少卿。"③ 所谓七寺少卿，乃为光禄少卿、卫尉少卿、太仆少卿、鸿胪少卿、大理少卿、司农少卿、太府少卿。其中太常少卿序位在其余九寺少卿之首，太府少卿序位在其余九寺少卿之末。其序位为太常少卿、宗正少卿、光禄少卿、卫尉少卿、太仆少卿、鸿胪少卿、大理少卿、司农少卿、太府少卿。④ 据此，关于刘诜历官次序排列当为军器丞（从八品）、大理丞（正八品）、鸿胪少卿（正六品）、卫尉少卿（正六品）、宗正少卿（从五品）、太常少卿（从五品）。李先生未加细考，颇有失于眉睫之憾。今钩稽其他史料，结合《宋史》所载，考得其生平行实如下。

---

① 脱脱等：《宗史》卷四四四《刘诜传》，第37册，第13124—13125页。

② 详见《宋代京朝官通考》，第4册，第729页；第5册，第519页；第4册，第883页；第4册，第858页；第5册，第271页；第4册，第624页。

③ 脱脱等：《宋史》卷一六八《职官志八》，第12册，第3992页。

④ 龚延明：《宋代官制辞典》"七寺少卿"条（第272页）。

一、刘诜家世及早年行实

刘诜于熙宁九年中徐铎榜进士第。据《淳熙三山志》："（熙宁）九年丁巳徐铎榜：刘诜，处约之子，字人伯，终中大夫、太常少卿。"小注："是年，诏自第一名以下，并试律义断案。赐官钱，印小录，废明经科。"① 按"人伯"当为"应伯"。《演山集》卷二〇有《刘应伯字序》。《宋史·刘诜传》："刘诜，字应伯，福州福清人。中进士第。"刘诜为刘处约之子。郭万程《宋刘太常》："刘太常者，名诜，字应伯，福清县北里人也。其先黄迹里洋人。宋初，天锡，大中祥符进士，终大理丞，知窦州。再从之侄处约，皇祐进士，终殿中丞。诜，其伯子也。"（《明文海》卷四一九）则言刘诜为刘处约兄之子。刘处约皇祐元年进士，治平元年曾任溧水县令（《景定建康志》卷二七），官终通直郎、殿中丞。《淳熙三山志》卷二六："皇祐元年冯京榜：刘处约，天锡再从之侄，字景仁，终通直郎、殿中丞。"其祖辈又曾任大理寺丞。《福建通志》卷三二："大中祥符元年姚华榜：福清县刘天锡，大理寺丞。"② 知刘诜出身于福清县世宦之家，其于熙宁九年中进士，亦由家学云。刘诜早年当侍父游宦于四方，少年又侍父官于京师。其早年经历可考者，乃在20岁左右。据黄裳《刘应伯字序》：

> 予得简言，始于京师之逆旅，齿方及冠，有成德之风，乐与之游。未几，散去。后两年，复合于延平，其体益卑，其志益高，吾见其进而已。一日，简言以予易其字……予感而为之说曰："……然而简言之生，得名于祖父之梦中者……则其应世之伯者邪？予故以应伯易其字焉。"③

按：黄裳（1044—1130），字勉仲，号演山，延平人，元丰五年进士第一。据"齿方及冠"、"后两年，复合于延平"云云，则黄裳作《刘应伯字序》

① 梁克家：《淳熙三山志》卷二六《人物类一·科名》，第484册，第362页。按：中华书局1990年《宋元方志丛刊》影印本《淳熙三山志》缺页较多，无上述内容，今用文渊阁《四库全书》本。

② 详见《演山集》卷二〇（第1120册，第147—148页），《宋史·刘诜传》（第37册，第13124页），郭万程《宋刘太常》（《明文海》卷四一九，第1458册，第67页），《景定建康志》卷二七（第2册，第1790页），《淳熙三山志》卷二六（第484册，第358页），《福建通志》卷三二（第528册，第538页）。

③ 黄裳：《演山集》卷二〇，第1120册，第147—148页。

时，刘诜22岁左右。考熙宁八年至十年黄裳寓居于京师，十年三月权教授澶州之学，元丰元年春自京师还延平（详后）。可证熙宁九年黄裳于京师初识刘诜（应伯），两年后并为作《刘应伯字序》。据此，知刘诜生于嘉祐二年，初识黄裳时，乃正于京师应考。刘诜原字"简言"，后改为"应伯"。据刘诜自述，"简言之生得名于祖父之梦中"，故名为"诜"而字"简言"。刘诜"祖父"不可考，不知与刘天锡有何关系。

元丰元年，刘诜赴莆田主簿任，再晤黄裳于延平，时方22岁。《宋史·刘诜传》："中进士第，历莆田主簿。"据黄裳《送王慎中》："熙宁乙卯，予得之于阙中。方世虑盘旋于胸中，未能忘者久之。及见慎中，遂忘鄙怀。"（卷五）《重修澶州学记》："熙宁十年之仲春，韩公由三司副使拜谏议大夫，请为澶州，天子与之。下车三日，走隶人持仪物致裳于阙下，权教授事。"（卷一八）知黄裳熙宁八年乙卯至十年丁巳寓居于京师，十年三月权教授澶州之学。又，据黄裳《诸公纪赠子镇诗序》："元丰元年春，予自京师还。"（卷一九）《水云村记》："元丰之初，予自京师南还，省予从父流水之间。"（卷一三）① 知黄裳元丰元年春已从京师还于延平，此后至元丰三年夏秋间均一直于延平读书、讲学②。刘诜再晤黄裳于延平，当在黄裳元丰元年春"自京师南还"之后。据黄裳《刘应伯字序》："后两年，复合于延平。其体益卑，其志益高。吾见其进而已。""应伯后日得志，当行其言以兴庶民，以养万物，酬酢无穷之变，则天之任也。"（卷二〇）知为刘诜初仕莆田主簿而言，其中"以兴庶民，以养万物"，则于刘诜颇寄期望。按黄裳长于刘诜十余岁，此时虽犹未及第，然学问远博于刘诜。《福建通志》："黄裳，字冕仲，南平人。为书生时，常有魁天下志。博学宏词，尤邃《礼经》。元丰五年，对策第一。"（卷四六）权教授澶州之学时，撰有《澶州讲〈易〉》（卷二二《澶州讲〈易〉序》）；南还延平后，又撰有《延平讲〈论语〉》（卷二二《延平讲〈论语〉序》）③，当时已是硕学名儒。刘诜这次赴

① 详见《宋史·刘诜传》（第37册，第13124页），《演山集》卷五（第1120册，第55页），《演山集》卷一八（第1120册，第133页），《演山集》卷一九（第1120册，第139—140页），《演山集》卷一三（第1120册，第107页）。

② 详见《演山集》卷一五《顺兴学记》、《双源记》（第1120册，第113—115页，第115—116页）、卷一六《坦履桥记》（第1120册，第122—123页）、卷二二《延平讲〈论语〉序》（第1120册，第162—163页）。

③ 详见《演山集》卷二〇（第1120册，第147—148页），《福建通志》卷四六（第529册，第580页），《演山集》卷二二《澶州讲〈易〉序》（第1120册，第158—161页），《演山集》卷二二《延平讲〈论语〉序》（第1120册，第162—163页）。

莆田主簿任，再晤黄裳于延平，并请为作《刘应伯字序》，是真心以“师”礼而尊之。故黄裳于刘诜颇寄予厚望。

莆田主簿任满当在元丰四年，其后即知庐江县。《宋史·刘诜传》：“中进士第，历莆田主簿，知庐江县。”① 按：元丰新制，赤县主簿正九品，京畿县主簿及三京、府、州、军主簿无品；知县官品视其所带寄禄官阶。刘诜所任知庐江县当为“试衔知县”，乃属选人七阶之第三等②。刘诜由莆田主簿而知庐江县，品秩有所升迁，然其间实有其他职任，撰史者为求简洁，可能有所减省。今已难考刘诜由莆田主簿而知庐江县，中间究竟还任了哪些官职。不过，在“崇宁中，为讲议司检讨官”③ 前，知庐江县可能是刘诜所任的最高官职，其任职之年则不可确考。也就是说，自从元丰元年担任莆田主簿后，一直到崇宁元年任讲议司检讨官前，其间二十余年一直辗转在地方州县为小官，有可能长期困于“选海”，仕途很不通达。

二、刘诜任职讲议司及相关仕历

刘诜仕途上的转折点，还是要归功于崇宁间的“大乐”制作。《宋史·刘诜传》：“崇宁中，为讲议司检讨官。进军器、大理丞。”所载较为简略，亦不载详细任职时间。郭万程《宋刘太常》：“崇宁元年，置讲议局，以大乐之制不协，博求知音之士。诜通音律，为讲议检讨官。三年，罢讲议司，进军器、大理丞。”（《明文海》卷四一九）则时间先后有序，但亦有小误。按：讲议司存在时间为崇宁元年七月至三年四月，其间刘诜因“通音律”而为讲议司检讨官，官职全称为讲议司礼乐房检讨官（详上）。刘诜任此职，郭万程《宋刘太常》云为“博求知音之士”的原因。考《宋史·乐志三》：“崇宁元年，诏宰臣置僚属，讲议大政。……乃博求知音之士，而魏汉津之名达于上焉。”《会要·职官》五之一四、一五载，崇宁三年八月七日，因罢讲议司，“奉议郎礼部员外郎陈旸、承议郎刘诜各转一官”④。其中陈旸为置局议乐的负责人，议乐时官职为礼乐房参详官（详上）。刘诜为讲议司礼乐房检讨官，即在此时。

刘诜任讲议司礼乐房检讨官期间，撰有《历代雅乐因革》及《宋制作之旨》。《大清一统志》卷三二六：“崇宁初，上《历代雅乐因革》及《宋制作

① 脱脱等：《宋史》卷四四四《刘诜传》，第37册，第13124页。

② 龚延明：《宋代官制辞典》，第555页，第553页，第575页。

③ 脱脱等：《宋史》卷四四四《刘诜传》，第37册，第13124页。

④ 详见《宋史·刘诜传》（第37册，第13124页），《明文海》卷四一九（第1458册，第67页），《宋史·乐志三》（第9册，第2997页），《宋会要·职官》五之一四、一五（第3册，第2469—2470页）。

之旨》。言：‘宋，火德，音上徵。臣按古制，旋十二宫以七声，得正徵一调。’徽宗是其言。”按：《历代雅乐因革》、《宋制作之旨》不见于宋时书目，或宋时即已失传，故《玉海》、《通考》等无只字载记。郭万程《宋刘太常》（《明文海》卷四一九）、《大清一统志》卷三二六、《福建通志》卷四三所载同《宋史·刘诜传》，均为转录之文。《历代雅乐因革》、《宋制作之旨》当作于崇宁元年至二年间，时因朝廷讲议大乐，而刘诜为讲议司礼乐房检讨官（《长编纪事本末》卷一三二，《长编拾补》卷二三），二书当为检讨大乐而作。《历代雅乐因革》的内容当为叙述历代雅乐因革故事，《宋制作之旨》则为专述宋代雅乐制作故事，均为音乐史一类的书籍。《大清一统志》言其内容有“宋火德，音上徵。臣按古制旋十二宫，以七声得正徵一调”（卷三二六）①，盖误将《宋史·刘诜传》“上徵声”之论当成《历代雅乐因革》、《宋制作之旨》的内容，其实不可据信。

崇宁三年八月因罢讲议司，刘诜转一官。按：承议郎（从七品）“转一官”当为朝奉郎（正七品）。郭万程《宋刘太常》：“（崇宁）三年，罢讲议司，进军器、大理丞。”（《明文海》卷四一九）② 言转官后“进军器、大理丞”，偶误。按军器丞从八品，大理丞正八品，为两种不同官职，当非一时升任。李之亮系刘诜为军器丞于崇宁二年至三年③。大体可从，然亦可商榷。军器丞当为崇宁三年八月刘诜转官后之差遣，但不始于崇宁二年。又系刘诜为大理丞于崇宁三年至四年④，亦可商榷。按崇宁四年七月甲辰，因铸帝鼐、八鼎成，参与这次创制新乐的人员均有推赏。《长编纪事本末》卷一二八：“（崇宁四年）七月甲辰，制造大乐局铸帝鼐、八鼎成，宣德郎、大司乐刘炳转一官，赐五品服。冲显处士、大乐府师、授大乐局制造官魏汉津，为冲显宝应先生。”慕容彦逢《翰林书艺局艺学吴端可翰林书艺局硾纸待诏制》：“敕：具官某，九鼎告成，当推庆赏。与兹恩典，于尔为荣。执技翰林，无替勤恪。可。”（《摛文堂集》卷五）⑤ 就连书艺局小官吴端都获“推庆赏”、“与兹恩

① 详见《大清一统志》卷三二六（第481册，第527页），《明文海》卷四一九（第1458册，第67页），《大清一统志》卷三二六（第481册，第527页），《福建通志》卷四三（第529册，第437页），《长编纪事本末》卷一三二（第387册，第401页），《长编拾补》卷二三（第2册，第790页），《大清一统志》卷三二六（第481册，第527页）。

② 黄宗羲：《明文海》卷四一九，第1458册，第67页。

③ 李之亮：《宋代京朝官通考》，第5册，第519页。

④ 同上书，第271页。

⑤ 详见《长编纪事本末》卷一二八（第387册，第362页），《摛文堂集》卷五（第1123册，第350—351页）。

典”，刘诜当然也不例外。盖刘诜因在此前“尝上《历代雅乐因革》及《宋制作之旨》”的缘故，于是又由军器丞进大理丞。

关于刘诜在崇宁间仕历，李之亮既系刘诜于崇宁二年至三年为军器丞、于崇宁三年至四年为大理丞，同时又系刘诜于崇宁元年至二年为宗正少卿、崇宁三年至四年为卫尉少卿[①]，似误。刘诜不可能在崇宁三年至四年同时担任大理丞（正八品）和卫尉少卿（正六品）两个职任。又按照宋代官制，刘诜也不可能于崇宁元年至二年担任宗正少卿（从五品），到了崇宁二年至三年突然又降格为军器丞（从八品）。尽管刘诜在崇宁间遭际大晟乐制作而获得升官的好运，但也不至于像李先生所叙的那样浮沉紊乱。《宋史·刘诜传》叙其先后次序为“进军器、大理丞……历宗正、鸿胪、卫尉、太常四少卿”[②]，看来还是比较可靠的。如无有力的证据，是不能随意推翻的。

三、刘诜任典乐及创制“徵调”考述

如上所述，刘诜自元丰元年任莆田主簿后，二十余年时间在地方州县为小官，长期困于“选海”，仕途很不通达。但在崇宁元年任讲议司检讨官后，崇宁三年八月任军器丞，崇宁四年七月进大理丞。崇宁五年九月二十六日，诏大晟府“先考定谱、调、声以闻”[③]。刘诜因为“通音律，尝上《历代雅乐因革》及《宋制作之旨》，故委以乐事”，其被任命为大晟府典乐，当在此时。

按：《宋史·刘诜传》：“进军器、大理丞，大晟府典乐。诜通音律，尝上《历代雅乐因革》及《宋制作之旨》，故委以乐事。”此处言任典乐在大理丞后，并未言为何时。郭万程《宋刘太常》：“（崇宁）四年，新乐成，赐名《大晟》，专置大晟府，有典乐官。诜尝上《历代雅乐因革》及《宋制作之旨》，故委以典乐事。”（《明文海》卷四一九）则载刘诜崇宁四年即任典乐，未知何据。考崇宁五年二月曾罢大晟府，九月方才“复旧”（详上）。疑刘诜崇宁五年九月后方才担任典乐一职。又，考崇宁四年在大晟府担任要职的人员，均与蔡京有裙带关系。如大司乐刘昺，便是蔡京的亲党，故“付以乐正”（详上）。又如术士赵知幾，也因为蔡京党羽的关系而任协律郎（《忠肃集》卷下附录《傅公行状》）。又如马贲，“出（蔡）京之门，在大晟府十三年，方

① 详见《宋代京朝官通考》，第5册，第519页；第5册，第271页；第4册，第729页；第4册，第858页。

② 脱脱等：《宋史》卷四四四《刘诜传》，第37册，第13124—13125页。

③ 徐松辑：《宋会要·乐》三之二五，第1册，第319页。

魏、刘、任、田异论时，依违其间，无所质正”（《宋史·魏汉津传》）。“任、田异论时”指政和末典乐任宗尧、田为议乐事（《宋史·乐志四》）[①]，前推十三年，当在崇宁四年。崇宁间魏汉津为大乐局制造官，刘昺为大司乐，能“质正”魏汉津、刘昺者，必为大晟府长贰之职，马贲崇宁四年似任典乐。据考，大晟府实际上是蔡京及其党羽的“囊中物”，成为蔡京党升官发财的捷径。如蔡京亲党刘昺，在崇宁元年至大观元年短短五年间，便由秘书省正字升迁为工部尚书，就是最好的说明。刘诜与蔡京并无瓜葛，亦无重要背景，否则不会二十余年困于“选海”，故在崇宁四年任典乐的可能性不大。

事情的转机出现在崇宁五年：二月丙子，蔡京罢相，赵挺之为尚书右仆射，“由是旬日之间，凡（蔡）京所为者，一切罢去”[②]；九月，复大晟府（详上）。值得注意的是，尽管在崇宁五年九月复大晟府，但大晟府在这段时间却杂入了许多非蔡京亲党的职官，这可能与蔡京此时并未立即复相有关系。据慕容彦逢《朝散大夫徐申、奉议郎宋彧可并大晟府乐令，宣德郎李遭、将仕郎吴叔贤可并大晟府协律郎制》：

> 敕：具官某等。朕复大晟府名，礼乐异职，各迪有功，以追治古之盛。尔等咸以通于声文，擢践厥属，钦承无怠，嗣有宠嘉。可。[③]

所谓“朕复大晟府名”，即在崇宁五年九月。其时徐申、宋彧并为大晟府乐令，李遭、吴叔贤并为大晟府协律郎，都是在崇宁五年九月“复大晟府名”后的这段时间。《会要·乐》三之二五：“崇宁五年九月二十六日，诏：‘大乐新成，将荐祖考。其神宗本室与配位乐章，朕当亲制，以伸孝思追述之志。可令大晟府先考定谱、调、声以闻。’”[④] 所谓“令大晟府先考定谱、调、声”，乃是一项繁琐复杂的工作，需要一批真正兼具音乐及文学才能的人士。徐申、宋彧、李遭、吴叔贤四人均非蔡京亲党，而能在此时进入大晟府，这说明在崇宁五年九月后的一段时间，蔡京一伙对大晟府的控制已不像其在位为相期间那

---

① 详见《宋史·刘诜传》（第37册，第13124页），《明文海》卷四一九（第1458册，第67—68页），《忠肃集》卷下附录《宋故朝散郎尚书吏部员外郎赠徽猷阁待制傅公行状》（第1124册，第786页），《宋史·魏汉津传》（第39册，第13526页），《宋史·乐志四》（第9册，第3026页）。

② 详见《长编纪事本末》卷一三一（第387册，第394页），《皇朝编年纲目备要》卷二七（第688页）。

③ 慕容彦逢：《摛文堂集》卷四，第1123册，第341页。

④ 徐松辑：《宋会要·乐》三之二五，第1册，第319页。

样严密了。刘诜因为“通音律”，且在崇宁二年至三年“尝上《历代雅乐因革》及《宋制作之旨》”，故在崇宁五年九月这种特殊时期“委以乐事”，被任命为典乐，是十分可能的。

有关刘诜在崇宁末的任职情况，李之亮云其于崇宁四年至五年为太常寺少卿①。似误。而又缺其为典乐这一项，当为其兼职而不录。其实，刘诜在崇宁四年至五年仍为大理丞（正八品），而不可能直接升迁为太常寺少卿（从五品）。在蔡京把持朝政的崇宁四年，刘诜由军器丞（从八品）升迁大理丞（正八品），已是格外“推赏”，因此说崇宁四年刘诜就已任太常寺少卿（从五品），这种可能性是不大的。但在崇宁五年九月蔡京罢相后而未立即复相时，刘诜由大理丞（正八品）兼任典乐（从五品），在这种急需音乐人才的特殊时期，是完全有可能的。

刘诜在兼任典乐期间，并未尸位素餐，而是干了很多实质性的工作。《宋史·刘诜传》：

> （刘）诜通音律，尝上《历代雅乐因革》及《宋制作之旨》，故委以乐事。又言：“《周官·大司乐》禁淫声、慢声，盖孔子所谓‘放郑声’者。今燕乐之音，失于高急，曲调之词，至于鄙俚，恐不足以召和气。宋，火德也，音尚徵，徵调不可阙。臣按古制，旋十二宫以七声，得正徵一调，惟陛下财取。”徽宗曰：“卿言是也，五声阙一不可。《徵招》、《角招》为‘君臣相说之乐’，此朕所欲闻而无言者。卿宜为朕典司之。”②

按：《宋史·刘诜传》唯从纪传体撰史体例，而将数年事合于一处，益滋后世误解。《福建通志》：

> 崇宁初，置大晟府典乐官，诜上《历代雅乐因革》及《宋制作之旨》，因言：“今乐音高急，曲鄙俚，恐不足感召和气。宋，火德也，音尚徵。臣按古制，旋十二宫以七声，得正徵一调，似不可缺。”徽宗善其言，即以诜司典乐之职。③

---

① 李之亮：《宋代京朝官通考》，第4册，第624页。

② 脱脱等：《宋史》卷四四四《刘诜传》，第37册，第13124页。

③ 谢道承等：《福建通志》卷四三，第529册，第437页。

云刘诜任典乐在“崇宁初”，已是莫大的误会。又云刘诜被任命为典乐，乃是因为议补徵调，则颠倒前后次序，将“典司之”误解为“司典乐之职”。其实《宋史·刘诜传》讲得很明白，“委以乐事”即是被任命为典乐，而“典司之”则为改造燕乐一事。并不是刘诜上书议补徵调后，才被任命为典乐，而是在被任命为典乐后，才上书议补徵调。考议补徵调事，其实并非首先由刘诜提出。远在崇宁定大晟乐前，即由房庶、范镇提出过。史载“崇宁初，大乐阙徵调，有献议请补者，并以命教坊燕乐同为之”（《避暑录话》卷上），“崇宁中，大乐阙徵调，议者请补之”（《拙轩词话》），其中崇宁间议补徵调者，可考的就有彭几、李复等人。《宋史·乐志四》：“初，进士彭几进《乐书》，论五音，言：‘本朝以火德王，而羽音不禁，徵调尚阙。’礼部员外郎吴时善其说，建言乞召几至乐府。朝廷从之。”李复《议乐》：“又本朝运膺火德，独徵音未明，此固当重为考定也。……徵音火，南方之音也。火性炎上，音当象之。”（《潏水集》卷一）《历代名臣奏议》载“徽宗时李复上《议乐疏》”（卷一二八），可见李复议补徵调亦在彭几进《乐书》前后。考吴时任礼部员外郎在大观元年，则彭几进《乐书》议补徵调当在崇宁中。因崇宁五年九月，刘诜被任命为典乐后，已将当时朝野议补徵调的意见向朝廷奏明，并开始着手补徵调的具体工作。《宋史·刘诜传》所载“臣按古制，旋十二宫以七声，得正徵一调，惟陛下财取”①，已是刘诜担任典乐一段时间后的事，其时间当在大观元年初。又因大观二年二月刘诜已经“上徵声”（详下），则其开始着手补徵调的具体工作当在本年之前。

崇宁五年九月，刘诜由大理丞（正八品）兼任典乐（从五品）；大观元年初，刘诜因议补徵调及着手补徵调有劳，而被破格升迁为鸿胪少卿（正六品）。按：诸史关于刘诜历官次序有误。《宋史·刘诜传》：“历宗正、鸿胪、卫尉、太常四少卿。”郭万程《宋刘太常》：“历宗正、鸿胪，终太中大夫、太常寺少卿。”（《明文海》卷四一九）《万姓统谱》卷五九：“崇宁中，历官宗正、鸿胪、卫尉、太常少卿。”《明一统志》卷七四：“崇宁中，（刘诜）历官宗正、鸿胪、卫尉、太常少卿。”《福建通志》卷四三：“累官宗正、鸿胪、卫尉、太常少卿。”均将刘诜任鸿胪少卿（正六品）放在任宗正少卿（从五品）后，而《万姓统谱》、《明一统志》又将诸种官职都列在“崇宁中”，尤误。按鸿胪少卿正六品、卫尉少卿正六品、宗正少卿从五品，刘诜历官次序当为鸿

① 详见《避暑录话》卷上（第2编，第10册，第256页），《拙轩词话》（《词话丛编》本，第1册，第190页），《宋史·乐志四》（第9册，第3002页），《潏水集》卷一（第1121册，第3—4页），《历代名臣奏议》卷一二八（第436册，第572—573页），《宋史·刘诜传》（第37册，第13124页）。

胪少卿（正六品）、卫尉少卿（正六品）、宗正少卿（从五品），其任职时间当在大观间而不在“崇宁中”。大观元年初，刘诜任典乐后，提出补徵调的具体计划，得到朝廷的批准。宋徽宗说：“卿言是也，五声阙一不可。《徵招》、《角招》为‘君臣相说之乐’，此朕所欲闻而无言者。卿宜为朕典司之。”（《宋史·刘诜传》）① 可以说，刘诜任典乐后，朝廷便将创制徵调的工作交由刘诜负责，这是大晟乐自崇宁四年七月完成乐器制作后的又一重大变革。这段时间刘诜除负责创制徵调外，还负责按协乐器的工作。《宋史·刘诜传》：

> 他日，禁中出古钟二。诏执政召诜按于都堂。（刘）诜曰：“此与今太簇、大吕声协。”命取大晟钟扣之，果应。又曰：“钟击之无余韵，不如石声。《诗》所云‘依我磬声’者，言其清而定也。”复取以合之，声益谐。②

《重修宣和博古图》也有所载，如：

> 是钟与前太簇钟，尝出以命典乐刘诜，扣大晟钟以参验之，与大吕清声适相合，盖六（大）吕之钟也。今考其制作，维声及形，清越而精致，枚甬又特与汉制不同类，其华妙非近世所能为也。③

《宋史·刘诜传》未载按协古钟的具体时间，郭万程《宋刘太常》将此事系于政和之后：“政和班新燕乐，新徵、角二调已经按试者，令大晟府刊行。诜之所制也。他日，禁中出古钟二。诏执政召诜按于都堂。诜曰：‘此与今太簇、大吕声协。’命取大晟钟叩之，果应。又曰：‘钟声之无余音，不如石声。《诗》曰“依我磬声”，言其清而定也。’复取以合之，益谐。”（《明文海》卷四一九）按：“班新燕乐”乃在政和三年八月（详见《大晟府事迹编年考略》），其时刘诜已卒，故刘诜按协古钟不可能在“班新燕乐”后。今据《四库全书总目》，《重修宣和博古图》“作于大观初”（《四库全书总目·〈重修宣

① 详见《宋史·刘诜传》（第37册，第13125页），《明文海》卷四一九（第1458册，第68页），《万姓统谱》卷五九（第956册，第895页），《明一统志》卷七四（第473册，第527页），《福建通志》卷四三（第529册，第437页），《宋史·刘诜传》（第37册，第13124页）。

② 脱脱等：《宋史》卷四四四《刘诜传》，第37册，第13124—13125页。

③ 王黼：《重修宣和博古图》卷二五“周大吕钟”，第504页。按：“六吕之钟”，文渊阁《四库全书》本作“大吕之钟”（第840册，第913页），是。

和博古图〉提要》)①，知“按于都堂”云云，当在《重修宣和博古图》成书前，疑在大观元年前后。

大观元年十一月前后，刘诜又参与编写《大晟乐书》的工作。此事《宋史·刘诜传》失载。郭万程《宋刘太常》：“大观颁《大晟乐》于天下，及修《乐书》。”(《明文海》卷四一九）据《会要·乐》五之二〇②，知大观元年十一月五日之前即已诏修《大晟乐书》。按：《大晟乐书》由工部尚书刘昺领衔撰修，刘诜或为撰写者之一。至于刘诜具体负责《大晟乐书》的哪一部分撰写工作，则已难确考。

创制徵调进行得十分迅速，仅仅经历一年左右，便完成了徵调创制的初步工作。刘诜上徵声事，见《宋史·乐志四》、《会要·乐》五之二〇等，然不言其具体时间。据《宋史纪事本末》，知大观二年二月刘诜上徵声，三月三十日朝廷已下诏令大晟府同教坊依谱按习（卷五）。从此徵调始列于大晟府新乐中。需要说明的是，刘诜所上“徵声”究竟是乐谱，还是仅仅是乐书？郭万程《宋刘太常》：“政和班新燕乐，新徵、角二调已经按试者，令大晟府刊行。(刘）诜之所制也。”(《明文海》卷四一九）则将“徵、角二调”所有“新燕乐”曲谱，当成是刘诜一人所制，其实颇有误会。按：刘诜所上“徵声”当属于乐律理论，而非曲谱本身。史载“刘诜所上徵声，可令大晟府同教坊依谱按习，仍增徵、角二谱，候习熟来上”(《宋史·乐志四》,《会要·乐》五之二〇，《玉海》卷一〇五），疑有讹误。《避暑录话》亦云徵调曲谱“《黄河清》之类”，乃教坊“次乐工为之”(卷上)，而非刘诜所为。今史料所见徵调曲谱，均命名为“政和徵、角二调曲谱”(《宋史·乐志四》)。《宋史·艺文志一》、《玉海》卷七及卷二八均载“徽宗《黄钟徵、角调》二卷”，不云刘诜所制。按：刘诜大观四年二月已离典乐任，而担任太常寺少卿修撰《续因革礼》，不再管理燕乐之事，政和二年七月已卒。“仍增徵、角二谱”云云，当为教坊乐工增补；另大晟府制造官盛允升“考正徵、角二声为燕乐”，亦用力甚多（《龟溪集》卷一二《盛公行状》)。大晟燕乐至政和三年方告完成，时刘诜卒已久，不及见“政和徵、角二调曲谱”的完工。教坊“次乐工”依刘诜“徵声”所造徵调曲谱，今可考的尚有《黄河清》等九调。据刘诜言“今燕乐之音，失于高急，曲调

---

① 详见《明文海》卷四一九（第1458册，第68页)，《四库全书总目·〈重修宣和博古图〉提要》(第983页)。

② 详见《明文海》卷四一九（第1458册，第68页)，《宋会要·乐》五之二〇（第1册，第342页)。

之词，至于鄙俚”（《宋史·刘诜传》），“（刘诜）特赠龙图阁直学士，以尝造燕乐故也”（《会要·仪制》一一之一三），知刘诜“徵声”属大晟燕乐的范围，其书今佚，详情不得而知。唯据两宋人记载略可考其特征，如“及政和间，作燕乐，求徵、角调二均韵”（《铁围山丛谈》卷二），“如首以徵音起，而末复以徵音合杀者，是徵调也”（《朱子语类》卷九二）①。又，燕乐曲谱至政和三年方成，均为教坊乐工所为，而刘诜政和二年七月前已卒。知刘诜所上“徵声”属乐律理论而非徵调曲谱本身，益可考定。

刘诜之所以能在短短一年左右，就能创成徵调，其实并非他一人的功劳，而是集体合力的结晶。按：刘诜创成徵调，协律郎彭几当效力较多（详后）。不过，时任鸿胪少卿兼大晟府典乐的刘诜因为“上徵声”有劳，可能因此而升迁。刘诜由鸿胪少卿（正六品）而转为卫尉少卿（正六品），即在大观二年二、三月后。按卫尉少卿（正六品），位在鸿胪少卿（正六品）之上，刘诜“上徵声”而升迁，当在此时。《宋代京朝官通考》系刘诜为卫尉少卿于崇宁三年至四年②。似误。郭万程《宋刘太常》：“他日，禁中出古钟二。诏执政召诜按于都堂。诜曰：（略）。复取以合之，益谐。其时主讲议司者蔡京，领大晟府者京子攸也，而主乐者方士魏汉津。诜独正乐于其间，为难。”③ 按：刘诜创徵调在大观元年、二年间，其时魏汉津卒已久，讲议司则崇宁三年四月已罢，“领大晟府者京子攸”云云，亦在政和末，这些人都与创制徵调无关。郭万程作《刘诜传》，往往捏合相关史实，其实不可据信。

四、刘诜晚年仕历、卒年及相关著述

刘诜因为参与大晟乐制造及乐书的编写工作，而在大观间短短四年多次

① 详见《宋史·乐志四》（第9册，第3002页），《宋会要·乐》五之二〇（第1册，第342页），《宋史纪事本末》卷五（第353册，第143页；参点校本卷二八，第1册，第229页），《明文海》卷四一九（第1458册，第68页），《宋史·乐志四》（第9册，第3002页），《宋会要·乐》五之二〇（第1册，第342页），《玉海》卷一〇五（第945册，第778页），《避暑录话》卷上（第2编，第10册，第256页），《宋史·乐志四》（第9册，第3018页，第3026页），《宋史·艺文志一》（第15册，第5054页），《玉海》卷七及卷二八（第943册，第198页，第691页），《龟溪集》卷一二《朝请大夫盛公行状》（第1133册，第246—247页），《宋史·刘诜传》（第37册，第13124页），《宋会要·仪制》一一之一三（第2册，第2031页），《铁围山丛谈》卷二（第23—24页），《朱子语类》卷九二（第6册，第2345页）。

② 李之亮：《宋代京朝官通考》，第4册，第858页。

③ 黄宗羲：《明文海》卷四一九，第1458册，第68页。

转官升迁，这对没有官僚背景的刘诜来说，完全是靠他在大晟府的突出贡献所得。这其中有几次贡献史料没有明载：

一是大观三年六月，《大晟乐书》全部成书，作为典乐的刘诜或为重要编撰者，可能其时也负责这部书的最后统稿工作。史载大观二年十一月，负责主编《大晟乐书》的刘昺因“亲丧不葬，坐夺职罢郡”（《宋史·刘昺传》，《会要·职官》六八之一七），其中很多工作可能要更多地借重刘诜。大观三年六月，刘昺上《大晟乐书》二十卷（《玉海》卷一〇五）[①]，史料中并没有提到刘诜的贡献，这可能是有所失载。

二是大观三年八月，制造大乐局结绝罢局，等第推恩；制造大乐局官属提举官、承受官、主管官、制造官、杂务官、主管文字、监辖造作、点检文字等，都各有升迁（《会要·乐》五之二〇、二一）。考刘诜在大观元年前后曾按协古钟（《宋史·刘诜传》，《重修宣和博古图》）[②]，与制造大乐局的工作或多或少有些关系，不知这次“等第推恩”，刘诜是否有所升迁？

总而言之，刘诜由卫尉少卿（正六品）而升迁为宗正少卿（从五品），可能就在大观三年六月至八月间，疑因参编《大晟乐书》成书，或因按协古钟等乐器诸项工作有成效而升迁。《宋代京朝官通考》系刘诜为宗正少卿在崇宁元年至二年[③]，当误，详上考。

刘诜担任宗正少卿的时间可能很短，即因工作需要而转为太常寺少卿。《宋史·刘诜传》、郭万程《宋刘太常》述刘诜由卫尉少卿（正六品）或鸿胪少卿（正六品）而转为太常少卿（从五品）[④]，疑误，当由宗正少卿（从五品）而升迁太常少卿（从五品）。

关于刘诜为太常寺少卿的时间，《宋代京朝官通考》系于崇宁四年至五年[⑤]，似误。刘诜任太常少卿当在大观四年二月至政和二年。刘诜在大观四年二月任太常少卿，乃是与当时朝廷制礼作乐的工作重心转移有关。《政和五礼新仪》：“本局札子：‘……臣等欲乞明诏有司，取新定律乐之度，审校礼器，

---

① 详见《宋史·刘昺传》（第32册，第11207页），《宋会要·职官》六八之一七（第4册，第3916页），《玉海》卷一〇五（第945册，第778页）。

② 详见《宋会要·乐》五之二〇、二一（第1册，第342—343页），《宋史·刘诜传》（第37册，第13125页），《重修宣和博古图》卷二五（第504页）。

③ 李之亮：《宋代京朝官通考》，第4册，第729页。

④ 详见《宋史·刘诜传》（第37册，第13125页），《明文海》卷四一九（第1458册，第68页）。

⑤ 李之亮：《宋代京朝官通考》，第4册，第624页。

有不合者，悉行改正……’大观四年一月初九日，奉御笔：‘……宜依所奏。’”①《会要·食货》六九之五、《长编纪事本末》卷一三三、《长编拾补》卷二九同，唯作“大观四年二月九日”。今考《宋史·刘诜传》、《明一统志》卷七四，都提及刘诜任太常少卿主要为“纂《续因革礼》”。郭万程《宋刘太常》说得更为明白，云：“终太中大夫、太常寺少卿。时置礼制局，故所著有《续因辈（革）礼》。”（《明文海》卷四一九）② 按礼制局设立于政和三年七月二十一日，罢于宣和二年七月一日③，此处“礼制局”当为“议礼局”之误。各种史料都说到，刘诜任太常少卿，主要与议礼局新近“改作”礼器有关。所谓“今礼乐异制，不相取法”、“取新定乐律之度，审校礼器。有不合者，悉行改正”（《政和五礼新仪》卷首），以宗正少卿（从五品）兼任典乐的刘诜，当是首选。其由宗正少卿（从五品）兼任典乐，转任太常少卿（从五品），是在情理之中的。又据《会要·选举》三三之二五：“（大观）四年正月二十六日，中奉大夫、太常少卿李夔为集贤殿修撰知邓州。”《刘左使集》卷四《墓志》：“明年，（刘安节）除太常少卿。”《会要·职官》六八之二九：“（政和三年六月）二十七日，罢太常少卿刘安节与知州差遣。”④ 据此，刘诜为太常寺少卿当在李夔与刘安节间，即大观四年二月至政和二年。

刘诜卒年当在政和二年七月前。《会要·仪制》一一之一三：“太中大夫、太常少卿刘诜，政和二年七月，特赠龙图阁直学士，以尝造燕乐故也。”知刘诜官终太中大夫、太常寺少卿，又因为其“造燕乐”有劳而“特赠龙图阁直学士”。《淳熙三山志》卷二六：“刘诜……终中大夫、太常少卿。”⑤ 则云“终中大夫”而非“太中大夫”，与此不同，俟考。诸史都说到为太常寺少卿期间，主要从事《续因革礼》的编纂，《续因革礼》盖刘诜为议礼局所撰，公私书目未见记载，疑未成书。详见前文《大晟府乐书考》，兹不赘述。

---

① 郑居中等：《政和五礼新仪》卷首，第647册，第15页。

② 详见《宋会要·食货》六九之五（第7册，第6332页），《长编纪事本末》卷一三三（第387册，第408页），《长编拾补》卷二九（第3册，第969页），《宋史·刘诜传》（第37册，第13125页），《明一统志》卷七四（第473册，第527页），《明文海》卷四一九（第1458册，第68页）。

③ 龚延明：《宋代官制辞典》，第191页。

④ 详见《政和五礼新仪》卷首（第647册，第15页），《宋会要·选举》三三之二五（第5册，第4768页），《刘左使集》卷四《墓志》（第1124册，第108—111页），《宋会要·职官》六八之二九（第4册，第3922页）。

⑤ 详见《宋会要·仪制》一一之一三（第2册，第2031页），《淳熙三山志》卷二六（第484册，第358页）。

第五节　彭几考

关于彭几与大晟府的关系，史籍记载颇为隐晦。尽管都有“召（彭）几至（大晟）乐府”及得到朝廷批准的记载[①]，但是并未言彭几到了大晟府后究竟任何官职。今据《墨客挥犀》考得彭几在大晟府任协律郎一职。他在大晟府的时间有四年多，对于徵调的创制有重要贡献。

一、彭几姓、字及早年行实

有关彭几早年行实，可据考信的并不多。只知他为筠州新昌人，于洪觉范（惠洪）为叔侄，而性格豪放不羁，与洪觉范、邹元佐号“新昌三奇”。《冷斋夜话》：

> 渊材游京师贵人之门十余年，贵人皆前席。其家在筠之新昌，其贫至饘粥不给。父以书召其归，曰：“汝到家，吾倒悬解矣！”渊材于是南归。跨一驴，以一鳔挟以布囊。囊，鳔皆斜绊其腋。一邑聚观。亲旧相庆三日，议曰：“布囊中必金珠也。”予雅知其迂阔，疑之。乃问：“亲旧闻渊材还，相庆曰：‘君官爵虽未入手，必使父母、妻儿脱冻馁之厄。’囊中所有，可早出以观之。”渊材喜见眉须，曰：“吾富可敌国也。汝可拭目以观。”乃开囊，有李廷珪墨一丸、文与可竹一枝、欧公《五代史草稿》一巨编，余无所有。[②]

《四库全书总目·〈冷斋夜话〉提要》：“又惠洪本彭氏子，于彭渊材为叔侄。故书中但称渊材，不系以姓。而其标题，乃皆改为刘渊材，尤为不考。此类不可殚数，亦皆后人所妄加，非所本有也。”所言极确。《冷斋夜话》中所载“刘渊材”（卷四），均当为“彭渊材”之讹误。“渊材”即“彭几”之字，为洪觉范（惠洪）之叔。陆粲《题〈墨客挥犀〉录本》：“彭乘，蜀人。渊材，江西新昌人（今瑞州属县）。元非同族，亦非同时。此本所记渊材事，皆僧惠洪《冷斋夜话》中语也。渊材，名攀龙，于惠洪为叔父云。”（《陆子馀集》卷七）则不明宋有两彭乘，一为华阳人，真宗时进士，官至翰林学士，

① 详见《宋史·乐志四》（第9册，第3002页），《宋会要·乐》五之二〇（第1册，第342页）。

② 释惠洪：《冷斋夜话》卷八“刘渊材南归布囊”条，第525册，第148页。

《宋史》有传；一为筠州高安人，则作此书者，史不载其仕履，故始末无可考见，《四库全书总目·〈墨客挥犀〉提要》已有考证。唯陆氏云“渊材，名攀龙”，则不知所据何书。《江西通志》卷一〇六：“彭攀龙，字渊材，新昌人。工于乐律，献乐书，于朝为协律郎。”则亦云“彭攀龙，字渊材”。《文渊阁书目》卷二：“彭渊材《墨客挥犀》一部一册。”知又有冒名“彭渊材”的《墨客挥犀》“一册”，疑明代翻刻《墨客挥犀》者，多有窜乱，云“彭攀龙，字渊材”者，首见于明人之书，殆不可信。当以彭乘《墨客挥犀》小注“渊材，姓彭，名几”为正（卷六）。《宋诗纪事》卷二九：“彭渊材：渊材，筠州人。释惠洪觉范之叔。”① 则厉鹗已不明“彭渊材”即“彭几”。按上引《冷斋夜话》有关内容，《氏族大全》亦有转引，如：

> 彭渊材，家宜丰，宋元丰间人。平生喜游，出入京师贵人之门十余年。父以书呼之，归侍。一日，以一騌徒负一布橐而归。一邑聚观，意橐中皆金珠也。渊材曰：“吾富可以埒国。”及开橐，止有李廷珪墨一丸，文与可竹一枝，欧阳公《五代史稿》一巨编而已。……晓大乐，尝献《乐书》，得协律郎。时洪觉范奇于诗，邹元佐奇于命，渊材奇于乐，号新昌三奇。侄觉范为僧，名惠洪，有《冷斋夜话》、《甘露集》、《林间录》行于世。②

则云“元丰间人”、“出入京师贵人之门十余年”。《山堂肆考》：“宋彭渊材，家宜丰，元丰间人，与洪觉范、邹元佐三人，号新昌三奇。觉范奇于诗，元佐奇于命，渊材奇于乐。”（卷一〇三）“宋彭渊材，元丰间人，喜游。尝负一布橐，曰：‘吾无可将。’因开橐，惟有李廷珪墨一丸、文与可画竹一枝、欧阳公《五代史》而已。”（卷一七七）③ 亦载为“元丰间人”。知彭几于元丰、元祐间漫游汴京十余年，大约在元祐七、八年间回到家乡。其间可能参加过科举考试，但终于落拓而归，亦未能使父母、妻儿脱冻馁之厄。

彭几于诗、文、书、画、乐、史、兵、方技及诸国音语等，几乎无所不知

---

① 详见《四库全书总目·〈冷斋夜话〉提要》（第1039页），《冷斋夜话》卷四（第525册，第130页），《能改斋漫录》卷一二（第5编，第4册，第96页），《陆子馀集》卷七（第1274册，第677页），《四库全书总目·〈墨客挥犀〉提要》（第1195—1196页），《江西通志》卷一〇六（第516册，第512页），《文渊阁书目》卷二（第675册，第153页），《墨客挥犀》卷六（第3编，第1册，第39页），《宋诗纪事补订》卷二九（第749页）。

② 无名氏：《氏族大全》卷一〇，第952册，第311页。

③ 详见《山堂肆考》卷一〇三（第976册，第108页）、卷一七七（第977册，第550页）。

晓，才艺兼全至不可窥测。然考诸实际，皆随时好而转移，未必真能通晓也。《冷斋夜话》：

> 前辈作花诗，多用美女比其状，如曰：“若教解语应倾国，任是无情也动人。”诚然哉！山谷作《酴醿诗》曰：“露湿何郎试汤饼，日烘荀令炷炉香。”乃用美丈夫比之，特若出类。而吾叔渊材作《海棠诗》又不然，曰：“雨过温泉浴妃子，露浓汤饼试何郎。”意尤工也。①

《孔氏谈苑》：“前辈作花诗，多比美女。如曰：‘若教解语应倾国，任是无情也动人。’黄鲁直《酴醿诗》曰：‘露湿何郎试汤饼，日烘荀令炷炉香。’乃比美丈夫。渊材作《海棠诗》，云：‘雨过温泉浴妃子，露浓汤饼试何郎。’意尤工也。”（卷五）大致相同。又据《冷斋夜话》，知彭几亦能诗，并善于论诗，考其多模拟山谷口吻及论“换骨”法（卷三）②，则知其必为元祐间事。其生性豪达放浪每见于《墨客挥犀》、《冷斋夜话》等书载。《墨客挥犀》：

> 彭渊材初见范文正公画像，惊喜，再拜，前磬折，称：“新昌布衣彭几，幸获拜谒。”既罢，熟视曰：“有奇德者必有奇形。”乃引镜自照，又捋其须曰：“大略似之矣，但只无耳毫数茎耳，年大当十相具足也。”又至庐山太平观，见狄梁公像，眉目入鬓。又前再拜，赞曰：“有宋进士彭几，谨拜谒。”又熟视久之，呼刀镊者使剃其眉尾，令作卓枝入鬓之状。家人辈望见，惊笑。渊材怒曰：“何笑？吾前见范文正公，恨无耳毫。今见狄梁公，不敢不剃眉。何笑之乎？耳毫未至，天也。剃眉，人也。君子修人事以应天，奈何儿女子以为笑乎？吾每欲行古道，而不见知于人。所谓‘伤古人之不见，嗟吾道之难行’也。”③

与上文对看，当为元丰、元祐间漫游汴京之前行事，可见彭几生性豪达不拘小节之一斑。

大约在绍圣初，彭几再至京师，面谒曾布论兵。《冷斋夜话》卷九：

---

① 释惠洪：《冷斋夜话》卷四“诗比美女美丈夫”条，第525册，第130页。

② 详见《孔氏谈苑》卷五（第577册，第536—537页），《冷斋夜话》卷三（第525册，第125—126页）。

③ 彭□：《墨客挥犀》卷二，第3编，第1册，第16页。

绍圣初，曾子宣在西府，渊材往谒之。论边事，极言：“官军不可用，用士为良。”子宣喜之。既罢，与余过兴国寺。河上食素、分茶，甚美。将毕，问奴杨照取钱。奴曰：“忘持钱来，奈何?”渊材色窘。予戏曰：“兵计，将安出?”渊材以手捋须，良久，目予趋自后门出，若将便旋然。予追逐，渊材以手挐帽、褰衣，走如飞。予与奴杨照追逐二相公庙，渊材乃敢回顾。喘立，面无人色，曰：“鞭虎头撩虎须，几不免于虎口哉!”予又戏曰：“在兵法，何如?”渊材曰：“三十六计，走为上计。”

《墨客挥犀》卷二所载同，当为移录《冷斋夜话》原文[①]。又《墨客挥犀》卷六：

叔渊材，好谈兵，晓大乐，通知诸国音语。尝咤曰：“行师顿营，毋(每)患乏水。近闻开井法甚妙。”时馆太清宫，于是日相其地而掘之。无水，又迁掘数尺观之。四旁遭其掘凿，孔穴棋布。道士月夜登楼之际，颦额曰：“吾观为败龟壳乎?何四望孔穴之多也?”渊材不怿。

“毋”，《宋稗类抄》卷二六引作“每”[②]，是。按：曾布绍圣元年六月至四年闰二月任同知枢密院事，绍圣四年闰二月至元符三年四月任知枢密院事。“既罢”云云，当指曾布罢知枢密院事，时在元符三年四月。可见，自绍圣元年六月至元符三年四月，彭几一直寓居京师。时新党主开边拓境，彭几亦以“论边事”而游京师贵人之门。

二、彭几任协律郎及其他事迹考略

徽宗登极，颇好方技数术，彭几遂又以此“游京师贵人之门”。其中郭天信是使彭几最终发迹变泰的一位“贵人”。《墨客挥犀》：

又尝从郭太尉游园，咤曰：“吾比传禁蛇方甚妙，但咒语耳，而蛇听约束，如使稚子。”俄有蛇甚猛，太尉呼曰：“渊材可施其术。”蛇举首来奔，渊材无所施其术。及走，汗流脱其冠巾，曰：“此太尉宅神，不可禁

---

① 详见《冷斋夜话》卷九（第525册，第155页），《墨客挥犀》卷二（第3编，第1册，第12页）。

② 详见《墨客挥犀》卷六（第3编，第1册，第38页），《宋稗类抄》卷二六（第1034册，第601页）。

也。”太尉为之一笑。①

按：“郭太尉”即郭天信（《宋史·郭天信传》）。《能改斋漫录》卷一二：“（大观四年八月）又因叔彭几在郭天信家作门客，遂识天信，因往来于张、郭二公之门。”② 知郭天信本人即是方技之士，故彭几以“禁蛇术”投其所好。

彭几“在郭天信家作门客”，当始于崇宁初。崇宁间，朝廷兴起大乐，依郭天信为门客的彭几，遂又以“晓大乐”闻。彭几进《乐书》议补徵调，正是这种背景下的投机行为，时间当在崇宁间。《避暑录话》：“崇宁初，大乐阙徵调，有献议请补者。”《拙轩词话》：“崇宁中，大乐阙徵调，议者请补之。”或曰“崇宁初”，或曰“崇宁中”，盖彭几多次进《乐书》议补徵调，然而始终得不到朝廷的认可。考彭几《乐书》在崇宁间不见售的原因，其中颇有蹊跷焉。表面上的原因，乃朝廷讲议大乐，此时已有定论，即以魏汉津“指律”为宗，其他乐论不得阑入。实际上却是蔡京一伙排除异己、打压其他乐议的一种表征。彭几乃郭天信门客，郭天信虽以方技得以骤贵，然颇嫉蔡京误国，数讽于徽宗（《宋史·郭天信传》）③。崇宁间，蔡京一伙把持乐事，视之为升官发财的捷径，“囊中之物”岂容他人窥视？故在蔡京当国的数年间，彭几议补徵调的《乐书》并没有得到朝廷的重视。

不过，彭几还是凭着音乐才学，终于进入了他梦寐以求的大晟府。大观元年，彭几《乐书》被“礼部员外郎”吴时看到，吴时“善其说，建言乞召几至乐府，朝廷从之”（《宋史·乐志四》）。史籍有关这一点的记载是较为隐晦的，《会要·乐》五之二〇：

（大观二年三月三十日）先是，进士彭几进《乐书》，论五音，云：“本朝以火德王，而羽音不禁，徵调尚阙。”时礼部员外郎吴时善其说，建言乞召几至乐府。朝廷从之。

《宋史·乐志四》、《玉海》卷一〇五略同。彭几《乐书》议补徵调，所

① 彭□：《墨客挥犀》卷六，第3编，第1册，第38页。

② 详见《宋史·郭天信传》（第39册，第13525页），《能改斋漫录》卷一二（第5编，第4册，第96页）。

③ 详见《避暑录话》卷上（第2编，第10册，第256页），《拙轩词话》（《词话丛编》本，第1册，第190页），《宋史·郭天信传》（第39册，第13525页）。

言“本朝以火德王，而羽音不禁，徵调尚阙”，不过是取房庶、房审权及范镇之说而老调重弹（详上），目的是猎中徽宗好大喜功的心理，未必是真心为音乐艺术着想。至于彭几《乐书》还有什么其他内容引起了吴时的兴趣，则因其《乐书》宋代即已佚，详情难以确考。其实，彭几《乐书》的被认可，还是托了郭天信、张商英等人的“福”。按吴时为张商英亲党（《宋史·吴时传》），其“善其（彭几）说”可能出于公心，但未必与彭几“往来于张（商英）、郭（天信）二公之门”无关（《能改斋漫录》卷一二）①。可见彭几《乐书》的受重视并因此得官，实有着深层的政治背景。彭几进入大晟府后，究竟担任何种官职，正史没有记载。今据《墨客挥犀》卷六考得彭几在大晟府任协律郎一职，如：

> 叔渊材好谈兵，晓大乐。……尝献《乐书》，得协律郎。

小注：“渊材，姓彭，名几。”② 彭几任大晟府协律郎，当始于大观元年，在刘诜上“徵声”前。考吴时任礼部员外郎实始于大观元年初，而“召（彭）几至（大晟）乐府”则在大观元年（详见《吴时考》）。此后一直到政和元年八月前后，彭几都在大晟府任职。

在大晟府任协律郎期间，彭几仍然保持着放浪不羁的个性，表现出几分诗人的纯真和潇洒。《冷斋夜话》记载尤详，如：

> 李舟大夫客都下一年，无差遣，乃受昌州。议者以去家远，乃改受鄂倅。渊材闻之吐饭，大步往谒李，曰：“今日闻大夫欲受鄂倅。有之乎？”李曰：“然。”渊材怅然曰：“谁为大夫谋？昌，佳郡也。奈何弃之？”李惊曰：“供给丰乎？”曰：“非也。”“民讼简乎？”曰：“非也。”“然则何以知其佳？”渊材曰：“天下海棠无香，昌州海棠独香，非佳郡乎？”闻者传以为笑。③

这期间除了与龚德庄、邹正臣、刘棐、刘野夫、僧希祖、德洪等士夫、方

---

① 详见《宋史·乐志四》（第9册，第3002页），《宋会要·乐》五之二〇（第1册，第342页），《宋史·乐志四》（第9册，第3002页），《玉海》卷一〇五（第945册，第778页），《宋史·吴时传》（第31册，第10997页），《能改斋漫录》卷一二（第5编，第4册，第96页）。

② 彭□：《墨客挥犀》卷六，第3编，第1册，第38—39页。

③ 释惠洪：《冷斋夜话》卷九，第525册，第152—153页。

外人士交游外[①]，与朝廷大臣及近臣来往尤密。于是不可避免地卷入了党争的是非中。《能改斋漫录》：

> 大观四年八月，觉范入京，而天觉已为右揆，因乞得祠部一道为僧。又因叔彭几在郭天信家作门客，遂识天信，因往来于张、郭二公之门。[②]

这里仅仅说洪觉范（德洪）“往来于张、郭二公之门”，而未言及彭几结识张商英事。其实，彭几也因觉范的介绍成了张商英的座上宾。《会要·职官》六八之二四载，政和元年十月二十二日，张商英衡州安置，“以开封府狱成，尝令余员（负）、彭几、僧德洪往来交接”。《长编纪事本末》卷一三一：“（政和元年十月）辛亥，太中大夫、知邓州张商英责授崇信军节度副使，衡州安置。昭化军节度副使、单州安置郭天信责授昭化军节度行军司马，新州安置。以开封府狱成，商英、天信尝令余负、僧德洪、彭几往来交结，臣僚再论列，故有是责。”《宋史·张商英传》：“商英因僧德洪、客彭几，与（郭天信）语言往来。事觉，鞫于开封府。”[③] 因此，在张商英为相期间，彭几也同样“往来于张、郭二公之门”。不过，这种“往来”是当时士人游谒的一种习气，彭几一生过的都是这种生活，未必就有蔡京一伙所说的那种政治交易，不过是强加在彭几头上“莫须有”的罪名而已。

史载张商英“为政持平，谓（蔡）京虽明绍述，但借以劫制人主，禁锢士大夫尔。于是大革弊事”（《宋史·张商英传》）。为相期间，曾对冗官进行过一定数目的裁减。其中也涉及大晟府职事官的减员（《通考·职官考九》）[④]。这些无疑是有益的政治改良，不过也因此成为群小的众矢之的。彭几自然也成为这场政治斗争的牺牲品。

令人奇怪的是，张商英倒台后，一干人等都遭到贬谪，如郭天信“斥死”（《宋史·郭天信传》），唐庚“窜之惠州”（《宋史·张商英传》），吴时“降

---

① 释觉范：《石门文字禅》卷二五《题灵验金刚经》，第7页B面至第8页A面。按：《四部丛刊》初编本、文渊阁《四库全书》本作“彭凡”（第1116册，第483页）。查［日］释廓门贯彻注，张伯伟等点校《注石门文字禅》卷二五《题灵验金刚经》，亦作“彭凡”（第1462页）。均误，可校正。

② 吴曾：《能改斋漫录》卷一二“洪觉范因张、郭罪配朱崖”条，第5编，第4册，第96页。

③ 详见《宋会要·职官》六八之二四（第4册，第3920页），《长编纪事本末》卷一三一（第387册，第392页），《宋史·张商英传》（第32册，第11097页）。

④ 详见《宋史·张商英传》（第32册，第11097页），《文献通考·职官考九》（第499页）。

通判鼎州”（《宋史·吴时传》），洪觉范“刺配朱崖军牢”（《能改斋漫录》卷一二）①。而唯独彭几不见记载，这可能是史籍失载的原因。但彭几是否受到像洪觉范那样“刺配朱崖军牢”的严厉处罚，则无从考知。总之，彭几因这场政治迫害而最终被逐出了大晟府，不再担任协律郎一职，则是十分肯定的。其离开大晟府的时间，可能就在张商英罢相的政和元年八月前后。

第六节 吴时考

吴时与大晟府的关系，虽不像魏汉津、刘昺、刘诜、彭几等人一样，以各自的理论对大晟乐体制、乐器、乐调等产生决定性影响，但对大晟乐的发展还是起到了组织方面的作用。除在礼部员外郎任中直接擢布衣彭几为大晟府协律郎外，还曾亲自出任大晟府典乐一职，对大晟府及大晟乐的建设起了应有的作用。

吴时，字伸道，邛州人。初举进士，得学究出身，再试中甲科。历知华州郑县，入陆师闵秦蜀茶马幕府。为睦亲宅教授，提举永兴军路学事，召为工部员外郎，改礼部，兼辟雍司业，迁太仆少卿。张商英罢相，言者指时为党，出知耀州，又降通判鼎州，未赴。提举河东常平，还为大晟府典乐，擢中书舍人、给事中，以徽猷阁待制兼侍读，提举上清太平宫。卒年七十八。以上均见于《宋史·吴时传》②。不过，关于吴时与大晟府关系密切的两件事，《宋史·吴时传》或略而不述，或一语带过，这可能与撰史体例有关，也可能是出于撰史者的有意忽略。今据相关史料略作考述如下。

一、擢彭几大晟府协律郎考

有关吴时擢彭几大晟府协律郎一事，《宋史·吴时传》未见记载。《宋史·乐志四》：“（大观二年）初，进士彭几进《乐书》……礼部员外郎吴时善其说，建言乞召几至乐府。朝廷从之。”《会要·乐》五之二〇：“（大观二年三月三十日）先是，进士彭几进《乐书》……时礼部员外郎吴时善其说，建言乞召几至乐府。朝廷从之。”均载吴时在任礼部员外郎时“乞召（彭）几至乐府”。所谓“乐府”即大晟乐府，“进士”云云，实为布衣士人。也就是说，是吴时直接将布衣彭几推荐至大晟府的。《会要》、《宋史·乐志四》虽未

① 详见《宋史·郭天信传》（第39册，第13525页），《宋史·张商英传》（第32册，第11097页），《宋史·吴时传》（第31册，第10997页），《能改斋漫录》卷一二（第5编，第4册，第96页）。

② 脱脱等：《宋史》卷三四七《吴时传》，第31册，第10997—10998页。

载彭几在大晟府担任何种官职，但据《墨客挥犀》可考知彭几乃为协律郎（卷六）[①]。这一点可补《宋史·吴时传》之阙失。

至于是哪一年擢彭几入大晟府，《会要》载在“大观二年三月三十日”前（详上），《宋史纪事本末》云在“大观二年二月”前（卷五），可证吴时推荐彭几至大晟府是在大观二年前。不过，这里首先要弄清楚吴时任礼部员外郎的时间。有关吴时任礼部员外郎的时段，《宋史·吴时传》未作确切记载，只是说：“召为工部员外郎，改礼部，兼辟雍司业。”[②] 李之亮据此系吴时为工部员外郎在崇宁五年至大观元年，系吴时为礼部员外郎在大观二年至三年[③]。实际上还可以商榷。《宋史·吴时传》有关吴时为礼部员外郎的记载，如：

> 提举永兴军路学事。华州诸生有触忌讳者，教授欲上之，曰：“是间言语，皆臣子所不忍闻。”时即火其书，曰：“臣子不忍闻，而令君父闻乎？”召为工部员外郎，改礼部，兼辟雍司业。[④]

《陕西通志》卷六五：“（于）元隐……忽坐水斛中。临邛吴仲道以职事如秦，遇于途，款语移时。至秦，以语守。守骇曰：‘安有是？’就视，则尚寐也。大观元年，诏赴阙。既而屡辞还山。”所言“以职事如秦”，即在大观元年前，吴时为提举永兴军路学事。知在大观元年方召为工部员外郎。但“召为工部员外郎，改礼部”云云，是否就实任过工部员外郎一职呢？今据《宋史·乐志四》、《会要·乐》五之二〇、《宋史纪事本末》卷五等相关史料[⑤]，都可以确证，吴时其实并未上工部员外郎任即改为礼部员外郎。也就是说，吴时任礼部员外郎实始于大观元年初而不是大观二年。

又，《会要·乐》五之二〇：“（大观）二年三月三十日，诏：‘乐久不作，自唐以来正声全失，世无徵、角之音，五声不备，岂足以适（导）和而化俗哉？刘诜所上徵声，可令大晟府同教坊依谱按习，仍增徵、角二谱，候习

① 详见《宋史·乐志四》（第9册，第3002页），《宋会要·乐》五之二〇（第1册，第342页），《墨客挥犀》卷六（第3编，第1册，第39页）。

② 详见《宋史纪事本末》卷五（第353册，第143页；参点校本卷二八，第1册，第229页），《宋史·吴时传》（第31册，第10997页）。

③ 李之亮：《宋代京朝官通考》，第3册，第869页，第507—508页。

④ 脱脱等：《宋史》卷三四七《吴时传》，第31册，第10997页。

⑤ 详见《陕西通志》卷六五（第554册，第982页），《宋史·乐志四》（第9册，第3002页），《宋会要·乐》五之二〇（第1册，第342页），《宋史纪事本末》卷五（第353册，第143页；参点校本卷二八，第1册，第229页）。

熟取旨进呈。'" 据此，知大观二年三月大晟府典乐刘诜已经将造好的"徵声"上奏朝廷，故朝廷命"大晟府同教坊依谱按习，仍增徵、角二谱，候习熟取旨进呈"。换句话说，如果彭几在刘诜已将造好的"徵声"上奏朝廷后，才进《乐书》议补徵调，这种可能性是不大的。作为急于想进入大晟府的布衣彭几来说，怎么会在当时业已掌握大晟府制作大权的典乐刘诜已造好"徵声"并进呈朝廷后，又进《乐书》议补徵调呢？而且从彭几进《乐书》论五音的内容来看，如"本朝以火德王，而羽音不禁，徵调尚阙"，其措辞口吻都指当时朝廷并未有制作徵调而言，因此，可以确凿判断，彭几进《乐书》议补徵调时，刘诜并未上"徵声"，这一点《宋史·乐志四》、《会要·乐》五之二〇、《玉海》卷一〇五等各种史料均有确切记载①。刘诜上"徵声"，实际上是根据当时很多人员的意见综合而成的，其中就有彭几《乐书》议补"徵调"的成分在内，这一点详上，兹不赘。综上可知，彭几进《乐书》议补徵调当在崇宁中（详见《彭几考》），"召（彭）几至（大晟）乐府"，则在大观元年初。因此，"礼部员外郎吴时善其（彭几）说"的时间，也当在大观元年初，而不是大观二年。

按：大晟府尽管在崇宁四年成为独立于太常寺之外的行政实体，但实际上其人事权仍归礼部。《会要·职官》二二之二五："（大晟）乐成，置府建官以司之，礼、乐始分为二。府在宣德门外天街之东，隶礼部。序列与寺监同，在太常寺之次。"《玉海》卷一六六："（崇宁）四年八月二十七日，赐名《大晟》，置府建官。府在宣德门外天街之东，隶礼部。"吴时作为礼部员外郎，正好负责大晟府的人事管理工作。如上文《刘诜考》、《彭几考》所证，在崇宁末至大观初的短时期内，蔡京一伙对大晟府的掌控略有松动，一些其他权要的门客借此机会进入大晟府，其时人员任用也出现了多元化现象。吴时推荐布衣彭几入大晟府，正体现了这种时代背景。他当是因详细研读彭几《乐书》后，认为其说可行，才建议"召（彭）几至（大晟）乐府"的，其中可能并不包含任何党派的偏见。但是，这却成了他日后遭受党争迫害的一大罪状。《宋史·吴时传》："张商英罢相，言者指（吴）时为党，出知耀州，又降通判鼎州。"② 因彭几为郭天信门客，且往来于张商英、郭天信之门（详上），对于这一点，吴时并未置可否，日后也能处之泰然。

---

① 详见《宋会要·乐》五之二〇（第1册，第342页），《宋史·乐志四》（第9册，第3002页），《宋会要·乐》五之二〇（第1册，第342页），《玉海》卷一〇五（第945册，第778页）。

② 详见《宋会要·职官》二二之二五（第3册，第2872页），《玉海》卷一六六（第947册，第335页），《宋史·吴时传》（第31册，第10997页）。

吴时大观三年仍在礼部员外郎任。《宋史·吴时传》："大观兴算学，议以黄帝为先师。时言：'今祠祀圣祖，祝板书臣名，而释奠孔子，但列中祀。数学，六艺之一耳，当以何礼事之？'乃止。迁太仆少卿。"未言何时。据《群书考索·后集》卷三〇：

大观三年三月壬戌，礼部、太常寺言："算学以文宣王为先师……"按《吴时传》："时为礼部员外郎，方兴算学……"此皆从祀文宣王庙，或是因（吴）时议。然十一月七日丁未，竟以黄帝为先师。……《吴时行状》云："朝廷不能决，集礼官、博士议，遂易黄帝以隶首。"

按：《宋史·礼志八》："大观三年，礼部、太常寺请以文宣王为先师……于是中书舍人张邦昌定算学……寻诏以黄帝为先师，礼部员外郎吴时言：'……请春秋释奠……'诏皆从之。"《长编纪事本末》卷一三五："（大观三年三月壬戌）张邦昌定制算学。"可知吴时大观三年仍在礼部员外郎任，大约在本年十月迁太仆少卿（《会要·职官》六三之八）①。

二、吴时任大晟府典乐考

有关吴时任典乐这一点，他书不见记载，唯见于《宋史·吴时传》：

迁太仆少卿。张商英罢相，言者指（吴）时为党，出知耀州。又降通判鼎州，未赴。提举河东常平，岁饥，发公粟以振民。童贯经略北方，每访以边事，辄不答。还，为大晟典乐，擢中书舍人、给事中。②

并未言吴时任典乐在何时。李之亮据《宋史·吴时传》系吴时提举河东常平在政和元年至二年③。李先生恐怕是仅依据"张商英罢相，言者指（吴）时为党，出知耀州。又降通判鼎州，未赴。提举河东常平"这种"联书"的撰史体例而作出判断的。因张商英罢相在政和元年八月丁巳（《宋史·宰辅表三》），而吴时又因黜"知耀州，又降通判鼎州"而"未赴"，于是自然而然就在政和元年

① 详见《宋史·吴时传》（第31册，第10997页），《群书考索·后集》卷三〇（第937册，第404页），《长编纪事本末》卷一三五（第387册，第426页），《宋史·礼志八》（第8册，第2551—2553页），《宋会要·职官》六三之八（第4册，第3816页）。

② 脱脱等：《宋史》卷三四七《吴时传》，第31册，第10997页。

③ 李之亮：《宋代路分长官通考》，下册，第1936页。

至二年提举河东常平了。其实，这种系年是有问题的。因为吴时有可能在黜“知耀州，又降通判鼎州”而“未赴”后，并未立即就获得新任命，而即使获得新的任命，也可能因为“待阙”而未能立即上任。按照宋代职官制度，“待阙”这种可能性是极大的。今据《宋史·吴时传》所提供的相关史实，参以他书，考得吴时提举河东常平实在政和六年至七年。晁公遡《刘汲传》：

> 政和三年，知开封府鄢陵县。……明年冬，大雪逾月，道无行人，五谷薪蒭不入市。乃发官所储以予民。……是冬，当有事于郊，有赦。（李）伸谬称冤，冀赦，移大理寺，受其赇，以县为枉。汲论于朝，移御史，卒论伸死。寻通判隆德府。河北罢所铸铅铁钱，钱凑，河东民不肯用。阛市无所鬻，民不得食。汲曰：“岁饥，则出义仓。今患有甚于岁饥，即出以贷民。”已乃自劾。常平使者吴时大惊，奏论其贤。（《嵩山集》卷五二）

述刘汲政和三年知开封府鄢陵县，政和四年冬发官储赈民；又述“是冬，当有事于郊，有赦”云云，据《宋史·徽宗本纪三》：“（政和六年十一月）己亥，祀昊天上帝于圜丘。”知刘汲政和六年冬仍在知开封府鄢陵县任，尔后秩满，而寻通判隆德府则在政和七年春。《宋史·吴时传》：“童贯经略北方，每访以边事，辄不答。”据《续通鉴》卷九二：“（政和六年春正月戊子）以童贯为陕西、河北宣抚使。”① 所谓“童贯经略北方，每访以边事”，当在政和六年正月后。综上可知，吴时提举河东常平当在政和六、七年间，决不可能在政和元年至二年。

又，《宋史·吴时传》：

> 提举河东常平……还，为大晟典乐，擢中书舍人、给事中。内侍何诉谪监衡州酒，犹领节度使。时奏夺之。又因进对，及取燕事，曰：“祖宗盟血未干，渝之必速乱。”蔡攸闻之，以告王黼。黼怒，斥为腐儒。②

李之亮系吴时为中书舍人政和五年，而系吴时为给事中亦在政和五年③。

---

① 详见《宋史·宰辅表三》（第16册，第5521页），《嵩山集》卷五二（第1139册，第287—288页），《宋史·徽宗本纪三》（第2册，第397页），《宋史·吴时传》（第31册，第10997页），《续资治通鉴》卷九二（第483页）。

② 脱脱等：《宋史》卷三四七《吴时传》，第31册，第10997页。

③ 详见《宋代京朝官通考》，第2册，第97页，第500页。

乃误。实因未能考明吴时提举河东常平在政和六、七年间，而误系于政和五年也。按：吴时擢中书舍人、给事中时，正值朝廷策划“取燕、云之计”的时候。《宋史·徽宗本纪三》：“（重和元年二月）庚午，遣武义大夫马政，由海道使女真，约夹攻辽。”《续通鉴》卷九三：“（宣和元年春正月戊午）是时朝廷已纳赵良嗣之计，将会金以图燕。”王黼宣和元年正月为少宰（《宋史·宰辅表三》）①，故知吴时擢中书舍人、给事中当在重和元年至宣和元年，而非政和五年。

据上考，可推知吴时任典乐当在政和七年至重和元年间。《宋史·乐志四》：“政和末，明堂成，议欲为布政调燮事，乃召武臣前知宪州任宗尧，换朝奉大夫，为大晟府典乐。”据《宋史·乐志四》：“（政和七年）十月，皇帝御明堂平朔左个，始以天运政治颁于天下。”《宋史·徽宗本纪三》：“（政和七年）六月戊午朔，以明堂成，进封蔡京为陈、鲁国公。”《通考·郊社考七》：“（政和）七年，明堂成……礼制局列上《明堂七议》。”知任宗尧为典乐在政和七年六月后。又，据《宋史·乐志四》：“（政和末）蔡攸方提举大晟府，不喜他人预乐。有士人田为者，善琵琶，无行，攸乃奏为大晟府典乐。”《通考·乐考四》：“政和末，蔡京引沈（任）宗尧为太（大）晟府典乐，宗尧复申汉津太、少之议。时京子攸提举大晟府，又奏田为为典乐。”今考得田为任典乐在政和七年六月前后（详上）。据诸葛忆兵考证，蔡攸提举大晟府为政和七年三月至宣和初（详上）。知其自政和七年三月后，就极力排除异己，提拔亲党。《宋史·乐志四》：“（政和）七年二月，典乐裴宗元言。”② 裴宗元政和七年二月仍在典乐任，但不久即被挤出大晟府。吴时任典乐，当在政和七年二月后，可能就是为了接替裴宗元之职。但政和七年六月后，蔡京又擢任宗尧为典乐。可见吴时任典乐时间可能非常之短，大约在政和七年六月后不久，即不再担任典乐一职。故可考知吴时任典乐约在政和七年二月后至六月间，将他排挤出大晟府的不是别人，正是政治上的“宿敌”蔡京和大晟府提举官蔡攸。

---

① 详见《宋史·徽宗本纪三》（第2册，第399页），《续资治通鉴》卷九三（第489页），《宋史·宰辅表三》（第16册，第5526页）。

② 详见《宋史·乐志四》（第9册，第3026页），《宋史·乐志四》（第9册，第3020页），《宋史·徽宗本纪三》（第2册，第398页），《文献通考·郊社考七》（第678页），《宋史·乐志四》（第9册，第3026页），《文献通考·乐考四》（第1173页），《宋史·乐志四》（第9册，第3019页）。

第七节　任宗尧考

任宗尧作为魏汉津的弟子，曾在政和末年担任大晟府典乐，在废“中声乐”与“修制大乐”过程中，对后期大晟乐创制起了较大作用。史料有关任宗尧的记载，对任宗尧任典乐这段经历有不同说法，然多本着对魏汉津及任宗尧的同情态度，对大晟府后期大乐制作有不同程度的偏见。为了更好地甄别史实，今对任宗尧为官履历及在大晟府的作为试作考辨如下。

一、任宗尧早年事迹及为官履历

“任宗尧”，《通考·乐考四》作“沈宗尧”，《宋史·乐志四》、《铁围山丛谈》、《三朝北盟会编》、《纲目备要》均作“任宗尧”①。当以“任宗尧”为是。有关任宗尧生平行实，较早资料见于《铁围山丛谈》：

> 任宗尧者，字子高。名家子，仕至典乐，后改服武弁，终赠观察使。宗尧多艺能，洞晓天官、律吕，盖其传授于魏汉津先生。宗尧始仕宦时，即喜功名。大观末，从尚书王宁、中书舍人张邦昌使高丽，为上节人【使】。至四明则放洋而去。不十日，四明忽传副使舶坏，众为痛之。始时宗尧将登舟，则寄所赍玩好琴书于相识故人家而迈，及是传也，其故人者嗟恻。一旦有女奴忽暴病不省，遂为宗尧音，诉其故人曰：“某所以涉鲸波万里，本希尺寸赏。不谓遽持千金之躯，而葬于鱼鳖之腹。故人念我乎？某所寓三琴，实平生所爱赏。甲可归之我家，乙亦奇古，当奉故人，下者可与某。”凡所寓书画箧笥中百物，历历分区，不遗一毫毛。其故人大骇，为奠哭。久之，女奴始苏。翌日，则四明一郡皆传，谓使者舟坏信矣。其后戒归使人自高丽，上下一无恙。故人者得见宗尧，欢喜窃笑，独异于常。宗尧始疑而询焉，方道其事，始知为黠鬼所侮。吾亲见宗尧言之。②

---

① 详见《文献通考·乐考四》（第1173页），《宋史·乐志四》（第9册，第3026页），《铁围山丛谈》卷四（第66页），《三朝北盟会编》卷一六（第350册，第124页），《皇朝编年纲目备要》卷二七（第687页）。

② 蔡絛撰，冯惠民、沈锡麟点校：《铁围山丛谈》卷四，第66页。按：冯、沈录原校：“张本‘节’下有‘使’字。”

颇多志怪色彩，亦语焉不详。大约在少年时期，任宗尧即师从魏汉津习“天官、律吕”，故魏汉津颇器重之。《宋史・魏汉津传》：“汉津密为京言：‘《大晟》独得古意什三四尔，他多非古说。异日当以访任宗尧。’宗尧学于汉津者也。”[①] 此当为崇宁四年鼎乐造成后不久之事。其始从魏汉津游则不知在何年，然崇宁造乐时已有所“传授”；或魏汉津崇宁元年前数年即来往于京师而居其家，而任宗尧与蔡京诸子颇有交往，故能达魏汉津之名于蔡京者，必任宗尧之力居多也。

鼎乐造成后，魏汉津可能对其表示过自己的看法，然《宋史・魏汉津传》未载，只云：“宗尧学于汉津者也。汉津晓阴阳术数，多奇中。尝语所知曰：‘不三十年，天下乱矣！’”“所知”云云，《宋史・魏汉津传》并未指明为谁。《铁围山丛谈》则作“所亲”，如：“汉津明乐律，晓阴阳数术，多奇中，尝私语所亲曰：‘不三十年，天下乱矣。’鼎乐成，亦封先王号。然汉津每叹息，谓犹不如初议。”（卷五）并不言“所知”、“所亲”为谁，且《丛谈》所载在“鼎乐成”前，而《宋史・魏汉津传》则载“鼎乐成”后。元人遂附会“所知”、“所亲”为任宗尧，如：

> 然徽庙指寸，视人加长，而乐律遂高。虽（魏）汉津亦私谓其弟子任宗尧曰：“律高则声过哀，而国乱无日矣。当今圣人，其身出而身遘之乎？”（姚桐寿《乐郊私语》）
>
> 然以崇宁之指尺既长，而乐律遂高。惟（魏）汉津亦自知之，尝私谓其弟子任宗尧曰：“乐律高，北方玄鼎水又溢出。律高则声过哀，而国乱；水溢出则国有变，而境土丧没，是不久矣。”（吴莱《张氏〈大乐玄机赋论〉后题》）

不知所据为何书。任宗尧“始仕宦”亦不知在何年，但据《铁围山丛谈》卷四载，知其在“大观末”即随人出使高丽，不过为“希尺寸赏”而已。政和年间，曾以武臣而知宪州。《宋史・乐志四》：“蔡攸之弟蔡絛曰：‘及政和末，明堂成，议欲为布政调燮事，乃召武臣前知宪州任宗尧，换朝奉大夫，为大晟府典乐。’”此处与《铁围山丛谈》载“仕至典乐，后改服武弁，终赠观察使”，看起来好像有些矛盾。《铁围山丛谈》云先为文资后改武弁（卷四），《宋史・乐志四》则云先为武臣后换文资，其实任宗尧“始仕宦时”即为武臣，观其在大观末出使高丽时，尚书王宁、中书舍人张邦昌均为文官，“四明

① 脱脱等：《宋史》卷四六二《魏汉津传》，第39册，第13526页。

忽传副使舶坏”之副使则指任宗尧，实为武臣。据《长编》，可知凡出使则文官为正使、武臣为副使（卷三三九）①。不过，任宗尧大观末出使高丽时担任何种官职，则无从详考。

政和末，朝廷为了“布政调燮事”，于是曾以武臣知宪州而暂时没有新职任的任宗尧，换成文资朝奉大夫而担任大晟府典乐。《宋史·乐志四》：“蔡攸之弟蔡絛曰：‘及政和末，明堂成，议欲为布政调燮事，乃召武臣前知宪州任宗尧，换朝奉大夫，为大晟府典乐。’”然“政和末”的表时方式为撰史者惯例，其实包含的时段较不确定。按：“明堂成，议欲为布政调燮事，乃召武臣前知宪州任宗尧，换朝奉大夫，为大晟府典乐”云云，据《宋史·徽宗本纪三》、《宋史·乐志四》、《通考·郊社考七》，知任宗尧始为典乐在政和七年六月后至九月前这一时段中②。

由武臣换成文资朝奉大夫而担任典乐，是蔡京给予任宗尧的升迁机会（详下）。《宋代官制辞典》：“朝奉大夫，寄禄官名。北宋神宗元丰三年九月，由后行郎中阶改。为文臣京朝官寄禄官阶三十阶之第十九阶。从六品。”③ 以从六品朝奉大夫担任从五品典乐，这在大晟府还是有先例的。不过，由武臣换文资而后又由文资改“武弁”，本身即是一种投机行为，这在大晟府职官中唯此一例，只能说明任宗尧有着特殊的家庭背景和裙带关系，同时也反映了蔡京主政时期紊乱的转官制度和腐败的人事关系。其后任宗尧又“改服武弁”，则更印证了这一点。《三朝北盟会编》：“（宣和五年四月）二十八日辛亥，童贯、蔡攸归，以詹度权帅事。……以阁门宣赞舍人刘逸知景州，惠州团练使杨可升知檀州，忠州防御使任宗尧知蓟州，悉发官吏赴上。”④ 这里提到“忠州防御使任宗尧知蓟州”，乃在宣和五年四月。据《宋代官制辞典》：“防御使，正任武阶名。无职事，为武臣、宗室、内侍迁转官阶。元丰后从五品。”“某州防御使，官衔名。宋制，除防御使，必带防御州名。”⑤ 知任宗尧仕至典乐而“后改服武弁”官衔，乃为忠州防御使，获得这种无职事而又能坐享厚禄的官

① 详见《宋史·魏汉津传》（第39册，第13526页），《铁围山丛谈》卷五（第87页），《乐郊私语》（第630册，第12页），《渊颖吴先生集》卷八《张氏〈大乐玄机赋论〉后题》（《四部丛刊》初编本，第6页A面至B面），《宋史·乐志四》（第9册，第3026页），《铁围山丛谈》卷四（第66页），《宋史·乐志四》（第9册，第3026页），《续资治通鉴长编》卷三三九（第14册，第8167页）。

② 详见《宋史·乐志四》（第9册，第3026页），《宋史·徽宗本纪三》（第2册，第398页），《宋史·乐志四》（第9册，第3020页），《文献通考·郊社考七》（第678页）。

③ 龚延明：《宋代官制辞典》，第571页。

④ 徐梦莘：《三朝北盟会编》卷一六，第350册，第124页。

⑤ 龚延明：《宋代官制辞典》，第580页。

职，可以看出任宗尧与蔡京一伙的关系。宣和五年，朝廷收复幽燕，众多近习、膏粱子弟都把它看成是猎取功名的捷径，任宗尧这时候出知蓟州，也就怀着这样的目的。据《铁围山丛谈》载“终赠观察使”云云（详上），知任宗尧可能在宣和七年之前即已卒。观察使，正任武阶名，无职事，为武臣、宗室、内侍迁转官阶，元丰后正五品，位次于节度观察留后（承宣使）而高于防御使①。凡除观察使，皆带州名，不知任宗尧“终赠”哪一州的观察使，有待于进一步考察。

详审任宗尧的为官履历，可以说是徽宗朝官僚制度极其腐败的一种表征。毫无科举功名及军功的任宗尧，却能在仕途中如鱼得水，靠的是徽宗朝为纨绔子弟开的“方便之门”，不过是因裙带关系而左右逢源。因此，对于任宗尧在大晟府的作为，也就不难理解其中的投机成分了。

二、任宗尧为典乐及“修制大乐”考辨

《宋史·魏汉津传》：“而京之客刘昺主乐事，论太、少之说为非，将议改作。既而以乐成久，易之恐动观听，遂止。汉津密为京言：‘《大晟》独得古意什三四尔，他多非古说。异日当以访任宗尧。’宗尧学于汉津者也。……（汉津）未几死，京遂召宗尧为典乐，复欲有所建，而为田为所夺，语在《乐志》。”② 这段记载对刘昺、田为先后改、篡魏汉津乐的行为颇有微词，而对魏汉津、任宗尧师徒深表同情。考诸史实，未必尽然。

有关任宗尧在大晟府的作为，《宋史·乐志四》有较详细的记载，如：

> 蔡攸之弟蔡絛曰：“及政和末，明堂成，议欲为布政调燮事，乃召武臣前知宪州任宗尧，换朝奉大夫，为大晟府典乐。宗尧至，则言太、少之说本出于古人，虽王朴犹知之，而刘昺不用，乃自创黄钟为两律。黄钟，君也，不宜有两。蔡攸方提举大晟府，不喜他人预乐。有士人田为者，善琵琶，无行，攸乃奏为大晟府典乐，遂不用中声八寸七分管，而但用九寸管。又为一律，长尺有八寸，曰太声；一律长四寸有半，曰少声：是为三黄钟律矣。律与容盛又不翅数倍。黄钟既四寸有半，则圜钟几不及二寸。诸器大小皆随律，盖但以器大者为太，小者为少。乐始成，试之于政事堂，执政心知其非，然不敢言，因用之于明堂布政，望鹤愈不至。”

① 龚延明：《宋代官制辞典》，第580页。

② 脱脱等：《宋史》卷四六二《魏汉津传》，第39册，第13526页。

《通考·乐考四》则作“沈宗尧”，叙事略简。任宗尧为典乐后，极力抨击刘昺“中、正”之非，而重新提倡魏汉津“太、少之说”。所谓“乃自创黄钟为两律。黄钟，君也，不宜有两”，正指刘昺“中、正”之说而言。又所谓“太、少之说本出于古人，虽王朴犹知之，而刘昺不用”，则力主魏汉津“太、少之说”。据考，刘昺主乐事时，已用“中、正”之说取代魏汉津“太、少之说”而铸成九鼎，这一点详见上文，兹不赘。因此，任宗尧为典乐后，便以非毁刘昺乐为目的，故极力主张“修制大乐”。这很快得到大晟府提举官蔡攸的同意，以后乞废天下“中声乐”的建议，其实都是任宗尧的主张，只不过借蔡攸之口上奏而已。《会要·乐》四之一：“（政和八年八月）二十六日，（蔡）攸又奏：‘所有已颁中声乐，欲乞令逐处，在京限一月，外路限一季，并行送纳。’从之。”[①] 也就是说，非毁刘昺乐的各项乐令政策，都是由典乐任宗尧向提举官蔡攸提议，而后由蔡攸直接上奏。这次非毁刘昺乐的行动特别迅速，“在京限一月，外路限一季”，即在政和八年十月至十二月，刘昺乐已被破坏殆尽。

需要说明的是，历来史籍都说田为是这次“破坏活动”的策划人，其实未免冤枉了田为。《纲目备要》卷二七：

> 初，京令其子攸提举大晟府，而父子自为异论，各引晓乐音之士。朝奉大夫任宗尧，京客也；进士田为，攸客也，并为典乐。《大晟乐》旧用中、正声，若每月初气即用中声，正气即用正声。为谓：“中声非是，当去中声，于正声中分大、小二音。”宗尧谓：“六律为大，六吕为小。”为谓：“非是，盖律吕各有大小。”攸主为之说以奏于上。重和秋，遂诏乐止用正声，已颁中声乐并纳礼制局改正。为既无所传授，乐遂大坏。始成，试于政事堂，执政心知其非，然不敢言。既遂用之于明堂，而其声益散矣。

考田为政和七年三月前，一直在燕乐所担任制撰工作（《会要·职官》六九之四）。这种工作是“审按校定”“燕乐旧行一十七调大小曲谱”并“依月律次序添入新补撰诸调曲谱”（《会要·乐》四之一、二），其性质属燕乐而与雅乐无涉。政和七年三月后，田为又在新设立的修制大乐局担任管勾官，其性质方与雅乐有了关系（《宋史·张朴传》）。因修制大乐局设立的时间在政和七

① 详见《宋史·乐志四》（第9册，第3026页），《文献通考·乐考四》（第1173页），《宋会要·乐》四之一（第1册，第322页）。

年三月后，田为这时既在燕乐所担任制撰工作，同时又在修制大乐局担任管勾官，被破格提拔为典乐即在此时（详上）。据此，《纲目备要》所谓“为谓：‘中声非是，当去中声，于正声中分大、小二音。’宗尧谓：‘六律为大，六吕为小。’为谓：‘非是，盖律吕各有大小。’”（卷二七）这种对话内容的可信度极低，因非毁“中声乐”后，采用的正是任宗尧所主张的“太、正、少”三黄钟律之说，而非所谓“于正声中分大、小二音”。《宋史·乐志四》对这一点的记载是非常详明的。按：蔡攸于政和八年八月上奏乞废“中声之乐”的言论，其实都是照录任宗尧的提议。所谓“若以一黄钟为正声，又以一黄钟为中声，则黄钟君声，不当有二”，正是任宗尧所斥“（刘昺）乃自创黄钟为两律。黄钟，君也，不宜有两”的翻版。可知蔡攸乞废“中声之乐”，完全是按照任宗尧的提议而行的。又所谓田为主张“于正声中分大、小二音”，亦与实际制乐情况不合。《宋史·乐志四》：“宣和元年四月，（蔡）攸上书：‘奉诏制造太、少二音登歌、宫架，用于明堂，渐见就绪，乞报大晟府者凡八条：一，太、正、少钟三等。……其二，太、正、少琴三等。……其三，太、正、少籥三等。……其四，太、正、少篴、埙、篪、箫各三等。……其五，大晟匏有三色……今已各分太、正、少三等。……其六，旧制有巢笙、竽笙、和笙。……今依钟、磬法，裁十二管以应十二律，为太、正、少三等。……’诏悉从之。”《会要·乐》四之二：“宣和元年三月十九日，淮康军节度使蔡攸奏：‘……考之制造太、少、正声，籥之律吕咸备，乞颁降施行。’从之。”①蔡攸宣和元年所制新乐器，正是按照任宗尧所主张的“太、正、少”三黄钟律之说而制造的，并不是按照所谓田为主张的“于正声中分大、小二音”而制器，这一点是十分清楚的。

在田为担任典乐前，朝廷已开始废天下“中声乐”，这一点与田为无涉。在废“中声乐”与“修制大乐”整个过程中，其实都是按任宗尧乐议实践操作的。《宋史·乐志四》：“蔡攸之弟蔡絛曰：‘……攸乃奏为大晟府典乐，遂不用中声八寸七分管，而但用九寸管。又为一律，长尺有八寸，曰太声；一律长四寸有半，曰少声：是为三黄钟律矣。’”所述似乎是田为主张“太、正、少”三黄钟律之说，而将任宗尧之名隐去。查《通考·乐考四》：“时京子攸提举大晟府，又奏田为为典乐。宗尧愤之，令乐工断黄钟管二，一倍之，一半

① 详见《皇朝编年纲目备要》卷二七（第687页），《宋会要·职官》六九之四（第4册，第3931页），《宋会要·乐》四之一、二（第1册，第322页），《宋史·张朴传》（第32册，第11220页），《皇朝编年纲目备要》卷二七（第687页），《宋史·乐志四》（第9册，第3023页），《宋会要·乐》四之二（第1册，第322页），《宋史·乐志四》（第9册，第3023—3025页）。

之，给为曰：‘此太、少律也。’为信之，以白攸。攸因执以为是，遂不用刘炳中声八寸七分管，而止用九寸管。又为一律长尺有八寸，曰太声；一律长四寸有半，曰少声。乃有三黄钟律云。”① 知按照“太、正、少”之说制定“三黄钟律”（即“太声”黄钟律“尺有八寸”，“正声”黄钟律“九寸”，“少声”黄钟律“四寸有半”），正是任宗尧乐议的实施与操作。至于在实践过程中受到任宗尧的愚弄，这并不是田为与蔡攸的过错，而正是具有方士特性的任宗尧装神弄鬼的结果。后来以蔡攸名义上奏的大晟乐，其实正是魏汉津“太、正、少”乐论的实践体现，但其演奏结果并不理想。这并不是因为“（田）为既无所传授，乐遂大坏”，相反，正是照搬魏汉津乐论所制成的乐器没有任何实践效果。撰史者蔡絛出于对其兄蔡攸及其门客田为的偏见，把按魏汉津“三黄钟律”制乐后不合演奏实践的责任，全都转嫁在蔡攸与田为身上。后来的撰史者如陈均、马端临、脱脱等，其实都为蔡絛所惑，以致以讹传讹。这一点不可不辨。

今考《宋史·乐志四》：“蔡攸之弟蔡絛曰：‘……蔡攸方提举大晟府，不喜他人预乐。……攸乃奏为大晟府典乐。’”《宋史·魏汉津传》：“（汉津）未几死，京遂召（任）宗尧为典乐，复欲有所建，而为田为所夺。”《纲目备要》卷二七：“京令其子攸提举大晟府，而父子自为异论，各引晓乐音之士。”《通考·乐考四》：“时京子攸提举大晟府，又奏田为为典乐。宗尧愤之。”都是根据蔡絛《国史后补》编撰而成。其时蔡京、蔡攸争权，父子各立门户，互相倾轧，蔡攸曾一度想置其弟蔡絛于死地，这一点载在史册，不需多言。由于蔡絛撰《国史后补》时，多对蔡攸诸项行事极尽丑诋之能事，时有不实和夸大之处。任宗尧为蔡京所引，又与蔡絛私交甚厚，其善于装神弄鬼的言论对蔡絛本身即有很大影响，再加上蔡絛对其兄蔡攸的痛恨，据私论撰成的《国史后补》，在涉及“修制大乐”问题时，就有着掩盖事实真相的记载。其实，任宗尧真正“愤之”的原因，是比他晚了一年多才任典乐的田为，竟然事事与之争执，这对以魏汉津“嫡传”自居的任宗尧，是难以容忍的一件事。更何况田为在蔡攸的怂恿下，在宣和元年南郊时，还以田为临时代理大司乐之职（《清波杂志》卷一一）②。在任宗尧看来，田为本来是个“无行”的布衣，乐学方面“无所传授”，不过因为“善琵琶”，就以燕乐所制撰（从九品）的厘

① 详见《宋史·乐志四》（第9册，第3026页），《文献通考·乐考四》（第1173页）。

② 详见《宋史·乐志四》（第9册，第3026页），《宋史·魏汉津传》（第39册，第13526页），《皇朝编年纲目备要》卷二七（第687页），《文献通考·乐考四》（第1173页），《清波杂志校注》卷一一（第473页）。

务官，爬到从五品典乐之位，现在竟然抢先代理大司乐之职，成为自己的顶头上司。其“愤之”之心，自然是史笔难以描述的。蔡絛作为任宗尧的好友，同情心本来就偏重任宗尧这一面，再加上对其兄蔡攸及抢了任宗尧“前程”的田为恨之入骨，故在撰史时移花接木，歪曲事实，这在蔡絛书中乃为一贯伎俩。

第八节 盛允升、朱维、蒋瑎考略

盛允升、朱维、蒋瑎三人，分别在大晟府担任制造官、典乐、大司乐之职。其中盛允升在担任制造官期间，对大晟燕乐乐器的制造，做出了较大贡献。朱维在典乐任期内及此前讲议司礼乐的研讨方面，都有过一定作用。而蒋瑎在担任大司乐期间，则对大晟府使用郊庙祭祀乐舞的人数及礼文制度等，做过一些修订工作。然而《宋史·乐志》、《宋会要》等，对此均未有提及。今据相关史料，特予以表出。至于补阙工作，则以俟博雅君子，作更为深广的探讨。

一、盛允升任大晟府制造官考

盛允升，字德常。其先余杭人，四世祖盛蟠徙建德；父盛侨宦游吴兴，因家焉，遂为吴兴人。有关盛允升与大晟府的关系，沈与求《朝请大夫盛公行状》有较详细的记载，如：

> 政和二年，当路以公年未艾，才不宜遂休，表复用。训词褒许，即以旧领阶官司开封府户曹事。方朝廷考正徵、角二声为燕乐，以厘革郑、卫淫哇之习。公上所著《乐书》数万言，论辨古乐，所以析用中、正之法甚悉。上嘉用之。改仪曹，兼大晟府制造官。三年，司勋奏公曩摄邑苏之常熟，捕获盗铸金钱，法应赏。由是累迁朝请郎。九月，燕乐成，上命辅臣覆视，唯公所制精妙一时，特恩迁朝奉大夫。逾月，赐服三品，皆异数也。①

按：“方朝廷考正徵、角二声为燕乐”，始于崇宁末至大观元年初，时刘诜为典乐、彭几为协律郎等，相与讨论补徵调事宜；大观二年二月刘诜上“徵声”；三月，徽宗下诏：“可令大晟府同教坊依谱按习，仍增徵、角二谱，

① 沈与求：《龟溪集》卷一二，第1133册，第246—247页。

候习熟取旨进呈。”（《宋史·乐志四》，《会要·乐》五之二〇）然而“徵、角二声”是否在大观二年即已“考正”完备，史籍记载却较为隐晦。据《盛公行状》，可证大观二年刘诜所上徵声，只不过是论述徵声的乐书理论，所谓“令大晟府同教坊依谱按习”云云，疑有讹误，详见《刘诜考》。《宋史·乐志四》：“（政和三年）五月，帝御崇政殿，亲按宴乐……于是令尚书省立法，新徵、角二调曲谱已经按试者，并令大晟府刊行，后续有谱，依此。”“新徵、角二调曲谱已经按试者”云云，与大观二年“仍增徵、角二谱，候习熟取旨进呈”，所载时间虽有先后之分，但不宜太远。大观二年至政和三年，有五年之久，其时大晟燕乐乐器还在制造中，何从“按习”“徵、角二谱”？难道是用大晟雅乐乐器“按习”新燕乐曲谱吗？史载“教坊次乐工”制谱（《避暑录话》卷上）[①]，而非刘诜，知刘诜所上“徵声”为乐书理论，而非曲谱本身，这一点十分清楚。刘诜在政和二年七月前已卒（详见《刘诜考》），这时朝廷正处于“考正徵、角二声为燕乐”的紧要关头，急需有人负责具体的制造工作。时任开封府户曹事的盛允升，就在这个关键时候，“改仪曹，兼大晟府制造官”。大晟府制造官为兼职，盛允升当时的官职是开封府户曹（正八品），因急需用人，被任命为大晟府制造官的盛允升也就调动了工作单位，“改仪曹”。这在品秩上是一次升迁。仪曹即礼部，大约为礼部员外郎（正七品）一类的官职。大晟府隶属礼部，所谓“改仪曹，兼大晟府制造官”，其实主要工作是大晟府制造官，“兼”云云，不过是宋代士人的委婉说法，仪曹才是挂名美衔。

又“公上所著《乐书》数万言，论辨古乐，所以析用中、正之法甚悉”云云，当在开封府户曹任所上。今原书久佚，南宋后公私书目均不见记载，可能并未刊行，或在南宋即已散失。考其书“论辨古乐”及“析用中、正之法”，当是探讨大晟乐乐理之书，“中、正之法”为刘昺所倡，为大晟乐的实际制器所本。刘昺大观二年十一月因“亲丧不葬，坐夺职罢郡”，大观四年六月“复以事免官”、“勒停”，直到政和二年五月蔡京“再辅政”，刘昺才恢复官职[②]。据诸葛忆兵考证，政和二年刘昺为户部尚书兼任大晟府提举[③]。故政

① 详见《宋史·乐志四》（第9册，第3002页），《宋会要·乐》五之二〇（第1册，第342页），《宋史·乐志四》（第9册，第3017—3018页），《避暑录话》卷上（第2编，第10册，第256页）。

② 详见《宋史·刘昺传》（第32册，第11207页），《宋会要·职官》六八之一七（第4册，第3916页），《宋会要·职官》六八之二一（第4册，第3918页）及前文《刘昺考》。

③ 诸葛忆兵：《徽宗词坛研究》，第9页。

和二年盛允升上所著《乐书》数万言，“析用中、正之法甚悉”，当为“刘昺乐”提供理论依据。不过，从大晟府制造官的工作性质来看，盛允升当负责乐器制造而非“考正徵、角二声”乐谱。但其所撰《乐书》中可能涉及“考正徵、角二声”的问题，更多的成分是讨论如何“以雅乐中声播于燕乐”[①]。今其所撰《乐书》失传，无从详考。

按：大晟府制造官今可查者只有两位：一位为大乐府师、授大乐局制造官魏汉津，其时大晟府尚未成立，故为大乐局制造官，主要负责制造九鼎及相关乐器[②]；另一位即是盛允升，“改仪曹，兼大晟府制造官”[③]。如果说大乐局制造官魏汉津负责大晟雅乐乐器的制造，那么，盛允升则是负责大晟燕乐乐器的制造。《盛公行状》“方朝廷考正徵、角二声为燕乐，以厘革郑、卫淫哇之习”云云（详上），并没有涉及这一点。但既然是“兼大晟府制造官”，则当负责乐器制造之事。又，据《盛公行状》“燕乐成，上命辅臣覆视，唯公所制精妙一时”（详上），则盛允升必负责大晟燕乐乐器的制造无疑。大晟燕乐乐器不同于传统燕乐乐器的地方，是加入了所谓的“燕乐部八音”。文献资料明确表明，大晟燕乐乐器制造完全依照雅乐“八音”理论而行，也就是说，“以雅乐中声播于燕乐”（详上），体现在大晟燕乐乐器制造方面，即严格依照大晟雅乐律（即“大晟律”）制器。而埙、篪、匏笙等成为所谓“燕乐部八音”（详见《铁围山丛谈》卷二、《会要·乐》三之二七、二八、《纲目备要》卷二八、《宋史全文》卷一四），主要应归功于时任大晟府制造官的盛允升。《会要·乐》三之二七载有“新燕乐进讫”刘昺等转官的名单：“（政和三年）六月二十八日，中书省言：‘大晟府新燕乐进讫。’诏：‘提举官刘炳特转两官，内一官转行，一官回授有服亲属；杨戬落通仕大夫，除正任观察留后；黄冕阶官上转一官；马贲等五人各转行两官；王昭等三人各转一官，减一年磨勘；张茹转一官。’”[④]“转官”名单中没有盛允升的名字，可能是史籍漏载。今据《盛公行状》：“（政和三年）九月，燕乐成，上命辅臣覆视，唯公（盛允升）所

---

① 详见《宋史·乐志四》（第9册，第3018页），《宋会要·乐》三之二七（第1册，第320页），《宋史全文》卷一四（第330册，第544页；参点校本卷一四，第3册，第952页）。

② 详见《宋会要·舆服》六之一五（第2册，第1833页），《能改斋漫录》卷一二（第5编，第4册，第79页）及前文《魏汉津考》。

③ 另有田为曾任“修制大乐局管勾官”，在政和七年三月后，其性质也相当于“大晟府制造官”，不过名称不同而已。

④ 详见《铁围山丛谈》卷二（第24页），《宋会要·乐》三之二七、二八（第1册，第320—321页），《皇朝编年纲目备要》卷二八（第709页），《宋史全文》卷一四（第330册，第544页；参点校本卷一四，第3册，第952页），《宋会要·乐》三之二七（第1册，第320页）。

制精妙一时。特恩迁朝奉大夫。逾月，赐服三品，皆异数也。”（详上）知盛允升因制造大晟燕乐乐器有功，由仪曹（正七品）特恩迁朝奉大夫（从六品），并“赐服三品”，可见徽宗还是对盛允升对大晟燕乐的贡献给予了充分的评价和特优的赏赐。

二、朱维任大晟府典乐及其他仕历考

《全宋文》“朱维小传”：“朱维，大观中为刑部郎中，以罪贬秩。五年，除知庐州。累官至提点京畿刑狱。宣和元年，以右文殿修撰提举西京嵩山崇福宫。见《宋会要辑稿·乐》四之一、职官一五之一六、职官六九之二。”[①] 所述颇为简略，时有讹误。今据相关史料重新考辨如下。

（一）朱维任大晟府典乐时间考

朱维任典乐，见于《避暑录话》卷上：

> 政和间，郎官有朱维者，亦善音律，而尤工吹笛。虽教坊亦推之，流传入禁中。蔡鲁公（京）尝同执政奏事及燕乐，将退。上皇曰：“亦闻朱维吹笛乎？”皆曰：“不闻。”乃喻旨召（朱）维试之，使教坊善工在旁按其声。鲁公与执政会尚书省大厅，遣人呼维甚急。维不知所以。既至，命坐于执政之末，尤皇恐不敢就位。乃喻上语，维再三辞。郑枢密达夫（居中）在坐，正色曰：“公不吹，当违制。”维不得已，以朝服勉为一曲。教坊乐工皆称善，遂除维为典乐。维为京西提刑，为予言之。

按：《宋史·宰辅表三》，郑居中为同知枢密院事在政和三年正月至六年五月，宣和二年十二月至五年六月又领枢密院事。《会要·乐》四之一：“（政和）五年九月十六日，新差权知庐州朱维奏：‘臣伏睹大晟府以雅乐颂（颁）降天下，州、军姑有其器而已，未必能作之。乞诏大晟府将合颁降雅乐，逐一图绘形制，逐件以谱释标记。’”[②] 可证朱维为典乐必在政和三年正月至五年九月间。

（二）朱维其他仕历考略

朱维其他仕历可考者，略稽考如下：

崇宁二年（1103）九月至三年（1104）四月，任讲议司礼乐房检讨官。

---

① 曾枣庄等主编：《全宋文》，第149册，第264页。

② 详见《避暑录话》卷上（第2编，第10册，第277页），《宋史·宰辅表三》（第16册，第5522页，第5527—5529页），《宋会要·乐》四之一（第1册，第322页）。

据《会要·职官》五之一四、一五载，崇宁三年八月七日，罢讲议司，奉议郎礼部员外郎陈旸、朝奉大夫朱维、承议郎刘诜、朝请郎郑僅各转一官。知朱维于崇宁二年九月至三年四月在讲议司任职。又，据《长编纪事本末》卷一三二、《长编拾补》卷二三、《宋史·陈旸传》等，知朱维任讲议司礼乐房检讨官①。又，朝奉大夫为从六品（元丰官制前为“中行郎中”），朱维当以六部或寺监属官的身份兼任讲议司礼乐房检讨官。崇宁三年八月罢讲议司后，朱维“转一官”，由朝奉大夫转为朝请大夫，具体职任不详。

崇宁五年（1106）九月或大观元年（1107）初，以朝请大夫任刑部郎中。

慕容彦逢有《朝请大夫朱维、朝散大夫行大理正王谷，并可刑部郎中制》，考慕容彦逢为中书舍人在崇宁五年九月至大观元年春（《慕容彦逢墓志》）②，可见朱维为刑部郎中在崇宁五年九月或大观元年初。又，朝请大夫为从六品（元丰官制前为“前行郎中”），乃为崇宁三年八月所“转”之官。

大观元年（1107）因过失而降一官；八月二十九日，更降一官。

《会要·职官》六八之一五：“（大观元年八月二十九日）刑部郎中朱確（维）更降一官。……以言者论行李无咎事乖谬，又以纳样小黄钱指挥行下他路，惑乱众听，虽已降官，未厌众论故也。”按：“朱確”当为“朱维”之笔误。《会要·职官》一五之一五、一六：“大观元年八月二十九日，臣僚上言：‘伏见刑部、大理寺官并缘李无咎事乖谬，而刑部又以纳样小黄钱指挥行下他路，惑乱众听；朝廷虽已降官，然其事传播已广，行遣未厌众论……伏望圣慈更赐详酌施行，二事失当官更降一官，依下项：……降授朝请大夫、尚书刑部郎中朱维降授朝散大夫。’”知其大观元年八月前因过失而降一官；八月二十九日更降一官。朱维经两次降官后，已由朝请大夫（元丰官制前为“前行郎中”），降为朝散大夫（从六品，元丰官制前为“中行郎中”），职任则未变。《会要·选举》一九之二一：“（大观二年正月二十二日）刑部郎中朱维，为别试所考试官。”③ 知大观二年正月前，朱维仍为刑部郎中。

大观三年（1109）三月至政和元年（1111）七月，知越州，兼两浙提点刑狱。

---

① 详见《宋会要·职官》五之一四、一五（第3册，第2469—2470页），《长编纪事本末》卷一三二（第387册，第401页），《长编拾补》卷二三（第2册，第790页），《宋史·陈旸传》（第37册，第12848页）及前文《大晟府官制考》。

② 详见《摛文堂集》卷四（第1123册，第335—336页），《永乐大典》卷五三九《慕容彦逢墓志》（第1册，第77页）。

③ 详见《宋会要·职官》六八之一五（第4册，第3915页），《宋会要·职官》一五之一五、一六（第3册，第2705页），《宋会要·选举》一九之二一（第5册，第4573页）。

《会稽续志》卷二“提刑题名”：“朱维，大观三年三月十四日以中大夫到任，政和元年七月二十五日移知兴仁府。”《浙江通志》卷一一四《职官四》“两浙提点刑狱”：“朱维。”①

政和元年（1111）七月至三年间（1113），先知兴仁府，后又归朝任郎官。

《避暑录话》卷上：“政和间，郎官有朱维者。”按：《会稽续志》卷二“提刑题名”条载朱维“政和元年七月二十五日移知兴仁府”②，其为郎官当在知兴仁府之后。又，考朱维政和三年至五年间曾为典乐，则其先知兴仁府、后又归朝任郎官，疑在政和元年七月至三年间。

政和三年（1113）正月至五年（1115）九月之间，任大晟府典乐。

考详上。

政和五年（1115）九月十六日，权知庐州，奏有将大晟雅乐乐器绘图并逐件谱释，及将合用乐章、谱并歌调，一起镂板颁行。

《会要·乐》四之一：“（政和）五年九月十六日，新差权知庐州朱维奏：‘臣伏睹大晟府以雅乐颂（颁）降天下，州、军姑有其器而已，未必能作之。乞诏大晟府将合颁降雅乐，逐一图绘形制，逐件以谱释标记，（谓如编钟于逐钟，编磬于逐磬，埙、篪、笛于逐穴旁，笙、箫于逐管上，各标题“黄、大、太、夹”字之类。）不可谱释者逐色后疏说如何考击，（谓如柷后则声说“凡乐初作，先以木槌于柷左右并柷底共击九下”，敔后则声说“凡乐止，以竹戛于敔背上划三遍”之类。）余器亦各开排疏说，及将合用乐章、谱并歌调，一处镂板行下。……’从之。”③“新差权知庐州”云云，当在上任后不久。

按：《会要》原文只载“五年九月十六日”，《全宋文》辑录者添加为“大观五年九月”④。“大观”无五年，系年有误，实为“政和五年九月十六日”。据考，朱维大观三年至政和元年知越州兼两浙提点刑狱，政和元年七月知兴仁府，此均见于《会稽续志》卷二“提刑题名”（详上），自然不可能于“大观五年九月”权知庐州。又据《避暑录话》卷上，知朱维政和三年正月至五年九月间为典乐（详上）。可知朱维新差权知庐州，当是因任典乐有功而升迁。另，凌景埏云“（政和）五年九月十六日，朱维奏请颁降《雅乐图》”⑤，亦作政和五年而不

① 详见《宝庆会稽续志》卷二（第7册，第7107页），《浙江通志》卷一一四（第522册，第86页）。

② 详见《避暑录话》卷上（第2编，第10册，第277页），《宝庆会稽续志》卷二（第7册，第7107页）。

③ 徐松辑：《宋会要·乐》四之一，第1册，第322页。

④ 曾枣庄等主编：《全宋文》，第149册，第265页。

⑤ 凌景埏：《宋魏汉津乐与大晟府》，凌景埏、谢伯阳校注《诸宫调两种》附录，第284页。

作大观五年。又，朱维奏有“及将合用乐章、谱并歌调，一处镂板行下”云云，当在本年“因事更定，增为乐章，凡三百八十有四”[①] 稍后。

政和八年（1118）至宣和元年（1119）四月，提点京西刑狱；后以病废，提举西京崇福宫。

《会要·职官》六九之二：“（宣和元年四月）六日，提点京畿刑狱朱维提举西京崇福宫，以言者论其以病废职，陈留、雍邱界内盗贼不戢之故也。”[②] 李之亮系朱维提点京畿刑狱于政和八年至宣和元年[③]。但据《避暑录话》“（朱）维为京西提刑为予言之”云云（详上），则“提点京畿刑狱”又作“京西提刑”。按“京畿”、“京西”政、宣间分合较明。据考，政和七年春晁冲之在颍昌府，与从兄晁说之、外甥叶梦得诗社唱酬[④]。颍昌府为京西提刑治所，《避暑录话》既云“维为京西提刑为予言之”，当为得实。朱维于宣和元年四月六日提举西京崇福宫后，仕历无考。

三、蒋瑎任大晟府大司乐考

《全宋文》“蒋瑎小传”：“蒋瑎（1063—1138），字梦锡，宜兴（今江苏宜兴）人，之奇季子。元祐三年进士。调寿州司户参军，历判庐州、秘书省著作郎、兵部郎中、光禄少卿、大司乐，复以徽猷阁待制知兴仁府。晚奉祠宫观，绍兴八年卒，年七十六。有《梁溪集》百卷。汪藻《蒋公墓志铭》（《浮溪集》卷二七）。”[⑤] 大体可从，然未述在大晟府任大司乐的时段。今钩稽相关史料考辨如下。

汪藻《徽猷阁待制致仕蒋公墓志铭》：

> 居亡何，擢大司乐。时用魏汉津乐，以中贵人梁师成兼领。师成挟恩怙权，人莫敢忤。会欲增舞佾而三倍之，公显斥其非。且乐工募市人，猥冗，非所以奉天地宗庙，请一切沙汰。从之。师成怒不主己，语有侵公者。公曰：“一代礼文，当质之《经》。”师成曰：“仆不读书，愚抵此。”公不为动，而深衔之，日求所以伤公。久之，无所得。（《浮溪集》卷二七）

又，《要录》卷一一八：“（蒋）瑎，之奇子，中进士第，事徽宗为大

① 马端临：《文献通考》卷一四三《乐考十六》，第1262页。
② 徐松辑：《宋会要·职官》六九之二，第4册，第3930页。
③ 李之亮：《宋代路分长官通考》，中册，第1358页。
④ 王兆鹏：《叶梦得年谱》，《宋人年谱丛刊》本，第3926—3927页。
⑤ 曾枣庄等主编：《全宋文》，第133册，第206页。

司乐。”① 当据《蒋公墓志铭》而来。然均未载蒋瑎任大司乐的具体时间。

按：《蒋公墓志铭》：“（蒋瑎）除光禄卿。居亡何，擢大司乐。时用魏汉津乐，以中贵人梁师成兼领。”（详上）则“兼领”云云，实为大晟府提举官。据《宋史·职官志一》：“（崇宁元年七月）都省置讲议司，以宰相蔡京提举。……宣和六年，又于尚书省置讲议司。十二月，命太师致仕蔡京兼领。”可证“兼领”即“提举”。梁师成时以提举秘书省兼领大晟府，时间为宣和三年至五年，其时蒋瑎任大司乐（宣和四年十月前后离任，详后）。据胡寅《右朝奉大夫集英殿修撰翁公神道碑》：“梁师成提举中秘书，凡文士希进者必称门生，宰相且然。公未尝一造其舍。师成数数致愿见之意，公卒不往。……乃以日食不奏出公。”（《斐然集》卷二六）朱熹《司农寺丞翁君墓碣铭》：“大父彦深，宣和中为秘书少监，梁师成欲一见之，不可得。遂久不徙官。”（《朱熹集》卷九一）② 李之亮据《会要》系翁彦深为秘书少监在宣和三年至四年③，其时梁师成提举秘书省，其“兼领”大晟府当在此时。据此可知，蒋瑎任大司乐当在此时前后。

蒋瑎任大司乐时间，可据其任光禄卿时间而考定。所谓“除光禄卿。居亡何，擢大司乐”（《蒋公墓志铭》），李之亮系蒋瑎除光禄卿在政和六年④，似误。因蒋瑎除光禄卿与大司乐在同时或稍后，而政和六年大司乐为马贲（《会要·职官》五六之四四），故蒋瑎不得在此时为光禄卿。据《蒋公墓志铭》：

> 逾年，召对，问魏公事甚详。公历叙始终，占奏华敏，有言动听。即日，除尚书主客员外郎。徙兵部，升郎中。坐曹四载，怡然无留滞之叹。迁鸿胪少卿。丁内艰，终制，除光禄卿。居亡何，擢大司乐。（《浮溪集》卷二七）

又，据《宋史·蒋之奇传》：“（崇宁）三年，卒，年七十四。后录其尝陈绍述之言，尽复官职。……子阶（瑎），至侍从。”知徽宗“问魏公事甚详”，而蒋瑎“录其尝陈绍述之言”上奏，所谓“历叙始终，占奏华敏，有言动听”者，

---

① 详见《浮溪集》卷二七（《四部丛刊》初编本，第27页B面至第28页A面），《建炎以来系年要录》卷一一八（第5册，第2192页）。

② 详见《宋史·职官志一》（第12册，第3793页），《斐然集》卷二六（第1137册，第706页），《朱熹集》卷九一（第8册，第4667页）。

③ 李之亮：《宋代京朝官通考》，第4册，第357页。

④ 同上书，第844页。

乃指此而言。知蒋瑎除尚书主客员外郎，实借其父蒋之奇"尝陈绍述之言"而升迁。李之亮系蒋瑎除"尚书主客员外郎"在大观四年至政和元年，又系蒋瑎为"兵部员外郎"及"兵部郎中"在政和元年至三年[①]。可商榷。今考《蒋公墓志铭》"坐曹四载，怡然无留滞之叹"（详上），当指任"兵部郎中"四年，如以主客员外郎、兵部员外郎至兵部郎中共"坐曹四载"推算，四年内有两次转官，不得谓"留滞"。如为兵部员外郎及兵部郎中在政和元年至三年，只二年，也谈不上"留滞"。因此，"留滞"云云，当指蒋瑎任兵部郎中四年，乃任满后再任，故曰"留滞"。考《会要·职官》六八之二五："（政和二年）九月五日，兵部员外郎王莘降一官，送吏部。"《长编拾补》卷三二："（政和三年九月）辛卯，遣兵部员外郎王亶召濮州处士王老志赴阙。"[②] 知蒋瑎任主客员外郎为大观四年至政和二年九月，徙兵部员外郎当在政和二年九月五日后，政和三年九月前又离兵部员外郎任而升兵部郎中。政和三年九月前至七年任兵部郎中"坐曹四载"。政和七年任"鸿胪少卿"；政和八年（1118）前后，"丁内艰"。据宋代法制，"丁内艰，终制"当在27个月后，即"宣和三年（1121）"，蒋瑎除光禄卿当在此时。所谓"除光禄卿。居亡何，擢大司乐"，知蒋瑎宣和三年除光禄卿不久，即兼任大司乐。这一考证与上述梁师成宣和三年至四年提举大晟府，蒋瑎任大司乐与之争辩礼乐事相吻合。

至于蒋瑎离大司乐任时间，则亦可依相关史料考见。按：《万姓统谱》也有蒋瑎任大司乐的相关记载，乃撮录《蒋公墓志铭》而成，但在记载蒋瑎任大司乐经历时，却有明显的时序先后，可据此考出蒋瑎任大司乐时间。如："徽宗擢为大司乐，与梁司（师）成议乐舞不合。瑎曰：'一代礼典，当质《经》。'不顾而去。燕云初复，廷臣议上尊号。瑎曰：'裕陵郄徽号，为万世法。奈何故说以亏盛德？'卒止之。"（卷八六《蒋瑎传》）所谓"不顾而去"，乃为蒋瑎因得罪梁师成而离开了大晟府，不再担任大司乐一职。今据《蒋公墓志铭》叙蒋瑎任大司乐前后仕历，如：

> 除光禄卿。居亡何，擢大司乐。……于是宰相之权，熏灼中外，公未尝一至其门。他日，拟官，以公名进。或问其故，曰："人望也，用之得人。"然亦不果迁。继此当国者，数欲挽公为助，公毅然不与之合，人以

---

① 详见《宋代京朝官通考》，第3册，第552页，第627—628页。

② 详见《宋会要·职官》五六之四四（第4册，第3647页），《浮溪集》卷二七（《四部丛刊》初编本，第27页B面至第28页A面），《宋史·将之奇传》（第31册，第10916页），《宋会要·职官》六八之二五（第4册，第3920页），《长编拾补》卷三二（第349册，第364页）。

为难。会收复燕云，群臣上尊号。或谓："庶官之长，当为群臣先。"公曰："裕陵尝却徽称，为万世法。上躬行之，是也。奈何纵谀以亏盛德乎?"卒报罢如公言。一旦如有不乐者，力祈补外，得徽猷阁待制、知宣州。(《浮溪集》卷二七)

按："收复燕云"在宣和五年四月（详见《宋史·徽宗本纪四》、《三朝北盟会编》卷一八、《续通鉴》卷九五)。又，"群臣上尊号"亦在宣和五年七月（《宋史·徽宗本纪四》)。正与此合。所谓"庶官之长"，当指"光禄卿"、"大司乐"一类的官职而言。但据《会要·崇儒》六之一二："(宣和)五年正月十七日，大司乐毕完言：'为装成神宗皇帝御笔石本二轴投进，乞宣付秘阁收藏。'从之。"[①] 知毕完宣和五年正月前，已在大司乐任有一段时间，毕完任大司乐当在宣和四年。据此可知，蒋瑎宣和四年已离大司乐任。而宣和五年蒋瑎任所谓"庶官之长"，也当指光禄卿而非大司乐而言。

考蒋瑎在任大司乐后，其实还兼任光禄卿，但宣和三年底至四年正月底可能曾短暂地离开光禄卿一职。按宣和四年正月，蒋圆拜光禄卿后又以疾罢，蒋瑎即于此时以大司乐而再次兼任光禄卿。张守《左中奉大夫充秘阁修撰蒋公墓志铭》："被旨鞫浙寇方腊毕，赐三品服。元夕，从登楼。上命中贵人以宝杯宣劝，一府以为荣。御笔除大卿。翌日，拜光禄卿。以疾乞补郡，遂除秘阁修撰、知通州。复以疾辞，提举江州太平观。"(《毘陵集》卷一二）方腊伏诛在宣和三年八月丙辰（《续通鉴》卷九四)[②]，蒋圆于宣和四年元夕后翌日拜光禄卿，当代蒋瑎。李之亮系蒋圆任光禄卿在宣和四年至五年[③]，又系蒋圆知通州在宣和六年[④]，可商榷。据张守《左中奉大夫充秘阁修撰蒋公墓志铭》，蒋圆卒于"建炎四年七月十七日也，享年八十有八"（《毘陵集》卷一二)，则宣和四年已是八十老翁，拜光禄卿后，旋"以疾乞补郡"，"复以疾辞"（详上)，可知其任光禄卿未久，即除秘阁修撰、知通州，又未上任即提举江州太平观。考张守《左中奉大夫充秘阁修撰蒋公墓志铭》："拜光禄卿。以疾乞补

---

① 详见《万姓统谱》卷八六（第957册，第266页)，《浮溪集》卷二七（《四部丛刊》初编本，第27页B面至第28页A面)，《宋史·徽宗本纪四》(第2册，第412页)，《三朝北盟会编》卷一八（第350册，第133页)，《续资治通鉴》卷九五（第501页)，《宋史·徽宗本纪四》(第2册，第412页)，《宋会要·崇儒》六之一二（第3册，第2279页)。

② 详见《毘陵集》卷一二（第1127册，第814页)，《续资治通鉴》卷九四（第494页)。

③ 李之亮：《宋代京朝官通考》，第4册，第845页。

④ 李之亮：《宋两淮大郡守臣易替考》，第261页。

郡，遂除秘阁修撰、知通州。复以疾辞，提举江州太平观。岁满，再任。……优游八年，士大夫荣之。”（《毘陵集》卷一二）所谓“优游八年”，当是指宣和四年至建炎四年这段时间，益可证蒋圆宣和四年后即已未任政事。又，据《会要·职官》六九之一〇：“（宣和）四年二月二日，兵部侍郎黄齐乞黜差知通州。”则可知蒋圆“除秘阁修撰、知通州”当在宣和四年正月底，其任光禄卿从本年正月一日至月底，其实未足一月。知蒋瑎以大司乐再任光禄卿，正代蒋圆阙，其准确时间在宣和四年正月底。又，考《蒋公墓志铭》“会欲增舞佾而三倍之”、“（梁）师成怒不主己”及《万姓统谱》“与梁司（师）成议乐舞不合……不顾而去”云云（详上），据《宋史·徽宗本纪四》：“（宣和四年）十月庚寅，改燕京为燕山府，涿、易八州并赐名。癸巳，刘延庆与郭药师等统兵出雄州。戊戌，曲赦所复州县。己亥，耶律淳妻萧氏上表称臣纳款。癸丑，以蔡攸为少傅、判燕山府。十一月丙辰朔，行新玺。戊辰，朝献景灵宫。己巳，飨太庙。庚午，祀昊天上帝于圜丘，赦天下。”① 知蒋瑎与梁师成“议乐舞不合”、“不顾而去”，当在宣和四年十一月南郊前，或许就是在十月前后，二人正因宣和四年拟光复燕山府及涿、易八州后的特大国庆，而在即将来临的南郊大礼准备使用何种规模的乐舞上，产生了严重的分歧。于是，大晟府提举官梁师成一怒之下罢免了蒋瑎的大司乐之职，而改任毕完为大司乐（详上）。

蒋瑎在任大司乐期间，大晟乐“修制”工作已经完成，主要是在应用制度上作些小的变更。《蒋公墓志铭》所谓“会欲增舞佾而三倍之，公显斥其非。且乐工募市人，猥冗，非所以奉天地宗庙，请一切沙汰”（详上），主要是指郊庙祭祀乐舞中的人员多少问题，与当时任大晟府提举官的梁师成展开过一番争执。梁师成不能容忍大司乐蒋瑎在没有通过大晟府提举官批准的情况下，就擅自将“舞佾”人数压缩沙汰。之前两人可能有过讨论，梁师成一味追求场面侈大，“欲增舞佾而三倍之”，这样就不可避免地要扩大乐工人数。《会要·职官》二二之二六、二七：

> （宣和二年八月）十八日，尚书省言：“奉诏在所及诸路乐工，旧制上系免行，后来增破请给，必为冗滥。可并依旧制。内在京乐工遇朝会祠事日，特与支给食钱，仍立定人额。本府检会旧来祠祭共四十三次，今来年中祠祭及明堂颁朔布政，通计八十一次，并非泛应奉。在外教习食钱，

① 详见《毘陵集》卷一二（第1127册，第815页），《毘陵集》卷一二（第1127册，第814—815页），《宋会要·职官》六九之一〇（第4册，第3934页），《宋史·徽宗本纪四》（第2册，第410—411页）。

见依本府格令外，今措置到朝会祠事日特支食钱下项：上、中、下乐工、舞师各一百文，色长二百文，副乐正、乐师共六人各三百文，乐正共二人各五百文。本府见管乐正（工）六百三十五人、舞师一百五十人，共计七百八十五人。今欲用见管七百八十五人立为定额，今后便不添人。其不足人，乞依例借教坊乐人并守阙舞师，契勘破教习食钱，每年都计支六千四百六十一贯五百八十文。……以上都计钱五万四千二百八贯三百二十文。检承崇宁五年十一月敕令，诸乐工教习日支食钱，后稍精熟，免日教。遇大礼、大朝会前一月、大祠前半月、中祠前十日、小祠前五日教习，各前期在家习学，止赴大寺协律厅草按一日，并台官按乐一日。”诏：“教习、草、按乐日分，并依未置府以前旧制。遇依旧制合破按乐日分，并特依崇宁五年十一月条支破食钱。”①

这是蒋瑎未任大司乐前、宣和二年八月郊庙祭祀乐舞中经过核定的人员制度。所谓“本府检会旧来祠祭”、“本府格令”云云，“本府”均指大晟府，实由大晟府行政长官大司乐检会并制定“格令”。其时大晟府“见管乐工”共计785人，郊庙祭祀乐舞中，额定人员不够使用时，可“依例借教坊乐人并守阙乐师”。大晟府乐工785人，教坊乐工416人②，人数已经相当庞大。梁师成任大晟府提举官后，准备“增舞佾而三倍之”，除大晟府乐工785人、教坊乐工416人外，还要临时“募市人”充数。当然，所谓“募市人”实际上也是雇用瓦子、勾栏等处的民间艺人，而非真正不懂音乐的普通小市民。这在大司乐蒋瑎看来，不仅不合《礼经》，而且是“猥冗，非所以奉天地宗庙”，是极不严肃的。这触怒了梁师成，梁“深衔之，日求所以伤公”，但“久之，无所得”。可以说，大司乐蒋瑎为了坚持郊庙祭祀乐舞中经过核定的人员制度，而与大晟府提举官梁师成发生争执，其实对大晟乐的用乐节次及大晟乐的相关内容等，并未见有任何改革。大司乐蒋瑎、大晟府提举官梁师成二人，史料中并未见有“知乐”或献乐议的记载，争执内容亦仅仅是“礼文”本身，所谓“一代礼文，当质之《经》”云云，可见进入宣和以后，大司乐一职已经不太需要真正知乐的人士担任，而仅仅流于一种礼文形式。因此，像蒋瑎这样的大司乐，对大晟乐来说，也就谈不上有什么实质性的贡献了。

---

① 徐松辑：《宋会要·职官》二二之二六、二七《大晟府》，第3册，第2873页。

② 教坊乐工416人，详见《宋会要·职官》二二之三〇（第3册，第2875页），《建炎以来系年要录》卷一五一（第6册，第2848页），《续宋中兴编年资治通鉴》卷五（第118页），《宋史全文》卷二一（第331册，第120页；参点校本卷二一，第6册，第1683页）及前文《大晟府官制考》。

第五章

大晟乐流传考

对大晟乐流传的研究，为学界长期以来有关大晟乐及词学研究的空白①。原因主要是受“失传说”束缚，对大晟乐乐制、曲谱及其词曲、乐章的流传情况未能重视。其实，“靖康之变”虽使大晟府“礼文”器物遭到毁灭性破坏，但乐器、曲谱本身因曾多次刊行天下，故南渡后仍有部分保存。据考证，南宋乐制仍用“大晟府制度”。本章通过稽考文献资料，力图突破传统观念的束缚，对大晟乐在南宋的流传情况作了初步的考察。

第一节　大晟乐“失传说”辨误

关于大晟乐“失传”的说法，见诸元、明人所修历史文献。元人所修《宋史》、明人所修《元史》均有记载。毋庸讳言，靖康之变，大晟乐遭到毁灭性破坏，诸史多有论及。如：

（靖康二年正月丁巳）金人取内库香药、犀象、司天监阴阳官、大晟乐工等。（《要录》卷一）

（靖康二年正月）三十日，搬撵大礼仪仗、大晟府等物尽赴军前。（《靖康要录》卷一一）

（靖康二年正月二十八日）金人又索尚乐、大晟府乐器……（二月初三、初四日）太常、大晟、明堂、司天监应干物悉搬遣。（《靖康纪闻》）

（天会五年正月九日）始取冠冕法服、上所尊号玉册、大驾、法驾、卤簿、五辂、副辂、九鼎、八宝、国子监书板、三馆、秘阁四部书、太常礼物、大成（晟）乐舞、明堂大内图，以至乘舆、服御、珍玩之物、翰林医官、教坊乐工、宫人、内侍，各以百十数。（《大金吊

---

① 近年来日本学界对此有所探讨，见［日］村越贵代美《北宋末之词与雅乐》第四章，第111—137页。

伐录》卷四）①

对靖康二年金人掳掠大晟礼文乐器、乐舞、乐工等情况，诸史多笼统概述，唯有《三朝北盟会编》言及详细数目及具体细节。如：

（靖康二年正月二十五日）金人求索诸色人、金银，求索御前祗候、方脉医人、教坊乐人、内侍官四十五人，露台祗候妓女千人，蔡京、童贯、王黼、梁师成等家歌舞及宫女数百人。……杂剧、说话、弄影戏、小说、嘌唱、弄傀儡、打金斗、弹筝、琵琶、吹笙等艺人一百五十余家。……（二十六日）金人来索什物、仪仗等。《宣和录》曰："……从正月初十日以后，节次取皇帝南郊法驾之属。是日，尚书省奉军前圣旨，令取五辂、副辂、卤簿、仪仗，皇后以下车辂、卤簿、仪仗，皇太后诸王以下车辂、卤簿、仪仗，百官车辂、仪仗，纳器、法物、礼经、礼图、大学（乐）轩架、乐舞、乐【图】、舜文二琴、女娲笙、孔子冠、图谶、竹简、古画、教坊乐器、乐书、乐章，祭器、明堂布政图、闰月体式、八宝、九鼎、元圭、镇圭，大器、合台浑天仪、铜人、刻漏、古器……教坊乐工四百人……。又取内人、街坊女子弟、童人及权贵戚里家细人，指名要童贯、蔡京家祗候凡千余人。……又取书录及所藏古器，又取车辂、冠冕，及女童六百人，教坊乐工数百人。"（卷七七）

（靖康二年正月二十七日）金人取索香药并诸色人。《宣和录》曰："金人来取内香药库、市易务药物、生熟药、太医药院及诸处营造、彩色药工、部头、司天台阴阳官，象牙、犀角三千株，蔡京、童贯、王黼家姬四十七人，大晟乐工三十六人。"……（二十九日）金人来索诸人物……又取应拜郊合用仪仗、祭器、朝服、法物，并应于御前大辇内臣、诸局待诏、手艺、染行户、少府监、文思院等处人匠，秘书省、车辂院官。自二十五日搜索夫人、倡优等选择，又征求及戚里家女使等，不可计数。……（三十日）金人又索诸人物。是日，又取画匠百人，医官二百［人］，诸般百戏一百人，教坊四百人，木匠五十人，竹瓦、泥匠、石匠各三十人，打球弟子七人，鞍作十人，玉匠一百人，内臣五十人，街市弟子五十人，学士院待诏五人，筑球供奉五人，金银匠八十人，吏人五十人，八作务五

① 详见《建炎以来系年要录》卷一（第1册，第34页），《靖康要录》卷一一（第772册，第308页），《靖康纪闻》（第4编，第4册，第124页，第126页），《大金吊伐录》卷四（第776册，第371页）。

十人，后苑作五十人，司天台官吏五十人，弟子帘前小唱二十人，杂戏一百五十人，舞旋弟子五十人，金辂、玉辇、法物、驾仪仗、驾头、皇后玉车、宰相子弟车、诸王法服、宰相百官朝服、皇后衣服，御马、御鞍、御尘、拂子，御马二十匹，珊瑚鞭两条，前法物仪仗、内家乐、女乐、大晟乐器、钧容班一百人并乐器。……（二月二日）金人再取索诸人物。是日，来取索妃后服、琉璃、玉器，再要内夫人、杂工伎、伶人、内官等家属。（卷七八）①

《会编》载靖康二年正月“二十五日”、“二十六日”、“二十七日”、“三十日”及“二月二日”，金人连续六、七日大索诸物及大晟礼文乐器、乐舞、乐工等情况，比他书详尽。在此基础上，元、明人又加撮录，所修“正史”及“纪事本末”对大晟乐破坏情况之记载有所夸饰。如：

（四月庚申朔）金人以帝及皇后、皇太子北归。凡法驾、卤簿，皇后以下车辂、卤簿、冠服、礼器、法物，大乐、教坊乐器，祭器、八宝、九鼎、圭璧，浑天仪、铜人、刻漏，古器、景灵宫供器，太清楼、秘阁、三馆书、天下州府图及官吏、内人、内侍、技艺工匠、娼优，府库蓄积，为之一空。（《宋史·钦宗本纪》）

靖康二年，金人取汴，凡大乐轩架、乐舞图、舜文二琴、教坊乐器、乐书、乐章、明堂布政闰月体式、景阳钟并簴、九鼎皆亡矣。（《宋史·乐志四》）

（宋）所制《大晟乐》，号为古雅。及乎靖康之变，礼文乐器，扫荡无遗矣。（《元史·礼乐志一》）

凡法驾、卤簿，皇后以下车辂、卤簿、冠服、礼器、法物，大乐、教坊乐器，祭器、八宝、九鼎、圭璧，浑天仪、铜人、刻漏，古器、景灵宫供器，太清楼、秘阁、三馆书、天下府州县图及官吏、内人、内侍、伎艺工匠、倡优，府库畜积，为之一空。（《宋史纪事本末》卷一三）②

---

① 详见《三朝北盟会编》卷七七（第350册，第614—616页）、卷七八（第350册，第617—619页）。

② 详见《宋史·钦宗本纪》（第2册，第434页），《宋史·乐志四》（第9册，第3027页），《元史·礼乐志一》（第7册，第628页），《宋史纪事本末》卷一三（第353册，第377—378页；参点校本卷五七，第2册，第601页）。

按：《宋史》、《元史》、《纪事本末》均为元、明人所修，“为之一空”、“皆亡”、“扫荡无遗”云云，皆非宋人史料所有，实际上颇值得怀疑。

第一，乐器并非“皆亡”，在金人掳掠大晟乐器的同时，仍有部分乐器被宋人掩埋于汴京地下，久未被人所知。直到金宣宗贞祐间（1213—1217）修汴京太庙时，方被掘出。

初，正隆间，海陵营太庙于汴。贞祐南迁，宣宗修之，以祔诸帝神主。其地，故宋景灵宫之址也。掘其下，得编钟十三，编磬八，皆刻“大晟”字。（《金史·乐志上》）

或云九鼎，金人未尝迁，亦只在土中或水中耳。如资圣阁登云楼，覆压岁久，今其地低陷甚多。（《癸辛杂识·别集》卷上）

（建炎元年三月癸丑）初，太常少卿刘观在围城中，与少卿兼权起居舍人汪藻，谋夜以栗木更刻祖宗、诸后神主二十四，而取九庙神主、累朝册宝、金钟、玉磬，悉埋之太庙中。（《要录》卷三）①

而即使在金人扫荡之余，至南宋初仍有“大乐登歌法物等”部分保存。《宋史·乐志五》：“（建炎二年）敕东京起奉大乐登歌法物等赴行在所，就维扬江都筑坛行事。”②（《宋史·礼志二》、《要录》卷一七、《玉海》卷八〇略同而稍详，详后）可见，当时汴京尚有“大乐登歌法物”等未被金人掠去。“见阙”的乐器其实在当时诸路州、军仍有保存，《宋史·乐志五》即载绍兴十年及十三年到江浙、江南、福建、广东西、荆湖南北“括取旧管大乐”事。又，史料也载有隆兴二年及乾道六年夔州与彭州仍存大晟乐器之事。如：

宋兴百余载，文物具举，惟乐律之议，纷然历数大儒莫能定，卒至大晟而百家尽废。于是铸金尚方，采石泗滨，以班（颁）诸天下校学。异时诸生，类以时肄习春秋释奠，合堂上下之乐，翕然杂奏，以飨先圣先师，盛矣！自中原遭变，城邑为墟，虽东南郡县，还定安集之余，而礼乐器用，无一存者。蜀独以不被兵仅获全。而数十年间，吏唯簿书、狱讼、兵食之

① 详见《金史·乐志上》（第7册，第217页），《癸辛杂识·别集》卷上（第218页），《建炎以来系年要录》卷三（第1册，第89页）。按：李心传自注：“此事不得其日，据观《行状》在今春，而藻正月十日已从驾出城。恐是观因敌人景灵宫取神御物，而有此谋，故附藻入城之后。或可移附正月己亥渊圣临出城时。”（《建炎以来系年要录》卷三，第1册，第89页）

② 脱脱等：《宋史》卷一三〇《乐志五》，第10册，第3029页。

为，故谓儒者事，特无訾省，甚者窃取资几案娱玩之用。此其于幸中又得不幸者也。始夔有赐乐，视诸故府，十阙五、六。云安旧为军，亦有赐取。而合之不足，则又搜取于他州。钟、磬正声、中声凡五十有六。按图为簨簴，寘诸学宫。每岁祀陈于庭，虽备而不作，尚庶几存其意，此夫子不忍去告朔羊之志也。嗟夫！古之礼乐，不可复见矣。使器无废，犹有考焉，而并举是去之，独何心哉？助予为是举者，通判鲜于侃晋伯、教授宋明孙晞亮。隆兴甲申十月甲子，广汉张震记。①

乾道之四年，若冰被命倈守彭州。越明年己丑二月上丁，释奠于先圣先师。簠簋、俎豆之具，升降、盥洗之仪，悉遵故常，无可议者。独音乐之不作，心窃怪之。已而周行庑序，见缄縢之匮，尽沦于尘埃间。亟令考讯，则前日大晟散失之余也。断弦敝管，纷揉错杂。惟金、石二音，粗能具体。若冰慨然太息，久之以喜。乃命州学教授张似之，稽查礼度，条其阙者而足之。鸠工庀材，必精必给。阅夏涉秋，而乐告成。钟、磬并编，箫、韶迭举，柷、敔合止之节奏，搏拊歌咏之矩则，曰琴曰瑟，若簨若簴，无一不协于古制。是岁六月丁亥，祗行祀事，大合乐而荐之。学子经生辐凑云集，济济锵锵，中节适度，倾城溢境，观者堵廧，禀然洙泗之乡，而杏坛之上也。……乾道六年三月二十七日，右朝散郎、权知彭州军州、主管学事兼管内劝农事、借朱紫朱若冰谨记。②

在“诸路州、军先有颁降登歌大乐”中，“蜀独以不被兵仅获全”。一部分无法找到的乐器，则根据《大晟乐书》进行仿造。《宋史・乐志五》：“（绍兴十六年）给事中段拂等讨论景钟制度，按《大晟乐书》……内出皇祐大乐中黍尺，参以太常旧藏黄钟律编钟，高适九寸，正相吻合，遂遵用黍尺制造。”又，《灵岩集》卷六《景钟铭》：“……维我高宗，身济大业。具举百度，稽《大晟》之法，用景祐之尺。……广乐所述，《大晟》不刊。殷荐初恪，众乐未作。曷召和气，匪商匪角。乃命尚方，金齐必良。炼玉和之，厥音允臧。大冶告备，臣工聿莅。”③ 这些乐器基本上仍与大晟乐器没有什么两样。

第二，乐工并未全数被金人掠去，部分曾随宋廷南渡。按：《三朝北盟会编》载金人大索大晟乐工人数，“二十五日”只载“求索教坊乐人”，“二十

① 张震：《补夔州大晟乐记》，《全宋文》，第 225 册，第 34 页。

② 朱若冰：《彭州重修大晟乐记》，《全宋文》，第 225 册，第 198 页。

③ 详见《宋史・乐志五》（第 10 册，第 3033—3034 页），《灵岩集》卷六《景钟铭》（第 1181 册，第 568—569 页）。

六日”则载“又取教坊乐工四百人”、“教坊乐工数百人”，“二十七日”则载“取大晟乐工三十六人”，“三十日”则载“又取弟子帘前小唱二十人，杂戏一百五十人，舞旋弟子五十人”、“钧容班一百人”（卷七七、卷七八），与《大金吊伐录》卷四载“始取……大成（晟）乐舞、明堂大内图，以至……教坊乐工、宫人、内侍，各以百十数”不同。按教坊乐工定额416人（《会要·职官》二二之二八），《三朝北盟会编》引《宣和录》“教坊乐工四百人”、“教坊乐工数百人”云云，又云“杂剧、说话、弄影戏、小说、嘌唱、弄傀儡、打金斗、弹筝、琵琶、吹笙等艺人一百五十余家”，又云“小唱二十人，杂戏一百五十人，舞旋弟子五十人”（卷七七、卷七八），疑有重复计数，当以“取教坊乐工四百人”为是。故即使以《三朝北盟会编》载人数统计，被金人掳掠的教坊乐工及大晟乐工总数亦只有436人。这与《大金吊伐录》卷四“始取……大成（晟）乐舞……以至……教坊乐工……各以百十数”相差不远。又，大晟府全盛时期大晟乐工人数，包括大乐局守阙乐工341人（《会要·职官》二二之三四）、教乐所乐工785人（《会要·职官》二二之二六）、鼓吹局乐工129人（《会要·职官》二二之三四，《通考·职官考九》）、教坊乐工416人（《会要·职官》二二之二八），总数为1571人。尽管宣和七年罢大晟府及教乐所、教坊额外人（《宋史·乐志四》），但所遣散之“大晟府及教乐所、教坊额外人”亦有1000余人。这些人至靖康二年正月或有滞留京师者，据《大金吊伐录》、《三朝北盟会编》载，有“百十数”大晟乐工（或“大成乐舞”）被掳掠至金（详上），然尚有数百人逃逸，未被全数搜尽。史料亦可证明这一点。《宋史·乐志五》：“绍兴元年，始飨明堂。时初驻会稽，而渡江旧乐皆复毁散。太常卿苏迟等言：‘国朝大礼作乐，依仪合于坛殿上设登歌，坛殿下设宫架。今亲祠登歌乐器尚阙……’乃访旧工，以备其数。”“访旧工”云云，明指有部分乐工仍在民间。如《宋史·乐志五》明载“大晟府二舞色长”赴太常寺教乐事①。又，王师心《言太常寺鼓吹乐事奏》，即言及搜寻

① 详见《三朝北盟会编》卷七七、卷七八（第350册，第614—616页，第617—619页），《大金吊伐录》卷四（第776册，第371页），《宋会要·职官》二二之二八（第3册，第2874页），《三朝北盟会编》卷七七、卷七八（第350册，第614—616页，第617—619页），《大金吊伐录》卷四（第776册，第371页），《宋会要·职官》二二之三四（第3册，第2877页），《宋会要·职官》二二之二六（第3册，第2873页），《宋会要·职官》二二之三四（第3册，第2877页），《文献通考·职官考九》（第499页），《宋会要·职官》二二之二八（第3册，第2874页），《宋史·乐志四》（第9册，第3027页），《三朝北盟会编》卷二五（第350册，第196—197页），《大金吊伐录》卷四（第776册，第371页），《三朝北盟会编》卷七七及卷七八（第350册，第614—616页，第617—619页），《宋史·乐志五》（第10册，第3029—3030页），《宋史·乐志五》（第10册，第3030页）。

"旧工"之事①。搜寻"旧工"之事至绍兴十年已初步完备。《宋史·乐志五》："（绍兴十年，其后）礼部寻言：'太母还宫，国家大庆，四方来贺。自今冬至、元正举行朝贺之礼，依国朝故事，合设大仗及用乐舞等，庶几明天子之尊，旧典不至废坠。'有诏，俟来年举行。"② 可见，至"太母还宫"时，举行朝贺之礼所需乐工已经"寖备"，只俟来年举行"旧典"了。

又，大晟府乐官亦曾随宋廷南渡，《要录》载之较详。如：

（建炎元年九月）甲辰，勒停人刘倜复承议郎。倜宣、政间以大晟府、道箓（录）院属官，迁徽猷阁待制，靖康初废。至是，乃复之。（卷九）

（绍兴五年六月癸亥）左朝请郎、提举临安府洞霄宫刘倜复秘阁修撰。倜既用赦复官，又以讨论追二秩。至是，乞复职名。后省奏："倜服事蔡攸以叨官爵，天下共知。若使参华中秘，与论撰之职，则名儒硕学寓处其间者，心将谓何？恐非劝惩之道。"命遂寝。（卷九〇）③

（建炎四年六月）辛未朔，通直郎万俟咏者，工小词，尝为大晟府制撰，得官。至是，因所亲携书入禁中，乞进官二等。上览而掷之。（卷三四）

（绍兴二年四月）庚辰，朝奉郎江汉者，初以本乐府撰词曲，得官。宣和末，为明堂司令。至是，除通判郴州。言者以为不可，罢之。（卷五三）

（绍兴十二年四月）甲子，右朝散郎江汉，主管台州崇道观，言者以为不可，罢之。（卷一四五）

（绍兴五年五月）丁丑，右迪功郎万俟卨言："摄廉州助教成藻并补下州文学，言在东都以白衣充大晟府制撰，满岁得官。"藻，朱勔馆客，尝为越州司仪曹事，以罪废。至是，依讨论例改授。而言者论朱勔父子为东南之害，至今人怨未弭。藻为其门客，得官入仕，则其为人不待论列而可知。乃诏藻不许再叙。（卷八九）④

---

① 王师心：《言太常寺鼓吹乐事奏》，《全宋文》，第187册，第280页。

② 脱脱等：《宋史》卷一三〇《乐志五》，第10册，第3031页。

③ 李心传：《建炎以来系年要录》卷九〇，第4册，第1743页。按：《斐然集》卷一五《缴刘倜复秘阁修撰》："臣谨按，刘倜服事蔡攸，以叨官爵，天下共知。其所历差遣，则为大晟府按协声律……其所转官，则缘按乐精熟……今已累缘恩赦，尽还官秩，食祠宫之禄，侥幸甚矣。乃敢陈状诉求复职，无耻之心，未尝悛改。"（第1137册，第474页）

④ 详见《建炎以来系年要录》卷九（第1册，第245页），《建炎以来系年要录》卷三四（第2册，第777页），《建炎以来系年要录》卷五三（第3册，第1089页），《建炎以来系年要录》卷一四五（第6册，第2725页），《建炎以来系年要录》卷八九（第4册，第1712页）。

又,《岭外代答》卷七:

唯浔州平南县,系古龚州,有旧教坊乐甚整。异时有以教坊得官,乱离至平南。教土人合乐,至今能传其声。

又,《独醒杂志》卷三:

(高)云翔尝赴礼部,与仲兄及诸乡人饮于酒肆。有数老乐工相近,谈论音律。云翔微笑,其人乃前致敬曰:“某辈大晟府旧人,适有所谈,而诸学士发笑,必某言不协理也。”①

这些乐官虽未曾被重用,但仍对传播大晟乐起到了积极作用。毛幵《樵隐笔录》:“绍兴初,都下盛行周清真《兰陵王慢》……其谱传自赵忠简(鼎)家。忠简于建炎丁未九日南渡,泊舟仪真江口,遇宣和大晟乐府协律郎某,叩获九重故谱,因令家伎习之,遂流传于外。”② “协律郎某”云云,据考,乃周邦彦提举大晟府时期的官属。罗忼烈云:“据《樵隐笔录》,谱是宣和大晟乐府协律郎某所传,其为清真提举大晟府时所撰新腔无疑,而此协律郎某者,或亦清真昔日属僚也。”③ “宣和大晟乐府协律郎某”所持有的“九重故谱”在南宋颇有流传。

第三,“乐书”、“乐章”云云,至南宋亦非“皆亡”。《宋史·艺文志一》载徽宗《黄钟徵、角调》二卷,蔡攸《燕乐》三十四册,刘昺《大晟乐书》二十卷,《乐论》八卷,《运谱四议》二十卷④,《政和颁降乐曲乐章节次》一卷,《政和大晟乐府雅乐图》一卷。可见至元末这些“乐书”、“乐章”仍大量保存。

据上述考证,可得出以下结论:靖康之变中散失的只是“礼文乐器”而非大晟乐本身;前贤误断大晟乐失传的原因及物证,乃是轻信元、明人根据原始史料“撮录”而成的《宋史》、《元史》等,而非宋、金人实录资料

① 详见《岭外代答校注》卷七(第251页),《独醒杂志》卷三(第4编,第5册,第143页)。

② 毛幵:《樵隐笔录》,吴则虞点校《清真集》,第124页。

③ 周邦彦著,罗忼烈笺注:《清真集笺注》,第201页。

④ 脱脱等:《宋史·艺文志一》,第15册,第5055—5056页。按:“《乐论》八卷”当为刘昺《大晟乐书》二十卷之中的组成部分。又“《运谱四议》二十卷”亦误,“《运谱四议》”也应为“《大晟乐书》二十卷”的一部分。详见前文《大晟府乐书考》。

如《靖康要录》、《大金吊伐录》、《要录》、《会编》等；持“失传”说者多为词学家而非史学家，故对原始史料多有误读，或对史料不加甄别而导致以偏概全的说法。

第二节　南宋大乐用大晟乐体制考辨

南宋大乐乐制基本仍依大晟乐制而成。《宋史·乐志一》：“南渡之后，大抵皆用先朝之旧，未尝有所改作。”所谓“先朝之旧”，实指大晟乐而言。庆元三年，姜夔上书论雅乐时说：“绍兴大乐，多用大晟所造。”（《宋史·乐志六》）明确指出绍兴（1131—1162）大乐用大晟乐的实质。又，朱熹论大晟乐云：“蔡京用事，主张喻世清作乐，尽破前代之言乐者。因作中声、正声，如正声九寸，中声只八寸七分一……其乐只是杜撰，至今用之。”又说：“徽宗时，一黥卒魏汉津造雅乐一部，皆杜撰也。今太学上丁用者是此乐。”（《朱子语类》卷九二）“至今用之”、“今太学上丁用者是此乐”云云，则又言及孝、光（1163—1194）间朝廷大乐及太学乐用大晟乐的情况。又，《云麓漫抄》云：“今之太常所用祭器、雅乐……祭器用《博古图》，雅乐用大晟府制度。”（卷三）亦可印证朱熹之言。又，据《四明文献集》卷四载，度宗咸淳三年（1267）幸太学，诏升曾参郕国公、孔伋沂国公，以配享孔子庙廷，所用仍为大晟乐[①]。可见南宋一代之乐制仍用大晟乐无疑。

一、“绍兴大乐，多用大晟所造”

宋室南渡之初，乐事多未备。建炎二年郊祀，“敕东京起奉大乐登歌法物等赴行在所”，就维扬江都筑坛行事（《宋史·乐志五》）。绍兴元年飨明堂，因受金人侵扰而“旧乐”复废，于是开始招募“旧工”（《宋史·乐志五》）。所谓“旧工”，即指流散于民间的大晟乐工。《宋史·乐志五》：

> （绍兴十年，太常）丞周执羔言：“大乐兼用文、武二舞，今殿前司将下任道，系前大晟府二舞色长，深知舞仪，宜令赴寺教习。”

---

① 详见《宋史·乐志一》（第9册，第2939页），《宋史·乐志六》（第10册，第3050页），《朱子语类》卷九二（第6册，第2345页），《云麓漫抄》卷三（第46页），《四明文献集》卷四《曾参孔伋配食大成乐章》（第174—175页）。

明载“大晟府二舞色长”赴太常寺教乐事。《中兴礼书》卷一二：“（绍兴十三年七月十九日）户部言：‘今有昨大晟府乐师陆诚，乞拘收充分诣乐正。’”① 亦载前大晟府乐师充郊祀大礼乐正事。又，绍兴十三年二月，王师心言：

> 窃虑今来行在内外，有旧系大晟府鼓吹局人。今欲乞指挥下寺，许行召募及踏逐。先曾充大晟府并本寺鼓吹局，不以是何名色人，三、五人赴寺，与依见今乐正支破请给。如内有已系有名目之人，及见在官司人，亦详踏逐。如有一切拘碍，不许发遣，且依今从指挥施行。候事毕无遗阙，别行申取朝廷指挥后，批送礼部勘当，申尚书省。②

这些大晟乐工对绍兴大乐的恢复重建工作起了较大作用。乐器于靖康之难中毁坏严重，只有靠访取诸路州、军保存的大晟乐旧物充数。《宋史·乐志五》：

> （绍兴）十年，太常卿苏携言：“将来明堂行礼，除登歌大乐已备，见阙宫架、乐舞，诸路州、军先有颁降登歌大乐，乞行搜访应用。”
>
> （绍兴十三年）乃从太常下之江浙、江南、福建州郡，又下之广东西、荆湖南北，括取旧管大乐，上于行都。有阙则下军器所制造，增修雅饰。而乐器寖备矣。

《中兴礼书》卷一二：“（绍兴十三年二月）太常寺言：‘所阙编钟、编磬并笙、箫、管、笛、琴、瑟等，乞下广南东西路、荆湖南北路州、军划刷。除柷敔、乐架重大，不须起发外，将其余应有管大乐，尽数差人管押津发前来。兼契勘两浙、江南、福建州、军，亦有未曾起发乐器琴、瑟、笙、箫之类。乞从本寺移牒，逐州起发赴寺使用。’诏依。”③ 知在绍兴十年与十三年先后两次“括取”诸路州、军保存的大晟乐器。“括取”的地域较为广泛，包括两浙东

① 详见《宋史·乐志五》（第10册，第3029页），《宋史·乐志五》（第10册，第3029—3030页），《宋史·乐志五》（第10册，第3030页），《中兴礼书》卷一二（第822册，第51页）。

② 详见《中兴礼书》卷一九，第822册，第86页。《全宋文》收作王师心《言太常寺鼓吹乐事奏》（第187册，第280页）。

③ 详见《宋史·乐志五》（第10册，第3030页，第3032页），《中兴礼书》卷一二（第822册，第51页）。

西路、江南东西路、福建、广南东西路、荆湖南北路等。除川、夔外，南宋半壁江山基本寻访殆遍①。

所缺乐器则下军器所、修内司及礼器局制造（《中兴礼书》卷一二、卷一三）。今据《宋史·乐志五》，制造乐器的依据主要是《大晟乐书》：

> 时（绍兴十六年）给事中段拂等讨论景钟制度，按《大晟乐书》："黄钟者，乐所自出，而景钟又黄钟之本，故为乐之祖。惟天子郊祀上帝则用之，自斋宫诣坛则击之，以召至阳之气。既至，声阕，众乐乃作。祀事既毕，升辇又击之。盖天者，群物之祖，今以乐之祖感之，则天之百神可得而礼。音韵清越，拱以九龙，立于宫架之中，以为君围；环以四清声钟、磬、镈钟、特磬，以为臣围；编钟、编磬以为民围。内设宝钟球玉，外为龙虡凤琴。景钟之高九尺，其数九九，实高八尺一寸。垂则为钟，仰则为鼎。鼎之大，中（终）于九斛，【九数】退藏，实八斛有一焉。"内出皇祐大乐中黍尺，参以太常旧藏黄钟律编钟，高适九寸，正相吻合。遂遵用黍尺制造。

按：此亦见《中兴礼书》卷一三："绍兴十六年四月四日，礼部、太常寺奏：奉旨令礼部、太常寺疾速讨论景钟制度，申尚书省。谨按《大晟乐书》：'黄帝有五钟，一曰景钟。……九九相生，其数无穷，实为寿命无疆之应。昔黄帝以指为寸，大禹以身为度。其制，请以圣上君指三节为三寸，三三为九，以起律度。'徽宗皇帝崇宁四年命景寿钟，具载制作。今省记到图样，讨论到事理。伏乞朝廷详酌指挥施行。诏降付礼器局。""（绍兴十六年）五月十八日，礼部、太常寺奏：尚书【省】送到给事中段拂等札子：礼部、太常寺讨论景钟画样，备奉圣旨指挥，降付礼器局。承续御前降到《大晟乐书》一册，并金字牙尺二十八量，及太常寺少卿李周等所立碑刻《大乐尺图》一册，付局参照。今看详尚书省札子，内礼部、太常寺讨论：'黄钟之律九寸，故景钟之高九尺，而九九之数，寓于其间。'又看详《乐书》所载：'景钟者，垂则为钟，仰则为鼎。鼎之大，中（终）于九斛，中声所极。九数退藏，则八斛

① 《中兴礼书》卷一二："（绍兴十三年八月三日）礼部、太常寺言：'昨申请乞下外州、军取发大乐等，揍（凑）成一料。依先降指挥，令军器所雅饰节次。据州、军申到编钟、磬等，已及两料。'"（第822册，第52页）所谓"料"，即"每料合用编钟、编磬一十二架"（《中兴礼书》卷一二，第822册，第52页）及其他配套乐器。据此，知"括取"诸路州、军乐器至绍兴十三年八月初步告一段落，而所得大晟乐器较为庞杂，捡取其中可用者凑成"两料"。

有一焉。'"[①] 知所造景钟即依《大晟乐书》，又用"皇祐大乐中黍尺"加以比照，发现"太常旧藏黄钟律编钟"与之相合。所谓"旧藏黄钟律编钟"者，当即"括取"诸路州、军保存的大晟乐旧物[②]。故其余各"律"编钟，即依此制造。不仅如此，即使是景钟架周围"合用名件"，亦依《大晟乐书》内"画样所载架子"仿造[③]。

又，"金钟、玉磬"亦依大晟旧物而造。《宋史·乐志五》：

> （绍兴）十四年，太常寺言："将来大礼，见阙玉磬十六枚。其所定声律，系于玉分厚薄，取声高下。正声凡十有二，黄钟厚八分，进而为大吕、太簇、夹钟、姑洗、仲吕、蕤宾、林钟、夷则、南吕、无射、应钟，每律增一分，至应钟一寸九分而止；清声夹钟厚二寸三分，退而为太簇、大吕、黄钟，共四清声，各减一分，至黄钟二寸而止。"
>
> 寻（绍兴十六年）制金钟、玉磬二架。初，元丰本虞庭鸣球及晋贺循采玉造磬之义，命荣咨道肇造玉磬。元祐亲祠，尝一用之，久藏乐府。至政和加以磨砻，俾协音律，并造金钟，专用于明堂。盖堂上之乐，歌钟居左，歌磬居右。金玉禀气于《乾》，纯精至贵，故钟必以金，磬必以玉，始备"金声玉振"之全，此中兴所以继作也。[④]

按：《会要·礼》二四之五八："政和六年闰正月十二日，大晟府言：'神宗皇帝尝命儒臣肇造玉磬，藏之乐府，久不施用。乞令略加磨砻，俾与律合。

---

① 详见《中兴礼书》卷一二及卷一三（第822册，第54页，第55—56页），《宋史·乐志五》（第10册，第3033—3034页），《中兴礼书》卷一三（第822册，第55页，第56页）。

② 现存"大晟钟"尚有"大晟/南吕中声"（现藏辽宁省博物馆）、"大晟/黄钟中声"（现藏辽宁省朝阳市建平县文物管理所）、"大和（晟）/南吕中声"（现藏河北省博物馆）、"大晟/夹钟"、"大晟/蕤宾"、"大晟/南吕中声"（现藏辽宁省博物馆）、"大晟/林钟"、"大晟/中吕中声"、"大晟/无射□□"、"大晟/黄钟清"、"大晟/大吕清"、"大和（晟）/夹钟清"（现藏故宫博物院与中国音乐研究所）、"大晟/夷则"（现藏河南省博物馆）、"大晟/姑洗"（现藏洛阳市博物馆）、"大和（晟）/应钟"（现藏西安市文物管理处）、"大晟/黄钟清"（现藏湖南省博物馆）、"大和（晟）/太簇清"、"大和（晟）/夹钟"、"大晟/蕤宾中声"（现藏上海博物馆）、"□□/蕤宾"、"大和（晟）/夷则"（现藏台湾"国立故宫博物院"）、"大和（晟）/无射"（现藏加拿大多伦多博物馆）、"大晟/姑洗中声"（现由日本私人收藏），见李幼平《大晟钟与宋代黄钟标准音高研究》（第39—67页）。又据李幼平研究，"大和"均为金人刮改"大晟"而成。

③ 徐松辑：《中兴礼书》卷一三，第822册，第56页。

④ 详见《宋史》卷一三〇《乐志五》，第10册，第3032页，第3034页。

并造金钟，专用于明堂，以荐在天之神。'从之。"《宋史·乐志四》、《长编纪事本末》卷一三五、《玉海》卷一〇九等所载略同。知玉磬于政和六年以"大晟律"改定后方为定制，故《玉海》卷一〇九载此则作"政和玉磬、金钟"。绍兴玉磬用"四清声"，亦用徽宗朝乐制。又，《宋史·乐志五》所谓"盖堂上之乐，歌钟居左，歌磬居右。金玉禀气于《乾》，纯精至贵，故钟必以金，磬必以玉，始备'金声玉振'之全"①，实乃录自《大晟乐书》。《大晟乐书》云：

> 金玉之精，禀气于《乾》，故堂上之乐，钟必以金，磬必以玉。《历代乐仪》曰："歌磬次歌钟之西，以节登歌之句。"即《周官》颂磬也。神考肇造玉磬，圣上绍述先志，而堂上之乐方备，非圣智兼全、金声而玉振之者，安能与于天道哉？其图金钟、玉磬以此。②

当时"八音"之中，金、石、丝、竹、匏、土六音乐器皆依照大晟乐制而造。史载绍兴十三年二月十一日，太常寺言"郊祀大礼合用大乐名件"，如：

> 登歌：编钟一架，编磬一架，搏拊、鼓二，五色琴（一、三、五、七、九弦琴）各二，瑟四，笛四，埙二，篪二，巢笙四，和笙四，箫二，七星、九曜、闰余匏笙各一。
>
> 宫架：编钟一十二架，编磬一十二架，柷、敔二，一弦琴四，三弦、五弦琴各八，七弦、【九弦】琴各十，瑟二十六，巢笙一十四，七星、九曜、闰余匏笙各一，箫一十四，竽笙一十，篪一十八，埙一十二，笛二十，晋鼓一，建鼓四。（《中兴礼书》卷一二）

所用即"大晟府制度"（《云麓漫抄》卷三），详见《大晟乐书》载大晟雅乐乐器（《宋史·乐志四》），文繁不重录。知《中兴礼书》所载，除"镈钟、特磬见阙"而未列，其余"七星、九曜、闰余匏笙"、"一、三、五、七、九弦琴"及"埙"、"篪"，均为大晟府时期所增设乐器。《避暑录话》："大乐

① 详见《宋会要·礼》二四之五八（第1册，第928页），《宋史·乐志四》（第9册，第3019页），《长编纪事本末》卷一三五（第387册，第425页），《玉海》卷一〇九（第945册，第862页），《玉海》卷一〇九（第945册，第862页），《宋史·乐志五》（第10册，第3031页）。

② 脱脱等：《宋史》卷一二九《乐志四》，第9册，第3008页。

旧无匏、土二音，笙、竽但如今世俗所用。笙以木刻其本而不用匏。……至崇宁更定大乐，始具之。旧又无篪，至是亦备，虽燕乐皆行用。”（卷下）知宋旧大乐本无“匏、土二音”及“篪”，《中兴礼书》卷一二所用闰余匏、九星匏、七星匏等匏部乐器及埙、篪，乃袭用“大晟府制度”。又“一、三、五、七、九弦琴”亦为大晟府新增乐器。《宋史·乐志十七》、《通考·乐考十》“大晟乐府尝罢一、三、七、九，惟存五弦”、“今复俱用”云云，知“一、三、七、九弦琴”在宣和间短暂罢用后，绍兴间又恢复了大晟府大观、政和间用“一、三、五、七、九弦琴”的制度。又，据《中兴礼书》卷一三：“绍兴十五年闰十一月二十三日，太常寺奏：‘准提举修内司承受提辖王晋锡札子：……特磬黄钟为祖，上股一尺五分，长二尺三分，大股阔九寸，长一尺一寸，下各厚一寸六分，约三寸。临时定声，系省记到崇宁年大乐局制造大晟新乐尺寸。’”① 特磬亦全用“大晟府制度”。

又，“歌诗”之法也全搬用大晟遗法。据姜夔《大乐议》：

> 绍兴大乐，多用大晟所造。有编钟、镈钟、景钟，有特磬、玉磬、编磬。三钟三磬，未必相应。埙有大小，箫、篪、箎有长短，笙、竽之簧有厚薄，未必能合度。琴、瑟弦有缓急燥湿，轸有旋复，柱有进退，未必能合调。……乐曲知以七律为一调，而未知度曲之义；知以一律配一字，而未知永言之旨。黄钟奏而声或林钟，林钟奏而声或太簇。七音之协四声，各有自然之理。今以平、入配重浊，以上、去配轻清，奏之多不谐协。……至于歌诗，则一句而钟四击，一字而竽一吹，未协古人“槁木贯珠”之意。②

可见，姜夔所说“绍兴大乐，多用大晟所造”，确为一语道破绍兴大乐的本质。

又，郊祀等用乐节次，亦依照徽宗朝故事。《宋史·乐志五》绍兴十三年有司言：“登歌乐依在京夏祭例。”“乐工、舞师照在京例，分三等廪给。”所

---

① 详见《中兴礼书》卷一二（第822册，第51页），《云麓漫抄》卷三（第46页），《宋史·乐志四》（第9册，第3008—3012页），《中兴礼书》卷一二（第822册，第51页），《避暑录话》卷下（第2编，第10册，第302—303页），《中兴礼书》卷一二（第822册，第51页），《宋史·乐志十七》（第10册，第3341—3342页），《文献通考·乐考十》（第1212页），《中兴礼书》卷一三（第822册，第55页）。

② 脱脱等：《宋史》卷一三一《乐志六》，第10册，第3050—3051页。

> 今日到詹元善处，见其教乐。……其歌调却只用《太常谱》。……他在行在录得《谱子》，大凡压入音律，只以首尾二字。章首一字是某调，章尾即以某调终之。[①]

按：詹体仁（元善）绍熙四年十月三日至五年八月前后为太常少卿[②]，其“教乐”所用《行在谱》即大晟曲谱残存于南宋的汇编本（详后）。又，据柳贯《答金华宋景濂书》：

> 盖自宋徽庙制《大晟乐》，时礼官用大禹声律身度之说，请以天子中指为寸，于是所制器服，悉取之，以为长短广袤之节。当时固有非之者矣。然紫阳文公编类《家礼》，于“深衣”制度条，明言“度用指尺”，复注云“中指中节为寸”。[③]

指出朱熹“编类《家礼》”时，所用仍是大晟乐“指律”。按詹体仁、朱熹卒年均在庆元间，“教乐”、“编书”也一直使用大晟乐“指律”。又《云麓漫抄》卷三：

> 今之太常所用祭器、雅乐，悉绍兴十六年礼器局新造。祭器用《博古图》，雅乐用大晟府制度。《大晟乐》用徽宗君指三节为三寸，崇宁四年所铸景钟是也。

按：赵彦卫约生于绍兴十年（1140），卒于嘉定初年（1210前后）（《云麓漫抄》卷首）[④]。其所谓“今之太常所用”雅乐为“大晟府制度”，正是孝宗、光宗、宁宗大乐的实际情况。

针对这种状况，姜夔等人“类欲搜讲古制，以补遗轶”（《宋史·乐志六》，《通考·乐考三》），力图恢复古制以改变南宋大乐“用大晟府制度”的

① 黎靖德编：《朱子语类》卷九二，第6册，第2343页。

② 详见《止斋先生文集》卷一三《朝散郎守司农少卿詹体仁除太常少卿（（绍熙四年）十月三日）》（《四部丛刊》初编本，第7页A面），《楼钥集》卷三七《太常少卿詹体仁太府卿（绍熙五年）》（第3册，第693页）。

③ 柳贯：《柳待制文集》卷一三《答金华宋景濂书》，《四部丛刊》初编本，第16页A面至B面。

④ 详见《云麓漫抄》卷三（第46页），《云麓漫抄》卷首“前言”（第1页）。

现状。但姜夔“为乐必定黄钟，迄无成说。其议今之乐极为详明，而终谓古乐难复，则于乐律之原有未及讲”（《宋史·乐志六》），所进《大乐议》（一卷）、《琴瑟考古图》（一卷）、《圣宋铙歌鼓吹曲十四首》，也并没有被朝廷采纳。换句话说，有识之士尽管不满南宋大乐“用大晟府制度”的现状，并且作出了欲改修大乐的努力，但朝廷仍用“先朝之旧”，未见有大的改换。《宋史·乐志六》：“理宗享国四十余年，凡礼乐之事，式遵旧章，未尝有所改作。”这说明理宗也和高宗、孝宗、光宗、宁宗四朝一样，仍在走大晟乐的老路。《瑟谱》对此亦有记载：“释奠乐章，自政和以来，增损不同。如福州本，迎、送神、盥洗、升降、奠币、酌献，共只五曲，虽简约易于教习，遂以祀先圣之辞祀颜、孟，具（且）其谱不成宫调。今福、吉、洪、袁教习祀乐，止据福州《通祀辑略》。甚欲改定其谱而不能。郴州旧刻《通祀礼》，与王氏《瑟书》同出一手。”（卷五）按：熊朋来（1246—1323）与张炎（1248—1319）同时，其所用曲谱代表了南宋理宗、度宗年间（1225—1276）的实际情况。熊朋来撰谱，乃据“福州本”、“郴州旧刻”原谱“改定其谱”、“补定其谱”。其原谱最早可溯源至大晟曲谱。所谓“释奠乐章，自政和以来，增损不同”（《瑟谱》卷五），乃指《宋史·乐志十二》所载“大观三年释奠六首”及“大晟府拟撰释奠十四首”而言，经南宋辗转流传，有所谓“福州本”、“郴州旧刻”等不同版本。流传至南宋的大晟曲谱，经多次“增损”之后，虽“简约易于教习”，但“其谱不成宫调”（《瑟谱》卷五）[①]。熊朋来“改定”、“补定”之谱，与大晟府原谱已有较大不同。但正如笔者考证所述，其谱法甚至多数谱字，仍依大晟曲谱而来，这一点详见下文。

第三节　大晟燕乐曲谱南宋流传考

关于大晟燕乐曲谱在南宋的存留问题，不少学者持否定态度。词学大师郑文焯云：“南渡后乐部放失，古曲坠佚。”[②] 著名词学家龙榆生也说：“宋南渡后，大晟遗谱，荡为飞灰。”[③] 词学家蔡嵩云则进一步从阐释学角度加以证实：

① 详见《宋史·乐志六》（第 10 册，第 3050 页），《文献通考·乐考三》（第 1161 页），《宋史·乐志六》（第 10 册，第 3054 页），《宋史·乐志六》（第 10 册，第 3050 页），《瑟谱》卷五（第 377 册，第 353—354 页），《瑟谱》卷五（第 377 册，第 353 页），《宋史·乐志十二》（第 10 册，第 3235—3238 页），《瑟谱》卷五（第 377 册，第 353 页）。

② 龙沐勋辑：《大鹤山人词话》，第 5 册，第 4343 页。

③ 龙榆生：《〈近三百年名家词选〉后记》，《龙榆生词学论文集》，第 375 页。

“南渡后，大晟乐谱散失，不独柳（永）谱全亡，周（邦彦）谱亦所存无几。”① 因部分正史资料记载的前后不一，加上诸先生在词学领域中的崇高地位，遂使“词乐失传说”在词学界影响深远。部分学者更是增而衍之，至有“词所配的乐谱，南宋以后失传”② 的说法。学界虽对“词乐失传说”作过辩难③，但无奈“失传说”业已根深蒂固。有感于此，谨就大晟燕乐曲谱在南宋的流传情况作一点考论。

一、大晟燕乐曲谱“南宋失传说”辨误

大晟曲谱失传说实源远流长。《宋史·乐志四》、《元史·礼乐志一》均载大晟乐“礼文乐器”在靖康之变中“皆亡矣”、“扫荡无遗矣”④，这些都为“失传说”者所本。但宋、元史乘所谓“皆亡”、“扫荡无遗”云云，实际上颇值得怀疑。

史籍明言汴京尚有“大乐登歌法物”等未被金人掠去，而部分乐器在诸路州、军仍有保存（《宋史·乐志五》，《中兴礼书》卷一二）；一部分无法找到的乐器则根据《大晟乐书》进行仿造，这些乐器基本上仍与大晟乐器没有不同（《宋史·乐志五》，《中兴礼书》卷一三）。又大晟乐工也并未全数被金人掠去，部分曾随宋廷南渡（《宋史·乐志五》）。《要录》卷三四、卷五三、卷一四五载有大晟府乐官万俟咏、江汉等随宋廷南渡事（详上），这些乐官虽未曾被重用，但仍对传播大晟乐起到了积极作用。又，《宋史·乐志四》多方感叹所谓“皆亡”的大晟乐书、乐章等，其实仍然见于南宋各公私书目。如《郡斋读书志》就载有“大晟乐府雅乐图一卷”（卷一上），《书录解题》卷一四也载有刘昺《大晟乐书》二十卷，《图谱》一卷；元朝脱脱等编撰《宋史》时，尚存有刘昺《大晟乐书》　十卷，《政和颁降乐曲乐章节次》一卷，《政和大晟乐府雅乐图》一卷，徽宗《黄钟徵、角调》二卷，蔡攸《燕乐》三十四册（《宋史·艺文志一》）。可见，大晟乐至南宋并没有失传。不仅如此，南宋大乐乐制基本上仍是承袭大晟乐而成。上文所引南宋大乐“皆用先朝之旧”（《宋史·乐志一》）、“绍兴大乐，多用大晟所造”（《宋史·乐志六》），朱熹论太学乐用大晟乐的现状（《朱子语类》卷九二），赵彦卫论雅乐“用大晟府

① 蔡嵩云：《柯亭词论》，第5册，第4900页。

② 孙正刚：《词学新探》，第9页。

③ 详见施议对《词与音乐关系研究》（第95—100页，第103页），诸葛忆兵《徽宗词坛研究》（第30页）。

④ 详见《宋史·乐志四》（第9册，第3027页），《元史·礼乐志一》（第7册，第628页）。

制度”的实质（《云麓漫抄》卷三）以及《四明文献集》卷四载咸淳三年幸太学用大晟乐的情况①，证明南宋一代之乐制仍是用大晟乐无疑。据此，则“大晟遗谱，荡为飞灰”之说至少就雅乐方面来说难以成立。

但是，大晟雅乐在南宋的流行是否能说明大晟燕乐也同样留存于南宋呢？当然不能如此简单立论，但其中也透露出一条相似的信息，那就是：同属大晟乐府创制并证定的雅乐与燕乐，其流行可能并不是单一的，而是相辅而行，即大晟雅乐的流传可能也隐含着属于燕乐范围的“大晟遗谱”同样也在南宋继续流行。这一点可以从史料方面得到佐证。如上所述，流传于南宋的大晟乐书、乐谱、乐章等尚有刘昺《大晟乐书》二十卷，《政和颁降乐曲乐章节次》一卷，《政和大晟乐府雅乐图》一卷，徽宗《黄钟徵、角调》二卷，蔡攸《燕乐》三十四册等。值得注意的是，这些大晟遗物中固然多数是属于雅乐范畴，但其中仍不乏大晟燕乐曲谱的存在。如徽宗《黄钟徵、角调》二卷、蔡攸《燕乐》三十四册，则完全是属于大晟燕乐范围。

关于“徽宗《黄钟徵、角调》二卷”，《玉海》的记载要比《宋史·艺文志一》稍详。如：“政和中御制，依《唐谱》修定，《黄钟徵、角二调》总四十五曲，命教坊习学。《大晟乐》以指为寸，以寸生尺，以尺定律。”（卷七）“《黄钟徵、角调》二卷，政和中御制，依《唐谱》修定，《黄钟徵、角二调》总四十五曲，命教坊习学。”（卷二八）按：大晟府曾先后两次颁制徵、角二调曲谱。第一次颁制约始于大观二年，终于政和末年。第二次颁制则在政和末。据《宋史·乐志四》蔡絛称：“（政和末）蔡攸复与教坊用事乐工附会，又上《唐谱徵、角二声》，遂再命教坊制曲谱。既成，亦不克行而止。”据此看来，大观、政和间与政和末先后两次颁制的徵、角二调曲谱中，政和末蔡攸所上似乎并没有流行。大晟府“徵、角二调”“四十五”曲，曾由大晟府词人“制词实谱”（《碧鸡漫志》卷二）。政和三年六月，晁端礼至京，作《黄河清》、《寿星明》诸曲；政和三年八月二十八日，曹棐撰徵调《舜韶新》曲（详上）。据蔡絛称，大晟府“徵、角二调”尽管“终不得其本均”，“然其曲

① 详见《宋史·乐志五》（第10册，第3030—3032页），《中兴礼书》卷一二（第822册，第51页），《宋史·乐志五》（第10册，第3033—3034页），《中兴礼书》卷一三（第822册，第55页，第56页），《宋史·乐志五》（第10册，第3030页），《宋史·乐志四》（第9册，第3027页），《昭德先生郡斋读书志》卷一上（《四部丛刊》三编本，第22页B面），《直斋书录解题》卷一四（第11册，第410页），《宋史·艺文志一》（第15册，第5055—5056页），《宋史·乐志一》（第9册，第2939页），《宋史·乐志六》（第10册，第3050页），《朱子语类》卷九二（第6册，第2345页），《云麓漫抄》卷三（第46页），《四明文献集》卷四《曾参孔伋配食大成乐章》（第174—175页）。

谱颇和美，故一时盛行于天下”（《宋史·乐志四》），而晁端礼所作《黄河清》、《寿星明》，“二者音调极韶美”，“时天下无问迩遐小大，虽伟男髫女，皆争气唱之”（《铁围山丛谈》卷二），“政和《徵招》、《角招》遂传于世矣”（《宋史·乐志四》）①。

按照常理，《徵招》、《角招》既然已经“盛行于天下”，那么，在靖康之变前已“传于世”的“徵、角二调”曲谱，因流播是在广大的民间，金人即使要掳掠，恐怕也鞭长莫及。事实上，徵、角二调尚保留于南宋宫中并用于宫廷宴享等多种场合，而且还在民间得到应用。《武林旧事》载有理宗天基节排当乐次：“上寿第一盏，觱篥起《圣寿齐天乐慢》。”（卷一）据《词谱》卷三一，《圣寿齐天乐慢》即《正宫·齐天乐慢》；又据姜夔《徵招》序：“旧曲《正宫·齐天乐慢》，前两拍是徵调。”（《白石道人歌曲》卷五）② 则《齐天乐慢》前两拍为大晟徵调谱法。今星凤阁抄本《闲斋琴趣外编》卷六有“新填徵调曲”《圣寿齐天歌》③，疑即此曲。又，《武林旧事》载理宗天基节排当乐次：“（初坐）第五盏，笙独吹［小石角］《长生宝宴乐》。”“（再坐）第六盏，觱篥独吹［商角调］《筵前保寿乐》。”（卷一）按：角调七均乾兴以来已不用，政和补徵、角二调，“名为七角，实亦应钟变宫声，非正角声也”（《燕乐考原》卷四）。今理宗天基节排当乐次初坐第五盏、再坐第六盏所吹［小石角］《长生宝宴乐》、［商角调］《筵前保寿乐》，当非乾兴以前角调七均，疑依大晟角调增衍而来。南宋宫廷宴享用“徵、角二调”的情况非仅此一处，据《武林旧事》理宗天基节排当乐次：“第二盏，赐御酒，歌板起《中腔》。”“第三盏，歌板唱《踏歌》。”（卷一）《梦粱录》度宗朝皇太后圣节乐次：“第一盏进御酒，歌板色一名，唱《中腔》。”“第八盏进御酒，歌板色长唱《踏歌》。”（卷三）④ 按理、度二朝“圣节”所用《中腔》、《踏歌》，与徽宗天宁节“宰执、亲王、宗室、百官入内上寿”及政和间赐高丽的大晟曲谱略同⑤。

---

① 详见《玉海》卷七及卷二八（第943册，第198页，第691页），《宋史·乐志四》（第9册，第3026页），《碧鸡漫志》卷二（《词话丛编》本，第1册，第87页），《宋史·乐志四》（第9册，第3026页），《铁围山丛谈》卷二（第28页），《宋史·乐志四》（第9册，第3026页）。

② 详见《武林旧事》卷一（第327页），《钦定词谱》卷三一（第563页），《白石道人歌曲》卷五（《彊村丛书》本，第2册，第778页）。

③ 唐圭璋编：《全宋词》，第1册，第443页。

④ 详见《武林旧事》卷一（第329页，第330页），《燕乐考原》卷四（第115册，第392页），《武林旧事》卷一（第327页，第327页），《梦粱录》卷三（第138页，第139页）。

⑤ 详见《东京梦华录》卷九（第59—61页），《高丽史·乐志二》录《寿延长》大曲、《五羊仙》大曲（第6册，第2214—2217页）。

今星凤阁抄本《闲斋琴趣外编》卷六载“新填徵调各首”有“《中腔》一首、又一首（与前腔不同）、《踏歌》一首、又一首（与前腔不同）”之存目[①]；又，王安中有《徵招调·中腔》、万俟咏有《钿带长中腔》（即《徵招调·中腔》“钿带长”，详上），均可证《中腔》、《踏歌》曾被作为大晟徵调曲得到应用。按：大晟徵调曲多依旧腔增衍而成，《中腔》、《踏歌》本为大曲之一遍[②]，大晟府依之以制徵调，其制曲之法或许亦如《圣寿齐天歌》，依原曲数拍之徵调敷衍而成。这样的大晟徵调曲尚有《黄河清》、《寿星明》、《并蒂芙蓉》、《舜韶新》、《候新恩》、《醉桃源》、《圣寿齐天歌》等，其中《寿星明》似旧曲《沁园春》，《醉桃源》即旧曲《阮郎归》，《圣寿齐天歌》即旧曲《正宫·齐天乐慢》。这样，原为大曲之一遍的《中腔》、《踏歌》亦被缘饰为所谓的大晟徵调曲了。理、度二朝“圣节”所用《中腔》、《踏歌》，疑即为这样的徵调曲。

大晟“徵、角二调”除在南宋宫廷宴享得到运用外，还曾流传于民间宴集。据考，南宋人使用“徵、角二调”有《黄河清》、《寿星明》、《舜韶新》、《踏歌》等徵调曲。今存莫蒙《寿星明》“翠樾阴浓”、朱敦儒《踏歌》当作于绍兴间，无名氏《寿星明》“玉露迎寒”、丘密《黄河清》“鼓角清雄占云祲”、郭子正《舜韶新》“香满西风”则当在其后；又角调曲有曹勋《保寿乐·太母庆七十》，注“商角调”，当作于绍兴二十一年，疑与理宗天基节排当乐次［商角调］《筵前保寿乐》相同。此亦印证姜夔所云“绍兴大乐，多用大晟所造”（《宋史·乐志六》）并非妄说。而南宋人所云“耳听宣、政升平曲”（魏了翁《鹧鸪天·六十日再赋》）、“再见大晟舞罢”（刘辰翁《水调歌头·自龙眠……》），亦非只停于文学性的描述，而是有相当的“实录”成分。结合《宋史·艺文志》、《玉海》所载《黄钟徵、角调》二卷，理、度二朝“徵、角二调”的运用及南宋民间填制二调的词曲情况，似乎可以这样说，大晟府“徵、角二调”不仅没有随靖康之变而“荡为飞灰”，而且还曾随朝廷南渡并一直保存在南宋宫廷中，部分还曾流传于民间。另外，南宋人目睹过“徵、角二调”曲谱的似乎不止一个。姜夔《徵招》序：“大晟府徵调兼母声，一句似黄钟均，一句似林钟均，所以当时有‘落韵’之讥。予尝使人吹而听之，寄君声于臣、民、事、物之中，清者高而亢，浊者下而遗。”（《白石道人歌曲》卷五）据此看来，姜夔必定目睹过大晟曲谱，故能“使人吹而听之”，并作出“音节驳矣”的评价。朱熹似亦见过大晟“徵、角二调”，他说：“如

① 唐圭璋编：《全宋词》，第1册，第443页。

② 沈括：《梦溪笔谈》卷五，第2编，第3册，第38页。

首以徵音起，而末复以徵音合杀者，是徵调也。徵调失其传久矣，徽宗令人作之。作不成，只能以徵音起，而不能以徵音终。”又说：“不特本朝，从来无那徵；不特徵无，角亦无之……徽宗尝令人硬去做，然后来做得成，却只是头一声是徵，尾后一声依旧不是，依旧走了。”又说，“其乐只是杜撰”，但“至今用之”（《朱子语类》卷九二）①。“至今用之”一语可以看成是大晟“徵、角二调”在南宋流传的一个确凿判断。以上所见理、度二朝及南宋词人所用大晟乐情况，不过是其中的“冰山一角”而已。

按：南宋人在“徵、角二调”的使用方面，可能对部分曲谱作过较大改进。如上引莫蒙及无名氏《寿星明》、丘密《黄河清》、郭子正《舜韶新》等，字数、句读与晁端礼词稍异，音谱或有所不同；其中有些词调虽明显有大晟乐法痕迹，却已很难确定它就是本色的大晟曲谱，如《正宫·齐天乐慢》，南宋人填此词者达数十曲，但很少有人注意它浓郁的大晟徵调气息。除《正宫·齐天乐慢》外，使用大晟乐法创制新词的似乎还有很多。迄今为止，可以确切肯定使用了“徵、角二调”谱法的尚有《徵招》、《角招》二曲。《徵招》、《角招》二曲较早见于姜夔“十七旁谱”并词曲，其中《徵招》作于嘉泰元年，而《角招》作于绍熙五年。姜夔《徵招》序：

> 《徵招》、《角招》者，政和间大晟府尝制数十曲，音节驳矣。予尝考唐田畸《声律要诀》云：“徵与二变之调，咸非流美”，故自古少徵调曲也。徵为去母调，如黄钟之徵，以黄钟为母，不用黄钟乃谐，故隋、唐旧谱不用母声。琴家无媒调，商调之类皆徵也，亦皆具母弦而不用。其说详于予所作《琴书》。然黄钟以林钟为徵，住声于林钟，若不用黄钟声，便自成林钟宫矣。故大晟府徵调兼母声，一句似黄钟均，一句似林钟均，所以当时有“落韵”之讥。予尝使人吹而听之，寄君声于臣、民、事、物之中，清者高而亢，浊者下而遗，万宝常所谓“宫离而不附者”是已。因再三推寻唐谱并琴弦法而得其意：黄钟徵虽不用母声，亦不可多用变徵蕤宾、变宫应钟声；若不用黄钟而用蕤宾、应钟，即是林钟宫矣；余十一均徵调仿此，其法可谓善矣。然无清声，只可施之琴、瑟，难入燕乐。故燕乐阙徵调，不必补可也。此一曲乃予昔所制，因旧曲《正宫·齐天乐慢》前两拍是徵调，故足成之。虽兼用母声，较大晟曲为无病矣。此曲

① 详见《宋史·乐志六》（第10册，第3050页），《白石道人歌曲》卷五（《彊村丛书》本，第2册，第777—778页），《朱子语类》卷九二（第6册，第2345页），《朱子语类》卷九二（第6册，第2341—2342页），《朱子语类》卷九二（第6册，第2345页）。

依《晋史》，名曰黄钟下徵调，《角招》曰黄钟清角调。[①]

姜夔见到的大晟《徵招》实际情况是“黄钟以林钟为徵，住声于林钟”，且“徵调兼母声，一句似黄钟均，一句似林钟均”，这和蔡絛所见“以黄钟宫调均韵中为曲，而但以林钟律卒之。是黄钟视林钟为徵，虽号徵调，然自是黄钟宫之均韵，非独有黄钟以林钟为徵之均韵也”（《铁围山丛谈》卷二）的大晟《徵招》谱几乎完全相同，证明姜夔所见必定为大晟曲谱无疑。姜夔不仅亲眼目睹过大晟曲谱实物，而且还作过演奏实践。他曾将大晟《徵招》曲“吹而听之”，发现其“清者高而亢，浊者下而遗”，与蔡絛所称“曲谱颇和美”（《宋史·乐志四》）[②] 的情况颇不相合。鉴于大晟《徵招》“落韵”的演奏事实，姜夔参用“唐谱并琴弦法”对之进行改造。姜夔改造后的《徵招》尽管“较大晟曲为无病”，但仍然“兼用母声”，与其初衷有异[③]。按：姜夔改造后的《徵招》虽为新曲，但仍依大晟乐法增衍而成，前人或认为就是大晟曲谱的翻版。张文虎《舒艺室馀笔》：“晁端礼《黄河清》词，今见彼集，与此词（引者按：指姜夔《徵招》）句调亦略近。然则姜虽自度曲，实蓝本旧腔耳。”[④] 夏承焘进一步说：“宋词用徵调者，白石谓‘政和间大晟府尝制数十曲’，今可考者，惟晁端礼《黄河清》、《寿星明》各首及白石此调而已。……晁端礼《黄河清》词，与此词（按指姜夔《徵招》）句调亦略近。然则，姜虽自度曲，实蓝本旧腔。”[⑤] 冒广生并对《徵招》、《并蒂芙蓉》、《黄河清慢》三词进行比勘考证，认为姜夔《徵招》“名为自制，实即《并蒂芙蓉》。《并蒂芙蓉》又即《黄河清慢》”。[⑥]

除“徵、角二调”外，大晟曲谱保存于南宋的尚有“蔡攸《燕乐》三十四册”（《宋史·艺文志一》），此书为大晟府“讨论古音，审定古调”而成的一套燕乐曲谱。按：大晟府曾多次对燕乐旧行曲谱进行“审按校定”：第一次在政和四年，“（政和）四年正月，大晟府言：‘宴乐诸宫

---

① 姜夔：《白石道人歌曲》卷五，《彊村丛书》本，第 2 册，第 777—778 页。

② 详见《铁围山丛谈》卷二（第 24 页），《宋史·乐志四》（第 9 册，第 3026 页）。

③ 关于姜夔《徵招》制谱与理论之间的矛盾，详见夏承焘《姜白石词编年笺校》所引陈澧、张文虎、杨荫浏诸人之说（第 80—84 页），文繁不引。

④ 张文虎：《舒艺室馀笔》，《彊村丛书》本，第 2 册，第 789 页。

⑤ 参见夏承焘《姜夔词谱学考绩》、《〈白石道人歌曲〉校律》，《夏承焘集》，第 2 册，第 380 页，第 360 页。

⑥ 冒广生：《冒鹤亭词曲论文集》，第 307—308 页。

调多不正，如以无射为黄钟宫，以夹钟为中吕宫，以夷则为仙吕宫之类。又加越调、双调、大食、小食，皆俚俗所传。今依月律改定。’诏可”（《宋史·乐志四》）。至政和六年十月前即已完成，并曾“令有司颁降”（《会要·乐》四之一）。第二次在政和七年十月后，因“自是而后，乐律随月右旋”（《宋史·乐志四》），故相应之燕乐亦须有所校正。《会要·乐》四之一、二：“（政和八年九月二十日）蔡攸言：‘昨奉诏：“教坊、钧容、衙前及天下州县燕乐旧行一十七调大小曲谱，声韵各有不同。令编修《燕乐书》所审按校定，依月律次序添入新补撰诸调曲谱，令有司颁降。”今撰均度，正其过差，合于正声，悉皆谐协。将燕乐一十七调看详到大小曲三百二十三首，各依月律次序，谨以进呈。如得允当，欲望大晟府镂板颁行。’从之。”① 杨荫浏认为，宋朝黄钟音高标准在政和三年以前太常、教坊、钧容直及天下州县“各自为律”；政和三年宋徽宗以“大晟律”将雅乐、俗乐音高标准统一为 d^1，并以行政手段强制推行②。大晟府从政和四年开始的多次“审按校定”工作，终于在政和八年九月宣告完成，并由“大晟府镂板颁行”，因最终成书时乃蔡攸主持编撰，故取名为“蔡攸《燕乐》”。此书共有“三十四册”，依“燕乐一十七调”编排，包括大曲、小曲总共323只曲谱，其乐理或“依月律次序”编排，但非“新广八十四调”本。又由于此书乃大晟府对“燕乐旧行一十七调大小曲谱”以“今撰均度，正其过差，合于正声”而成，故当为大晟府“讨论古音，审定古调”而成的大晟燕乐谱。据此，学界长期以来认为南宋已失传的大晟燕乐谱，其实仍保存到了脱脱主编《宋史》的元朝末期。

另外，流行于南宋的大晟曲谱尚然繁多。史载“当是时，去南渡未远，汴都正音，教坊遗曲，犹流播江南”③。如《兰陵王慢》，大晟“九重故谱”，绍兴初“西楼南瓦皆歌之”④；《撷芳词》，政和间老妓传自禁中，绍兴间“蜀中传此词竞唱之”（杨湜《古今词话》）；《春从天上来》，为徽宗朝“遗谱”，

① 详见《宋史·艺文志一》（第15册，第5054页），《宋史·乐志四》（第9册，第3019页），《宋会要·乐》四之一（第1册，第322页），《宋史·乐志四》（第9册，第3021页），《宋会要·乐》四之一、二（第1册，第322页）。

② 杨荫浏：《中国古代音乐史稿》，第425—426页。

③ 刘埙《水云村稿》卷四《词人吴用章传》：“吴用章，名康，南丰人。生宋绍兴间。……当是时，去南渡未远，汴都正音，教坊遗曲，犹流播江南。用章博采精探，悟彻音律，单词短韵，字徵协谐。……乾道丁亥岁，用章携以见刘季高侍郎。”（第1195册，第370—371页）按：“乾道丁亥岁”即乾道三年，其时仍有大量“大晟遗曲”流传。

④ 毛幵：《樵隐笔录》，吴则虞点校《清真集》，第124页。

“三山郑中卿，从张贵谟使虏日，闻有歌之者”（《中兴以来绝妙词选》卷二）①，谱则入元仍存②；《月上海棠》，“徽庙所创调”（《词徵》卷一），大定二十二年（1182）尚可歌（段克己《月上海棠》词序）；《荔枝香》，政和间访自南岳祠宫，“遂入燕乐施用”（《寓简》卷八）③，南宋时尚有曲谱流传……这些曲谱或曾经大晟府“填腔”，或由大晟府“别撰腔”，或经大晟府“改定”，或许也包含在“蔡攸《燕乐》三十四册”内，曾在南宋得到长时间的传唱，故元朝脱脱等编撰《宋史》时，尚能见到大晟曲谱“《燕乐》三十四册”的宏编巨帙。

考察大晟曲谱在南宋的流传情况，或因演唱难度太大，一般俗耳难得品听，如《兰陵王慢》“凡三换头，至末段声尤激越，唯教坊老笛师能倚之以节歌者”④；或限于上寿场面，藏于深宫内院或达官贵人家，一般难于流传民间，如理、度二朝所用《中腔》、《踏歌》及孝、光年间史浩《太清舞》大曲所用《中腔》等⑤；或因远在边地流传，时人已不知其为“大晟遗谱”，如《撷芳词》，政和间老妓自宫中传出，南宋人或改为《摘红英》，或改为《钗头凤》，前段下添“惜，惜，惜”，后段下添“得，得，得”，或前段下添“错，错，错”，后段下添“莫，莫，莫”，流传于绍兴、淳熙间⑥；或经大晟府撰腔，如《鱼游春水》、《烛影摇红》⑦，南宋人填制而鲜有知其为“大晟遗谱”；或因曲名过于俚俗，播于市妓之口，亦使人不敢认其为大晟曲谱，如《荔枝香》，南宋时市妓曾以擅此谱名重

① 详见杨湜《古今词话》（《词话丛编》本，第1册，第45—46页），黄昇《中兴以来绝妙词选》卷二（第716页）。

② 据张翥《春从天上来》词序：“广陵冬夜，与松云子论五音、二变、十二调，且品箫以定之。清浊高下，还相为宫，犂然律吕之均，雅俗之正。不觉漏下，月满霜空，神情爽发。松云子吹《春从天上来》曲，音韵凄远。余亦飘然作霞外飞仙想，因倚歌和之，用申胜趣。是夕丙子孟冬，十又三夕也。”（《全金元词》，下册，第1004—1005页）知《春从天上来》谱入元仍存。

③ 详见张德瀛《词徵》卷一（《词话丛编》本，第5册，第4089页），段克己《遯庵乐府》（《彊村丛书》本，第3册，第1393页），沈作喆《寓简》卷八（第4编，第5册，第78—79页）。

④ 毛幵：《樵隐笔录》，吴则虞点校《清真集》，第124页。

⑤ 详见《梦粱录》卷三（第138页，第139页），《武林旧事》卷一（第327页），《鄮峰真隐大曲》卷一（《彊村丛书》本，第1册，第521—523页）。

⑥ 详见杨湜《古今词话》（《词话丛编》本，第1册，第45—46页），《钦定词谱》卷一〇（第180页）。

⑦ 详见《能改斋漫录》卷一六及卷一七（第5编，第4册，第190页，第214页），《苕溪渔隐丛话·后集》卷三九（第528册，第170页）。

一时[①]，然此曲实际上在政和间被大晟府“改定”（详上），为典型的大晟曲谱；或因改作幅度较大，使人难以辨认其本身的“大晟遗谱”痕迹，如姜夔《徵招》、《角招》、《正宫·齐天乐慢》……这些都使大晟曲谱在南宋的流传显得隐而不彰，遂有“荡为飞灰”之论。其实正如草蛇灰线，如果进行钩索，尚可踪迹一二，非全然“扫荡无遗”。

（附记：大晟燕乐曲谱留存于后世尚可辑考者，如《新定九宫大成南北词宫谱》卷一一至卷七一，仍保存有晁端礼《黄河清慢》、万俟咏《春草碧》、《芰荷香》、周邦彦《烛影摇红》、江致和《五福降中天》、无名氏《爱月夜眠迟慢》等曲谱[②]。尽管流传过程中可能被改编，但仍有大晟曲谱之遗。）

二、大晟燕乐曲谱南宋流传情况考略

大晟曲谱在南宋的流传也决非是静态型的，它的流传除以书册的方式保存于史籍外，还曾实际操作于宫廷宴享等诸种场合及达官贵人家；其中随大晟曲谱流传而兴起的“校谱”之风，则可能直接刺激了南宋典雅词派的诞生。

按：校谱之风约始于孝、光间（《宋史·乐志六》）。据袁桷《外祖母张氏墓记》记载，四明史浩父子曾对传世旧谱进行“删正”，又尝命周邦彦曾孙周铸“谱清真词”（《袁桷集校注》卷三三）。与四明史家“删正”宫廷曲谱的同时，临安张家亦在从事校谱工作（《朱子语类》卷九二）[③]。尽管两家校谱时间与宗旨或有异同，然所校之“谱”均可能是大晟曲谱之遗。按：大晟曲谱在南宋流传的至少有四种类型：其一，“徽宗《黄钟徵、角调》二卷”。四明史家与临安张家均有可能接触过该谱，如史浩《太清舞》大曲所用《中腔》[④]及张氏门客姜夔《徵招》、《角招》等，颇与“徵、角二调”有关联。其二，“蔡攸《燕乐》三十四册”。曾于政和八年九月由大晟府镂板颁行，然它所包含的“燕乐旧行一十七调”323只大小曲谱多有“俚野”之音，四明史家所谓“不足听”者，疑指此类曲谱而言，故有“删正”之事（《外祖母

---

① 王十朋《梅溪王先生文集》后集卷一二《行可和诗再用前韵》：“香传乐谱名尤重，红入诗家句莫攀。”于“乐谱”后自注“曲名《荔枝香》”。（《四部丛刊》初编本，第13页A面；又见《王十朋全集》卷二一，第382页）

② 详见《新定九宫大成南北词宫谱》卷七一（第1756册，第50—51页）、卷四三（第1755册，第68页）、卷三七（第1755册，第12页）、卷一八（第1754册，第334—335页）、卷一一（第1754册，第187页）、卷二三（第1754册，第387页）。

③ 详见《宋史·乐志六》（第10册，第3050—3053页），《袁桷集校注》卷三三（第4册，第1547页），《朱子语类》卷九二（第6册，第2343页）。

④ 史浩：《鄮峰真隐大曲》卷一，《彊村丛书》本，第1册，第521—523页。

张氏墓记》)。其三，大晟府于宣和二年二月进呈“颁行”的“新广八十四调”本之“燕乐书”，由于种种原因未及“镂板”而旋遭国变（详上考述），部分曲谱可能由幸存之大晟乐官携之南渡[①]，张镃所录《行在谱》疑即包含其残本（“《行在谱》”得名原委详后）。朱熹绍熙五年闰十月在张镃家[②]所见《行在谱》中有徽宗徵调，并云“至今用之”、“今太学上丁用者是此乐”[③]，可为一旁证。又，姜夔于绍熙五年作《角招》，于嘉泰元年作《徵招》，曾将大晟徵调曲“吹而听之”，所据或为此本。按：《行在谱》邱先生疑即《乐府混成集》[④]，此书后由修内司“刊本”流行，“原一百二十七册”（《内阁藏书目录》卷五），“古今歌词之谱，靡不备具”（《齐东野语》卷一〇），可谓是南宋燕乐曲谱的渊薮。四明史家“删正”“法曲散序”及临安张家校谱、订谱，均可能据《行在谱》而行，《乐府混成集》刊本未知与史家、张家校订之事有关否？其四，经“大晟乐府证定”的“阁谱”（或称“宣和谱”），乃“通南北所传”的琴谱，广陵张岩居霅（湖州）时，尝谓“‘阁谱’非雅声”，后任参知政事时又以韩忠献家古谱勘正，定为十五卷（《琴述赠黄依然》）[⑤]。按：姜夔亦广陵张岩之客，所谓“‘阁谱’非雅声”云云，或是与姜夔等琴客商榷之语，后任参知政事勘正“阁谱”时，疑姜夔亦曾参与，其时恰在四明史家、临安张家“校谱”工作的前后。

南宋中期以后的“校谱”工作从本质上说决非仅仅停留于保存一代之文献，更多的是在批判的外衣下从事对大晟旧谱的改造。袁桷《琴述赠黄依然》云：

> 自渡江来，谱之可考者，曰“阁谱”，曰“江西谱”。“阁谱”由宋太宗时渐废，至皇祐间复入秘阁。……方“阁谱”行时，别谱存于世良多。至大晟乐府证定，益以“阁谱”为贵，别谱复不得入，其学寖绝。绍兴时，非入“阁本”者不得待诏。……曰“江西”者，由“阁”而加详焉……方杨氏（缵）谱行时，二谱渐废不用。或谓其声与国亡相先后，又谓杨氏无所祖，尤不当习。噫！杨司农（缵）匿前人以自彰，故所得

① 毛幵：《樵隐笔录》，吴则虞点校：《清真集》，第124页。

② 束景南：《朱熹年谱长编》，第1179页。

③ 黎靖德编：《朱子语类》卷九二，第6册，第2345页。

④ 邱琼荪：《白石道人歌曲通考·绪言》，第11页。

⑤ 详见《内阁藏书目录》卷五《乐律部》（《明代书目题跋丛刊》本，第531页），《齐东野语》卷一〇（第187页），《袁桷集校注》卷四四《琴述赠黄依然》（第5册，第1952—1953页）。

谱皆不著本始，其为今世所议无可言。余尝习司农谱，又数与徐天民还往，知其声非司农所能意创。间以问天民，时天民夸诩，犹司农也。谩对焉，终不以悉。余益深疑之，而莫以据。后悉得广陵张氏谱，而加校焉，则蔡氏五弄，司农号为精加细绎，皆张氏所载，独杨氏隐抵不述耳。……按广陵张氏名岩，字肖翁，嘉泰间为参政。居謇时，尝谓"阁谱"非雅声。于韩忠献家得古谱，复从互市密购，与韩相合，定为十五卷。将锓于梓，以预韩氏边议罢去。其客永嘉郭楚望（沔）独得之，复别为调曲，然大抵皆依蔡氏声为之者。楚望死，复以授刘志芳，志芳之传愈尊，而失其祖愈远。天民尝言杨司农与（毛）敏仲少年时，亦习"江西"。一日，敏仲由山中来，始弄楚望商调，司农惊且喜，复以金帛令天民受学志方。故今紫霞（杨缵）独言刘、郭，而不言广陵张氏传授，皆杨氏与其客自私之蔽。①

这段文字虽是记载琴谱之事，但颇昭示了大晟旧谱在南宋流传的大致情况及其在流传过程中逐渐湮废的内在原因。盖南宋人出于对徽宗一朝的痛恨，故对大晟旧谱多隐晦其传，"所得谱"皆不明言其来源，而所做校谱之事，或"匿前人以自彰"，或因"其声与国亡相先后"而"隐抵不述"，或"复别为调曲"，"失其祖愈远"，因此使大晟曲谱在南宋的流传隐而不彰，终至"渐废不用"，为别谱所掩盖②。四明史家、临安张家的校谱工作亦与此相似。按：四明史家所校乃经"大晟乐府证定"的"法曲散序"，却托言"悉祖《乐髓景祐谱》"③，而校谱的结果除"删正""法曲散序"外便是"谱《清真词》"的问世，这即是"隐抵不述"又"复别为调曲"的一例。与此相似，临安张家的校谱工作也往往"不著本始"，如张镃"在行在录得《谱子》"，并不明

① 袁桷著，杨亮校注：《袁桷集校注》卷四四《琴述赠黄依然》，第5册，第1952—1953页。按：金启华、萧鹏《周密及其词研究》据上述文字编"阁谱（大晟旧谱）"南宋流传图（第73—75页）。另，章华英《宋代古琴音乐研究》亦对"阁谱"南北宋流传考述甚详，所列流传图示则与金、萧二先生不同（第318—326页）。

② 大晟曲谱在南宋的流传约可分为三个时期：绍兴间颇尊"旧谱"，未尝加以校订，然此时民间或对"旧谱"有所增删；淳熙十四年至庆元三年，"士多叹乐典之久坠，类欲搜讲古制，以补遗轶"（《宋史·乐志六》，第10册，第3050页；《文献通考·乐考三》，第1161页），以后经多家"删正"，大晟曲谱已非原谱之旧；至开庆、景定间，诸家又"复考正古曲百余，而异时官谱诸曲，多黜削无余"（《齐东野语》卷一八，第339页），大晟曲谱遂为别谱所掩盖，无复以原貌流传。而保留于史籍的大晟曲谱，至此亦只能作为一代文献之余，一般词家已少有问津了。

③ 袁桷著，杨亮校注：《袁桷集校注》卷三三《外祖母张氏墓记》，第4册，第1547页。

言其渊源所自，倒是张氏门客姜夔在制《徵招》、《角招》二曲时，才隐约表明为“大晟府旧腔”；又，张镃之孙张枢有“《寄闲集》，旁缀音谱，刊行于世”①，其中多有“大晟遗音”②。可见四明史家与临安张家的校谱工作都有在旧谱基础上进行再造的共同特征。这种校谱之风可能直接刺激了南宋典雅词派的诞生。

史载史浩父子在整理旧乐的同时又尝命周邦彦曾孙周铸“谱清真词”。周铸为史浩门人，绍熙五年前后为史浩编定《鄮峰真隐漫录》；《鄮峰真隐大曲》见于该书第四五、四六卷③。史浩集取名《鄮峰真隐漫录》，有效法周邦彦之意。周铸既“于太傅（史弥坚）为中外表”（《外祖母张氏墓记》），又与史弥远为“亲密友”（《宋史・史弥远传》），实与四明史家有骨肉之亲。故在史家整理旧乐时，“谱清真词”的责任自然就落在周铸身上。由四明史家牵头而由周邦彦曾孙周铸编撰的清真谱，对南宋词风的转变起不容忽视的作用。按：南宋词坛在高、孝两朝本宗东坡词，至宁、理后转以清真词为正宗，风气渐变之机即在孝、光间；而随着史弥远的入相，清真词更是受到前所未有的推崇。这除了与周家有姻亲关系的四明史家大力提倡外，作为史弥远“亲密友”并“寄以腹心”的周铸及其“谱清真词”，亦对词坛崇“周”起到直接的刺激作用，这为南宋典雅词派的诞生创造了外部条件。除四明史家外，临安张家在孝、光之际（1183—1194）及宁宗初年（1195—1204）亦曾对《行在谱》作过校订，其门客姜夔即据旧谱创制《徵招》、《角招》二曲，这一点已见上论。理、度间（1225—1274），词坛校谱之风再起，临安张家承祖辈余绪，数代人乐此而忘返；张镃之孙张枢、曾孙张炎，均有乃祖余风。据张炎自述，“昔在先人（张枢）侍侧，闻杨守斋（缵）、毛敏仲（逊）、徐南溪（理）诸公商榷音律，尝知绪余”（《词源》卷下），又据张枢《木兰花慢》“记剪烛调弦，翻香校谱”，可知“商榷音律”即含校谱之意。按理、度间校谱之事与词学关系尤为密切。由张枢、杨缵发起，毛敏仲（逊）、徐南溪（理）、周草窗（密）、施梅川（岳）、徐雪江（宇）、奚秋崖（淢）、李商隐（彭老）等江湖雅人参与的“吟社”，即为一“商榷音律”、研讨词艺的社团。按：吟社始于张枢“绘幅楼”之“吟台”，学界一般以吟社之成立为南宋典雅词派诞生的标志。南宋典雅词派严于持律，词宗周（邦彦）、姜（夔），前贤或专从“守四声”

① 张炎：《词源》卷下，《词话丛编》本，第1册，第256页。

② 如《惜花春起早》诸曲，即为典型的大晟曲谱之遗，详见王小盾、刘玉珺《从〈高丽史・乐志〉“唐乐”看宋代音乐》（《中国音乐学》2005年第1期，第52页）。

③ 史浩：《鄮峰真隐漫录》卷四五、卷四六《大曲》，第1141册，第870—885页。

立论，名之曰“守四声词派”。《柯亭词论》云：“南渡后，大晟乐谱散失，不独柳谱全亡，周谱亦所存无几。……惟其审音用字之法既不传，如是群视周词四声如金科玉律……此南宋守四声词派所由成立也。”其实，南宋典雅词派不仅仅是“守四声词派”，因为它更注重“协音”。如“词以协音为先。音者何？谱是也”（《词源》卷下），“音律欲其协，不协则成长短之诗”（《乐府指迷》）[①]。“协音”之“音”即为“音律”，非如前贤所云“四声”也；而“谱”云云，亦当指“音谱”而言。需要说明的是，南宋典雅词派反复提到的“谱”，当包括其延续数代所校“旧谱”及所订“新谱”在内。南宋典雅词派以贵胄张枢和外戚杨缵为中心，广泛校订旧谱并创制新谱，如以“大晟乐府证定”的“阁谱”及由“阁谱”加详的“江西谱”、“浙谱”等参订互校并翻制“紫霞前谱”、“司农谱”等[②]。这些新谱尽管均为琴谱，但部分可能转化成为词谱。据周密《倚风娇近》自注“填《霞翁谱》赋大花”，杨缵似曾有词谱《霞翁谱》一书；又，据周密《忆旧游·次韵贫房有怀东园》“恨绝冰弦，尘消翠谱”、王沂孙《踏莎行》“紫霞凄调，断歌重恨知音少”等来看，《霞翁谱》作为词谱仍有琴调痕迹，虽不与“紫霞前谱”、“司农谱”为同一类型曲谱，但两者颇有渊源关系，其中有一部分可能已转化成为词调，今可考的尚有《倚风娇近》等曲。

南宋典雅词派提倡“填词按谱”（《词源》卷下），所“按”之“谱”则有“古曲谱”、“清真谱”及“诸家目前好腔”三类（《乐府指迷》）。所谓“古曲谱”，亦非泛指，疑指经“大晟乐府证定”的前代曲谱而言，这一点已见前文考述。南宋典雅词派依“古曲谱”填词者，如张枢《惜花春起早》一曲，乃政和四年大晟府赐高丽曲谱之一，《寄闲集》中疑有此阕在内。又“诸家目前好腔”当包括姜夔等人所撰之腔谱，如《徵招》、《角招》等，宋季颇多填制；另杨缵所制《倚风娇近》等，宋季亦有填词之作。南宋典雅词派在类列的诸多“谱”中，尤以清真谱为圭臬。《乐府指迷》云：“凡作词当以清真为主，盖清真最为知音”，且强调“必以清真及诸家目前好腔为先可也”。按：清真词南宋始盛撰“谱”之风，今据现存文献记载之最早可考者为孝、光间周铸所编之清真谱。此谱宁、理间随史弥远入相或已流行，然史籍失载。

① 详见《宋史·史弥远传》（第35册，第12415页），《词源》卷下（《词话丛编》本，第1册，第255页），《柯亭词论》（《词话丛编》本，第5册，第4900页），《词源》卷下（《词话丛编》本，第1册，第255页），《乐府指迷》（《词话丛编》本，第1册，第277页）。

② 详见《袁桷集校注》卷四四《琴述赠黄依然》（第5册，第1951—1953页）、卷四四《示罗道士》（第5册，第1957页）、卷四九《题徐天民草书》（第6册，第2161页）。

景定间，南宋典雅词派尝对清真谱作过校订，然所校是否为史家命周铸所编之“谱”，则颇难确考。如“《塞翁吟》之衰飒”，“《隔浦莲》之寄煞”（《词源》卷下），“翁（杨缵）为翻谱数字，短箫按之”（周密《采绿吟》词序）的《塞垣春》，“付与吟翁（杨缵），缓评细品”（周密《瑞鹤仙》）及张枢反复按验以就歌谱的《瑞鹤仙》（《词源》卷下）等，均为清真谱而发；因清真词“于音谱且间有未谐”（《词源》卷下）[①]，故杨缵成《圈法周美成词》一书以订其讹。据郑文焯《词源斠律》考证，《圈法周美成词》“盖取其（清真）词中字句，融入声谱，一一点定，如白石歌曲之旁谱，特于其拍顿加以墨圈，故云圈法耳”。[②] 按：南宋典雅词派订《作词五要》，可能是在校订清真谱基础上进行的。吴先生说：“（杨缵《作词五要》）或许正是《圈法周美成词》一书的纲要，至少两者是相通的。”[③]《圈法周美成词》久佚，其体例不可详知。若果真依《作词五要》订“谱”，当附会“月律”而编排。杨缵《作词五要》云：“第二要择律。律不应月，则不美。如十一月调须用正宫，元宵词必用仙吕宫为宜也。”（《词源》卷下）按“依月用律”原为雅乐古法，大晟府附会而入燕乐。如《宋史·乐志四》载政和四年大晟府“依月律改定”“宴乐诸宫调”，《会要·乐》四之一、二载政和八年大晟府“依月律次序”校定燕乐一十七调，均可据为证。南宋典雅词派以清真词为准，又颇有将其缘饰为大晟乐法的倾向。如“迄于崇宁，立大晟府，命周美成诸人讨论古音，审定古调……按月律为之，其曲遂繁”（《词源》卷下）[④] 云云，便将大晟府历次“依月律次序”校定燕乐一十七调事归美周邦彦一人，俨然视周邦彦为大晟府“依月用律”的始作俑者。按：政和四年至政和八年大晟府“依月律”整理旧有曲谱时，周邦彦多在外任，实宣力不多，这一点前贤多有确考。南宋典雅词派因周邦彦一度提举过大晟府而将其视为“依月用律”的典范，显然是“张皇幽邈，以此自炫”。夏先生批评道：“‘依月用律’之说，本出大晟诸人附会

---

① 详见《词源》卷下（《词话丛编》本，第1册，第268页），《乐府指迷》（《词话丛编》本，第1册，第283页），《乐府指迷》（《词话丛编》本，第1册，第277页，第283页），《词源》卷下（《词话丛编》本，第1册，第267页），《蘋洲渔笛谱》卷一（《彊村丛书》本，第3册，第1165页）及卷二（《彊村丛书》本，第3册，第1171页），《词源》卷下（《词话丛编》本，第1册，第256页），《词源》卷下（《词话丛编》本，第1册，第255页）。

② 吴熊和：《宋季三家词法》，《吴熊和词学论集》，第99页。

③ 吴熊和：《唐宋词通论》，第307页。

④ 详见《词源》卷下（《词话丛编》本，第1册，第268页），《宋史·乐志四》（第9册，第3019页），《宋会要·乐》四之一、二（第1册，第322页），《词源》卷下（《词话丛编》本，第1册，第255页）。

古乐；词家伫兴之作，但求腔调谐美，何必守此功令。张炎、杨缵论词之书，张皇幽邈，以此自炫，由今观之，亦缘饰之辞，不足信也。”① 所见极是。按“依月用律”在南宋典雅词派兴起前似乎还没有作为一种“择律”标准被提升至词法的高度，至南宋典雅词派“商榷音律”的结果，便以“依月用律”书之于《作词五要》，俨然已成为雅词创作实践必须遵守的一条法则。虽然“依月用律”是否真正付诸创作实践，因《寄闲集》、《霞翁谱》等不传而难以深考，但南宋典雅词派把“依月用律”作为“协音”的一大“心法”，并将《作词五要》及《圈法周美成词》作为“雅词”创作的标准，虽用心良苦，亦无济于入元后雅词走向衰落的命运。可以说，南宋校谱之风起而大晟曲谱日渐湮亡，南宋典雅词派出而词的命运日趋式微；虽时势使然，未足深责，然习词途径日窄，习词“心法”日乖，南宋典雅词派诸人在促进词派建设的同时把词引入了一条逼仄难行的羊肠小道，词不云亡亦庶几不远。就这一点来说，南宋典雅词派是难辞其咎的。

第四节　流传于南宋的大晟曲谱辑考

长期以来，因受“失传说”影响，对大晟曲谱的研究基本处于空白状态。据笔者披览所及，大晟曲谱还有部分散存于多种文献资料。靖康之变虽然使大晟府“礼文”器物遭到毁灭性破坏，但曲谱本身因曾多次刊行天下，故南渡后仍有部分保存。自晚清以来，沈曾植、郑文焯、王国维诸先生，对大晟曲谱的性质、范围、音高、节拍及协韵等多有推断。目前，学界应突破“失传说”的观念束缚，加大对存世大晟曲谱及相关文献资料的搜讨力度，以恢复大晟曲谱的历史真相。以下谨从所辑录的大晟雅乐曲谱，考察其曲谱撰写的基本规律及大晟乐法的构成。

一、流传于南宋的大晟雅乐曲谱辑考

据史料记载，大晟曲谱已编撰成书的至少有十种类型的曲谱集。如：(1)“新徵、角二调曲谱”。始于大观二年，成于政和三年②。今可考有徵调曲《黄河清》、《寿星明》、《舜韶新》等九曲。(2) 大晟府燕乐曲谱。颁制并刊行于政和三年八月，包括“徵、角二调”及“自从旧”的“宫、商、羽调

① 夏承焘：《词律三义》，《夏承焘集》，第2册，第10页。

② 详见《宋史·乐志四》（第9册，第3002页，第3018页），《宋会要·乐》五之二〇（第1册，第342页），《玉海》卷一〇五（第945册，第778页）。

曲谱”（《宋史·乐志四》），具体数目无考。（3）《曲谱》十册，《指诀图》十册。乃政和四年所赐，六月甲辰朔高丽使臣安稷崇自宋带回（《高丽史·乐志一》）。（4）赐高丽之《雅乐谱》。政和六年六月前赐高丽（《高丽史·乐志一》）。（5）赐高丽之《乐府谱辞》。政和七年二月赐高丽（《宋史·乐志四》，《玉海》卷一〇五）。（6）《唐徵、角二声曲谱》。政和末蔡攸与教坊用事乐工附会而成，不克行而止（《宋史·乐志四》，《通考·乐考三》）。按：此即“徽宗《黄钟徵、角调》二卷”，共45只曲谱（考详上）。（7）蔡攸《燕乐》三十四册（《宋史·艺文志一》）。据《会要·乐》四之一、二，乃燕乐旧行一十七调依月律次序编排，共323只曲谱，于政和八年九月由大晟府镂板颁行。（8）“新广八十四调”本燕乐曲谱（《会要·乐》四之二，《玉海》卷一〇五）[①]。大晟府于宣和二年二月六日进呈“颁行”，乃依月律撰燕乐词八十四调。此书已“颁行”而未见有镂板的记载，或未及“镂板”。（9）“阁谱”（或称“宣和谱”）。此套曲谱经“大晟乐府证定”，为“通南北所传”的琴谱[②]。曲谱数目不详。（10）大晟雅乐曲谱。史籍只载其乐章而删其曲谱，今有残谱“春秋释奠曲谱”和“《风雅十二诗谱》”可考（详下）。这些曲谱经历靖康之变后，有些已经散失不存。如“新广八十四调”本燕乐曲谱，因未及“镂板”而散失，部分曲谱由大晟府乐官携之南渡。有些曲谱远赐高丽，南宋未见有回传中土的记载。不过，多数曲谱仍然保存。如“徽宗《黄钟徵、角调》二卷”、“蔡攸《燕乐》三十四册”，共有曲谱368只，一直保存到了宋季至元末（详上）；“阁谱”、“宣和谱”，前者存于南宋宫廷，后者南宋中后期由金回传；大晟雅乐曲谱，南宋宫廷及各州、军仍有保存。今谨以“春秋释奠曲谱”和“《风雅十二诗谱》”两种残谱为例，略考大晟雅乐曲谱在南宋的流传情况。

---

① 详见《宋史·乐志四》（第9册，第3018页），《高丽史·乐志一》（第6册，第2206—2208页），《高丽史·乐志一》（第6册，第2190—2198页），《宋史·乐志四》（第9册，第3019页），《玉海》卷一〇五（第945册，第778页），《宋史·乐志四》（第9册，第3026页），《文献通考·乐考三》（第1159页），《宋史·艺文志一》（第15册，第5054页），《宋会要·乐》四之一、二（第1册，第322页），《宋会要·乐》四之二（第1册，第322页），《玉海》卷一〇五（第945册，第778页）。

② 按：“阁谱”原为太宗时所编，后渐湮废；仁宗皇祐间，复增订入秘阁，号“阁谱”；徽宗时，又经“大晟乐府证定”，演变为“宣和谱”。靖康之变后，“宣和谱”分南北两支流传，南为“阁谱”（又称“御前祗应谱”），北为“宣和谱”（又称“完颜谱”），详见《袁桷集校注》卷四四《琴述赠黄依然》（第5册，第1952—1953页）、卷四四《示罗道士》（第5册，第1957页）及卷四九《题徐天民草书》（第6册，第2161页）。另，金启华、萧鹏《周密及其词研究》认为“阁谱”即“大晟旧谱”，并对其在南宋的流传及演变列有图表（第73—75页）。详见《大晟府乐书考》。

（一）《风雅十二诗谱》考略

"《风雅十二诗谱》"，见于《仪礼经传通解》卷一四《学礼七·诗乐》①。据杨荫浏考证，"《风雅十二诗谱》"用"大晟律"，为大晟旧谱②。

按：宋代"乡饮酒"用诗乐，乃淳化以来的传统。《宋史·乐志十四》有"淳化乡饮酒三十三章"，《通考·乐考十六》作《乡饮酒三十四章》，小注："淳化三年两制分撰。"《玉海》卷一〇六："淳化三年正月七日，诏有司讲求乡饮酒故事，将议举行。命学士承旨苏易简等，依古乐章作《鹿鸣》、《南陔》、《嘉鱼》、《崇丘》、《关雎》、《鹊巢》之诗。后不果行。"自注："所撰乐章凡三十四章，《鹿鸣》六，《南陔》二，《嘉鱼》八，《崇丘》二，《关雎》十，《鹊巢》六。"③ 今按：《宋史·乐志十四》有"淳化乡饮酒三十三章"，如：

> 《鹿鸣》六章，章八句　《南陔》二章，章八句　《嘉鱼》八章，章四句　《崇邱》二章，章八句　《关雎》十章，章四句　《鹊巢》六章，章四句④

实为"三十四章"，与《玉海》所载同，乃苏易简等依古乐章所作。这次"乡饮酒"似没有进行，只是留下一些仿古式乐章而已。

景祐三年后，胡瑗创"湖学"，取《二南》、《小雅》数十篇，寓之埙、籥以教学（《宋史·乐志十七》）。按：胡瑗"择取《二南》、《小雅》数十篇"，其名目不可详考。《中山诗话》："胡先生（瑗）许太学诸生鼓琴吹箫，及以方响代编磬。所奏惟《采薇》、《鹿鸣》数章而已，故稍曼延，傍迩郑、卫声。或问之，曰：'无他，直缠声《鹿鸣》、《采薇》尔。'""《采薇》、《鹿鸣》"云云，殆为后世"《风雅十二诗谱》"之先声。其后创"诗乐"者，不乏其人。《宋史·乐志十七》："自尔声诗之学，为儒者稍知所尚。张载尝慨然思欲讲明，作之朝廷，被诸郊庙矣。"《朱子语类》卷九二："本朝乐章，《会要》、《国史》中只有数人做得好。……横渠只学古乐府做辞，拗强不似，亦

---

① 朱熹：《仪礼经传通解》卷一四《学礼七·诗乐》，第131册，第250—254页。

② 杨荫浏：《中国古代音乐史稿》，第383—385页。

③ 详见《宋史·乐志十四》（第10册，第3295—3297页），《文献通考·乐考十六》（第1261页），《玉海》卷一〇六（第945册，第799页）。

④ 脱脱等：《宋史》卷一三九《乐志十四》，第10册，第3295—3297页。

多错字。"[①] 张载创"诗乐"之事，俟考。

徽宗制大晟乐，亦播之诗乐。政和二年九月，颁《鹿鸣宴乐章》五曲、《唐乡饮乐章》十七、《大射乐章》四。《玉海》卷一〇六："政和二年九月二十五日，颁《鹿鸣宴乐章》五曲。（《乐育人材》、《贤贤好德》、《烝我髦士》、《利用宾王》。）《唐乡饮乐章》十七、《大射乐章》四。"《通考·乐考十六》作"政和二年《鹿鸣燕》"。其时亦颁"《唐乡饮乐章》十七"，时称"古乐"。《政和五礼新仪》卷首："本局札子：'臣等谨按先儒议乡饮酒礼有四……其余降登之节，与举酒、作乐、器用之类，并参照辟雍宴贡士仪，庶几可行于今，而不失稽古之意。兼契勘以鹿鸣燕，亦恐未当。伏望断自圣学，以幸天下。取进止。'贴黄：'如允所请，乞应州郡鹿鸣宴，并改作乡饮酒礼。仍乞先次施行。'政和三年正月一日，谨奉御笔：'稽古者不必循其迹，州郡鹿鸣宴，乃古乡饮之意，可止改鹿鸣之名。有古乐处，令用古乐。'"《长编纪事本末》卷一三三略同[②]。按政和间颁行的所谓"《唐乡饮乐章》十七"，或许即是"《风雅十二诗谱》"。

有关"《风雅十二诗谱》"为"唐开元乡饮酒礼"的说法，朱熹曾表示怀疑，云：

> 至唐开元乡饮酒礼，其所奏乐，乃有此十二篇之目，而其声今亦莫得闻矣。此谱，乃赵彦肃所传，云"即开元遗声"也。古声亡灭已久，不知当时工师，何所考而为此也？……若但如此谱，直以一声叶一字，则古诗篇篇可歌，无复乐崩之叹矣！夫岂然哉？又其以清声为调，似亦非古法。[③]

杨荫浏云：

> 到了政和七年，宫廷音乐机构中有人特别提出了学习某些古代歌曲的建议；得到宋徽宗的批准。在他提出的古代歌曲中，《诗乐》居于主要的地位。统治者和文人都重视《诗》乐，而且互相影响。这样的经过了一

① 详见《宋史·乐志十七》（第10册，第3339页），《中山诗话》（第295页），《宋史·乐志十七》（第10册，第3339页），《朱子语类》卷九二（第6册，第2346—2347页）。

② 详见《玉海》卷一〇六（第945册，第799页），《文献通考·乐考十六》（第1262页），《政和五礼新仪》卷首（第647册，第34页），《长编纪事本末》卷一三三（第387册，第413页）。

③ 朱熹：《仪礼经传通解》卷一四《学礼七·诗乐》，第131册，第254页。

百六七十年，才有所谓“唐开元《风雅十二诗谱》”，通过了南宋乾道年间的进士赵彦肃的手而广泛流传于文人之间。《诗经》中的《国风》，应该是民歌，但从所谓“唐开元《风雅十二诗谱》”中《国风》类歌曲的音乐看来，却是丝毫找不到一般民歌所常有的生活气息和鲜明节奏。就音乐形象看来，它决不是真正的周代民歌的音乐；它是不折不扣的假古董。……说它是在宋代长期复古思想孕育之下，在宫廷《雅乐》传统影响之下产生出来的作品，倒是有较大的可能性。

（“《风雅十二诗谱》”中《关雎》）依宋代大晟乐律的音高标准译写之后，其音域刚刚在宋代规定的《雅乐》音域，从黄钟起至清夹钟止的十六个半音的范围以内，而且极易歌唱。若不如此译写，而依唐开元乐律标准译写的话，则此曲的音域将成为……其音高部分，比较难唱；同时其可用的低音部分，也得不到充分的应用。就此曲音域之适于宋代乐律标准一点看来，也可以见得此曲之为宋人作品。①

小注云：“（《风雅十二诗谱》中《关雎》）若依唐开元时乐律译写，其黄钟应相当于$^{\#}f^1$，其无射应相当于e^1。但我们认为此曲系宋代产物，依宋代宫廷长期应用的大晟九寸律写，则其黄钟应相当于d^1，其无射应相当于c^1；并由此得出其新音阶的调首为g^1。”②

按：杨荫浏所说《风雅十二诗谱》为“南宋乾道年间的进士赵彦肃”所传，时间略嫌过早。据考，这套曲谱乃朱熹绍熙五年至临安行在所睹。《朱子语类》：

《乐律》中所载《十二诗谱》，乃赵子敬（彦肃）所传，云是“唐开元间乡饮酒所歌”也。

赵子敬（彦肃）送至《小雅》乐歌，以［黄钟清为宫］。此便非古。清者，半声也。唐末丧乱，乐人散亡，礼坏乐崩。③

所谓“赵子敬（彦肃）送至《小雅》乐歌”，乃在绍熙五年闰十月。据束先生考证，朱熹于绍熙五年闰十月十日出席张镃南湖之会④。疑朱熹得见赵

① 杨荫浏：《中国古代音乐史稿》，第383—385页。

② 同上书，第384页。

③ 黎靖德编：《朱子语类》卷九二，第6册，第2347页，第2347页。

④ 束景南：《朱熹年谱长编》，第1179页。

彦肃（子敬）所传《风雅十二诗谱》亦在此时。

又，杨荫浏“在他提出的古代歌曲中，《诗乐》居于主要的地位”云云，乃指政和七年二月大晟府典乐裴宗元所奏之事。《宋史·乐志四》：“（政和）七年二月，典乐裴宗元言：‘乞按习《虞书》赓载之歌，夏《五子之歌》，商之《那》，周之《关雎》、《麟趾》、《驺虞》、《鹊巢》、《鹿鸣》、《文王》、《清庙》之诗。’诏可。”裴宗元所云乐曲名目，与所谓“唐开元《风雅十二诗谱》”中，只有“《关雎》、《鹊巢》、《鹿鸣》”三曲与之吻合。其余上古及夏、商、周之曲，则超出“《风雅十二诗谱》”范围，当非同一系统的曲谱。按：大晟府典乐裴宗元“乞按习”云云诸曲，当是大晟府依古诗新填写曲谱，乃正宗的大晟曲谱。这套曲谱绍熙、庆元间尚存。《朱子语类》卷九二：

> 詹卿家令乐家以俗乐谱吹《风》、《雅》篇章。初闻吹《二南》诗，尚可听。后吹《文王》诗，则其声都不成模样。因言：古者风、雅、颂，名既不同，其声想亦各别。

所谓“吹《文王》诗”，又云“以俗乐谱吹”，当即这套曲谱。“《风雅十二诗谱》”与之当有较大不同。其颁降年代在政和二年九月。《玉海》卷一〇六载政和二年九月颁“《唐乡饮乐章》十七”[①]，疑当包含所谓“唐开元《风雅十二诗谱》”在内。

不过，杨荫浏关于“《风雅十二诗谱》”曾用“大晟律”改定的推测却是正确的。今据相关史料作进一步考证。《朱子语类》：

> 今日到詹元善处，见其教乐。又以管吹习古诗《二南》、《七月》之属。其歌调却只用《太常谱》。然亦只做得今乐，若古乐必不恁地美人听。他在行在录得《谱子》，大凡压入音律，只以首尾二字。章首一字是某调，章尾即以某调终之。如《关雎》，“关”字合作无射调，结尾亦著作无射声应之。《葛覃》，“葛”字合作黄钟调，结尾亦著作黄钟声应之。[②]

① 详见《宋史·乐志四》（第9册，第3019页），《朱子语类》卷九二（第6册，第2347页），《玉海》卷一〇六（第945册，第799页）。

② 黎靖德编：《朱子语类》卷九二，第6册，第2343—2344页。

按："詹卿"、"詹元善"即太常少卿詹体仁，詹体仁绍熙四年十月三日至五年八月前后为太常少卿（详上），其"教乐"则用《行在谱》。今考《行在谱》乃一杂有诗乐谱及俗乐谱的混编（《行在谱》得名原委详后），朱熹所述《关雎》、《葛覃》，正是《风雅十二诗谱》中的曲谱谱字。《风雅十二诗谱》中的《关雎》，首谱字为"关（清黄）"，末谱字为"之（清黄）"；《葛覃》首谱字为"葛（黄）"，末谱字为"母（黄）"。除个别谱字记忆有误外，其他谱字与"起调毕曲"情况皆合。其所述"以俗乐谱吹《风》、《雅》篇章"、"只做得今乐"云云，正指"雅律通俗谱"而言。按《行在谱》正是大晟曲谱残存于南宋的曲谱汇编。《宋史·乐志一》："南渡之后，大抵皆用先朝之旧，未尝有所改作。"所谓"先朝之旧"，实指大晟乐而言。庆元三年，姜夔上书论雅乐时说："绍兴大乐，多用大晟所造。"（《宋史·乐志六》）明确指出绍兴大乐用大晟乐的实质。又，朱熹论大晟乐云："其乐只是杜撰，至今用之。"又说："今太学上丁用者是此乐。"（《朱子语类》卷九二）[①] 可见，《行在谱》中的曲谱，多数是因袭"先朝之旧"，"多用大晟所造"，特别是"诗乐"，如朱熹所述"《文王》"等，正是大晟曲谱残存于南宋的遗谱。上引《语类》"詹卿家令乐家以俗乐谱……吹《文王》诗"，及赵彦肃（子敬）所传《风雅十二诗谱》中的"《关雎》、《鹊巢》、《鹿鸣》"等，即为其中的一部分。

赵彦肃（子敬）所传《风雅十二诗谱》，乃经大晟府"改定"之前代"诗谱"，故"听之与俗乐无异"。《朱子语类》卷九二："今《关雎》、《鹿鸣》等诗，亦有人播之歌曲。然听之与俗乐无异，不知古乐如何？……但恐古者用浊声处多，今乐用清声处多。季通谓今俗乐，黄钟及夹钟清，如此则争四律，不见得如何？"《风雅十二诗谱》所用凡两种宫调，即：

［黄钟清宫］（俗呼［正宫］）　　［无射清商］（俗呼［越调］）

《风雅十二诗谱》谱字多有"清黄"、"清太"（《仪礼经传通解》卷一四），即朱熹云"又其以清声为调，似亦非古法"（同上）[②]。按"四清"乃大

---

① 详见《宋史·乐志一》（第9册，第2939页），《宋史·乐志六》（第10册，第3050页），《朱子语类》卷九二（第6册，第2345页）。

② 详见《朱子语类》卷九二（第6册，第2347页），《仪礼经传通解》卷一四（第131册，第250—254页），《仪礼经传通解》卷一四（第131册，第254页）。

晟曲谱之标志①。《瑟谱》："陈旸《乐书》欲去四清、二变，如七弦琴，亦欲去少宫、少商。然其言竟不能行。蔡氏《律吕新书》有四清、二变之声，不以范、李之言为然。而后言乐者，有所证。故《开元诗谱》亦用四清、二变，盖寓古诗于今乐也。"② 郑文焯所谓"俗乐管色，并用寄四宫清声煞"，乃采用"大晟乐法（魏）汉津指律"③。其说颇为精当。《风雅十二诗谱》所用"清声"，即有大晟乐法痕迹。《宋史·乐志十七》：

> 《小雅》诗谱：《鹿鸣》、《四牡》、《皇皇者华》、《鱼丽》、《南有嘉鱼》、《南山有台》，皆用［黄钟清宫］（俗呼为［正宫调］）。
>
> 《二南》、《国风》诗谱：《关雎》、《葛覃》、《卷耳》、《鹊巢》、《采蘩》、《采蘋》，皆用［无射清商］（俗呼为［越调］）。
>
> 朱熹曰："……唐开元乡饮酒礼，乃有此十二篇之目，而其声亦莫得闻。此谱，相传即开元遗声也。古声亡灭已久，不知当时工师何所考而为此。……如此谱，直以一声协一字，则古诗篇篇可歌。又其以清声为调，似亦非古法。"④

又，《朱子语类》卷九二："赵子敬送至《小雅》乐歌，以［黄钟清为宫］。此便非古。清者，半声也。""《乐律》中所载《十二诗谱》，乃赵子敬所传，云是'唐开元间乡饮酒所歌'也。但却以［黄钟清为宫］，此便不可。"⑤ 朱熹所言"以清声为调，似亦非古法"，否定了《风雅十二诗谱》"开元遗声"说，并指出太常少卿詹体仁"在行在录得《谱子》"以"教乐"，即有《关雎》、《葛覃》（详上）。胡彦升说："赵子敬《诗谱》，《鹿鸣》用［黄钟清宫］，而谱中用蕤宾者三，用应钟者二。是黄钟一均，七声并用也。朱子虽载其谱于《礼书》，而议其以'一声协一字'为非。固已知其非古声矣，而尚未暇论其一均用七声之失也。窃虑后之为乐歌者，谓古乐本用七声，而仿彼

① 详见《宋史·陈旸传》（第37册，第12849页），《宋史·乐志三》（第9册，第2997—2998页）及《东都事略·陈旸传》（第382册，第750页）。按：宋人"四清声"之说"与古雅乐所谓四清声"有异（蔡嵩云《词源疏证》卷上，第35页），但朱熹所录《风雅十二诗谱》兼有"清宫"、"清商"及"清黄"、"清太"，乃合古乐、宋乐两种成分在内，此《风雅十二诗谱》非唐乐而为大晟府新乐之又一证也。考详后。

② 熊朋来：《瑟谱》卷一，第377册，第272—273页。

③ 蔡嵩云：《词源疏证》卷上引郑文焯《词源斠律》，第34页。

④ 脱脱等：《宋史》卷一四二《乐志十七》，第10册，第3340—3341页。

⑤ 黎靖德编：《朱子语类》卷九二，第6册，第2347页。

为谱。故特为辩正之。”① 其说谓《风雅十二诗谱》“用七声之失”，盖亦为《风雅十二诗谱》非“古乐”。按大晟乐“用京房二变、四清”，见于宋人史料②，《风雅十二诗谱》即依照大晟乐“用京房二变、四清”。《瑟谱》：“故《开元诗谱》亦用四清、二变，盖寓古诗于今乐也。”③ 已确切指明其为大晟乐的实质。胡彦升《乐律表微》谓《风雅十二诗谱》“用七声之失”（详上），亦与之暗合。故可知《风雅十二诗谱》非“开元遗声”，而为地道的大晟曲谱，益可考定。

（附记：赵彦肃（子敬）《风雅十二诗谱》，见于《仪礼经传通解》卷一四《学礼七·诗乐》④。宋季及元、明、清三代各家转录之谱字互有异同，本书原附斠考，今略。）

（二）《大晟府春秋释奠曲谱》辑考

《宋史·乐志十二》载有“大观三年释奠六首”及“大晟府拟撰释奠十四首”，共20首乐章。《朱子语类》卷九二：“（魏汉津造雅乐一部）今太学上丁用者是此乐。”按：“上丁”释奠文宣王。《宋史·礼志一》：“春秋二仲上丁，释奠文宣王。”《绍熙州县释奠仪图》：“按《礼》文：‘上丁，释奠至圣文宣王。’上旬丁日也。”又，“上丁”释奠于太学。《群书考索·后集》卷三一：“上丁，释奠于国学。”“上丁，释奠于国子。”《岁华纪丽》卷一：“（二月）上丁。（二月上丁，舍奠于国学。）”“（八月）上丁之日。（释奠于国学。）”“上丁”乃为“上旬丁日”，春秋上丁释奠“设登歌之乐”。《黄氏日抄》卷一六：“上丁，上旬丁日也。”《乐书》卷一九五：“圣朝春秋上丁释奠于东序，上戊释奠于西序。并设登歌之乐，不用轩架，而用判架。”⑤

大晟乐成，春秋上丁释奠则用大晟乐。《政和五礼新仪》卷一二一：“太常寺预于隔季，以仲春上丁（仲秋上丁）释奠至圣文宣王。……大晟设登歌之乐于殿上前楹间，稍南，北向。”按：春秋上丁释奠用大晟乐，当始于大观

① 胡彦升：《乐律表微》卷三《审音上·论二变》，第220册，第420—421页。

② 详见《宋史·陈旸传》（第37册，第12849页），《宋史·乐志三》（第9册，第2997—2998页）及《东都事略·陈旸传》（第382册，第750页）。

③ 熊朋来：《瑟谱》卷一，第377册，第273页。

④ 朱熹：《仪礼经传通解》卷一四《学礼七·诗乐》，第131册，第250—254页。

⑤ 详见《宋史·乐志十二》（第10册，第3235—3238页），《朱子语类》卷九二（第6册，第2345页），《绍熙州县释奠仪图》“文公潭州牒州学备准指挥”条（第222册，第424页），《宋史·礼志一》（第8册，第2425页），《群书考索·后集》卷三一（第937册，第419页），《岁华纪丽》卷一（第40册，第55页），《岁华纪丽》卷一（第40册，第122页），《黄氏日抄》卷一六《读礼记·月令第六》（第707册，第467页），《乐书》卷一九五（第211册，第902页）。

三年初。《宋史·礼志八》："大观三年，礼部、太常寺请以文宣王为先师，兖、邹、荆三国公配享十哲从祀。……诏皆从之。"《宋史·乐志四》："（大观）三年五月，诏：'今学校所用，不过春秋释奠。'"知在本年已用大晟乐于"仲春上丁"释奠。《幸鲁盛典》卷三："徽宗大观三年，更撰释奠乐章。"《宋史·乐志十二》载《大观三年释奠六首》即为"改撰"之大晟乐章。政和五年《大晟府拟撰释奠十四首》，则"迎神，《凝安》"有"黄钟为宫、大吕为角、太簇为徵、应钟为羽"乐章四首，已非"三成"（《宋史·乐志十二》），正所谓"自政和以来增损不同"（《瑟谱》卷五）。此次"释奠文宣王仪"改制，宋代正史失载。《宋史·乐志五》："（绍兴十六年）定释奠为大祀，用《凝安》九成之乐。郡邑行事，则乐止三成。"所载绍兴十六年释奠《凝安》方用"九成之乐"，其实在政和五年《大晟府拟撰释奠十四首》，《凝安》即已用"九成之乐"。《宋史·礼志八》"文宣王庙祠"："（政和三年）《新仪》成，以孟春元日释菜，仲春、仲秋上丁日释奠。……（五年）大晟乐成，诏下国子学选诸生肄习。上丁释奠，奏于堂上，以祀先圣。"《山东通志》卷一一之三："（政和）五年，大晟府拟撰释奠十四章，诏下国学，选诸生肄习。上丁释奠，奏于堂上，以祀先圣。"据此，《大晟府拟撰释奠十四首》当作于政和五年。今存《宋史·乐志十二》载《大观三年释奠六首》，其"迎神，《凝安》"，乐用"三成"，而所载政和五年《大晟府拟撰释奠十四首》，"迎神，《凝安》"则乐用"九成"①。

按：南宋"州县释奠文宣王"仍用大晟乐，详上引朱若冰《彭州重修大晟乐记》所记孝宗乾道六年州县释奠用大晟乐情况。又，《绍熙州县释奠仪图》，乃朱熹淳熙六年至绍熙五年历知州郡改修而成（《四库全书总目·〈绍熙州县释奠仪图〉提要》），基本采用《政和五礼新仪》"释奠文宣王仪"而略有增损（卷一二一）。据《朱子语类》卷九二："今太学上丁用者是此乐。"知南宋"太学春秋上丁释奠曲谱"乃用大晟乐。见于《宋史·乐志十二》"大晟府拟撰释奠十四首"，原旁缀曲谱，史官撰史载其文而删其曲谱。又，据《政和五礼新仪》"释奠文宣王仪"、《绍熙州县释奠仪图》及《宋史·乐志十

① 详见《政和五礼新仪》卷一二一（第647册，第613—614页），《宋史·礼志八》（第8册，第2551—2553页），《宋史·乐志四》（第9册，第3002页），《幸鲁盛典》卷三（第652册，第39页），《宋史·乐志十二》（第10册，第3235—3236页），《宋史·乐志十二》（第10册，第3236—3238页），《瑟谱》卷五（第377册，第353页），《宋史·乐志五》（第10册，第3036页），《宋史·礼志八》（第8册，第2551页），《山东通志》卷一一之三（第539册，第522—523页），《宋史·乐志十二》（第10册，第3235—3238页）。

二》载《大观三年释奠六首》、政和五年《大晟府拟撰释奠十四首》[①]，南宋“太学春秋上丁释奠曲谱”当有乐章曲谱十五曲，包括“迎神，《凝安》（黄钟为宫、大吕为角、太簇为徵、应钟为羽）”四曲，“初献盥洗，《同安》”一曲，“升殿，《同安》”一曲，“奠币，《明安》”一曲，“奉俎，《丰安》”一曲，“文宣王位酌献，《成安》”一曲，“兖国公位酌献，《成安》”一曲，“邹国公位酌献，《成安》”一曲，“亚、终献，用《文安》”一曲，“彻豆，《娱安》”一曲，“送神，《凝安》”一曲，其中“饮福，《绥安》”一曲，未见著录，疑脱[②]。由于流传方面的原因，“太学春秋上丁释奠大晟曲谱”已难睹其原貌。但州县春秋上丁释奠曲谱却有幸见于各家乐书，虽非原貌，亦可略寻其大概。今据《瑟谱》考得“春秋释奠曲谱”六曲如下。

（1）迎神，《凝安之曲》［黄钟为宫］（俗呼［正宫］）

大哉宣圣，道尊德崇。维持王化，斯文是宗。
黄南林姑　太姑南林　应南簇姑　南林黄太
合工尺一　四一工尺　凡工勾一　工尺合四
典祀有常，精纯并隆。神其来格，于昭盛容。
黄南大黄　应南黄姑　太黄南林　南姑太黄
六工五六　凡工合一　五六工尺　工一四合

按：见于《瑟谱》卷五《乐章谱·孔子庙释奠》“迎神，《凝安之曲》”；四库馆臣校云：“案‘道尊德崇’，《宋史·乐志》作‘道德尊崇’”。[③] 又见于《宋史·乐志十二》“大晟府拟撰释奠十四首”之“迎神，《凝安》（［黄钟为宫］）”，原文为：“大哉宣圣，道德尊崇。维持王化，斯民是宗。典祀有常，精纯并隆。神其来格，于昭盛容。”[④] 其中谱字“太五”当作“大五”，又文字“斯文”，《宋史·乐志十二》作“斯民”。

---

① 详见《四库全书总目·〈绍熙州县释奠仪图〉提要》（第702页），《政和五礼新仪》卷一二一（第647册，第613—617页），《朱子语类》卷九二（第6册，第2345页），《宋史·乐志十二》（第10册，第3236—3238页），《政和五礼新仪》卷一二一（第647册，第613—617页），《绍熙州县释奠仪图》（第222册，第429—430页），《宋史·乐志十二》（第10册，第3235—3238页）。

② 《宋史·乐志十二》“景祐祭文宣王庙六首”：“饮福，《绥安》。”此处疑脱“饮福，《绥安》”（第10册，第3235页）。

③ 熊朋来：《瑟谱》卷五《乐章谱·孔子庙释奠》，第377册，第355页。

④ 脱脱等：《宋史》卷一三七《乐志十二》，第10册，第3236页。

（2）［大吕为角］（俗呼［高大石调］）

仰之弥高，式瞻在前。于昭斯文，被于万年。
仲夹大夷　无夷大黄　无林大夹　夹仲夷仲
上一四工　凡工五六　凡尺四一　一上工上
有严学宫，神其来止。思报无穷，敢忘于始。
林夷黄夷　大黄无林　大林仲夷　无夷林仲
尺工合工　五六凡尺　四尺上工　凡工尺上

按：见于《瑟谱》卷五《乐章谱·孔子庙释奠》；四库馆臣校云：“案‘式瞻在前’，《宋史·乐志》作‘钻之弥坚’；案‘有严学宫’，《宋史·乐志》作‘峨峨胶庠’。”[①] 又见于《宋史·乐志十二》“大观三年释奠六首”之“迎神《凝安》”，无宫调。原文为：“仰之弥高，钻之弥坚。于昭斯文，被于万年。峨峨胶庠，神其来止。思款无穷，敢忘于始。”[②] 其中谱字“弥（大四）”、“斯（大四）”、“思（大四）”之“大四”，均当作“太四”；“［高大石调］”应为“［高大石角］”。

（3）［太簇为徵］（俗调无徵声）

道同于天，人伦之至。有飨无穷，其兴万世。
南应太大　夷蕤姑大　南应蕤夷　大姑南大
工凡五五　工勾一四　工凡勾工　四一工四
既洁斯牲，粢明醑旨。不解以忱，神其来暨。
应姑大南　大应南姑　夷应姑大　太太应南
凡一四工　四凡工一　工凡一四　五五凡工

按：见于《瑟谱》卷五《乐章谱·孔子庙释奠》[③]，又见于《宋史·乐志十二》“大晟府拟撰释奠十四首”之“奉俎，《丰安》”，无宫调。原文为：“道同乎天，人伦之至。有飨无穷，其兴万世。既洁斯牲，粢明醑旨。不懈以忱，神之来暨。”[④] 其中谱字“太五”当作“大五”，“大四”当作“太四”。

---

① 熊朋来：《瑟谱》卷五《乐章谱·孔子庙释奠》，第377册，第355—356页。
② 脱脱等：《宋史》卷一三七《乐志十二》，第10册，第3235页。
③ 熊朋来：《瑟谱》卷五《乐章谱·孔子庙释奠》，第377册，第356—357页。
④ 脱脱等：《宋史》卷一三七《乐志十二》，第10册，第3237页。

（4）［应钟为羽］（俗呼［中管黄钟羽］）

生而知之，有教无私。永言其道，万世之师。
夷大夹大　夷蕤夹大　应夷仲夷　无大夹夷
工四一四　工勾一四　凡工上工　凡四一工
良日维丁，灵承不爽。揭此精虔，神其来飨。
仲夹大应　夹大应夷　应大夷蕤　应蕤应夷
上一四凡　一五凡工　凡五工勾　凡勾凡工

按：见于《瑟谱》卷五《乐章谱·孔子庙释奠》。四库馆臣校云："按《宋史·乐志》［应钟为羽］章上四句作'圣王生知，乃辟儒规。诗书文教，万世昭垂'，下四句同其［大吕为角］章，作'生而知之，有教无私。成均之祀，威仪孔时。维兹初丁，洁我盛粢。永适其道，万世之师'，与此谱异。盖朋来参采两章合为一章，以谐律尔。"① 又见于《宋史·乐志十二》"大晟府拟撰释奠十四首"之"迎神，《凝安》（［大吕为角］）"②，其中谱字"大四"当作"太四"。

（5）盥洗、升殿（降殿、饮福），通用《同安之曲》［姑洗宫］（俗呼［中管中吕宫］）

右文兴化，宪古师经。明祀有典，吉日维丁。
姑夷应姑　无夹夷无　姑大应夷　应姑夷应
一工凡一　凡五工凡　一四凡工　凡一工凡
盥洗在阼，雅奏在庭。周旋登降，福祉是膺。
应夷姑蕤　无蕤姑夷　夹大应夷　夷姑太姑
凡工一勾　凡勾一工　五五凡工　工一四一
右迎神、盥洗曲，春秋通用。

按：见于《瑟谱》卷五《乐章谱·孔子庙释奠》；四库馆臣校云："案'经'，《宋史·乐志》作'今'，从《元史·乐志》；案'盥洗在阼'，《宋史》、《元史》乐志俱作'丰牺在阼'。"③ 又见于《宋史·乐志十二》"大晟府

① 熊朋来：《瑟谱》卷五《乐章谱·孔子庙释奠》，第377册，第357—359页。
② 脱脱等：《宋史》卷一二七《乐志十二》，第10册，第3236页。
③ 熊朋来：《瑟谱》卷五《乐章谱·孔子庙释奠》，第377册，第359页。

拟撰释奠十四首”之“初献盥洗，《同安》”，无宫调。原文为：“右文兴化，宪古师今。明祀有典，吉日惟丁。丰牺在俎，雅奏在庭。周旋陟降，福祉是膺。”[①] 其中谱字“大四”当作“太四”。

（6）送神，《宁安之曲》（［黄钟宫］）

肃庄神缨，吉蠲牲犠。於皇明祀，登荐惟时。
黄南应南　姑林蕤姑　南应姑太　黄姑太黄
六工凡工　一尺勾一　工凡一四　合一四合
神之来兮，肸蠁之随。神之去兮，休嘉之贻。
林南太黄　林姑太黄　南蕤姑林　南应南黄
尺工五六　尺一四合　工勾一尺　工凡工六

右送神曲，春秋通用（除月律六曲，及迎神止用［黄钟宫］，每次教习九曲而已）。

按：见于《瑟谱》卷五《乐章谱·孔子庙释奠》；四库馆臣校云：“按《宋史·乐志》作‘肃庄绅绥’，‘神缨’二字误。”[②] 又见于《宋史·乐志十二》“大观三年释奠六首”之“送神，《凝安》”，无宫调。原文为：“肃庄绅绥，吉蠲牲牺。於皇明祀，荐登惟时。神之来兮，肸蠁之随。神之去兮，休嘉之贻。”[③] 其中谱字“太五”当作“大五”。

考熊朋来撰谱，乃据“福州本”、“郴州旧刻”原谱“改定其谱”、“补定其谱”。其原谱最早可溯源至大晟曲谱。所谓“释奠乐章，自政和以来，增损不同”，乃指政和五年《大晟府拟撰释奠十四首》，经南宋辗转流传，有所谓“福州本”、“郴州旧刻”等不同版本。流传至南宋的大晟曲谱，经多次“增损”之后，虽“简约易于教习”，但“其谱不成宫调”[④]。熊朋来“改定”、“补定”之谱，与大晟府原谱已有较大不同。但正如上述考证所述，其谱法甚至多数谱字，仍依大晟曲谱而来。

二、《行在谱》及其乐法考索

《行在谱》为南宋宫廷曲谱总集，为晚清及近现代学者所取曲谱集名称，

① 脱脱等：《宋史》卷一三七《乐志十二》，第10册，第3237页。

② 熊朋来：《瑟谱》卷五《乐章谱·孔子庙释奠》，第377册，第367页。

③ 脱脱等：《宋史》卷一三七《乐志十二》，第10册，第3236页。

④ 熊朋来：《瑟谱》卷五《乐章谱·孔子庙释奠》，第377册，第353页。

得名来源于《朱子语类》，原未有具体名称。按朱熹所谓“在行在录得《谱子》”（一作“在临安录得《谱子》”）①，并未说“谱子”的具体名称，前贤遂取名为《行在谱》②。邱琼荪疑《行在谱》即《乐府混成集》③，杨荫浏云其用“大晟律”，疑当为宫廷旧谱④，夏承焘亦将其与《燕乐新书》、《乐府混成集》并列为宋代词谱⑤。今姑从之。

（一）《行在谱》的内容及性质

“行在”即南宋行都临安，绍兴十六年尽管于行在临安有造乐行动，但均用大晟府制度⑥，此为雅乐。又《梦粱录》载“次列箫、笙、埙、篪、觱篥、龙笛之类”⑦，知燕乐用“埙、篪”，亦为大晟府制度。今考《行在谱》乃为雅乐谱及俗乐谱的混编，有些明显是大晟曲谱之遗，如《风雅十二诗谱》、《大晟府春秋释奠曲谱》等。《行在谱》也有一些俗乐谱，如《倾杯乐》、《三台》、《中腔》、《踏歌》、《侧犯》、《花犯》、《芳草渡》、《金盏倒垂莲》、《蕙兰芳引》、《安平乐》、《会群仙》、《忆吹箫》、《献仙音》、《卖花声》、《吴音子》等，均为徽宗朝“新声”及“依旧曲造新声”的燕乐曲谱。南宋史料亦有记载，《武林旧事》：

> 家庙酌献三盏，诸部合《长生乐》引子。赐筵，初坐，《蕙兰芳》引子。第一盏，觱篥起《玉漏迟慢》，笛起《侧犯》，笛起《真珠髻》，觱篥起《柳穿莺》，合《喜庆》曲破，对舞。第二盏，觱篥起《圣寿永》歌曲子，琵琶起《倾杯乐》。第三盏，琵琶起《忆吹箫》，觱篥起《献仙音》。第四盏，琵琶独弹《寿千春》，笛起《芳草渡》。念致语口号，勾杂剧色，时和等做《尧舜禹汤》，断送《万岁声》。合意思，副末念（“雨露恩浓金穴贵，风光远胜马侯家”）。第五盏，觱篥起《卖花声》，笛起

① 黎靖德编：《朱子语类》卷九二，第6册，第2343—2344页。

② 方成培：《香研居词麈》卷二《论宋〈行在谱〉》，第377册，第163—164页。

③ 邱琼荪：《白石道人歌曲通考·绪言》，第11页。

④ 杨荫浏：《中国古代音乐史稿》，第383—385页。

⑤ 夏承焘：《姜夔词谱学考绩》，《夏承焘集》，第2册，第370页。

⑥ 详见《宋史·乐志一》（第9册，第2939页），《宋史·乐志六》（第10册，第3050页）。

⑦ 吴自牧：《梦粱录》卷三《皇太后圣节》“宰执亲王南班百官入内上寿赐宴”条（第138页）。按：此套大宴仪用于“寿和圣福皇太后圣节”。据《宋史·度宗本纪》：“（咸淳五年九月）丙寅，明堂礼成，加上寿和圣福皇太后尊号册宝。”（第3册，第903页）《宋史·谢道清传》：“咸淳三年，尊为皇太后，号寿和圣福。”（第25册，第8659页）知咸淳三年或五年后燕乐用“埙、篪”，仍为大晟府制度。

《鱼水同欢》。歇坐，第一盏，觱篥起，合小唱《帘外花》。第二盏，琵琶独弹《无疆寿》。第三盏，筝、琶、方响合《双双燕》神曲。第四盏，唱赚。第五盏，鼓板、觱篥合小唱《舞杨花》。再坐，第六盏，笙起《寿南山》，方响起《安平乐》。第七盏，筝弹《会群仙》，笙起《吴音子》。勾杂剧，吴国宝等做《年年好》，断送《四时欢》，合意思，副末念（“香生花富贵，绿嫩草精神”）。第八盏，笛起《花犯》，觱篥起《金盏倒垂莲》。第九盏，诸部合《喜新春慢》曲犯。①

此为咸淳间（1265—1274）所用燕乐曲。其中《侧犯》、《花犯》、《芳草渡》、《金盏倒垂莲》、《蕙兰芳引》为周邦彦创调，《安平乐》为万俟咏应制曲，都是徽宗朝“新声”。其他如《会群仙》、《忆吹箫》、《献仙音》、《卖花声》、《吴音子》等，也是徽宗朝用“大晟律”改定的“依旧曲造新声”燕乐曲谱（详上）。

《行在谱》作为南宋宫廷曲谱总集，还包含着一些大曲及舞曲曲谱。《齐东野语》：

《混成集》，修内司所刊本，巨帙百余。古今歌词之谱，靡不备具。只大曲一类，凡数百解，他可知矣，然有谱无词者居半。《霓裳》一曲，共三十六段。尝闻紫霞翁云，幼日随其祖郡王曲宴禁中，太后令内人歌之，凡用三十人，每番十人，奏音极高妙。翁一日自品象管作数声，真有驻云落木之意，要非人间曲也。②

《内阁藏书目录》卷五：“《乐府混成集》一百五册，不全。……原一百二十七册，今缺二十二册。”《千顷堂书目》卷二：“《乐府混成集》，一百五册。”③ 按《乐府混成集》邱琼荪认为即《行在谱》（详上）。其中“大曲”一类，“凡数百解”。王国维《唐宋大曲考》：“此‘解’字或以‘曲’言，非古乐府所谓‘解’也。”④ 按“解”有二义：一指“章”，即“变”、“遍”、“阕”之义。《乐府诗集》卷二六：“凡诸调歌辞，并以一章为一解。……王僧虔《启》云：‘古曰章，今曰解。’”二指“套”、“只”，如“四十大曲”、“五十

① 周密：《武林旧事》卷八《皇后归谒家庙赐筵乐次（用咸淳全后例）》，第439—440页。

② 周密：《齐东野语》卷一〇“混成集”条，第187页。

③ 详见《内阁藏书目录》卷五（第531页），《千顷堂书目》卷二（第59页）。

④ 王国维：《唐宋大曲考》，《王国维戏曲论文集》，第143页。

大曲”云云，即指大曲四十只（套）、五十只（套）。《梦溪笔谈》卷五：“所谓大遍者，有序、引、歌、䬍、嗺、哨、催、攧、衮、破、行、中腔、踏歌之类，凡数十解。每解有数叠者，裁截用之，则谓之摘遍。今人大曲，皆是裁用，悉非大遍也。”[①]“凡数十解”之“解”，即“章”、“变”、“遍”、“阕”之义；但“每解有数叠者，裁截用之，则谓之摘遍”之“解”，则又有“套”、“只”之义。此处当从前一义。

《行在谱》中的大曲，有些尚有名目可考。如上引“有谱无词”的《霓裳》大曲，即是其中之一。《碧鸡漫志》：

> 宣和初，普州守山东人王平，词学华赡，自言得《夷则商·霓裳羽衣谱》。取陈鸿、白乐天《长恨歌》、《传》，并乐天寄元微之《霓裳羽衣曲歌》，又杂取唐人小诗长句，及明皇、太真事，终以微之《连昌宫词》，补缀成曲，刻板流传。曲十一段，起第四遍、第五遍、第六遍、正攧、入破、虚催、衮、实催、衮、歇拍、杀衮，音律、节奏，与白氏歌注大异。则知唐曲，今世决不复见，亦可恨也。[②]

《霓裳羽衣曲》为唐大曲，至宋其谱已佚，所谓“唐曲今世决不复见”，盖纪实也。宣和间方造为“十一段”之《霓裳》，王灼所见宣和《夷则商·霓裳羽衣谱》则在绍兴间。又，淳熙间此曲又入宫廷大曲。《武林旧事》卷七：“淳熙九年八月十五日……太上召小刘贵妃独吹白玉笙《霓裳中序》。”姜夔《霓裳中序第一》序：“（丙午岁）又于乐工故书中得《商调·霓裳曲》十八阕，皆虚谱无辞。……乐天诗云‘散序六阕’，此特两阕，未知孰是？然音节闲雅，不类今曲。”（《白石道人歌曲》卷四）“丙午岁”即淳熙十三年丙午，既云大曲“《霓裳》十八阕”得自“乐工故书”、“虚谱无辞”，当指《行在谱》所录宣和旧谱。按：《商调·霓裳曲》即《夷则商·霓裳羽衣谱》，“夷则商（俗名商调）”（《词源》卷上）。将“夷则商”列入“宴乐诸宫调”，始于政和四年的宫调改制（详上）。又，宣和《夷则商·霓裳羽衣谱》“十一段”，姜夔所见则为“《商调·霓裳曲》十八阕”，王灼所见或非全本。《霓裳》十八阕疑为“散序、靸、排遍第一、排遍第二、排遍第三、排遍第四、排遍第五、排遍第六、排遍第七、攧、正攧、入破、虚催、（前）衮、实催、（中）衮、歇拍、杀衮”，姜夔《霓裳中序第一》即取“排遍第一”填制而

① 详见《乐府诗集》卷二六（第376页），《梦溪笔谈》卷五（第2编，第3册，第38页）。

② 王灼：《碧鸡漫志》卷三，《词话丛编》本，第1册，第98页。

成，而又以“散序、靸”为“散序两阕”。《混成集》“《霓裳》一曲，共三十六段”（《齐东野语》卷一〇）[①]，王国维云每“遍”两“段”，合“十八遍”[②]。可从。然云“犹是开元遗音”[③]，日人村上哲见认为“不过是推测之说”[④]。杨荫浏译姜夔《霓裳中序第一》曲谱，即依“大晟九寸律”而行[⑤]。

舞谱靖康之变中多有遗失。《朱子语类》：“旧尝见深村父老为余言：其祖父尝为之收得《谱子》。曰兵火失去。舞时皆裹幞头，列坐饮酒，少刻起舞。有四句号云：‘送摇招摇，三方一圆。分成四片，得在摇前。’人多不知，皆以为哑谜。”（卷九二）所述为《唐舞谱》，南宋失传，只有一些诀法于故老口头流传，当时已叹其为“哑谜”。然南宋实尚有多种“舞谱”流行。《癸辛杂识·后集》“舞谱”条：

> 予尝得故都德寿宫舞谱二大帙，其中皆新制曲，多妃嫔诸阁分所进者。所谓谱者，其间有所谓：“左右垂手：双拂、抱肘、合蝉、小转、虚影、横影、称裹；大小转撺：盘转、叉腰、捧心、叉手、打场、搀手、鼓儿；打鸳鸯场：分颈、回头、海眼、收尾、豁头、舒手、布过、鲍老掇、对窠、方胜、齐收、舞头、舞尾、呈手、关卖；掉袖儿：拂、躜、绰、觑、掇、蹬、焌；五花儿：踢、搕、刺、攧、系、搠、捽；雁翅儿：靠、挨、拽、捺、闪、缠、提；龟背儿：踏、儹、木、折、促、当、前；勤步蹄：摆、磨、捧、抛、奔、抬、擫。”是亦前所未闻者，亦可想见承平和乐之盛也。

所述《德寿宫舞谱》乃所谓“新制曲”，其实仍有据旧谱而造者。《德寿宫舞谱》“左右垂手”，即源于“大垂手、小垂手”（《柘枝谱》）。《通志》卷六四：“《歌舞式》一卷，《柘枝谱》一卷，《舞鉴图》三卷，《采莲舞谱》一卷。”其中即有先朝舞谱“四部六卷”流传。“德寿宫舞谱二大帙”，疑非全为“新制”。今《鄮峰真隐大曲》中的《柘枝舞》、《采莲舞》等（卷一），当属

① 详见《武林旧事》卷七（第429—430页），《白石道人歌曲》卷四（《彊村丛书》本，第2册，第770页），《词源》卷上（《词话丛编》本，第1册，第249页），《齐东野语》卷一〇（第187页）。

② 王国维：《唐宋大曲考》，《王国维戏曲论文集》，第150页。

③ 同上。

④ ［日］村上哲见：《霓裳羽衣曲考》，《宋词研究》，第342页。

⑤ 杨荫浏、阴法鲁：《宋姜白石创作歌曲研究》，第35页。

“德寿宫舞谱二大帙”中的部分队舞。如《柘枝舞》：

花心答，念：旧乐何在。
竹竿问，念：一部俨然。
花心答，念：再韵前来。（《鄮峰真隐大曲》卷一）

乐史《柘枝谱》：“花舞者，着绿衣，偃身合成花，即《柘枝舞》，有花心者是也。”① 与《鄮峰真隐大曲》所载《柘枝舞》大致相同，知仍有旧谱痕迹。

按：《柘枝舞》本魏拓拔氏之舞，唐曲有［羽调］《柘枝曲》、［商调］《掘柘枝》，至宋时其曲尚有数十遍。《梦溪笔谈》卷五：

《柘枝》旧曲，遍数极多。如《羯鼓录》所谓《浑脱解》之类，今无复此遍。寇莱公好《柘枝舞》，会客必舞《柘枝》，每舞必尽日，时谓之“柘枝颠”。今凤翔有一老尼，犹莱公时柘枝妓，云：“当时《柘枝》尚有数十遍。今日所舞《柘枝》，比当时十不得二三。”

“数十遍”数目亦可考，《朱子语类》卷七：“欧阳公《集古录》载寇莱公好舞《柘枝》，有五十曲。”知《柘枝》大曲至宋时尚有五十遍之多。但到神宗年间，《柘枝》大曲所存“十不得二三”，其原因在于演奏者类从简省所致。所谓“今人大曲皆是裁用，悉非大遍”（《梦溪笔谈》卷五）及“管弦家又不肯从首至尾吹弹，甚者学不能尽”（《碧鸡漫志》卷三）②，恐怕就是《柘枝》大曲所存“十不得二三”的内在原因了。

徽宗时期，《柘枝》大曲一度改为《莲花台》。《高丽史·乐志二》载赐高丽大晟燕乐有《莲花台》大曲，即《柘枝舞》。《莲花台》大曲后附注：“《莲花台》本出于拓拔魏，用二女童，鲜衣帽，帽施金铃，抃转有声。其来

① 详见《朱子语类》卷九二（第6册，第2343页），《癸辛杂识·后集》（第88页），《柘枝谱》（《说郛》卷一〇〇，第881册，第676页），《通志》卷六四（第767页），《鄮峰真隐大曲》卷一（《彊村丛书》本，第1册，第519—524页），《鄮峰真隐大曲》卷一（《彊村丛书》本，第1册，第523页），《柘枝谱》（《说郛》卷一〇〇，第881册，第676页）。

② 详见《梦溪笔谈》卷五（第2编，第3册，第39页），《朱子语类》卷七（第1册，第128页），《梦溪笔谈》卷五（第2编，第3册，第38页），《碧鸡漫志》卷二（《词话丛编》本，第1册，第100页）。

也，于二莲花中藏之，花坼而后见。舞中之雅妙者也，其传久矣。”（《高丽史·乐志二》）此即《柘枝》舞仪：“用二女童，帽施金铃，抃转有声。其来也，于二莲花中藏之，花拆（坼）而后见。对舞相呈，名莲花舞。”（乐史《柘枝谱》）知《莲花台》即《柘枝》大曲所改新名，其舞仍用二人（《高丽史·乐志二》）。今《鄮峰真隐大曲》所见《柘枝舞》，则用五人舞（卷一）。葛立方述《柘枝舞》云：“今或用五人，与古小异矣。”（《韵语阳秋》卷一五）知《鄮峰真隐大曲》尽管据大晟府“遗声”所造，但体制与“旧谱”相比已有较大变化。所谓“德寿宫舞谱二大帙，其中皆新制曲”，即指此而言。《通志》载“《柘枝谱》一卷”、“《采莲舞谱》一卷”（卷六四），南宋尚有队舞表演活动。《鄮峰真隐大曲》中的《柘枝舞》、《采莲舞》等（卷一）[①]，当即为典型二例。

（二）《行在谱》用大晟乐法考辨

关于《行在谱》乐法，前贤有诸多猜测，如“一声叶一字”、“起调毕曲”、“以四宫清声煞”、“依月用律”等，至今未能有统一的意见。现谨以《行在谱》个案南宋“绍兴祀大火十二首”雅乐曲谱为例，对其所用乐法略作考释。

南宋“绍兴祀大火十二首”雅乐曲谱，其乐章文字形式见《宋史·乐志十一》“绍兴祀大火十二首”[②]。不过，正史只录其文而删其曲谱。考原曲谱见于《中兴礼书》卷一五九，如：

> 降神，奏《高安之曲》六成
>
> 圜钟为宫三奏
>
> 五纬相天，各率其职。司礼与视，则维荧惑。至阳之精，屈我长赢。于以求之，祀事孔明。
>
> 夹黄仲林　无夹仲夹　仲林□南　林黄无太　夹南林太　仲□林黄　无夹黄无　林黄仲夹
>
> 黄钟为角一奏

① 详见《高丽史·乐志二》（第6册，第2220—2221页），《高丽史·乐志二》（第6册，第2221页），《柘枝谱》（《说郛》卷一〇〇，第881册，第676页），《高丽史·乐志二》（第6册，第2220—2221页），《鄮峰真隐大曲》卷一（《彊村丛书》本，第1册，第523—524页），《韵语阳秋》卷一五（第605页），《通志》卷六四（第767页），《鄮峰真隐大曲》卷一（《彊村丛书》本，第1册，第519—524页）。

② 脱脱等：《宋史》卷一三六《乐志十一》，第10册，第3203—3205页。

有出有藏，伏见靡常。相我国家，鉴观四方。视罔不正，终然允臧。其神格思，明德馨香。

姑太南林　应南太黄　林南蕤姑　太姑林南　黄姑应南　黄南太黄　太黄南林　林南蕤姑

太簇为徵一奏

小大率礼，不愆于仪。展采错事，秩秩孔时。维今之故，阅我数度。修厥典常，神其来顾。

南大夷蕤　太应蕤姑　南应大应　姑蕤姑太　南蕤应南　南蕤姑太　姑太蕤姑　夷蕤应南

姑洗为羽一奏

於赫我宋，以火德王。永永丕图，繄神之相。神之来矣，维其时矣。礼备乐奏，神其知矣。

大夷应夷　大无蕤姑　姑大蕤姑　姑蕤无夷　夹大应夷　大应夷蕤　姑大蕤姑　应夷夹大

初献，升殿，歌大吕宫《正安之曲》（凡升殿、降殿，乐曲并同）

有俨其容，有洁其衷。屹屹崇坛，伊神与同。神肯降格，嘉神之休。虔恭降登，神乎安留。

大仲夷仲　大无仲无　夷夷无夹　大夹大夹　仲黄无林　夹黄林夷　黄大夹仲　大无夹大

初献，诣荧惑位奠玉币，歌大吕宫《嘉安之曲》

馨香接天，肸蠁恍惚。求神以诚，荐诚以物。有藉斯玉，有篚斯币。是用荐陈，昭兹精意。

大夷林仲　仲无夷夹　大仲夹夷　无夹大夹　大无夷大　夷仲无夷　黄大夹仲　黄无夹大

初献，诣商邱宣明王位奠币，歌大吕宫《嘉安之曲》

荧惑在天，惟火与合。繄神主火，纯一不杂。作配荧惑，祀功则然。不腆之币，于以告虔。

大仲夹仲　大无林夷　夹仲大无　夷仲夹大　夹大无夷　夷无黄无　黄大林仲　夷仲夹大

捧俎，奏黄钟宫《丰安之曲》

火遵其令，无物不长。视此牲牢，务得其养。豢以祀神，有腯其肥。非神之宜，其将曷归。

黄姑南林　应南蕤林　林黄太黄　林姑南林　太黄大姑　黄南太应　南蕤姑南　姑南太黄

初献，诣荧惑位酌献，歌大吕宫《祐安之曲》

皇念有神，介我戬榖。登时休明，有此美禄。酌言献之，有飶其香。神兮宴娭，醉此嘉觞。

大大夷仲　夷仲无夷　大无林仲　夹仲无夷　夹大夹仲　黄无林仲　黄大夹仲　夷无夹大

初献，诣商丘宣明王位酌献，歌大吕宫《祐安之曲》

谁其祀神，知神嗜好。阏伯祀火，为神所劳。睠言配食，既与火俱。于乐旨酒，承神嘉虞。

大夷夹仲　林仲无夷　黄大仲夷　林仲无夷　黄大夹仲　夹仲大无　大无夹仲　无夷夹大

亚献，奏黄钟宫《文安之曲》（终献同）

神既贶施，嗜我饮食。申以累献，以承灵亿。神方常羊，咸毕我觞。于再于三，于诚之将。

黄姑林南　应南蕤林　黄太南姑　林南林姑　南林太黄　姑大黄姑　应南蕤林　南太黄黄

送神，奏夹钟宫《理安之曲》

登降上下，奠璧奠斝。音送粥粥，礼无违者。已虞至旦，神其将归。顾我国家，遗以繁厘。

夹黄仲林　仲林仲夹　夹黄无黄　南林黄无　太夹仲林　无林黄无　夹无南林　太黄仲夹①

按："大火之祀"，始于康定间，然未见用乐之记载（《宋史·礼志六》）。用乐当始于宣和间。许景衡《三月十九日同亨仲按乐大晟》自注："辰火旧无祭，今创举。"诗云："闻道莺花满上林，寻芳谁更畏霖霪。鸣鸠乳燕春欲晚，去马来牛泥自深。出火星坛方肇祀，联镳乐府按新音。溶溶九陌皆流水，撩动平生江海心。"（《横塘集》卷四）"辰火旧无祭"云云，盖误。《宋史·礼志六》："建中靖国元年，又建阳德观以祀荧惑。"《政和五礼新仪》"祀荧惑仪"："荧惑位于坛上，北方南向，席以稿秸。阏伯位于坛上，东方西向，席以莞。"（卷七一）《宋史·礼志六》："祝融，高辛氏之火正也；阏伯，陶唐氏之火正也。""阏伯即商丘宣明王也。"按许景衡所云当指用乐而言。今《政和五礼新仪》"祀阳德观仪"："前期，太常寺具立夏

① 按：《中兴礼书》卷一五九《乐曲乐章一》"立夏日祀荧惑"乐章及曲谱（第822册，第540—541页），亦见于《宋会要·礼》四之一〇至一三（第1册，第460—462页），谱字略有差异。

日祀阳德观散告。”（卷七三）乃有“祀仪”而无用乐节次，或为许景衡“辰火旧无祭，今创举”所本。又，《宋史·许景衡传》：“宣和六年，召为监察御史，迁殿中侍御史。”① 许景衡宣和六年迁殿中侍御史，其为监察御史当在宣和五年至六年。《三月十九日同亨仲按乐大晟》当作于宣和六年三月。又，据《政和五礼新仪》“应天府祀大火仪”②，盖大观至政和元年创“祀大火仪”，而至宣和六年方用大晟乐以祀。

今《宋史·乐志十一》“绍兴祀大火十二首”，其用乐宫调、乐谱及遍数删削殆尽。《政和五礼新仪》载“祀荧惑仪”：“太常寺预于隔季，以立夏祀荧惑。……降神，《景安》（六成）；升殿，《正安》；奠玉币，《嘉安》；捧俎，《丰安》；酌献，《祐安》；亚、终献，《乂安》（引者按：当为《文安》之笔误）；送神，《理安》（一成）。”（卷七一）其用乐节次及遍数与《会要·礼》四之一〇至一三“立夏日祀荧惑”相同，而与《宋史·乐志十一》基本相同，唯有“降神”一节，前者用《景安》（《会要·礼》四之一〇至一三），后者用《高安》（《宋史·乐志十一》）。据姜夔上书论雅乐时说：“绍兴大乐，多用大晟所造。”（《宋史·乐志六》）又，据《宋史·乐志一》：“南渡之后，大抵皆用先朝之旧，未尝有所改作。”③ 知《南宋“绍兴祀大火十二首”雅乐曲谱》，正所谓“先朝之旧”，实指袭用大晟乐而言。

1. “一声叶一字”

南宋“绍兴祀大火十二首”雅乐曲谱所用乐法，均为正宗的“一声叶一字”④。“一声叶一字”，前贤多许为“大晟乐法”。沈曾植云：“考姜夔《大乐议》，言：‘绍兴大乐，多用大晟。知以七律为一调，而未知度曲之义。知以

① 详见《宋史·礼志六》（第8册，第2513—2514页），《横塘集》卷四（第1127册，第192页），《宋史·礼志六》（第8册，第2514页），《政和五礼新仪》卷七一（第647册，第444页），《宋史·礼志六》（第8册，第2514页），《政和五礼新仪》卷七三（第647册，第451页），《宋史·许景衡传》（第32册，第11344页）。

② 郑居中等：《政和五礼新仪》卷七四《应天府祀大火仪》，第647册，第457页。按此卷有目而无书。

③ 详见《宋史·乐志十一》（第10册，第3203—3205页），《政和五礼新仪》卷七一（第647册，第444—447页），《宋会要·礼》四之一〇至一三（第1册，第460—462页），《宋史·乐志十一》（第10册，第3203—3205页），《宋会要·礼》四之一〇至一三（第1册，第461页），《宋史·乐志十一》（第10册，第3203页），《宋史·乐志六》（第10册，第3050页），《宋史·乐志一》（第9册，第2939页）。

④ 详见《中兴礼书》卷一五九《乐曲乐章一》“立夏日祀荧惑”（第822册，第540—541页），《宋会要·礼》四之一〇至一三（第1册，第460—462页）。

一律配一字，而未知永言之旨。’则一声叶一字，固大晟乐法，周美成、田不伐诸人所定者也。而白石自度诸曲，旁注管色，亦仍一声叶一字。其二声叶一字者，不过十分之一。矛盾己说，为何意乎？”① 沈曾植肯定“一声叶一字，固大晟乐法”，又说这是“周美成、田不伐诸人所定”。未能举出更进一步的证据。

按：“一声叶一字”作为雅乐之乐法得到提倡，最早乃见于元丰三年。时朝廷诏刘几、范镇、杨杰详定大乐（《通考·乐考三》），乃以“一声歌一言”作为标准。《长编》：“（元丰三年六月己未）秘书监致仕刘几言：‘祀明堂乐章，字与乐曲声数多少不同，殊失《虞书》“歌永言”之法。乞遵用御撰乐章，委本局依律吕七均之法，随乐章字数，审定声音。以一声歌一言，八音随之。’”（卷三〇五）“（元丰三年八月乙巳）秘书丞、同知礼院杨杰言：‘……惟人禀中和之气，而有中和之声，足以权量八音，使律吕皆以人声为度。以一声歌一言，言虽永，不可以逾其声。今夫歌者，或咏一言而滥及数律，或章句已阕而乐音未终，兹所谓‘歌不永言’也。伏请节制烦声，声歌一言，遵用永言之法。先儒云‘依人音而制乐，托乐器以写音。乐本效人，非人效乐’也。今祭祀乐章，并随同律，声不依永，以永依声。律不和声，以声和律，非古制也。伏请详定大乐，以歌为本。声必依永，律必和声。’”（卷三〇七）② 正史载其言而删其乐谱，今幸集部载其原文，亦从夹注中获睹乐谱残文。如杨杰《上言大乐七事》：

> 一曰：歌不永言，声不依永，律不和声。……八音律吕，皆以人声歌为度。以一声歌一言，言虽永，不可以逾其声。（如《大善曲》“肃肃艺祖”一句，以“仲南黄仲”四声歌之，声律最为和协。）今夫歌者，或咏一言而滥及数律，（如《正安曲》“至神感神”，“夷黄”一字兼四声。）或章句已阕而乐声未终，（如《正安曲》已终，尚有“黄无夷夹大”五声之类。）兹所谓“歌不永言”也。伏请节裁烦声，以一声歌一言，遵用永言之法。③

---

① 沈曾植：《菌阁琐谈》，《词话丛编》本，第4册，第3615页。

② 详见《文献通考·乐考三》（第1158页），《续资治通鉴长编》卷三〇五（第12册，第7432页）及卷三〇七（第12册，第7462—7463页）。

③ 杨杰：《无为集》卷一五《上言大乐七事》，第1099册，第777—778页。《历代名臣奏议》卷一二八（第436册，第565—568页）所录略同。另参曹小云《无为集校笺》卷一五，作“一字兼夷黄四声”（第521页，第525页）。

杨杰上言所举宋初雅乐曲谱，存在“一声歌一言”、“一言而滥及数律”及“章句已阕而乐声未终”三种乐法，此其指已见之现成《祀享太庙》雅乐曲谱而言。

按：以上乐谱当为咸平五年“祀享太庙”《摄事十三首》乐章原有。“肃肃艺祖”，见于《宋史·乐志九》“摄事十三首”：“酌献僖祖室，《大善》肃肃艺祖（词略）。”杨亿《太常乐章三十首（奉圣旨撰，咸平五年）》亦载此曲，作“皇帝酌献第一室，奏《大善之舞曲》”（《武夷新集》卷五）。其乐谱为：

肃肃艺祖
仲南黄仲

又“至神感神”乐谱：“‘夷黄’一字兼四声。”见于《宋史·乐志九》“摄事十三首”：“太尉行，《正安》……至诚感神，福禄来暨。”知“至神感神”当为“至诚感神”之误。杨亿《太常乐章三十首（奉圣旨撰，咸平五年）》亦载此曲，作“皇帝行奏《隆安之曲》”（《武夷新集》卷五）[①]。又：“《正安曲》已终，尚有‘黄无夷夹大’五声之类。”亦当指《宋史·乐志九》“摄事十三首”之“太尉行，《正安》”曲而言（详上）。知宋初《祀享太庙》雅乐乐章所缀曲谱，即存在“一声歌一言”、“一言而滥及数律”及“章句已阕而乐声未终”三种乐法。

“一声叶一字”，作为“声依永，律和声”的统一标准，为神宗推行新法过程中的一种副产品。虽一度使用（《宋史·乐志三》），但在当时即产生了争议（《通考·乐考三》）；元祐间再次遭到非议，遂至非废。但随着哲宗的亲政，“元丰乐制”又得到恢复。《宋史·乐志三》：“元符元年十一月，诏登歌、钟、磬并依元丰诏旨，复先帝乐制也。”可以说，元丰乐制中“以一声歌一言”乐法，在此后新党专政的二十余年中，被作为“绍述先政”的一部分，而得到独尊式的推行和应用。《大晟乐书》云：“堂上之乐，以人声为贵。歌钟居左，歌磬居右。近世之乐，曲不协律，歌不择人。有先制谱而后命辞……升歌之工，选择惟艰，故堂上之乐铿然特异焉。”（《宋史·乐志四》）《大晟乐书》“以人声为贵”云云，即《通考·乐考三》所谓“（刘）几之议律主于

① 详见《宋史·乐志九》（第10册，第3132页），《武夷新集》卷五（第1086册，第406—409页），《宋史·乐志九》（第10册，第3131页），《武夷新集》卷五（第1086册，第406—409页）。

人声”①，而破诸儒“黍律”之说，乃“绍述”元丰乐制的一个重要标志。

关于这一点，史料记载是较为隐晦的。《会要·乐》四之一：

> （政和）五年九月十六日，新差权知庐州朱维奏：“……乞诏大晟府将合颁降雅乐，逐一图绘形制，逐件以谱释标记（谓如编钟于逐钟，编磬于逐磬，埙、篪、笛于逐穴旁，笙、箫于逐管上，各标题“黄、大、太、夹”字之类。）……余器亦各开排疏说，及将合用乐章、谱并歌调，一处镂板行下。”从之。②

政和五年九月朱维请求颁降大晟府雅乐图谱“及将合用乐章、谱并歌调”，并乐器“逐件以谱释标记”镂板颁行。所谓“各标题‘黄、大、太、夹’字之类”，虽是乐器“谱释标记”，亦可知“合用乐章、谱并歌调”，亦当为“标题‘黄、大、太、夹’字之类”。对此《宋史·乐志六》有明言，如：

> （姜）夔言：“绍兴大乐，多用大晟所造。……乐曲知以七律为一调，而未知度曲之义。知以一律配一字，而未知永言之旨。黄钟奏而声或林钟，林钟奏而声或太簇。七音之协四声，各有自然之理。今以平入配重浊，以上去配轻清，奏之多不谐协。”③

按：姜夔所言乃针对南宋所用大晟乐而言。所谓“乐曲知以七律为一调”，乃指用“二变”而言；“知以一律配一字，而未知永言之旨”，则指大晟乐章“以人声为贵”而主“声依永，律和声”而言；“黄钟奏而声或林钟，林钟奏而声或太簇”，则指大晟徵调“落韵”而言。又“今以平入配重浊，以上去配轻清，奏之多不谐协”，亦指大晟“乐府谱辞”问题而言。这一点在姜夔其他乐论中也有体现。姜夔《徵招》序：“《徵招》、《角招》者，政和间大晟府尝制数十曲，音节驳矣。……黄钟以林钟为徵，住声于林钟，若不用黄钟声，便自成林钟宫矣。故大晟府徵调兼母声，一句似黄钟均，一句似林钟均，

① 详见《宋史·乐志三》（第9册，第2988页），《文献通考·乐考三》（第1158页），《宋史·乐志三》（第9册，第2996页），《宋史·乐志四》（第9册，第3007—3008页），《文献通考·乐考三》（第1158页）。

② 徐松辑：《宋会要·乐》四之一，第1册，第322页。

③ 脱脱等：《宋史》卷一三一《乐志六》，第10册，第3050页。

所以当时有‘落韵’之讥。予尝使人吹而听之，寄君声于臣、民、事、物之中，清者高而亢，浊者下而遗，万宝常所谓‘宫离而不附者’是已。”（《白石道人歌曲》卷五）这和蔡絛所见“以黄钟宫调均韵中为曲，而但以林钟律卒之。是黄钟视林钟为徵，虽号徵调，然自是黄钟宫之均韵，非独有黄钟以林钟为徵之均韵也”（《铁围山丛谈》卷二）① 的大晟《徵招》谱几乎完全相同，可以证明《宋史·乐志六》所载姜夔论乐必定针对南宋所用大晟乐法，可无疑义。由此亦可证明，沈曾植所谓“一声叶一字，固大晟乐法”，基本是符合史实的。但沈曾植所云“周美成、田不伐诸人所定”，则与史实不符。因“一声叶一字”不但宋初乐谱即已习见，而将其固定为一种乐法，乃杨杰、刘几之功。至徽宗“绍述”元丰乐制，刘昺等人进一步将其变成理论，而著于《大晟乐书》。

今所见南宋雅俗乐谱，如《中兴礼书》所收 368 首祭祀乐章及曲谱②、《风雅十二诗谱》、“大晟府春秋上丁释奠”残谱、“姜白石十七旁谱”、史浩“《柘枝》旁谱”等，均为“一声叶一字”乐谱系统，所用均当为大晟乐法之遗。如《中兴礼书》载“徽宗亲郊前一日朝飨太庙乐章一首”：

> 皇帝诣仁宗室酌献，宫架奏无射宫《美成》之乐舞
>
> 仁德如天，遍覆无偏。功济九有，恩函八埏。齐民寿康，朝野晏然。击壤歌谣，四十二年。
>
> 无大南林　仲林黄无　姑仲姑太　仲太南林　南无黄太　无太仲林　姑大林仲　太仲林无③

据《中兴礼书》卷一五：“（绍兴）二十八年七月五日，礼部言：‘今将郊祀人礼前期朝飨太庙乐章，仁宗皇帝酌献《美成》之乐舞一首，太常寺省记得此一首系徽宗皇帝御制。’”《宋史·乐志七》：“（绍兴）二十八年，以臣僚有请改定，于是御制乐章十有三及徽宗元御制仁宗庙乐章一，共十有四

---

① 详见《白石道人歌曲》卷五（《彊村丛书》本，第 2 册，第 777—778 页），《铁围山丛谈》卷二（第 24 页）。

② 徐松辑《中兴礼书》卷一五、卷六三及卷六四、卷一五九及卷一六〇共收乐章乐曲 521 首，其中乐章及乐谱俱全者共计 368 首（第 822 册，第 62—69 页，第 255—256 页、第 258—262 页及第 263—272 页，第 528—547 页及第 550 页）。

③ 徐松辑：《中兴礼书》卷一五《郊祀乐曲乐章一》，第 822 册，第 65 页。

篇。”① 知乐章乃为徽宗“御制”，其乐谱疑为徽宗朝之旧，或经绍兴间增饰，然离徽宗朝原谱不远。

2. “起调毕曲”

关于“起调毕曲”之说，见于蔡元定《律吕新书》。如：“然五声者正声，故以起调毕曲为诸声之纲。”“案声者所以起调毕曲，为诸声之纲领。《礼运》所谓‘还相为宫’，所以始于黄钟，终于南吕也。”② “起调毕曲”的具体运用，亦较早见于《行在谱》。《朱子语类》：

> ……在行在录得《谱子》，大凡压入音律，只以首尾二字，章首一字是某调，章尾即以某调终之。如《关雎》“关”字合作无射调，结尾亦著作无射声应之。《葛覃》“葛”字合作黄钟调，结尾亦著作黄钟声应之。如《七月流火》三章皆“七”字起，“七”字则是清声调，末亦以清声调结之。如“五月斯螽动股”，“二之日凿冰冲冲”，“五”字、“二”字，皆是浊声黄钟调，末以浊声结之。③

所谓“大凡压入音律，只以首尾二字，章首一字是某调，章尾即以某调终之”，乃“行在录得《谱子》”中的谱法，即为“起调毕曲”说的实际运用。

毛奇龄对“起调毕曲”之说颇有訾议，云：

> 乃宋儒谓协律只以首尾定调，如《关雎》“关”字是无射调字，则结尾亦用无射调声收之；《葛覃》“葛”字是黄钟调字，则结尾亦用黄钟调声收之；《七月流火》“七”字是清声调字，则结尾亦用清声调声收之。信然，则起调用字、收调用声既已不伦，且起调之字，亦多有不得通处。如庾信创《周乐章》为五声调曲，其宫调曲以“气离清浊割”一句起，则“气”字非宫音。而魏徵、虞世南为唐造《五郊乐章》，首章名黄帝宫音……况唐诗中如《甘州》[羽调]，《伊州》[商调]，《叹疆场》[宫调]之类，其首字皆不如所言。盖起调与收调，皆当审声，如《甘州》[羽调]，则起调之声当以羽始，而结尾亦以羽声收之。但论首调，不论

---

① 详见《中兴礼书》卷一五（第822册，第70页），《宋史·乐志七》（第10册，第3073页）。

② 蔡元定：《律吕新书》卷二《六十调第八》，第212册，第42—43页。又见蔡元定撰，罗登选笺《律吕新书笺义》卷二《六十调第八》，第113册，第107页，第109页。

③ 黎靖德编：《朱子语类》卷九二，第6册，第2343—2344页。

首字，庶为得之。[①]

所论以周、隋、唐三朝乐章证宋人乐法优劣，乃纯为乐理探讨，其确否自有定论。然于史学而论，无乃以前朝史料证后朝之非？实未审此为《行在谱》中实际用乐之法，“全然不合”云云，未为确论。今南宋“绍兴祀大火十二首”雅乐曲谱原谱谱字，如大吕宫《正安之曲》、大吕宫《嘉安之曲》、大吕宫《祐安之曲》，均以大吕起调，以大吕毕曲；黄钟宫《丰安之曲》、黄钟宫《文安之曲》，均以黄钟起调，以黄钟毕曲；夹钟宫《理安之曲》以夹钟起调，以夹钟毕曲[②]。又据汪洋考察，《中兴礼书》所收祭祀乐章及曲谱，“全部乐曲都是以主音起调，又以主音结束，可证宋人起调毕曲观念”[③]。

今按：“起调毕曲”之说，当为大晟曲谱所用乐法之一。“起调毕曲”之说，唐及北宋前期颇为罕见。朱熹所述《风雅十二诗谱》中的《关雎》，首谱字为“关（清黄）”，末谱字为“之（清黄）”；《葛覃》首谱字为“葛（黄）”，末谱字为“母（黄）”。除个别谱字记忆有误之外，其他谱字与“起调毕曲”情况皆合。其所述“以俗乐谱吹《风》、《雅》篇章”、“只做得今乐”云云，正指“雅律通俗谱”而言，乃《行在谱》中所见普遍之乐法。据上考，《行在谱》乃一杂有诗乐谱及俗乐谱的混编，正是大晟曲谱残存于南宋的曲谱汇编。《行在谱》中的曲谱，多数是因袭“先朝之旧”（《宋史·乐志一》）、“多用大晟所造”（《宋史·乐志六》）[④]。特别是诗乐，如朱熹所述“《文王》”等，正是大晟曲谱残存于南宋的遗谱。

3. “寄四宫清声煞”

郑文焯《词源斠律》云“俗乐管色，并用寄四宫清声煞”，乃用“大晟乐法（魏）汉津指律”[⑤]。其说源于陈旸。《宋史·陈旸传》：“魏汉津议乐，用京房二变、四清。旸曰：‘五声、十二律，乐之正也……岂古人所谓尊无二上之旨哉？’”（《宋史·乐志三》、《东都事略·陈旸传》同）知魏汉津乐乃“用京房二变、四清”，后世如《风雅十二诗谱》亦用“四清、二变”。《瑟谱》

---

① 毛奇龄：《西河集》卷六《历代乐章配音乐议》，第1320册，第39页。

② 详见《中兴礼书》卷一五九《乐曲乐章一》“立夏日祀荧惑”（第822册，第540—541页），《宋会要·礼》四之一〇至一三（第1册，第460—462页）。

③ 汪洋：《宋代五礼仪式音乐研究》，第51页。

④ 详见《宋史·乐志一》（第9册，第2939页），《宋史·乐志六》（第10册，第3050页）。

⑤ 蔡嵩云：《词源疏证》卷上引郑文焯《词源斠律》，第34页。

卷一："陈旸《乐书》欲去四清、二变，如七弦琴，亦欲去少宫、少商。然其言竟不能行。蔡氏《律吕新书》有四清、二变之声，不以范、李之言为然。而后言乐者，有所证。故《开元诗谱》亦用四清、二变，盖寓古诗于今乐也。"① "《开元诗谱》"即《风雅十二诗谱》，其用"四清、二变"，即与魏汉津乐无异。

今所见《风雅十二诗谱》之《鹿鸣》、《四牡》、《皇皇者华》、《鱼丽》、《南有嘉鱼》、《南山有台》均用"［黄钟清宫］（俗呼［正宫］）"，《关雎》、《葛覃》、《卷耳》、《鹊巢》、《采蘩》、《采蘋》均用"［无射清商］（俗呼［越调］）"，其中起调毕曲用"清黄"者，有《鹿鸣》、《鱼丽》、《南有嘉鱼》、《南山有台》、《关雎》、《卷耳》、《采蘩》七只曲谱。仅举《鹿鸣》、《关雎》谱例各一章如下：

呦 呦 鹿 鸣， 食 野 之 苹。
清黄 南 蕤 姑 南 姑 太 黄
我 有 嘉 宾， 鼓 瑟 吹 笙。
蕤 林 应 南 林 南 清黄 林
吹 笙 鼓 簧， 承 筐 是 将。
蕤 林 南 姑 应 清黄 姑 南
人 之 好 我， 示 我 周 行。
林 南 黄 姑 林 南 清太 清黄
（《鹿鸣》三章之一，［黄钟清宫］，俗呼［正宫］。）
关 关 雎 鸠， 在 河 之 洲。
清黄 南 林 南 黄 姑 太 黄
窈 窕 淑 女， 君 子 好 逑。
林 南 清黄 姑 清黄 林 南 清黄
（《关雎》三章之一，［无射清商］，俗呼［越调］。）

以上《鹿鸣》、《关雎》谱例各一章，见于《仪礼经传通解》②。谱字多有

① 详见《宋史·陈旸传》（第37册，第12849页），《宋史·乐志三》（第9册，第2997—2998页），《东都事略·陈旸传》（第382册，第750页），《琴谱》卷一（第377册，第272—273页）。

② 朱熹：《仪礼经传通解》卷一四《学礼七·诗乐》，第131册，第250—251页，第252—253页。

"清黄"、"清太"，乃属"四宫清声"，而以"清黄"起调毕曲①，正所谓"寄四宫清声煞"，即郑文焯所谓"大晟乐法（魏）汉津指律"（详上）。《朱子语类》卷九二：

今《关雎》、《鹿鸣》等诗，亦有人播之歌曲。然听之与俗乐无异……今乐用清声处多。季通谓：今俗乐黄钟及夹钟清，如此则争四律，不见得如何？

赵子敬送至《小雅》乐歌，以［黄钟清为宫］，此便非古。清者，半声也。……若用清声为宫，则本声轻清而高，余声重浊而下。

《乐律》中所载《十二诗谱》，乃赵子敬所传，云是"唐开元间乡饮酒所歌"也。但却以［黄钟清为宫］，此便不可。……故制黄钟四清声用之。清声短其律之半，是黄钟清长四寸半也。若后四宫用黄钟为角、徵、商、羽，则以四清声代之，不可用黄钟本律，以避陵慢。

朱熹言"以清声为调，似亦非古法"（详上），道破了《风雅十二诗谱》的本质；又说魏汉津乐"至今用之"（《朱子语类》卷九二）②，明确指出《行在谱》用大晟乐法魏汉津"指律"的普遍现象。

明人倪复阐释朱熹议乐云：

又其以清声为调，似非古法。……又云《葛覃》"葛"字合作黄钟调，结尾亦作黄钟声应之。如《七月流火》三章皆"七"字起，"七"字是清声调，末亦清声调结之。如"五月斯螽动股"、"二之日凿冰冲冲"，"五"字、"二"字，皆是浊声，黄钟调末以浊结之……

愚按管色官声有七调，皆生于黄钟。商声有七调，皆生于太簇。羽声有七调，皆生于应钟。然黄钟宫也，太簇商也，南吕羽也，应钟角也，故

① 按：宋人"四清声"之说较为复杂。蔡氏云："按古雅乐亦有四清声，所谓清宫、清商、清角、清徵是也……后世失其传，而不知何者为四清，徒以黄、大、太、夹当之……观此，则宋世所谓四清声，与古雅乐所谓四清声，殆截然两事矣。"（蔡嵩云《词源疏证》卷上，第35页）今据朱熹所录诗乐谱，兼有"清宫"、"清商"及"清黄"、"清太"，则合古乐、宋乐两种成分在内，为大晟府新乐之特征。对此，朱熹所论甚详，详上及下文所引《朱子语类》卷九二（第6册，第2347页，第2347页，第2347—2348页）。

② 详见《朱子语类》卷九二（第6册，第2347页，第2347页，第2347—2348页），《朱子语类》卷九二（第6册，第2345页）。

四声有宫、商、角、羽之名，四声皆清。六字孔，黄钟清为宫。五字孔，太簇清为商。工字孔，应钟为闰。闰声居午，为宫声之对，故呼闰为角，非正角也。四声不同，皆夹钟所收。夹钟居七孔之首，当清声之极，故通谓之清。此清宫、清商、清角之号也。燕乐以夹钟为本，子黄钟宫，寅太簇商，辰南吕羽，午应钟角。角即闰也。自未以后皆阴，故七声之中不收正角、变徵、正徵三声，以其重浊不用。……盖燕乐以夹钟为本。盖夹钟居九孔之首，当清声之极，故以夹钟收之。而宫、商、羽、角统号曰清，有由然也。①

自注："六字孔黄钟宫为第一清，五字孔太簇商为第二清，工字孔南吕羽为第三清，凡字孔应闰为第四清。自尺字孔以下七声，其声重浊，故不用也。重浊不兼用，而独取四清声，此其所以不为雅乐也。蔡氏《燕乐》一书，非必取之也，特疏其故，以明其大体云尔。"②"四清"本旋宫之法，魏汉津乐用之，乃以"指律"名义恢复古旋宫之法，故南宋后其乐法一直沿用。蔡元定、朱熹议乐，亦不废之。《行在谱》所见"寄四宫清声煞"现象，不过是"大晟乐法"巧用古旋宫之法的一个例子而已。

需要指出的是，《行在谱》尽管主要用"大晟府制度"，但仍有一些小的更动。《宋史・乐志五》："（绍兴四年）国子丞王普言：'……自历代至于本朝，雅乐皆先制乐章而后成谱。崇宁以后，乃先制谱，后命词，于是词律不相谐协，且与俗乐无异。乞复用古制。'……寻皆如普议。"据南宋人所述，大晟府"先制谱，后命词"的做法，是导致"词律不相谐协，且与俗乐无异"的根源所在。这样做了更动之后，是否就真的能够做到"声律协和"呢？据姜夔《大乐议》："绍兴大乐，多用大晟所造。……知以一律配一字，而未知永言之旨。黄钟奏而声或林钟，林钟奏而声或太簇。……至于歌诗，则一句而钟四击，一字而竽一吹，未协古人'槁木贯珠'之意。"（《宋史・乐志六》）③可知南宋人尽管对大晟府"先制谱，后命词"略作改造，恢复"雅乐皆先制乐章而后成谱"的做法，其中不过是"换汤不换药"，其本质仍是"用大晟所造"，未曾有基本性质的变化。

① 详见倪复《钟律通考》卷六《十二律之义章第二十五》，第 212 册，第 739—740 页，第 744 页。

② 倪复：《钟律通考》卷六《十二律之义章第二十五》，第 212 册，第 744 页。

③ 详见《宋史・乐志五》（第 10 册，第 3030 页），《宋史・乐志六》（第 10 册，第 3050—3051 页）。

第五节　“校谱”之风与南宋典雅词派的兴起

“校谱”之风出现于南宋中后期，南宋词及其他史料中多有提及。校谱与填词关系密切，其对南宋词风的嬗变、词派的兴起及词学理论的影响极大。校谱之风作为南宋词学的一件大事应予以重视。但令人遗憾的是，学界对校谱之风与词学的关系较为忽略，至今仍未见有专文加以论述。有感于此，笔者拟对其作初步探讨，不当之处，请批评指正。

一、南宋的“校谱”之风

（一）光、宁年间的“校谱”之风

“校谱”之风约始于孝、光间。《宋史·乐志六》：“当时中兴六、七十载之间，士多叹乐典之久坠，类欲搜讲古制，以补遗轶。”《通考·乐考三》略同[①]。按：“中兴六、七十载之间”约在淳熙十四年（1187）至庆元三年（1197），所述年代未免稍晚。

其实，早在淳熙十年后，四明史浩家已有校谱、订谱之事。据袁桷《外祖母张氏墓记》记载，四明史浩父子曾对传世旧谱进行“删正”，又尝命周邦彦曾孙周铸“谱清真词”。袁桷述其外祖母张致和语云：

> 音乐慎勿蓄，今世公卿女乐皆俚野，不足听。惟太傅（史弥坚）婿赵崇王，悉祖《乐髓景祐谱》，调八十四，穿心相通。……丁抗掣曳，大住小住，为喉舌纲领。法曲散序，忠宣（史弥坚）删正之。……于时周待制邦彦孙铸，于太傅为中外表，太师越忠定王（史浩）尝命谱清真词。[②]

按：史浩淳熙十年请老还乡，绍熙五年薨（《宋史·史浩传》），知史浩父子“删正”“法曲散序”当在淳熙十年至绍熙五年间。今查史浩《采莲·寿乡词》等“大曲”七套（《采莲·寿乡词》为“曲破”，《采莲舞》以下六套则为“队舞”），多是请老还乡后的作品。如《渔父舞》：“渔父自勾，念：‘郧城中有蓬莱岛……’”《采莲·寿乡词·歇拍》：“揭来鄞山甬水。因此崇成，

---

① 详见《宋史·乐志六》（第10册，第3050页），《文献通考·乐考三》（第1161页）。

② 袁桷著，杨亮校注：《袁桷集校注》卷三三《外祖母张氏墓记》，第4册，第1547页。按：据《楼钥集》卷四八《清真先生文集序》：“与公之曾孙（周）铸裒为二十四卷。”（第3册，第907页）知“周铸”实为周邦彦“曾孙”而非“孙”。

四明里第。”（详见《鄮峰真隐大曲》卷一及卷二）“鄮城”在明州治所鄞县（《延祐四明志》卷八）①，“鄞山甬水”、“四明里第”亦指退隐之地鄞县，知《鄮峰真隐大曲》多作于鄞县。又，《采莲·寿乡词·煞衮》：

> 吾皇喜。光宠无贰。玉带金鱼荣贵。或者疑之。岂识圣明，曾主斯乡，常相与尽缱绻，胶漆何可相离。今日风云合契。此实天意。吾皇圣寿无极，享晏粲千载相逢，我翁亦昌炽。永作升平上瑞。②

《宋史·史浩传》：“（淳熙）十年，请老，除太保致仕，封魏国公。晚治第鄞之西湖上，建阁，奉两朝赐书。又作堂，上为书‘明良庆会’名其阁、‘旧学’名其堂。”③ 正与此吻合。今从天一阁本《鄮峰真隐大曲》所载宫廷大曲［柘枝令歌头］、［柘枝令］“缺文旁谱”④，可证袁桷所述确凿可信。知校谱最早始于孝、光间（1183—1194），《通考》“宋宁宗”云云，盖有所失考。

与四明史家“删正”宫廷曲谱的同时，临安张家亦在从事校谱工作。据张镃之孙张枢《木兰花慢》“记剪烛调弦，翻香校谱”，知张家有校谱之事。《朱子语类》：

> 汉卿云：“张镃约斋亦是张家好子弟。”曰：“见君举说，其人大晓音律。”因言：“今日到詹元善处，见其教乐……他在行在录得《谱子》。大凡压入音律，只以首尾二字，章首一字是某调，章尾即以某调终之。”⑤

据束景南考证，朱熹于绍熙五年闰十月十日出席张镃南湖之会，识张镃、姜夔约在此时⑥。张镃“其人大晓音律”，“在行在录得《谱子》”，其门客姜夔并有依《行在谱》校谱之事。《宋史·乐志六》：

---

① 详见《宋史·史浩传》（第34册，第12069页），《鄮峰真隐大曲》卷一及卷二（《彊村丛书》本，第1册，第518—529页），《延祐四明志》卷八（第6册，第6267页）。

② 史浩：《鄮峰真隐大曲》卷一，《彊村丛书》本，第1册，第519页。

③ 脱脱等：《宋史》卷三九六《史浩传》，第34册，第12069页。

④ 参见吴文光、赵晓楠《关于大曲［柘枝令歌头］、［柘枝令］俗字谱及其考译》，《中国音乐学》2000年第4期，第82页。

⑤ 黎靖德编：《朱子语类》卷九二，第6册，第2343页。

⑥ 束景南：《朱熹年谱长编》，第1179页。

（姜）夔言："绍兴大乐，多用大晟所造。……乐曲知以七律为一调，而未知度曲之义。知以一律配一字，而未知永言之旨。黄钟奏而声或林钟，林钟奏而声或太簇。七音之协四声，各有自然之理。今以平入配重浊，以上去配轻清，奏之多不谐协。"①

按：姜夔所言乃针对南宋所用大晟乐而言。所谓"黄钟奏而声或林钟，林钟奏而声或太簇"，乃指大晟徵调"落韵"问题；"今以平入配重浊，以上去配轻清，奏之多不谐协"，亦指大晟"乐府谱辞"问题。这些都带有校谱意味。姜夔《徵招》序云：

《徵招》、《角招》者，政和间大晟府尝制数十曲，音节驳矣。……黄钟以林钟为徵，住声于林钟，若不用黄钟声，便自成林钟宫矣。故大晟府徵调兼母声，一句似黄钟均，一句似林钟均，所以当时有"落韵"之讥。予尝使人吹而听之，寄君声于臣、民、事、物之中，清者高而亢，浊者下而遗，万宝常所谓"宫离而不附者"是已。（《白石道人歌曲》卷五）

这和蔡絛所见"以黄钟宫调均韵中为曲，而但以林钟律卒之。是黄钟视林钟为徵，虽号徵调，然自是黄钟宫之均韵，非独有黄钟以林钟为徵之均韵也"（《铁围山丛谈》卷二）② 的大晟《徵招》谱几乎完全相同，可证姜夔校谱对象正是《行在谱》中所残存之大晟府旧谱。姜夔于绍熙五年作《角招》，于嘉泰元年作《徵招》，可知临安张家校谱工作至迟在绍熙五年前即已开始。

除四明史家、临安张家外，广陵张家亦有校谱之事。据袁桷《琴述赠黄依然》，广陵张岩居霅（湖州）时，尝与琴客讨论"阁谱"，谓"'阁谱'非雅声"，复以韩忠献家古谱勘正③。其时间乃在庆元、嘉泰间（1195—1204），详见下文，兹不赘述。

（二）理、度年间的"校谱"之风

"校谱"之风至南宋后期又掀起了一个新的高潮，时间主要在理、度间。吴潜《永遇乐·己未元夕》："便都把，升平旧曲，腔儿旋补。"按："己未"为开庆元年（1259），所谓"升平旧曲"，当指大晟旧谱而言。魏了翁《鹧鸪

① 脱脱等：《宋史》卷一三一《乐志六》，第10册，第3050页。

② 详见《白石道人歌曲》卷五（《彊村丛书》本，第2册，第777—778页），《铁围山丛谈》卷二（第24页）。

③ 袁桷著，杨亮校注：《袁桷集校注》卷四四《琴述赠黄依然》，第5册，第1952—1953页。

天·六十日再赋》“耳听宣、政升平曲”、牟子才《风瀑竹·元宵》“无限升平宣、政曲”，都将“升平旧曲”与“宣、政升平曲”、“升平宣、政曲”连在一起，可据为证。又，据张枢《木兰花慢》：“记剪烛调弦，翻香校谱。”明确提出“校谱”一词，这与吴潜所说“腔儿旋补”有大致相同的含义。

理、度间的校谱主要集中在以外戚杨缵、贵胄张枢为中心的“吟社”文人集团，成员有杨缵（守斋）、张枢（寄闲）、徐宇（雪江）、毛逊（敏仲）、徐理（南溪）、周密（草窗）、施岳（梅川）、奚淢（秋崖）、李彭老（商隐）等。这个文人集团包含两种成员，一部分是音乐家，一部分则是词客。除杨缵、张枢为外戚及贵胄外，大部分是江湖雅人。吟社文人集团校谱之事见于载记颇多。如：

> 昔在先人（张枢）侍侧，闻杨守斋（缵）、毛敏仲（逊）、徐南溪（理）诸公商榷音律，尝知绪余。……先人（张枢）晓畅音律，有《寄闲集》，旁缀音谱，刊行于世。每作一词，必使歌者按之，稍有不协，随即改正。①
>
> 云窗张枢，字斗南，又号寄闲，忠烈循王五世孙也。笔墨萧爽，人物酝藉。善音律，尝度《依声集》百阕，音韵谐美。真承平佳公子也。②

记载了张枢校谱及《寄闲集》、《依声集》“旁缀音谱”的情况，知“商榷音律”即含校谱之意。吟社文人集团校谱之事于贵戚杨缵体现尤著。《浩然斋雅谈》：“杨缵，字嗣翁，号守斋，又称紫霞。本鄱阳洪氏，恭圣太后侄杨石之子麟孙早夭，遂祝为嗣……洞晓律吕，尝自制琴曲二百操。又常云：‘琴一弦，可以尽曲中诸调。’当广乐合奏，一字之误，公必顾之。故国工乐师无不叹服，以为近世知音无出其右者。”③ 知杨缵精于琴乐，时做校谱之事。如：

> 余向登紫霞翁门，翁妙于琴律。时有画鱼周大夫者善歌，每令写谱参订，虽一字之误，翁必随证其非。余尝扣之，云：“五凡工尺，有何义理？而能暗通默记如此。既未按管色，又安知其误耶?”翁叹曰：“君特

① 张炎：《词源》卷下，《词话丛编》本，第1册，第255页，第256页。

② 周密：《浩然斋雅谈》卷下，第50页。按：孔凡礼校云：“‘云窗’，原作‘窗云’，《词话丛编》校改为‘云窗’，今从。”（第60页）查《词话丛编》本《浩然斋词话》，则直书为“云窗张枢”而未出校（第1册，第224页）。金启华、萧鹏认为作“云窗”误，并考作“窗云”（《周密及其词研究》，第89—90页）。或可从。附此以俟再考。

③ 周密：《浩然斋雅谈》卷下，第53页。

未深究此事耳！其间义理之妙，又有甚于文章，不然安能强记之乎?”（《癸辛杂识·后集》）

往时，余客紫霞翁之门。翁知音妙天下，而琴尤精诣。自制曲数百解，皆平淡清越，灏然太古之遗音也。复考正古曲百余，而异时官谱诸曲，多黜削无余，曰：“此皆繁声，所谓郑、卫之音也。”（《齐东野语》卷一八）[①]

所谓“每令写谱参订，虽一字之误，翁必随证其非”，即含校谱之意。又所谓“考正古曲百余”，“异时官谱诸曲，多黜削无余”云云，则校谱对象多为《行在谱》中所收曲谱，亦即经大晟府“证定”之“阁谱”（或称“宣和谱”）（详下）。

杨缵校谱成果赫赫，有《紫霞前谱》、《司农谱》、《紫霞洞谱》、《紫霞词谱》传世，其中多为琴乐谱，但也有词乐谱。不过，最为世所称的还是《紫霞洞谱》。诸家目录之书均云《紫霞洞谱》为杨缵一人之作[②]，乃非。据考证，《紫霞洞谱》实为杨缵与其门客徐宇、毛逊共同校订而成，为一集体校谱之成果。宋濂《跋郑生琴谱后》：“宋季言琴学者，多宗大理少卿杨公缵。缵，淳祐中人，最知琴，一闻琴声，即能别其古今。每恨嵇康遗音久废，与其客毛敏仲（逊）、徐天民（宇）力求索之。历十余年，始得于吴中何仲章家。缵因共定调、意、操，凡四百六十有八，为《紫霞洞谱》一十三卷。”（《文宪集》卷一四）所述杨缵、毛逊、徐宇、何仲章等“共定调、意、操”，成《紫霞洞谱》十三卷。倪谦《故锦衣卫指挥使徐公墓志铭》：“（徐天民）琴得东嘉郭楚望、天台刘志方之传，与守斋杨少师、三衢毛敏仲制《紫霞洞谱》传世。”（《倪文僖集》卷二八）[③] 亦证明《紫霞洞谱》乃众人“商榷音律”的成果，非杨缵一人之作。

吟社文人集团除张枢、杨缵、徐宇、毛逊外，其他成员校谱之事则载记较为隐晦。袁桷《琴述赠黄依然》：“往六十年，钱塘杨司农（缵）以雅琴名于时，有客三衢毛敏仲、严陵徐天民在门下，朝夕损益琴理。”同时又说：“越有徐理氏，与杨（缵）同时，有《奥音玉谱》一卷，以进《律鉴琴统》入

① 详见《癸辛杂识》后集“记方通律”条（第89页），《齐东野语》卷一八“琴繁声为郑卫”条（第339页）。

② 黄虞稷《千顷堂书目》卷二：“杨公缵《紫霞洞琴谱》十三卷（官大理寺少卿，最知音）。”（第58页）“《紫霞洞谱》”一作“《紫霞洞琴谱》”，然“十三卷”之目与《文宪集》同，知与《紫霞洞谱》实为一书。

③ 详见《文宪集》卷一四（第1223册，第678页），《倪文僖集》卷二八（第1245册，第535页）。另参《宋濂全集·潜溪前集》卷八（第1册，第223页）。

官。其五弄与杨氏亦无异，晚与杨交，杨极重之。"① 徐理即张炎《词源》所说之"徐南溪"（卷下），亦在"商榷音律"之列。其作有《奥音玉谱》、《律鉴琴统》等，当亦为"损益琴理"之作。吟社成员施岳，亦精于律吕。《武林旧事》卷五："（施梅川）名岳，字仲山，吴人。能词，精于律吕。杨守斋（缵）为寺后树梅作亭以葬，薛梯飙为《志》，李筼房（彭老）书，周草窗（密）题盖。"《乐府指迷》："施梅川（岳）音律有源流，故其声无舛误。"所谓"音律有源流"，盖指其亦为杨缵门下士云。又周密"向登紫霞翁门"、"客紫霞翁之门"，与杨缵"相与订正，阅数月而后定"（周密《木兰花慢》序）②，知其亦为杨缵门下士，且有校谱之事。又张炎"闻杨守斋……诸公商榷音律，尝知绪余"，知其亦为杨缵弟子且习知校谱之事。

需要说明的是，理、度间的校谱之风，并不因杨缵去世与宋亡而终止它的活动。宋濂《跋郑生琴谱后》述杨缵去世后的校谱工作云："自时厥后，徐（天民）之弟子金汝砺，复深忧其学不传。乃取缵所未及者，五音各出一调、一意、一操，总为十［有］五，名之曰《霞外谱》。……东白何君巨济，尝受学于徐之父子，而浦阳郑生瀛，又受学于何君。瀛因辑录手弹者，分正、外二调，为谱各一卷。虽不皆与汝砺所著者合，要其源委有自［来］矣。"（《文宪集》卷一四）又倪谦《故锦衣卫指挥使徐公墓志铭》："徐氏琴自天民始，天民生企，宋承节郎。元世祖既平宋，遣使召天民，时已卒，促企入觐。世祖闻琴叹曰：'腾格哩浩尔齐。'华言天下乐师也。俾授完颜寿曲，为制完颜谱。命官，不受，归隐槜李南阳村。企生德符，举茂才，两浙鹾司大嵩场管句（勾）。制《琴史》、杂言、曲调，卒于鄞县大白里，因占籍焉。"（《倪文僖集》卷二八）③ 知宋亡后校谱之风仍在延续，其中在某种程度上还通过校谱表现了南宋遗民不仕他朝的风骨，这一点与吟社后期的文学活动互为表里。

（三）南宋中后期"校谱"之风的类型特征

孝、光及理、度两个时期的"校谱"工作，尽管时间有先后，校谱宗旨亦各有不同，但仍然存在着一些共同特征：

第一，校谱工作均以达官显贵、外戚势家为聚集中心，性质则为私家校谱

① 袁桷著，杨亮校注：《袁桷集校注》卷四四《琴述赠黄依然》，第5册，第1951—1953页。

② 详见《词源》卷下（《词话丛编》本，第1册，第255页），《武林旧事》卷五（第396页），《乐府指迷》（《词话丛编》本，第1册，第278页），《蘋洲渔笛谱》卷一（《彊村丛书》本，第3册，第1159页）。

③ 详见《文宪集》卷一四（第1223册，第678页），《倪文僖集》卷二八（第1245册，第535页）。另参《宋濂全集·潜溪前集》卷八（第1册，第223页）。

而非“官修”。往往由贵胄、外戚牵头，具体工作则由门客、雅人进行。如四明史浩家校谱，即由史浩牵头，具体工作则由其子史弥坚、门客周铸进行。所谓“忠宣（史弥坚）删正之”，“命（周铸）谱清真词”①，可据为证。又，据史浩《采莲·寿乡词》曲文称“我翁”，知这套大曲的作者可能为史浩子侄或门人辈。临安张家、广陵张家的校谱工作，具体则由门客姜夔、郭沔负责。杨缵诸人校谱情况虽更为复杂，但同样表现出贵戚与门客的关系。

第二，诸家所“校”均针对先朝“遗谱”进行，有些可能是大晟曲谱之旧。大晟曲谱保留在南宋的，有“徽宗《黄钟徵、角调》二卷”（《宋史·艺文志一》），四明史家与临安张家均有可能接触过该谱。如史浩《太清舞》所用《步虚子令·中腔》及张氏门客姜夔《徵招》、《角招》等（《鄮峰真隐大曲》卷一），颇与“徵、角二调”有关联。又“蔡攸《燕乐》三十四册”（《宋史·艺文志一》），曾于政和八年九月由大晟府镂板颁行，然它所包含的“燕乐旧行一十七调”323只大小曲谱（《会要·乐》四之一、二）多有“俚野”之音，四明史家所谓“不足听”者，疑指此类曲谱而言，故有“删正”之事（《外祖母张氏墓记》）。又大晟府于宣和二年二月进呈“颁行”的“新广八十四调”本之燕乐书（《会要·乐》四之二，《玉海》卷一〇五）②，由于种种原因未及“镂板”而旋遭国变，部分曲谱可能由幸存之大晟乐官携之南渡③，张镃所录《行在谱》疑即包含其残本。朱熹绍熙五年闰十月在张镃家所见《行在谱》中有大晟徵调，并云“至今用之”、“今太学上丁用者是此乐”④，可为一旁证。经“大晟乐府证定”的“阁谱”（或称“宣和谱”），乃“通南北所传”的琴谱，广陵张岩居霅（湖州）时，曾与姜夔等琴客讨论商榷⑤，后任参知政事勘正“阁谱”时，疑姜夔亦曾参与。广陵张家与其琴客以韩忠献家古谱勘正“阁谱”，定为“十五卷”。其时恰在四明史家、临安张家校谱工作的前后。杨缵诸人校谱实本大晟旧谱，袁桷《琴述赠黄依然》、《题

---

① 袁桷著，杨亮校注：《袁桷集校注》卷三三《外祖母张氏墓记》，第4册，第1547页。

② 详见《宋史·艺文志一》（第15册，第5054页），《鄮峰真隐大曲》卷一（《彊村丛书》本，第1册，第521—523页），《宋史·艺文志一》（第15册，第5054页），《宋会要·乐》四之一、二（第1册，第322页），《宋会要·乐》四之二（第1册，第322页），《玉海》卷一〇五（第945册，第778页）。

③ 毛幵：《樵隐笔录》，吴则虞点校《清真集》，第124页。

④ 黎靖德编：《朱子语类》卷九二，第6册，第2345页。

⑤ 据夏承焘考证，姜夔、张岩初识当在寓居湖州时，嘉泰元年至四年姜夔又有上张参政诗多首，张岩至欲为姜夔出资捐官（《姜白石词编年笺校·姜白石行实考》，第230—231页，第253页）。

徐天民草书》有详细记载①，文繁不引。

第三，诸家校谱工作并非是为了保存一代之文献，更多的是以旧谱制新谱。临安张家之门客姜夔，亦曾对《行在谱》作过校订。姜夔《徵招》序云大晟府《徵招》、《角招》“音节驳矣”，“所以当时有‘落韵’之讥”，引文详上。姜夔见到的大晟《徵招》，当指《行在谱》所录大晟府旧谱；其实际情况是“黄钟以林钟为徵，住声于林钟”，且“徵调兼母声，一句似黄钟均，一句似林钟均”（《徵招》序，详见《白石道人歌曲》卷五，下同），这和蔡絛所见几乎完全相同（《铁围山丛谈》卷二）。姜夔校谱的方式始于演奏实践，他曾经将大晟《徵招》曲“吹而听之”，发现其“清者高而亢，浊者下而遗”（《徵招》序），与蔡絛所称“曲谱颇和美”（《宋史·乐志四》）的情况颇不相合。鉴于大晟《徵招》“落韵”的演奏事实，姜夔“再三推寻唐谱并琴弦法而得其意：黄钟徵虽不用母声，亦不可多用变徵蕤宾、变宫应钟声；若不用黄钟而用蕤宾、应钟，即是林钟宫矣；余十一均徵调仿此，其法可谓善矣。然无清声，只可施之琴、瑟，难入燕乐”，“因旧曲《正宫·齐天乐慢》前两拍是徵调，故足成之；虽兼用母声，较大晟曲为无病矣”（《徵招》序）。姜夔参用“唐谱并琴弦法”并以旧曲《正宫·齐天乐慢》前两拍徵调而成《徵招》。这种以“旧谱”制新谱的方式，成为南宋中后期校谱、订谱的显例。与之相似，理、度间杨缵等人的《紫霞洞谱》，也是在校订旧谱的基础上所制之新谱，详上引袁桷《琴述赠黄依然》，文繁不重引。按：袁桷《琴述赠黄依然》虽是记载大晟曲谱南宋流传的过程，但也揭示了南宋中后期校谱之风的一个重要特征。南宋人校谱的对象多为大晟旧谱，但“所得谱”皆不明言其来源，而所做校谱之事，或“复别为调曲”，“失其祖愈远”（《琴述赠黄依然》）。这也透露出一条重要信息，即南宋人校谱往往多隐晦其所“校”之谱的来源，或直接以新谱掩盖“旧谱”。另如四明史家、临安张家校谱亦与此相似。四明史家所校乃经“大晟乐府证定”的“法曲散序”，却托言“悉祖《乐髓景祐谱》”（《外祖母张氏墓记》）。所谓“《乐髓景祐谱》”，据考，乃景祐间为修造朝廷大乐而成的雅乐乐书，非俗乐曲谱。仁宗有《韶乐集》，然为雅乐曲谱而非俗乐曲谱（《乐书》卷一一九），亦非所谓“乐髓景祐谱”。政和四年至八年，大晟府先后两次对“燕乐旧行曲谱”进行“审按校定”，并分别由大晟府颁行（《宋史·乐志四》，《会要·乐》四之一、二），仁宗朝曲谱当亦经“大晟乐府证定”而演变为大晟曲谱。四明史家对

① 详见《袁桷集校注》卷四四《琴述赠黄依然》（第5册，第1952—1953页）、卷四九《题徐天民草书》（第6册，第2161—2162页）。

校谱对象闪烁其词，而校谱的结果便是“《鄮峰真隐大曲》”与“谱清真词”的问世，这即是“隐抵不述”而“复别为调曲”（《琴述赠黄依然》）[①]的显证。临安张家的校谱工作也与此相似，如张镃“在行在录得《谱子》”，并不明言其渊源所自；又，张镃之孙张枢《寄闲集》多有“大晟遗音”，然亦未见说明[②]；倒是张氏门客姜夔在制《徵招》曲时，才隐约表明为“大晟府旧腔”（《徵招》序）[③]。这种校谱之风及以旧谱制新谱的方式，可能直接刺激了南宋典雅词派的诞生。

二、“校谱”之风与南宋典雅词派的兴起

（一）“校谱”之风与词坛风气的转型

如上所述，南宋中后期诸家“校谱”都在对旧谱进行“删正”“改定”的基础上创制新谱。创制的新谱名目繁多，如《广陵张氏谱》、《郭谱》、《奥音玉谱》、《紫霞前谱》、《司农谱》、《紫霞洞谱》等，均声名赫赫，对乐坛影响深远。有些曲谱如四明史家所“删正”的宫廷大曲、临安张家依《行在谱》所制的新谱，则相对较为隐晦，现只有个别曲谱及集名流传下来。《鄮峰真隐大曲》现存《采莲·寿乡词》、《采莲舞》、《太清舞》、《柘枝舞》、《花舞》、《剑舞》、《渔父舞》共七套，当为四明史家校谱的部分成果。今从天一阁本《鄮峰真隐大曲》载宫廷大曲《柘枝舞》［歌头］、［柘枝令］“缺文旁谱”中，可证这几套大曲原缀有“旁谱”[④]，今只存《柘枝

---

① 详见《白石道人歌曲》卷五（《彊村丛书》本，第2册，第778页），《铁围山丛谈》卷二（第24页），《白石道人歌曲》卷五（《彊村丛书》本，第2册，第778页），《宋史·乐志四》（第9册，第3026页），《白石道人歌曲》卷五（《彊村丛书》本，第2册，第778页），《袁桷集校注》卷四四《琴述赠黄依然》（第5册，第1951—1953页），《袁桷集校注》卷三三《外祖母张氏墓记》（第4册，第1547页），《乐书》卷一一九（第211册，第507—508页），《宋史·乐志四》（第9册，第3019页），《宋会要·乐》四之一、二（第1册，第322页），《袁桷集校注》卷四四《琴述赠黄依然》（第5册，第1951—1953页）。

② 如《惜花春起早》诸曲，亦为典型的“大晟曲谱”。按《惜花春起早》见《高丽史·乐志二》所载“唐乐”（第6册，第2230页），据王小盾等考证，《高丽史·乐志二》载“唐乐”应为徽宗朝新曲（详见王小盾、刘玉珺《从〈高丽史·乐志〉“唐乐”看宋代音乐》，《中国音乐学》2005年第1期，第52页）。

③ 姜夔：《白石道人歌曲》卷五，《彊村丛书》本，第2册，第778页。

④ 吴文光、赵晓楠《关于大曲［柘枝令歌头］、［柘枝令］俗字谱及其考译》说：“《鄮峰真隐漫录》中的曲谱是对应于文字作品的，是与《白石道人歌曲》一样的真正曲谱。”（《中国音乐学》2000年第4期，第80页）

舞》[歌头]、[柘枝令]两只残谱。又，临安张家校谱成果亦皆散失，今从其门客姜夔新制《徵招》、《角招》两只曲谱中，略可窥其端绪。张镃之孙张枢有“《寄闲集》，旁缀音谱，刊行于世”①，其曲谱均集数代校谱成果而成，可惜皆散失无存。

按：诸家校谱主要精力固然都在朝廷大乐、宫廷大曲、琴乐及诗乐等几个方面，但都将“余力”旁及于词乐。四明史家“删正”“法曲散序”时，又“谱清真词”；临安张家及其门客在校正诗乐及朝廷大乐时，又制词谱曲，刊行词集旁谱于世；广陵张家及其门客在校订琴乐时，又商讨词乐，张氏门客郭沔（楚望）就曾探讨词曲“协律”与“字声”关系（详下）；贵戚杨缵考正琴乐、撰制“紫霞”系列谱的同时，还撰有《紫霞词谱》、《圈法周美成词》等词乐谱。尽管这些曲谱现大多已不存，但对当时词坛产生的影响却是巨大的。以下谨就“清真谱”的撰制及校订情况略作考述，以见校谱之风对南宋词风转型的影响。

据笔者考证，清真谱的撰制乃南宋词学史的一件大事。据现存文献记载，第一个编撰清真谱的是周邦彦曾孙周铸。周铸为史浩门人，四明史家校谱及编集《鄮峰真隐大曲》时，周铸即为重要成员②；《鄮峰真隐大曲》之“鄮峰”实即鄮山，上有堂曰“鄮山堂”，乃周邦彦政和六年为明州守时因旧基建③。周邦彦自宣和二年移家四明后，其子孙即居于此地④。四明史家将其校谱的部分成果取名《鄮峰真隐大曲》，又取集名《鄮峰真隐漫录》，本身即有效法周邦彦之意。四明史家为何要“谱清真词”？这要从四明史家与周邦彦的关系说起。周铸表面上为史浩门人，并与史弥远为“亲密友”（《宋史·史弥远传》），实际上却与史家有骨肉之亲。据考察，史弥远、史弥坚兄弟均为周邦彦孙女周氏之子，周氏即周铸姑母，故有“中外表”之说。考史浩《周氏生日设醮青词（丁未）》：“疏恩已拜于官封，得子又登于科第。”自注：“丁未。”（《鄮峰真隐漫录》卷二二）乃史浩为其子

① 张炎：《词源》卷下，《词话丛编》本，第1册，第256页。

② 《四库全书总目》卷一五八《〈鄮峰真隐漫录〉提要》：“《鄮峰真隐漫录》五十卷”，“首题门人周铸编”（第1366页）。《增订四库简明目录标注》卷一六：“《鄮峰真隐漫录》五十卷，宋史浩撰，其门人周铸编。”（第733页）《鄮峰真隐大曲》见该书第四五、四六卷（第1141册，第870—885页）。

③ 袁桷：《延祐四明志》卷八，第6册，第6267页。

④ 据《清真先生遗事》考证：“先生（周邦彦）冢墓在杭南荡山（《咸淳志》、《梦粱录》均同），故后裔自明州复徙于此。《咸淳志》云‘子孙今居定山之北乡’是也。”（《王国维全集》，第2册，第418页）其子孙自明州徙居杭州时间或在理、度间。附此以俟再考。

史弥远淳熙十四年丁未登第而作。按：史弥远淳熙六年补承事郎（《宋史·史弥远传》），淳熙十四年“进士出身”（《宋史·史弥远传》，《南宋馆阁续录》卷七），知周氏实为史弥远生母。《通考·宗庙考十四》：“嘉定十四年，诏右丞相史弥远赐第……（史）弥远请并生母齐国夫人周氏及祔妻鲁国夫人潘氏于生母别庙。”（《宋史·礼志十二》同）亦可印证。又，据周铸与史弥坚为“中外表”（《外祖母张氏墓记》）[①]，史弥远、史弥坚均为周氏所生。知周铸与史弥远亦为表兄弟。史浩既为周邦彦孙婿，故对“谱清真词”一事极为重视。

由四明史家牵头而由周邦彦曾孙周铸编撰的清真谱，当为缀有旁谱的清真词集，其对南宋词风的转变起了不容忽视的作用。按南宋词坛在高、孝两朝本宗东坡词，至宁、理后转以清真词为正宗，风气渐变之机即在孝、光之间。而随着史弥远的入相，清真词更是受到前所未有的推崇。

南宋初中期，随着崇“元祐”及词坛“复雅”之风的兴起，清真词颇受冷落。南宋人对此有所论述。赵文《吴山房乐府序》：“观周美成词，其为宣和、靖康也无疑矣。声音之为世道邪？世道之为声音邪？有不自知其然而然者矣。……《玉树后庭花》盛，陈亡；《花间》丽情盛，唐亡；清真盛，宋亡。可畏哉！”（《青山集》卷二）谢维新《音乐发挥》说：“不幸崇、观小人用事，倡为‘丰亨豫大’之说，以文太平。虽能作《大晟乐》，置大司乐，要亦不过崇虚文以饰美观而已，亦奚救于宣、靖之弊哉！”（《事类备要·外集》卷一〇）这两则资料尽管为南宋后期人所载，但仍基本能概括南宋初中期人们对清真词的态度。因此，“中兴六、七十载之间”“乐典久坠”（《宋史·乐志六》），雅词不振，当时词坛“每以词为易事，酒边兴豪，即引纸挥笔，动以东坡、稼轩、龙洲自况。极其至四字《沁园春》，五字《水调》，七字《鹧鸪天》、《步蟾宫》”，“不知宫调为何物，令老伶俊娼，面称好而背窃笑”（仇远《山中白云词叙》）[②]，有识之士深以为忧。而随着校谱、订谱之风的兴起，清真词便被作为雅词圭臬受到词坛推崇，清真

---

① 详见《宋史·史弥远传》（第35册，第12417页），《鄮峰真隐漫录》卷二二（第1141册，第702页），《宋史·史弥远传》（第35册，第12415页），《南宋馆阁续录》卷七（第233页），《宋史·史弥远传》（第35册，第12415页），《文献通考·宗庙考十四》（第948页），《宋史·礼志十二》（第8册，第2634页），《袁桷集校注》卷三三《外祖母张氏墓记》（第4册，第1547页）。

② 详见《青山集》卷二《吴山房乐府序》（第1195册，第13页），《古今合璧事类备要·外集》卷一〇（第941册，第499页），《宋史·乐志六》（第10册，第3050页），《仇远集》卷一一《山中白云词叙》（第220页）。

谱的编撰与推广尤在开风气之先。四明史家在校谱、订谱的同时撰制清真谱，正是适应了词坛形势的需要。

而随着史弥远的入相，由史家牵头、周铸编定的清真谱，可能一度流行。按：史弥远嘉定元年迁知枢密院事兼参知政事，拜右丞相兼枢密使，兼太子少傅，进开国公；嘉定二年，起复右丞相兼枢密使兼太子少师；嘉定十四年，赐家庙祭器；理宗立，拜太师，依前右丞相兼枢密使，进封魏国公；宝庆二年，拜少师，赐玉带；绍定元年，上太后尊号，拜太傅；绍定五年，拜太师，左丞相兼枢密使；绍定六年，拜太师，依前右丞相兼枢密使、鲁国公（《宋史·史弥远传》）。在其专权的二十余年中，士风尚靡，清真词成为词坛正宗受到膜拜。这除了与周家有姻亲关系的史家之大力提倡外，作为史弥远“亲密友”并“寄以腹心”（《宋史·史弥远传》）的周铸及其“谱清真词”，亦起到了不可忽视的作用。《宋史·史弥远传》载：“（史）弥远亲密友周铸，兄（史）弥茂，甥夏周篆，皆寄以腹心，人皆谓三人者必显贵。”[①] 知周铸在史弥远专权期间曾于幕后对当时政治起了一定的作用，清真词恰于此时成为词坛正宗，当与史弥远及周铸之政治影响有关。可惜这一点迄今未引起研究者足够的注意。

大约在史家编撰清真谱的同时或稍后，南宋典雅词派宗师姜夔也不断以清真谱整合成新谱。如以周邦彦仄韵《满江红》“多不协律”而制“平调《满江红》”（姜夔《满江红》序），又以《正宫·齐天乐慢》“前两拍”而制《徵招》（姜夔《徵招》序）等[②]。由姜夔开创的南宋典雅词派，大多对清真谱有过专门的研究。宋季声家宗师杨缵尤为其中的代表。从渊源上说，杨缵的乐论和词法“完全是以姜夔为依归的”，“他的作用是将姜夔的词律形之于词法”[③]。按杨缵“词法周美成”[④]，有《圈法周美成词》一书流传。据郑文焯《词源斠律》考证，《圈法周美成词》“盖取其（清真）词中字句，融入声谱，一一点定，如白石歌曲之旁谱，特于其拍顿加以墨圈，故云圈法耳”。[⑤] 此书虽已失传，然尚可从杨缵《作词五要》找到其中的蛛丝马迹。前贤多以杨缵

① 详见《宋史·史弥远传》（第35册，第12417页），《宋史·史弥远传》（第35册，第12417页），《宋史·史弥远传》（第35册，第12418页）。

② 姜夔：《满江红》序及《徵招》序，详见《白石道人歌曲》卷四与卷五（《彊村丛书》本，第2册，第771页，第778页）。

③ 吴熊和：《宋季三家词法》，《吴熊和词学论集》，第102页。

④ 吴梅：《词学通论》，第95页。

⑤ 吴熊和：《宋季三家词法》，《吴熊和词学论集》，第99页。

《作词五要》为对“清真词法”的全面发挥；但《圈法周美成词》尽管是推崇清真谱背景下的产物，仍有指瑕清真谱之处，这可能是针对周铸所编清真谱讹误而发。

周铸所编清真谱与杨缵《圈法周美成词》，堪称校谱、订谱之风的双璧，它们对南宋中后期词风转型并最终走向清真词一枝独秀的发展轨迹，有着决定性的影响。清真词凭借着四明史家在南宋中后期长达数十年的政治影响而独霸词坛，转后又因声家宗师杨缵的揄扬而成为南宋典雅词派一灯相传的“不祧之祖”，两部清真谱都为其中的关捩。四明史家的清真谱激发了南宋中后期词风的转型，杨缵的清真谱则巩固了词风转型的成果并促成了南宋典雅词派的最终形成。

（二）南宋典雅词派的兴起在于重“音谱”而非“守四声”

关于南宋典雅词派兴起的原因，学术界有一个著名的论断，云：“南渡后，大晟乐谱散失，不独柳谱全亡，周谱亦所存无几。……惟其审音用字之法既不传，如是群视周词四声如金科玉律……此南宋守四声词派所由成立也。”①这种说法因建立在“声（乐谱）亡而韵始严”（王鹏运语）的逻辑基础上，加上词学耆宿的多方渲染，因此在学界产生了深远的影响。

其实，南宋典雅词派不仅仅是“守四声词派”，因为它更注重“协音”。如“词以协音为先。音者何？谱是也”（《词源》卷下），“音律欲其协，不协则成长短之诗”（《乐府指迷》）。“协音”之“音”即为“音律”，非如前贤所云“四声”；而“谱”云云，亦当指“音谱”而言。南宋典雅词派反复提到的“谱”，当包括其延续数代所校旧谱及所订新谱在内。所校之“谱”则有“古曲谱”、“清真谱”及“诸家目前好腔”三类（《乐府指迷》）②。南宋典雅词派依“古曲谱”填词者，如张枢《惜花春起早》一曲，乃为政和四年赐高丽大晟曲谱之一，《寄闲集》中当有此阕在内。又，“诸家目前好腔”包括姜夔等人所撰之腔谱，如《徵招》、《角招》等，宋季颇多填制；另杨缵所制《一枝春》等，亦颇多“和韵”之作。南宋典雅词派因校“谱”及重“音谱”而成共同创作旨趣则至少见于三端：

第一，校旧谱而制新谱。南宋典雅词派以贵胄张枢和外戚杨缵为中心，广泛校订旧谱并创制新谱。如以“大晟乐府证定”的“阁谱”及由“阁谱”加详的“江西谱”、“浙谱”等参订互校并翻制“紫霞前谱”、“司农谱”等，这

① 蔡桢：《柯亭词论》，《词话丛编》本，第5册，第4900页。

② 详见《词源》卷下（《词话丛编》本，第1册，第255页），《乐府指迷》（《词话丛编》本，第1册，第277页），《乐府指迷》（《词话丛编》本，第1册，第283页）。

些新谱尽管均为琴谱，但部分可能转化成为词谱。据周密《倚风娇近》自注“填《霞翁谱》赋大花”，杨缵似曾有词谱《霞翁谱》一书；又，据周密《忆旧游·次韵贫房有怀东园》“恨绝冰弦，尘消翠谱”、王沂孙《踏莎行》“紫霞凄调，断歌重恨知音少”等来看，《霞翁谱》作为词谱仍有琴调痕迹，虽不与“紫霞前谱”、“司农谱”为同一类型曲谱，但两者颇有渊源关系，其中有一部分可能已转化成为词调，今可考的尚有《倚风娇近》、《被花恼》、《一枝春》等曲[①]。今考吟社成员多有自制曲谱集，杨缵依琴调所制词谱《霞翁谱》，当“旁缀音谱”，故周密、张枢、张炎均能“和韵”。除此之外，张枢有《寄闲集》，“旁缀音谱，刊行于世”（《词源》卷下）；吴文英有自度曲集《霜花腴》，亦为“旁缀音谱”之词集[②]。可见，自史浩《鄮峰真隐大曲》、姜夔“十七旁谱”等校谱成果“旁缀音谱”后，南宋典雅词派诸人均效法前修，乃至成为一种传统。

第二，对清真谱的校订。上述杨缵《圈法周美成词》一书，即对清真谱校订所成之书，其中有“《塞翁吟》之衰飒”、“《隔浦莲》之寄煞”，即针对清真谱而发。又《采绿吟》亦为清真谱旧调《塞垣春》改定而成。周密《采绿吟》序：

> 甲子夏，霞翁（杨缵）会吟社诸友逃暑于西湖之环碧。琴尊笔研，短葛练巾，放舟于荷深柳密间。舞影歌尘，远谢耳目。酒酣，采莲叶探题赋词。余得《塞垣春》，翁为翻谱数字，短箫按之，音极谐婉，因易今名云。（《蘋洲渔笛谱》卷一）

《词谱》卷二五：“《塞垣春》，调见《片玉词》。”知为清真首创调，杨缵乃对旧调略作校改，易名为《采绿吟》。又，周密《瑞鹤仙》序：

> 寄闲（张枢）结吟台出花柳半空间，远迎双塔，下瞰六桥，标之曰，湖山绘幅。霞翁（杨缵）领客落成之。初筵，翁（杨缵）俾余赋词，主

① 周密《浩然斋雅谈》卷下：“（杨缵）所度曲，多自制谱，后皆散失，今书一阕于此。《被花恼》：‘疏疏宿雨酿轻寒（词略）。’”（第53页）可证《被花恼》原“旁缀音谱”。又《一枝春》为吟社诸人“依谱”唱和（详下），亦有“音谱”。参见吴熊和《宋季三家词法》（《吴熊和词学论集》，第101页）。

② 张炎《西子妆慢》序：“吴梦窗自制此曲，余喜其声调妍雅……惜旧谱零落，不能倚声而歌也。”（《山中白云》卷二，《彊村丛书》本，第3册，第1268页）知吴文英自度曲集原缀音谱，后渐散佚。

宾皆赏音。酒方行，寄闲出家姬侑尊，所歌则余所赋也。调闲婉而辞甚习，若素能之者。坐客惊诧敏妙，为之尽醉。越日过之，则已大书刻之危栋间矣。(《蘋洲渔笛谱》卷二)[①]

《瑞鹤仙》为清真首创调（依吴藕汀之说）[②]，草窗词有“算何如、付与吟翁，缓评细品”，则当以杨缵校订后之《瑞鹤仙》填词，而付与吟社诸人缓评细品。又，奚秋崖《华胥引·中秋紫霞席上》“隐约《霓裳》声度，认紫霞楼笛”，亦指杨缵以笛品校周邦彦《华胥引》谱而言。以上数调均经杨缵校订，故周、奚填词所依之“谱”，可能出自《圈法周美成词》一书。

第三，依谱填词。杨缵《作词五要》“第三要填词按谱”，这一点吟社诸人曾付诸实践。试以杨缵《一枝春》为例。《词谱》卷二三：“《一枝春》，调见杨缵词，其自度曲也。”自杨缵“新谱”出，吟社诸人纷纷“依谱填词”。周密《一枝春》序：“寄闲（张枢）饮客春窗，促坐款密，酒酣意洽，命清吭歌新制。余因为之沾醉，且调新弄以谢之。”又序云：“越一日，寄闲（张枢）次余前韵，且未能忘情于落花飞絮间，因寓去燕杨姓事以寄意，此少游‘小楼连苑’之词也。余遂戏用张氏故实次韵代答，亦东坡锦里先生之诗乎？”（《蘋洲渔笛谱》卷一）所谓“命清吭歌新制”，即指命家姬依《一枝春》新谱而歌。周密《一枝春》词有“爱歌云袅袅，低随香缕。琼窗夜暖，试与细评新谱”，正指此而言。按此词一作“《一枝春·酒边闻歌和韵》”，所“和”之“韵”今存，即杨缵《一枝春》原曲。自杨缵制新谱《一枝春》并填词，吟社诸人次韵繁夥，张枢（寄闲）亦“次前韵”作词，其子张炎亦有作，从而成为南宋典雅词派依谱填词的典范。《词谱》卷二三：“此调始于此词（引者按：即杨缵《一枝春》原词），当以此词为正体。若张炎词之多押一韵，乃变体也。”“他如周密词之前段第二句‘柳眠醒，似怯朝来疏雨’，后段第二句‘爱歌云袅袅，低随金缕’……宋元人间一为之，亦无不可。”[③]乃拘于一字一韵之多少而论，未知诸人本“依谱”而作，未尝仅依字韵死填也。

---

① 详见《蘋洲渔笛谱》卷一（《彊村丛书》本，第3册，第1165页），《钦定词谱》卷二五（第434页），《蘋洲渔笛谱》卷二（《彊村丛书》本，第3册，第1171页）。

② 吴藕汀、吴小汀：《词调名辞典》，第702页。

③ 详见《钦定词谱》卷二三（第409页），《蘋洲渔笛谱》卷一（《彊村丛书》本，第3册，第1167—1168页），《钦定词谱》卷二三（第409页，第409页）。

考察南宋典雅词派“所由成立”的原因，频繁的“校谱”成为这个社团结群的首要契机。据相关史料记载，吟社诸人前后校谱约可分为四个阶段：淳祐间，杨缵与门客徐宇、毛逊相与校谱历十余年，乃得刘志芳谱，即郭楚望（沔）所传“广陵张氏谱”，由是研习益力；宝祐四年，徐理中进士，“以进《律鉴琴统》入官”，与杨缵定交并相与校谱，约在此时稍后；开庆、景定间，杨缵、张枢、毛逊、徐理、徐宇等人，又于张枢别业“绘幅楼”之“吟台”等地“商榷音律”；至咸淳三年杨缵去世①，校谱之事未尝中断。学界一般认为吟社成立时间在景定五年或四年②。其实，早在宝祐间，吟社成员即已基本聚集。周密《春日感怀寄修门从游》：“华年锦瑟事谁论？燕社鸥盟半不存。三月莺花张绪宅，十年诗酒孟尝门。”据考，周密从游杨缵长达十年（1257—1267）③，宝祐五年后不久即成为杨缵门下士。又，据元人陆文圭《词源跋》：“（张炎）自称得声律之学于守斋杨公（缵）、南溪徐公（理）……淳祐、景定间，王邸侯馆，歌舞升平，居生处乐，不知老之将至。”④ 按：张炎生于淳

① 郭锋：《杨缵卒年新证》，《文学遗产》2006年第4期，第79页。

② 夏承焘《周草窗年谱》：“（景定五年甲子）夏，会杨缵诸人结吟社于西湖杨氏环碧园。”（《夏承焘集》，第1册，第331—332页）萧鹏《西湖吟社考》（《词学》第7辑，第88—101页）、欧阳光《宋元诗社研究丛稿》（第268—274页）均同意夏先生“景定五年”说。但金启华、萧鹏又认为：“仔细寻绎‘霞翁会吟社诸友’等语，似乎已经不是吟社第一次活动。吟社起社在此之前，已形成其第一群社友。否则就应该是‘霞翁会诸友起吟社’这样的说法。”（《周密及其词研究》，第55页）尹占华据周密《木兰花慢》词序及陈允平《西湖十咏》词跋“时景定癸亥岁也”云云，定吟社活动时间始于景定四年癸亥（《论周密等人西湖词社的创作活动》，《兰州大学学报》（社会科学版）2003年第3期，第22—24页）。邓乔彬认为，“此前一年（引者按：即景定四年），周密与张矩、陈允平同赋西湖十景，但其《木兰花慢》序未有只字提到词社一事”，不从景定四年说而仍从景定五年说（《唐宋词艺术发展史》，下册，第322—323页）。张雷宇引周密《瑞鹤仙》词序“寄闲结吟台出花柳半空间”云云，定吟社成立时间“约在宋理宗景定年间”，系于景定四年前（《南宋清雅词派研究》，第81—82页）。周扬波认为：“关于杨缵吟社的活动时间，最早可知纪年的为景定五年，立社时间则还可前推。……周密从杨缵游长达十年，应为1257—1267（年），此即吟社活动的时期。”（《南宋格律词派和浙派古琴的渊源——以杨缵吟社为中心的考察》，《文学遗产》2008年第2期，第79—80页）笔者认为诸先生考证均有实据，如仅就“吟社”字面名称而论，定吟社成立时间在景定五年或四年（或四年前），均有道理；但如从吟社成员的实际活动情况考察，或可推至景定五年或四年前，甚至在宝祐五年前。笔者此处依周扬波之说，不以“吟社”字面名称而从“校谱”活动立论，追溯其初始时间当在淳祐间。其时虽未有吟社之名，而吟社前辈（如杨缵、徐宇、毛逊等）校谱之实，则已俨然存在矣。

③ 周扬波：《南宋格律词派和浙派古琴的渊源——以杨缵吟社为中心的考察》，《文学遗产》2008年第2期，第80页。

④ 陆文圭：《词源跋》，《词话丛编》本，第1册，第269页。

祐八年，说他在淳祐间即参与吟社，自然不可能，陆文圭《词源跋》当指吟社前辈如杨缵、徐宇、毛逊等活动年代始于淳祐而言。

“吟社”之成立为南宋典雅词派诞生的标志，此在学界已成共识；而据以上考察可知，由张枢、杨缵发起，毛逊、徐理、徐宇、施岳、周密、奚濊、李彭老等江湖雅人参与的吟社，是一个“商榷音律”、研讨词艺的社团。所谓“商榷音律”，即是频繁的校谱工作，正是因日趋高潮的校谱之风促成了南宋典雅词派的最终形成。这个结论的得出恰与“词乐失传说”者所述相反。南宋典雅词派诸人多精于音律，校谱之事与填词关系密切，其中因校谱而涌现像《霞翁谱》、《寄闲集》、《霜花腴》那样“旁缀音谱”的词集，乃是南宋典雅词派形成的重要标志，同时也是校谱工作的重要成果。

（三）“校谱”之风与“词法”的形成

关于南宋典雅词派的“词法”，吴先生《宋季三家词法》所述甚详，亦极确，本无再予探讨的余地。此处谨依吴先生观点，就“校谱”之风与“词法”形成之关系略作阐述。

其一，校谱与“按谱填词”。南宋典雅词派首重音律，杨缵订《作词五要》，第一要“择腔”，第二要“择律”，第三要“填词按谱”，第四要“随律押韵”，讲的都是“协音”问题（《词源》卷下）；吴文英传授作词之法，第一条便是“音律欲其协，不协则成长短之诗”（《乐府指迷》）；张炎更大声疾呼：“词以协音为先。音者何？谱是也。”（《词源》卷下）① 可以说，“三家词法”最突出的都是“协音”问题。南宋典雅词派论“协音”，反复提到“谱”这一名词，便是词家所依凭的曲谱。

按：南宋典雅词派所谓“填词按谱”，首先是建立在“择腔”和“择律”的基础上。杨缵《作词五要》：

> 第一要择腔。腔不韵，则勿作。如《塞翁吟》之衰飒、《帝台春》之不顺、《隔浦莲》之寄煞、《斗百花》之无味是也。
>
> 第二要择律。律不应月，则不美。如十一月调须用正宫，元宵词必用仙吕宫为宜也。②

所谓“《塞翁吟》之衰飒”，当指声情的低沉萧飒而言；“《帝台春》之不

---

① 详见《词源》卷下（《词话丛编》本，第1册，第267—268页），《乐府指迷》（《词话丛编》本，第1册，第277页），《词源》卷下（《词话丛编》本，第1册，第255页）。

② 详见张炎《词源》卷下，《词话丛编》本，第1册，第267—268页。

顺”，则指声腔不够清圆流美；“《隔浦莲》之寄煞”，乃指煞声不能复归本调；“《斗百花》之无味”，似指腔调整体上缺乏韵味而言。这些指的都是对“音谱”本身的审按与选定，在很大程度上带有“校谱”的色彩。今查《塞翁吟》创调于清真词，吟社成员吴文英、张炎均有词作，当依“校”后之“谱”而作。可见“择腔”的目的在于校谱，而非真的“腔不韵，则勿作”。

又，所谓“择律”，乃指“依月用律”而言。“十一月调须用正宫”，指十一月律中“黄钟宫”。《词源》：“黄钟宫，俗名正黄钟宫。”（卷上）“正黄钟宫”即“正宫”，故调须用正宫。又，“元宵词必用仙吕宫为宜”，疑误。元宵词为正月太簇宫，《词源》：“太簇宫，俗名中管高宫。”（卷上）[①] 按燕乐“依月用律”始于大晟府，此盖以大晟乐法用于“择律”。

南宋典雅词派的“填词按谱”，见于杨缵《作词五要》，云：

> 第三要填词按谱。自古作词，能依句者已少，依谱用字者，百无一二。词若歌韵不协，奚取焉？或谓善歌者，融化其字则无疵。殊不知详制转折，用或不当，则失律；正、旁、偏、侧，凌犯他宫，非复本调矣。[②]

所提到的“句”指“乐句”，即“句拍”；“谱”指“音谱”，“歌韵”即“均拍”。所谓“填词按谱”，即包含这两个方面。如果不能做到“依谱用字”，至少也要做到“依句拍”和“依均拍”填词。按“融化其字则无疵”，指的是周邦彦《满江红》一阕的歌法。姜夔《满江红》词序：

> 《满江红》旧调用仄韵，多不协律；如末句云“无心扑”三字，歌者将“心”字融入去声，方谐音律。[③]

按：“无心扑”词句出自周邦彦《满江红》“昼日移阴”一首，云：“最苦是、蝴蝶满园飞，无心扑。”姜夔既云“歌者将‘心’字融入去声，方谐音律”，则清真《满江红》至南宋中后期仍可供歌者依谱传唱，但“白石明知旧谱‘心’字之不协，乃为此‘佩’字之去声以就歌谱焉”。[④]“可能姜氏当时

---

① 详见《词源》卷上（《词话丛编》本，第1册，第246页），《词源》卷上（《词话丛编》本，第1册，第246页）。

② 张炎：《词源》卷下，《词话丛编》本，第1册，第268页。

③ 姜夔：《白石道人歌曲》卷四，《彊村丛书》本，第2册，第771页。

④ 吴梅：《词学通论》，第86页。

所见周词原谱的音律另有特异之处，他才把末句改为‘平去平’。”[①] 这揭示了宋词可歌的一种普遍现象，即不“按谱”填词也能入歌喉，靠的是歌者善于“融化其字”。杨缵认为“歌韵不协”本身即“失律”的一种表现，歌者尽管能移宫换羽，但“正、旁、偏、侧，凌犯他宫，非复本调矣”。通过上述分析，我们可以看出，杨缵提出“填词按谱”这一词法，乃是在对“清真谱”作过校订之后总结而出的。《作词五要》所提到的“《塞翁吟》之衰飒”、“《隔浦莲》之寄煞”以及歌者“融化其字”方能歌的仄韵《满江红》“无心扑”，即都针对“清真谱”中“腔不韵”和“歌韵不协”的情况而发。吴先生说：“（杨缵《作词五要》）或许正是《圈法周美成词》一书的纲要，至少两者是相通的。”[②] 所见极是。由此可见，南宋典雅词派“填词按谱”之词法，本身即带有浓郁的校谱意味。

其二，“协律”与“字声”。“协律”与“字声”的关系，是南宋典雅词派“填词按谱”、“依谱用字”的具体化。《词源》云：“近代杨守斋精于琴，故深知音律，有《圈法周美成词》。与之游者，周草窗、施梅川、徐雪江、奚秋崖、李商隐。每一聚首，必分题赋曲。但守斋持律甚严，一字不苟作，遂有《作词五要》。”[③] 所谓“一字不苟作”，乃《作词五要》所强调的“依谱用字”，即正确处理“律”与“字”间的关系，这是南宋典雅词派反复申明的一条重要词法。

所谓“律”乃指“腔律”，“字”则指“字声”。南宋典雅词派在处理二者关系时，所坚持的一条重要原则即是“按之歌谱，声字皆协”。周密《木兰花慢》序记其往日作“西湖十景词十阕”：

> 异日霞翁（杨缵）见之曰：“语丽矣，如律未协何！”遂相与订正，阅数月而后定。是知词不难作，而难于改；语不难工，而难于协。[④]

这正是“守斋（杨缵）持律甚严，一字不苟作”的印证。又张炎在记其父张枢“依谱用字”时说：

---

① 何静源：《对于姜夔十七谱非工尺符号表意的商榷》，《夏承焘集》，第2册，《白石十七谱译稿》附录，第143页。

② 吴熊和：《唐宋词通论》，第307页。

③ 张炎：《词源》卷下，《词话丛编》本，第1册，第267页。

④ 周密：《蘋洲渔笛谱》卷一，《彊村丛书》本，第3册，第1159页。

先人（张枢）晓畅音律，有《寄闲集》，旁缀音谱，刊行于世。每作一词，必使歌者按之，稍有不协，随即改正。

（作《瑞鹤仙》“扑定花心不去”）此词按之歌谱，声字皆协，惟“扑”字稍不协，遂改为“守”字，乃协。始知雅词协音，虽一字亦不放过，信乎协音之不易也。又作《惜花春起早》云“琐窗深”，“深”字音不协，改为“幽”字，又不协，改为“明”字，歌之始协。①

可见，南宋典雅词派“商榷音律”、探讨词艺时，对“协律”与“字声”所守甚严，持律甚苛，又勤于订改，真正做到了“一字不苟作”、“虽一字亦不放过”，乃是“依谱用字”的进一步具体化。

不过，关于如何处理“协律”与“字声”的关系，南宋典雅词派所述颇为简略，且各有不同。琴乐大师郭沔（楚望）云：

词中仄字，上、去二声可用平声；惟入声不可用上三声，用之则不协律。近体如《好事近》、《醉落魄》，只许押入声韵。②

“上、去二声可用平声”乃见于清真词。姜夔《满江红》序：“‘无心扑’三字，歌者将‘心’字融入去声，方谐音律。”③“心”字本平声而“融入去声”，可见南宋中后期词坛处理“律”与“字”关系的一斑。然至杨缵《作词五要》则认为“上、去二声”不可用“平声”，云：

（第三要……依谱用字）或谓善歌者，融化其字则无疵。殊不知详制转折，用或不当，则失律；正、旁、偏、侧，凌犯他宫，非复本调矣。

第四要随律押韵。如《越调·水龙吟》、《商调·二郎神》，皆合用平、入声韵。古词俱押去声，所以转折怪异，成不祥之音。昧律者反称赏之，是真可解颐而启齿也。④

合用“平、入声韵”不可“俱押去声”，这是南宋典雅词派关于“协律”与“字声”关系的进一步深化。其中“入声不可用上三声”，合用“入声韵”

① 详见张炎《词源》卷下，《词话丛编》本，第1册，第256页。

② 张侃：《张氏拙轩集》卷五《跋揀词》，第1181册，第429页。

③ 姜夔：《白石道人歌曲》卷四，《彊村丛书》本，第2册，第771页。

④ 详见张炎《词源》卷下，《词话丛编》本，第1册，第268页。

不可“押去声”，否则“昧律”、“用之则不协律”，是“依谱用字”、“随律押韵”的一条明确禁令。

有关“协律”与“字声”关系的处理，姜夔《大乐议》透露了一条重要的信息，云：“七音之协四声，各有自然之理。今以平、入配重浊，以上、去配轻清，奏之多不谐协。”（《宋史・乐志六》）“重浊”、“轻清”原属音韵学“五音”范畴，“平、入”、“上、去”指文字声律。两者配合的规律，张炎亦有阐述：“盖五音有唇、齿、喉、舌、鼻，所以有轻清、重浊之分，故平声字可为上、入者，此也。听者不知婉转迁就之声，以为合律；不详一定不易之谱，则曰失律。”（《词源》卷下）① 对于“字声”搭配阐发甚详。其实姜、张所论并非仅停留在“字声”搭配上，而是着眼于“音谱”（“乐谱”）与“字声”的配合方面。今考姜夔“七音之协四声”之“七音”、张炎“一定不易之谱”之“谱”，均指“音谱”（“乐谱”）而言。姜、张对填词者只知以“字声”搭配而“不详一定不易之谱”，从而造成“奏之多不谐协”和“失律”情况，均给予了委婉的批评，其目的乃在指出填词者不知“音谱”而只知谨守“四声”，因而在“协律”与“字声”关系处理上流于简单化的通病进行针砭。有关这一点，过去词学界多拘泥于词乐“失传说”而仅就“四声”立论，恰好堕入姜、张所讥而不悟，亦深可叹矣。近来部分学者据“姜白石十七旁谱”所作考释，填补了宋词“音谱”（“乐谱”）与“字声”配合这一研究空白②。但因南宋典雅词派其他人“旁缀音谱”的词集《霞翁谱》、《寄闲集》、《霜花腴》已佚，有关“协律”与“字声”关系的详细情况有待进一步考察。

其三，风格命意与句法字面。南宋典雅词派首重音律，强调“词以协音为先”、“按谱填词”、“依谱用字”并“随律押韵”，词的风格命意、句法字面则在其次。杨缵《作词五要》：

> 第五要立新意。若用前人诗词意为之，则蹈袭无足奇者。须自作不经人道语，或翻前人意，便觉出奇；或只能炼字，诵才数过，便无精神，不可不知也。更须忌三重四同，始为具美。③

---

① 详见《宋史・乐志六》（第10册，第3050页），《词源》卷下（《词话丛编》本，第1册，第256页）。

② 详见杨荫浏、阴法鲁《宋姜白石创作歌曲研究》（第59—62页），邱琼荪《白石道人歌曲通考・声律考索》（第115—152页）。

③ 张炎：《词源》卷下，《词话丛编》本，第1册，第268页。

“立新意”一条将命意、造句等关键意思揭而出之，具有口诀式的易记易诵特点，但过于简略，体现出南宋典雅词派过于重音律而略于内容的缺点。吴文英略进一步，其作词之法有四点，除“音律欲其协，不协则成长短句之诗”外，其余三点都侧重在词的命意与下字、用字方面，如：

> 下字欲其雅，不雅则近乎缠令之体；用字不可太露，露则直突而无深长之味；发意不可太高，高则狂怪而失柔婉之意。①

大致从典雅、含蓄及立意高远几个方面阐述的，相对杨缵《作词五要》来说，在作词技法方面有更细致的探讨。不过仍然是择其大要做口诀式的总结，体现出南宋典雅词派词法的共同特点。

南宋典雅词派词法到张炎则体现出集大成的特点。张炎《词源》上卷论音律，下卷论词法。论词法共列 15 个条目，包括音谱、拍眼、制曲、句法、字面、虚字、清空、意趣、用事、咏物、节序、赋情、离情、令曲、杂论等，举凡词的命意谋篇、风格题材、体制结构、句法字面均有所阐发，尽管分类标准显得有些杂乱随意，但基本上能够囊括南宋典雅词派词法的大致内容。张炎可能意识到所述“词法”过于庞杂，故专列杨缵《作词五要》以标其源。后来张炎又对此做了口诀式的总结，如：

> 周清真之典丽，姜白石之骚雅，史梅溪之句法，吴梦窗之字面，取四家之所长，去四家之所短。②

张炎除主“协律”、“雅正”外，又从“典丽”、“骚雅”、“句法”、“字面”四个方面对作词之法作了新的阐发，目的是为了“语近而明，法简而要，俾初学易于入室云”③。吴先生说：“（张炎词法）首列周、姜，即突出了远祧

---

① 沈义父：《乐府指迷》，《词话丛编》本，第 1 册，第 277 页。

② 陆辅之：《词旨》卷上，《词话丛编》本，第 1 册，第 301—302 页。按：据原文：“予从乐笑翁（张炎）游，深得奥旨制度之法，因从其（张炎）言，命韶暂作《词旨》，语近而明，法简而要，俾初学易于入室云。”“周清真之典丽，姜白石之骚雅，史梅溪之句法，吴梦窗之字面，取四家之所长，去四家之所短，此翁（张炎）之要诀。”（陆辅之《词旨》卷上，《词话丛编》本，第 1 册，第 301—302 页）知此为张炎向陆辅之传授的口诀式词法，并著其传授目的云云。

③ 陆辅之：《词旨》卷上，《词话丛编》本，第 1 册，第 301 页。

清真、近师白石的意向”，“不但表明了师法的重点，还昭示着词派的源流”[①]。所言极是。

可见，宋季三家词法由重“校谱”而到“词法”的定型化、完善化，中间经历了数代人的探讨。张炎《词源》尽管还在高谈音律，但所作“要诀”已专就风格技法而论，这种变化说明南宋典雅词派到张炎时代已是难乎为继。杨缵时代的“按谱填词”、“依谱用字”，到了张炎时代已基本停留于理论层面，填词者似难以理解其严格的“音谱”意义了。

① 吴熊和：《宋季三家词法》，《吴熊和词学论集》，第110—111页。

附 录

大晟府事迹编年考略

关于大晟乐的制作过程与推广情况，史有明载，然歧误繁夥。后世学者不明史料原有混淆，往往不加甄别，依之立论者则有以讹传讹之患。为此，早年凌先生曾作年表①，以明其原委。今在前贤基础上，广稽史料，逐一比勘，试作编年考证。

崇宁元年（1102），诏宰臣置局议乐，陈旸任参详官，议乐人甚众。

八月前后，置“讲议司礼乐房”议乐。

崇宁元年七月戊子（五日），蔡京拜右相；甲午（十一日），诏蔡京提举讲议司。于是置局议乐②。议乐机构或云“讲议局”③，或云“礼乐房”④，或云“制造大乐局”⑤。但依先后次序，当经历了“议乐”和“制乐”两个阶段。崇宁元年至二年，大乐尚处于“讲议”阶段，当以“中书省提举讲议司礼乐房”为接近史实。“讲议局”云云，当为俗称。详见《大晟府官制考》，兹不赘述。

“中书省提举讲议司礼乐房”设于崇宁元年八月前后⑥。议乐人员繁多，可考者有：（1）陈旸。讲议司礼乐房参详官，崇宁元年至二年置局议乐的负

---

① 凌景埏：《宋魏汉津乐与大晟府》，凌景埏、谢伯阳校注《诸宫调两种》附录，第279—294页。

② 详见《宋史·乐志三》（第9册，第2997页），《宋会要·职官》五之一二（第3册，第2468页），《长编纪事本末》卷一三二（第387册，第400页），《长编拾补》卷二〇（第2册，第700—701页）。

③ 详见《文献通考·乐考三》（第1158—1159页），《宋会要·职官》二二之二五（第3册，第2872页），《文献通考·职官考九》（第499页）。

④ 详见《宋史·陈旸传》（第37册，第12848页），《长编纪事本末》卷一三二（第387册，第401页），《长编拾补》卷二三（第2册，第790页）。

⑤ 详见《宋会要·舆服》六之一五（第2册，第1833页），《长编纪事本末》卷一二八（第387册，第362页）。

⑥ 详见《宋史·陈旸传》（第37册，第12848页），《长编纪事本末》卷一三二（第387册，第401页），《长编拾补》卷二〇（第2册，第708页）。

责人[①]。（2）刘诜。讲议司礼乐房检讨官[②]。（3）吴良辅、赵知幾。任协律郎[③]。（4）魏汉津[④]。（5）刘炜[⑤]。详细资料前文各章已有引证，文繁不重录。

崇宁二年（1103），陈旸罢管乐事，刘炜代；未几炜卒，以刘昺进，专主魏汉津乐。

四月二十三日辛未，陈旸上《乐书》非议魏汉津乐。

《宋史·陈旸传》："礼部侍郎赵挺之言：'旸所著《乐书》二十（百）卷，贯穿明备。乞援其兄祥道进《礼书》故事给札。'既上，迁太常丞，进驾部员外郎，为讲议司参详礼乐官。"[⑥]

按：关于陈旸上《乐书》时间，苗建华据清方氏刊本陈旸《乐书》所录何执中奏本，考定陈旸于崇宁二年四月二十三日献书[⑦]。又，《宋史·陈旸传》云"既上（《乐书》）"、"为讲议司参详礼乐官"（详上），亦误。据《长编纪事本末》卷一三二："（崇宁元年九月己丑）太常丞陈旸为驾部员外郎、讲议司参详官。"（《长编拾补》卷二三同）[⑧] 知在崇宁元年九月末"上《乐书》"时即已任"讲议司参详礼乐官"。其所上《乐书》中含非议魏汉津乐的内容，详见下文，兹不赘述。

九月六日壬午，何执中等奏请陈旸《乐书》送讲议司，令知音律人相度施行。以论多不合，陈旸罢管乐事。

《会要·乐》五之一八："建中靖国二年九月六日，吏部尚书何执中等奏：'近礼部员外郎陈旸所撰《乐书》二百卷，送臣等看详，臣等欲乞特加优奖。所有旸欲考定音律，以正中声，更乞送讲议司令知音律之人相度施行。'诏陈

---

① 详见《宋史·陈旸传》（第37册，第12848页），《长编纪事本末》卷一三二（第387册，第401页），《长编拾补》卷二〇及卷二三（第2册，第708页，第790页）。

② 详见《宋史·刘诜传》（第37册，第13124页），《宋会要·职官》五之一四、一五（第3册，第2469—2470页）。

③ 详见《宋史·乐志三》（第9册，第2996页），《宋会要·乐》三之二四（第1册，第319页），《玉海》卷一一〇（第945册，第876页），晁公休《傅公行状》（《忠肃集》卷下附录，第1124册，第786页）。

④ 详见《宋史·魏汉津传》（第39册，第13526页），《宋史·乐志三》（第9册，第2997页），《皇朝编年纲目备要》卷二七（第679页），《文献通考·乐考三》（第1158—1159页）。

⑤ 详见《宋史·刘昺传》（第32册，第11206页），《文献通考·乐考三》（第1159页）。

⑥ 脱脱等：《宋史》卷四三二《陈旸传》，第37册，第12848页。

⑦ 苗建华：《陈旸〈乐书〉成书年代考》，《音乐研究》1992年第3期，第66页。

⑧ 详见《长编纪事本末》卷一三二（第387册，第401页），《长编拾补》卷二三（第2册，第790页）。

旸转一官，余依奏。”按：建中靖国无二年，当从《宋史・乐志三》作“崇宁二年”，云：“（崇宁）二年九月，礼部员外郎陈旸上所撰《乐书》二百卷，命吏部尚书何执中看详，以谓旸欲考定音律，以正中声，愿送讲议司，令知音律者参验行之。旸之论曰：‘汉津论乐，用京房二变、四清……岂古人所谓尊无二上之旨哉？’”此为陈旸非议魏汉津乐的大致观点。《宋史・陈旸传》、《东都事略》与此略同①。

《长编拾补》卷二三：“《编年备要》云：魏汉津献乐议，上从之。礼乐房参详陈旸曰：‘五声、十二律，乐之正也；二变、四清，乐之蠹也。……岂古人所谓尊无二上之旨哉？’论多不合，遂迁旸为鸿胪少卿。”按：《会要・礼》二五之六六载，崇宁二年十一月十七日，礼部员外郎陈旸上议北郊大礼五行、昆仑、神州、五岳帝等神从享之位奏章。《会要・职官》五之一四、一五载，崇宁三年八月七日，奉议郎、礼部员外郎陈旸转一官②。则陈旸仍在讲议司礼乐房任参详官，官职仍为礼部员外郎，不过主管礼事，乐事则由刘炜主管。崇宁三年八月因罢讲议司时，陈旸才“转一官”，奉议郎（正八品）“转一官”即为“承议郎”（从七品）；陈旸迁鸿胪少卿当在崇宁三年八月后。

设“大乐府”，以刘炜任大司乐。

考“乐成，置府建官以司之”云云（《会要・职官》二二之二五），其实，乐未成即已“建官以司之”，其名乃“大乐府”。《会要・舆服》六之一五：“（崇宁四年九月）乙巳，冲显宝应先生、太乐府师、授制造九鼎官魏汉津，为虚和冲显宝应先生。”《长编纪事本末》卷一二八：“（崇宁四年九月）乙巳，冲显宝应先生、大乐府师、授制造九鼎官魏汉津，为虚和冲显宝应先生。”③ 均载有“大乐府”（或太乐府）的机构名称。按大乐府当为大晟乐府前身。

“大乐府”作为一个机构的设立，当与蔡京、赵挺之党争有关。崇宁二年九月至十一月前后，因负责礼乐的讲议司礼乐房参详官陈旸，与魏汉津论乐不合，蔡京遂另设一机构负责大乐事，此机构名称即大乐府。详见前文《大晟府官制考》。

---

① 详见《宋会要・乐》五之一八（第1册，第341页），《宋史・乐志三》（第9册，第2997—2998页），《宋史・陈旸传》（第37册，第12849页），《东都事略・陈旸传》（第382册，第750页）。

② 详见《长编拾补》卷二三（第2册，第790页），《宋会要・礼》二五之六六（第2册，第987页），《宋会要・职官》五之一四、一五（第3册，第2469—2470页）。

③ 详见《宋会要・职官》二二之二五（第3册，第2872页），《宋会要・舆服》六之一五（第2册，第1833页），《长编纪事本末》卷一二八（第387册，第363页）。

又，据蔡絛《国史后补》："刘昺之兄炜以晓乐律进，未几而卒，昺始主乐事。"（《通考·乐考三》）《宋史·刘昺传》："兄炜，通乐律。炜死，蔡京擢昺大司乐。"① 知陈旸罢管乐事后，即由刘炜主管乐事。但此时陈旸仍任讲议司礼乐房参详官，蔡京遂巧立"大司乐"官名以行"礼乐房参详官"之实，刘炜当为第一任大司乐。

本年底，刘炜卒，蔡京遂擢其弟刘昺为大司乐。

详见《宋史·刘昺传》、《通考·乐考三》②、前文《大晟府官制考》及下文考证。

崇宁三年（1104），用魏汉津之说铸九鼎，景钟成。

正月，大司乐刘昺请罢太、少议，以黄钟八寸七分管为中声，止用中指为正声之律十二，中声之律十二，清声之律四。

《宋史·魏汉津传》："（蔡）京之客刘昺主乐事，论太、少之说为非，将议改作。既而以乐成久，易之恐动观听，遂止。"按：此说非，刘昺"议改作"实得到朝廷许可，并用于九鼎的铸造。《通考·乐考四》："刘炳主乐事，建白：'太、少不合儒书，请罢太、少议。'以《太史公书》'黄钟八寸七分管为中声'奏之，因请帝指。时止用中指，不用径围为容盛之法，遂为正声之律十二，中声之律十二，清声之律四，凡二十有八。"③ 故后来只用刘昺"中、正声"铸鼎而废魏汉津"太、少议"不用。据李幼平《大晟钟与宋代黄钟标准音高研究》考证，现存之大晟编钟分正声钟 12 件、中声钟 12 件、清声钟 4 件④。确实已摈弃魏汉津"太、少议"，而只用"正声之律十二，中声之律十二，清声之律四"。

关于刘昺为大司乐时间，诸家均系于崇宁三年正月，当误。《长编拾补》："（崇宁三年正月）甲辰，用方士魏汉津之说铸九鼎。（【案】《通鉴续编》云：蔡京擢其客刘昺为大司乐，付以乐政。刘昺引蜀方士魏汉津见帝，献乐议。从之。）"⑤ 按：魏汉津进"指律"之说在崇宁元年而不在崇宁三年。《长编拾补》云"刘昺引蜀方士魏汉津见帝，献乐议"，乃误读《宋史·刘昺传》"遂引蜀人魏汉津，铸九鼎，作《大晟乐》"一节所致。《宋史》本文只云刘昺为大司乐后"铸九鼎"事，实未言汉津献乐议亦为其所引。详见《魏汉津考》。

---

① 详见《文献通考·乐考三》（第 1159 页），《宋史·刘昺传》（第 32 册，第 11206 页）。

② 详见《宋史·刘昺传》（第 32 册，第 11206 页），《文献通考·乐考三》（第 1159 页）。

③ 详见《宋史·魏汉津传》（第 39 册，第 13526 页），《文献通考·乐考四》（第 1173 页）。

④ 李幼平：《大晟钟与宋代黄钟标准音高研究》，第 27 页，第 34 页。

⑤ 黄以周等：《长编拾补》卷二三，第 2 册，第 787 页。

又，“铸九鼎”时间在崇宁三年二月，其时刘昺已任大司乐若干时（详见前文《刘昺考》）。《长编拾补》亦将刘昺任大司乐系于“崇宁三年正月甲辰”，未免失考。笔者认为，刘炜卒后蔡京即擢刘昺为大司乐，时间当在崇宁二年底（详下）。

二十九日甲辰，中书门下省、尚书省送到魏汉津《札子》。

《会要·乐》二之三一、三二：“（崇宁）三年正月二十九日，中书门下省、尚书省送到魏汉津《札子》：‘……汉津今欲请圣人三指为法，谓中指、第四指、第五指各三节，先铸九鼎，次铸帝座大钟，次铸四韵清声钟，次铸二十四气钟，然后均弦裁管，为一代之乐。’从之。”（《会要·乐》五之一八、一九略同）①

按：魏汉津《札子》“二十四气钟”云云，即指正声钟 12 件、中声钟 12 件（详上）。考魏汉津原先实主太声、少声、中声“三黄钟律”说②。但《札子》最终被代以“中声、正声”说而铸器，故崇宁三年正月二十九日“中书门下省、尚书省送到”之“魏汉津《札子》”，显为被刘昺改窜后的文件。

改窜“魏汉津《札子》”当始于刘炜而终于刘昺。《家世旧闻》卷下：“时好事者言：‘（蔡）京为汉津撰脚色乐。’局官又从而为之说曰：‘昔禹以身为度，即指尺也。’其诬伪牵合如此。”“因迁就为说曰：‘请指之岁，上适年二十四，得三八之数，是为太簇人统，过是，则寸余□不可用矣。’其敢为欺诞，盖无所不至。”考《长编纪事本末》卷一三五：“杨氏《编年》：‘……时汉津取身为度之义，以帝年二十四，当四六之之（数），取帝中指以为黄钟之寸，而生度、量、权、衡以作乐。……而（蔡）京又使刘昺缘饰之。’”（《宋朝事实》卷一四同）③即言“（蔡）京又使刘昺缘饰之”。“局官”云云，诸史乃指刘昺，但实为刘炜、刘昺兄弟。《家世旧闻》“局官又从而为之说曰：‘昔禹以身为度，即指尺也’”云云，即魏汉津《札子》“禹效黄帝之法，以声为律，以身为度”。史载刘炜、刘昺兄弟先后主乐，“炜，通乐律。炜死，蔡京擢昺大司乐”（详上），兄弟二人伪造“魏汉津《札子》”，皆奉蔡京之令，伪造时间当在崇宁二年九月至十一月间。崇宁三年正月二十九日甲辰，中书门下省、尚书省即“送到魏汉津《札子》”，因刘昺伪造和改窜“魏汉津

---

① 详见《宋会要·乐》二之三一、三二（第 1 册，第 306—307 页），《宋会要·乐》五之一八、一九（第 1 册，第 341—342 页）。

② 脱脱等：《宋史》卷四六二《魏汉津传》，第 39 册，第 13526 页。

③ 详见《家世旧闻》卷下（第 208—209 页），《长编纪事本末》卷一三五（第 387 册，第 423 页），《宋朝事实》卷一四（第 180 册，第 235 页）。

《札子》”尚需一段时间，据此推知，蔡京擢刘昺为大司乐当在崇宁二年底[①]。

二月，以魏汉津指尺铸九鼎，设中书省提举制造大乐局，杨戬为提举官，魏汉津为制造官。

按：关于铸九鼎时间，诸书多误为崇宁三年正月[②]，或误为“崇宁四年”者[③]，或误为“崇宁二年”者[④]，又有误为“崇宁元年”者[⑤]。其实，铸九鼎应在崇宁三年二月。《会要·舆服》六之一四：“《祭鼐鼎篇》云：‘崇宁三年二月，以隐士魏汉津言，备万物之象，铸鼎九。四年三月，告成。’”（《会要·礼》五一之二二同）《长编纪事本末》卷一二八：“崇宁三年二月，始用方士魏汉津之说，铸九鼎。”《灵岩集》卷六《隆鼐铭》：“乃崇宁建号之三载，仲春之月，用隐士魏汉津言，备百物之象，爰铸九鼎。”《宋史全文》卷一四：“（崇宁三年二月）始用魏汉津之说，铸九鼎。”[⑥]

时已设立“铸九鼎”的临时机构“制造大乐局”，杨戬任提举官，魏汉津为制造官。[⑦]

---

① 按：史载“刘昺主乐事，论太、少之说为非，将议改作”（《宋史·魏汉津传》，第39册，第13526页；《文献通考·乐考四》，第1173页），即刘昺任大司乐后提出修改“魏汉津乐论”。据《家世旧闻》卷下，刘昺先后两次改窜“魏汉津乐论”，第一次改窜遭人驳难后，又再次进行“缘饰”（第208—209页），因而至刘昺将改窜好的“魏汉津《札子》”递交中书门下省、尚书省时，刘昺已任大司乐若干时。又，中书门下省、尚书省“送到魏汉津《札子》”，乃指正式递交于徽宗批准（有“从之”印证），则作为大司乐的刘昺递交“魏汉津《札子》”时间，当远在崇宁三年正月之前。依此推算，崇宁三年正月二十九日甲辰中书门下省、尚书省“送到魏汉津《札子》”时，刘昺至少已任大司乐一月以上。

② 详见《宋史·徽宗本纪一》（第2册，第368页），《皇朝编年纲目备要》卷二七（第679页），《长编拾补》卷二三（第2册，第787页），《通鉴续编》卷一一（第332册，第662页）。

③ 详见《宋会要·舆服》六之一四（第2册，第1832页），《能改斋漫录》卷一二（第5编，第4册，第79页），《宋朝事实》卷一四（第180册，第234页），《宋史·五行志四》（第5册，第1437页），《宋会要辑稿·补编》（第244页）。

④ 王应麟：《玉海》卷八八，第945册，第403页。

⑤ 详见《文献通考·郊社考二十三》（第824页），《汴京遗迹志》卷八（第587册，第591页）。

⑥ 详见《宋会要·舆服》六之一四（第2册，第1832页），《宋会要·礼》五一之二二（第2册，第1552页），《长编纪事本末》卷一二八（第387册，第361页），《灵岩集》卷六（第1181册，第571—572页），《宋史全文》卷一四（第330册，第531页；参点校本卷一四，第3册，第929页）。

⑦ 详见《宋会要·乐》五之二〇、二一（第1册，第342—343页），《长编纪事本末》卷一二八（第387册，第362页），《宋史·杨戬传》（第39册，第13664页），《能改斋漫录》卷一二（第5编，第4册，第79页）及《大晟府官制考》。

四月十一日甲寅，讲议司乞权借元丰范镇等讲求巢竽、巢笙之书，以参照制造匏部乐器。

《长编纪事本末》卷一三二：“（崇宁三年四月）甲寅，讲议司言：‘元丰中，神宗令张□、范镇、刘几、范（花）日新讲求巢竽、巢笙之类，当时曾镂板宣赐大臣。今韩绛家有之，欲权借照使。’诏可。”按：“讲议司”云云，当为“讲议司礼乐房”。但本年四月二十二日乙丑即罢讲议司（《长编纪事本末》卷一三二，《长编拾补》卷二三）①，“讲议司”当不及制造巢竽、巢笙等乐器。其职事后即归入“大乐府”或“制造大乐局”。

七月，景钟成。

《宋史·乐志三》：“（崇宁三年）秋七月，景钟成。”《会要·乐》三之二四：“（崇宁三年十月九日）张康国奉敕撰《景钟铭》，其序略曰：‘……钟成于秋七月癸丑。’”（《会要·乐》五之一九同）《玉海》卷一〇九：“崇宁三年十月九日，翰林承旨张康国撰《景钟铭》。（铭见《长编》。）其序曰：‘……钟成于秋七月癸丑。’”②

按：诸史均载景钟成在“崇宁三年七月癸丑”。查崇宁三年七月无“癸丑”，只有“癸酉（二日）”、“癸未（十二日）”、“癸巳（二十二日）”。“丑”与“巳”字形相似，或为传写之误。

八月七日戊申，因罢讲议司，陈旸迁为鸿胪少卿。

详见《会要·职官》五之一四、一五、《纲目备要》卷二七、《长编纪事本末》卷一三二③及前文《大晟府官制考》。

十月九日己酉，张康国作《景钟铭》并《序》。

详见上引《会要·乐》三之二四及五之一九、《玉海》卷一〇九，文繁不重引。

十八日戊午，铸帝鼐成。

《十朝纲要》卷一六：“（崇宁三年）十月戊午，帝鼐成。”《纲目备要》卷二七：“（崇宁三年）冬十月，帝鼐成。”《铁围山丛谈》卷一：“崇宁甲申，议作九鼎。有司即南郊为冶……鼎一铸而成。”《会要·舆服》六之一四：

① 详见《长编纪事本末》卷一三二（第387册，第402页），《长编纪事本末》卷一三二（第387册，第402页），《长编拾补》卷二三（第2册，第804页）。

② 详见《宋史·乐志三》（第9册，第2999页），《宋会要·乐》三之二四（第1册，第319页），《宋会要·乐》五之一九（第1册，第342页），《玉海》卷一〇九（第945册，第857页）。

③ 详见《宋会要·职官》五之一四、一五（第3册，第2469—2470页），《皇朝编年纲目备要》卷二七（第679页），《长编纪事本末》卷一三二（第387册，第403页）。

"《御制九鼎记》：'……以崇宁四年乙酉三月戊戌朔二十有一日戊午，即国之南铸之。中曰帝鼐，金二十二万斤。镕冶之夕，中夜起视，炎光属天，一铸而就。'"①

按：《铁围山丛谈》"鼎一铸而成"云云，当指帝鼐。《会要》载"一铸而就"者为帝鼐，而文字稍详。但前者为三年"甲申"，后者为四年"乙酉"。据《十朝纲要》、《纲目备要》，当以崇宁三年十月为是。

崇宁四年（1105），鼎乐成，赐名《大晟》，置府建官。

正月十七日丙戌，诏于帝鼐宫立大角鼎星祠。

《会要·礼》五一之二二："（崇宁）四年正月十七日，诏于帝鼐之宫立大角鼎星之祠，以导迎景贶。"《会要·舆服》六之一五、《东都事略》卷一〇、《长编纪事本末》卷一二八、《十朝纲要》卷一六略同②。

三月二十一日戊午，九鼎告成。

按：关于九鼎铸成时间，诸书记载各异。《宋史·乐志四》、《长编纪事本末》卷一二八主"崇宁四年七月"，《东都事略》卷一〇、《纲目备要》卷二七主"崇宁四年八月"。今据《会要·礼》五一之二二及《舆服》六之一四、《玉海》卷八八、《通考·郊社考二十三》、《通考·乐考三》、《宋史·魏汉津传》、《容斋三笔》卷一三、《灵岩集》卷六《隆鼐铭》、张全真《贺九鼎成表》（《播芳大全》卷二上）、徽宗《九鼎记》（《会要·舆服》六之一四，《长编纪事本末》卷一二八）③，定铸成九鼎在崇宁四年三月二十一日。详见前文《魏汉津考》，兹不赘述。

又，帝鼐成于崇宁三年十月（详上），八鼎成于崇宁四年三月。史书载九

---

① 详见《皇宋十朝纲要校正》卷一六（第446页），《皇朝编年纲目备要》卷二七（第679页），《铁围山丛谈》卷一（第11页），《宋会要·舆服》六之一四（第2册，第1832页）。

② 详见《宋会要·礼》五一之二二及《舆服》六之一五（第2册，第1552页，第1833页），《东都事略》卷一〇（第382册，第83页），《长编纪事本末》卷一二八（第387册，第362页），《皇宋十朝纲要校正》卷一六（第447页）。

③ 详见《宋史·乐志四》（第9册，第3001页），《长编纪事本末》卷一二八（第387册，第362页），《东都事略》卷一〇（第382册，第83页），《皇朝编年纲目备要》卷二七（第679页），《宋会要·礼》五一之二二及《舆服》六之一四（第2册，第1552页，第1832页），《玉海》卷八八（第945册，第403页），《文献通考·郊社考二十三》（第824页），《文献通考·乐考三》（第1159页），《宋史·魏汉津传》（第39册，第13526页），《容斋随笔·三笔》卷一三（第5编，第6册，第157页），《灵岩集》卷六（第1181册，第571—572页），《五百家播芳大全文粹》卷二上（第1352册，第68页），《宋会要·舆服》六之一四（第2册，第1832页），《长编纪事本末》卷一二八（第387册，第362页）。

鼎成于崇宁四年三月，乃为“联书体”。

徽宗为《鼒铭》，命宰臣撰《八鼎铭》。

《玉海》卷八八：“（崇宁）四年三月戊午，成。中曰帝鼒，八方曰苍、彤、晶（皛）、宝、魁、阜、牡、冈。上为《鼒铭》，《八鼎》命宰臣撰。”《长编纪事本末》卷一二八、《十朝纲要》卷一六、《通鉴后编》卷九六略同①。

徽宗又亲为《九鼎记》。

详见《会要·舆服》六之一四、《长编纪事本末》卷一二八②及前文《大晟府官制考》，文繁不重引。

于中太一宫南为“九成宫”以奉安。

详见《会要·礼》五一之二二及《舆服》六之一四、《玉海》卷八八、《灵岩集》卷六《隆鼒铭》、《容斋三笔》卷一三③及前文《刘昺〈鼎书〉考异》，文繁不重引。

魏汉津赐号冲显处士。

《宋史·魏汉津传》：“（崇宁）四年三月，鼎成，赐号冲显处士。八月，大晟乐成。徽宗御大庆殿受群臣朝贺，加汉津虚和冲显宝应先生，颁其《乐书》天下。”《通鉴续编》卷一一：“（崇宁四年乙酉八月）定鼎于九成宫。（帝鼒及八鼎成。诏奉安于九成宫，以蔡京为定鼎礼仪使。帝幸宫行酌献礼，赐魏汉津号冲显处士。）”④

按：“帝幸宫行酌献礼”在崇宁四年八月二十一日乙酉（详下），《通鉴续编》云赐号“冲显处士”在此时，疑误。考魏汉津崇宁四年七月九日甲辰赐号“冲显宝应先生”，崇宁四年九月十一日乙巳加“虚和冲显宝应先生”（详下）。似赐号“冲显处士”当依《宋史·魏汉津传》作崇宁四年三月，或在此后不久。凌景埏《年表》：“（崇宁四年三月）赐魏汉津号冲显处士。”⑤ 可从。

七月九日甲辰，推赏众官。大司乐刘炳转一官，赐五品服；大乐府师、授

---

① 详见《玉海》卷八八（第945册，第403页），《长编纪事本末》卷一二八（第387册，第361—362页），《皇宋十朝纲要校正》卷一六（第446页），《资治通鉴后编》卷九六（第343册，第762页）。

② 详见《宋会要·舆服》六之一四（第2册，第1832页），《长编纪事本末》卷一二八（第387册，第362页）。另参《全宋文》（第166册，第367页）。

③ 详见《宋会要·礼》五一之二二及《舆服》六之一四（第2册，第1552页，第1832页），《玉海》卷八八（第945册，第403页），《灵岩集》卷六（第1181册，第571—572页），《容斋随笔·三笔》卷一三（第5编，第6册，第157页）。

④ 详见《宋史·魏汉津传》（第39册，第13526页），《通鉴续编》卷一一（第332册，第666页）。

⑤ 凌景埏：《宋魏汉津乐与大晟府》，凌景埏、谢伯阳校注《诸宫调两种》附录，第279页。

大乐局制造官魏汉津，为冲显宝应先生[①]。

按：凌景埏云："（崇宁四年）七月，铸帝鼎。九日甲辰，以鼎成，推赏刘昺、魏汉津。大司乐刘昺转一官，赐五品服饰，授大乐局制造官。魏汉津赐号冲显宝应先生。"[②] 云所据为《续通鉴》卷八九。然查《续通鉴》原文为："（崇宁四年秋七月）甲辰，大司乐刘昺转一官，赐五品服。师授大乐局制造官。魏汉津赐号冲显宝应先生。以九鼎成推赏也。"（卷八九）知凌氏乃将"赐五品服。师授大乐局制造官"理解为"赐五品服饰，授大乐局制造官"，将"师"径改为"饰"，其实为臆测而改。今据《通鉴后编》卷九六："（崇宁四年七月）甲辰，大司乐刘昺转一官，赐五品服師（饰）。授大乐局制造官魏汉津赐号冲显宝应先生。以九鼎成推赏也。"可知《续通鉴》原文即据此而成。考《通鉴后编》乃据《长编纪事本末》卷一二八："（崇宁四年）七月甲辰，制造大乐局铸帝鼐、八鼎成，宣德郎、大司乐刘炳转一官，赐五品服。冲显处士、大乐府师、授大乐局制造官魏汉津，为冲显宝应先生。"[③] 不过将"冲显处士、大乐府师、授大乐局制造官魏汉津，为冲显宝应先生"省略成为"师授大乐局制造官魏汉津，赐号冲显宝应先生"，后世版刻则又误断为"师授大乐局制造官。魏汉津赐号冲显宝应先生"。凌先生因此又将"大乐局制造官"误为大司乐刘昺所"转"之"官"，失考亦甚矣。

八月二十日甲申，奠九鼎于九成宫。

《宋史·徽宗本纪二》："（崇宁四年八月）甲申，奠九鼎于九成宫。"《会要·礼》五一之二二："（崇宁四年）八月二十日，奉安九鼎。"《十朝纲要》卷一六、《长编纪事本末》卷一二八略同[④]。

二十一日乙酉，诣宫酌献。至北方宝鼎，鼎忽漏，水流溢于外。

《会要·舆服》六之一五："《祭鼐鼎篇》云：'（崇宁四年）八月甲申，奉安九鼎于九成宫。乙酉，幸九成宫酌献。（蔡絛《五行篇》："崇宁四年铸九鼎，其制皆以九州水土内鼎中。及奉安于九成宫，翌日，车架幸之以礼焉。至

① 详见《宋会要·舆服》六之一五（第2册，第1833页），《长编纪事本末》卷一二八（第387册，第362页）。

② 凌景埏：《宋魏汉津乐与大晟府》，凌景埏、谢伯阳校注《诸宫调两种》附录，第280页。

③ 详见《续资治通鉴》卷八九（第467页），《资治通鉴后编》卷九六（第343册，第763页），《长编纪事本末》卷一二八（第387册，第362页）。

④ 详见《宋史·徽宗本纪二》（第2册，第375页），《宋会要·礼》五一之二二（第2册，第1552页），《皇宋十朝纲要校正》卷一六（第451页），《长编纪事本末》卷一二八（第387册，第362页）。

北方曰宝鼎者，上方焚香再拜，而鼎忽漏，其中水流于外。……于是刘炳进曰：'鼎之水土，皆取九州之地中。独宝鼎取其水土于雄州白沟之界。非幽燕之正方也，岂为此乎？'当时尤以为神。然其后终于北方致乱。")'。"①

按：《十朝纲要》卷一六、《长编纪事本末》卷一二八、《纲目备要》卷二七、《长编拾补》卷二五及《铁围山丛谈》卷一所载略同②，文繁不重引。

二十四日戊子，诏从大司乐刘昺奏罢大朝会十二熊罴桉、金錞、箫、鼓、鼗箫等，又请改定二舞。

《宋史·乐志四》："（崇宁四年）八月，大司乐刘昺言：'大朝会宫架，旧用十二熊罴按（桉），金錞、箫、鼓、鼗箫等与大乐合奏。今所造大乐，远稽古制，不应杂以郑、卫。'诏罢之。又依昺改定二舞，各九成，每三成为一变。执籥秉翟，扬戈持盾，威仪之节，以象治功。"③

按：《会要·乐》五之二〇、《玉海》卷一〇七载"又依昺改定二舞"在"崇宁四年八月二十四日"。又，刘昺奏罢"熊罴按（桉）"等及请"改定二舞"，当在八月二十四日前。刘昺《大晟乐论·第三篇》："顾惟大乐之制，讹谬残阙甚矣。……筝、【筑】、阮，秦、晋之乐也，乃列于琴、瑟之间；□□（熊罴案），梁、隋之制也，乃设于宫架之外。"（《长编纪事本末》卷一三五）《宋史·乐志三》、《通考·乐考三》同。又，《宋史·乐志十七》引《大晟乐书》曰："前此宫架之外，列熊罴案，所奏皆夷乐也，岂容淆杂大乐！乃奏罢之。"④ 均载罢"熊罴按（桉）"事，当出自刘昺同一奏章。

二十六日庚寅，崇政殿奏新乐。

详见《宋史·乐志四》、《宋朝事实》卷一四、《长编纪事本末》卷一三五、《十朝纲要》卷一六、《玉海》卷一〇五⑤及前文《大晟府官制考》，文繁不重引。

---

① 徐松辑：《宋会要·舆服》六之一五，第2册，第1833页。

② 详见《皇宋十朝纲要校正》卷一六（第451页），《长编纪事本末》卷一二八（第387册，第361—362页），《皇朝编年纲目备要》卷二七（第680页），《长编拾补》卷二五（第2册，第848页），《铁围山丛谈》卷一（第12页）。

③ 脱脱等：《宋史》卷一二九《乐志四》，第9册，第3001页。

④ 详见《宋会要·乐》五之二〇（第1册，第342页），《玉海》卷一〇七（第945册，第828—829页），《长编纪事本末》卷一三五（第387册，第423页），《宋史·乐志三》（第9册，第2997页），《文献通考·乐考三》（第1158页），《宋史·乐志十七》（第10册，第3362页）。

⑤ 详见《宋史·乐志四》（第9册，第3001页），《宋朝事实》卷一四（第180册，第238页），《长编纪事本末》卷一三五（第387册，第424页），《皇宋十朝纲要校正》卷一六（第451页），《玉海》卷一〇五（第945册，第777页）。

二十七日辛卯，群臣集议新乐名，拟定新乐诏旨。

详见《宋朝事实》卷一四、《长编纪事本末》卷一三五、《长编拾补》卷二五[①]及前文《大晟府官制考》，文繁不重引。

九月一日乙未朔，大庆殿称庆，赐乐名《大晟》，置府建官。

按：赐乐名《大晟》及置府建官时间，《宋史·徽宗本纪二》、《东都事略》卷一〇、《宋朝事实》卷一四、《长编纪事本末》卷一三五均作崇宁四年“八月辛卯”，《宋大诏令集》卷一四九、《会要·职官》二二之二五、《玉海》卷一六六均作崇宁四年“八月二十七日”，独《宋史·乐志四》作“九月朔”[②]。作“九月朔”是，考详前文《大晟府官制考》，文繁不重引。

加魏汉津虚和冲显宝应先生，颁其《乐书》天下。

详见《宋史·魏汉津传》、《会要·舆服》六之一六、《长编纪事本末》卷一二八、《十朝纲要》卷一六、《通鉴续编》卷一一、《长编拾补》卷二五[③]及前文《大晟府官制考》、《魏汉津考》，文繁不重引。

五日己亥，颁《九鼎赦文》。

按：《全宋文》据《诏令集》收作《九鼎赦文（崇宁四年九月四日）》[④]。今查《会要·舆服》六之一六、《长编纪事本末》卷一二八、《长编拾补》卷二五作“崇宁四年九月五日”[⑤]。

十一日乙巳前，授大司乐刘炳“兼同详定《大乐书》”官。

详见《会要·舆服》六之一六、《长编纪事本末》卷一二八[⑥]及前文《大

---

① 详见《宋朝事实》卷一四（第180册，第238页），《长编纪事本末》卷一三五（第387册，第424—425页），《长编拾补》卷二五（第2册，第852—853页）。

② 详见《宋史·徽宗本纪二》（第2册，第375页），《东都事略》卷一〇（第382册，第83—84页），《宋朝事实》卷一四（第180册，第236页），《长编纪事本末》卷一三五（第387册，第424页），《宋大诏令集》卷一四九《赐大晟乐名御笔手诏》（第551—552页），《宋会要·职官》二二之二五（第3册，第2872页），《玉海》卷一六六（第947册，第335页），《宋史·乐志四》（第9册，第3001页）。

③ 详见《宋史·魏汉津传》（第39册，第13526页），《宋会要·舆服》六之一六（第2册，第1833页），《长编纪事本末》卷一二八（第387册，第363页），《皇宋十朝纲要校正》卷一六（第451—452页），《通鉴续编》卷一一（第332册，第666页），《长编拾补》卷二五（第2册，第859页）。

④ 曾枣庄等主编：《全宋文》，第164册，第9—10页。

⑤ 详见《宋会要·舆服》六之一六（第2册，第1833页），《长编纪事本末》卷一二八（第387册，第363页），《长编拾补》卷二五（第2册，第854—855页）。

⑥ 详见《宋会要·舆服》六之一六（第2册，第1833页），《长编纪事本末》卷一二八（第387册，第363页）。

晟府官制考》、《刘昺考》，文繁不重引。

崇宁五年（1106），诏罢大晟府，后复旧，令大晟府考定谱、调、声，致祠帝鼐。

二月九日壬申，诏省内外冗官，大晟府并之礼官。

详见《宋史·乐志四》、《宋史·职官志四》、《会要·职官》二二之二五、二六、《长编纪事本末》卷一三一、《纲目备要》卷二七、《通考·职官考九》、《通鉴续编》卷一一、《长编拾补》卷二五①及前文《大晟府官制考》，文繁不重引。

按协声律吴仪罢归。

详见杨时《吴国华墓志铭》、《田曹吴公文集序》② 及前文《大晟府官制考》。

九月二十日戊申，大晟府复仍旧。

详见《宋史·乐志四》、《宋史·职官志四》、《会要·职官》二二之二五、二六、《长编纪事本末》卷一三一、《纲目备要》卷二七、《通考·职官考九》、《通鉴续编》卷一一、《长编拾补》卷二五③及前文《大晟府官制考》，文繁不重引。

二十六日甲寅，诏亲制神宗本室与配位乐章，令大晟府先考定谱、调、声以闻。

详见《会要·乐》三之二五④及前文《大晟乐体制考》、《刘诜考》，文繁不重引。

十一月，敕令大晟府乐工教习制度及日支食钱。

详见《会要·职官》二二之二五、二六⑤及前文《大晟府官制考》，文繁

---

① 详见《宋史·乐志四》（第9册，第3002页），《宋史·职官志四》（第12册，第3886页），《宋会要·职官》二二之二五、二六（第3册，第2872—2873页），《长编纪事本末》卷一三一（第387册，第394页），《皇朝编年纲目备要》卷二七（第689页），《文献通考·职官考九》（第499页），《通鉴续编》卷一一（第332册，第667页），《长编拾补》卷二五（第2册，第878页）。

② 详见《龟山集》卷三〇《吴国华墓志铭》及卷二五《田曹吴公文集序》，第1125册，第390页，第352页。

③ 详见《宋史·乐志四》（第9册，第3002页），《宋史·职官志四》（第12册，第3886页），《宋会要·职官》二二之二五、二六（第3册，第2872—2873页），《长编纪事本末》卷一三一（第387册，第394页），《皇朝编年纲目备要》卷二七（第689页），《文献通考·职官考九》（第499页），《通鉴续编》卷一一（第332册，第667页），《长编拾补》卷二五（第2册，第878页）。

④ 徐松辑：《宋会要·乐》三之二五，第1册，第319页。

⑤ 徐松辑：《宋会要·职官》二二之二五、二六《大晟府》，第3册，第2872—2873页。

不重引。

十二月前，魏汉津卒于京师。

按：魏汉津卒年，《御批续资治通鉴纲目》卷九、《御批历代通鉴辑览》卷八〇误为崇宁四年十一月，《续通鉴》卷八九则误为崇宁四年九月后[①]。凌景埏云："是岁（崇宁四年）冬，汉津卒，赐谥嘉晟侯。"[②] 亦误。《全宋文》"魏汉津小传"云："（崇宁）五年十二月卒。"[③] 乃据《会要·仪制》一三之八："魏汉津崇宁五年十二月，赠太中大夫，以尝造九鼎，作大乐，故特褒赠。"[④] 可从。当卒于崇宁五年十二月前。详见前文《魏汉津考》。

致祠于帝鼐，有双鹤回旋于宫架之上。

详见《宋朝事实》卷一四、《长编纪事本末》卷一三五[⑤]及前文《大晟乐体制考》，文繁不重引。

大观元年（1107），颁新乐于三京、四辅及帅府，令大晟府乐工教习太学、辟雍诸生，颁降《鼎书》，令撰《大晟乐书》。

正月十三日庚子，甘露降于帝鼐内。

《宋史·徽宗本纪二》："（大观元年正月）庚子，复置议礼局于尚书省。甘露降于帝鼐内，群臣称贺。"《续通鉴》卷九〇略同[⑥]。

五月九日甲午，诏令大晟府议颁新乐，先降三京、四辅及二十八帅府。

按：大晟府"颁新乐于天下"的时间，宋代史料所载共有六种说法：（1）崇宁五年八月二十三日。（2）大观元年五月九日。（3）大观二年八月。（4）大观三年八月二十三日。（5）政和三年五月。（6）政和三年八月。

所谓崇宁五年八月二十三日"颁新乐于天下"者，见《会要·乐》三之二五。因崇宁五年二月已罢大晟府，九月方才复旧，故不可能于大晟府已罢时颁降新乐。又，《会要·乐》三之二八、二七："大观二年八月，新乐成，诏令大晟府置图颁降……"乃为大晟燕乐而发。《宋史·乐志四》载禁打断等事在政和三年五月，可证此"大观二年"当为"政和三年"之误（详后）。其

① 详见《御批续资治通鉴纲目》卷九（第693册，第334页），《御批历代通鉴辑览》卷八〇（第338册，第297页），《续资治通鉴》卷八九（第467页）。

② 凌景埏：《宋魏汉津乐与大晟府》，凌景埏、谢伯阳校注《诸宫调两种》附录，第261页，第293页。

③ 曾枣庄等主编：《全宋文》，第46册，第145页。

④ 徐松辑：《宋会要·仪制》一三之八，第2册，第2052页。

⑤ 详见《宋朝事实》卷一四（第180册，第236页），《长编纪事本末》卷一三五（第387册，第425页）。

⑥ 详见《宋史·徽宗本纪二》（第2册，第377页），《续资治通鉴》卷九〇（第470页）。

实，大观间大晟乐并未“颁降天下”，只“颁之三京、四辅以及藩府”。《会要·乐》五之二〇：“大观元年五月九日，诏：‘乐作已久，方荐郊庙，施于朝廷，而未及颁之天下。宜令大晟府议颁新乐，使雅正之声被于四海，先降三京、四辅，次帅府。’”（《宋史·乐志四》、《宋史·徽宗本纪二》、《十朝纲要》卷一七、《玉海》卷一〇五略同）又，大观元年七月议礼局札子：“今大晟新乐，推行京、辅、节镇，而祭服未能如古，臣等窃惑之。……大观元年七月十六日奉御书……”（《政和五礼新仪》卷首）又，赵佶《大晟乐记》：“乃按习于宫掖，教之国子，用之太学、辟雍，颁之三京、四辅以及藩府焉。”（《宋朝事实》卷一四，《长编纪事本末》卷一三五）① 亦只言“颁之三京、四辅以及藩府”②，未言“颁之天下”。故华镇《乞颁降州军大乐札子》云：“近者伏见朝廷下大乐局制造三都、四辅大乐。”③ 均可为证。

诏令大晟府乐工教习太学、辟雍诸生。

《会要·乐》三之二六：“大观之初，有诏令大晟府乐工教习太学、辟雍诸生，每月习学三日。其已习者曰登歌，逐色名数十有八；其未习者曰宫架，逐色名数三十。”④

按：据赵佶《大晟乐记》：“乃按习于宫掖，教之国子，用之太学、辟雍。”（详上）此当在大晟乐颁于辟雍、太学及三京、四辅、藩府稍前。姑附于此。

九月二十八日辛亥，大享明堂，用大晟乐。

《宋史·乐志八》载《大观宗祀明堂五首》：“奠玉币，《镇安》：‘交于神明（略）。’‘有邦事神（略）。’配位奠币，《信安》：‘肇祀明堂（略）。’酌献，《孝安》：‘若昔大猷（略）。’配位酌献，《大明》：‘于昭皇考（略）。’”⑤

按：《会要·礼》二四之五七：“大观元年九月辛亥，大享明堂，以神宗

---

① 详见《宋会要·乐》三之二五（第1册，第319页），《宋会要·乐》三之二六、二七（第1册，第320页），《宋史·乐志四》（第9册，第3018页），《宋会要·乐》五之二〇（第1册，第342页），《宋史·乐志四》（第9册，第3002页），《宋史·徽宗本纪二》（第2册，第378页），《皇宋十朝纲要校正》卷一七（第464页），《玉海》卷一〇五（第945册，第777—778页），《政和五礼新仪》卷首（第647册，第6页），《宋朝事实》卷一四（第180册，第238页），《长编纪事本末》卷一三五（第387册，第425页）。

② 按：《宋史·乐志四》：“而三京藩邸，凡祭祀之用乐者皆赐之。”（第9册，第3005页）“三京藩邸”，乃为“三京、四辅、藩府”之误，当误脱“四辅”二字；又将“藩府”误为“藩邸”。可据校正。

③ 华镇：《云溪居士集》卷二六，第1119册，第587页。

④ 徐松辑：《宋会要·乐》三之二六，第1册，第320页。

⑤ 脱脱等：《宋史》卷一三三《乐志八》，第10册，第3102—3103页。

皇帝配，大赦天下。”小注引《宋史·乐志八》载《大观宗祀明堂五首》，即以此为大观元年九月辛亥大享明堂乐章。乃是。据《宋史·徽宗本纪二》：“（大观元年九月）辛亥，大飨明堂，赦天下。”① 知此乐章五首确为大观元年大享明堂所用。

刘昺受命修《大晟乐书》。

按：《宋史·徽宗本纪二》言大观三年六月甲戌朔诏修《大晟乐书》，《宋史·乐志四》云大观四年八月刘昺编修《乐书》，均误。考《会要·乐》五之二〇“（大观元年十一月五日）强渊明等奏：‘伏睹陛下已降睿旨编修《乐书》……’”②，知大观元年十一月五日前即已诏修《大晟乐书》。凌景埏云：“（大观元年）降旨修（乐）书。”③ 极是。可从。详见前文《大晟府乐书考》。

十一月十四日乙丑，郑居中等修成《鼎书》十七卷，《祭鼎仪范》六卷。诏付有司行之。

详见《宋史·礼志七》、《会要·礼》五一之二二、二三、《十朝纲要》卷一七、《玉海》卷八八④及前文《刘昺〈鼎书〉考异》，文繁不重引。

十二月二十四日乙巳后，诏九鼎乐曲各随其方，命学士院撰进。

《会要·礼》五一之二三：“（大观元年）十二月二十四日，臣僚言：‘……而逐鼎乐章，尚未修定。乞诏有司，考四时之气候，察五行之盛衰，撰谱制词，各从其方，以镇九州。’内出手诏曰：‘九鼎以奠九州，祀事所用乐曲，亦当各随其方，不可概以一律。可依所请，命学士院撰进。’”⑤

按：《会要·礼》五一之二二、《长编纪事本末》卷一二八、《长编拾补》卷二五并载乐曲乐舞名，然系于崇宁四年三月（《宋史·礼志七》、《通考·郊社考二十三》略同而未载乐曲乐舞名）。考《会要·礼》五一之二二载徽宗幸九成宫酌献“至北方曰宝鼎者”云云，在崇宁四年八月二十一日，与其下文

---

① 详见《宋会要·礼》二四之五七（第1册，第928页），《宋史·徽宗本纪二》（第2册，第379页）。

② 详见《宋史·徽宗本纪二》（第2册，第382页），《宋史·乐志四》（第9册，第3003页），《宋会要·乐》五之二〇（第1册，第342页）。

③ 凌景埏：《宋魏汉津乐与大晟府》，凌景埏、谢伯阳校注《诸宫调两种》附录，第293页。

④ 详见《宋史·礼志七》（第8册，第2545页），《宋会要·礼》五一之二二、二三（第2册，第1552—1553页），《皇宋十朝纲要校正》卷一七（第466页），《玉海》卷八八（第945册，第403页）。

⑤ 徐松辑：《宋会要·礼》五一之二三，第2册，第1553页。

宝鼎“祭以冬至”时间不合①。知《会要》等诸史所载九鼎按月分祀及用乐仪制，并非崇宁四年所用，而为修史者采大观元年后所定用乐仪制补入，当为“联书体”。

本年彭几进《乐书》，请增徵调，召至大晟府任协律郎。

按：详见《宋史·乐志四》、《会要·乐》五之二〇、《墨客挥犀》卷六。又，李复上《议乐疏》议补徵调（《潏水集》卷一）②，亦在彭几进《乐书》前后，详见前文《彭几考》，文繁不重引。

大观二年（1108），刘诜上徵声，令大晟府同教坊依谱按习。

二月之前，刘诜上徵声。

详见《宋史·乐志四》、《宋史·刘诜传》、《会要·乐》五之二〇③及前文《刘诜考》。

三月三十日庚辰，令大晟府同教坊依“徵声”谱按习，仍增徵、角二谱。

按：史籍载此时“令大晟府同教坊依谱按习，仍增徵、角二谱”（《宋史·乐志四》，《会要·乐》五之二〇），但未曾有具体曲名的记载。今考史料常以“政和《徵招》、《角招》”名之（《宋史·乐志四》）④，而不以“大观《徵招》、《角招》”命名。又，考刘诜大观二年只上“徵声”乐论，曲谱乃教坊“次乐工”在大观二年至政和三年间陆续完成，“增徵、角二谱”的高峰期在政和二年，详见前文《大晟乐体制考》及《刘诜考》、《盛允升任大晟府制造官考》。

关于补徵调时间，诸书多误为崇宁间（《避暑录话》卷上，《拙轩词话》），或有误为宣和间者（《云麓漫抄》卷一二）。考崇宁三年二月方铸九鼎，四年八月鼎乐方成，五年九月二十六日方诏大晟府“先考定谱、调、声以闻”（详上），是时当谈不上有议补徵调之事。崇宁五年二月，蔡京罢相，至大观元年正月方再相（《宋史·宰辅表三》），故崇宁间不可能有补徵调之举。据上考，大约在蔡京复相的大观元年正月后，才有议补徵调的可能。故

① 详见《宋会要·礼》五一之二二（第2册，第1552页），《长编纪事本末》卷一二八（第387册，第361—362页），《长编拾补》卷二五（第2册，第835—836页），《宋史·礼志七》（第8册，第2545页），《文献通考·郊社考二十三》（第824页），《宋会要·礼》五一之二二（第2册，第1552页）。

② 详见《宋史·乐志四》（第9册，第3002页），《宋会要·乐》五之二〇（第1册，第342页），《墨客挥犀》卷六（第3编，第1册，第39页），《潏水集》卷一（第1121册，第3—4页）。

③ 详见《宋史·乐志四》（第9册，第3002页），《宋史·刘诜传》（第37册，第13124页），《宋会要·乐》五之二〇（第1册，第342页）。

④ 详见《宋史·乐志四》（第9册，第3002页），《宋会要·乐》五之二〇（第1册，第342页），《宋史·乐志四》（第9册，第3026页）。

《避暑录话》“崇宁初，大乐阙徵调，有献议请补者”（卷上）、《拙轩词话》“崇宁中，大乐阙徵调，议者请补之”①，乃在崇宁五年九月“复大晟府”后，而徵调《黄河清》等告成日，则在蔡京第三次入相的政和三年（详后）。

六月十六日乙未，因臣僚言，大晟府亦隶六察。

《会要·职官》一七之一七及一七之三一：“大观二年六月，臣僚言：‘辟雍、大晟府，礼、乐之所自出，亦不得检视。’”“徽宗时，大晟府等不隶台察，自大观臣僚申请，而大晟府等皆隶六察。”《群书考索·后集》卷六、《通考·职官考七》略同。《十朝纲要》卷一七作“大观二年六月乙未”②。

大观三年（1109），释奠用大晟乐，诏赐宴辟雍用雅乐，制造大乐局结绝罢局。

二月二日丁丑，释奠用大晟乐。

按：春秋上丁释奠用大晟乐，当始于大观三年初。《宋史·礼志八》：“大观三年，礼部、太常寺请以文宣王为先师，兖、邹、荆三国公配享十哲从祀。……诏皆从之。”《宋史·乐志四》：“（大观）三年五月，诏：‘今学校所用，不过春秋释奠。’”知在本年已用大晟乐于“仲春上丁”释奠。《宋史·乐志十二》载《大观三年释奠六首》③，即为这次释奠所用。

又，考《政和五礼新仪》卷一二一：“太常寺预于隔季，以仲春上丁（仲秋上丁），释奠至圣文宣王。……大晟设登歌之乐于殿上前楹间，稍南，北向。”只有登歌，而无宫架、二舞，与《会要·乐》三之二六载“大观之初”“其已习者曰登歌”、“其未习者曰宫架”④相合，知大观三年春秋上丁释奠只用登歌乐。

四月，诏以铸鼎之地作宝成宫，祠黄帝以下及魏汉津。

《会要·礼》五一之二四：“大观三年四月，诏：‘以铸鼎之地作宝成宫，总屋七十一区。中置殿曰神灵，以祠黄帝。东庑殿曰成功，祀夏后氏。西庑殿

① 详见《避暑录话》卷上（第2编，第10册，第256页），《拙轩词话》（《词话丛编》本，第1册，第190页），《云麓漫抄》卷一二（第214页），《宋史·宰辅表三》（第16册，第5516页），《避暑录话》卷上（第2编，第10册，第256页），《拙轩词话》（《词话丛编》本，第1册，第190页）。

② 详见《宋会要·职官》一七之一七及一七之三一（第3册，第2742页，第2749页），《群书考索·后集》卷六（第937册，第87页），《文献通考·职官考七》（第488页），《皇宋十朝纲要校正》卷一七（第468页）。

③ 详见《宋史·礼志八》（第8册，第2551—2553页），《宋史·乐志四》（第9册，第3002页），《宋史·乐志十二》（第10册，第3235—3236页）。

④ 详见《政和五礼新仪》卷一二一（第647册，第613—614页），《宋会要·乐》三之二六（第1册，第320页）。

曰特（持）盈，祀周成王及周公旦、召公奭。后置堂曰昭应，祀唐李良及隐士嘉成侯魏汉津。’”《宋史·礼志七》、《通考·郊社考二十三》略同①。

五月十二日丙辰，诏赐宴辟雍用雅乐。

《宋史·乐志四》：“（大观）三年五月，诏：‘今学校所用，不过春秋释奠。如赐宴辟雍，乃用郑、卫之音，杂以俳优之戏，非所以示多士。其自今用雅乐。’”《宋史·徽宗本纪二》、《玉海》卷一〇五作“大观三年五月十二日丙辰”。《宋大诏令集》载大观三年五月十二日《京西提学曾弼乞赐宴辟雍用雅乐御笔》②。

按：《宋史·乐志十四》有《大观闻喜宴六章》，《通考·乐考十六》作“大观三年制闻喜”③，所用即为大晟雅乐。

六月，刘昺上《乐书》二十卷，刊印颁四方④。

按：凌景埏云：“（大观三年）六月，刘昺上《乐书》。”注云：“此据《玉海》。《宋史·乐志》谓：‘四年八月帝命刘昺编修。’按大观元年已降旨修书，故知《宋史》误也。”⑤ 极是。

八月二十三日乙未，制造颁降三京、四辅、二十八帅府等处大乐结绝罢局，等第推恩。

按：详见《会要·乐》五之二〇、二一⑥及前文《大晟府官制考》，文繁不重引。或作“（崇宁五年）八月二十三日”⑦，乃误，考详上。

大观四年（1110），用大晟律校礼器，议颁指尺，省大晟府冗员，定皇后册仪用乐。

二月九日戊寅，取新定律乐之度，审校礼器。

《会要·食货》六九之五：“宋徽宗大观四年二月九日，议礼局札子：‘臣等伏观陛下度律均钟，更造雅乐，施之天下，为万世法。至于礼器，尚仍旧

---

① 详见《宋史·礼志七》（第8册，第2545页），《宋会要·礼》五一之二四（第2册，第1553页），《文献通考·郊社考二十三》（第824页）。

② 详见《宋史·乐志四》（第9册，第3002—3003页），《宋史·徽宗本纪二》（第2册，第382页），《玉海》卷一〇五（第945册，第778页），《宋大诏令集》卷一四九（第551页）。

③ 详见《宋史·乐志十四》（第10册，第3298页），《文献通考·乐考十六》（第1259页）。

④ 王应麟：《玉海》卷一〇五，第945册，第778页。

⑤ 凌景埏：《宋魏汉津乐与大晟府》，凌景埏、谢伯阳校注《诸宫调两种》附录，第281页，第293页。

⑥ 徐松辑：《宋会要·乐》五之二〇、二一，第1册，第342—343页。

⑦ 徐松辑：《宋会要·乐》三之二五、二六，第1册，第319—320页。按：点校本《宋会要辑稿·乐三》此处作“（大观三年）八月二十三日”（第1册，第387页），极是。

制，未闻有所改作。……臣等欲乞明诏有司，取新定乐律之度，审校礼器。有不合者，悉行改正，以副制作之意。'诏：'律、度、量、衡，先王之制不相袭，而历代亦不同。今以身为度，起律作乐，则于礼制，宜依所奏。'"①

按：《长编纪事本末》卷一三三引《徽宗实录》略同。《政和五礼新仪》卷首所附"本局札子"及"御笔"文字有异同，时间作"大观四年一月初九日"，笔误，当从《会要·食货》六九之五、《长编纪事本末》卷一三三作"二月初九日"②。

四月十一日己卯，张阁请颁指尺于天下。

《会要·食货》六九之五、六："（大观四年）四月十一日，翰林学士张阁等奏：'更制新尺，既已用而未施之四方。欲乞将指尺颁降天下。……'诏令工部依样先造一千条，取旨颁降。"《玉海》卷八略同③。

按：《宋史·徽宗本纪二》、《十朝纲要》卷一七均云"大观四年四月己卯颁乐尺于天下"④，乃误，"大观四年四月己卯"乃张阁等上奏时间，非真正"颁乐尺于天下"的时间（详下）。凌景埏《年表》："同月（大观四年四月）十一日己卯，颁乐尺于天下。"原注："《宋史·徽宗本纪》。"⑤ 仅据《宋史·徽宗本纪二》立说，亦有疏误。

二十四日壬辰，蔡薿上《乞颁指尺于天下札子》。

《会要·食货》四一之三一："（大观四年）四月二十四日，朝奉郎、试给事中蔡薿奏：'……臣尚愿颁指尺于天下，以同五度、五量、五权之法。区区之愚，以今日所用度之长短，知（引者按："知"字衍文。）量之多寡，权之轻重，非将有所增损也。特因仍其旧，悉使考协于新尺之度数，而定为永法，备成一代之典，昭示无穷。乞诏有司讨论施行。'诏依，令议礼局讨论，申尚书省。"（《会要·食货》六九之六同）⑥

---

① 徐松辑：《宋会要·食货》六九之五，第7册，第6332页。

② 详见《长编纪事本末》卷一三三（第387册，第408页），《政和五礼新仪》卷首（第647册，第15页），《宋会要·食货》六九之五（第7册，第6332页），《长编纪事本末》卷一三三（第387册，第408页）。

③ 详见《宋会要·食货》六九之五、六（第7册，第6332页），《玉海》卷八（第943册，第209页）。

④ 详见《宋史·徽宗本纪二》（第2册，第384页），《皇宋十朝纲要校正》卷一七（第472页）。

⑤ 凌景埏：《宋魏汉津乐与大晟府》，凌景埏、谢伯阳校注《诸宫调两种》附录，第281页，第293页。

⑥ 详见《宋会要·食货》四一之三一（第6册，第5552页），《宋会要·食货》六九之六（第7册，第6332页）。

按：《政和五礼新仪》卷首作“二十八日”，然据《新仪》“四月二十五日，奉圣旨”云云[①]，当以“二十四日”为正。

二十八日丙申，议礼局乞崇奉感生帝、神州地祇皆用宫架、二舞。

《宋史·乐志四》：“（大观）四年四月，议礼局言：‘国家崇奉感生帝、神州地祇为大祠，以僖祖、太祖配侑，而有司行事不设宫架、二舞，殊失所以尊祖、侑神作主之意。乞皆用宫架、二舞。’诏可。”据《会要·礼》一四之六五载，议礼局言请“常祀感生帝、神州地祇，皆用宫架、二舞”，在大观四年四月二十八日。《长编纪事本末》卷一三三略同[②]。

六月，诏国子生罢习二舞，愿习雅乐者听。

《宋史·乐志四》：“（大观四年）六月，诏：‘近选国子生教习二舞，以备祠祀先圣，本《周官》教国子之制。然士子肄业上庠，颇闻耻于乐舞与乐工为伍，坐作、进退，盖今古异时，致于古虽有其迹，施于今未适其宜。其罢习二舞，愿习雅乐者听。’”《会要·乐》三之二六：“（大观二年八月）十一日，臣僚上言：‘……近选国子生教习文、武二舞，以备词（祠）祀先圣。未及施行，有诏令罢。以为士子肄业上庠，颇闻耻习乐舞，与乐工为伍，坐作扰杂，从事于伎艺之末。’”[③]

按：《宋史》载国子生罢习二舞诏在大观四年六月，《会要》载“近选国子生教习文武二舞”云云，即是节述大观四年六月诏书内容，而反在“大观二年”，乃误（详下）。

八月一日丁卯，徽宗亲制《大晟乐记》，勒石立于大晟府。

《会要·乐》五之二一：“（大观）四年八月一日，御制《大晟乐记》。”《宋史·乐志四》、《十朝纲要》卷一七、《玉海》卷一〇五略同。《宋朝事实》卷一四、《长编纪事本末》卷一三五均载《大晟乐记》原文，时间为“大观四年八月丁卯”[④]。文繁不引。

又，《政和五礼新仪》卷首：“本局札子：‘……臣等契勘比年以来所颁御制，皆勒金石，以垂永久。若恢崇学校之诏，载于辟雍；宾典八行之训，刻之

---

① 郑居中等：《政和五礼新仪》卷首，第647册，第16页。

② 详见《宋史·乐志四》（第9册，第3003页），《宋会要·礼》一四之六五（第1册，第619页），《长编纪事本末》卷一三三（第387册，第411页）。

③ 详见《宋史·乐志四》（第9册，第3003页），《宋会要·乐》三之二六（第1册，第320页）。

④ 详见《宋史·乐志四》（第9册，第3003页），《宋会要·乐》五之二一（第1册，第343页），《皇宋十朝纲要校正》卷一七（第473页），《玉海》卷一〇五（第945册，第778页），《宋朝事实》卷一四（第180册，第238页），《长编纪事本末》卷一三五（第387册，第425页）。

大（太）学；新学（乐）之记，立之大晟。……取进止。’政和元年三月奏。”①

按：“新学之记”当为“新乐之记”笔误，即“御制《大晟乐记》”。“皆勒金石”、“立之大晟”云云，知《大晟乐记》曾勒金石立于大晟府。议礼局札子“政和元年三月奏”，知《大晟乐记》勒石立于大晟府在此前。姑附于此。

十一日丁丑，以官徒廪给繁厚，省大晟府乐令一员、监官二员。

《会要·职官》二二之二六：“大观四年八月十一日，诏：‘大晟官徒廪给繁厚，未适其中。自今省乐令一员、监官二员，吏禄并视太常格。’”《宋史·职官志四》、《通考·职官考九》略同②。

按：大晟府乐令设官之初原为二员，至此减为一员。《宋史·乐志四》、《通考·乐考三》均误为设官之初原为一员。考慕容彦逢《朝散大夫徐申、奉议郎宋彧可并大晟府乐令，宣德郎李遘、将仕郎吴叔贤可并大晟府协律郎制》（《摛文堂集》卷四），制词作于崇宁五年九月，既徐申、宋彧并为大晟府乐令，可知其设官之初当为二人，大观四年八月后方减为一人。《宋史·职官志四》、《会要·职官》二二之二六、《通考·职官考九》载大观四年八月十一日“省乐令一员”③，亦为佐证。详见前文《大晟府官制考》及《大晟府词人新考》。

十月二十四日己未，诏议皇后册仪并用乐节次。

《政和五礼新仪》卷首：“大观四年十月二十四日，奉御笔：‘据所奏皇后受册仪制，颇未详备。比览《开元礼》“类释嘉礼”册命皇后，于皇后殿设幄位，展宫架奏乐，进重翟。……其设宫架奏乐等，宜精加讨论，子（仔）细比类，参酌古今，随宜增，重别仪（议）定礼制，【条】画开具进入。’本局札子：‘……皇后受册及内外命妇班贺，《开元》、《开宝礼》皆于受册之殿，陈宫架，用女工人，升降、止行，并以乐。近仪不用。伏乞定皇后受册及内外命妇班贺乐名，仍乞别撰乐章。’……大观四年十一月十一日，崇政殿进呈，奉圣旨并依奏，付议礼局。”④

---

① 郑居中等：《政和五礼新仪》卷首，第647册，第16页。

② 详见《宋会要·职官》二二之二六（第3册，第2873页），《宋史·职官志四》（第12册，第3886页），《文献通考·职官考九》（第499页）。

③ 详见《宋史·乐志四》（第9册，第3001—3002页），《文献通考·乐考三》（第1158—1159页），《摛文堂集》卷四（第1123册，第341页），《宋史·职官志四》（第12册，第3886页），《宋会要·职官》二二之二六（第3册，第2873页），《文献通考·职官考九》（第499页）。

④ 郑居中等：《政和五礼新仪》卷首，第647册，第21—22页。

按：《全宋文》据《新仪》卷首收作《议定皇后受册仪制御笔（大观四年十月二十四日）》，认为“仪”当为“议”之误，“画”前误脱“条”字①。今考《会要·礼》五三之七录有相似文字，作“宜精加讨论，重别议定”②。知“仪”确为“议”之误，可从。

十一月十一日乙亥，议礼局上册皇后仪范节目，定皇后受册及内外命妇班贺，陈设宫架，用女工，升降、止行，并以乐节，乞定乐名并别撰乐章。

详见《宋史·礼志十四》、《会要·礼》五三之七、《长编纪事本末》卷一三三。按：《政和五礼新仪》亦载，文字较详（卷首）。考《政和五礼新仪》卷首、《长编纪事本末》卷一三三作“大观四年十一月十一日乙亥”，《会要·礼》五三之七作“大观四年十二月十八日”③。今考十二月三日诏定皇后册仪用乐节次、曲名，十二月二十一日许别撰乐章（详下），故当从《政和五礼新仪》、《长编纪事本末》作“大观四年十一月十一日”。

又，《宋史·乐志六》“中宫册礼”：“崇宁中，乃陈宫架，用女工，皇后升降行止，并以乐为节。”“崇宁中”云云，误，当为“大观中”。据《宋史·礼志十四》、《会要·礼》五三之七，则大观四年十一月拟定皇后册仪，确已陈设宫架并用女工。《政和五礼新仪》载《册皇后仪一》：“大晟展宫架之乐于殿庭横街之南。”（卷一八七）《册皇后仪二》：“归阁，《泰安之乐》作。至阁，乐止。女工人退，会外命妇如别仪。”（卷一八八）④ 亦可印证。

十二月三日丁酉，诏定皇后册仪用乐节次、曲名；二十一日乙卯，御笔许别撰乐章，至本月底已撰成“《乐章》一册”。

《政和五礼新仪》卷首：“大观四年十二月初三日，内降指挥：‘皇后用二月一日受册曲名可依下项：出阁，《神（坤）安曲》；升座，《和安曲》；降殿，迎册宝，《承安曲》；册宝入殿，《宜安曲》；受册宝，《成安曲》；［外］命妇入门，《咸安曲》；［内］命妇称贺，《惠安曲》；降座，《徽安曲》；归阁，《泰安曲》。本局札子：臣等准本局承受内客省使贾祥奉宣圣旨，皇后受册、

① 曾枣庄等主编：《全宋文》，第164册，第274页。

② 徐松辑：《宋会要·礼》五三之七，第2册，第1566页。

③ 详见《宋史·礼志十四》（第8册，第2661页），《宋会要·礼》五三之七（第2册，第1566页），《长编纪事本末》卷一三三（第387册，第412页），《政和五礼新仪》卷首（第647册，第21—22页），《政和五礼新仪》卷首（第647册，第21—22页），《长编纪事本末》卷一三三（第387册，第412页），《宋会要·礼》五三之七（第2册，第1566页）。

④ 详见《宋史·乐志六》（第10册，第3048页），《宋史·礼志十四》（第8册，第2661页），《宋会要·礼》五三之七（第2册，第1566页），《政和五礼新仪》卷一八七（第647册，第817页）及卷一八八（第647册，第823页）。

捧册宝、升殿作《至安之曲》。欲望圣慈许令修撰乐章，添入今来所用《仪注》。取进止。’大观四年十二月二十一日，奉御笔，依奏。”①

按：《政和五礼新仪》卷首：“本局札子：‘……撰次到《皇后册仪礼注》四册、《目录》一册、《乐章》一册、《章服图》二册，并前所上《皇后册礼仪范看详》七册、《目录》一册……’大观四年十二月，奉御笔：‘依此颁降施行。’”②“《乐章》一册”云云，当在大观四年十二月二十一日后至三十日间已撰成“《乐章》一册”。

政和元年（1111），增皇子冠仪用乐，颁大晟乐尺于天下。

二月九日壬寅，册皇后郑氏，用大晟乐。

《会要·礼》五三之七：“政和元年二月九日，早一刻，开内门。……皇后册宝降出……皇帝服通天冠、绛纱袍以出，乐作。即御座，乐止，扇开。太尉、司徒入门，奏《正安之乐》。乐作，至位，乐止。在位官皆再拜。侍中宣制曰：‘册贵妃郑氏为皇后，命公等持节展礼。’……礼仪使奏礼毕，皇帝降座，承旨索扇，乐作。入东房，乐止。……内东门司退，笺贺皇后。”③

按：《政和五礼新仪》载《册皇后仪》用大晟乐甚详，仅“皇后受册”及“皇后受内外命妇贺”，即有《坤安》、《宜安》、《承安》、《成安》、《咸安》、《徵（徽）安》、《泰安》（详上），可补史传，文繁不录。又据“司乐展宫架之乐于殿庭”、“典乐帅女工人，先入就位”、“乐止，女工人退”云云④，知此次皇后受册及用乐确已用宫架之乐及女乐工。

五月六日丁卯，从尚书省奏颁大晟乐尺于外路诸司、州、府、军、监及属县。

《会要·食货》六九之六：“政和元年五月六日，尚书省言：‘已造乐尺，颁赐在京侍从官以上及官司库务。外路诸司、州、府、军、监，欲令诸路转运司依样制造，降付管下诸州，遂（逐）州制造，分给属县。自今年七月一日为始，旧尺并毁弃。’从之。”《玉海》卷八、《通考·乐考六》略同⑤。

本月，增皇子冠仪，用大晟乐。

《宋史·礼志十八》：“皇子自东房出，内侍二人夹侍，王府官从，《恭安

---

① 郑居中等：《政和五礼新仪》卷首，第647册，第815页。

② 郑居中等：《政和五礼新仪》卷首，第647册，第22—23页。

③ 徐松辑：《宋会要·礼》五三之七，第2册，第1566页。

④ 郑居中等：《政和五礼新仪》卷一八八《册皇后仪二》，第647册，第823页。

⑤ 详见《宋会要·食货》六九之六（第7册，第6332页），《玉海》卷八（第943册，第209页），《文献通考·乐考六》（第1187页）。

之乐》作，即席南向坐，乐止。掌冠者进折上巾，北向跪冠，《修安之乐》作，赞冠者进，北面跪正冠。皇子兴，内侍跪进服讫，乐止。掌冠者揖皇子复坐，以爵跪进，祝曰：'（略）。'皇子搢笏，跪受爵，《翼安之乐》作，饮讫，太官令进馔讫。再加七梁冠，《进安之乐》作。掌冠者进爵，祝曰：'（略）。'皇子跪受爵，《辅安之乐》作，太官奉馔。三加九旒冕，《广安之乐》作。掌冠者进爵，祝曰：'（略）。'皇子跪受爵，《贤安之乐》作，太官奉馔，馔徹。皇子降，易朝服，立横阶南，北向位，掌冠者字之曰：'（略）。'……左辅宣敕戒，曰：'（略）。'皇子再拜，进前俯伏，跪称：'（略）。'俯伏，兴，复位，再拜，出。"《政和五礼新仪》卷首："本局札子：'臣等今具皇子冠礼仪，合奏禀事如后：……一、冠用乐。臣等看详，古者诸侯冠必以乐。《开元》、《开宝》惟太子加元服有乐，而亲王冠礼则无之。今修立皇子冠仪，乞增用乐'"、"正（政）和元年五月，奉御笔指挥下项：'……可依《仪礼》冠用乐，依所奏用大晟乐，余依议。'"①

七月一日壬戌，诏用大晟乐尺，毁弃旧尺。

详见上引《会要·食货》六九之六、《玉海》卷八、《通考·乐考六》，文繁不重引。

宗子习大晟乐舞，约在本年前后。

孙觌《赵公墓志铭》："政和初，以胄子习乐舞，试廷中，进忠训郎，授京畿监牧司准备差使。"②

按："胄子"本指王室及公卿嫡长子（《尚书正义》卷三），宋泛指入宗学之"宗子"（详见周必大《筠州乐善书院记》、陈傅良《赐进士出身宣教郎赵善防系濮安懿王近属更转一官》）。《会要·帝系》五之二五、《纲目备要》卷二八均载政和四年四月九日"御崇政殿按宗子习大乐"，各转官授官③。此云"以胄子习乐舞"、"试廷中，进忠训郎"，与之吻合；唯时间为"政和初"，则集部联书之体也，实"习乐舞"在政和初，而"进忠训郎"则在政和四年。"政和初"为宋人记时习惯，未必为政和元年。考大观元年五月后大晟乐已颁于宗学，不应习乐舞迟至政和元年。或大观元年颁乐时，尚未选宗子习

① 详见《宋史·礼志十八》（第2728—2729页），《政和五礼新仪》卷首（第647册，第24—25页）。

② 孙觌：《鸿庆居士集》卷三八，第1135册，第421页。

③ 详见《尚书正义》卷三（第131页），周必大《文忠集》卷六〇《筠州乐善书院记》（第1147册，第630—631页），陈傅良《止斋先生文集》卷一三《赐进士出身宣教郎赵善防系濮安懿王近属更转一官》（《四部丛刊》初编本，第8页B面），《宋会要·帝系》五之二五（第1册，第124页），《皇朝编年纲目备要》卷二八（第710页）。

乐，至此方有习乐之举。

政和二年（1112），贡士赐宴用雅乐，耤田、太社、太稷并用宫架乐，改定大晟乐章。

二月二十七日甲寅，诏亲祀耤田，依养老礼奏大晟乐。

《政和五礼新仪》卷首："本局札子：'……今来朝会、耕耤，更不亲享先农，即与养老诸礼无异。欲乞车驾诣耤田，行耕耤之礼，及还宫，并依养老礼奏乐。如蒙俞允，乞批降付本局施行，取进止。'政和二年二月二十七日，奉御笔，依养老例奏乐。"《长编纪事本末》卷一三三、《长编拾补》卷三一略同①。

本月，改大朝会仪太乐令为大晟府，《盛德升闻》为《天下化成之舞》，《天下大定》为《四夷来王之舞》。

《宋史·礼志十九》"大朝会仪"条："其后，徽宗以元日受八宝及定命宝，冬至日受元圭，皆于大庆殿行朝贺礼。《新仪》成，改《元丰仪》太尉为上公，侍中为左辅，中书令为右弼，太乐令为大晟府，《盛德升闻》为《天下化成之舞》，《天下大定》为《四夷来王之舞》。"《政和五礼新仪》卷一三八《大庆殿元正冬至大朝会仪下》："宫架作《正安之乐》，文舞入，立宫架北，觞行一周。（凡酒巡周，并太官令奏。）宫架奏《天下化成之舞》，三成止，出。……太官令行群臣酒，宫架作《正安之乐》，武舞入，觞行一周，乐止。尚食、典御、奉御进食，置御座前。太官设群臣食，宫架奏《四夷来王之舞》，三成止，出。"②

按：徽宗"受八宝"在大观元年十二月，"受元圭"在政和二年十一月二十五日戊寅（《宋史·徽宗本纪二》，《宋史·徽宗本纪三》，《宋史·礼志五》）。《政和五礼新仪》颁于政和三年四月（卷首）③，然考其议大朝会仪改《盛德升闻》为《天下化成之舞》，《天下大定》为《四夷来王之舞》必在政和二年二月。

四月二十四日庚戌，因礼部言取旨，诏赐贡士闻喜宴于辟雍，用大晟雅乐，罢琼林苑宴。

《宋史·乐志四》："政和二年，赐贡士闻喜宴于辟雍，仍用雅乐，罢琼林苑宴。……诏皆从之。"《会要·崇儒》一之三："政和二年四月庚戌，礼部

---

① 详见《政和五礼新仪》卷首（第647册，第30页），《长编纪事本末》卷一三三（第387册，第413页），《长编拾补》卷三一（第3册，第1023页）。

② 详见《宋史·礼志十九》（第9册，第2749—2750页），《政和五礼新仪》卷一三八（第647册，第647页）。

③ 详见《宋史·徽宗本纪二》（第2册，第380页），《宋史·徽宗本纪三》（第2册，第390页），《宋史·礼志五》（第8册，第2499页），《政和五礼新仪》卷首（第647册，第30页）。

言：‘大观三年贡士，并宗子上舍与进士同释褐，就琼林苑赐宴。今合取旨。’诏：‘宴就辟雍，仍用雅乐，差知举蔡薿押宴。’”①

盛允升为大晟府制造官，考正徵、角二声为燕乐。

沈与求《盛公行状》：“（政和二年）方朝廷考正徵、角二声为燕乐，以厘革郑、卫淫哇之习。公上所著《乐书》数万言，论辨古乐，所以析用中、正之法甚悉。上嘉用之。改仪曹，兼大晟府制造官。”②

按：盛允升为大晟府制造官在政和二年至三年，详见前文《大晟府官制考》及《盛允升任大晟府制造官考》。

八月十一日戊子，臣僚请减罢太学、辟雍乐工教习。

《会要·乐》三之二六：“（大观二年八月）十一日，臣僚上言：‘大观之初，有诏，令大晟府乐工教习太学、辟雍诸生，每月习学三日。其已习者曰登歌，逐色名数十有八；其未习者曰宫架，逐色名数三十。近选国子生教习文、武二舞，以备词（祠）祀先圣。未及施行，有诏令罢。以为士子肄业上庠，颇闻耻习乐舞，与乐工为伍，坐作扰杂，从事于伎艺之末。臣愚以谓即罢二舞，无由更习宫架；若止习登歌，即非全乐，似乎无所用之。所有乐工教习诸生去处，如合减罢，伏望更赐详酌施行。’”③

按：凌景埏《年表》：“（大观二年）八月十一日戊子，臣僚请减罢大（太）学辟雍乐工教习。”④ 今查《会要》原文只有“十一日，臣僚上言”云云，“大观二年八月”当为《会要》辑校者误加。考《宋史·乐志四》：“（大观四年）六月，诏：‘近选国子生教习二舞，以备祠祀先圣，本《周官》教国子之制。然士子肄业上庠，颇闻耻于乐舞与乐工为伍，坐作、进退，盖今古异时，致于古虽有其迹，施于今未适其宜。其罢习二舞，愿习雅乐者听。’”⑤ 知《会要》即是节述大观四年六月诏书内容，所谓“未及施行，有诏令罢”，所指“罢习二舞”之“诏令”，即指此。点校本《宋会要辑稿》补为“大观四年□月”⑥。今考《宋史·礼志八》将“大晟乐成，诏下国子学选诸生肄习。上丁释奠奏于堂上，以祀先圣”系于“政和五年”后。又，据《宋大诏令集》

① 详见《宋史·乐志四》（第9册，第3012页），《宋会要·崇儒》一之三（第3册，第2164页）。

② 沈与求：《龟溪集》卷一二，第1133册，第246页。

③ 徐松辑：《宋会要·乐》三之二六，第1册，第320页。

④ 凌景埏：《宋魏汉津乐与大晟府》，凌景埏、谢伯阳校注《诸宫调两种》附录，第281页。

⑤ 脱脱等：《宋史》卷一二九《乐志四》，第9册，第3003页。

⑥ 按：点校本《宋会要辑稿·乐三》亦据《宋史·乐志四》“（大观四年）六月”云云，指此处旁批“大观二年八月”为误，而补为“大观四年□月”（第1册，第387页）。

卷一四九《两学习乐成辅臣案试御笔》（政和三年九月十八日）、《会要·瑞异》一之二一、《会要·乐》三之二六、二七、《宋史全文》卷一四，则“国子生教习文、武二舞”于政和三年已成。据此可知，“诏下国子学选诸生肄习”云云，当在大观四年六月至政和三年间。今考《通考·乐考三》：“又诏春秋释奠、赐宴辟雍、贡士鹿鸣、闻喜宴，悉用《大晟乐》，屏去倡优淫哇之声。仍令选国子生教习乐舞。”据《会要·崇儒》一之三“赐宴辟雍、贡士鹿鸣、闻喜宴，悉用《大晟乐》”在政和二年四月①。“仍令选国子生教习乐舞”云云，《通考》系于此后，虽选国子习乐舞在大观四年六月前已有成命，但因士子耻习而诏罢习舞只习大晟雅乐，或此后又有“令选国子生教习乐舞”事，《诏令集》、《会要》、《宋史全文》所载政和三年“两学习乐成辅臣案试”云云，可为旁证。疑《会要》“大观二年”为“政和二年”之误。

十九日癸卯，诏量、权、衡以大晟乐尺为度。

《会要·食货》四一之三一、三二：“（政和）二年八月十九日，工部尚书兼详定重修敕令、权开封尹李孝偁（稱）等奏：‘……今来大晟乐尺，系以帝指为数。昨已奉圣旨颁行天下。其量、权、衡虽据大晟府称，皆出于度。缘至今未曾颁用。……欲依乐尺修立，又缘既未颁行，未敢立法。欲乞详酌，现将量、权、衡之式颁之天下，仍降付本所，以凭遵依，修立成条。’诏：‘量、权、衡以大晟府尺为度，余依奏。’”《会要·食货》六九之六、七同，《玉海》卷八、《通考·乐考六》略同而稍简②。

二十四日戊申，从太常寺言太社、太稷等并合用宫架乐舞。

《宋史·乐志四》：“（政和二年）八月，太常言：‘宗庙、太社、太稷并为大祠，今太社、太稷登歌而不设宫架乐舞，独未为备。请迎神、送神、诣罍洗、归复位、奉俎、退文舞、迎武舞、亚终献、望燎乐曲，并用宫架乐，设于北墉之北。’诏皆从之。”《会要·礼》一四之六五、六六及二三之二、三略同，作“政和二年八月二十四日”③。

---

① 详见《宋史·礼志八》（第8册，第2551页），《宋大诏令集》卷一四九（第552页），《宋会要·瑞异》一之二一（第3册，第2075页），《宋会要·乐》三之二六、二七（第1册，第320页），《宋史全文》卷一四（第330册，第544页；参点校本卷一四，第3册，第952页），《文献通考·乐考三》（第1159页），《宋会要·崇儒》一之三（第3册，第2164页）。

② 详见《宋会要·食货》四一之三一、三二（第6册，第5552页），《宋会要·食货》六九之六、七（第7册，第6333页），《玉海》卷八（第943册，第216页），《文献通考·乐考六》（第1187页）。

③ 详见《宋史·乐志四》（第9册，第3012—3013页），《宋会要·礼》一四之六五、六六及二三之二、三（第1册，第619—620页，第893页）。

本月，大晟府乐章令翰林学士、中书舍人改定，别作卷秩编载。

《政和五礼新仪》卷首："本局札子：……伏睹近降指挥：'大晟府乐章，已令翰林学士、中书舍人改定以闻。'兼本局札：'《仪注》内有合行拟定曲名、制撰乐章等，虑合一就付翰林学士、中书舍人改撰。'欲乞令大晟府先次拟定合用乐名，编入《仪注》内。……今来亲祠《仪注》内用《册祝文》等，亦虑合一就付秘书省。候将来逐处改撰到乐章、《册祝文》等，即乞别作卷秩编载。取进止。政和二年八月，奉御笔，依所奏。"①

九月十三日丁卯，李孝偁（稱）乞依用大晟新尺纽定尺寸。

《会要·食货》四一之三一、三二："（政和二年）九月十三日，工部尚书兼详定重修敕令、权开封尹李孝偁（稱）奏：'看详度、量、权、衡，出于一体。内度虽已得旨，颁大晟新尺行用，缘依政和元年四月十二日敕，应干长短、广狭之数，并无增损。其诸条内尺寸，止合依上条用大晟新尺纽定。（谓如帛长四十二尺……）如得允当，欲作申明，随敕行下。即不销逐条展计外，有度、量、权、衡，今候颁到新式，续具修定。'从之。"《会要·食货》六九之七同，《通考·乐考六》略同而稍简②。

二十五日己卯，颁《鹿鸣宴乐章》、《唐乡饮乐章》、《大射乐章》等。

按：《宋史·乐志十四》有"政和鹿鸣宴五首"，《通考·乐考十六》作"政和二年《鹿鸣燕》"。据《玉海》卷一〇六："政和二年九月二十五日，颁《鹿鸣宴乐章》五曲、《唐乡饮乐章》十七、《大射乐章》四。"③ 知颁《鹿鸣宴乐章》等在政和二年九月二十五日。

本月，诏从刘焕言，州郡岁贡士鹿鸣宴许用大晟雅乐。

《宋史·乐志四》："政和二年，赐贡士闻喜宴于辟雍，仍用雅乐，罢琼林苑宴。兵部侍郎刘焕言：'州郡岁贡士，例有宴设，名曰鹿鸣，乞于斯时许用雅乐，易去倡优淫哇之声。'八月，太常言：'宗庙、太社、太稷并为大祠……并用宫架乐，设于北墉之北。'诏皆从之。"《通考·乐考三》略同④。

按："刘焕言"云云，在政和二年四月至八月间，又知宗庙、太社等"并用宫架乐"在政和二年八月二十四日后，《玉海》卷一〇六"颁《鹿鸣宴乐

① 郑居中等：《政和五礼新仪》卷首，第647册，第32页。

② 详见《宋会要·食货》四一之三一、三二（第6册，第5552页），《宋会要·食货》六九之七（第7册，第6333页），《文献通考·乐考六》（第1187页）。

③ 详见《宋史·乐志十四》（第10册，第3299页），《文献通考·乐考十六》（第1262页），《玉海》卷一〇六（第945册，第799页）。

④ 详见《宋史·乐志四》（第9册，第3012页），《文献通考·乐考三》（第1159页）。

章》五曲"在政和二年九月二十五日（详上）。据此推测，"诏皆从之"当在九月前后。

十二月二十三日丙午，宴辅臣于延福宫，奏大晟乐，翔鹤屡至。

《宋史·仪卫志六》："政和二年，延福宫宴辅臣，有群鹤自西北来，盘旋于睿谟殿上。及奏大晟乐，而翔鹤屡至。诏制瑞鹤旗。"①

按：《会要·瑞异》一之二三、《宋史全文》卷一四所载略同。据《宋史·徽宗本纪三》："（政和二年十二月）丙午，燕辅臣于延福宫。"② 知为政和二年十二月二十三日丙午。

政和三年（1113），议礼局上亲祠登歌等礼乐制度；新燕乐成，大晟府刊行曲谱、乐器，颁降天下，禁用旧乐；辅臣按试太学、辟雍所习乐，定诸生习乐服饰；南郊用大晟乐，始用登歌道士。

正月一日甲寅，诏州郡鹿鸣宴止以"鹿鸣"为名，仍用古乐。

详见《宋史·礼志十七》、《政和五礼新仪》卷首《御笔指挥》、《长编纪事本末》卷一三三、《长编拾补》卷三二③及前文《〈风雅十二诗谱〉考》，文繁不重引。

四月二十九日庚戌，议礼局上亲祠登歌、亲祠宫架等礼乐制度。

按：凌景埏云："（大观四年）四月，议礼局请大祠用宫架二舞，诏可。"④ 未言所据。其书附录云："本文征引，除加注外，均见《宋史·乐志》。"⑤ 知其据《宋史·乐志四》。今查《宋史·乐志四》原文及《会要·乐》五之二二、二三、《政和五礼新仪》卷六、《通考·乐考十三》⑥，知凌氏所据时间有误。当为政和三年四月。

五月，因燕乐新成，令刊行曲谱，教坊、钧容直、开封府各颁降大晟乐器二副。

---

① 脱脱等：《宋史》卷一四八《仪卫志六》，第11册，第3463页。

② 详见《宋会要·瑞异》一之二三（第3册，第2076页），《宋史全文》卷一四（第330册，第550页；参点校本卷一四，第3册，第962页），《宋史·徽宗本纪三》（第2册，第390页）。

③ 详见《宋史·礼志十七》（第8册，第2721页），《政和五礼新仪》卷首《御笔指挥》（第647册，第34页），《长编纪事本末》卷一三三（第387册，第413页），《长编拾补》卷三二（第3册，第1049页）。

④ 凌景埏：《宋魏汉津乐与大晟府》，凌景埏、谢伯阳校注《诸宫调两种》附录，第281页。

⑤ 同上书，第286页。

⑥ 详见《宋史·乐志四》（第9册，第3013—3017页），《宋会要·乐》五之二二、二三（第1册，第343—344页），《政和五礼新仪》卷六（第647册，第154—157页），《文献通考·乐考十三》（第1240—1241页）。

《宋史·乐志四》："（政和三年）五月，帝御崇政殿，亲按宴乐，召侍从以上侍立。诏曰：'……比诏有司，以《大晟乐》播之教坊……可以所进乐颁之天下，其旧乐悉禁。'于是令尚书省立法，新徵、角二调曲谱已经按试者，并令大晟府刊行，后续有谱，依此。其宫、商、羽调曲谱自从旧。新乐器五声、八音方全。埙、篪、匏笙、石磬之类已经按试者，大晟府画图疏说颁行，教坊、钧容直、开封府各颁降二副。开封府用所颁乐器，明示依式造粥，教坊、钧容直及中外不得违。今辄高下其声，或别为他声，或移改增损乐器，旧来淫哇之声，如打断、哨笛、呀鼓、十般舞、小鼓腔、小笛之类与其曲名，悉行禁止，违者与听者悉坐罪。"《通考·乐考三》略同①。

按：此非全为本月事。"亲按宴乐"在五月二十九日，"诏颁天下"则在三十日。《玉海》卷一〇五："政和三年五月二十九日，御崇政殿按燕乐。三十日，诏颁之天下。"《宋大诏令集》卷一四九《行大晟新乐御笔手诏》，亦作"政和三年五月三十日"。《宋史·徽宗本纪三》："（政和三年五月）己酉，班新燕乐。"《长编纪事本末》卷一三五作"（政和三年）五月己酉"；而"于是令尚书省立法……违者与听者悉坐罪"云云，则在本年八月（《会要·乐》三之二六）。又，五月三十日"诏颁天下"后，其实还只在"教坊、钧容直、开封府各颁降二副"，真正"诏颁天下"在八月二十三日（《会要·乐》三之二六）②。

六月二十八日丁丑，大晟府新燕乐进讫，刘昺特转两官，杨戬除正任观察留后，马贲等五人各转行两官，王昭等三人各转一官，张苑转一官。

详见《会要·乐》三之二七③及前文《大晟府官制考》，文繁不重引。

本月，晁端礼入大晟府，作《黄河清》、《寿星明》、《并蒂芙蓉》等徵调曲。

详见《晁次膺墓志铭》、《晁公墓表》、《铁围山丛谈》卷二、《能改斋漫录》卷一六④及前文《大晟府词人新考》，文繁不重引。

---

① 详见《宋史·乐志四》（第9册，第3017—3018页），《文献通考·乐考三》（第1159页）。

② 详见《玉海》卷一〇五（第945册，第778页），《宋大诏令集》卷一四九（第551—552页），《宋史·徽宗本纪三》（第2册，第391页），《长编纪事本末》卷一三五（第387册，第425页），《宋会要·乐》三之二六（第1册，第320页），《宋会要·乐》三之二六（第1册，第320页）。

③ 徐松辑：《宋会要·乐》三之二七，第1册，第320页。

④ 详见《乐静集》卷二八《晁次膺墓志铭》（第1122册，第395页），《景迂生集》卷一九《宋故平恩府君晁公墓表》（第1118册，第372页），《铁围山丛谈》卷二（第28页），《能改斋漫录》卷一六（第5编，第4册，第197页）。

七月十三日辛卯，开封府衙前乐营教习大晟燕乐并按试精熟，王诏等转官。

详见《会要·乐》三之二七[①]及前文《大晟府燕乐乐器的制造与应用》，文繁不重引。

八月九日丁巳前，大晟府燕乐拨归教坊，诸路习乐人就教坊习学。教坊隶大晟府，约在此时前后。

《会要·乐》三之二七："（政和三年）八月九日，尚书省言：'大晟府燕乐已拨归教坊。所有诸路从来习学之人，元降指挥令就大晟府教习，今当并就教坊习学。'"《宋史·乐志十七》、《通考·乐考十九》略同[②]，微有异文。

二十三日辛未，诏大晟燕乐颁降天下，悉禁旧乐。

关于大晟燕乐颁降天下的时间，《宋史·徽宗本纪三》、《东都事略》卷一一、《宋大诏令集》卷一四九等均系于"政和三年五月己酉（三十日）"，《纲目备要》卷二八则系于政和三年七月。《玉海》卷一〇五既载"（五月）三十日，诏颁之天下"，又载"八月，大晟府奏增入徵、角二调及土、石、匏三音，诏颁天下"[③]，同书同卷而自相矛盾若此。面对如此混乱的史料系年，前贤亦有考证甄别。《长编拾补》"政和三年七月己亥"条：

> 《续宋编年资治通鉴》："秋七月，颁新燕乐……诏颁焉。"【案】《纪事本末》："五月己酉，诏颁《大晟乐》。"《乐志》同。《十朝纲要》："五月己酉，手诏颁《大晟乐》于天下，旧乐并禁。"《本纪》亦作"己酉颁新燕乐"。按"新燕乐"即《大晟乐》。《乐志》："五月，降诏颁乐。八月，大晟府以雅乐中声播于燕乐……诏颁降天下。"据此，五月之诏，第议颁乐之法，至八月，以大晟府奏阙乐增入，始颁乐于天下。八月以前，新乐尚未备也。《续宋编年》作"七月颁新

---

① 徐松辑：《宋会要·乐》三之二七，第1册，第320页。

② 详见《宋会要·乐》三之二七（第1册，第320页），《宋史·乐志十七》（第10册，第3359页），《文献通考·乐考十九》（第1285页）。

③ 详见《宋史·徽宗本纪三》（第2册，第391页），《东都事略》卷一一（第382册，第88页），《宋大诏令集》卷一四九（第551—552页），《皇朝编年纲目备要》卷二八（第709页），《玉海》卷一〇五（第945册，第778页）。

燕乐”，疑为传写误。[①]

黄以周等在未及见《会要》的情况下，犹能作出如此准确的判断，实属难能可贵。按《会要·乐》三之二六、二七所载“诏令大晟府置图颁降”、“悉禁旧乐”、“诸路州、军习乐人”及“买乐器人”等，正作“八月”。又《宋史全文》卷一四：“（政和三年）八月辛未，太师、楚国公蔡京等言：‘伏睹大晟府以雅乐中声播于燕乐……按试克谐，颁降天下，上表称贺。’”亦可印证。不过，《长编拾补》“八月以前，新乐尚未备也”的说法，也不完全准确。按上文所考“六月，大晟府新燕乐进讫，刘炳等转官；晁端礼作《黄河清》、《寿星明》”，“七月，开封府大晟新乐精熟，王诏等转官”等，均可证“大晟府新燕乐”确实于政和三年五月完全造成，不过颁降天下是有次序的。考《会要·乐》三之二七、《宋史全文》卷一四等史料，知政和三年五月所谓“颁之天下”，只是颁降教坊、钧容直、开封府等处而已[②]。在京城各机构试用阶段结束后，方于本年八月推行于外路州、府、军、监，即真正意义的“颁降天下”。

又，“旧乐悉禁”的时间，《宋史·乐志四》、《宋朝事实》卷一四、《东都事略》卷一一均云在“政和三年五月”，误。《宋史纪事本末》卷五系于大观三年五月，更误。“旧乐悉禁”当与“颁降天下”同时，均为政和三年八月二十三日。《会要·乐》三之二六、二七：“大观二年八月，新乐成，诏令大晟府置图颁降：‘……一、应教坊、钧镕（容）及中外，不依今乐，辄高下其声，或别为他声，或移改增损乐器者，徒二年。许人告，赏钱一百贯。……一、旧来淫哇之声，如打断、哨笛、呀鼓、十舟（般）舞之类，悉行禁止，违者杖一百，听之者加二等。许人告，赏钱五十贯文。其淫哇曲名，令开封府便行取索，申尚书省审讫，颁下禁止。……’诏：‘第七项十般舞字下添入“小鼓腔、小笛”’五字，赏钱改作一百贯。’”[③] 按：“大观二年八月”当为

---

① 黄以周等：《长编拾补》卷三二，第3册，第1058—1059页。

② 详见《宋会要·乐》三之二六、二七（第1册，第320页），《宋史全文》卷一四（第330册，第544页；参点校本卷一四，第3册，第952页），《宋会要·乐》三之二七（第1册，第320页），《宋史全文》卷一四（第330册，第544页；参点校本卷一四，第3册，第952页）。

③ 详见《宋史·乐志四》（第9册，第3013—3017页），《宋朝事实》卷一四（第180册，第238页），《东都事略》卷一一（第382册，第88页），《宋史纪事本末》卷五（第353册，第143页；点校本卷二八作“政和三年五月”，第1册，第229—230页），《宋会要·乐》三之二六、二七（第1册，第320页）。

“政和三年八月”之笔误[①]，详见前文《大晟乐体制考》。

二十六日甲戌，以新燕乐颁行内外，蔡京等依例加恩。

详见《宋史·徽宗本纪三》、《会要·乐》三之二六、二七、《宋大诏令集》卷六四《何执中进少师依前太宰制》及卷一四九《太师鲁国公京讨论新乐褒谕御笔手诏》[②]。按：二十六日甲戌，因大晟燕乐新成并颁行内外，蔡京则依转官例支赐，二子絛、翛并除集贤院修撰，郑居中转一官，余深、刘正夫、侯蒙、薛昂各进官一等；二十八日丙子，蔡絛、蔡翛由除集贤院修撰改提举宫观，何执中进少师。并附于此。

二十八日丙子，诏平江府进士曹棐撰到徵调《舜韶新》，特补将仕郎充大晟府制撰。

按：关于曹棐撰徵调《舜韶新》曲的时间，《玉海》卷一〇五载曹棐撰徵调《舜韶新》曲在政和二年八月二十八日，《会要·乐》五之二四载曹棐撰徵调《舜韶新》曲在政和三年七月二十八日。然据《宋史·乐志四》，政和三年五月新徵、角二调曲谱才由大晟府刊行；又据《宋史·徽宗本纪三》、《会要·方域》六之二一，苏州政和三年五月十七日方才升为“平江府”[③]；又据《宋史·乐志四》、《会要·乐》三之二六、二七，大晟宴乐颁降天下在政和三年八月二十三日[④]，且曹棐其时方为平江府进士，当据大晟府刊行之新徵、角二调曲谱撰词，应以政和三年八月二十八

---

① 凌先生已先见其误，云：“逮政和三年五月二十九日帝御崇政殿按宴乐。翌日，诏颁之天下。诏曰：（略）。乃令尚书省立法，禁用旧乐及旧乐器，甚为严厉。禁令为：一、新乐颁降后……二、人户有造到新乐器……三、诸路州、军习乐人……四、旧来淫哇之声……五、天下如有善音律人……”原注：“禁令见《宋会要稿》第七册卷二一六八二，《乐》三之二六下至二七上。（此节《宋会要稿》误署大观二年，应从《宋史》改正。）”（《宋魏汉津乐与大晟府》，凌景埏、谢伯阳校注《诸宫调两种》附录，第262—263页，第288页）按：新读点校本《宋会要辑稿·乐三》，亦证此处“大观二年”当为“政和三年”（第1册，第388页）。

② 详见《宋史·徽宗本纪三》（第1册，第392页），《宋会要·乐》三之二六、二七（第1册，第320页），《宋大诏令集》卷六四《何执中进少师依前太宰制》（第313页）及卷一四九《太师鲁国公京讨论新乐褒谕御笔手诏》（第552页）。按：《全宋文》据《宋史·徽宗本纪三》考出《何执中进少师依前太宰制》时间为“政和三年八月丙子”（第165册，第58页）。

③ 详见《玉海》卷一〇五（第945册，第778页），《宋会要·乐》五之二四（第1册，第344页），《宋史·乐志四》（第9册，第3018页），《宋史·徽宗本纪三》（第1册，第391页），《宋会要·方域》六之二一（第8册，第7416页）。另参《全宋文》载《升苏州为平江府手诏》（第165册，第47页）。

④ 详见《宋史·乐志四》（第9册，第3018页），《宋会要·乐》三之二六、二七（第1册，第320—321页）。

日为是。

九月九日丁亥，提举大晟府乞令诸州卖乐器人并于乐器上各镌“大晟新律某人造”，如敢伪冒，立罪赏。

详见《会要·乐》三之二六、二七[①]及前文《大晟府燕乐乐器的制造与应用》，文繁不重引。

十八日丙申，诏从邓洵武奏请，以辅臣按试太学、辟雍所习大晟乐；并定太学、辟雍诸生习大晟乐服饰。

详见《宋史·乐志四》、《宋史·刘昺传》、《会要·乐》三之二八、《宋大诏令集》卷一四九《两学习乐成辅臣案试御笔（政和三年九月十八日）》[②]及前文《刘昺考》，文繁不重引。

本月，诏令大晟府置图颁降四时所禁之乐。

详见《宋史·乐志四》[③] 及前文《大晟府乐书考》，文繁不重引。

十月四日辛亥，宰执赴学，按试两学生所习大晟雅乐。

《会要·瑞异》一之二一：“（政和三年）十月四日，大司成刘嗣明等奏：‘契勘今月初四日，宰执赴学按试大（太）学、国子生所习大晟雅乐。至第二章，曲未终，有仙鹤四只自南来，盘旋飞舞宫架之上……伏乞宣付史馆，以彰太平盛事。’”《宋史·刘昺传》、《宋史全文》卷一四略同[④]。

本月，令文思院以大晟乐尺造新权、衡、度、量。

《玉海》卷八：“（政和）三年十月，令文思院下界造新权、衡、度、量。”[⑤]

因大晟乐颁天下，各地上谢表。

详见张扩《代处州谢赐大晟乐表》（《东窗集》卷一四）、李新《谢赐大晟乐表》（《跨鳌集》卷一二）、傅察《代周文翰谢赐大晟乐表》（《忠肃集》卷上）[⑥]。

---

① 徐松辑：《宋会要·乐》三之二六、二七，第1册，第320页。

② 详见《宋史·乐志四》（第9册，第3018页），《宋史·刘昺传》（第32册，第11207页），《宋会要·乐》三之二八（第1册，第321页），《宋大诏令集》卷一四九（第552页）。

③ 脱脱等：《宋史》卷一二九《乐志四》，第9册，第3018—3019页。

④ 详见《宋会要·瑞异》一之二一（第3册，第2075页），《宋史·刘昺传》（第32册，第11207页），《宋史全文》卷一四（第330册，第544页；参点校本卷一四，第3册，第952页）。

⑤ 王应麟：《玉海》卷八，第943册，第216页。

⑥ 详见《东窗集》卷一四（第1129册，第156页），《跨鳌集》卷一二（第1124册，第496—497页），《忠肃集》卷上（第1124册，第717页）。

政和四年（1114），以大晟律校定燕乐，阅宗子及太学、辟雍诸生所习雅乐，诸路州、军释奠用大晟乐。

正月十三日庚寅，臣僚言燕乐诸宫调多不正，乞以大晟府声律校定。

《宋史·乐志四》："（政和）四年正月，大晟府言：'宴乐诸宫调多不正，如以无射为黄钟宫，以夹钟为中吕宫，以夷则为仙吕宫之类。又加越调、双调、大食、小食，皆俚俗所传。今依月律改定。'诏可。"《会要·乐》五之三六、三七："（政和）四年正月，礼部奏：'教坊乐春或用商声，孟或用季律，甚失四时之序。乞以大晟府十二月所定声律，令教坊阅习。'仍令秘书省撰词。"①

按：《宋史·乐志十七》、《通考·乐考十九》略同。或作"大观四年正月十三日"、"大观四年春正月"（《会要·乐》四之一，《宋史纪事本末》卷五）②，当为"政和四年正月十三日"之误。凌景埏云："此节《宋会要稿》误署大观四年。按：大观五年改元政和，而此节四年下有五年、六年事项，决其必误也。兹参以《宋史·乐志》，改作政和。"③ 极是。点校本《宋会要辑稿》亦证为"政和四年"之误④。

四月一日丙午，徽宗御崇政殿按宗子所习大晟乐。

《会要·帝系》五之二五："（政和四年）四月一日，上御崇政殿按宗子习大乐，赐奖谕曰：'……比诏有司，颁乐宗学。其从也深，其入也易。而能改其所习，忘其贵骄，服我教养，以克有成。……'"⑤

按：《纲目备要》卷二八、《长编拾补》卷三三亦载，文字稍简⑥。

八日癸丑，阅太学、辟雍诸生所习大晟乐。

《纲目备要》卷二八："（政和四年）夏四月，阅雅乐。初阅宗子雅乐。有官者并迁秩，无官者二百八十人并与承信郎。次阅太学、辟雍诸生雅乐，大司成以下并迁秩，诸生量与推恩。"《长编拾补》卷三三略同。《宋史·徽宗本纪

---

① 详见《宋史·乐志四》（第9册，第3019页），《宋会要·乐》五之三六、三七（第1册，第350—351页）。

② 详见《宋史·乐志十七》（第10册，第3359页），《文献通考·乐考十九》（第1285页），《宋会要·乐》四之一（第1册，第322页），《宋史纪事本末》卷五（第353册，第144页；点校本卷二八作"政和四年春正月"，第1册，第230页）。

③ 凌景埏：《宋魏汉津乐与大晟府》，凌景埏、谢伯阳校注《诸宫调两种》附录，第288页。

④ 点校本《宋会要辑稿·乐四》，第1册，第391页。

⑤ 徐松辑：《宋会要·帝系》五之二五，第1册，第124页。

⑥ 详见《皇朝编年纲目备要》卷二八（第710页），《长编拾补》卷三三（第3册，第1075—1076页）。

三》作“癸丑日”。许翰《孙公墓志铭》亦载（《襄陵文集》卷一一）[①]。

九日甲寅，因按试宗子、太学、辟雍诸生所习大晟乐成，诏宗室有官者转一官，无官者与承信郎，大司成以下并迁秩，诸生量与推恩。

详见《会要·帝系》五之二五、《会要·职官》二八之二〇[②]。

二十三日戊辰，周焘奏成都府学所降大晟乐器并已习熟，诏诸路州、军依例用于春秋释奠。

《会要·乐》四之一：“（政和四年）四月二十三日，成都府路转运副使周焘奏：‘据成都府学申，本学所降大晟乐器两次经释奠使用，今未（来）在学诸生并已习熟，欲乞按试施行。仍乞今后府学春秋释奠，许用学生所习雅乐。’诏：‘依奏。诸路州、军更有似此精熟去处，依此。’”[③]

按：《会要》原文作“（大观四年）四月二十三日”，误。《群书考索·后集》卷三一：“政和四年四月戊辰，诏：‘诸路州、军学生习雅乐已精熟处，春秋释奠并许用。’从成都府路转运副使周焘奏请也。”[④] 正作“政和四年四月”。

二十七日壬申，诏依孔端友乞许族人及县学生肄习大晟新乐，备释奠家祭用。

《东家杂记》卷上：“政和四年，承奉郎、袭封衍圣公孔端友，乞依诸路颁降大晟新乐，许内外族人及县学生咸使肄习，以备释奠家祭使用。二十七日，奉圣旨依所乞。”《绍熙州县释奠仪图》：“政和四年，臣僚上言：‘……然则祀先圣先师之日，宜有定期。昨颁《礼》之初，偶因有司失于照应，立文差舛，遂致州县遵奉不一。’”[⑤]

按：《幸鲁盛典》卷三：“衍圣公孔端友奏：‘朝廷稽考三代，制礼作乐，乞颁降大晟新乐，许内族人及县学生咸使肄习。并乞降礼器，以备释奠及家祭使用。’乃遣孔子四十七代【孙】宣教郎若谷，押赐堂上正声大乐一副、礼器一［副］。”《山东通志》卷一一之三：“（政和）四年，御书大成殿额，赐太学并曲阜孔子庙，仍颁其名于诸路州学。（从舒州司户孔若谷之请。）五年，

---

① 详见《皇朝编年纲目备要》卷二八（第710页），《长编拾补》卷三三（第3册，第1075—1076页），《宋史·徽宗本纪三》（第2册，第393页），《襄陵文集》卷一一（第1123册，第582页）。

② 详见《宋会要·帝系》五之二五（第1册，第124页），《宋会要·职官》二八之二〇（第3册，第2981页）。

③ 徐松辑：《宋会要·乐》四之一，第1册，第322页。

④ 章如愚：《群书考索·后集》卷三一《士门·释奠》引《长编》，第937册，第426页。

⑤ 详见《东家杂记》卷上（第3编，第10册，第221页），《绍熙州县释奠仪图》“文公潭州牒州学备准指挥”条（第222册，第424—425页）。

大晟府拟撰释奠十四章，诏下国学，选诸生肄习。上丁释奠，奏于堂上，以祀先圣。六年五月，诏遣宣教郎孔若谷，颁赐堂上正声大乐一副、礼器一副于阙里。”所述时间有异。据上考，政和三年九月十八日，诏从邓洵武奏请，以辅臣按试太学、辟雍所习大晟乐，定诸生习乐服饰；十月四日，宰执赴学，按试两学生所习大晟雅乐。《宋史·礼志八》“文宣王庙祠”载诏下国子学选诸生肄习大晟乐“以祀先圣”在政和五年①。此次大晟府拟撰释奠十四章，详见《宋史·乐志十二》，当作于政和五年。

二十八日癸酉，诏夏祭以大晟乐工代宗子学生舞乐。

《会要·乐》五之二四：“（政和）四年四月二十八日，诏：‘将来夏祭用宗子学生舞乐，指挥更不施行，只用大晟乐工直，候冬祀始用。’”②

按：或作“（大观四年）四月二十八日”③，误。《全宋文》录此诏亦准《会要》作“政和四年四月二十八日”④。凌景埏引为：“（政和四年四月）二十八日，诏：夏祭用宗子学生舞乐，指挥更不施行。只用大晟乐工直侯，冬祀始用。”⑤“候”引作“侯”，又断句不同，疑误。

五月十二日丙戌，首行夏祭皇地祇，用大晟乐。

《通考·郊社考九》：“（政和）四年五月丙戌夏至日，帝始亲祭地于方泽，以太祖皇帝配。……大晟【府】陈登歌之乐于坛上，稍北，南向；设宫架于坛北内壝之外，立舞表于酇缀之间。……皇帝执以入。宫架《仪安之乐》作。至午陛，乐止。登歌乐作，至第二成，板位东向立，乐止。礼仪使奏：‘有司谨具，请行事。’宫架作《宁安之乐》、《广生储佑之舞》，八成止。……文舞退，武舞进，宫架《文安之乐》作。舞者立定，乐止。亚献，盥帨讫，作《隆安之乐》、《厚载凝福之舞》。礼毕，乐止。终献行礼，如前仪。”⑥

按：《宋史·徽宗本纪三》：“（政和四年）五月丙戌，始祭地于方泽，以太祖配。”《宋史·礼志三》：“（政和）四年五月夏至，亲祭地于方泽。”⑦徽宗亲撰《夏祭礼成德音》、《夏祭礼成神应记》、《亲祭方泽礼成告永裕陵表》

① 详见《幸鲁盛典》卷三（第652册，第39页），《山东通志》卷一一之三（第539册，第522—523页），《宋史·礼志八》（第8册，第2551页）。

② 徐松辑：《宋会要·乐》五之二四，第1册，第344页。

③ 徐松辑：《宋会要·乐》四之一，第1册，第322页。

④ 曾枣庄等主编：《全宋文》，第165册，第86页。

⑤ 凌景埏：《宋魏汉津乐与大晟府》，凌景埏、谢伯阳校注《诸宫调两种》附录，第284页。

⑥ 马端临：《文献通考》卷七六《郊社考九》，第700—701页。

⑦ 详见《宋史·徽宗本纪三》（第2册，第393页），《宋史·礼志三》（第8册，第2455页）。

与《亲祭方泽礼成告永泰陵表》①。首行夏祭皇地祇用大晟乐情况，《政和五礼新仪》“皇帝祭皇地祇仪”所载更详②，文繁不录。

六月前，赐高丽大晟燕乐乐器167件、《曲谱》十册、《指诀图》十册及词曲若干。

详见《高丽史·乐志一》、《高丽史·乐志二》③及前文《〈高丽史·乐志〉大晟府词曲辑考》，文繁不重引。

本年词科命题《代高丽王谢赐燕乐表》，其中孙觌、王志古二表尤为突出。

详见《书录解题》卷一八、《玉海》卷二〇三④及前文《〈高丽史·乐志〉大晟府词曲辑考》，文繁不重引。

政和五年（1115），增修、改撰大晟乐章，诏大晟雅乐乐器逐件谱释，与乐章、谱并歌调，一起镂板颁行。

五月，给事中、礼制局详议官翟汝文撰《景钟铭》。

翟汝文《景钟铭》：“维政和乙未，五月甲子，景钟告成。皇帝以身为度，铸鼎生律。鼎九斛以应黄钟之数，仰为九鼎，复为景钟，众乐宗焉。以冬至之日，奏于郊丘，肆类上帝，取中声以迎气，至极九数，以召众阳。天为顾歆，罔有弗格。臣某考制撰德而作铭曰：‘於皇圣神，奋豫晟乐。……’”⑤

按：凌景埏云：“翟汝文《忠惠集》卷一〇《景钟铭》：‘维政和乙未五月甲子钟成。’则政和又铸景钟矣。按：政和五年五月无甲子。”⑥考景钟铸成于崇宁三年七月（详上），政和五年或又增铸。

六月十九日丁巳，敕命翟汝文创修大晟乐章。

翟汝文《辞免创修大晟乐章状》：“朝奉郎、新差权发遣提举京东西路常平等事范慎《札子》：‘……比者奠九鼎，作晟乐，受玄圭，行冠礼，祀圜坛，祭方泽，莫不协气横流，珍祥沓至。……愿诏儒官，制为乐章，以其类而荐之郊庙，俾英声茂实，传于无穷。天下幸甚。取进止。’六月十九日，奉圣旨，

---

① 赵佶：《夏祭礼成德音》、《夏祭礼成神应记》、《亲祭方泽礼成告永裕陵表》与《亲祭方泽礼成告永泰陵表》，详见《全宋文》（第165册，第87页；第166册，第378—379页；第166册，第392—393页；第166册，第393—394页）。

② 郑居中等：《政和五礼新仪》卷八一、卷八二，第647册，第480—483页。

③ 详见《高丽史·乐志一》（第6册，第2206—2208页），《高丽史·乐志二》（第6册，第2211—2238页）。

④ 详见《直斋书录解题》卷一八（第11册，第523页），《玉海》卷二〇三（第948册，第308页）。

⑤ 翟汝文：《忠惠集》卷一〇，第1129册，第297页。

⑥ 凌景埏：《宋魏汉津乐与大晟府》，凌景埏、谢伯阳校注《诸宫调两种》附录，第289页。

应乐章并差翟某重修。……恭惟皇帝陛下，肇新晟乐，天地顾答，改作礼器，比隆商、周。宜得语言文学之臣，付以声诗郊庙之奏。荐功皇天，明诏万世，与大晟中音，合为一律。乃以臣愚无知，讨论是事，使蚊负山，气力几何？……伏况今者侍从台阁，英俊如林，才能过臣，皆可就事。伏望改付能者，不至仰辜任使。"[①]

按：《辞免创修大晟乐章状》作"提举京东西路常平等事范慎"，《孙繁重刊翟氏公巽埋铭》作"提举京畿常平范慎"[②]，《宋代路分长官通考》系范慎提举京畿常平于政和元年至三年[③]，乃误。今考范慎《札子》有"祭方泽，莫不协气横流"云云，"祭方泽"在政和四年五月十二日（详上），故其任"提举常平"当在其后。又考《忠肃集》卷二《湖南常平王本除京畿路提举常平、邓益京西路提举常平制》（政和三年），《会要·食货》七之三六："（政和七年）七月六日，提点京畿刑狱公事王本奏：前任提举京畿常平日……"[④]《宋代路分长官通考》系提举京畿常平于政和三年至五年为王本、政和五年至六年为凌唐佐、政和七年至宣和元年为吉观国[⑤]，则范慎当为"提举京东西路常平"而不可能"提举京畿常平"。今考《会要·职官》六八之三二："（政和四年十月）二十六日，京东西路提举常平吴仲贤特降一官。"[⑥]《宋代路分长官通考》"提举京东西路常平"政和五年至宣和二年均阙[⑦]，知范慎"提举京东西路常平"在政和四年十月二十六日后，或至政和五年仍在任。《孙繁重刊翟氏公巽埋铭》以政和三年翟汝文为中书舍人而作《辞免创修大晟乐章状》[⑧]，亦小误，当为任给事中而辞免，在政和五年六月十九日后。据《政和五礼新仪》卷首，政和二年八月，御笔令翰林学士、中书舍人改定大晟府乐章，并拟定曲名、制撰乐章等，皆付翰林学士、中书舍人改撰，并别作卷秩编载（详上）。因翟汝文作为给事中而非中书舍人，故有"伏望改付能者"之推辞，以非其职责所在，但尽管上《辞免创修大晟乐章状》，朝廷仍然不允。

大晟府拟撰释奠乐章十四首，诏下国子学选诸生肄习，以祀先圣。

---

① 翟汝文：《忠惠集》卷七，第1129册，第257—258页。

② 翟汝文：《忠惠集》附录《孙繁重刊翟氏公巽埋铭》，第1129册，第306页。

③ 李之亮：《宋代路分长官通考》，下册，第1889—1890页。

④ 详见《忠肃集》卷二（第1129册，第192页），《宋会要·食货》七之三六（第5册，第4923页）。

⑤ 李之亮：《宋代路分长官通考》，下册，第1890页。

⑥ 徐松辑：《宋会要·职官》六八之三二，第4册，第3924页。

⑦ 李之亮：《宋代路分长官通考》，下册，第1918页。

⑧ 翟汝文：《忠惠集》附录《孙繁重刊翟氏公巽埋铭》，第1129册，第306页。

《宋史·乐志十二》载《大晟府拟撰释奠十四首》："迎神，《凝安》：［黄钟为宫］'大哉宣圣（略）。'［大吕为角］'生而知之（略）。'［太簇为徵］'巍巍堂堂（略）。'［应钟为羽］'圣王生知（略）。'初献盥洗，《同安》：'右文兴化（略）。'升殿，《同安》：'诞兴斯文（略）。'奠币，《明安》：'自生民来（略）。'奉俎，《丰安》：'道同乎天（略）。'文宣王位酌献，《成安》：'大哉圣王（略）。'兖国公位酌献，《成安》：'庶几屡空（略）。'邹国公位酌献，《成安》：'道之由兴（略）。'亚、终献，用《文安》：'百王宗师（略）。'徹豆，《娱安》：'牺象在前（略）。'送神，《凝安》：'有严学宫（略）。'"《通考·乐考十六》载《文宣王庙》乐章："迎神《凝安》、初献升降《同安》、奠币《明安》、酌献《成安》（并一章八句）；兖国公位酌献《成安》、送神《凝安》；舒王位酌献《成安》（并一章八句）。"①

按：《通考·乐考十六》载"舒王位酌献《成安》（并一章八句）"，《宋史·乐志十二》失载。今考《政和五礼新仪》载《释奠文宣王仪》："次诣舒王位前奠币，并如上仪。"（卷一二一）知原本不缺。又考《宋史·礼志八》："政和三年，诏封王安石舒王，配享；安石子雱临川伯，从祀。《新仪》成，以孟春元日释菜，仲春、仲秋上丁日释奠。"《宋史·徽宗本纪三》："（政和三年正月）癸酉，追封王安石为舒王，子雱为临川伯，配飨文宣王庙。"疑《大晟府拟撰释奠十四章》原载"舒王位酌献《成安》（并一章八句）"，后为史官所删。据《山东通志》卷一一之三："（政和）五年，大晟府拟撰释奠十四章，诏下国学，选诸生肄习。上丁释奠，奏于堂上，以祀先圣。"《宋史·礼志八》："（政和五年）大晟乐成，诏下国子学选诸生肄习。上丁释奠，奏于堂上，以祀先圣。"翟汝文《省试进士策》其一："始释奠则既衅器矣，而皮弁祭菜，所以严恭也。……今朝廷辟雍作人之盛，将使因其时而教之。……则夫登歌、舞籥、释菜之容……率礼无违。"（卷八）② 亦将"释奠"作为核心议题，也在政和五年正月③。据此，《大晟府拟撰释奠十四章》当作于政和五年。

---

① 详见《宋史·乐志十二》（第10册，第3236—3238页），《文献通考·乐考十六》（第1262页）。

② 详见《政和五礼新仪》卷一二一（第647册，第615页），《宋史·礼志八》（第8册，第2551页），《宋史·徽宗本纪三》（第2册，第390页），《山东通志》卷一一之三（第539册，第522—523页），《宋史·礼志八》（第8册，第2551页），《忠惠集》卷八（第1129册，第272页）。

③ 据《宋会要·选举》一之一四："（政和五年正月六日）给事中、同修《国史》翟汝文同知贡举，合格奏名进士出身六百七十人。"（第5册，第4237页）《宋史·徽宗本纪三》："（政和五年三月）己卯，御集英殿策进士……癸巳，赐礼部奏名进士出身六百七十人。"（第2册，第390页）知翟汝文《省试进士策》作于政和五年正月同知贡举时。

因事更定，增为乐章，凡三百八十有四。

《通考·乐考十六》："熙宁六年至政和五年，因事更定，增为乐章，凡三百八十有四。亲祠南郊，罢并侑之礼，其奠币之曲如左。其乐章除郊庙大祭，礼文别无沿革者，所改创词曲章句，更不具述。亲祔庙及熙宁以后更定之礼文，其乐章略具如左。"① 其增订乐章并曲名，详见前文《大晟乐体制考》。

按：此次"因事更定"乐章共384首，因敕命翟汝文创修大晟乐章，疑为翟汝文领衔增修，"大晟府拟撰释奠十四首"亦在内（详上）。

九月十六日壬午，诏从朱维奏，大晟雅乐乐器绘图并逐件谱释，及将合用乐章、谱并歌调，一起镂板颁行，限外州乐工赴大晟府习学期限，委监司分诣按试。

详见《会要·乐》四之一②，参见前文《大晟府乐书考》及《朱维任大晟府典乐及其他仕历考》，文繁不重引。按："政和五年九月十六日"，《会要》原文只载"五年九月十六日"（详上），《全宋文》辑录者添加为"大观五年九月"③。考"大观"无五年，系年有误，实为"政和五年九月十六日"。另，凌景埏云"（政和）五年九月十六日，朱维奏请颁降《雅乐图》"④，亦作"政和五年"而不作"大观五年"。又，朱维奏有"及将合用乐章、谱并歌调，一处镂板行下"云云⑤，当在本年"因事更定，增为乐章，凡三百八十有四"稍后。

政和六年（1116），编集燕乐八十四调并图谱，赐高丽大晟雅乐乐器、二舞及各种仪物，改九鼎名。

闰正月九日甲辰，诏大晟府编集燕乐八十四调并图谱，令刘昺撰文。

《会要·乐》四之一："（政和六年）闰正月九日，臣僚言：'《大晟》雅乐，顷岁已命儒臣著《乐书》，独燕乐未有纪述。乞考古声器所起，断以方今制作之原，各附以图，为《燕乐新书》。'诏大晟府编集燕乐八十四调并图谱，令刘昺撰文。"⑥

按："政和六年"，《会要》原文作"大观六年"，误。《宋史·乐志四》、

① 马端临：《文献通考》卷一四三《乐考十六》，第1262页。

② 徐松辑：《宋会要·乐》四之一，第1册，第322页。

③ 曾枣庄等主编：《全宋文》，第149册，第265页。

④ 凌景埏：《宋魏汉津乐与大晟府》，凌景埏、谢伯阳校注《诸宫调两种》附录，第284页。

⑤ 徐松辑：《宋会要·乐》四之一，第1册，第322页。

⑥ 同上。

《玉海》卷一〇五均作“政和六年”[①]，文字同。

十二日戊申，以大晟律改造神宗玉磬，并造金钟，用于明堂。

《会要·乐》四之一：“（政和）六年正月十三日，大晟府言：‘神宗皇帝尝命儒臣肇造玉磬，藏之乐府，久不施用。乞令略加磨砻，俾与律合。并造金钟，专用于明堂。’从之。”[②]

按：原文作“（大观）六年正月十三日”，误。《会要·礼》二四之五八作“政和六年闰正月十二日”，《宋朝事实》卷一四、《长编纪事本末》卷一三五作“（政和六年）闰正月戊申”，《玉海》卷一〇九作“（政和）六年闰正月十二日”[③]，文字同。

五月，诏遣宣教郎孔若谷，颁赐大晟府堂上正声大乐一副、礼器一副于阙里。

详见上引《东家杂记》卷上、《山东通志》卷一一之三、《幸鲁盛典》卷三[④]，文繁不重录。按：《幸鲁盛典》作“大观四年”，乃误。考“天下节镇、州、县学”赐大晟乐及孔端友乞“依诸路颁降大晟新乐”均在政和四年，而正式诏“颁赐堂上正声大乐一副”则在政和六年五月，考详上，此处从略。

六月三日乙丑前，赐高丽“大晟雅乐”乐器428件、文舞、武舞等乐舞所用仪物、麾幡、服饰、衣冠等若干。

详见《高丽史·乐志一》[⑤]及前文《〈高丽史·乐志〉大晟府词曲辑考》，文繁不重引。

八月十六日丁丑，诏学校士能博通诗书礼乐置之上等。

《宋大诏令集》卷一五七《学校士能博通诗书礼乐置之上等御笔手诏》（政和六年八月十六日）：“……其令太学、辟雍提举学士（事）司，自今有能博通诗书礼乐，稽古明道，见天下之大全者，置之上等。其人材拔俗者，不待考选校定之数，具寔状以闻。朕将不次而用之。布告中外，咸使闻知。”[⑥]

九月十三日癸卯，诏奉安九鼎，以蔡京为定鼎礼仪使，提举官杨戬就充都

---

① 详见《宋史·乐志四》（第9册，第3019页），《玉海》卷一〇五（第945册，第778页）。

② 徐松辑：《宋会要·乐》四之一，第1册，第322页。

③ 详见《宋会要·礼》二四之五八（第1册，第928页），《宋朝事实》卷一四（第180册，第239页），《长编纪事本末》卷一三五（第387册，第425页），《玉海》卷一〇九（第945册，第862页）。

④ 详见《东家杂记》卷上（第222页），《山东通志》卷一一之三（第539册，第522—523页），《幸鲁盛典》卷三（第652册，第39页）。

⑤ ［朝鲜］郑麟趾等：《高丽史》卷七〇《乐志一》，第6册，第2190—2198页。

⑥ 无名氏：《宋大诏令集》卷一五七，第593页。

大管勾。时从王仔昔献议，以本日纳九鼎于大内。因蔡京奏，改日定鼎。

《会要·舆服》六之一五、一六："政和六年九月癸卯，诏奉安九鼎，以大（太）师蔡京为定鼎礼仪使，提举官杨戬就充都大管勾。"原注："蔡絛云：政和六年，方士王仔昔献议，九鼎仪（宜）内之九重，不宜处于外也。一日，出御笔曰：'迁移神像大器，可令疾速安排。'既已施行，鲁公曰：'何不祥邪?'乃奏改日定鼎。"（《会要·礼》五一之二三、二四）①

按：《长编纪事本末》卷一二八、《长编拾补》卷三五所载略同②，文繁不重引。

十月十九日己卯，奉安九鼎于天章阁西位"鼎阁"。定鼎礼仪使蔡京奏祥瑞，乞宣付史馆。

《宋史·礼志七》："政和六年，用方士王仔昔议，定鼎阁于天章阁，自九成宫徙九鼎奉安之。"《会要·礼》五一之二三、二四："（政和六年）十月十九日，赴天章阁西位奉安（九鼎）。"（《会要·舆服》六之一五、一六、《长编纪事本末》卷一二八、《十朝纲要》卷一七、《长编拾补》卷三五同）《宋史全文》卷一四："（政和六年）十月，定鼎礼仪使蔡京奏：'十三日，先定鼎于幄殿，有鹤飞翔其上。……又据太史局申，日月俱有青赤黄珥，伏乞宣付史馆。'"（《铁围山丛谈》卷一略同）③

本月，周邦彦提举大晟府。

详见《宋史·周邦彦传》、《东都事略·周邦彦传》、《碧鸡漫志》卷二及《周邦彦提举大晟府考》④。

分命儒臣以崇宁、大观、政和珍瑞名数作颂诗，协新律以荐郊庙。

《宋史·乐志四》："（政和六年）十月，臣僚乞以崇宁、大观、政和所得珍

---

① 详见《宋会要·舆服》六之一六（第2册，第1833页），《宋会要·礼》五一之二三、二四（第2册，第1553页）。

② 详见《长编纪事本末》卷一二八（第387册，第363页），《长编拾补》卷三五（第3册，第1128页）。

③ 详见《宋史·礼志七》（第8册，第2545页），《宋会要·礼》五一之二三、二四（第2册，第1553页），《宋会要·舆服》六之一五、一六（第2册，第1833页），《长编纪事本末》卷一二八（第387册，第363页），《皇宋十朝纲要校正》卷一七（第491页），《长编拾补》卷三五（第3册，第1130页），《宋史全文》卷一四（第330册，第549页；参点校本卷一四，第3册，第960页），《铁围山丛谈》卷一（第12页）。

④ 详见《宋史·周邦彦传》（第37册，第13126页），《东都事略·周邦彦传》（第382册，第762页），《碧鸡漫志》卷二（《词话丛编》本，第1册，第87页）及诸葛忆兵《周邦彦提举大晟府考》（《文学遗产》1997年第5期，第114—117页）。

瑞名数，分命儒臣作为颂诗，协以新律，荐之郊庙，以告成功。诏送礼制局。”①

按：孙觌《傅公墓志铭》：“余政和间，蒙恩校中秘书，而傅公冲益亦以编修《九域图志》寓直省中……天子辑瑞应，兴礼乐，以文太平。搜揽天下儒先宿学，一时髦俊知名之士，列于儒官学省，以待任使。”② 考孙觌政和六、七年间为校书郎，其与傅谅友（冲益）均为协新律作颂诗之“儒臣”。

万俟咏请以盛德大业及祥瑞事迹制词实谱，有旨依月用律，月进一曲。

详见《碧鸡漫志》卷二、《绝妙词选》卷七、《词源》卷下③及前文《大晟府词人“依月用律”考辨》，文繁不重引。

十一月二日辛卯，诏大司乐马贲秩视待制。

《会要・职官》五六之四四：“（政和六年）十一月二日，诏：‘大司乐马贲秩视待制，班着依旧。’”④ 据翟汝文《马贲大司乐制》，作于政和三年（详上），马贲任大司乐当始于此时，至政和六年已任大司乐三年。

五日甲午，诏改九鼎名。

《宋史・礼志七》：“（政和六年）又诏改帝鼐为隆鼐，正南彤鼎为明鼎，西南阜鼎为顺鼎，正西晶鼎为蕴鼎，西北魁鼎为健鼎，正北宝鼎如旧，东北牡鼎为龢鼎，正东苍鼎为育鼎，东南冈鼎为洁鼎。鼎角（阁）为圜象徽调之阁。阁上神像，左周鼎星君，中帝席星君，右大角星君；阁下鼎鼐神像，各守逐鼎布列，亦用仔昔议也。”《会要・舆服》六之一六略同，作“政和六年十一月甲午”⑤。

按：“（政和六年）”，《会要・礼》五一之二三、二四作“（政和六年）十一月三日”。考《长编纪事本末》卷一二八、《宋史全文》卷一四、《长编拾补》卷三五所载同，但均作“（政和六年）十一月甲午”，《十朝纲要》卷一七亦作“（政和六年十一月）甲午”⑥，当以“五日”为正。《全宋文》据《会

① 脱脱等：《宋史》卷一二九《乐志四》，第 9 册，第 3019 页。

② 孙觌：《鸿庆居士集》卷三四《宋故左承议郎权发遣和州军州事傅公墓志铭》，第 1135 册，第 358 页。

③ 详见《碧鸡漫志》卷二（《词话丛编》本，第 1 册，第 87 页），《唐宋诸贤绝妙词选》卷七（第 655 页），《词源》卷下（《词话丛编》本，第 1 册，第 255 页）。

④ 徐松辑：《宋会要・职官》五六之四四，第 4 册，第 3647 页。

⑤ 详见《宋史・礼志七》（第 8 册，第 2545 页），《宋会要・舆服》六之一六（第 2 册，第 1833 页）。

⑥ 详见《宋会要・礼》五一之二三、二四（第 2 册，第 1553 页），《长编纪事本末》卷一二八（第 387 册，第 363 页），《宋史全文》卷一四（第 330 册，第 549—550 页；参点校本卷一四，第 3 册，第 961—962 页），《长编拾补》卷三五（第 3 册，第 1131 页），《皇宋十朝纲要校正》卷一七（第 491 页）。

要》、《长编纪事本末》收作《改鼎名诏（政和六年十一月三日）》[1]，乃误。

十二月二十六日乙酉，驾诣鼎阁奉安隆鼐等神像。

详见《宋史·礼志七》、《会要·礼》五一之二三、二四及《舆服》六之一五、一六、李正民《圆象徽调阁奉安隆鼐颂》（《大隐集》卷六）[2]，文繁不重引。

政和七年（1117），按习诗乐，赐高丽乐谱，出指寸命再试，乐律随月右旋，以“大晟律”改定鼓吹乐。

二月十一日己巳，高丽乞习教雅乐声律及大晟府撰乐谱辞；诏许教习，仍赐乐谱。

《宋史·乐志四》：“（政和七年二月）中书省言：‘高丽，赐雅乐，乞习教声律，大晟府撰乐谱辞。’诏许教习，仍赐乐谱。”《会要·礼》六二之五二、《玉海》卷一〇五略同[3]。

按：《宋史·高丽传》：“（政和中）赐（高丽）以大晟燕乐、笾豆、簠簋、尊罍等器，至宴使者于睿谟殿中。”《通考·四裔考二》同。《宣和奉使高丽国图经》卷四〇：“比年入贡，又请赐大晟雅乐，及请赐燕乐。”[4] 将政和四年六月前赐高丽大晟燕乐与政和六年六月前、政和七年二月先后两次赐高丽大晟雅乐误混在一起，乃宋人“联书体”。实继政和六年六月前赐高丽雅乐器、二舞、器乐谱及雅乐乐章谱后，因高丽乐师不知如何演奏，故政和七年二月宋廷特诏“许教习，仍赐乐谱”。详见前文《〈高丽史·乐志〉大晟府词曲辑考》。

本月，典乐裴宗元乞按习诗乐。

《宋史·乐志四》：“（政和）七年二月，典乐裴宗元言：‘乞按习《虞书·赓载之歌》，夏《五子之歌》，商之《那》，周之《关雎》、《麟趾》、《驺虞》、《鹊巢》、《鹿鸣》、《文王》、《清庙》之诗。’诏可。”[5]

三月一日己丑，诏从礼制局奏，令儒臣讨论撰述铙歌曲，以“大晟律”改定鼓吹乐。

---

① 曾枣庄等主编：《全宋文》，第165册，第188—189页。

② 详见《宋史·礼志七》（第8册，第2545页），《宋会要·礼》五一之二三、二四及《舆服》六之一五、一六（第2册，第1553页，第1833页），《大隐集》卷六（第1133册，第77—78页）。

③ 详见《宋史·乐志四》（第9册，第3019页），《宋会要·礼》六二之五二（第2册，第1720页），《玉海》卷一〇五（第945册，第778页）。

④ 详见《宋史·高丽传》（第40册，第14049页），《文献通考·四裔考二》（第2560页），《宣和奉使高丽国图经》卷四〇（第3编，第8册，第154页）。

⑤ 脱脱等：《宋史》卷一二九《乐志四》，第9册，第3019页。

《宋史·乐志十五》："政和七年三月，议礼局言：'古者，铙歌、鼓吹曲，各异其名，以纪功烈。今所设鼓吹，唯备警卫而已，未有铙歌之曲，非所以彰休德、扬伟绩也。乞诏儒臣讨论撰述，因事命名，审协声律，播之鼓吹，俾工师习之。凡王师大献，则令鼓吹具奏，以耸群听。'从之。"《通考·乐考二十》同。《会要·舆服》三之二〇、《玉海》卷一〇六略同而作"政和七年三月一日"①。

按：议礼局大观元年正月十三日于尚书省置局，政和三年四月罢局，六月结局；礼制局政和三年七月二十一日置于编类御笔所，宣和二年七月一日罢局②。政和七年已无议礼局，必为礼制局之误。又，"审协声律，播之鼓吹"云云，实以"大晟律"改定鼓吹乐。据姜夔《圣宋铙歌鼓吹曲十四首》序："政和七年，臣工以请，上诏制用。中更否扰，声文罔传。"③ 知"铙歌曲"在政和七年实已撰成并拟施用。又"中更否扰"云云，疑遭蔡攸等辈非废。

同日，诏从礼制局言，武舞以戚配干，宫架乐去十二镈钟。止设一大钟为钟、一小钟为镈、一大磬为特磬，以为众声所依。

《会要·乐》五之二四、二五："（政和）七年三月一日，议礼局（引者按：当为礼制局）奏：'先王之制，乐舞文则用羽、籥，武则用干、戚，而又有小大焉。……近世武舞以戈配干，未尝用戚。乞武舞以戚配干，置戈不用，庶协古制。'又奏：'……后世之镈钟，非特不分小大，又混为一器，复于乐架编钟、编磬之外，设镈钟十二，配十二辰，皆非是。……乞宫架乐去十二镈钟，止设一大钟为钟、一小钟为镈、一大磬为特磬，以为众声所依。'从之。"《宋史·乐志四》略同，唯文字稍减，乃删削《会要》而成，又误脱"其阴声六，以应"六字，点校本已补；又"非特不分大小"（《宋史·乐志四》）④，乃误，当从《会要》作"非特不分小大"。

本月，周邦彦罢大晟府提举官，出知真定府。

诸葛忆兵认为周邦彦罢大晟府提举官在政和七年三月⑤，可从。凌景埏认为在重和元年⑥，疑误。

---

① 详见《宋史·乐志十五》（第10册，第3304页），《文献通考·乐考二十》（第1291页），《宋会要·舆服》三之二〇（第2册，第1791页），《玉海》卷一〇六（第945册，第797页）。

② 龚延明：《宋代官制辞典》，第191页。

③ 夏承焘：《姜白石词编年笺校》，第107页。

④ 详见《宋会要·乐》五之二四、二五（第1册，第344—345页），《宋史·乐志四》（第9册，第3020页，第3028页），《宋史·乐志四》（第9册，第3020页）。

⑤ 诸葛忆兵：《周邦彦提举大晟府考》，《文学遗产》1997年第5期，第114—117页。

⑥ 凌景埏：《宋魏汉津乐与大晟府》，凌景埏、谢伯阳校注《诸宫调两种》附录，第285页。

蔡攸任大晟府提举官，置大晟府修制大乐局约在此时稍后。

详见《宋史·乐志四》、《会要·乐》四之二、《纲目备要》卷二七、《通考·乐考四》①。参见前文《大晟府官制考》，文繁不重引。据诸葛忆兵考证，蔡攸提举大晟府为政和七年三月至宣和初（参见上引《周邦彦提举大晟府考》）。今从之。又考"修制大乐局"为蔡攸提举大晟府后而设立的机构，"修制"云云，乃针对旧有大晟乐进行改造修正而言，置大晟府修制大乐局约在此时稍后。

四月十八日丙子，许明堂用礼天神六变之乐，其宫架赤素，用雷鼓、雷鼗，及创置明堂大乐宫架。

《宋史·乐志四》："（政和七年）四月，礼制局言：'尊祖配天者，郊祀也；严父配天者，明堂也。所以来天神而礼之，其义一也。则明堂宜同郊祀，用礼天神六变之乐，其宫架赤紫，用雷鼓、雷鼗。又圜丘、方泽，各有大乐宫架，自来明堂就用大庆殿大朝会宫架。今明堂肇建，欲行创置。'"②

按：《会要·乐》五之二四、二五及《礼》二四之六二、六三作"（政和七年）四月十八日"，"礼制局言"有"从之"。又，《宋史·乐志四》"严父配天"、"宫架赤紫"，乃误，宜从《会要·乐》五之二四、二五及《礼》二四之六二、六三作"严父配帝"、"宫架赤素"。又，《会要·礼》二四之六四、六五载政和七年八月十七日，诏罢明堂素队雅乐③。亦可印证，可据校改。

五月之前，徽宗再出中指寸，密命刘昺再试，以动人观听，遂止。

《宋史·乐志三》："其后十三年，帝一日忽梦人言：'乐成而凤凰不至乎！盖非帝指也。'帝寤，大悔叹……于是再出中指寸付蔡京，密命刘昺试之。时昺终匿汉津初说，但以其前议为度，作一长笛上之。帝指寸既长于旧，而长笛殆不可易，以动人观听，于是遂止。盖京之子（蔡）絛云。"④

按：以"帝指"造乐在崇宁三年二月，十三年后即政和七年。徽宗出"指寸"命刘昺再造新乐当在本年初，昺作长笛止之则在五月知河南府前（详

①　详见《宋史·乐志四》（第9册，第3026页），《宋会要·乐》四之二（第1册，第322页），《皇朝编年纲目备要》卷二七（第687页），《文献通考·乐考四》（第1173页）。

②　脱脱等：《宋史》卷一二九《乐志四》，第9册，第3020页。

③　详见《宋会要·乐》五之二四、二五及《礼》二四之六二、六三（第1册，第344—345页，第930—931页），《宋会要·乐》五之二四、二五及《礼》二四之六二、六三（第1册，第344—345页，第930—931页），《宋会要·礼》二四之六四、六五（第1册，第931—932页）。

④　脱脱等：《宋史》卷一二八《乐志三》，第9册，第2998页。

见前文《刘昺考》)。又，本年六月任宗尧为典乐，建议毁刘昺八寸七分管。据此，密命刘昺再试当在此前，附此俟考。

六月，明堂成，召任宗尧为典乐，毁刘昺八寸七分管而用魏汉津九寸管。时蔡攸又奏田为任典乐，宗尧愤之。

《宋史·乐志四》："及政和末，明堂成，议欲为布政调爕事，乃召武臣前知宪州任宗尧，换朝奉大夫，为大晟府典乐。宗尧至，则言太、少之说本出于古人，虽王朴犹知之，而刘昺不用，乃自创黄钟为两律。黄钟，君也，不宜有两。蔡攸方提举大晟府，不喜他人预乐。有士人田为者，善琵琶，无行，攸乃奏为大晟府典乐，遂不用中声八寸七分管，而但用九寸管。又为一律，长尺有八寸，曰太声；一律长四寸有半，曰少声：是为三黄钟律矣。"①

按："任宗尧"，《纲目备要》卷二七同，《通考·乐考四》作"沈宗尧"。任宗尧为典乐时间，据《宋史·徽宗本纪三》："（政和七年）六月戊午朔，以明堂成，进封蔡京为陈、鲁国公。"《通考·郊社考七》："（政和）七年，明堂成。"② 知在政和七年六月。详见前文《任宗尧考》。

八月二十六日辛巳，诏改文、武二舞名。

《会要·礼》二四之六六："（政和七年）八月二十六日，诏明堂《右（佑）文化俗之舞》改作《宁亲昭事之舞》，《威功睿德之舞》改作《日靖四方之舞》。"

按：《玉海》卷一〇七："（政和）七年八月二十六日，太常言：'奠玉币《右（佑）文化俗之舞》改作《宁亲昭事之舞》；进熟《威功睿德之舞》改作《日靖四方之舞》。……乐舞象事，故观舞容知其德。'"③ 二舞改名乃为本年明堂布政调爕准备。

十月一日乙卯朔，皇帝御明堂平朔左个，乐律随月右旋。

《宋史·乐志四》："（政和七年）十月，皇帝御明堂平朔左个，始以天运政治颁于天下。……既而中书省言：'……若以右旋七均之法，如十月以应钟为宫，则当用大吕为商、夹钟为角、仲吕为闰徵、蕤宾为徵、夷则为羽、无射为闰宫。明堂颁朔，用左旋取之，非是。欲以本月律为宫，右旋取七均之法。'从之。"

---

① 脱脱等：《宋史》卷一二九《乐志四》，第9册，第3026页。

② 详见《皇朝编年纲目备要》卷二七（第687页），《文献通考·乐考四》（第1173页），《宋史·徽宗本纪三》（第2册，第398页），《文献通考·郊社考七》（第678页）。

③ 详见《宋会要·礼》二四之六六（第1册，第932页），《玉海》卷一〇七（第945册，第829页）。

按：《宋史·徽宗本纪三》："（政和七年）十月乙卯朔，初御明堂，班朔布政。"① 知为本月一日。又，凌景埏云："（政和七年）四月，议礼局请：以本月律为宫，右旋，取七均之法。从之。"② 时间及申请机构均误。当为"政和七年十月，中书省请"，而非"政和七年四月，议礼局请"。考议礼局政和三年四月罢局，六月结局，政和七年已无"议礼局"。

十日甲子，礼制局制造所始铸"太极飞云洞劫"等神霄九鼎。

《会要·舆服》六之一六、一七："先是，（政和）七年七月，诏：'礼制【局】制造所造太极飞云洞劫之鼎（鼒），苍壶（壸）祀天贮醇酒之鼎，山岳五神之鼎，精明洞渊之鼎，天地阴阳之鼎，混沌之鼎，浮光洞天之鼎，灵光晃耀鍊神之鼎，苍龟火蛇虫鱼金轮之鼎。'自十月十日始铸，至是（政和八年二月）奉安。"（《会要·礼》五一之二四同）③

按：本年六月前后，林灵素建议，依仿宫、商、角、徵、羽，别定五声，制神霄乐（《十朝纲要》卷一八，《能改斋漫录》卷一二，《容斋三笔》卷一三）；七月，诏礼制局制造所议造"太极飞云洞劫"等神霄九鼎（《会要·礼》五一之二四及《舆服》六之一六、一七）；十月十日始铸，至明年（政和八年）二月奉安（《会要·礼》五一之二四及《舆服》六之一六、一七，《长编纪事本末》卷一二八，《十朝纲要》卷一八）④。姑附于此。

十一月二十九日癸丑，令天下州学生习大晟乐者，皆服士服。

《宋史·乐志四》："（政和七年）十一月，知永兴军席旦言：'太学、辟雍士人作乐，皆服士服，而外路诸生尚衣襕幞。望下有司考议，为图式以颁外郡。'"《长编纪事本末》卷一三四、《十朝纲要》卷一七略同，而作"政和七年十一月癸丑"⑤。

---

① 详见《宋史·乐志四》（第9册，第3020—3021页），《宋史·徽宗本纪三》（第2册，第398页）。

② 凌景埏：《宋魏汉津乐与大晟府》，凌景埏、谢伯阳校注《诸宫调两种》附录，第285页。

③ 详见《宋会要·舆服》六之一六、一七（第2册，第1833—1834页），《宋会要·礼》五一之二四（第2册，第1553页）。

④ 详见《皇宋十朝纲要校正》卷一八（第505页），《能改斋漫录》卷一二（第5编，第4册，第82页），《容斋随笔·三笔》卷一三（第5编，第6册，第157页），《宋会要·礼》五一之二四及《舆服》六之一六、一七（第2册，第1553页，第1833—1834页），《宋会要·礼》五一之二四及《舆服》六之一六、一七（第2册，第1553页，第1833—1834页），《长编纪事本末》卷一二八（第387册，第363页），《皇宋十朝纲要校正》卷一八（第505页）。

⑤ 详见《宋史·乐志四》（第9册，第3022—3023页），《长编纪事本末》卷一三四（第387册，第421页），《皇宋十朝纲要校正》卷一七（第495页）。

按：《朱子语类》卷九一："政和间，尝令天下州学生习《大晟乐》者，皆着衣裳如古之制，及漆纱帽，但无顶尔。及诸州得解，举首贡至京师，皆若此。"《事类备要·外集》卷三五同①。

十二月二十九日壬午，以"大晟律"改定鼓吹乐告成，诏改《六州》为《崇明祀》，《十二时》为《称吉礼》，《导引》为《熙事备成》。

《宋史·乐志十五》："（政和七年）十二月，诏《六州》改名《崇明祀》，《十二时》改名《称吉礼》，《导引》改名《熙事备成》。六引内者，设而不作。"（《玉海》卷一〇六、《通考·乐考二十》同）《会要·舆服》三之二〇略同而稍详，作"政和七年十二月二十九日"②。

按：政和七年三月一日，礼制局请"审协声律，播之鼓吹"，乃以"大晟律"改定鼓吹乐，又乞"因事命名"（详上）。十二月二十九日，改定工作完成。

政和八年重和元年（1118），废中声乐，依月律编成燕乐曲谱，铸黄钟太声钟成。

四月二十五日丁丑，铸景虚玉阳神应钟成，应副官员各推恩转官。

《会要·乐》四之一："（政和）八年四月二十五日，诏：'礼制局所铸景虚玉阳神应钟了当，应副管干详议官、管干官、书篆官、制造官、杂务官、催促物料、造作受给各转行一官。应副管干七钟以上各减三年磨勘，应副管干六钟以下各减二年磨勘，人吏各转一官资，无官资人补进义副尉。'"（《会要·乐》五之二五同）《长编纪事本末》卷一三四："（重和元年）四月丁丑，御笔：'礼制局铸景灵（虚）玉阳神应钟了当，应副管勾详议官、中大夫、兵部尚书蒋猷等推赏各有差。'"原注："《诏旨》。景灵（虚）玉阳神应钟，当考与刘揀所铸如何。"③

按："景虚玉阳神应钟"，乃依刘楝"景虚玉阳神应钟法"而铸，疑即用于林灵素之神霄乐。《长编拾补》：

> 【原注】诏旨，"景灵（虚）玉阳神应钟"，当考与刘楝所铸如何。

---

① 详见《朱子语类》卷九一（第6册，第2325页），《古今合璧事类备要·外集》卷三五（第941册，第634页）。

② 详见《宋史·乐志十五》（第10册，第3304页），《玉海》卷一〇六（第945册，第797页），《文献通考·乐考二十》（第1291页），《宋会要·舆服》三之二〇（第2册，第1791页）。

③ 详见《宋会要·乐》四之一（第1册，第322页），《宋会要·乐》五之二五（第1册，第345页），《长编纪事本末》卷一三四（第387册，第422页）。

【案】政和七年二月壬戌，楝奏："臣昨忽遇九天益算韩真人授以景灵（虚）玉阳神应钟法，仰祝圣寿。"诏旨，六年二月十九日召赴阙，四月二十八日铸钟；八年三月戊申又召赴阙。吴曾《能改斋漫录》卷十二："林灵素建议，依仿宫、商、角、征（徵）、羽，别定五声，制神霄乐。刘楝密奏：'臣、民、事、物，皆可有二。至于宫声，岂有二哉?'徽宗感悦，嘉其爱君，即除中散大夫、直龙图阁。楝辞不受。楝字守翁，棣州人。初以八行举，遇可韩君丈人，授以景灵（虚）玉阳钟法。徽宗依其说，命铸钟十二，召九天。范金随律，月成一钟。排黄麾仗，奉安于宝箓宫。钟备成，授通直郎。灵素又建议筑郁罗萧台，高一百五十尺以祭天。楝言：'圆坛事天，古今通制。高八十一尺，数之极也。岂可别筑台以祭，数又加倍哉? 徒劳人渎神，恐非天意。'遂已。"《宋史·蒋猷传》，政和四年，迁兵部尚书，兼礼制局详议官。七年，改工部、吏部尚书，以徽猷阁直学士知婺州。明年，请祠归。又《挥麈后录》载，强渊明《景钟颂》为宣和元年八月丁丑诏作景钟，二十五日钟成。与此年月异。[①]

"刘楝"，《长编纪事本末》卷一三四作"刘揀"，其他史料均作"刘楝"。考政和六年四月二十八日辛卯，蔡攸荐刘楝铸鼎牲以祀圣寿；徽宗依其说，命铸钟十二，号"景虚玉阳钟"（《会要·礼》一四之七四，《长编纪事本末》卷一二七，《能改斋漫录》卷一二，《长编拾补》卷三六）。时于礼制局铸景虚玉阳神应钟，以蒋猷兼任管干详议官（《会要·乐》四之一及五之二五，《长编纪事本末》卷一三四，《长编拾补》卷三七）[②]。又，"强渊明《景钟颂》为宣和元年八月丁丑诏作景钟"云云，乃蔡攸以"太、正、少"三黄钟律修制大晟乐所铸之景钟，与此刘楝为道教神霄乐之景虚玉阳神应钟完全不同。《长编拾补》混为一谈，实误，详下文考证。

六月二十八日己卯，原大晟府提举官刘昺坐妖讪，长流琼州。

《宋史·刘昺传》："加宣和殿学士知河南府，积官金紫光禄大夫。与王寀交通，事败，开封尹盛章议以死。刑部尚书范致虚为请，乃长流琼州。死，年

① 黄以周等：《长编拾补》卷三七，第3册，第1174—1175页。

② 详见《长编纪事本末》卷一三四（第387册，第422页），《宋会要·礼》一四之七四（第1册，第624页），《长编纪事本末》卷一二七（第387册，第357页），《能改斋漫录》卷一二（第5编，第4册，第82页），《长编拾补》卷三六（第3册，第1139—1140页），《宋会要·乐》四之一及五之二五（第1册，第322页，第345页），《长编纪事本末》卷一三四（第387册，第422页），《长编拾补》卷三七（第3册，第1174页）。

五十七。”《会要·刑法》六之二三、《十朝纲要》卷一八略同，而作“政和八年六月二十八日”、“重和元年六月己卯”[1]。

按：关于“王寀、刘昺坐妖讪诛窜”时间，各家均有不同意见。《挥麈后录》卷三载之尤详，《长编拾补》引《续宋编年资治通鉴》、《九朝编年备要》、《十朝纲要》刘昺“事败”议罪分别在重和元年二月、重和元年六月、重和元年六月己卯，并“据以改归”重和元年六月二十三日甲戌（卷三七）[2]。今考“王寀得罪”在政和七年十二月前，然刘昺未立即获罪，刘昺“获罪”在重和元年六月二十八日己卯。详见前文《刘昺考》。

八月，从蔡攸奏，诏明堂废中声乐，止用正声，刊谬著于《乐书》；其已颁中声乐，并令纳礼制局改正。在京限一月，外路限一季。

《宋史·乐志四》：“（政和）八年八月，宣和殿大学士蔡攸言：‘……今来宗祀明堂，缘八月中气未过，而用中声乐南吕为宫，则本律正声皆不得预。欲乞废中声之乐，一遵帝律，止用正声，协和天人，刊正讹谬，著于《乐书》。’诏可。”《会要·乐》四之一：“二十六日，（蔡）攸又奏：‘所有已颁中声乐，欲乞令逐处，在京限一月，外路限一季，并行送纳。’从之。”《十朝纲要》卷一八：“（重和元年八月）辛未（二十一日），御笔：‘明堂废中声之乐，止用正声。其已颁中声乐，并令纳礼制局改正。’”《纲目备要》卷二七：“《大晟乐》旧用中、正声……（田）为谓：‘中声非是，当去中声。’……（蔡）攸主为之说以奏于上。重和秋，遂诏乐止用正声，已颁中声乐并纳礼制局改正。”[3]

按：诸史载废中声乐在本年八月。《会要》则系于本年四月后，点校本亦未补年月[4]。或应补为政和八年八月。

九月二十日己亥，依月律“审按校定”燕乐旧行一十七调大小曲谱及“添入新补撰诸调曲谱”，大晟府镂板颁行。

详见《会要·乐》四之一、二[5]及前文《大晟燕乐曲谱编撰情况考辨》，

---

① 详见《宋史·刘昺传》（第32册，第11207页），《宋会要·刑法》六之二三（第7册，第6705页），《皇宋十朝纲要校正》卷一八（第507页）。

② 详见《挥麈后录》卷三（第6编，第1册，第125—127页），《长编拾补》卷三七（第3册，第1179页）。

③ 详见《宋史·乐志四》（第9册，第3023页），《宋会要·乐》四之一（第1册，第322页），《皇宋十朝纲要校正》卷一八（第507页），《皇朝编年纲目备要》卷二七（第687页）。

④ 点校本《宋会要辑稿·乐四》，第1册，第392页。

⑤ 徐松辑：《宋会要·乐》四之一、二，第1册，第322页。

文繁不重引。

上《唐谱徵、角二声》，再命教坊制曲谱。既成，不克行而止。

详见《宋史·乐志四》、《玉海》卷七、卷二八①及前文《大晟燕乐曲谱编撰情况考辨》，文繁不重引。

十月十八日丙申，黄钟太声钟一鐫而成，蔡京以下拜表贺。

《会要·仪制》七之四："政和八年十月十八日，以黄钟大（太）声一鐫而成，即与君声相合。鐫造时，有云若华盖状。蔡京以下拜表贺。"（《会要·瑞异》一之二三同）②

按："黄钟太声钟"即为蔡攸"修制大乐"而铸（详上）。

十二月二日己卯，诏九鼎复旧名。

详见《会要·礼》五一之二三、二四及《舆服》六之一六、一七、《长编纪事本末》卷一二七③，文繁不重引。

十九日丙申，太、少二音镕范既成，置登歌、宫架用于明堂，修制大乐局罢局。

《会要·乐》四之二："重和元年十二月十九日，诏：'太、少二音，调燮岁运，使之适平，不行于世迨数百年。近命官讨论定律，镕范既成，不假刊削，自合宫音，太、少、正声，相与为一。已降指挥，置登歌、宫架，用于明堂。所有乐局检阅文字官三员，各转一官；差充修制大乐局管干官……各转一官资……等第支散。'"④

按：政和七年三月后，置修制大乐局，"讨论定律"；政和八年十月十八日，铸成黄钟太声钟（详上）；尔后"奉诏制造太、少二音登歌、宫架"⑤；至十二月十九日"镕范既成"，结绝罢局。

重和二年宣和元年（1119），颁太、少、正声篇，废改四清声钟等大晟乐器，明堂大礼用蔡攸乐。

三月十九日乙丑，制造太、少、正声篇，颁降施行。

① 详见《宋史·乐志四》（第9册，第3026页），《玉海》卷七及卷二八（第943册，第198页，第691页）。

② 详见《宋会要·仪制》七之四（第2册，第1951页），《宋会要·瑞异》一之二三（第3册，第2076页）。

③ 详见《宋会要·礼》五一之二三、二四及《舆服》六之一六、一七（第2册，第1553页，第1833—1834页），《长编纪事本末》卷一二七（第387册，第358页）。

④ 徐松辑：《宋会要·乐》四之二，第1册，第322页。

⑤ 脱脱等：《宋史》卷一二九《乐志四》，第9册，第3023页。

《会要·乐》四之二："宣和元年三月十九日，淮康军节度使蔡攸奏：'……窃见大晟制籥，只为舞器，执而不歈。方今大晟乐备之时，独此为阙。今据百姓张重杨、教坊乐工张从宝赍到古籥一管，自陈世习其艺。按之以声，悉协钧（均）律。臣考《尔雅》："大籥为产，其中为仲，其小为箹。"考之制造太、少、正声，籥之律吕咸备，乞颁降施行。'从之。"《玉海》卷一一〇略同而稍简。

按：《宋史·乐志五》："宣和添用籥色，未及颁降州郡。"① 知"宣和籥"虽施行于朝廷大乐，但未及颁降州郡。

四月，废四清声钟及一、三、七、九弦琴，罢搏、拊二器，造太、正、少三等籥，太、正、少三等笙、篴及太、正、少三等埙、篪、箫，改七星匏、九星匏为七管匏、九管匏。

《宋史·乐志四》："宣和元年四月，（蔡）攸上书：'奉诏制造太、少二音登歌、宫架，用于明堂，渐见就绪，乞报大晟府者凡八条：［其］一，太、正、少钟三等。……今既分太、少，则四清声不当兼用，止以十二律正声各为一架。其二，太、正、少琴三等。旧制，一、三、五、七、九弦凡五等。今来讨论，并依《律书》所载，止用五弦……其一、三、五（引者按："五"为衍文）、七、九弦，太、少乐内更不制造。其三，太、正、少籥三等。……制造太、正、少三等，用为乐本，设于众管之前。其四，太、正、少篴、埙、篪、箫各三等。……今既分太、少，其四清声亦不合兼用，止用十二管。其五，大晟匏有三色……今已各分太、正、少三等……仍改避七星、九星之名，止曰七管、九管。其六，旧制有巢笙、竽笙、和笙。……今依钟、磬法，裁十二管以应十二律，为太、正、少三等，其旧笙更不用。其七，柷、敔、晋鼓、镈钟、特磬，虽无太、少，系作止和乐，合行备设。其八，登歌、宫架有搏、拊二器……今欲乞罢而不用。'诏悉从之。"②

按：《宋史·乐志四》"止用五弦"、"以为太、正、少之制，而十二律举无遗音"云云，知"五弦"亦依"太、正、少之制"造为三等。"其一、三、五、七、九弦，太、少乐内更不制造"，似不包括"五弦"在内。疑"五"字为衍文。《宋史·乐志十七》、《通考·乐考十》均载"大晟乐府尝罢一、三、七、九，惟存五弦"云云③，亦可印证。

---

① 详见《宋会要·乐》四之二（第1册，第322页），《玉海》卷一一〇（第945册，第897—898页），《宋史·乐志五》（第10册，第3029—3030页）。

② 脱脱等：《宋史》卷一二九《乐志四》，第9册，第3023—3025页。

③ 详见《宋史·乐志十七》（第10册，第3341—3342页），《文献通考·乐考十》（第1212页）。

七月十一日乙卯，观大晟乐。

《十朝纲要》卷一八："（宣和元年七月）乙卯，观大晟乐。"①

按：政和末，蔡攸乞以太、少、正三声黄钟律修制大晟乐，废刘昺中声乐；宣和元年四月，又废四清声钟及一、三、七、九弦琴，罢搏、拊二器，造太、正、少三等籥，太、正、少三等笙、篴及太、正、少三等埙、篪、箫，改七星匏、九星匏为七管匏、九管匏（详上）。疑至宣和元年七月，蔡攸修制大晟乐已告成，故徽宗有"观大晟乐"之举。

八月二十五日己亥，大晟景钟铸成，强渊明为作《景钟颂》。

《挥麈后录》卷三："宣和元年八月丁丑，皇帝诏大晟【府】作景钟。是月二十五日，钟成。皇帝以身为度，以度起律，以律审声，以声制钟，以钟出乐，而乐宗焉。于以祀天地，享鬼神，朝万国，罔不用乂，在廷之臣，再拜稽首上颂：'明明天子，以身为度。有景者钟，众乐所怙（略）。'此翰林学士承旨强渊明之文也。偶获斯本，谨录于右。"《长编拾补》卷三七："【原注】《诏旨》。'景灵（虚）玉阳神应钟'，当考与刘楝所铸如何。【案】政和七年二月壬戌，楝奏：'臣昨忽遇九天益算韩真人授以景灵（虚）玉阳神应钟法，仰祝圣寿。'《诏旨》，六年二月十九日召赴阙，四月二十八日铸钟；八年三月戊申又召赴阙。……又《挥麈后录》载，强渊明《景钟颂》为宣和元年八月丁丑诏作景钟，二十五日钟成。与此年月异。"②

按：本年八月三日丁丑诏大晟复铸景钟，二十五日己亥景钟铸成。今考所谓"宣和元年八月"作景钟者，不见于他书。《长编拾补》疑此"景钟"为刘楝所铸"景灵（虚）玉阳神应钟"，乃误。刘楝所铸为神霄乐之乐钟，共有钟 12 枚（详上）；宣和元年八月二十五日铸成之"景钟"，实为蔡攸所改造之大晟乐。又，修制大乐局已于重和元年十二月十九日罢局，宣和元年又见大晟乐器制造事，或虽已诏罢局，但延至本年方罢；或乐器制造事已移交于大晟府制造所，上引"诏大晟【府】作景钟"云云，或可为旁证。

九月八日辛亥，大飨明堂，用蔡攸乐。

《宋史·乐志四》："蔡攸方提举大晟府，不喜他人预乐。……乐始成，试之于政事堂，执政心知其非，然不敢言，因用之于明堂布政，望鹤愈不至。"《纲目备要》卷二七略同。

按：《宋史·徽宗本纪四》："（宣和元年九月）辛亥，大飨明堂。……丁

① 李埴撰，燕永成校正：《皇宋十朝纲要校正》卷一八，第 512 页。

② 详见《挥麈录·后录》卷三（第 6 编，第 1 册，第 124—125 页），《长编拾补》卷三七（第 3 册，第 1174—1175 页）。

卯，以淮康军节度使蔡攸为开府仪同三司。”[①] 据此及上引“用之于明堂”云云，知本年大飨明堂乃用蔡攸乐；然在实际使用过程中效果不佳，疑未尝推行于天下州郡。

十一月十三日祀南郊，田为临时代理大司乐之职。

按：凌景埏云：“乃奏（田）为为典乐。”原注：“王国维《清真先生遗事》考清真交游，谓：‘田为初为制撰官，后为典乐、大司乐。’……按：《乐志》、《魏传》不云官制撰及大司乐。王先生其别有所本耶？”[②] 今查《宋史·乐志》及《魏传》确未有载田为任大司乐事，实为《清波杂志》善本有载[③]，王氏误记而凌氏亦未检及。又，宣和元年八月十八日，田为罢典乐为大晟府乐令，十一月前又复为典乐，十三日祀南郊事乃临时代理大司乐之职。详见前文《大晟府官制考》及《大晟府词人新考》，兹不赘述。

宣和二年（1120），颁燕乐词，罢按协声律、制撰文字及制造所。

二月六日丁丑，颁行依月律撰燕乐词八十四调。

详见《会要·乐》四之二、《玉海》卷一〇五[④]及前文《大晟府乐书考》、《大晟府词人“依月用律”考辨》，文繁不重引。

二十二日癸巳，从舒彦奏，诏州郡选使院与诸司贴书充大晟乐工，以备春秋祠祭社稷、风师、雨师与释奠宣圣，罢选厢卒充乐工。

《会要·礼》一四之七一、七二：“（宣和二年）二月二十二日，虞部郎中舒彦言：‘……乃诏大晟颁降乐器于方国。于是薄海内外，始识明圣之述作，而闻《咸》、《韶》之音。然伏睹近者献议之臣，谓州郡行户下等，为乐工免行为不便，乃欲选厢卒充乐工。以谓厢卒，役兵也，又其间有出于配隶之余。夫州郡春秋祠祭社稷、风师、雨师与释奠宣圣，礼至重也，而乐工乃以黥卒为之，诚恐文不相称也。欲望诏州郡将使院与诸司贴书，籍其数，取其粗晓文礼者充乐工，从逐州公使库量与月给。惟三岁科场，许差誊录；余差使，悉听免其应选。而偷堕不愿为乐工，与习而不能精者，罢之，不得为贴书，选以次者辅之。于以事鬼神而召丰年，其与用厢卒为乐工，岂不有间哉？’【诏】‘诸路

① 详见《宋史·乐志四》（第9册，第3026页），《皇朝编年纲目备要》卷二七（第687页），《宋史·徽宗本纪四》（第2册，第404页）。

② 凌景埏：《宋魏汉津乐与大晟府》，凌景埏、谢伯阳校注《诸宫调两种》附录，第276页，第292页。

③ 周煇撰，刘永翔校注：《清波杂志校注》卷一一，第473页。

④ 详见《宋会要·乐》四之二（第1册，第322页），《玉海》卷一〇五（第945册，第778页）。

州、军，如有贴书可选差去处，许差，余依奏。’”①

七月十六日甲寅，罢大晟府按协声律及制撰文字。

《会要·职官》二二之二六：“宣和二年七月十六日，诏：‘大晟府近岁添置按协声律及制撰，殊为冗滥，白身满岁即补迪功郎，侥幸为甚，可并罢。在任者依省罢法。’”《十朝纲要》卷一八略同。

按：《纲目备要》卷二八：“（宣和）二年，礼制局与大晟府制造所、协声律官并罢。”《宋史·乐志四》：“（宣和）二年八月，罢大晟府制造所并协律官。”《宋史·职官志一》：“宣和二年，诏与大晟府制造所、协声律官并罢。”② 载罢官名为“协律”，实误。凌景埏从之③。乃非。据《会要》所罢职官名称为大晟府按协声律、大晟府制撰文字，而非协律官。协律官包括协律郎和按协声律两种，此处笼统云协律官，未确，因宣和二年八月至宣和七年尚有协律郎在任者可考。详见前文《大晟府官制考》。

八月十五日癸未，诏罢大晟府制造所。

《宋史·乐志四》：“（宣和）二年八月，罢大晟府制造所。”《会要·职官》二二之二六：“（宣和二年）八月十五日，诏罢大晟府制造所。”《会要·职官》五之二三同，《宋史·职官志一》、《长编纪事本末》卷一三四、《纲目备要》卷二八略同④。

十八日丙戌，修订大晟府及诸路乐工朝会祠事日特支食钱制度。

详见《会要·职官》二二之二六⑤及前文《大晟府官制考》，文繁不重引。

宣和三年（1121），提举官梁师成，大司乐蒋瑎。

汪藻《蒋公墓志铭》：“（蒋瑎）除光禄卿。居亡何，擢大司乐。时用魏汉津乐，以中贵人梁师成兼领。师成挟恩怙权，人莫敢忤。会欲增舞佾而三倍之，公显斥其非。且乐工募市人，猥冗，非所以奉天地宗庙，请一切沙汰。从之。师成怒不主己，语有侵公者。公曰：‘一代礼文，当质之《经》。’师成

① 徐松辑：《宋会要·礼》一四之七一、七二，第1册，第622—623页。

② 详见《宋会要·职官》二二之二六（第3册，第2873页），《皇宋十朝纲要校正》卷一八（第515页），《皇朝编年纲目备要》卷二八（第708页），《宋史·乐志四》（第9册，第3027页），《宋史·职官志一》（第12册，第3794页）。

③ 凌景埏：《宋魏汉津乐与大晟府》，凌景埏、谢伯阳校注《诸宫调两种》附录，第285页。

④ 详见《宋史·乐志四》（第9册，第3027页），《宋会要·职官》二二之二六（第3册，第2873页），《宋会要·职官》五之二三（第3册，第2474页），《宋史·职官志一》（第12册，第3794页），《长编纪事本末》卷一三四（第387册，第422页），《皇朝编年纲目备要》卷二八（第708页）。

⑤ 徐松辑：《宋会要·职官》二二之二六《大晟府》，第3册，第2873页。

曰：‘仆不读书，愚抵此。’公不为动，而深衔之，日求所以伤公。久之，无所得。”①

按：“时用魏汉津乐，以中贵人梁师成兼领”云云，所谓“兼领”，实指梁师成为大晟府提举官而言。详见前文《大晟府官制考》及《蒋瑎任大晟府大司乐考》，兹不赘述。

宣和四年（1122），增舞佾，尚书省选官改定祭祀乐章。

六月九日丙申，臣僚言岁所用乐章儒馆分领，多失义类。旋诏尚书省选官改定。

《会要·乐》四之二：“（宣和）四年六月九日，臣僚上言：‘一岁之间，凡一百一十八祀。作乐者六十二，所司（用）乐章，总五百六十九首。当时儒馆分领，概以与之，未尝择而授也。故其所作，多有失义类者。’诏令尚书省措置，选官改定。除赵永裔已罢馆职外，余并送吏部，与合入差遣。”（《会要·乐》五之二五、二六同）《玉海》卷一〇五：“宣和四年，臣僚言：‘一岁凡一百一十八祀，作乐者六十二，所用乐章五百六十九。’”②

按：“臣僚”云云，乃为“韩驹”。《宋史·韩驹传》：“召为著作郎，校正御前文籍。驹言：‘国家祠事岁一百十有八，用乐者六十有二。旧撰乐章，辞多抵牾。’于是召三馆士分撰，亲祠明堂、圆坛、方泽等乐曲五十余章，多驹所作。宣和五年，除秘书少监。”所言多为韩驹“所作”，亦有印证。详见上引《能改斋漫录》卷一四《选官改定方泽〈仪安〉等曲》③。

本月，因收复燕云，“增舞佾而三倍之”。

详见《宋史·徽宗本纪四》、《三朝北盟会编》卷一八、汪藻《蒋公墓志铭》（《浮溪集》卷二七）④及前文《大晟府官制考》，文繁不重引。

十月，丰城县民得古钟大小九具，令乐工敲击并绘图以闻。

按：诸史均载，然《宋史·乐志四》作“宣和四年十月”，《会要·乐》四之二作“宣和四年十月二十一日”，《玉海》卷一〇九作“宣和四年十月二

① 汪藻：《浮溪集》卷二七《徽猷阁待制致仕蒋公墓志铭》，《四部丛刊》初编本，第27页B面至第28页A面。

② 详见《宋会要·乐》四之二（第1册，第322页），《宋会要·乐》五之二五、二六（第1册，第345页），《玉海》卷一〇五（第945册，第778页）。

③ 详见《宋史·韩驹传》（第37册，第13140页），《能改斋漫录》卷一四（第5编，第4册，第131页）。

④ 详见《宋史·徽宗本纪四》（第2册，第410—411页），《三朝北盟会编》卷一八（第350册，第133页），《浮溪集》卷二七《徽猷阁待制致仕蒋公墓志铭》（《四部丛刊》初编本，第27页B面）。

十二日”[①]。

宣和五年（1123），提举官梁师成，大司乐毕完，典乐冯舒，协律郎江端本。

正月十七日辛未，大司乐毕完装成神宗御笔石本二轴，乞宣付秘阁收藏。

详见《会要·崇儒》六之一二[②]及前文《大晟府官制考》，兹不赘述。

四月九日庚子，因收复全燕，大晟府典乐冯舒除待制，转一官。

详见《三朝北盟会编》卷一八[③]及前文《大晟府官制考》，文繁不重引。

江端本任大晟府协律郎。

详见《会要·职官》六九之一三及四二之四八、《长编拾补》卷四〇、晁冲之《简江子之求茶》[④] 及前文《大晟府官制考》，兹不赘述。

宣和六年（1124），创辰火祭用大晟乐。

正月二十三日壬申，大晟府典乐兼国史院编修官刘国瑞充贡举点检试卷官。

详见《会要·职官》六九之一六、《会要·选举》二〇之三[⑤]及前文《大晟府官制考》，文繁不重引。

三月十九日丁卯，创辰火祭用大晟乐。

详见《宋史·许景衡传》、许景衡《三月十九日同亨仲按乐大晟》（《横塘集》卷四）[⑥] 及前文《〈行在谱〉用大晟乐法考辨》，兹不赘述。

宣和七年（1125），罢大晟府内臣寄资，罢大晟府及教乐所与教坊额外人。

六月十八日戊午，手诏钱端礼除大晟府乐令，替范寅恭阙；吏部奏已差张玮任大晟府乐令。

详见《会要·职官》三之一一、一二[⑦]及前文《大晟府官制考》，文繁不重引。

---

① 详见《宋会要·乐》四之二（第1册，第322页），《宋史·乐志四》（第9册，第3027页），《玉海》卷一〇九（第945册，第857页）。

② 徐松辑：《宋会要·崇儒》六之一二，第3册，第2274页。

③ 徐梦莘：《三朝北盟会编》卷一八，第350册，第133页。

④ 详见《宋会要·职官》六九之一三及四二之四八（第4册，第3258页，第3936页），《长编拾补》卷四〇（第3册，第1259页），晁冲之《简江子之求茶》（《全宋诗》，第21册，第13877页）。

⑤ 详见《宋会要·职官》六九之一六（第4册，第3937页），《宋会要·选举》二〇之三（第5册，第4576页）。

⑥ 详见《宋史·许景衡传》（第32册，第11344页），《横塘集》卷四（第1127册，第192页）。

⑦ 徐松辑：《宋会要·职官》三之一一、一二，第3册，第2403页。

任谊为大晟府协律郎。

详见《画继》卷三[①]及前文《大晟府官制考》，兹不赘述。

十二月左右，罢大晟府内臣寄资。

《三朝北盟会编》卷二一四："（绍兴十五年十月）观文殿学士、祈请国信使宇文虚中死于金国。《行状》曰……（宣和七年）十一月，除大学士、河北河东路宣谕使。……上命公就草诏。公奏言：'臣未得旨，昨晚已草就，候进呈。'上令展读。公又列出宫人斥乘舆、服御物，罢应奉司，罢西城所，罢六尚局，罢大晟府内臣寄资等十余事于所草诏。上览之曰：'一一可便施行，今日不吝改过。'公再拜泣下。令下，人心大悦，乃宣和七年罪己诏也。"[②]

按：此不见于其他史料。考罢大晟府在本年十二月二十二日，疑罢大晟府内臣寄资在本年十二月。

二十二日己未，罢大晟府及教乐所、教坊额外人。

《宋史·乐志四》："（宣和）七年十二月，金人败盟，分兵两道入。诏革弊事，废诸局，于是大晟府及教乐所、教坊额外人并罢。"《宋史·徽宗本纪四》："（宣和七年十二月）己未，下诏罪己，令中外直言极谏，郡邑率师勤王；募草泽异才有能出奇计及使疆外者；罢道官，罢大晟府、行幸局；西城及诸局所管缗钱，尽付有司。"《宋史·食货志下一》："（宣和七年）十二月，诏曰：'……罢大晟府，罢教学（乐）所，罢教坊额外人。'"《会要·职官》二二之二七："（宣和）七年十二月二十二日，诏罢大晟府及教乐所。"《三朝北盟会编》卷二五："（宣和七年十二月）二十一日戊午，下《罪己求直言诏》，诏曰：'……罢大晟府，罢教乐所，罢教坊额外人。'"《十朝纲要》卷一八："（宣和七年十二月）己未，降诏罪己。令天下方镇、郡邑守令各率师募众勤王。罢道官及大晟府、行幸局、西城及诸局所管缗钱，尽付有司。"《长编纪事本末》卷一四六："（宣和七年）十二月己未，诏曰：'……罢大晟府，罢教乐所，罢教坊额外人。'……诏，宇文虚中所草也。（【原注】《实录》、《诏旨》并于二十二日己未载。此诏封氏《编年》系之二十一日戊午，今不取。）"（《长编拾补》卷五一同）[③]

---

① 邓椿：《画继》卷三，第371册，第462页。

② 徐梦莘：《三朝北盟会编》卷二一四，第352册，第216页。

③ 详见《宋史·乐志四》（第9册，第3027页），《宋史·徽宗本纪四》（第2册，第417页），《宋史·食货志下一》（第13册，第4364页），《宋会要·职官》二二之二七（第3册，第2873页），《三朝北盟会编》卷二五（第350册，第196—197页），《皇宋十朝纲要校正》卷一八（第539页），《长编纪事本末》卷一四六（第387册，第510—511页），《长编拾补》卷五一（第4册，第1568—1570页）。

按：关于罢大晟府的时间，学者多有误为宣和二年者。凌景埏辨云："《宋史新编》（卷三十七《职官》）以宣和二年罢大晟府。王国维《清真先生遗事年表》乐府罢废在二年。皆误以罢制造所之年，为罢大晟府也。"[①] 考致误之由，或因正史《宋史·职官志》误书而承其讹。《宋史·职官志四》："宣和二年，诏以大晟府近岁添置，冗滥徼幸，罢，不复再置。"（《通考·职官考九》同）[②] 乃非。龚延明已有考正[③]。《通考·职官考九》校勘记亦认为"大晟府近岁添置"后，"似应补'按协声律及制撰'七字"[④]。极是。

① 凌景埏：《宋魏汉津乐与大晟府》，凌景埏、谢伯阳校注《诸宫调两种》附录，第 290 页。

② 详见《宋史·职官志四》（第 12 册，第 3886 页），《文献通考·职官考九》（第 499 页）。

③ 详见龚延明《宋史职官志补正（增订本）》，第 262—263 页。

④ 点校本《文献通考》卷五五《职官考九》，第 3 册，第 1635 页。

参考书目

（汉）郑氏注，（唐）贾公彦疏：《周礼注疏》，中华书局 1980 年影印《十三经注疏》阮刻本。

（汉）孔氏传，（唐）孔颖达疏：《尚书正义》，中华书局 1980 年影印《十三经注疏》阮刻本。

（汉）郑氏注，（唐）孔颖达疏：《礼记正义》，中华书局 1980 年影印《十三经注疏》阮刻本。

（宋）欧阳修、李柬之、吕公著等：《太常因革礼》，上海古籍出版社 2000 年《续修四库全书》影印本。

（宋）陈祥道：《礼书》，上海古籍出版社 1987 年影印文渊阁《四库全书》本。

（宋）陈旸：《乐书》，上海古籍出版社 1987 年影印文渊阁《四库全书》本。

（宋）郑居中等：《政和五礼新仪》，上海古籍出版社 1987 年影印文渊阁《四库全书》本。

（清）徐松辑：《中兴礼书》，上海古籍出版社 2000 年《续修四库全书》影印本。

（宋）朱熹：《绍熙州县释奠仪图》，中华书局 2011 年《丛书集成初编》本。

（宋）朱熹：《仪礼经传通解》，上海古籍出版社 1987 年影印文渊阁《四库全书》本。

（宋）蔡元定：《律吕新书》，上海古籍出版社 1987 年影印文渊阁《四库全书》本。

（宋）蔡元定撰，（清）罗登选笺义：《律吕新书笺义》，上海古籍出版社 2000 年《续修四库全书》影印本。

（金）无名氏：《大金集礼》，中华书局 2011 年《丛书集成初编》本。

（元）熊朋来：《瑟谱》，中华书局 2011 年《丛书集成初编》本。

（元）熊朋来：《瑟谱》，上海古籍出版社 1987 年影印文渊阁《四库全书》本。

（明）朱载堉：《乐律全书》，上海古籍出版社 1987 年影印文渊阁《四库全书》本。

（明）倪复：《钟律通考》，上海古籍出版社 1987 年影印文渊阁《四库全书》本。

（明）朱睦㮮：《授经图义例》，上海古籍出版社 1987 年影印文渊阁《四库全书》本。

（清）胡彦升：《乐律表微》，上海古籍出版社 1987 年影印文渊阁《四库全书》本。

（清）允禄、张照等编撰，玄烨批：《御制律吕正义后编》，上海古籍出版社 1987 年影印文渊阁《四库全书》本。

（清）江永：《律吕阐微》，上海古籍出版社 1987 年影印文渊阁《四库全书》本。

（清）凌廷勘：《燕乐考原》，上海古籍出版社 2000 年《续修四库全书》影印本。

（清）张文虎：《舒艺室馀笔》，《彊村丛书》本，广陵书社 2005 年影印。

（汉）班固：《汉书》，浙江古籍出版社 1998 年影印百衲本。

（刘宋）范晔：《后汉书》，浙江古籍出版社 1998 年影印百衲本。

（唐）魏徵、长孙无忌等：《隋书》，浙江古籍出版社 1998 年影印百衲本。

（唐）杜佑：《通典》，王文锦等点校，中华书局 1988 年版。

（五代）刘昫：《旧唐书》，浙江古籍出版社 1998 年影印百衲本。

（宋）欧阳修等：《新唐书》，浙江古籍出版社 1998 年影印百衲本。

（宋）司马光：《资治通鉴》，上海古籍出版社 1987 年影印本。

（清）徐松：《宋会要辑稿》，中华书局 1957 年影印本。

（清）徐松辑，陈智超整理：《宋会要辑稿·补编》，全国图书馆文献缩微复制中心 1988 年版。

（清）徐松：《宋会要辑稿》，刘琳、刁忠民、舒大刚等点校，上海古籍出版社 2014 年版。

（宋）李焘：《续资治通鉴长编》，上海师范大学古籍研究所、华东师范大学古籍研究所点校，中华书局 2004 年版。

（清）黄以周、王诒寿、冯一梅等：《续资治通鉴长编拾补》，顾吉辰点校，中华书局 2004 年版。

（宋）杨仲良：《皇宋通鉴长编纪事本末》，上海古籍出版社 2000 年《续修四库全书》影印本。

（宋）李心传：《建炎以来系年要录》，胡坤点校，中华书局2014年版。

（宋）孙逢吉：《职官分纪》，上海古籍出版社1987年影印文渊阁《四库全书》本。

（宋）王稱：《东都事略》，上海古籍出版社1987年影印文渊阁《四库全书》本。

（宋）熊克：《中兴小纪》，中华书局2011年《丛书集成初编》本。

（宋）无名氏：《靖康要录》，中华书局2011年《丛书集成初编》本。

（宋）李攸：《宋朝事实》，中华书局2011年《丛书集成初编》本。

（宋）徐梦莘：《三朝北盟会编》，上海古籍出版社1987年影印文渊阁《四库全书》本。

（宋）李埴撰，燕永成校正：《皇宋十朝纲要校正》，中华书局2013年版。

（宋）陈均：《皇朝编年纲目备要》，许沛藻、金圆、顾吉辰、孙菊园点校，中华书局2006年版。

（宋）陈均：《九朝编年备要》，上海古籍出版社1987年影印文渊阁《四库全书》本。

（宋）徐自明：《宋宰辅编年录》，上海古籍出版社1987年影印文渊阁《四库全书》本。

（宋）刘时举：《续宋中兴编年资治通鉴》，王瑞来点校，中华书局2014年版。

（宋）无名氏：《宋大诏令集》，中华书局1962年校勘本。

（宋）吕中：《类编皇朝大事记讲义》，张其凡、白晓霞整理，上海人民出版社2014年版。

（宋）王应麟：《玉海》，上海古籍出版社1987年影印文渊阁《四库全书》本。

（宋）佚名：《南宋馆阁续录》，张富祥点校，中华书局1998年版。

（宋）无名氏：《宋史全文》，上海古籍出版社1987年影印文渊阁《四库全书》本。

（宋）无名氏：《宋史全文》，汪圣铎点校，中华书局2016年版。

（金）无名氏：《大金吊伐录》，中华书局2011年《丛书集成初编》本。

（元）马端临：《文献通考》，中华书局1986年影印本。

（元）马端临：《文献通考》，上海师范大学古籍研究所、华东师范大学古籍研究所点校，中华书局2011年版。

（元）脱脱等：《宋史》，中华书局1985年点校本。

（元）脱脱等：《宋史》，浙江古籍出版社1998年影印百衲本。

（元）脱脱等：《宋史》，上海古籍出版社 1987 年影印文渊阁《四库全书》本。

（元）陈桱：《通鉴续编》，上海古籍出版社 1987 年影印文渊阁《四库全书》本。

（明）冯琦、陈邦瞻：《宋史纪事本末》，上海古籍出版社 1987 年影印文渊阁《四库全书》本。

（明）陈邦瞻撰：《宋史纪事本末》，河北师范学院历史系中国古代史组点校，中华书局 2015 年版。

（清）徐乾学：《资治通鉴后编》，上海古籍出版社 1987 年影印文渊阁《四库全书》本。

（清）毕沅：《续资治通鉴》，上海古籍出版社 1987 年版。

（元）脱脱等：《金史》，浙江古籍出版社 1998 年影印百衲本。

（明）宋濂等：《元史》，浙江古籍出版社 1998 年影印百衲本。

（清）张廷玉等：《明史》，浙江古籍出版社 1998 年影印百衲本。

［朝鲜］郑麟趾等：《高丽史》，孙晓主编、王林等校勘，西南师范大学出版社、人民出版社 2014 年标点校勘本。

［朝鲜］成俔等：《乐学轨范》，文化艺术出版社 2013 年影印本。

（清）傅恒等撰，玄烨批：《御批历代通鉴辑览》，上海古籍出版社 1987 年影印文渊阁《四库全书》本。

（明）商辂等撰，（清）玄烨批：《御批续资治通鉴纲目》，上海古籍出版社 1987 年影印文渊阁《四库全书》本。

（宋）梁克家：《淳熙三山志》，上海古籍出版社 1987 年影印文渊阁《四库全书》本。

（宋）梁克家：《淳熙三山志》，《宋元方志丛刊》本，中华书局 1990 年版。

（宋）范成大：《吴郡志》，《宋元方志丛刊》本，中华书局 1990 年版。

（宋）罗愿：《新安志》，《宋元方志丛刊》本，中华书局 1990 年版。

（宋）张淏：《宝庆会稽续志》，《宋元方志丛刊》本，中华书局 1990 年版。

（宋）周应合：《景定建康志》，《宋元方志丛刊》本，中华书局 1990 年版。

（宋）史能之：《咸淳重修毗陵志》，上海古籍出版社 2000 年《续修四库全书》影印本。

（元）袁桷：《延祐四明志》，《宋元方志丛刊》本，中华书局 1990 年版。

（明）李贤等：《明一统志》，上海古籍出版社 1987 年影印文渊阁《四库全书》本。

（明）王鏊：《姑苏志》，上海古籍出版社 1987 年影印文渊阁《四库全书》本。

（清）嵇曾筠等：《浙江通志》，上海古籍出版社 1987 年影印文渊阁《四库全书》本。

（清）和珅等：《大清一统志》，上海古籍出版社 1987 年影印文渊阁《四库全书》本。

（清）穆彰阿等：《大清一统志》，上海古籍出版社 2000 年《续修四库全书》影印本。

（清）杜诏、蒋继轼、郎作霖等：《山东通志》，上海古籍出版社 1987 年影印文渊阁《四库全书》本。

（清）于成龙、徐国柱、徐国相等：《江南通志》，上海古籍出版社 1987 年影印文渊阁《四库全书》本。

（清）谢道承、刘敬与、黄呈元等：《福建通志》，上海古籍出版社 1987 年影印文渊阁《四库全书》本。

（清）刘于义、史贻直、硕色等：《陕西通志》，上海古籍出版社 1987 年影印文渊阁《四库全书》本。

（清）陶成、恽鹤生、黄永年等：《江西通志》，上海古籍出版社 1987 年影印文渊阁《四库全书》本。

（明）李濂：《汴京遗迹志》，上海古籍出版社 1987 年影印文渊阁《四库全书》本。

（明）曹学佺：《蜀中广记》，上海古籍出版社 1987 年影印文渊阁《四库全书》本。

（明）董斯张：《吴兴备志》，上海古籍出版社 1987 年影印文渊阁《四库全书》本。

（元）无名氏：《氏族大全》，上海古籍出版社 1987 年影印文渊阁《四库全书》本。

（明）凌迪知：《万姓统谱》，上海古籍出版社 1987 年影印文渊阁《四库全书》本。

（清）孔疏圻等：《幸鲁盛典》，上海古籍出版社 1987 年影印文渊阁《四库全书》本。

（清）许伯政：《全史日至源流》，上海古籍出版社 1987 年影印文渊阁《四库全书》本。

（清）李清馥：《闽中理学渊源考》，上海古籍出版社 1987 年影印文渊阁《四库全书》本。

（宋）郑樵：《通志》，中华书局 1987 年版。

（宋）晁公武：《昭德先生郡斋读书志》，上海书店 1986 年影印涵芬楼《四部丛刊》三编本。

（宋）赵希弁：《昭德先生郡斋读书后志》，上海书店 1986 年影印涵芬楼《四部丛刊》三编本。

（宋）尤袤：《遂初堂书目》，中华书局 2011 年《丛书集成初编》本。

（宋）陈振孙：《直斋书录解题》，中华书局 2011 年《丛书集成初编》本。

（明）杨士奇：《文渊阁书目》，上海古籍出版社 1987 年影印文渊阁《四库全书》本。

（明）孙能传：《内阁藏书目录》，《明代书目题跋丛刊》本，书目文献出版社 1994 年影印。

（清）黄虞稷：《千顷堂书目》，上海古籍出版社 2001 年版。

（清）永瑢、纪昀、陆锡熊等：《四库全书总目》，中华书局 1965 年版。

（清）邵懿辰撰，邵章续录：《增订四库简明目录标注》，上海古籍出版社 1999 年版。

（明）解缙等：《永乐大典》，中华书局 1986 年影印本。

（宋）李昉等：《文苑英华》，上海古籍出版社 1987 年影印文渊阁《四库全书》本。

（宋）郭茂倩：《乐府诗集》，中华书局 1979 年版。

（宋）谢维新：《古今合璧事类备要》，上海古籍出版社 1987 年影印文渊阁《四库全书》本。

（宋）章如愚：《群书考索》，上海古籍出版社 1987 年影印文渊阁《四库全书》本。

（宋）魏齐贤、叶棻：《五百家播芳大全文粹》，上海古籍出版社 1987 年影印文渊阁《四库全书》本。

（元）陶宗仪：《说郛》，上海古籍出版社 1987 年影印文渊阁《四库全书》本。

（明）杨士奇等：《历代名臣奏议》，上海古籍出版社 1987 年影印文渊阁《四库全书》本。

（明）黄宗羲：《明文海》，上海古籍出版社 1987 年影印文渊阁《四库全书》本。

（明）程敏政：《新安文献志》，上海古籍出版社 1987 年影印文渊阁《四库全书》本。

（清）厉鹗撰，钱钟书补订：《宋诗纪事补订》，生活·读书·新知三联书店 2005 年版。

傅璇琮、倪其心、孙钦善等主编：《全宋诗》，北京大学出版社 1991 年版。

曾枣庄、刘琳主编：《全宋文》，上海辞书出版社、安徽教育出版社 2006 年版。

吴文治主编：《宋诗话全编》，凤凰出版社 1998 年版。

（宋）曾慥：《乐府雅词》，上海古籍出版社 2004 年版。

（宋）黄昇：《唐宋诸贤绝妙词选》，上海古籍出版社 2004 年版。

（宋）黄昇：《中兴以来绝妙词选》，上海古籍出版社 2004 年版。

（宋）周密编，（清）查为仁、厉鹗笺：《绝妙好词笺》，中国书店 2014 年影印本。

（明）何良俊：《草堂诗馀》，上海古籍出版社 1987 年影印文渊阁《四库全书》本。

（明）陈耀文：《花草粹编》，上海古籍出版社 1987 年影印文渊阁《四库全书》本。

（清）朱彝尊、汪森：《词综》，上海古籍出版社 2014 年版。

（清）王奕清、陈廷敬等：《钦定词谱》，中国书店 1983 年影印本。

（清）王奕清等：《御定曲谱》，上海古籍出版社 1987 年影印文渊阁《四库全书》本。

（清）沈辰垣等：《御选历代诗馀》，浙江古籍出版社 1998 年影印本。

（清）周祥钰、邹金生等：《新定九宫大成南北词宫谱》，上海古籍出版社 2000 年《续修四库全书》影印本。

朱孝臧辑校：《彊村丛书》，广陵书社 2005 年影印本。

唐圭璋编：《全宋词》，中华书局 1965 年版。

唐圭璋编：《全金元词》，中华书局 1979 年版。

唐圭璋、王兆鹏、邓子勉等校点：《唐宋人选唐宋词》，上海古籍出版社 2004 年版。

（宋）杨亿：《武夷新集》，上海古籍出版社 1987 年影印文渊阁《四库全书》本。

（宋）韩琦：《安阳集》，上海古籍出版社 1987 年影印文渊阁《四库全书》本。

（宋）欧阳修著，刘德清、顾宝林、欧阳明亮笺注：《欧阳修诗编年笺注》，中华书局2012年版。

（宋）苏颂：《苏魏公文集》，中华书局1988年版。

（宋）王珪：《华阳集》，上海古籍出版社1987年影印文渊阁《四库全书》本。

（宋）韩维：《南阳集》，上海古籍出版社1987年影印文渊阁《四库全书》本。

（宋）苏轼：《苏轼文集》，孔凡礼点校，中华书局1986年版。

（宋）杨杰：《无为集》，上海古籍出版社1987年影印文渊阁《四库全书》本。

（宋）杨杰著，曹小云校笺：《无为集校笺》，黄山书社2014年版。

（宋）毛滂：《毛滂集》，周少雄点校，浙江古籍出版社1999年版。

（宋）周邦彦：《清真集》，吴则虞点校，中华书局1981年版。

（宋）周邦彦著，孙虹校注，薛瑞生订补：《清真集校注》，中华书局2002年版。

（宋）周邦彦著，罗忼烈笺注：《清真集笺注》，上海古籍出版社2008年版。

（宋）华镇：《云溪居士集》，上海古籍出版社1987年影印文渊阁《四库全书》本。

（宋）沈与求：《龟溪集》，上海古籍出版社1987年影印文渊阁《四库全书》本。

（宋）曾协：《云庄集》，上海古籍出版社1987年影印文渊阁《四库全书》本。

（宋）许翰：《襄陵文集》，上海古籍出版社1987年影印文渊阁《四库全书》本。

（宋）刘安节：《刘左使集》，上海古籍出版社1987年影印文渊阁《四库全书》本。

（宋）曹勋：《松隐集》，上海古籍出版社1987年影印文渊阁《四库全书》本。

（宋）傅察：《忠肃集》，上海古籍出版社1987年影印文渊阁《四库全书》本。

（宋）慕容彦逢：《摛文堂集》，上海古籍出版社1987年影印文渊阁《四库全书》本。

（宋）韩驹：《陵阳集》，上海古籍出版社1987年影印文渊阁《四库全书》本。

（宋）张守：《毘陵集》，上海古籍出版社 1987 年影印文渊阁《四库全书》本。

（宋）杨时：《龟山集》，上海古籍出版社 1987 年影印文渊阁《四库全书》本。

（宋）黄裳：《演山集》，上海古籍出版社 1987 年影印文渊阁《四库全书》本。

（宋）晁以道：《景迂生集》，上海古籍出版社 1987 年影印文渊阁《四库全书》本。

（宋）李昭玘：《乐静集》，上海古籍出版社 1987 年影印文渊阁《四库全书》本。

（宋）王安中：《初寮集》，上海古籍出版社 1987 年影印文渊阁《四库全书》本。

（宋）翟汝文：《忠惠集》，上海古籍出版社 1987 年影印文渊阁《四库全书》本。

（宋）李新：《跨鳌集》，上海古籍出版社 1987 年影印文渊阁《四库全书》本。

（宋）张扩：《东窗集》，上海古籍出版社 1987 年影印文渊阁《四库全书》本。

（宋）李复：《潏水集》，上海古籍出版社 1987 年影印文渊阁《四库全书》本。

（宋）朱长文：《乐圃馀稿》，上海古籍出版社 1987 年影印文渊阁《四库全书》本。

（宋）赵鼎臣：《竹隐畸士集》，上海古籍出版社 1987 年影印文渊阁《四库全书》本。

（宋）释觉范：《石门文字禅》，上海书店 1984 年影印涵芬楼《四部丛刊》初编本。

（宋）释觉范：《石门文字禅》，上海古籍出版社 1987 年影印文渊阁《四库全书》本。

（宋）释惠洪著，［日］释廓门贯彻注：《注石门文字禅》，张伯伟、郭醒、童岭等点校，中华书局 2012 年版。

（宋）许景衡：《横塘集》，上海古籍出版社 1987 年影印文渊阁《四库全书》本。

（宋）晁公遡：《嵩山集》，上海古籍出版社 1987 年影印文渊阁《四库全书》本。

（宋）李正民：《大隐集》，上海古籍出版社 1987 年影印文渊阁《四库全书》本。

（宋）汪藻：《浮溪集》，上海书店 1984 年影印涵芬楼《四部丛刊》初编本。

（宋）汪藻：《浮溪集》，上海古籍出版社 1987 年影印文渊阁《四库全书》本。

（宋）程俱：《北山集》，上海古籍出版社 1987 年影印文渊阁《四库全书》本。

（宋）葛胜仲：《丹阳集》，上海古籍出版社 1987 年影印文渊阁《四库全书》本。

（宋）罗从彦：《豫章文集》，上海古籍出版社 1987 年影印文渊阁《四库全书》本。

（宋）史浩：《鄮峰真隐漫录》，上海古籍出版社 1987 年影印文渊阁《四库全书》本。

（宋）胡寅：《斐然集》，上海古籍出版社 1987 年影印文渊阁《四库全书》本。

（宋）王十朋：《梅溪王先生文集》，上海书店 1984 年影印涵芬楼《四部丛刊》初编本。

（宋）王十朋：《王十朋全集》，梅溪集重刊委员会编，上海古籍出版社 1998 年版。

（宋）孙觌：《鸿庆居士集》，上海古籍出版社 1987 年影印文渊阁《四库全书》本。

（宋）洪适：《盘洲文集》，上海古籍出版社 1987 年影印文渊阁《四库全书》本。

（宋）周必大：《文忠集》，上海古籍出版社 1987 年影印文渊阁《四库全书》本。

（宋）朱熹：《晦庵先生朱文公文集》，上海书店 1984 年影印涵芬楼《四部丛刊》初编本。

（宋）朱熹：《晦庵集》，上海古籍出版社 1987 年影印文渊阁《四库全书》本。

（宋）朱熹：《朱熹集》，郭齐、尹波点校，四川教育出版社 1996 年版。

（宋）张孝祥：《于湖居士文集》，上海书店 1984 年影印涵芬楼《四部丛刊》初编本。

（宋）陈傅良：《止斋先生文集》，上海书店 1984 年影印涵芬楼《四部丛刊》初编本。

（宋）楼钥：《楼钥集》，顾大朋点校，浙江古籍出版社 2010 年版。

（宋）姜夔：《白石道人歌曲》，《彊村丛书》本，广陵书社 2005 年影印。

（宋）姜夔著，夏承焘笺校：《姜白石词编年笺校》，上海古籍出版社 1981 年版。

（宋）吴文英：《梦窗词集》，《彊村丛书》本，广陵书社 2005 年影印。

（宋）陈藻：《乐轩集》，上海古籍出版社 1987 年影印文渊阁《四库全书》本。

（宋）唐士耻：《灵岩集》，上海古籍出版社 1987 年影印文渊阁《四库全书》本。

（宋）黄震：《黄氏日抄》，上海古籍出版社 1987 年影印文渊阁《四库全书》本。

（宋）张侃：《张氏拙轩集》，上海古籍出版社 1987 年影印文渊阁《四库全书》本。

（宋）王应麟：《四明文献集》，张骁飞点校，中华书局 2010 年版。

（宋）刘埙：《水云村稿》，上海古籍出版社 1987 年影印文渊阁《四库全书》本。

（宋）赵文：《青山集》，上海古籍出版社 1987 年影印文渊阁《四库全书》本。

（宋）周密：《蘋洲渔笛谱》，《彊村丛书》本，广陵书社 2005 年影印。

（宋）张炎：《山中白云》，《彊村丛书》本，广陵书社 2005 年影印。

（金）段克己：《遯庵乐府》，《彊村丛书》本，广陵书社 2005 年影印。

（元）张翥：《蜕岩词》，《彊村丛书》本，广陵书社 2005 年影印。

（元）仇远：《仇远集》，张慧禾点校，浙江大学出版社 2012 年版。

（元）袁桷著，杨亮校注：《袁桷集校注》，中华书局 2012 年版。

（元）吴莱：《渊颖吴先生集》，上海书店 1984 年影印涵芬楼《四部丛刊》初编本。

（元）黄溍：《金华黄先生文集》，上海古籍出版社 2000 年《续修四库全书》影印本。

（元）柳贯：《柳待制文集》，上海书店 1984 年影印涵芬楼《四部丛刊》初编本。

（明）宋濂：《文宪集》，上海古籍出版社 1987 年影印文渊阁《四库全书》本。

（明）宋濂：《宋濂全集（新编本）》，蒋金德等点校，浙江古籍出版社

2014 年版。
（明）倪谦：《倪文僖集》，上海古籍出版社 1987 年影印文渊阁《四库全书》本。
（明）危素：《说学斋稿》，上海古籍出版社 1987 年影印文渊阁《四库全书》本。
（明）陆粲：《陆子馀集》，上海古籍出版社 1987 年影印文渊阁《四库全书》本。
（清）朱彝尊：《曝书亭集》，上海书店 1984 年影印涵芬楼《四部丛刊》初编本。
（清）毛奇龄：《西河集》，上海古籍出版社 1987 年影印文渊阁《四库全书》本。
（清）王昶：《春融堂集》，上海古籍出版社 2000 年《续修四库全书》影印本。
（唐）崔令钦撰，任半塘笺订：《教坊记笺订》，中华书局 2012 年版。
（唐）冯贽：《云仙杂记》，上海古籍出版社 1987 年影印文渊阁《四库全书》本。
（唐）郑处诲：《明皇杂录》，田廷柱点校，中华书局 1994 年版。
（唐）韩鄂：《岁华纪丽》，中华书局 2011 年《丛书集成初编》本。
（宋）王谠撰，周勋初校证：《唐语林校证》，中华书局 1987 年版。
（宋）刘攽：《中山诗话》，《历代诗话》本，中华书局 1982 年版。
（宋）沈括：《梦溪笔谈》，胡静宜整理，《全宋笔记》本，大象出版社 2013 年版。
（宋）孙升：《孙公谈圃》，中华书局 2011 年《丛书集成初编》本。
（宋）孔平仲：《孔氏谈苑》，中华书局 2011 年《丛书集成初编》本。
（宋）陈师道：《后山谈丛》，中华书局 2007 年版。
（宋）叶梦得：《避暑录话》，徐时仪整理，《全宋笔记》本，大象出版社 2013 年版。
（宋）叶梦得：《石林燕语》，侯忠义点校，中华书局 1984 年版。
（宋）庄绰：《鸡肋编》，萧鲁阳点校，中华书局 1983 年版。
（宋）朱彧：《萍洲可谈》，李伟国点校，中华书局 2007 年版。
（宋）蔡絛：《铁围山丛谈》，冯惠民、沈锡麟点校，中华书局 1983 年版。
（宋）蔡絛：《铁围山丛谈》，李国强整理，《全宋笔记》本，大象出版社 2008 年版。
（宋）王黼：《重修宣和博古图》，牧东整理，广陵书社 2010 年版。

（宋）徐兢：《宣和奉使高丽国图经》，虞云国、孙旭整理，《全宋笔记》本，大象出版社2008年版。

（宋）释惠洪：《冷斋夜话》，中华书局2011年《丛书集成初编》本。

（宋）彭□：《墨客挥犀》，孔凡礼整理，《全宋笔记》本，大象出版社2008年版。

（宋）黄伯思：《东观馀论》，陈金林整理，《全宋笔记》本，大象出版社2008年版。

（宋）孔传：《东家杂记》，朱凯、姜汉椿整理，《全宋笔记》本，大象出版社2008年版。

（宋）曾慥：《类说》，上海古籍出版社1987年影印文渊阁《四库全书》本。

（宋）张邦基：《墨庄漫录》，孔凡礼点校，中华书局2002年版。

（宋）孟元老撰，邓之诚注：《东京梦华录注》，中华书局1982年版。

（宋）孟元老：《东京梦华录》，周峰点校，文化艺术出版社1998年版。

（宋）孟元老撰，伊永文笺注：《东京梦华录笺注》，中华书局2007年版。

（宋）孟元老：《东京梦华录》，伊永文整理，《全宋笔记》本，大象出版社2012年版。

（宋）张知甫：《可书》，孔凡礼点校，中华书局2002年版。

（宋）阮阅：《诗话总龟》，《宋诗话全编》本，吴文治主编，凤凰出版社1998年版。

（宋）丁特起：《靖康纪闻》，许沛藻整理，《全宋笔记》本，大象出版社2008年版。

（宋）吴曾：《能改斋漫录》，刘宇整理，《全宋笔记》本，大象出版社2008年版。

（宋）葛立方：《韵语阳秋》，《历代诗话》本，中华书局1981年版。

（宋）邓椿：《画继》，中华书局2011年《丛书集成初编》本。

（宋）胡仔：《苕溪渔隐丛话》，中华书局2011年《丛书集成初编》本。

（宋）沈作喆：《寓简》，俞钢、萧光伟整理，《全宋笔记》本，大象出版社2008年版。

（宋）洪迈：《容斋随笔》，孔凡礼整理，《全宋笔记》本，大象出版社2012年版。

（宋）罗泌：《路史》，上海古籍出版社1987年影印文渊阁《四库全书》本。

（宋）曾敏行：《独醒杂志》，朱杰人整理，《全宋笔记》本，大象出版社

2008 年版。

（宋）程大昌：《演繁露》，许沛藻、刘宇整理，《全宋笔记》本，大象出版社 2008 年版。

（宋）陆游：《家世旧闻》，孔凡礼点校，中华书局 1993 年版。

（宋）费衮：《梁溪漫志》，金圆整理，《全宋笔记》本，大象出版社 2012 年版。

（宋）周去非撰，杨武泉校注：《岭外代答校注》，中华书局 1999 年版。

（宋）周煇撰，刘永翔校注：《清波杂志校注》，中华书局 1994 年版。

（宋）王楙：《野客丛书》，王文锦点校，中华书局 1987 年版。

（宋）王明清：《挥麈录》，燕永成整理，《全宋笔记》本，大象出版社 2013 年版。

（宋）张端义：《贵耳集》，许沛藻、刘宇整理，《全宋笔记》本，大象出版社 2013 年版。

（宋）赵彦卫：《云麓漫抄》，傅根清点校，中华书局 1996 年版。

（宋）李幼武：《宋名臣言行录》，上海古籍出版社 1987 年影印文渊阁《四库全书》本。

（宋）赵升：《朝野类要》，王瑞来点校，中华书局 2007 年版。

（宋）黎靖德编：《朱子语类》，王星贤点校，中华书局 1994 年版。

（宋）王应麟：《困学纪闻》，上海书店 1986 年影印涵芬楼《四部丛刊》三编本。

（宋）吴自牧：《梦粱录》，周峰点校，文化艺术出版社 1998 年版。

（宋）周密：《齐东野语》，张茂鹏点校，中华书局 1983 年版。

（宋）周密：《癸辛杂识》，吴企明点校，中华书局 1988 年版。

（宋）周密：《武林旧事》，周峰点校，文化艺术出版社 1998 年版。

（宋）周密：《浩然斋雅谈》，孔凡礼点校，中华书局 2010 年版。

（元）李衎：《竹谱》，上海古籍出版社 1987 年影印文渊阁《四库全书》本。

（元）姚桐寿：《乐郊私语》，中华书局 2011 年《丛书集成初编》本。

（元）陶宗仪：《南村辍耕录》，文灏点校，文化艺术出版社 1998 年版。

（明）彭大翼：《山堂肆考》，上海古籍出版社 1987 年影印文渊阁《四库全书》本。

（明）陈元龙：《格致镜原》，上海古籍出版社 1987 年影印文渊阁《四库全书》本。

（清）孙承泽：《春明梦馀录》，上海古籍出版社 1987 年影印文渊阁《四库全书》本。

（清）潘永因：《宋稗类抄》，上海古籍出版社 1987 年影印文渊阁《四库全书》本。

（清）胡鸣玉：《订讹杂录》，中华书局 2011 年《丛书集成初编》本。

（宋）鲖阳居士：《复雅歌词》，《词话丛编》本，中华书局 1986 年版。

（宋）王灼：《碧鸡漫志》，《词话丛编》本，中华书局 1986 年版。

（宋）杨湜：《古今词话》，《词话丛编》本，中华书局 1986 年版。

（宋）张侃：《拙轩词话》，《词话丛编》本，中华书局 1986 年版。

（宋）沈义父：《乐府指迷》，《词话丛编》本，中华书局 1986 年版。

（宋）周密：《浩然斋词话》，《词话丛编》本，中华书局 1986 年版。

（宋）张炎：《词源》，《词话丛编》本，中华书局 1986 年版。

（元）陆辅之：《词旨》，《词话丛编》本，中华书局 1986 年版。

（元）燕南芝庵：《唱论》，《中国古典戏曲论丛集成》本，中国戏剧出版社 1959 年版。

（元）周德清：《中原音韵》，《中国古典戏曲论丛集成》本，中国戏剧出版社 1959 年版。

（明）杨慎：《词品》，《词话丛编》本，中华书局 1986 年版。

（清）徐釚编，王百里校笺：《词苑丛谈校笺》，人民文学出版社 1988 年版。

（清）邹祇谟：《远志斋词衷》，《词话丛编》本，中华书局 1986 年版。

（清）沈雄：《古今词话》，《词话丛编》本，中华书局 1986 年版。

（清）王奕清等：《历代词话》，《词话丛编》本，中华书局 1986 年版。

（清）李调元：《雨村词话》，《词话丛编》本，中华书局 1986 年版。

（清）田同之：《西圃词说》，《词话丛编》本，中华书局 1986 年版。

（清）谢元淮：《填词浅说》，《词话丛编》本，中华书局 1986 年版。

（清）丁绍仪：《听秋声馆词话》，《词话丛编》本，中华书局 1986 年版。

（清）杜文澜：《憩园词话》，《词话丛编》本，中华书局 1986 年版。

（清）谢章铤：《赌棋山庄词话》，《词话丛编》本，中华书局 1986 年版。

（清）张德瀛：《词徵》，《词话丛编》本，中华书局 1986 年版。

（清）沈曾植：《菌阁琐谈》，《词话丛编》本，中华书局 1986 年版。

（清）谭献：《复堂词话》，《词话丛编》本，中华书局 1986 年版。

（清）郑文焯：《大鹤山人词话》，《词话丛编》本，中华书局 1986 年版。

（清）况周颐：《蕙风词话》，《词话丛编》本，中华书局 1986 年版。

（清）方成培：《香研居词麈》，中华书局 2011 年《丛书集成初编》本。

蔡嵩云：《柯亭词论》，《词话丛编》本，中华书局1986年版。
唐圭璋编：《词话丛编》，中华书局1986年版。
施蛰存主编：《词籍序跋萃编》，中国社会科学出版社1994年版。
孙克强编著：《唐宋人词话》，河南文艺出版社1999年版。
上彊村民重编，唐圭璋笺注：《宋词三百首笺注》，上海古籍出版社1996年版。
唐圭璋主编：《唐宋词鉴赏辞典》，江苏古籍出版社1986年版。
王国维：《王国维全集》，浙江教育出版社、广东教育出版社2009年版。
王国维：《王国维戏曲论文集》，中国戏剧出版社1984年版。
冒广生：《冒鹤亭词曲论文集》，上海古籍出版社1992年版。
蔡嵩云：《词源疏证》，中国书店1985年版。
郑孟津、吴平山：《词源解笺》，浙江古籍出版社1990年版。
吴梅：《词学通论》，华东师范大学出版社1996年版。
夏承焘：《夏承焘集》，浙江古籍出版社、浙江教育出版社1997年版。
龙榆生：《龙榆生词学论文集》，上海古籍出版社1997年版。
施蛰存：《词学名词释义》，中华书局1988年版。
饶宗颐：《词集考》，中华书局1992年版。
凌景埏：《宋魏汉津乐与大晟府》，凌景埏、谢伯阳校注《诸宫调两种》附录，齐鲁书社1988年版。
吴藕汀：《词名索引（增补本）》，中华书局2006年版。
吴藕汀、吴小汀：《词调名辞典》，上海书店出版社2005年版。
吴熊和：《唐宋词通论》，浙江古籍出版社1989年版。
吴熊和：《吴熊和词学论集》，杭州大学出版社1999年版。
施议对：《词与音乐关系研究》，中国社会科学出版社1985年版。
谢桃坊：《宋词辨》，上海古籍出版社1999年版。
孙正刚：《词学新探》，天津人民出版社1980年版。
金启华、萧鹏：《周密及其词研究》，齐鲁书社1993年版。
诸葛忆兵：《徽宗词坛研究》，北京出版社2001年版。
龙建国：《唐宋音乐管理与唐宋词发展研究》，南开大学出版社2012年版。
田玉琪：《词调史研究》，人民出版社2012年版。
黄海：《宋南渡词坛研究》，贵州人民出版社2006年版。
邓乔彬：《唐宋词艺术发展史》，安徽师范大学出版社2013年版。
［日］村越贵代美：《北宋末之词与雅乐》，日本庆应义塾大学出版会

2004年版。

［日］村上哲见：《宋词研究》，杨铁婴、金育理、邵毅平译，上海古籍出版社2012年版。

欧阳光：《宋元诗社研究丛稿》，广东高等教育出版社1996年版。

祝尚书：《宋代科举与文学》，中华书局2008年版。

曾枣庄、吴洪泽：《宋代文学编年史》，凤凰出版社2010年版。

邱琼荪：《白石道人歌曲通考》，音乐出版社1959年版。

邱琼荪：《燕乐探微》，《燕乐三书》本，黑龙江人民出版社1986年版。

刘崇德：《燕乐新说》，黄山书社2003年版。

［日］岸边成雄：《唐代音乐史的研究》，梁在平、黄志炯译，台湾中华书局1973年版。

［日］林谦三：《隋唐燕乐调研究》，《燕乐三书》本，黑龙江人民出版社1986年版。

杨荫浏：《中国古代音乐史稿》，人民音乐出版社2004年版。

杨荫浏、阴法鲁：《宋姜白石创作歌曲研究》，人民音乐出版社1957年版。

黄翔鹏：《溯流探源——中国传统音乐研究》，人民音乐出版社1993年版。

李幼平：《大晟钟与宋代黄钟标准音高研究》，上海音乐学院出版社2004年版。

章华英：《宋代古琴音乐研究》，中华书局2013年版。

龚延明：《宋代官制辞典》，中华书局1997年版。

龚延明：《宋史职官志补正（增订本）》，中华书局2009年版。

王兆鹏：《叶梦得年谱》，《宋人年谱丛刊》本，四川大学出版社2001年版。

束景南：《朱熹年谱长编》，华东师范大学出版社2001年版。

韩酉山：《秦桧传》，上海古籍出版社1999年版。

李之亮：《宋两淮大郡守臣易替考》，巴蜀书社2001年版。

李之亮：《北宋京师及东西路大郡守臣考》，巴蜀书社2001年版。

李之亮：《宋川陕大郡守臣易替考》，巴蜀书社2001年版。

李之亮：《宋代京朝官通考》，巴蜀书社2003年版。

李之亮：《宋代路分长官通考》，巴蜀书社2003年版。

杨昭全：《中国—朝鲜·韩国文化交流史》，昆仑出版社2004年版。

任二北：《研究词乐之意见》，华东师范大学中文系古典文学研究室编

《词学研究论文集（1911—1949）》，上海古籍出版社 1988 年版。

李文郁：《大晟府考略》，《词学季刊》第二卷第二号（1935 年 1 月），国家图书馆出版社 2015 年版。

陈梦家：《宋大晟编钟考述》，《文物》1964 年第 2 期。

廖奔：《汴京杂剧兴衰录》，《河南大学学报》（哲学社会科学版）1987 年第 2 期。

赵为民、黄砚如：《开封宋代繁塔伎乐砖析评》，《河南大学学报》（哲学社会科学版）1988 年第 4 期。

萧鹏：《西湖吟社考》，《词学》第 7 辑，华东师范大学出版社 1989 年版。

苗建华：《陈旸〈乐书〉成书年代考》，《音乐研究》1992 年第 3 期。

万依：《宋代黄钟的改作及大晟黄钟的影响》，《音乐研究》1993 年第 1 期。

诸葛忆兵：《周邦彦提举大晟府考》，《文学遗产》1997 年第 5 期。

诸葛忆兵：《大晟乐辨三题》，《文献》1998 年第 2 期。

海宁、晓文：《“教坊雷大使舞”考释》，《文学遗产》1998 年第 5 期。

诸葛忆兵：《大晟词风和北宋末年世风》，《文学遗产》1998 年第 6 期。

龙建国：《大晟府与大晟府词派》，《文学遗产》1998 年第 6 期。

施国锋：《北宋大晟词人群论略》，《汉学论丛》第 2 辑，复旦大学出版社 1999 年版。

彭国忠：《大晟词派质疑》，《上海大学学报》（社会科学版）2000 年第 3 期。

姚大勇：《蔡京诗词补遗》，《江海学刊》2000 年第 4 期。

吴文光、赵晓楠：《关于大曲［柘枝令歌头］、［柘枝令］俗字谱及其考译》，《中国音乐学》2000 年第 4 期。

李幼平：《见存大晟钟的考古学研究》，《中国音乐学》2001 年第 1 期。

项阳：《轮值轮训制——中国传统音乐主脉传承之所在》，《中国音乐学》2001 年第 2 期。

［日］村越贵代美：《周邦彦与大晟乐》，《首届宋代文学国际研讨会论文集》，复旦大学出版社 2001 年版。

李幼平：《北宋大晟律初探》，《黄钟》（武汉音乐学院学报）2002 年第 2 期。

尹占华：《论周密等人西湖词社的创作活动》，《兰州大学学报》（社会科学版）2003 年第 3 期。

［韩］沈淑庆：《高丽与宋时期的宫廷乐舞艺术交流》，《南京艺术学院学

报》2004 年第 1 期。

王小盾、刘玉珺：《从〈高丽史·乐志〉“唐乐”看宋代音乐》，《中国音乐学》2005 年第 1 期。

李朝军：《“别是一家”的晁冲之词》，《西北民族大学学报》（哲学社会科学版）2005 年第 2 期。

郭锋：《杨缵卒年新证》，《文学遗产》2006 年第 4 期。

［美］Joseph S. Lam, *Huizong's Dashengyue, a Musical Performance of Emperorship and Officialdom*, Patricia BuckleyEbrey, Maggie Bickforded, *Emperor Huizong and Late Northern Song China: the Politics of Culture and the Culture of Politics*, Cambridge: Harvard University Press, 2006.

卫亚浩：《大晟乐成功制作与北宋乐议》，《河南师范大学学报》（哲学社会科学版）2007 年第 6 期。

卫亚浩：《教坊与大晟府的关系考辨》，《郑州大学学报》（哲学社会科学版）2008 年第 1 期。

迟乃鹏：《魏汉津及其雅乐乐律理论》，《西华大学学报》（哲学社会科学版）2008 年第 1 期。

周扬波：《南宋格律词派和浙派古琴的渊源——以杨缵吟社为中心的考察》，《文学遗产》2008 年第 2 期。

龙建国：《大晟府“讨论古音，审定古调”考论》，《江西财经大学学报》2009 年第 4 期。

龙建国：《大晟府创制新调考论》，《词学》第 23 辑，华东师范大学出版社 2010 年版。

胡劲茵：《北宋徽宗朝大晟乐制作与颁行考议》，《中山大学学报》（社会科学版）2010 年第 2 期。

李幼平：《浙江临海宋大晟应钟及其研究》，《黄钟》（武汉音乐学院学报）2011 年第 4 期。

［韩］郑花顺、徐海准：《有关北宋徽宗代的正声与中声研究》，《黄钟》（武汉音乐学院学报）2011 年第 4 期。

欧兰香：《宋代词乐东传的踪迹》，《历史研究》2011 年冬季号（第 4 期）。

张国强：《宋代教坊乐制研究》，中国艺术研究院博士学位论文，2004 年油印本。

王秀萍：《宋代乐器研究》，河南大学硕士学位论文，2004 年油印本。

张雷宇：《南宋清雅词派研究》，浙江大学博士学位论文，2005 年油印本。

汪洋：《宋代五礼仪式音乐研究》，河南大学硕士学位论文，2005 年油印本。

王菲菲：《论南宋音乐文化的世俗化特征及其历史定位——以都城临安为个案的研究》，上海音乐学院博士学位论文，2006 年油印本。

康瑞军：《宋代宫廷音乐制度研究》，上海音乐学院博士学位论文，2007 年油印本。

朱君梅：《大晟词研究》，郑州大学硕士学位论文，2007 年油印本。

卫亚浩：《宋代乐府制度研究》，首都师范大学博士学位论文，2007 年油印本。

彭锦坤：《离与合：八百年周邦彦与大晟府及清真词与大晟乐关系研究史》，吉林大学硕士学位论文，2008 年油印本。

崔萌：《大晟府对宋代音乐文化的影响》，河南大学硕士学位论文，2009 年油印本。

迟凤芝：《朝鲜文庙雅乐的传承与变迁》，上海音乐学院博士学位论文，2009 年油印本。

王波：《大晟府的音乐与文学》，四川师范大学硕士学位论文，2010 年油印本。

胡劲茵：《从大安到大晟：北宋乐制改革考论》，中山大学博士学位论文，2010 年油印本。

后　记

本书的选题，仍是遵照业师陆坚教授所拟“宋词与宋代文化”的系统大题而为。在撰写博士论文《宋词与理学》时，颇感“‘礼乐更制’与词风革新”一节谫陋粗浅，特别是在论及大晟乐与北宋词的革新方面，感到有些问题仍没有弄清，有进一步研究的必要。自2003年6月至嘉兴学院工作之后，即开始收集有关资料，准备进行深入探索。无奈教学任务繁重，加上学校的评估工作，一直到2006年年底评估结束后，才有些许时间从事学术研究。重新拾起“宋词与音乐文化”这一课题，是付出了很多艰辛的。由于我学殖浅薄，加上学校藏书太少，资料奇缺，种种纷扰如影随形。经过往返于杭州、上海两地的初步资料普查工作，我带着重新回到学术怀抱的欣喜与激动，拜访了业师陆坚教授，陈述了“大晟府及其乐词”研究的选题设想。陆师颇为首肯，并以夏先生拟撰写《大晟乐府考》为例，勉励我要排除困难做下去，这给予我很大的精神鼓舞。

目前学术界在“大晟府及其乐词”的研究上已取得了很大的成绩，拙稿的撰写意图，本来不过是做通论性质的总结。但在梳理材料过程中，又发现许多问题尚需作出新的考索；有许多提法，包括有些“定论”，都需作出新的论证。我本来不过是斗筲之材，书中斗胆提出几点新的结论和考证结果，并非敢谓补前贤之阙，亦不敢有意标新立异，聊以引玉之砖石，以引起学界研究这一问题的兴趣而已。颜之推说：“观天下书未遍，不得妄下雌黄。”（《颜氏家训》卷上《勉学篇第八》）这应当成为我从事学术研究的座右铭。在“大晟府及其乐词”的研究过程中，我深感文献资料搜集与甄别的困难。书中“妄下雌黄”之处一定很多，颇有唐突前辈及时贤之处，敬请恕谅海涵；博雅大家，亦幸毋以拙稿谫陋不值一哂，而不予批评指正也。

拙稿写作初期，曾咨询师兄河北大学田玉琪教授、师妹贵州大学黄海教授，田师兄并惠赠了词曲学名家刘崇德教授的《燕乐新说》一书。又，日本女学者村越贵代美教授也惠赠大著《北宋末之词与雅乐》，在此一并表示谢忱。写作过程中，内子潘福秀女士承担了所有的家务，在工作中给予了我无数次的帮助，使我得以在凡庸琐屑的生活中奋发、超脱。糟糠之情，在困难中显得尤其珍贵。我想，这是上苍给予我的最大恩赐。

此书得以出版，还要感谢“国家社会科学基金项目”、“教育部人文社会科学研究规划基金项目”、“浙江省哲学社会科学规划后期资助项目”的诸位匿名评审先生，以及国家社会科学发展规划领导小组、教育部社会科学司规划处、浙江省哲学社会科学发展规划领导小组的诸位先生，感谢他们的公正评审和辛勤劳动。本书还得到“浙江省哲学社会科学规划后期资助项目”（11HQZW04）及“教育部人文社会科学研究规划基金项目”（11YJA751093）的资助，从而使拙稿有充足的经费得以出版面世。这里特别要感谢“国家社会科学基金项目”鉴定的诸位匿名评审专家，他们对本课题结项成果鉴定为“优秀”。这种奖掖后进的博大胸襟和公正无私的学术评价，对我这位默默无闻的小字辈来说，显然是极大的鼓励，使我更坚定了向学术攻坚的决心。此外，还要感谢中国社会科学出版社责任编辑宫京蕾女士，特约编辑乔继堂先生，感谢他们对拙著出版的鼎力支持和精心编校。感谢嘉兴学院科技处张高忠先生、嘉兴学院图书馆陈心蓉女士、凌冬梅女士、范全青先生，他们在课题立项后信息咨询及资料查询方面，均给予了极其热情的帮助。

最后祝所有关心、支持和帮助拙著出版的前辈、领导、同事、工作人员及朋友们身体健康，并竭诚欢迎广大读者对拙著的不足给予批评指正。

张春义

2015 年 12 月 28 日于嘉兴学院